Anonymous

Jahrbuch der deutschen Shakespeare-Gesellschaft

Zehnter Jahrgang

Anonymous

Jahrbuch der deutschen Shakespeare-Gesellschaft
Zehnter Jahrgang

ISBN/EAN: 9783744684392

Hergestellt in Europa, USA, Kanada, Australien, Japan

Cover: Foto ©ninafisch / pixelio.de

Weitere Bücher finden Sie auf **www.hansebooks.com**

JAHRBUCH

DER

DEUTSCHEN SHAKESPEARE-GESELLSCHAFT

IM AUFTRAGE DES VORSTANDES

HERAUSGEGEBEN

DURCH

KARL ELZE.

ZEHNTER JAHRGANG.

WEIMAR.
IN KOMMISSION BEI A. HUSCHKE.
1875.

Inhaltsverzeichniss.

	Seite
Shakespeare's Kindergestalten. Einleitender Vortrag zur Jahresversammlung der Deutschen Shakespeare-Gesellschaft. Von Julius Thümmel	1
Jahresbericht für 1873—1874. Vorgetragen in der Jahresversammlung zu Weimar am 23. April 1874. Von H. Ulrici	22
Bericht über die Jahresversammlung zu Weimar am 23. April 1874	25
Ueber die Todtenmaske Shakespeare's. Von Dr. Hermann Schaaffhausen	26
Ueber den ursprünglichen Text des King Lear. Von N. Delius	50
Shakespeare's Character, seine Welt- und Lebensanschauung. Von K. Elze	75
Ben Jonson. Eine Studie. Von H. Freih. v. Friesen . . .	127
Alcilia. Eine Sammlung von Gedichten aus dem Jahre 1595. Nach dem einzigen Exemplar der Hamburger Stadtbibliothek herausgegeben und eingeleitet von Wilhelm Wagner . .	150
Ueber den Gang von Shakespeare's dichterischer Entwickelung und die Reihenfolge seiner Dramen nach demselben. Von Wilhelm König	193
Voltaire und Shakespeare. Von Wilhelm König jun. . . .	259
Hamlet in Spanien. Von Caroline Michaëlis	311
Ueber die 'New Shakspere Society' und ihre bisherigen Leistungen. Von N. Delius	355
Statistischer Ueberblick über die Shakespeare-Aufführungen deutscher Bühnen vom 1. Juli 1873 bis 30. Juni 1874 . .	360
Howard Staunton	364

Literarische Besprechungen.
  I. Shakespeare - Studien. Von H. Freih. v. Friesen
     Band 1—2 366
  II. Zur Shakespeare - Literatur von 1874 369
  III. Othello, the Moor of Venice, by Shakspeare. Translated
     into Hebrew by J. E. S. 372
  IV. Ein Wort zur weiteren Begründung und Berichtigung meiner
     Auffassung des Sommernachtstraumes etc. Von E. Hermann 373
  V. Uebersicht 375

Miscellen.
  I. Eine Emendation zu Antonius und Cleopatra 381
  II. Zu Cymbeline II, 2 382
  III. Shakespeare - Aufführungen im Burgtheater 383
  IV. Eine neue Shakespeare - Büste 383

Shakespeare - Bibliographie 1873 und 1874. Von A. Cohn .. 384
Zuwachs der Bibliothek der Deutschen Shakespeare - Gesellschaft
  seit April 1874 419
Berichtigungen und Nachträge 422

Shakespeare's Kindergestalten.

Einleitender Vortrag zur Jahresversammlung der Deutschen Shakespeare-Gesellschaft.

Von
Julius Thümmel.

Das Jahr 1792 beschliesst Goethe im Schauspielhause zu Weimar mit einem Epilog, den er seinem gefeierten Liebling, der damaligen Darstellerin der Kinderrollen, Christiane Neumann, in den Mund legt. Er lässt darin diese seine Repräsentantin des Unschuldigen und Naiven inmitten einer Schaar Kinder auftreten und führt die Kleinen bei dem Publikum mit den Worten ein:

— Kinder, sagen sie,
Gefallen immer, rühren immer; geht.
Gefallt und rührt.

Der grosse Kenner der Menschenherzen hat damit wahrlich nicht zu viel gesagt. — Wenn das Publikum am Schlusse des dritten Acts in Schillers Tell dem Meisterschusse und dem mannhaften Gebahren des schweizerischen Freiheitshelden zujauchzt, so ist in der That ein gutes Theil der hervorgebrachten dramatischen Wirkung auf Rechnung des kleinen Walter Tell zu schreiben, der so keck und glaubensmuthig den Schützen ermuntert, den Schuss zu thun, der ihm freudestrahlend den durchschossenen Apfel als Siegestrophäe zubringt und sich weinend an den Vater anschmiegt, als dieser ob seiner Freimüthigkeit von des Landvoigts Knechten in Fesseln geschlagen wird. — Fast bei jeder Darstellung des Tell kann man es erleben, dass der kleine Held neben dem grossen durch Hervorruf für seine Leistungen belohnt wird, mögen dieselben in künstlerischer Beziehung zuweilen auch Manches zu wünschen übrig lassen. — Aehnlicher Erfolge pflegt sich der kleine Darsteller des Karl Berlichingen im Goethe'schen Götz zu erfreuen, so oft er seine Legende vom wohlthätigen Kinde aufsagt — und wenn er nun gar die Aepfel lieber gebraten isst, als roh, da möchte ihn wenigstens der weibliche Theil des Auditorii mit dem Vater Götz gar zu gern beim Kopfe nehmen und den allerliebsten Buben für seine Naivität recht gründlich abherzen. Selbst der kleine Baruch Spinoza, den Gutzkow im fünften Acte seines Uriel Akosta mit dem Geistesstempel des zukünftigen Denkers an der Stirn, spekulirend über seinen Blumenstrauss, einführt, nöthigt dem Zuschauer ein beifälliges Lächeln ab, mag sich vor seinen Augen der jugendliche Philosoph noch so altklug gebehrden. — Kinder gefallen und rühren immer schon durch ihr Erscheinen auf den Brettern. —

Auf diesen Ausspruch des Altmeisters Goethe hin und gewissermassen unter seiner Verantwortlichkeit unternehme ich es, der hohen Versammlung eine Kinderschaar vorzuführen, die ich Ihrer besondern Theilnahme um so mehr empfehlen kann, als sie von besonders guter Familie stammt. — Shakespeare's Kindergestalten sind es, die ich vor Ihren Augen zwar nicht in Fleisch und Blut zu verkörpern vermag, die ich aber mit möglichst photographischer Treue, ohne Retouche so zu skizziren verspreche, wie sie mir aus den Dramen des grossen Britten entgegen treten. Der Portraiteur übernimmt hierbei allerdings kein besonderes Risiko — sie müssen ja rühren, müssen gefallen diese Kindergestalten — wenn Altmeister Goethe Recht hat. —

Bevor wir jedoch auf das Spezielle eingehen, sei es gestattet, einige allgemeinere Bemerkungen voranszuschicken. —

Jede dramatische Action, wenn sie interessiren soll, muss der Ausdruck einer seelischen Erregung sein, die den Gang der Ereignisse von vorn herein bedingt, beherrscht, bis zur Umkehr steigert und zur Katastrophe treibt. — Leidenschaft oder Berechnung — je nach der Verschiedenheit des Vorwurfs — stellen sich als die Faktoren dar, mit welchen die dramatischen Dichter zu rechnen haben und bilden das *agens*, gewissermassen die Spindel, um die sich die Handlung dreht, und je mehr der Autor fesseln, je mehr er mit sich fortreissen will, desto leidenschaftlicher muss er die Seele seines Helden bewegen oder mit desto feinerer Berechnung muss er ihn den Faden der Action abspinnen lassen. Leidenschaft, wie sie hier erfordert wird, liegt aber einer Kindernatur so fern, wie Berechnung, und würde der Autor, welcher ein Kind als selbstbestimmenden Helden einer dramatischen Action hinstellen wollte, nur eine Karrikatur schaffen können, von der sich der Zuschauer mit Widerwillen abwenden müsste. — Wenn hiernach das Kind als dramatisches *agens* von der Bühne ausgeschlossen bleibt, so soll dies nicht heissen, dass nicht auch sein Schicksal den Gegenstand einer dramatischen Behandlung abgeben könnte. — Versteht es der Autor, den Zuschauer für das Geschick eines Kindes zu interessiren, so kann er dasselbe immerhin in den Mittelpunkt der dramatischen Aktion stellen — nur freilich bleibt das Kind hierbei lediglich Object; das beeinflussende, treibende Element muss in die Seele eines gereifteren Subjects gelegt werden. —

Aus diesem Allen ergiebt sich von selbst, dass die Stellung der Kinderrollen im Drama nur eine episodische sein kann, selbst da, wo sich die Fabel um das Geschick eines Kindes dreht. — Alles Episodische unterbricht den straffen Verlauf der Handlung. — Interessirt und fesselt diese Letztere, wie sie es soll, so ist jede Unterbrechung für den den Gang der Action mit Theilnahme und Spannung verfolgenden Zuschauer störend, und wird diesen Character nur dann verlieren, wenn es der Autor versteht, der Episode oder der episodischen Figur so viel Salz und Würze beizumischen, dass dem Zuschauer über die Störung weggeholfen wird. Natürlicher Weise darf der Dichter die Geduld des Zuschauers, dessen Hauptinteresse der Haupthandlung zugewendet bleiben muss, nicht auf eine allzu harte Probe stellen. — Er muss sich beschränken, genau ökonomisiren und mit richtigem Takte die allerdings feine Grenze treffen, die dem Nebensächlichen gesetzt ist. — Jede Ueberschreitung, selbst wenn sie mit Geist und Poesie bemäntelt wird, schädigt das Ganze und führt zur Sünde wider die Technik des Dramas. —

Eine scharfe, knappe Individualisirung der Charactere ist hiernach das Haupterforderniss für die Gestaltung der episodischen Figuren, die eines Theils nur leichthin mit wenigen Strichen zu skizziren, andern Theils mit volleren Farbentönen und in ausgeführteren Formen darzustellen sind, je nachdem der Autor die Episodenrolle in entferntere oder nähere Beziehung zu der Hauptaction zu bringen beabsichtigt.

Unser Meister Shakespeare hat auch hierin das Höchste geleistet. Seine episodischen Figuren bestehen die Probe durchweg, im ernsten Character, wie im Clown — überall die sichere Hand, die da nur skizzirt, wo die Oekonomie des Stücks blosse Konturen erfordert, da mit satterem Pinsel malt, wo das Kolorit entschiedener auftreten muss — überall scharfe Zeichnung, characteristische Farbe. —

Gerade an seinen Kindern tritt uns die Meisterschaft des grossen Britten im Gestalten lebhaft vor's Auge; denn wenn bei den sechzehn kindlichen Characterköpfen, die ich im Bilde zu zeigen gedenke, nur einige wenige Züge als dieselben wiederkehren, in den meisten dagegen der mannichfaltigste Ausdruck sich ausprägt, so kann man nur staunend vor dem Reichthum solcher poetischen Schöpferkraft stehen, die sich selbst bis auf die Kinderwelt erstreckt. —

Von jenen sechzehn Figuren ist die Eine, die des Arthur Plantagenet im König Johann mit besonderer Sorgfalt und Vorliebe ausgeführt, und allerdings bildet das Recht dieses Kindes auf den von seinem Oheim usurpirten Thron Englands den Brennpunkt der Historie. -- Diesem am nächsten stehen, was die Ausführung anlangt, der Sohn Heinrich des Sechsten, Edward, Prinz von Wales, und der junge Lucius im Titus Andronicus, welchen Beiden der Dichter einen wenn auch geringen Antheil an der Handlung zuertheilt — ingleichen der Page Motte in der Verlorenen Liebesmüh, dessen genauere Characterisirung die Tendenz der Komödie, wie wir weiter unten sehen werden, bedingt. — Die übrigen Zwölf, darunter ein einziges Mädchen, die Tochter Clarence's in Richard dem Dritten, sind mehr oder weniger leicht hingeworfen, manche nur mit einem Dutzend Worte ausgestattet, immerhin jedoch alle ohne Ausnahme so scharf und treffend gezeichnet, dass Einem selbst aus wenigen Strichen das ganze Kindergesicht entgegenlächelt, vielfach durch Thränen, überall gefällig wenigstens da, wo es nicht rührt. —

Nach diesen Vorbemerkungen lassen Sie mich zur Characteristik der einzelnen Shakespeare-Kinder übergehen, die sich nach vier Gruppen allerdings ohne innere Bestimmungsmerkmale, doch wie ich glaube, übersichtlicher zusammenstellen lassen: den Kindern der englischen Historie, den Römerkindern, den Pagen und — um modern politisch zu kategorisiren — den „Wilden", die sich bei keiner der übrigen Gattungen unterbringen lassen.

Was zuvörderst die englisch-historische Gruppe anlangt, so tritt hier vor Allen die Gestalt des Arthur Plantagenet im König Johann hervor, die wir einer eingehenderen Besprechung unterwerfen müssen, weil sie der Dichter, wie erwähnt, am reichlichsten ausgestattet hat.

Auf Grund eines untergeschobenen Testaments des Königs Richard Löwenherz hat dessen jüngerer Bruder Johann von dem englischen Throne Besitz genommen, obschon der eigentlich Berechtigte in dem Sohne des älteren Bruders, des vorverstorbenen Gottfried von Bretagne, in dem kindlichen Arthur Plantagenet noch lebt. Constanze, die Mutter Arthurs, tritt als Verfechterin der Rechte ihres Sohnes an den usurpirten englischen Thron auf und bedient sich hierzu der Hülfe des französischen Königs und des österreichischen Erzherzogs, während die Grossmutter des eigentlichen Thronerben Ellinor auf die Seite des Usurpators, ihres Sohnes Johann tritt. Das Schwert soll entscheiden; da stiften die Bürger der Stadt Angers, vor welcher die feindlichen Heere lagern, zwischen den Streitenden, allerdings unter heftigem Widerspruche Constanze's, einen Frieden, nach welchem Arthur mit dem Gebiete von Angers abgefunden werden soll und die Nichte Johanns und Base Arthurs, Blanka von Kastilien, an den Dauphin von Frankreich unter Mitgabe der Bretagne verheirathet wird. — Diesen Frieden verwirft Rom, indem es den Usurpator Johann wegen verschiedener Eigenmächtigkeiten gegen die Kirche mit dem Bannfluche belegt, der den Verfehmten von Frankreich und dem eben geschlossenen Pakte scheidet. — Der Krieg entbrennt — Johann gewinnt Angers und nimmt Arthur gefangen. Nach England zurückgekehrt, giebt er seinem Kämmerer Hubert Befehl, den Knaben aus dem Wege zu räumen; Hubert wird jedoch in der bekannten „Blendungsscene" durch die Bitten des Kindes bewogen, von seinem Vorhaben abzustehen. — Arthur, des Oheims Mordpläne fürchtend, versucht seinem Gefängnisse zu entfliehen und von der Mauer springend, kommt er zu Falle und — zu Tode. — Inzwischen hat Rom von Neuem geschürt und Frankreich zum Heereszug nach England getrieben, woselbst wegen des Todes Arthurs unter den Baronen ein Aufruhr gegen Johann ausgebrochen ist. Unter solchen Umständen beugt sich der Usurpator unter die Macht Roms, nimmt die Krone von dem Papste zu Lehn, muss sich jedoch nichtsdestoweniger mit den Franzosen in einen Kampf einlassen, dem die Rückkehr der Barone zu den englischen Fahnen und der Tod des von einem Priester vergifteten, zuletzt wahnsinnigen Johann ein Ende macht. —

In dieses Labyrinth von Irrungen und Verwickelungen, Treubrüchen und Intriguen, in dieses Wirrsal macchiavelistischer Hetzereien und politischen Eigennutzes stellt der Dichter die Gestalt eines unschuldigen Kindes mitten hinein und wirft sein Recht und schliesslich auch sein Leben erbarmungslos unter die ehernen Räder des dahinrollenden Streitwagens. Alles, was in dieser Historie handelnd auftritt, kehrt die Spitze gegen dies arme Kind und ruht nicht, bis es dem Untergange verfallen ist. — Der Wankelmuth des Franzosenkönigs, die Treulosigkeit Oesterreichs, der gegenseitige Hass der beiden Frauen Ellinor und Constanze, die gewissenlose Gier Johanns und schliesslich noch die pfäffische Perfidie des römischen Stuhls — dies Alles entladet sich über dem Haupte des Knaben wie ein fortwährendes Gewitter, Blitz auf Blitz — selbst die Mutterliebe wird dem armen Kinde verderblich durch die mit Ehrgeiz stark getränkte Leidenschaftlichkeit, den ungemessenen Stolz Constanze's und die Hast, mit der sie die Ansprüche ihres Prinzen über den Haufen wirft, wo sie fördern will. — Wenn sich am Ende die Barone für den todten Prinzen erheben, so klingt dies fast wie ein Hohn des Schicksals, zumal diese racheschnaubenden Lords die nächste Gelegenheit ergreifen, sich dem Usurpator wieder in die Arme zu werfen. —

Der Arthur Plantagenet der Geschichte ist ein den Lebensjahren nach älterer, gereifterer, der seine Ansprüche in eigener Person verficht. Was kann den Dichter dazu veranlasst haben, den Kronprätendenten in die Kinderschuhe zu stecken und ihn damit zu einer Thatenlosigkeit zu verurtheilen, die dem realen Gang der Geschichte zuwiderläuft?

Zunächst fand Shakespeare den Kindercharacter Arthurs in einem älteren, zweitheiligen Stücke: „*The Troublesome Reign of King John*", das er dem seinigen wesentlich zum Grunde gelegt hat, vor, und hatte um so weniger Veranlassung, dieser bei seinem Publikum bereits traditionell und populär gewordenen Figur eine andere Gestaltung zu geben, als sich ihm in der Kindesunschuld das beste ethische Element wie von selbst darbot, mit dem er rührend und reinigend auf die Gemüther zwischen all dem Gewirre von Intrigue, Hinterlist und Gewissenlosigkeit wirken konnte. —

Und wie wirkt dieses Dichtergebilde! Denken Sie sich einen Blondkopf mit blauen, langbewimperten Augen und weichen, reinen Zügen — das lieblichste Geschöpf der Welt „seit des Erstgeborenen Kain Zeit bis auf das Kind, das erst seit gestern athmet". „von Gaben der Natur mit Lilien und jungen Rosen prangend", von der kindlichsten Schamhaftigkeit, einer mädchenhaften Scheu, die ihm bei dem Gezänk der Frauen Ellinor und Constanze die Worte auspresst:

— Still, gute Mutter!
Ich wollt', ich läge tief in meinem Grab —
Ich bin's nicht werth, dass solch ein Lärm entsteht.

Dabei von einer gutmüthigen Theilnahme, die selbst seinem Gefangenwärter nur Gutes und Liebes angedeihen lassen will:

Seid krank Ihr, Hubert? Ihr seht heute blass —
Im Ernst, ich wollt', Ihr wärt ein wenig krank,

Dass ich die Nacht aufbliebe, bei Euch wachte.
Gewiss, ich lieb Euch mehr, als Ihr mich liebt.

In der kindlichsten Naivität flieht er vor den Knechten, die nur das glühende Eisen herbeischleppen, zu Hubert, der selbst ihm die Augen ausbrennen will — die Unschuld flüchtet vor dem Mord zu dem Mörder, in welchem sie instinctiv noch einen Funken Mitleid ahnt.

Arth. O helft mir, Hubert, helft mir! Meine Augen
    Sind aus schon von der blut'gen Männer Blicken.
Hub. Giebt mir das Eisen, sag ich — bindet ihn!
Arth. Was braucht Ihr, ach, so stürmisch rauh zu sein?
    Ich will nicht sträuben, ich will stockstill halten —
    Ums Himmelswillen nur nicht binden, Hubert.
    Nein, hört mich, Hubert — jagt die Männer weg,
    Und ich will ruhig sitzen wie ein Lamm,
    Will mich nicht rühren, nicht ein Wörtchen sagen,
    Noch will ich zornig auf das Eisen sehn.
    Treibt nur die Männer weg, und ich vergeb Euch,
    Was Ihr mir auch für Qualen anthun mögt.

Bei dieser Fülle von Liebenswürdigkeit ist der Knabe in der eben citirten Blendungsscene mit der hinreissendsten Beredtsamkeit ausgestattet. — Kreyssig (I. S. 476) findet diese Beredtsamkeit insofern gar zu beredt und desshalb unnatürlich, als das Kind mit schwülstigen Bildern und Gleichnissen spiele und sich in geistreich poetischen Anspielungen ergehe, als z. B. über die Schamröthe des rothglühenden Eisens, ferner in der Vergleichung der aufsprühenden Funken mit dem Hunde, der nach seinem Herrn schnappt und der todten Kohle mit dem reuigen, in Asche trauernden Sünder.

Der sonst so idealistische Interpret verfällt hier ganz gegen seine Natur in eine Beurtheilungsweise, die selbst dem jetzt Mode gewordenen sogenannten Realismus alle Ehre machen würde. — Dass ein Künstler, wenn er eine Situation, einen Affekt darzustellen hat, die Natur zum Vorbild nimmt, um seinem Gebilde die characteristischen Züge aufzuprägen, ist selbstverständlich. Die Natur ist jedoch nicht überall und durchweg künstlerisch: sie bedarf der Verklärung, des Herausarbeitens des gemein Menschlichen aus dem rohen Stoff, wie es Aristoteles nennt. — Ein Dichter darf seine Gestalten nicht in der Sprache des gewöhnlichen Lebens reden lassen, wenn er erheben, rühren will: dazu gehört der Ausdruck characteristischer Schönheit, und heisst es der Phantasie die Flügel binden und sie zur nackten Wirklichkeit herabzwingen, mit einem

Worte: sie des Poetischen entkleiden, wenn man der Fülle des Ausdrucks die Grenze des gemein Menschlichen aufnöthigt. Das Bild, das Gleichniss aber ist ein goldener Zierrath an dem Gewande der Muse, und warum soll die Unschuld, die kindliche Naivität, wo sie poetisch dargestellt wird, diesen Schmuck entbehren? Ausserdem übersieht der Interpret, dass die Bildlichkeit gerade das Element ist, in welchem sich der kindliche Geist bewegt. — Die ersten Anfänge der Literatur bei allen in der Entwickelung begriffenen Völkern lassen überall einen grossen Reichthum von Sprüchwörtern, schlagenden Vergleichen und treffenden Bildern erkennen, und noch heutigen Tages kann man in jeder Kinderstube die Wahrnehmung machen, dass der Kinderseele da ein Bild sich darstellt, wo ihm die Reflexion fehlt. — Ausserdem ist Arthur um so mehr zu diesen verurtheilten Gleichnissen berechtigt, als ihn der Dichter neben dem Reize der zartsinnigsten Liebenswürdigkeit mit einer intellektuellen Begabung ausgestattet hat, die von vorreifer Entwickelung und frühklugem Geiste zeugt.

Und doch — bei all dieser Begabung hält ihn der Dichter innerhalb der engsten Schranken der Kindlichkeit, was jenem vorshakespeare'schen Arthur in dem frühern König Johann fehlt. — Dort weiss der Knabe recht wohl, dass der Besitz der ihm vorenthaltenen Krone etwas Grosses sei, und er spricht dies seiner Mutter gegenüber aus. — Hier hat Arthur Plantagenet nicht die geringste politische Ader, nicht eine Ahnung von seiner öffentlichen Mission. Er will lieber im Grabe liegen, als das Gezänk um sein Recht mit anhören; er hütet lieber die Schafe, als dass er ein gefangener Prinz wäre; er würde vorziehen, eines Knechts wie Huberts Sohn zu sein, wenn er nur Liebe bei seinem Vater zu finden sicher wäre. Ein einziges Mal nimmt dieser Erbe eines Thrones gewissermassen einen politischen Anlauf, als er den Erzherzog von Oesterreich als Verfechter seines Rechts begrüsst; doch, als müsste er solch ungewohnter Aeusserung den Stachel nehmen, beeilt er sich, sie durch einen recht wenig politischen Zusatz zu mildern:

Gott wird Euch Löwenherzens Tod verzeihn.
Je mehr Ihr seiner Abkunft Leben gebt,
Ihr Recht mit Euren Kriegesflügeln schattend.
Seid mir bewillkommt mit ohnmächt'ger Hand,
Doch einem Herzen reiner Liebe voll.

Freilich pflegt sich die Politik für jede Vernachlässigung an demjenigen zu rächen, den das Geschick dazu berufen hat, sie mit energischer Faust erfassen zu müssen. — Erbarmungslos wirft sie den Energielosen zu den Todten. — So ist dies Kind bei aller Unschuld dem Untergange geweiht, weil es zu zart geartet ist, seine ihm vom Schicksal aufgenöthigte politische Rolle zu spielen. Sein gutes Recht, das Recht auf eine Krone kehrt die Schneide gegen seinen eignen Träger, eben weil dieser zu schwach ist, es zum Austrag zu bringen. Arthur Plantagenet stirbt nicht um und für dieses sein Recht, sondern indem er ihm den Rücken kehrt und sich zur Flucht wendet, die ihn jeder fernern politischen Aktion überheben soll. —

Dafür aber ist sein Hinscheiden ein Hauch, der durch die Saiten einer Harfe zittert — ein Mollakkord so sanft, so einschmeichelnd, als löse er eine Reihe von Dissonanzen auf. —

Wodurch ist dieser Tod verschuldet und wie ist er vereinbar mit den Anforderungen der poetischen Gerechtigkeit? fragt Gervinus (II, S. 308). Der scharfsinnige Interpret des Dichters tröstet sich hier mit dem frommen Volksglauben, dass diese schuldlose Seele in ihrer engelreinen Vollendung für diese niedere Welt zu gut erscheine und sich zu dem Mitleid und dem Schmerz über ihren Hintritt das Wohlgefühl mische, sie den rauhen Berührungen dieses Lebens entrückt zu sehen. — Das ist recht schön empfunden, indessen man kann diesen Trost und alle weitere Motivirung recht wohl entbehren. — Nach einer tragischen Schuld des Knaben hat man gar nicht zu fragen, denn er kommt ja lediglich als Objekt in Betracht; er darf ja gar nicht handelnd auftreten, darf Nichts verschulden. An ihm wird eine Schuld vollzogen, und für das an dem Kinde verübte Verbrechen muss den Verbrecher die Strafe ereilen — gegen diesen allein muss die poetische Gerechtigkeit walten. Und der Dichter der Historie lässt sie walten, indem er den Usurpator mit Wahnsinn und Untergang straft. — Wollten sich die dramatischen Autoren bestimmen lassen, gegen alle Figuren des Dramas, selbst gegen die episodischen, diese sentimentale Art poetischer Gerechtigkeit in Anwendung zu bringen, dann wüsste man sich wahrlich vor lauter Gerechtigkeit bald gar nicht mehr zu lassen, und es ginge dann auch in der Tragödie Alles recht hübsch gemüthlich hausbacken zu. — Nun, begnügen wir uns mit einer ungeklügelten, aber um so herzlicheren Trauer um dies holdselige Kind, das der Dichter mit der ganzen Fülle seines poetischen Reichthums umgeben und innerlich so vertieft hat, dass Elze im Einklange mit Malone die Vermuthung aufstellt, Shakespeare habe in der Zeichnung Arthurs dem eignen Schmerze über den Verlust seines Sohnes Hamnet Ausdruck gegeben. —

Im diametralsten Gegensatze zu Arthur Plantagenet bewegt sich wenigstens nach einer Richtung hin Edward Lancaster, der Prinz von Wales, der im dritten Theile Heinrich des Sechsten als Beiläufer der Lancasterpartei zum Vorschein kommt. In ihm ist jeder Zoll ein Prinz, jede Fiber politisch. — Selbstbewusst und kühn tritt er unter die Grossen des Reichs, als sein Vater, der schwache Heinrich VI. die Krone dem Stamme der weissen Rose vererben will und ruft:

Vater, Euch steht nicht frei, mich zu enterben —
Seid Ihr doch König, und so folg ich nach.

Seiner Mutter, der Königin Margarethe, schliesst er sich mit Eifer und Wärme an, weil sie die Rechte der rothen Rose mit dem Schwerte verficht und die Rolle des Königs, seines Vaters, spielt, oder, wie Gloster in seiner cynischen Weise sich ausdrückt „für Lancaster die Hosen trägt." Vor York lässt sich der Knabe den Ritterschlag ertheilen und empfängt ihn mit solch kühnem Wesen, dass selbst der grimme Clifford schier in Bewunderung ausbricht. Warwick, den stolzen Königsmacher, der vor seiner Wandelung für die Sache der weissen Rose die Gerechtigkeit in Anspruch nimmt, weist er nicht allein muthig in die Schranken:

Ist das, was Warwick dafür ausgiebt, recht,
So giebt's kein Unrecht, dann ist Alles recht;

er fordert auch von ihm, dem hoffährtigen, allmächtigen Lord im Angesicht des französischen Hofes, vor welchem Warwick für König Eduard um die schöne Bona wirbt, dass er sich vor Margaretha als echter Königin, vor ihm als dem echten Prinzen beuge. — Auf der Haide von Tewksbury feuert der Knabe die niedergeschlagenen Lords von der rothen Rose zu fortgesetztem Kämpfen an, so dass Oxford in die Worte ausbricht:

O wackrer Prinz! Dein rühmlicher Grossvater
Lebt wieder auf in Dir; lang mögst Du leben,
Sein Bild erhalten, seinen Glanz erneu'n,

und als er auf demselben Schlachtfelde gefangen vor den triumphirenden König Eduard geführt wird, weist er dessen Vorwurf, ein Rebell zu sein, scharf zurück:

Sprich wie ein Unterthan, ehrsücht'ger York.
Nimm an, mein Vater rede jetzt aus mir.
Entsag dem Thron und knie' Du, wo ich stehe,
Weil ich an Dich dieselben Worte richte,
Worauf Du, Frevler, Antwort willst von mir.

Vom Herzog Clarence dafür ein vorlauter, ungezogener Knabe
gescholten, antwortet er:
> Ich kenne meine Pflicht, Ihr brecht sie Alle,
> Wollüst'ger Eduard und meineidiger Georg
> Und missgeschaff'ner Richard. Alle wisst,
> Verräther wie Ihr seid, ich bin Eu'r Obrer.
> Du massest meines Vaters Recht und mein's Dir an.

Ohne Klagelaut empfängt dieser straffe, energische Knabe den Todesstreich. Sein Sterben ist – um in dem früheren Bilde zu bleiben — ein herber, schriller Missklang, weniger Trauer, als Entrüstung gegen die Kindesschlächter erweckend. —

Der unselige Rosenkrieg, wie ihn der Dichter in seiner Historie vor unsern Augen aufrollt, fordert noch mehr Opfer aus der Kinderwelt. Von jetzt ab sind es nur Knospen der weissen Rose, die der Sturm entblättert. —

Auf der Ebene vor Sandal, der Burg, in welcher die Königin Margaretha den Prätendenten York belagert, begegnet Rutland, der Jüngste vom Stamme der Yorks, mit seinem Lehrmeister fliehend, dem grimmen Clifford. — Kaum erblickt der Knabe den Erbfeind seines Geschlechts, so schliesst er die Augen, wohl zunächst in dem kindlichen Glauben, dass er, selbst nicht sehend, auch nicht gesehen werde, dann aber um dem drohenden Blicke seines Schlächters nicht zu begegnen. — In den rührendsten Tönen bittet er um sein Leben, und als taub diesen Bitten der grimme Clifford den Mordstahl hebt, erfleht er wenigstens eine kurze Frist zum Beten, richtet jedoch seine Bitte statt an den Himmel immer wieder an seinen Peiniger:
> Ach, lass mich lebenslang gefangen sein.
> Und geb ich Anlass dann zum Aergerniss,
> So bring mich um — jetzt hast Du keinen Grund.

Gefällt von dem Schwerte des blutigen Lords stirbt er mit einem lateinischen, vom Lehrmeister erlernten Spruche. — Sein Vater York, der harte Mann, der Mann von Stahl und Eisen, weint um seinen süssen Jungen, seinen holden Rutland Thränen des bittersten Schmerzes. —

Rutland York hat einige Portraitähnlichkeit mit Arthur Plantagenet — in beiden Kindergesichtern begegnen wir demselben Ausdruck sanfter Liebenswürdigkeit. Ihre Situation ist auch eine gleiche. Der Eine bittet um sein Augenlicht, der Andere um sein junges Leben. — Der kleine Rutland kommt mir nur um ein gutes Theil schlauer vor, als Arthur. — Dieser weiss nichts Besseres, als in seiner Unschuld sich an das Herz seines Peinigers zu wenden, während Rutland instinktiv das Ehrgefühl des Edelmanns, der ihn umbringen will, rege zu machen versucht. —

An Männern räche Dich und mich lass leben!

fleht er und indem er den gewaltigen Parteigänger an seinen Vater York, als an einen würdigeren Widerpart, verweist, setzt er hinzu:

Er ist ein Mann, miss, Clifford, Dich mit ihm.

Wenn er schliesslich mit seiner Schlauheit doch weniger ausrichtet, als Arthur mit seiner herzlichen Unschuld, so zeigt dies eben nur, dass der plebejische Hubert mehr Gemüth hat, als der aristokratische Lord Clifford Ehrgefühl. —

Beide Kinder sterben mit einem Gebet auf den Lippen: der seelenvolle Arthur haucht sein Leben in die selbstempfundene Bitte aus:

Nimm Gott die Seel', und England mein Gebein.

während Jung-Rutland mit dem Schulspruche scheidet:

Di faciant, laudis summa sit ista tuae —

bei aller instinktiven Pfiffigkeit ein rührend unentwickeltes Wesen, das seine lateinische Lektion selbst unter dem Schlächterschwerte Cliffords nicht vergisst. —

Besonders reich an Kindercharacteren ist der Schluss der englischen Historie Richard III., indem uns hier die beiden Söhne Eduards und die zwei Kinder Clarence's vorgeführt werden.

Die beiden Letztern, ein Knabe und ein Mädchen, stellen sich uns in einer einzigen Scene und hier bloss als Leidtragende dar. — Ihren Vater, den Herzog Clarence, hat König Eduard IV. auf Anstiften Glosters im Tower umbringen lassen. König Eduard ist aber auch inzwischen zu seinen Vätern versammelt, und so sitzt die Mutter dieser drei Brüder, die Stammmutter der weissen Rose, die greise Herzogin York, zu ihren Füssen die spielenden Enkel, im Königspalast zu London und weint über den Tod der beiden abgeschiedenen Söhne. In ihre Klage mischt sich die bange Furcht vor den Bübereien ihres missgeschaffenen, gleissnerischen Richard. — Ihre Schwiegertochter, die Königin-Wittwe Elisabeth tritt hinzu. — Dadurch steigert sich die Todtenklage zum Terzett, in welches die Kinderstimmen in den rührendsten Akkorden hineinklingen. Der Dichter führt die Kinder Clarence's nur ein, um die rein lyrische Klagescene zu dekoriren — wie Arabesken ranken sich die beiden knospenden Rosenzweige um die dunkeln Trauergestalten der gramerfüllten Fürstinnen. —

Im Gegensatz hierzu zeigen sich uns die Söhne Eduards im Sonnenscheine des Lebens, helle Gestalten voller Lebensmuth und Frische. —

Der Aeltere, nach der Geschichte 13 Jahr alt, Eduard von Wales, zieht nach dem Tode seines Vaters als Eduard V. zum Throne berufen in London ein, empfangen von der Bürgerschaft, den Grossen des Reichs und dem Lord-Protektor, dem schurkischen Gloster. Das Gebahren des kindlichen Königs ist ganz fürstlicher Art, sein Wesen ernst, sinnig. — Obwohl er ungern in den Tower geht, wohin ihn sein Oheim Gloster dirigirt, um ihn von der Königin Mutter und deren Verwandtschaft zu trennen, bewahrt er Haltung genug, seinen Unmuth hinter historischen Erörterungen über das alte Bauwerk und den Erbauer Julius Caesar zu verbergen. Mit seinen dunkeln, klugen Augen durchschaut er die Tücke Glosters wenigstens in so weit, dass er ihm misstraut und Gefahr von ihm fürchtet. — Sein blonder Bruder dagegen, elfjährig, der kleine Herzog Richard York ist keck, sorglos, übersprudelnd und wechselt mit dem Oheim Gloster allerhand treffende Scherze, bis diese als zu weit gehend von Gloster plötzlich abgebrochen werden, so wie der kleine Schelm die Missgestalt des Protektors zum Gegenstand seiner witzigen Anspielungen macht. Glosters Pläne werfen in diesen Scenen bereits ihre dunkeln Schatten über die beiden Lichtgestalten, was diese jedoch nur um so plastischer hervortreten lässt. — Das jammervolle Schicksal der beiden holden Knaben selbst erfüllt sich hinter den Koulissen. — Die Mordscene, welche die Maler mehrfach als Vorwurf für wirksame, vielbewunderte Gemälde erwählt — ich erinnere an Hildebrandt, Paul de la Roche — entzieht der Dichter unsern Augen; wir erfahren von dem Tode der Kinder nur durch die Schilderung des gedungenen Mörders Tyrrel, dessen Reue und Erschütterung die Söhne Eduards mit einer poetischen Verklärung umgiebt, wie sie durch die Vorführung der grausamen That selbst nimmermehr erreicht würde.

    Geschehen ist die grausam blut'ge That,
    Der ärgste Greuel jämmerlichen Mords,
    Den jemals noch dies Land verschuldet hat.
    Dighton und Forrest, die ich angestellt
    Zu diesem Streich ruchloser Schlächterei,
    Zwar eingefleischte Schurken, blut'ge Hunde,
    Vor Zärtlichkeit und mildem Mitleid schmelzend,
    Weinten wie Kinder bei der Trau'rgeschichte.
    O so, sprach Dighton, lag das zarte Paar —

So, so, sprach Forrest, sich einander gürtend
Mit den unschuld'gen Alabasterarmen —
Vier Rosen Eines Stengels ihre Lippen,
Die sich in ihrer Sommerschönheit küssten. —
Und ein Gebetbuch lag auf ihrem Kissen.
Das wandte fast, sprach Forrest, meinen Sinn;
Doch o! der Teufel — dabei stockt der Bube —
Und Dighton fuhr so fort: Wir würgten hin
Das völligst süsse Werk, so die Natur
Seit Anbeginn der Schöpfung je gebildet.
So hin sind Beide vor Gewissensbissen,
Dass sie nicht sprechen konnten, und ich liess sie,
Dem blut'gen König den Bericht zu bringen.

Hiermit schliesst die Reihe der englisch-historischen Kinder, in die wir den König Heinrich VI., obwohl derselbe in einer Scene der Trilogie als völlig unerwachsen auftritt, nicht mit aufgenommen haben, weil der Dichter in der Gestaltung dieses Characters, den er von der Wiege bis zum Grabe in der sein ganzes Leben umfassenden dreitheiligen Historie behandelt, ganz andere Zwecke verfolgt und nicht den Kindercharacter als solchen und episodisch darzustellen beabsichtigt, sondern die Entwickelung des Rosenkriegs von seinen Anfängen bis zu seinem endlichen Verlaufe in die Person dieses unglücklichen Königs legt. —

Von den Kindern der Römerdramen springt uns zunächst der kleine Wildfang Marcius, das Kind Coriolan's entgegen. Er wird uns in der gleichnamigen Tragödie zwei Mal vorgeführt, zunächst in einer Schilderung seiner Grossmutter Volumnia und der Hausfreundin Valeria, und dann persönlich in der grossen Scene, in welcher Coriolan durch die Bitten der Frauen bestürmt und schliesslich bewogen wird, von der Belagerung Roms abzustehen. — Die Grossmutter Volumnia sieht in dem kleinen Enkel nur des Vaters Art, der sich lieber mit Schwertern abgeben und die Trommel hören will, als auf seinen Schulmeister Acht geben, während die Hausfreundin Valeria seine Entschlossenheit rühmt:

„Ich sah ihn einem glänzenden Schmetterlinge nachlaufen, und als er ihn gefangen hatte, liess er ihn wieder fliegen, und wieder ihm nach, und fiel der Länge nach hin, und wieder aufgesprungen, und ihn noch einmal gefangen. Hatte ihn sein Fall böse gemacht, oder was ihm sonst sein mochte, aber er knirschte mit den Zähnen und zerriss ihn. O, Ihr könnt nicht glauben, wie er ihn zerfetzte."

Im Lager der Volsker vor Rom, als Coriolan den Bitten seiner Mutter und der Gattin Widerstand leistet, bricht der kecke Bursch in die Worte aus:

— Auf mich soll er nicht treten!
Fort lauf ich, bis ich grösser bin, dann fecht' ich.

In einem Vortrage über Shakespeare's Frauenideale wird dieser kleine Marcius ganz besonders in Affektion genommen und in ihm nicht allein das römisch erzogene markige Kind, sondern auch der Shakespeare'sche Knabe an sich, das Ideal aller seiner Kindergestalten gefeiert. — Ich bedaure lebhaft, diese Passion für den Jungen nicht theilen zu können. — Valeria, die Hausfreundin, findet ihn natürlich allerliebst nach Art aller Klatschgevatterinnen und was sie von seiner Entschlossenheit rühmt, scheint mir doch einen starken Beigeschmack von der Bosheit eines kleinen Thierquälers zu haben. Das Lob der Grossmutter Volumnia, die in der Welt nichts Grösseres kennt, als ihren Sohn Coriolan, den Erzjunker, characterisirt den kleinen Enkel, „das Abbild seines Vaters", höchstens als ein Junkerchen in Taschenformat, und wenn er seinem Vater gegenüber im Lager der Volsker von seinen künftigen Heldenthaten spricht — von welchen uns ja die Geschichte nichts überliefert — so klingt dies in der That mehr nach der Renommage eines vorlauten Burschen, der die Ruthe zu wenig gekostet. —

Römischer, weit römischer, als dieser kleine junkerhafte Renommist erscheint mir der junge Lucius im Titus Andronicus, obwohl diese Tragödie in die späteste Kaiserzeit, in die Periode der völligen Decadence des römischen Wesens fällt. — Dies Drama, eine Jugendarbeit des Dichters, welche, noch der Geschmacksrichtung des altenglischen Theaters angehörig, die Wuth- und Kraftstücke Kyds und Marlowe's an Ungeheuerlichkeiten weit hinter sich lässt, führt uns das Schicksal eines römischen Geschlechts von altem Schrot und Korn, der Androniker, in einer Kette von Gräueln und Schandthaten vor — um so leuchtender und wohlthuender hebt sich auf diesem düstern Gemälde das Kindergesicht des jungen Lucius ab, des Enkels des von dem erbärmlichen, gewissenlosen Kaiser Saturninus gemisshandelten Feldherrn Titus Andronicus. — Ich erlaubte mir schon, darauf hinzuweisen, dass diese Kindergestalt zu den ausgeführteren des Dichters gehöre. — Zunächst erweist sich der junge Lucius weich und gefühlvoll gegen den Schmerz des Grossvaters, der durch die Grausamkeit der kaiserlichen Sippe ein Reis seines edeln Stammes nach dem andern gefällt sieht — ihn rührt das Elend seiner Muhme Lavinia, die die kaiserlichen Stiefsöhne entehrt und verstümmelt haben, und doch ist er kindlich genug, vor der hastigen Erregung der sonst so sanften Muhme zu erschrecken, sein Schulbuch, den Ovidius in der Angst zu Boden zu werfen und vor dem sich ihm darstellenden Bilde des Entsetzens die Flucht zu ergreifen. — Doch, als es zu Tage kommt, was mit Lavinia geschehen ist und wer sie entehrt hat, regt sich in dem kleinen Burschen der ganze Römersinn seines Geschlechts: Rache den Barbaren!

— Wär' ich ein Mann, so böte
Der eignen Mutter Schlafgemach nicht Schutz
Den niedern Sklaven, die Roms Joch entflohn.

Und er begnügt sich nicht bloss mit Worten, der kleine Lucius; er betheiligt sich auch an dem Rachewerk der Androniker gegen Saturninus und die Gothische Sippe, allerdings insoweit, als es eben nur einem Kind gestattet ist. — Der Held Titus, sein Grossvater, verfällt über die an seinem Hause verübten Gräuel in eine seltsame Seelenstimmung, welche Ulrici (II, S. 170) treffend als ein Helldunkel zwischen Wahnsinn und planvoller Besonnenheit, zwischen spielender Gedankenlosigkeit und energischer Geistesgegenwart bezeichnet. — In diesen hochpoetischen, ergreifenden Scenen bedient sich der Dichter der Kindesunschuld, um gewissermassen den Botenläufer von dem Somnambulismus des greisen Helden zur Nemesis darzustellen, und lässt den Knaben den Schändern der Lavinia das Gastgeschenk seines Grossvaters überbringen, das sie sicher machen und in die Falle locken soll, führt ihn auch als gewandten Bogenschützen auf, als die Androniker die Rachepfeile an die Götter in die kaiserliche Burg abschiessen. — Der blutigen Katastrophe bleibt er natürlich fern; nur ein Klagelaut über den Fall des Grossvaters entringt sich den Kinderlippen — doch dass er rein bleibt und sich bei alledem als echter Spross des Andronikers gezeigt hat, giebt dem Zuschauer die Gewähr, dass er dereinst das Werk seines Vaters, des am Schlusse der Tragödie zum Kaiser ausgerufenen Lucius Andronicus, den gefallenen Staat wieder aufzurichten, gewiss nicht zu nichte machen werde. —

Wir wenden uns nun zu einer völlig heterogenen Gruppe, zu den Shakespeare'schen Pagen, selbstverständlich so weit sie etwas mehr sind, als bloss meldende Diener. — Die Pagen unseres Dichters sind der Regel nach durchtriebene Schelme. — Eine einzige Ausnahme gestattet sich Shakespeare mit dem kindlichen Diener Lucius im Julius Caesar. Hier haben wir einen anständigen, gesetzten Knaben vor uns, der mit Treue und Pflichteifer seinen

Dienst versieht, der edeln Portia, seiner Herrin so ergeben, wie dem edeln Brutus, seinem Gebieter, dafür aber auch wieder geliebt, so dass ihm Brutus im Zelte bei Sardes, als ihm Lucius die dunkeln Geister durch ein Lied bannen soll, und der Schlaf auf den armen Schelm „die bleierne Keule legt", die Laute behutsam wegnimmt, auf dass sein Knabe nur ungestört weiter schlafen könne. — In ihm spiegelt sich die Hoheit des edeln Römerpaares: Brutus und Portia wieder. —

Gegen ihn gehalten ist das übrige Pagengeschmeiss allerdings Gesindel vom reinsten Wasser.

Im Timon von Athen tritt ein Bürschchen dieser Sorte auf, das für seine Herrin, irgend eine Schöne von der demi monde Athens, Posten trägt. — Es wechselt zwar nur ein paar Worte mit Apemantus, dem Cyniker — diese reichen jedoch hin, den Jungen als einen ausgetragenen Gamin der griechischen Grossstadt zu characterisiren. —

Von diesem Schleppenträger der Liederlichkeit hebt sich allerdings noch vortheilhaft der Page Falstaffs ab, der kleine Robin, das Blitzkaninchen auf zwei Beinen, das verwünschte Alräunchen, wie ihn Sir John zu bezeichnen beliebt, das „ihm Prinz Heinz aus keiner andern Ursache in den Dienst gegeben hat, als um gegen ihn abzustechen". Wenn der niedliche Junge auch, in alle Praktiken und Kniffe der saubern Bande von Eastcheap eingeweiht, mit eben so viel Fertigkeit als Behagen der wüsten Gesellschaft Handlangerdienste leistet, die Schenkwirthin Hurtig und die albernen Friedensrichter Schaal und Stille prellen hilft, den Lord-Oberrichter aufzieht und schliesslich sogar seinen Herrn an die lustigen Bürgersfrauen von Windsor, Frau Fluth und Frau Page, um ein neues Wamms und ein Paar Hosen verräth, so verrichtet doch der kleine Schelm dies Alles mit einem Anflug so naiver Lustigkeit, dass man ihm nicht gram werden kann, selbst da, wo seine Schelmereien bis an die äusserste Grenze streifen. — Was jedoch den Burschen ganz besonders ergötzlich darstellt, ist der beständige Aerger, den sein Herr, der fette Ritter, über die Erscheinung seines zwerghaften Begleiters empfindet und laut werden lässt. — Sir John ist sich des lächerlichen Contrastes zwischen seiner eigenen Aussenseite und der winzigen Figur seines Pagen sehr wohl bewusst; er muss es täglich erfahren, dass ganz London sich über diesen Contrast vor Lachen ausschüttet, so oft das komische Paar durch die Gassen schreitet — und diesen Spott gönnen wir dem fetten Cyniker von Herzen. Je toller Falstaff über seinen „Riesen" schimpft, um so drastischer wirkt das Widerspiel, mit um so grösserem Behagen ruht unser Blick auf dem kleinen Männlein, das uns zu dem Vergnügen verhilft, auf Kosten des alten Spötters mit ganz London lachen zu können. —

Dass der Dichter den Pagen Falstaffs in drei Stücken: Heinrich IV. 2ter Theil, den Lustigen Weibern von Windsor und in Heinrich V. auftreten lässt, und dass der Schauspieldirector Shakespeare die Rolle seinem Liebling Richard Robinson zuertheilte, zeigt zur Genüge, dass Dichter und Publikum auf diese Kindercharactere gleich grossen Werth legten. —

Und in der That lässt Shakespeare den Wunsch des Poins: „dass diese schöne Blüthe vor dem Wurme bewahrt bliebe" wenigstens da, wo sich die Laufbahn unseres Robin schliesst, in Heinrich V. in Erfüllung gehen. Wenn „ihn der Teufel auch überboten hat", so ist doch mindestens zu guter Letzt „ein guter Engel um ihn". Nach Falstaffs Tode fällt Robin als herrenlose Waare dem ruchlosen Trifolium Pistol, Bardolph und Nym anheim, welche er in den französischen Feldzug begleiten muss. — Auf der Grenze der Mannheit angelangt, kann er das Leere und die Nichtswürdigkeit dieser Gesellen und ihres Treibens nicht länger ertragen; er fühlt das Bedürfniss, durch eine Guttat seine wüste Jugend zu sühnen. — Er stirbt in der Vertheidigung des wehrlosen englischen Trosses gegen französische Ausreisser bei Agincourt. — Hermann Kurz bezeichnet ihn deshalb in seinem Texte zu Konewka's Falstaff-Silhouetten mit Rücksicht auf diese Umkehr als das Miniaturbildchen, worin sich die Entwickelung Heinrich des Fünften selbst wiederspiegelt. —

Sein College in der Verlorenen Liebesmüh, Motte, ist zwar auch als das Vollblut eines Gamins gezeichnet, jedoch mehr frech mit der Zunge, als verwahrlost im Wandel, ein kleiner, naseweiser Spötter, schlagfertig, redegewandt, von dem Dichter allerdings mehr als Typus verwendet, als individualisirt. —

Die Comödie der Verlorenen Liebesmüh oder Liebes Leid und Lust, von Schlegel als die Mustercomödie des feinsten Witzes und des ergötzlichsten Spasses bezeichnet, von Ulrici wegen der darin gelegten Minen und Contreminen als Intriguen-Lustspiel kategorisirt, ist ein Tendenzstück, eine Satyre auf die damaligen Auswüchse des zur Pedanterie ausgearteten Bildungstriebes, ein Plaidoyer für den einfachen Menschenverstand und das natürliche Gefühl, wie Kreyssig es nennt. — Die Unnatur spreizt sich darin in dreierlei Gestalt: als zopfige Buchweisheit, repräsentirt durch den König von Navarra und seine drei Studiengenossen, als pedantisches Gelehrtenthum, dargestellt durch die Vocabeljäger Holofernes und Nathaniel, und endlich als der durch John Lilly damals in Mode gebrachte Euphuismus, in der ergötzlichsten Weise durch einen spanischen Bettel-Don, eine Art Don Quixote, Armado vorgeführt. Diese dreifache Narrheit findet ihr Gegenspiel und zwar die philosophische Marotte des Königs in den Contreminen der Prinzessin von Frankreich und ihrer Damen, die Schulmeister-Pedanterie in der noch grössern Narrheit der Clowns und endlich Armado's Euphuismus in den Einfällen unseres naseweisen Motte. — Dieser ausgetragene Gassenjunge ist in der That ganz dazu angethan, die satyrische Geissel gegen John Lilly's Abgeschmacktheiten zu schwingen und er leistet dies dem aufgeputzten Phrasenhelden gegenüber mit einem Aufwand von solch treffendem Mutterwitz, wie man ihn gegenwärtig wohl bei den ausgesuchtesten Exemplaren der Berliner Strassenjugend anzutreffen in der Lage sein möchte. Im Verlaufe der Handlung übernimmt er sogar die Widerpartsrolle auch gegen die Schulmeister, und als die Philosophen und Gelehrten sich herbeilassen, zu Ehren der französischen Damen ein Festspiel zu arrangiren, verhöhnt er die ganze Gesellschaft, die ihm vorgeschriebene Rolle je nach den Umständen ex tempore ändernd, und ironisirt am Ende sein eigenes, winziges Ich, indem er, der Knirps, den Herkules tragirt. — Bei alledem lässt er eine Art persönlicher Anhänglichkeit an seinen armseligen Herrn durchblicken, indem er bemüht ist, es nicht herauskommen zu lassen, dass sich Armado den Luxus eines leinenen Hemdes nicht gestatten kann. — Von den Shakespeare'schen Pagen ist Motte der eigentliche Humorist, dem der Zuschauer seine Sympathie so wenig versagen kann, wie dem gutmüthigen Berliner Gamin neueren Datums — trotz des losen Mundes. —

Schliesslich bleibt nur noch die Nachlese übrig unter den „Wilden", die wenigstens insofern ein gemeinsames characteristisches Merkmal mit einander verbindet, als an ihnen ein gewisser Familienzug, das Verhältniss des filius familias hervortritt. Obwohl die hier gemeinten drei Figürchen nur leicht hin skizzirt sind, so erkennt man doch sofort aus dem einen den kleinen Philister, aus dem zweiten das Muttersöhnchen, aus dem dritten den Altklugen heraus. —

In den vierten Act der Lustigen Weiber von Windsor schneit plötzlich eine episodische Scene hinein, in welcher der Pfarrer Evan dem kleinen Söhnchen der Frau Page Wilhelm lateinischen Untricht giebt — eine Scene, die offenbar den Zweck hat, die bürgerliche, streng züchtige Atmosphäre in dem Page'schen Hause dem Zuschauer vorzuführen. Wilhelm tritt vor das Publikum mit seiner Lection, wie ungefähr der kleine Berlichingen mit seiner Heiligengeschichte, nur dass aus diesem unverkennbar der zukünftige Mönch hervorsieht, aus unserm Wilhelm dagegen der derbe, künftig einmal gut fundirte Shopkeeper von Windsor. Wilhelm Page ist mein kleiner, hausbackener Philister. —

In dem Prinzen Mamilius im Wintermärchen hat Shakespeare das Muttersöhnchen gezeichnet. — Seinem Vater, dem rauhen, jähzornigen König Leontes begegnet er gefügig, und kehrt nur da den „Jungen" heraus, wo er gewiss sein kann, dem Vater damit zu gefallen. — In den Gemächern seiner Mutter dagegen, im Kreise der Hofdamen, da ist sein Bereich. — Da theilt er Gunstbezeugungen aus; die Eine mag er nicht, weil sie ihn zu oft küsst, die Andere hat er lieber, weil sie feingeschwungene, dunkle Augenbrauen hat. — Seiner Mutter soll er das Wintermärchen erzählen, doch kaum hat er begonnen: „Es war einmal ein Mann, der wohnt' am Kirchhof —", so bricht er plötzlich ab: er will es der Mutter leis ins Ohr sagen, damit's die Hofdamen nicht hören, das launenhafte, verzogene Kind. — Als die Königin Hermione schuldlos in Haft und unter Anklage des Hochverraths genommen wird, stirbt das zarte Pflänzchen aus Herzeleid und Angst um sein Mütterlein. —

Im Macbeth endlich beschliesst der Usurpator, von den Schicksalsschwestern gewarnt, Macduff, den Than von Fife, zu verderben, und da dieser inzwischen nach England geflohen ist, einen wilden Griff in sein Nest zu thun. In der zweiten Scene des vierten Acts wird der Zuschauer nach dem Schlosse Fife geführt, woselbst Macduff's Gattin mit ihrem Söhnchen plaudert. — Das Kind spricht über seines Vaters Flucht so verständig und witzig, dass die Mutter ausruft:

Du sprichst so gut Du kannst und für Dein Alter
Doch wahrlich klug genug —

Der Mutter gegenüber, die den Vater wegen seiner Flucht einen Verräther schilt, tändelt er mit artigen Einfällen und Reflexionen, indem er beweist, dass dies Wort nicht ernstlich gemeint sein könne — als jedoch die von Macbeth abgesendeten Mörder erscheinen und einer derselben es sich beikommen lässt, den Than von Fife einen Verräther zu nennen, wirft er ihm ein: „Du lügst, struppköpfiger Schurke!" an den Hals und empfängt dafür den Todesstreich. — Sterbend denkt das Kind nur an die Mutter und beschwört sie, sich durch die Flucht zu retten. Dies ist der Altkluge unter Shakespeare's Knaben und mit ihm schliesse ich mein Album. —

Habe ich Ihre Zeit und Geduld länger in Anspruch genommen, als es der Stoff rechtfertigen möchte, so tröste ich mich immer wieder mit Altmeister Goethe:

„Klein erscheinet es zwar, doch wahrlich nicht kleinlich dem Herzen,
Macht die Liebe, die Kunst jegliches Kleine doch gross."

Jahresbericht für 1873—74.

Vorgetragen in der Jahres-Versammlung zu Weimar am 23. April 1874.

Von
H. Ulrici.

Zunächst spreche ich — dess bin ich sicher — nur das Gefühl der ganzen hohen Versammlung aus, wenn ich dem Herrn Vortragenden den verbindlichsten Dank sage für seinen eleganten, geistreichen, liebenswürdigen Vortrag, mit dem er uns erfreut und sich als ächter Jünger und Zögling Shakespeare's, was wir alle sind, bezeugt hat.

Auch unsre Gesellschaft nämlich kann man mit Fug und Recht ein Kind Shakespeare's nennen, und ich denke, sie hat auch, wenigstens was Streben, Wollen und Gesinnung betrifft, als legitimes Shakespeare-Kind sich bewährt. Herr Baron von Loën hat ihr Streben und Bemühen bereits mit so freundlichen Worten geschildert und in ein so günstiges Licht gestellt, dass wir ihm zu herzlichstem Danke verpflichtet sind. Ich fürchte nur, dass unsre Widersacher — denn auch an Feinden fehlt es uns so wenig, dass wir das ritterliche Sprüchwort: „Viel Feind', viel Ehr'!" fast auf uns anwenden könnten — an seiner Darstellung viel auszusetzen haben dürften. Indess, das glaube auch ich — und ich habe einen angeborenen Hang zur Bescheidenheit trotz des bekannten Goetheschen Spruchs — sagen zu dürfen, dass wenn unsre Gesellschaft auch nicht Viel und Grosses gethan hat, sie doch in erfreulicher Weise anregend gewirkt hat.

Eine solche Anregung beabsichtigten wir auch mit unserm vorjährigen Beschluss, behufs der Förderung der Shakespeare-Studien zu Gunsten der Berliner Akademie für moderne Philologie alle zwei

Jahre einen Preis von 50 Thalern auszusetzen für die beste Lösung einer von uns zu stellenden Aufgabe. Der Beschluss ist zur Ausführung gekommen. Aber da das Directorium der Akademie es für zweckmässig erachtet hat, dass den Schülern der Akademie ein volles Jahr Zeit zur Bearbeitung der Preisaufgabe gelassen werde, — eine Ansicht, der wir uns angeschlossen haben, — so werde ich Ihnen erst in der nächsten Generalversammlung Bericht über den Erfolg unsres Beschlusses erstatten können.

Was das Jahrbuch betrifft, so haben wir uns schliesslich überzeugt, dass, da ein Erscheinen desselben in Heften oder in Journalform doch keine sicheren Chancen auf erheblichen Erfolg bietet, es am zweckmässigsten sein dürfte, es in der bisherigen Gestalt forterscheinen zu lassen. Die Exemplare des neuen Jahrgangs liegen fertig bereit und werden Ihnen nach dem Schluss der Verhandlungen auf Verlangen ausgehändigt werden.

Die Zahl unsrer nominellen Mitglieder, d. h. derjenigen, welche dem Vorstande als Mitglieder der Gesellschaft angemeldet sind, hat leider durch eine erhebliche Anzahl von Todesfällen einige Einbusse erlitten. Unter ihnen hat uns namentlich das Hinscheiden Sr. Majestät des Königs Johann von Sachsen, eines Fürsten, der bekanntlich durch hohe Geistesbildung und tiefe Gelehrsamkeit unter den ersten Geistern Deutschlands einen hervorragenden Rang einnahm und dem unsre Gesellschaft für reiche Gaben zu innigem Dank verpflichtet ist, schmerzlichst berührt. Wir haben indess die hohe Genugthuung, der Versammlung anzeigen zu können, dass Se. jetzt regierende Majestät der König Albert von Sachsen die Gnade gehabt hat, unsrer Gesellschaft als Mitglied beizutreten. Die Zahl der Mitglieder stellt sich danach für das laufende Jahr auf 172, und wenn wir davon einige unsicher gewordene Namen abrechnen, auf 164. Aber da wir beschlossen haben, dass jeder Käufer des Jahrbuchs sich als Mitglied der Gesellschaft betrachten dürfe, so dürfen wir auch umgekehrt die 52 Käufer des Jahrbuchs von 1873, obwohl sie uns leider unbekannt sind, als unsere Mitglieder ansehen; und nach dieser Rechnung würde die Zahl derselben auf 224 resp. 216 sich vermehrt haben. Auch die früheren Bände des Jahrbuchs sind reichlicher als bisher gekauft worden, und ausserdem hat Ihre Königliche Hoheit die Frau Grossherzogin, unsre allergnädigste Lady Patroness, in unerschöpflicher Huld, der wir nicht genug danken können, uns wiederum mit einer reichen Gabe bedacht, — zu grossem Vortheil unsrer habgierigen Kasse, die die Eigenschaft aller mir bekannten Kassen theilt, dass sie nie genug hat.

Ueber den speciellen Stand unserer Finanzen wird unser verehrter Kassenführer, Herr Commerzienrath Moritz, die Güte haben, Ihnen durch Angabe der nöthigen Zahlen Bericht zu erstatten. Ich habe daher nur noch zu bemerken, dass auch auf die Vermehrung unserer Shakespeare-Bibliothek wiederum 40 Thaler verwendet worden sind und im laufenden Jahre hoffentlich eine grössere Summe wird verwendet werden können. Ein Verzeichniss unserer Schätze finden Sie in dem diesjährigen Jahrbuch.

Bericht
über die Jahresversammlung zu Weimar
am 23. April 1874.

Bei der am genannten Tage im Saale des Stadthauses zu Weimar abgehaltenen zehnten Jahresversammlung der Deutschen Shakespeare-Gesellschaft wurde dieselbe vom Herrn General-Intendanten Freih. von Loën als Vorsitzenden des geschäftsführenden Ausschusses festlich begrüsst. In einem kurzen einleitenden Vortrage gab derselbe einen Ueberblick über die nunmehr zehnjährige Thätigkeit der Gesellschaft und ihrer Mitglieder nach den verschiedenen Richtungen der Shakespeare-Kunde. Daran knüpfte sich der (vorstehend abgedruckte) Festvortrag des Herrn Kreisgerichtsraths und Universitätsrichters Dr. Thümmel aus Halle über Shakespeare's Kindergestalten. Der vom Herrn Präsidenten Professor Dr. Ulrici erstattete Jahresbericht wie die vom Herrn Schatzmeister Commerzienrath Moritz abgelegte Jahresrechnung ergaben einen befriedigenden Stand der Verhältnisse der Gesellschaft. Behufs Prüfung der Rechnung und Entlastung wurde es beim bisherigen Modus belassen, sowie auch Weimar wiederum einstimmig zum nächstjährigen Versammlungsorte erwählt wurde. Zum Schlusse wurde der neunte Band des Jahrbuches unter die anwesenden Mitglieder vertheilt.

Ueber die Todtenmaske Shakespeare's.

Von
Dr. Hermann Schaaffhausen.

Im Sommer des Jahres 1873 theilte mir Professor Delius in Bonn den Aufsatz Hermann Grimm's über die Todtenmaske Shakespeare's in dessen Zeitschrift: „Ueber Künstler und Kunstwerke" II, Heft XI, XII, Berlin 1867, mit, der mich veranlasste, diese Maske im September desselben Jahres bei Herrn Oberst Becker in Darmstadt mir anzusehen. Meiner Bitte, die Maske, deren bedeutungsvoller Ausdruck beim ersten Anblick meine Bewunderung erregte, der am 17. September in Wiesbaden beginnenden Versammlung der Anthropologischen Gesellschaft vorzulegen, konnte nicht gewillfahrt werden, weil der Bruder des Besitzers derselben, Herr Dr. Becker, um diese Zeit abwesend war. Ich unterliess es aber nicht, bei dieser Gelegenheit sowie in der Sitzung der Anthropologischen Sektion der grossen Naturforscher-Versammlung in Wiesbaden am 19. September eine von Herrn Dr. Becker mir mitgetheilte Photographie der Maske vorzulegen und mein Urtheil über dieselbe in günstigem Sinne abzugeben. Das Tageblatt der 46. Versammlung Deutscher Naturforscher und Aerzte berichtet S. 193 darüber mit folgenden Worten:

„Prof. Schaaffhausen legt die Photographie der in Mainz schon vor längerer Zeit aufgefundenen Todtenmaske Shakespeare's vor, die aus der Kunst- und Antiquitäten-Sammlung des Domherrn Grafen Kesselstadt herrührt und sich in Händen des Herrn Dr. Becker in Darmstadt befindet. Das kraniologische und physiognomische Urtheil über diese, die edelsten Formen kundgebende Todtenmaske findet keinen Anhaltspunkt, um an der Aechtheit derselben zu zweifeln. Dieselbe ist, wie die feine Zeichnung der Haut beweist, wirklich von einem Todten abgenommen worden. Die hohe, volle Stirn, sowie die Schönheit der Gesichtszüge entsprechen dem Bilde, welches wir uns von dem grossen Dichter machen dürfen und sind den bekannten bildlichen Darstellungen desselben ähnlich; man kann darin den angelsächsischen Typus, den noch heute ein Theil des englischen Volkes verräth, erkennen. Es sind Gründe vorhanden, die Maske für das Original und nicht für eine Copie zu halten." Erst später lernte ich und zwar vorzugsweise bei einer mit Herrn Dr. Becker verabredeten und am 21. März 1874 in Mainz stattgefundenen Unterredung die näheren Umstände der Auffindung der Maske, das Urtheil anderer Personen über dieselbe, den Erfolg der bisherigen Nachforschungen über ihre Herkunft und die Aeusserungen Friswell's in seinem Buche: *Life Portraits of W. Shakespeare*, London 1864, kennen und stelle nun meine Gründe für die Aechtheit dieser Maske in folgender Weise zusammen.

Die Frage, welche zunächst aufgeworfen werden kann, ob man zur Zeit von Shakespeare's Tod das Verfahren, Todtenmasken anzufertigen, schon gekannt habe, und ob anzunehmen sei, dass in der kleinen Stadt Stratford sich Jemand befunden habe, der dieses gekonnt, muss unbedingt bejaht werden. Die Angabe in Werken über Kunstgeschichte, dass man Todtenmasken zuerst in Italien im 15. Jahrhundert gemacht habe, ist falsch, wiewohl man deshalb schon ältere Todtenmasken z. B. die Dante's für zweifelhaft gehalten hat. Plinius berichtet nämlich schon, *histor. natural.* L. XXXV, 44, der erste, welcher vom Gesichte des Menschen eine Gypsform genommen habe, mit der man nachher ein Wachsbild machte, sei Lysistratus aus Sicyon (330 v. Chr.) gewesen. Er habe dies gethan, um grössere Aehnlichkeit zu erreichen. Welcker bemerkt hierbei mit Recht (Archiv für Anthropologie IV. 1870, S. 142), dass aus der Stelle bei Plinius zwar nicht mit Sicherheit hervorgehe, dass man den Abdruck von Todten genommen habe, dass dies letztere Verfahren aber offenbar das leichtere sei und gewiss bekannt war, wenn man dasselbe an Lebenden übte. Welcker war mit dieser Stelle des Plinius, die er später veröffentlichte, noch unbekannt, als er ein Gutachten über die Torrigianische Maske Dante's (Jahrb. der Deutschen Dante-Gesellschaft I, 40) abgab, die er aber aus anderen Gründen für ächt erklärte. Auch Norton hatte in seiner Schrift *On the Original Portraits of Dante*, Cambridge, Massachusetts 1865, bedauert, über das Alter jenes Gebrauchs nicht ganz sicher zu sein, wiewohl er die Aehnlichkeit der Maske mit einem Bilde des Dichters von Giotto hervorhob. Aus einer nicht näher bekannten Quelle theilt das Ausland von 1866 in Nr. 27 mit, dass ein Freund Dante's, Guido Novello einen Abguss vom Gesichte Dante's nach dessen Tod genommen habe. Auch dem Vasari ist die Angabe des Plinius unbekannt geblieben, denn er sagt, Verocchio (1433—1488) sei einer der ersten gewesen, welche dies Verfahren in Anwendung brachten. Welcker rügt es, dass Rumohr (Italienische Forschungen, II, 304) den Vasari sagen lässt, Verocchio sei der erste gewesen, welcher Theile von lebenden Menschen und Leichnamen in Gyps abformte, während er ihn doch nur als einen der ersten, die dieses thaten, anführt. In der Carus'schen Sammlung sah ich die Todtenmaske Luthers. Wenn man 1546 in dem Städtchen Eisleben, wo er starb, oder in Halle eine solche fertigen konnte, warum nicht in Stratford? Nach Carus soll eine Gräfin von Mansfeld bei Durchführung der Leiche Luthers durch Halle Gesicht und Hand in Wachs haben abformen lassen. Auch die von Tasso ist vorhanden, der 1595 starb. Friswell hat nun auch Thatsachen zusammengestellt, die es beweisen, dass die Auffertigung von Todtenmasken berühmter Personen in früheren Zeiten in England etwas ganz Gewöhnliches war. Schon im vorigen Jahrhundert bewahrte man in der Kapelle des S. Erasmus in der Westminster-Abtei eine Sammlung von Nachbildungen königlicher Personen, die bei den Leichenfeierlichkeiten gebraucht worden waren. Hier bewahrte man auch das Bild des 1658 gestorbenen Cromwell mit dem in Wachs ausgeführten Gesichte, wozu man später die Form auffand. Es scheint, dass diese bei pomphaften Begräbnissen fürstlicher Personen gebrauchten Wachsbilder der Ursprung jener Wachsfigurenkabinette gewesen sind, deren berühmtestes das später einer Mad. Tussaud gehörige in London war, welches noch jetzt eine der Sehenswürdigkeiten dieser Stadt ist. Die Sitte, mit den Leichen ein Bild der Verstorbenen aufzustellen, scheint eine sehr alte zu sein. Schon der Mumiensarg der Aegypter stellt eine menschliche Gestalt dar. Das Britische Museum besitzt eine Gesichtsmaske in Goldblech, die für die des Nebukadnezar ausgegeben wurde. Der Ursprung solcher Abformungen ist vielleicht die Sitte, das Gesicht der Mumien vornehmer Personen zu vergolden, die in Aegypten üblich war. Carus beschreibt in seinem Atlas der Cranioscopie (Taf. XXIII) die Mumie eines altägyptischen Königs oder Priesters aus Memphis, deren Kopf, Hände und Füsse vergoldet waren. In christlichen Kirchen bewahrte man oft die Schädel von Heiligen in aus Silber getriebenen Portraitbüsten, deren Kopf wie eine Kapsel die Schädel einschliesst. Die goldene Kammer der Ursulakirche zu Köln besitzt deren mehrere.

Die hier betrachtete Todtenmaske kann nicht etwa als ein in betrügerischer Absicht später gefertigtes Kunsterzeugniss angesehen werden. Fehlten die Beweise, dass sie wirklich von einem Todten abgenommen worden ist, so würde nur ein Künstler ersten Ranges die schwierige Aufgabe haben lösen können, ein Werk zu schaffen, das mit solcher Naturwahrheit die Züge eines edlen Todten wiedergiebt, und alle Merkmale an sich trägt, die unser Geist zusammenfassen wird, um sich ein körperliches Bild von Shakespeare's Genius zu entwerfen. Es ist nicht nur die vortheilhafte Schädelbildung, die uns in der hohen, vollen und gleichmässig gewölbten Stirne, an der die Höcker nicht sichtbar sind, entgegentritt, sondern es liegt eine seltene Harmonie in den zwar männlich schönen, aber feinen Zügen, die in manchen Theilen, zumal in den Umgebungen des Mundes, weiblich zart sind. Fein sind auch die leicht gebogenen oberen Augenhöhlenränder, sowie die Adlernase, die Unterlippe ist schmal, die Schläfen sind breit und auch im Tode voll geblieben; der Unterkiefer ist fein gebildet. Wiewohl Goethe sich geirrt hat als er die Schönheit und Feinheit der Bildung von Raphaels Schädel pries, der sich später als diesem gar nicht zugehörig, sondern als der des römischen Canonikus Dr. Adjutori erwies, so wage ich doch die Behauptung, dass, wenn die Todtenmaske nicht die Shakespeare's wäre, sie die eines höchst bedeutenden Menschen sein müsste. Dem Alter von 52 Jahren, in dem Shakespeare starb, entsprechen die Züge der Maske durchaus. Dass die Maske wirklich von dem Gesichte eines Todten abgenommen ist, zeigen schon gewisse Unregelmässigkeiten, die einem jeden Gesichte natürlich sind, die ein Künstler aus eigner Erfindung aber wohl nicht herstellen würde. Der Nasenrücken ist ein wenig seitlich gekrümmt, das rechte Wangenbein ist etwas voller als das linke. Der wichtigste Beweis aber dafür, dass hier wirklich eine ächte Todtenmaske vorliegt, ist der Abdruck der Leichenhaut, den man an den Seiten der Stirne, in der Schläfengegend und unter dem Kinn deutlich erkennt, indem die Papillen der Haut und die dazwischen liegenden Grübchen in einer Weise sichtbar werden, wie es im Leben nicht der Fall ist, und wie man es durch Kunst nicht würde nachahmen können. Friswell bemerkt, dass am linken Auge zwischen den Augenlidern Theile der Hornhaut hervorträten, wie es auch an der Todtenmaske Cromwell's der Fall sei, woraus sich schliessen lasse, dass die Maske bei schon beginnender Zersetzung der Leiche gemacht worden sei. Davon zeigt sich in den übrigen Theilen des Gesichtes keine Spur, die am Munde nicht fehlen würde. Die der Augenspalte anhängenden Theile gehören, wie mir scheint, nicht der Hornhaut an, die im Tode vielmehr einsinkt, sondern rühren davon her, dass man, um das Ankleben der Augenlidhaare an den Gyps zu verhüten, dieselben mit Fett beschmiert oder mit einem ölgetränkten Läppchen bedeckt hatte. Ebenso verhindert man das Ankleben der Haare der Augenbrauen und des Bartes an die Gypsmaske. Darum pflegen die Künstler später, was man hier an dem Schnurrbart und dem Knebelbart deutlich sieht, die Zeichnung der Haare durch Striche nachzumodelliren, was freilich bei demjenigen, der die Ursache dieser Nachhülfe des Modellirstabes nicht kennt, den Verdacht einer künstlichen Herstellung der ganzen Maske erregen kann. Trotz der angewendeten Vorsicht bleiben indessen fast immer beim Abnehmen der Gypsform einzelne Haare an dieser hängen, die dann ebenso wieder beim Ausgiessen der Form an der Maske selbst haften bleiben. An der Shakespeare-Maske sieht man sowohl im Schnurrbart als im Knebelbart am Kinn, aber auch in den Augenbrauen und an den Augenlidern einzelne Haare fest im Gypse stecken; ihre Beschaffenheit entspricht den Stellen, wo sie sich finden. Diesen Umstand hat auch R. Owen, der berühmte englische Anatom, als für die Aechtheit der Maske sprechend hervorgehoben. Die Farbe dieser Haare ist ein helles röthliches Braun, welches der Farbe von Haar und Bart entspricht, mit der die auf dem Grabmale Shakespeare's in Stratford befindliche Büste bemalt war. Aus der Farbe der an der Maske festsitzenden Haare würde aber doch ein sicherer Schluss auf die Haarfarbe des Lebenden nicht abgeleitet werden können, weil durch viele Beobachtungen feststeht, dass todte Haare, auch wenn sie dunkel waren, durch das Alter röthlich werden. Auf eine Eigenthümlichkeit der Maske, die ich übersehen hatte, die aber selbst in der Photographie bemerklich ist, machte mich Herr Dr. Becker aufmerksam, es ist eine Narbe auf der Stirn des Todten, die einen gewundenen Verlauf in querer Richtung nach der rechten Seite hin hat, ein Theil derselben ist linienförmig und etwas vertieft, der andere etwas wulstig erhoben; der erste ist der Theil der Wunde, welcher rasch verklebte und, wie der Chirurg sagt, *per primam intentionem* heilte, der andere wird erst geeitert und dann durch Narbenbildung sich geschlossen haben. Die Maske hat am rechten Nasenflügel eine Beschädigung. Weil diese nicht den hervorragendsten Theil der Maske, die Nasenspitze getroffen hat, will Herr Dr. Becker sie nicht von einer äusseren Verletzung herleiten, sondern glaubt an dieser Stelle sei ein Theil des Gusses an der Form haften geblieben. Aber die Form des abgesprungenen Gypsstückes gestattet recht wohl die Annahme, dass ein von der Seite treffender Stoss die Beschädigung hervorgebracht hat. Die schmutzig gelbe Farbe der Gypsmaske ist durch das Oel veranlasst, womit sie getränkt ist und ist einem 200jährigen Alter der Maske sehr wohl entsprechend und gewiss nicht gefälscht. Dass die Maske mit Oel getränkt war, bringt auf die Vermuthung, dass sie zur Abformung gedient hat, dass sie das Original ist, von dem man eine oder mehrere Copien angefertigt hat. Auf der Rückseite der Maske befindet sich am Rande die, wie es scheint, mit einem Stäbchen in den noch weichen Gyps gemachte Inschrift: † Å. Dm. 1616. Die Schriftzeichen sehen nicht so aus, als seien sie in den harten Gyps mit einem scharfen Instrumente eingeritzt, denn sie haben keine scharfen, sondern abgerundete Ränder. Auch sind die Zahlzeichen nach dem Urtheile von Sachverständigen die jener Zeit und es ist kein Grund vorhanden für die Annahme, es könnte das Todesjahr Shakespeare's erst später auf die Maske eingeschrieben worden sein. Noch ein Umstand spricht nach Aussage des Herrn Dr. Becker für das Alter dieser Inschrift: dieselbe steht nämlich auf zwei in einem Winkel zusammenstossenden Flächen; auf der mehr nach innen geneigten haben sich die Zahlen frischer erhalten, als auf der äussern, wo sie mehr abgegriffen und beschmutzt aussehen.

Die wichtigsten Maasse der Maske sind die folgenden:

	Mm.
Ganze Länge derselben von der Höhe der Stirn bis zum Kinn	210
von der Höhe der Stirne bis zur Augenspalte	95
von der Höhe der Stirne bis zur Nasenwurzel	85
von der Nasenwurzel bis zum untern Ansatz der Nase	55
Breite der Oberlippe bis zur Mundspalte	24
von der Mundspalte bis zum Kinn	46
Grösste Breite der Stirn, in ihrer Mitte gemessen	145
Gesichtsbreite, Abstand der Jochbogen	151
Abstand der Wangenbeine von deren Mitte gemessen	115
vom äussern Augenwinkel einer Seite zur andern	103
Länge des Augenlidspaltes	39
Breite des Unterkiefers, am Winkel gemessen	111

Erwägt man, dass die Stirnhöhe der Maske noch nicht ganz die Schädelhöhe des Kopfes ist, so liegt nach der von den Künstlern angenommenen Schönheitsregel, die auch Schadow in seinem Polyklet festhält, die Augenspalte ohngefähr in der Mitte zwischen Scheitel und Kinn. Theilt man die untere Hälfte des Gesichtes in zwei gleiche Theile, so fällt die Theilungslinie auf den untern Ansatz der Nase; theilt man den Raum von dieser Stelle bis zum Kinn in drei gleiche Theile, so fällt das obere Drittheil mit der Länge der

Oberlippe zusammen. Die angegebenen Maasse entsprechen ziemlich genau diesen Regeln. Wiewohl die Maasse am Gypse, der beim Erstarren sich ausdehnt, etwas grösser sind als an dem Gegenstande, von dem der Abguss genommen, so bleibt die Stirnbreite von 145 Mm. doch eine ungewöhnliche. Die ganze Länge des Stirnbeines kann nicht gemessen werden, weil die Maske nicht soweit reicht.

Vergleicht man die Züge der Todtenmaske mit den bekannten Bildnissen Shakespeare's, so ist es unmöglich, dass sie einem jeden derselben gleiche, da diese unter sich die grössten Unterschiede zeigen, wie das bei den meisten Portraits der Fall ist, die von verschiedenen Künstlern gemalt sind und um so mehr, je mehr die dargestellten Personen ideale Züge haben und leicht in die Augen fallende Eigenthümlichkeiten der Gesichtsbildung vermissen lassen. Zunächst kommt die Büste von Stratford in Betracht. Nach der von Friswell mitgetheilten Photographie ist kaum eine Aehnlichkeit mit der Maske vorhanden. Doch haben englische Bildhauer und Kunstkenner behauptet,[1]) dass die Büste nach einer Todtenmaske gemacht sei, die hoch hinaufgezogenen Augenbrauen der Büste und die schlechte Ausführung der Augen deuten darauf, und man nennt einen Zeitgenossen Shakespeare's, den Bildhauer Gerard Johnson in London als den wahrscheinlichen Verfertiger derselben. Er wird als ein mit solchen Arbeiten beschäftigter Künstler bezeichnet und hatte 1614 das Grabdenkmal für Shakespeare's Nachbarn, John Combe ausgeführt. Wie William J. Thoms angibt, geht aus den Versen von Leonard Digges hervor, dass die Büste schon vor dem Jahre 1623 aufgerichtet worden ist. Er führt eine Mittheilung Anthony Carlisle's an, der gehört hatte, die Stratforder Büste sei nicht von Shakespeare, sondern von einem Grobschmidt aus Stratford genommen, dessen Aehnlichkeit mit Shakespeare allgemein bekannt gewesen sein soll. Dass man dies schon früher behauptet habe, beweise ein Brief, den das Gentleman's Magazine vom Jahre 1795 enthält, worin es heisst, es gebe kein ächtes Bild von Shakespeare, lange nach seinem Tode habe man sein angebliches Bild von einer Person genommen, die ihm sehr ähnlich war. Friswell glaubt dagegen in einem gewissen starren Ausdrucke vieler anderer Portraits jener Zeit die damals übliche Benutzung einer Todtenmaske zu erkennen. Die Büste unterscheidet sich von der Maske durch eine fleischige Fülle des ganzen Gesichtes, einen sehr

---

[1]) Vgl. K. Elze, Shakespeare's Bildnisse im Jahrb. d. Deutschen Shakesp.-Gesellschaft IV., Berlin 1869, S. 311.

heitern Ausdruck, eine kurze Nase und eine sehr breite Oberlippe.
Die auffallend kurze Nase hat man damit erklären wollen, dass dem
Künstler beim Behauen des weichen Steines ein Unglück begegnet
sei. Giebt man indessen der Maske einen erhöhten Standpunkt, so
treten auch an dieser die untern Theile mehr hervor, und bringt
man in Rechnung, dass auch heute noch namhafte Künstler, welche
Porträtbüsten nach Todtenmasken ausführen, nicht selten in den
Fehler fallen, die eingefallenen Züge der Leiche durch eine übertriebene Fülle der Formen wieder beleben zu wollen, so werden die
Einwürfe gegen die Annahme, dass die uns vorliegende Maske bei
der Anfertigung der Stratforder Büste benutzt worden sei, erheblich
abgeschwächt. Auch Thoms, der die Maske bei R. Owen sah, findet
die von der Büste abweichenden zarten Formen nicht unerklärlich
und weist auf den Vergleich der Todtenmaske Napoleons I. mit
dessen Bildnissen hin. Er zählt, wie Friswell, die Abweichungen
der Maske von der Büste richtig auf und sagt, sie habe einen edleren
und geistvolleren Ausdruck als die Büste und gleiche mehr dem
Droeshout'schen Stiche als dieser. Er meint, wenn die Geschichte
der Maske hinreichend beglaubigt werden könnte, so würde sie,
seine Werke ausgenommen, das schützbarste Andenken an den
Dichter sein. Die Büste war ursprünglich bemalt, wurde später
mit weisser Farbe angestrichen und darauf im Jahre 1824 in
der ursprünglichen Bemalung wiederhergestellt. Die Farbe von
Haar und Bart war (auburn) hell kastanienbraun. Die röthlichbraunen Haare der Maske stehen damit nicht in Widerspruch, wenn
auch auf diese Uebereinstimmung, wie oben bemerkt wurde, kein zu
grosser Werth gelegt werden darf. Es sei noch hier angeführt, dass
auch das Urtheil des englischen Bildhauers John Bell dahin lautete,
es scheine die Büste von Stratford nach einer Todtenmaske gearbeitet
zu sein. Hervorzuheben ist auch noch, dass die Büste wie die
Todtenmaske am Kinn einen sogenannten Knebelbart, den man auch
Henry quatre oder Imperial zu nennen pflegt, zeigen, während auf
den meisten übrigen Bildnissen ein das ganze Kinn bedeckender
Bartwuchs dargestellt ist. Nächst der Büste hat man den Kupferstich von Droeshout, der der alten Londoner Ausgabe von Shakespeare's Werken von 1623 sowie auch späteren Ausgaben vorgedruckt
ist, als ein zuverlässiges Bildniss des Dichters angesehen. Er ist
auf den 4 Folioausgaben von derselben Platte abgedruckt, wie Elze
angiebt, und auf dem Titelblatt zu der Ausgabe von Shakespeare's
Gedichten vom Jahre 1640 in verkleinertem Massstabe wiederholt.
Er gleicht der Büste nach meiner Ansicht fast gar nicht, aber der

Todtenmaske am meisten von allen in Friswell's Buche mitgetheilten Bildern. Man erkennt deutlich das scharf geschnittene Profil der Maske wieder, doch ist der Kinnbart verschieden, wie er ja von dem Dichter zu verschiedenen Zeiten in anderer Weise getragen worden sein kann. Ben Jonson rühmt das Bild mit einigen Versen, die neben demselben abgedruckt sind, er sagt darin, der Künstler habe sogar die Natur übertroffen. Die Bekleidung ist von der der Büste verschieden und hat auf die Vermuthung geführt, Shakespeare sei vielleicht in dem Kostüm einer Theaterrolle dargestellt, und vielleicht in der Rolle eines Stückes von Ben Jonson, der deshalb das Bild so überschwenglich preist. Eine von der Büste, wie von dem genannten Stiche und auch von der Maske verschiedene Darstellung zeigt das oft copirte, auf Holz gemalte Chandos-Porträt Shakespeare's, nach einem früheren Besitzer so bezeichnet, während es ursprünglich Eigenthum des Schauspielers J. Taylor war. Der Dichter hat hier auffallend dunkles Haar, eine schmale Oberlippe, und in Blick und Mienen etwas dem englischen Typus durchaus Fremdes. Ob das Bild von R. Burbage gemalt ist, soll zweifelhaft sein; es ist stark übermalt, doch hat sich Waagen über seine Aechtheit günstig ausgesprochen. Ein Kunstkritiker aber fragte spöttisch, ob hier Shakespeare vielleicht in der Rolle des Shylock dargestellt sei. Der Felton-Kopf, ein angeblich von Burbage im Jahre 1597 auf Leinwand gemaltes Bild hat, wiewohl der Name Shakespeare hinten auf demselben steht, mit den bisher angeführten Bildnissen kaum eine Aehnlichkeit, die Gesichtszüge haben einen sanften Ausdruck, die Stirne erscheint unnatürlich hoch. Elze hält dies Bild gegen Wivell's Meinung für jüngern Ursprungs und nach dem Droeshout'schen Stiche gemacht. Das Bild Shakespeare's von C. Jansen stimmt mit dem von Droeshout nach Elze nahe überein, hat aber den auf dem Stiche fehlenden Kinnbart. Da Graf Southampton seine Tochter von dem damals in London berühmtesten Bildnissmaler Jansen malen liess, so liegt die Möglichkeit nahe, dass derselbe auch ein Bild seines Freundes Shakespeare von ihm anfertigen liess. Nach Elze zeichnet sich das Jansen'sche Bild durch die edelste und geistvollste Auffassung des Dichters aus und lässt in künstlerischer Beziehung alle andern Bilder hinter sich. Doch sagt er nach Prüfung der von Boaden,[1]) Wivell[2]) und Friswell mitgetheilten Nachrichten über

---

[1]) James Boaden. An Inquiry into the Authenticity of Various Pictures and Prints — offered to the Public as Portraits of Shakespeare, London, 1824.

[2]) A. Wivell. Historical Account of all the Portraits of Shakespeare etc., London, 1827.

Shakespeare's Bildnisse, dass nur die Stratforder Büste und der Stich von Droeshout die einzigen verbürgten Bilder des Dichters seien, die zum Massstab für alle andern dienen müssten. Das erst 1860 in Stratford aufgefundene Bild, welches Friswell mittheilt, hat in der Ordnung des Haares und in der Kleidung mit der Büste eine grosse Uebereinstimmung, nicht aber in der Form der Gesichtszüge, die wieder einen von allen übrigen Bildern verschiedenen Ausdruck haben. Als man das *College of Surgeons* in London umbaute, welches früher das *Duke's Theatre* war, fand man eine vermauerte Thüre, und als sie erbrochen wurde, über derselben eine Büste in *terra cotta*, die Ben Jonson darstellte. Man vermuthete gegenüber dieser Thüre eine zweite, die sich auch fand mit einer entsprechenden Büste, die man für die Shakespeare's erkannte. Sie kam in den Besitz des Professor R. Owen. Der Herzog von Devonshire kaufte sie und schenkte sie dem Garrick-Club. Dieselbe gleicht nach Friswell der Todtenmaske, sie hat dieselben scharfen Züge und die Adlernase. Die Stirne ist breit, aber noch nicht kahl, wie in fast allen übrigen Bildern des Dichters. Wie der Kleiderschnitt vermuthen lässt, ist sie unter Carl I. gemacht. Eine mir vorliegende Photographie dieser Büste hat mit der Maske eine nur entfernte Aehnlichkeit, die Nase ist weniger gebogen und der Bart verschieden. Die Statue Shakespeare's in der Westminsterkirche, die 125 Jahre nach seinem Tode errichtet ist, wird als eine ganz freie Schöpfung des Künstlers angesehen, sie hat mit der Todtenmaske fast nur die hohe kahle Stirne gemein. In England existiren, wie Friswell angiebt, noch manche andere alte Porträts, die man für die Shakespeare's ausgiebt, und mit grösster Leichtgläubigkeit hat man oft solchen Angaben oder auch Fälschungen Glauben geschenkt. Das Costüm und die Mode jener Zeit waren oft genügend, eine Aehnlichkeit mit andern Bildern des grossen Dichters herzustellen. Friswell sagt, dass auf einem Bilde von Garrard: *Procession of Queen Elizabeth to Hunsdonhouse* unter den Hofleuten des Gefolges sich wohl 6 Köpfe finden liessen, die mit ihren Stirnen, Nasen und Bärten dem Shakespeare gleichen. Lavater giebt in der deutschen Ausgabe seiner physiognomischen Fragmente das Bild Shakespeare's nach einem Stiche von Rhodes, der nach einem von Hilliard gemalten Bildnisse gemacht ist.

Aus dem hier Mitgetheilten geht wenigstens soviel hervor, dass ein Vergleich der Todtenmaske mit den ältesten und zuverlässigsten Bildnissen des Dichters nicht ungünstig für dieselbe ausfällt.

William J. Thoms wirft in einem später noch anzuführenden Aufsatze die Frage auf: „Kann die Maske nicht die von Cervantes sein, der in Madrid an demselben Tage starb wie Shakespeare? Die Züge der Maske gleichen mehr dem Cervantes als dem Shakespeare." Da die Maske in der That dem Bildnisse des spanischen Dichters, wie es sich als Kupferstich in verschiedenen Ausgaben seiner Werke befindet, ähnlich ist, so verdient diese Frage eine eingehende Prüfung. Cervantes starb allerdings wie Shakespeare im Jahre 1616. Ob er aber, was freilich für unsere Untersuchung ganz gleichgültig ist, an demselben Tage starb, ist, wie ich glaube, zweifelhaft. In einer ältern Biographie des Dichters[1]) wird ausdrücklich bemerkt, Tag und Monat seines Todes seien unbekannt. Am 18. April 1616 empfing er die Sterbe-Sakramente, und am 19. schrieb er noch die an den Grafen von Lemos gerichtete Widmung seines Romans Persiles und Sigismunda, in der er sogar die Hoffnung auf Genesung ausspricht. Die Erlaubniss zum Drucke dieses Werkes ist unter dem 24. September desselben Jahres schon an seine Wittwe gerichtet. Dass er schon einige Tage nach dem Empfange der Sterbe-Sakramente gestorben, ist nur eine Vermuthung. Kein Grabstein bezeichnet die Stelle, wo er ruht, und erst 120 Jahre nach seinem Tode sammelte Don Gregorio Mayans y Siscar Nachrichten über sein Leben. Auch Bertuch sagt in dem seiner 1798 erschienenen Uebersetzung des Don Quichote vorgedruckten Lebensabrisse des Dichters nur, dass er wahrscheinlicher Weise einige Tage nach dem 19. April gestorben sei. In einer in Madrid 1819 erschienenen Biographie des Cervantes[2]) aber wird der 23. April als Todestag angegeben und das wunderbare Zusammentreffen hervorgehoben, dass Shakespeare an demselben Tage gestorben sei. Bei dieser Angabe ist nicht in Anschlag gebracht, dass Spanien damals bereits nach dem Gregorianischen Kalender rechnete, der in England erst 1752 eingeführt wurde. Was nun das in vielen neueren Ausgaben seiner Werke vorhandene Bildniss des Cervantes betrifft, so wird in dem eben angeführten Buche gesagt, die Bilder, welche Don Juan de Jauregui und Francisco Pacheco gemalt hätten, seien verloren gegangen. In der französischen Uebersetzung der Nouvelles exemplaires[3]) befindet sich ein Kupferstich mit der Unterschrift: *Portrait de Michel de Cervantes Saavedra, par lui même.* Zur Seite steht: *G. Kent pinx.* In der von Cervantes geschriebenen Vorrede zu diesem 1613 erschienenen Buche findet sich die Erklärung des Zusatzes *par lui même.* Hier sagt

---

[1]) La vie de Michel de Cervantes, Amsterdam 1740.
[2]) M. J. de Navarrete, Vida de Miguel de Cervantes Saavedra, Madrid, 1819.
[3]) Nouvelles exemplaires de Michel de Cervantes Saavedra, Lausanne 1759.

nämlich der Dichter mit feinem Spotte: ein Freund hätte wohl sein Bild stechen und dem Buche vordrucken lassen können, wie es Gebrauch sei, denn viele der Leser würden doch gerne wissen, wie er ausgesehen habe. Der berühmte Don Juan de Jauregui würde dazu gern sein Bild hergegeben haben. Statt dessen beschreibt er nun selbst seine Züge, wie folgt: er habe ein langes Gesicht, kastanienbraunes Haar, aber silbergrauen Bart, der, als er 20 Jahre alt war, goldfarben gewesen sei, eine glatte und offene Stirne, ein lebhaftes und heiteres Auge, eine Adlernase, die aber wohlgeformt sei, einen langen und gut gepflegten Schnurrbart, sehr kleinen Mund, schlechte Zähne, mehr weissen als dunkeln Teint und eine mittlere Gestalt. Es ist nun bekannt, dass Kent nach diesem von ihm entworfnen Bilde den Stich für die prächtige Carteret'sche Ausgabe seiner Werke angefertigt hat, von dem das oben erwähnte in der Ausgabe der Nouvelles wohl eine Copie ist. Dasselbe Bild befindet sich mit kleinen Aenderungen wieder in der Biographie des Dichters von Navarrete, sowie in dem von Gebr. Schumann in Zwickau 1818 herausgegebenen Stiche, bei dem J. del Castillo als Maler genannt ist.

Wiewohl dies Bild nun gar nicht nach der Natur aufgenommen ist, so gleicht es doch einigermassen in der hohen Stirn, den rundgeschweiften Augenbrauen, der gebogenen Nase der Shukespeare-Maske, nur ist die Nase in jenem viel länger, das ganze Gesicht schmäler und ein vollerer Kinn- und Backenbart vorhanden. Es sprechen aber wichtige Thatsachen gegen die Annahme, die Todtenmaske sei die des Cervantes. Derselbe lebte und starb in so dürftigen Verhältnissen und ward so ohne alle Feier begraben, dass es gar nicht denkbar ist, es habe Jemand an die Anfertigung seiner Todtenmaske gedacht. Ward ihm doch nicht einmal ein Grabstein gesetzt! Nach seiner eignen Angabe hatte er schon 3 Jahre vor seinem Tode einen silbergrauen Bart, an der Maske sind aber die Barthaare, deren im Schnurrbarte 13, im Kinnbarte 21 vorhanden sind, alle braunröthlich. Auch entspricht die Maske im Uebrigen nicht dem Alter, welches Cervantes erreichte. Er war am 7. October 1547 geboren und ward, wenn er im April 1616 starb, 68½ Jahr alt. Ebensowenig hat sie die Züge eines Mannes, der, wie es bei Cervantes der Fall war, an Wassersucht zu Grunde ging.

Ueber die Auffindung der Todtenmaske in Mainz ist das Folgende bekannt:

Im Jahre 1846 kaufte Herr Louis Becker, der als Maler längere Zeit in Mainz lebte und zugleich ein eifriger Sammler von Kunstsachen war, von dem Antiquar Jourdan ein kleines Oelbild, welches einen mit einem Lorbeer bekränzten, auf dem Todtenbette liegenden Mann darstellt und von der im Juni des Jahres 1842 in Mainz versteigerten Gemäldesammlung des am 18. November 1841 daselbst verstorbenen Grafen und Domherrn Franz von Kesselstadt herrührte. In dem noch vorhandenen gedruckten Kataloge dieser Versteigerung ist das 2 Zoll 4 L. Rh. hohe und 3 Zoll 8 L. lange, wie ich mich durch das Mikroskop überzeugte, auf Pergament gemalte Bildchen unter No. 291 aufgeführt mit der Bezeichnung: „Ein Verstorbener mit lorbeerbekränztem Haupte, 1637". Fast in der Mitte des Bildchens zur Seite der brennenden Kerze, die hinter dem Bette aufgestellt ist, steht in Goldschrift: A$\underline{o}$ 1637.

Professor Müller, der damalige Director der Gemäldegallerie in Mainz, versichert in einem Briefe vom 28. Februar 1847, viele Personen und er selbst habe das Bildchen mit der Unterschrift: „den Traditionen nach, Shakespeare" an einer hervorragenden Stelle in der Sammlung hängen sehen und dem verewigten Grafen seien namhafte Gebote darauf gemacht worden, die er aber zurückgewiesen. Nicht vom Maler Becker selbst, wie Grimm angiebt, sondern, nach Mittheilung seines Bruders, von dem Professor Müller, rührte die Vermuthung her, dass dasselbe wahrscheinlich nach einer Zeichnung oder Todtenmaske gemalt worden sei. Diese Vermuthung ist gar nicht so auffallend, wie es scheint. Wenn ein Künstler das naturwahre Bild eines auf dem Todtenbette liegenden Mannes 21 Jahre nach dessen Tode gemalt hat, so muss ihm dazu ein Bild der Leiche oder eine Zeichnung oder eine Todtenmaske als Vorlage gedient haben. Nicht diese Aeusserung bewog den Maler Becker nach einer solchen Maske zu forschen, die er dann auch, zwei Jahre später, bei einem Trödler unter altem Gerümpel auffand, sondern er war zu dem Suchen nach derselben dadurch veranlasst worden, weil ihm, wie mir Dr. Becker unter dem 24. Februar dieses Jahres mittheilt, im Jahre 1847 in Mainz die Mittheilung gemacht worden war, dass sich früher eine Todtenmaske Shakespeare's in der gräflichen Sammlung befunden habe, man wisse aber nicht was daraus geworden sei. Herr Jos. Weismüller, der auch noch den Katalog der Bibliothek besitzt, theilt mir mit, dass sich in der Kesselstadt'schen Sammlung auch Terrakotten befunden hätten, die der Graf nebst andern Gegenständen dem Museum in Mainz vermachte, an welches dieselben auch abgeliefert worden seien, Herr Fr. Schneider in Mainz versichert aber, dass dahin nur Aquarelle gekommen seien. So hat auch der Mainzer Dom aus dem Kesselstadt'schen Nachlass ein werthvolles Holzschnitzwerk sowie die Bildnisse der Erzbischöfe von Albrecht von Brandenburg an bis auf Dalberg erhalten.

Das Oelbildchen ist grau in grau, sehr sauber gemalt, mit dünner Farbe, in der Manier des Holbein, und rührt gewiss nicht von einem unbedeutenden Maler her. Es ist nicht denkbar, dass die mit Gold geschriebene Zahl 1637 an der auffallenden Stelle, wo sie sich befindet, das Jahr angeben soll, in dem das Bildchen, etwa auf Bestellung eines Verehrers von Shakespeare, 21 Jahr nach dessen Tode, gemalt wurde. Der Gedanke, dass diese Zahl nur das Sterbejahr des Mannes sein könne, der daneben auf dem Todtenbette liegt, tauchte beim ersten Anblicke des Bildchens in mir auf, und als ich nachschlug, welcher berühmte, des Lorbeers würdige Mann in England in diesem Jahre gestorben sei, fand ich zu meiner Ueberraschung, dass 1637 das Sterbejahr des Dichters Ben Jonson ist, des Zeitgenossen und Nebenbuhlers, aber auch des Freundes von Shakespeare, der bei Lebzeiten nicht weniger geehrt war wie er, ja von Manchen ihm vorgezogen wurde. Waren doch, wie oben angegeben ist, im Duke's Theater in London die Büsten beider Dichter einander gegenübergestellt!

Es ist ein sonderbarer Zufall, dass ein Bildchen, welches man für das des Shakespeare hielt, auf die Auffindung seiner Todtenmaske leitet und sich später als das des Ben Jonson erweist. Dieser Beweis ist freilich nicht vollständig geliefert, aber Vieles spricht dafür. Zunächst fragt sich wohl, ob die Gesichtszüge des dargestellten Todten dem Shakespeare oder dem Ben Jonson gleichen. Man kann nicht leugnen, dass das Bildchen mit der Todtenmaske zumal in dem Profil des Gesichtes, der Adlernase und der kahlen Stirne, die aber breiter erscheint, Aehnlichkeit hat, doch ist es sicherlich nicht nach dieser Todtenmaske gemalt, welche einen anderen Kinnbart, mehr gebogene Augenbrauen, tiefer herabgedrückte Augenlider und keine Falten hinter der Wange und ganz andere Lippen hat. Dieselben Gründe beseitigen den Verdacht, es sei die Todtenmaske vielleicht nach diesem Bildchen angefertigt worden. Der hier dargestellte Todte hat sehr dunkles Haar, nicht das röthlich braune der Büste von Stratford; die Kahlheit der Stirne geht, wie man mit der Lupe erkennt, über dem Lorbeerkranz in der Mitte nicht so hoch hinauf als an der Todtenmaske. Mit den vorhandenen Bildnissen des Ben Jonson hat das Bildchen eben so grosse, wenn nicht in Einzelnheiten grössere Aehnlichkeit als mit der Todtenmaske und den Bildern Shakespeare's. In der Ausgabe von Ben Jonson's Werken von 1838 *(Barry Cornwall, The Works of Ben Jonson*, London,

1838) findet sich ein Titelbild des Dichters, das nach einem Gemälde von Gerard Honthorst, der von 1592 bis 1662 lebte und bei seinem Aufenthalt in England wahrscheinlich den Dichter malte, gestochen ist. In dem Buche von Chambers, *Cyclopædia of English Literature*, Edinburgh, 1843, vol. 1, p. 191 findet sich ein dem genannten Stiche ähnlicher Holzschnitt. Eine Aehnlichkeit dieser Bildnisse mit einer oder der andern Darstellung Shakespeare's ist nicht vorhanden, auch nicht wahrscheinlich, wenn der Ausspruch Friswell's richtig ist, der das Gesicht Ben Jonsons hart und rauh und verwittert nennt. So sieht dasselbe indessen in dem Bilde von Honthorst nicht aus, auch der Ausdruck des gemalten Todten ist ruhig, seine Züge sind schön und nicht abstossend. Ben Jonson hat in seinen Bildern eine mehr breite als hohe Stirn, eine tief eingeschnittene Nasenwurzel, die Stirnglatze ist seitlich emporsteigend, während in der Mitte noch ein Büschel Haare steht, diese sind lockig und sehr dunkel von Farbe. Um das Kinn wächst ein breiter Bart, der in dem Kupferstiche bis zum Ohre reicht, der Schnurrbart geht an den Seiten abwärts zum Kinnbart, die Augenbrauen verlaufen mehr gerade, sie sind nicht so hoch gewölbt wie an der Maske, die Lippen sind in der Mitte voller. Die Nase ist etwas gebogen, doch weniger als in dem Bildchen. Man sieht, dass in vielen Merkmalen das Bildchen mit der Darstellung des Ben Jonson, der 1574 geboren war, also im 63. Lebensjahre starb, übereinstimmt. Als eine Eigenthümlichkeit ist auf dem Bilde von Honthorst auf der rechten Backe des Dichters neben der Nase eine Warze dargestellt, die auch der Holzschnitt wiedergiebt; sie fehlt auf dem Oelbildchen, das indessen gelitten hat, denn an einigen Stellen, wie am Schnurrbart, hat es die Lasurfarben verloren. Wäre diese Warze auf dem Bildchen erkennbar, so würde die Deutung desselben als das von Ben Jonson fast zweifellos sein. Der Maler mag sie aber auch wegen Kleinheit des Bildes weggelassen haben. Von Gerard Honthorst, über dessen Lebensereignisse nicht viel bekannt ist, wissen wir, dass Carl I. ihn nach England berief, wo er in 6 Monaten das in Hamptoncourt befindliche Gemälde vollendete, auf dem König Carl als Apollo, die Königin als Diana und der Herzog von Buckingham als Merkur dargestellt sind. Ob er, der im Schnellmalen berühmt war, während dieser Zeit auch noch Portraits anderer Personen gemalt hat oder vielleicht später noch einmal sich in England aufgehalten hat, ist aus den Nachrichten, die Walpole (*Anecdotes of Painting in England*, London, 1786) und von Sandrart (Teutsche Akademie, Nürnberg 1675, I, 303) über ihn geben, nicht ersichtlich. Auch G. K. Nagler, Neues allgemeines Künstler-Lexikon, Nürnberg 1838, B. VI, giebt darüber keine Auskunft.

Wenn nun wirklich dieses kleine Oelbild den Ben Jonson darstellt, so wird die Wahrscheinlichkeit, dass die Kesselstadt'sche Sammlung auch die Todtenmaske Shakespeare's besessen habe, nicht geringer. Beide Merkwürdigkeiten werden wohl von demselben Kunstliebhaber in England erworben worden sein und sind auch dort vielleicht schon in dem Besitze eines und desselben Verehrers beider Dichter gewesen. Dass sie der Kesselstadt'schen Sammlung beide angehörten, ist um so leichter annehmbar, als diese eine Vorliebe ihres Besitzers für historische Bildnisse früherer Jahrhunderte erkennen liess; der Katalog enthält von solchen aus den Jahren von 1500 bis 1700 nicht weniger als 194 Nummern. Elze macht darauf aufmerksam, dass der muthmassliche Verfertiger der Todtenmaske, Gerard Jonson, aus Amsterdam stammte und Jansen hiess, und dass vielleicht einer seiner 5 Söhne, über deren Verbleib nichts bekannt ist, später in sein Vaterland zurückgekehrt sei, und bei dem lebhaften Verkehr zwischen Holland und Köln die Maske vielleicht auf diesem Wege nach dem Rhein gekommen sei.

Der Name des Trödlers, bei welchem Herr Hofmaler Louis Becker die Maske aufgefunden, ist nicht bekannt. Ich habe im März dieses Jahres bei Trödlern und Antiquaren in Mainz Umfrage gehalten, aber die Personen hatten seitdem meist gewechselt und Niemand erinnerte sich einer solchen Maske, wiewohl mehreren die Versteigerung der Kesselstadt'schen Sammlung noch erinnerlich war. Herr Antiquar Kirch meinte, ein gewisser Wilz habe in jener Zeit mit solchen Dingen gehandelt. Der antiquarische Buchhändler Jourdan, der mit Herrn Louis Becker bekannt war, versicherte, dass dieser ein sehr ehrenhafter Mann gewesen sei, der mit grossem Geschick Kunstsachen gesammelt habe, dass dagegen der Professor Müller als ein in seinen Angaben sehr unzuverlässiger Mann gegolten habe. Der Finder der Maske hatte während längerer Zeit gar keinen Verkehr mehr mit seiner Familie und nach seinem Tode erfuhr dieselbe erst durch den gemeinschaftlichen Freund, Professor Kaup in Darmstadt, dass der Bruder die angebliche Todtenmaske bei seiner Abreise von England nach Australien, wo er im Jahre 1861 mit der Expedition von Wills und Burke zu Grunde ging, dem Professor R. Owen in London in Verwahrung gegeben habe. Dieser bewahrte sie von 1849 bis 1865 und hatte sie auch nach Stratford zum Jubelfeste geschickt. Herr Dr. Becker kam 1851 nach London und wurde deutscher Privatsecretair des Prinzen Albert. Als die

Nachricht von Ludwig Becker's Tode eintraf, gab R. Owen dem Bruder die Maske zurück, die er als einen zwar für England sehr werthvollen Gegenstand bezeichnete, aber doch als das Eigenthum der Familie Becker ansehen zu müssen glaubte. Owen's Urtheil über die Maske war, dass dieselbe in ihren anatomischen Verhältnissen dem Bilde entspreche, welches man sich von Shakespeare machen könne. Er erkannte die ihr anklebenden Haare als wirkliche Menschenhaare und hielt es für wichtig, dass die Jahreszahl 1616 in den Ziffern jener Zeit geschrieben und, wie man an den abgerundeten Kanten derselben sehen könne, in den noch weichen Gyps eingeschrieben sei. Owen gab noch Herrn Dr. Becker den Rath, darüber Nachforschungen anzustellen, ob je ein Graf Kesselstadt sich in England aufgehalten habe. Friswell theilt in seinem Buche mit, was in einer kleinen vom Hofmaler L. Becker verfassten Druckschrift, welche in Stratford der Maske beigegeben war, enthalten ist. Wenn er hinzufügt, ein Vorfahre der Kesselstadt solle am Hofe James I. einer Gesandtschaft zugetheilt gewesen sein und die Maske wahrscheinlich von dem Bildhauer gekauft haben, so weiss Niemand, woher diese Angabe rührt, die wohl nur aus einer Vermuthung entstanden ist. Sie ist als eine solche auch von William J. Thoms ausgesprochen worden, der in der Zeitschrift *Notes and Queries* zwei kleine Mittheilungen über die Stratforder Büste und die angebliche Maske Shakespeare's veröffentlicht hat.[1]) Thoms fragt, ob ein Leser der Zeitschrift darüber Auskunft geben könne, dass ein Graf Kesselstadt am Hofe James I. gewesen und ob man wohl annehmen dürfe, Shakespeare sei in jener Zeit schon in Deutschland so sehr bewundert worden, dass ein deutscher Edelmann die Todtenmaske desselben in seinen Besitz gebracht habe. Wenn derselbe Schriftsteller meint, die Familie Kesselstadt sei nicht so hoch gestellt gewesen, dass man ihren Mitgliedern diplomatische Geschäfte übertragen habe, so ist das, wie aus dem Folgenden hervorgeht, irrig. Auch ist die Angabe falsch, dass diese Familie nach der französischen Revolution ganz verarmt gewesen sei, und wenn sie eine werthvolle Kunstsammlung besessen hätte, sie damals veräussert haben würde. Erst später, als bessere Zeiten kamen, hätten sie Antiquitäten gesammelt. Die reichen Kesselstadt'schen Güter waren freilich mit Schulden belastet, aber noch heute sind sie als ein sehr beträchtlicher Familienbesitz vorhanden. Ein englischer Kunstliebhaber und Dichter, Mr. de Pearsall, habe die Grafen Kesselstadt

---

[1]) „The Stratford Bust of Shakspeare" in Notes and Queries, 1864, p. 227, und „The Kesselstadt Mask of Skakspeare" ebendaselbst, p. 342.

gekannt und bei der Versteigerung ihrer Sammlung mehrere Kunstsachen angekauft, die noch im Besitze seiner Tochter, der Mrs. Hughes seien. Wie würde dieser ein solches Ueberbleibsel von Shakespeare gepriesen haben! Aus dem Umstande, dass er sie nicht kaufte, so schliesst Thoms, folgt, dass sie nach dem Urtheil eines so bewährten Kenners, der ihre Geschichte genau untersuchen konnte, nicht das war, wofür sie ausgegeben wurde. Diese Bemerkung ist ohne Werth, weil man annehmen muss, dass die Maske, wenn sie überhaupt der Kesselstadt'schen Sammlung angehört hat, als ein gänzlich unbekannter und unbeachteter Gegenstand bei Seite gelegt war. Auffallend bleibt es aber, dass Pearsall das Oelbildchen, welches damals für das des Shakespeare gehalten worden sein soll, und einen hervorragenden Platz in der Sammlung hatte, nicht gesehen und beachtet hat. Der Antiquar Jourdan erstand dasselbe um einen ganz geringen Preis. Herr Dr. Becker durchforschte vor mehreren Jahren schon das Kesselstadt'sche Familien-Archiv zu Trier, ohne auf irgend eine Spur der Erwerbung jener Maske oder des Aufenthaltes eines Familiengliedes in England zu stossen. Aber er erfuhr hier, dass der Major-Domus des in Mainz 1841 gestorbenen Grafen Franz von Kesselstadt, Herr Weismüller, noch lebe, er suchte denselben in Calmesweiler bei Lebach auf und hörte von ihm, dass dieser Graf Franz, der ein grosser Kunstliebhaber war, mehrere Monate in England gewesen sei, dass er aber die Shakespeare-Maske von dort nicht mitgebracht habe, weil er davon nichts wisse; überhaupt sei sie nicht in seinem Besitze gewesen. Ferner theilte Herr Weismüller mit, dass ein grosser Theil der Kesselstadt'schen Sammlung bei der Beschiessung von Mainz im Jahre 1793 zu Grunde gegangen sei. Der Besitzer war abwesend, als das Haus brannte; vieles, was nicht verbrannte, wurde gestohlen, und ein Theil der gestohlenen Sachen wurde später wieder zurückgekauft. In einer Privat-Gemäldesammlung bezeichnete der Graf später 5 Gemälde dem Herrn Weismüller als aus seiner Sammlung herrührend, auch im Louvre zu Paris entdeckte er einige von seinen Kunstschätzen. Die Maske könnte also damals aus der Sammlung verschwunden sein. Auch der General-Secretär Schmit hat in dem Archiv der Kesselstadt'schen Familie nie etwas gefunden, was auf die Maske Bezug hätte; eben so wenig der Administrator des gräflich Kesselstadt'schen Majorats, Herr Advocat-Anwalt F. Zell in Trier. An diesen schreibt Herr J. Weismüller am 19. Novbr. 1869: „Der Onkel des Grafen Franz von Kesselstadt, geb. 1725, gest. 1777, war churfürstlicher Geheimrath und Statthalter zu Ehrenbreitenstein und Dompropst zu Trier, er vertrat mehrere Gesandtschaften. Ebenso vertrat der Onkel von diesem, Joseph I. Franz, Freiherr von Kesselstadt, geb. 1695, gest. 1750, Domprobst in Trier, Hof- und Regierungs-Präsident in Mainz und k. k. wirklicher Geheimrath, vielseitige Gesandtschaften bei Kaiserwahlen und Friedenscongressen. Er war Gesandter bei der Wahl Kaiser Franz I. im Jahre 1745. Beide sammelten grosse Kunstschätze, die 1793 in Mainz zu Grunde gingen." Nach einem mir von Herrn Archivrath Eltester in Coblenz mitgetheilten Stammbaume des ersten Grafen von Kesselstadt (seit 1776), Johann Hugo Casimir, waren von 11 Söhnen, die er hatte, 6 in den geistlichen Stand getreten und meist Domherren. Der zweite, Johann Philipp, war churtrierischer Gesandter zu Rastatt im Jahre 1797.

Herr Bibliothekar Schömann theilt mir noch mit, dass die in Mainz versteigerten Kunstgegenstände eine dem dortigen Canonikus zugehörige Privat-Sammlung gewesen seien, welche zu der in Trier, dem Kesselstadt'schen Familiensitze, früher befindlichen in keiner Beziehung gestanden habe. Die letztere sei vor 10 oder 15 Jahren unter der Hand verkauft worden. So erkläre es sich, dass man in Trier auch von der Maske keine Nachricht finde. Der 1841 in Mainz gestorbene Graf von Kesselstadt war indessen nicht der letzte seines Geschlechtes, wie mehrfach irrig angegeben wird. Auch hat die Familie niemals ihren ständigen Wohnsitz in Köln gehabt.

Ueber die Beschiessung von Mainz im Jahre 1793 durch die Alliirten unter dem Oberbefehl des Herzogs von Coburg giebt Schaab (Geschichte der Stadt Mainz, 1844, 2. Bd.) ausführliche Nachricht. Mehrere der ansehnlichsten Gebäude der Stadt gingen in Flammen auf. Im Jahre 1786 war mit einem Aufwand von 150,000 Gulden die neue Domprobstei gebaut worden. Es war der schönste Palast der Stadt, im Mittelsaale mit kostbaren Gemälden geziert. Weil die französischen Generale hier abstiegen, Custine hier wohnte, Meunier hier starb, und die Belagerer wussten, welche vornehme Gäste das Haus beherbergte, so richteten sie täglich das stärkste Feuer dahin und er brannte dann auch in der Nacht vom 29. auf den 30. Juni gänzlich nieder und lag bis 1805 in Schutt. Schaab giebt auch ein genaues Verzeichniss der damals in Mainz befindlichen gräflichen und freiherrlichen Häuser oder Höfe. Ein Kesselstadt'sches ist nicht darunter, aber unter den Domherrn-Curien kommt eine von Kesselstadt'sche vor. Herr Weismüller aber schreibt mir, dass Franz I. Ludwig Graf von Kesselstadt 1756 in Mainz ein Kapitularhaus baute, welches nach dessen Tod sammt Gemäldesammlung, Kunstschätzen und Bibliothek an Franz II. Ludwig Graf von Kesselstadt überging. Man nannte es den Kesselstadt'schen Hof. Es stand zwischen der jetzigen Ludwigsstrasse und der Insel. Graf Kesselstadt erhielt vom Kaiser Napoleon später als Entschädigung für den Verlust jenes Gebäudes den Bischofshof auf dem Höfchen am Dom. Hier wohnte Herr Weismüller 10 Jahre lang bei ihm bis zu seinem Ableben. Auch die Kesselstadt'sche Kunstsammlung wird von Schaab nicht erwähnt, vielmehr gesagt, die berühmteste Kunst- und Gemäldesammlung von Mainz sei die des Domprobst und Grafen von Eltz gewesen, von welcher Schaab noch den Katalog mit 1131 Nummern besass, sie wurde 1785 versteigert und es wurden 80,000 Gulden daraus erlöst. Auch der letzte Domprobst, ein Graf von der Leyen, besass eine werthvolle Gemäldesammlung. Man muss es dem rheinischen Adel jener Zeit als ein grosses Verdienst nachrühmen, dass er sich durch edlen Kunstsinn ausgezeichnet und gewiss dem keines andern Landes nachgestanden hat, wenn man bedenkt, welche Kunstschätze die Arenberg, die Renesse-Breitbach, die Kesselstadt, die Eltz und von der Leyen zusammengebracht hatten.

Wie leicht eine Todtenmaske, auch die eines berühmten Mannes, die für die meisten Menschen etwas Abschreckendes hat und die in unserm Falle vielleicht aus einer Hand in die andere gegangen war, in Vergessenheit gerathen kann, habe ich selbst in einem auffallenden Beispiele erfahren. Ich fand in einem Winkel der Bonner Universitäts-Bibliothek im untersten Fache eines Büchergestells eine staubige Todtenmaske, die ich sofort erkannte und mit Verwunderung den anwesenden Beamten der Bibliothek zeigte, denen sie fremd war. Es war aber die Beethoven's, die unzweifelhaft zur Zeit des Beethoven-Jubiläums der Bibliothek übergeben worden war, aber zur Seite gelegt wurde, bis sie an den ihrer unwürdigen Platz gerieth.

Trotz dem Dunkel, in welches noch die Geschichte dieser Maske gehüllt ist, sind doch überwiegende Gründe für die Annahme vorhanden, dass sie ächt und die des Shakespeare ist. Um aber der Untersuchung nach jeder Seite hin gerecht zu werden, will ich auch das Urtheil eines Zweiflers nicht verschweigen, eines mir befreundeten und in der Geschichts- und Kunstforschung sehr erfahrenen Mannes. Er schreibt mir: „Entweder ist die Maske alt und keine Fälschung neuerer Zeit, dann ist sie sicher nicht die von Shakespeare, sondern die einer andern, diesem mehr oder weniger ähnlichen Person; oder aber sie ist wirklich eine Maske von Shakespeare, dann ist sie ein Fabrikat neuesten Datums, nach dessen bekannten Bildern oder Büsten und mit dem Kesselstadt'schen Apparat von einem Kunsthändler in Scene gesetzt." Er bezeichnet diese Meinung selbst als vielleicht zu schwarz sehend und will dem Urtheile der Sachverständigen nicht vorgreifen, aber er begründet sie in folgender Weise: „Mainz ist für den Archäologen ein Hauptort, wenn nicht um Falsches geradezu zu machen, so doch um solches in den Verkehr zu bringen; man denke an das Schwert des Germanikus und die ähnlichen römischen Alterthümer, die von dort aus ihren Weg in die Museen gefunden haben und jetzt allgemein als gefälscht erkannt sind. Ferner wäre eine Shakespeare-Maske in der Sammlung eines rheinischen Canonikus hohen Adels im vorigen Jahrhundert eine wahre Ungeheuerlichkeit oder doch ein ganz ungeheurer Zufall. Bei der durchaus französischen Bildung dieser Herren war, wenn überhaupt der Name Shakespeare je in die Ohren eines Canonikus gedrungen sein sollte, das Urtheil Voltaire's über den göttlichen Meister so massgebend, dass schon, um sich nicht lächerlich zu machen, derselbe Anstand genommen haben würde, eine solche Maske in seine Sammlung aufzunehmen oder darin zu zeigen." Was die Fälschung betrifft, so kann in Erwägung dessen, was oben über die Maske gesagt ist, davon gar nicht mehr die Rede sein. Die andere Betrachtung ist vielleicht ein Grund mehr für die Annahme, dass die Maske nicht erst zu Ende des vorigen Jahrhunderts, sondern bald nach dem Tode Shakespeare's in den Besitz eines deutschen Kunstsammlers gekommen ist. Auch darf man wohl die Bildung jener, wie schon angeführt wurde, so allgemein für Kunst und Alterthümer begeisterten Herren trotz ihrer Hinneigung zu französischen Sitten etwas höher anschlagen, als dass sie nicht der Todtenmaske eines Shakespeare unter so vielen andern historischen Bildnissen einen Platz sollten gegönnt haben. Wird uns doch berichtet, dass das für ein Bild Shakespeare's gehaltene kleine Oelgemälde in der Sammlung des Grafen von Kesselstadt einen hervorragenden Platz einnahm. Auch sei hier erwähnt, was mir aus eigner Erinnerung Herr Domprübendat Fr. Schneider in Mainz über die Person des Finders der Maske, aber mit Verwahrung gegen jedes daraus etwa abzuleitende ungünstige Urtheil über dieselbe mittheilt. Er sagt, dass Maler Becker sich viel mit Abformen, Modelliren und Giessen beschäftigt und dieses mit eben so viel Geschick als Liebhaberei gethan habe; es lasse sich daraus ein besonderes technisches Interesse dieses Mannes für einen Gegenstand, wie den in Rede stehenden, leicht ableiten.

Man wird vielleicht keinen grossen Werth darauf legen, dass, wie uns Friswell erzählt, Fanny Kemble beim Anblick der Maske in Thränen ausbrach, aber es ist gewiss nicht ohne Bedeutung, dass eine grosse Zahl zu einem Urtheil befähigter Männer geneigt war, sie für ächt zu halten, so der Naturforscher Kaup, der Anatom R. Owen, Hermann Grimm, Hettner, der dem Professor Ulrici in Halle erklärte, dass seines Erachtens an der Aechtheit der Maske nicht zu zweifeln sei. Den Gedanken, nach der Maske ein lebendes Bild des Dichters zu komponiren, haben schon mehrere namhafte Künstler erfasst. So ist Page, Präsident der National-Gallerie in Newyork, damit beschäftigt, nach den Photographieen der Maske ein Bild Shakespeare's zu malen. Professor Natter in München hat damit begonnen, eine Büste nach der Maske zu modelliren. Eine treffliche Kreidezeichnung über Lebensgrösse hat Nissen, der Conservator des Kölner Museums, bereits vor 2 Jahren nach der Maske mit Benutzung der übrigen Bilder vollendet; sie ist in photographischer Nachbildung in der Bruckmann'schen Anstalt in München erschienen. Es ist ein durchaus edler Kopf, an dem ich nur den Unterkiefer zu stark und das Kinn zu sehr vorspringend finde. In England werden Copieen der in Grimm's Abhandlung gegebenen Photographieen verkauft. Auch in Amerika hat die Maske Aufsehen erregt, und reisende Amerikaner treffen nicht selten in Darmstadt ein, um sie zu sehen. Das Museum in New-York hat bereits wegen Erwerbung der Maske Erkundigungen eingezogen. Ebenso wurden aus Boston Anfragen der Art gestellt. Es kann aber keinem Zweifel unterliegen, dass, sobald einmal die Ueberzeugung von der Aechtheit der Maske unwiderlegbar feststeht, der einzig passende Ort für ihre Aufbewahrung das Britische Museum sein wird. Merkwürdig ist, dass die Untersuchung über die Aechtheit von Dante's Todtenmaske und Schädel ganz ähnliche Schwierigkeiten zu überwinden hatte, als sie uns vorliegen. Als man kurz vor dem letzten Dante-Feste in Florenz in der Kapelle Braccioforte eine Kiste auffand mit der Aufschrift, dass sie Dante's Gebeine enthalte, zweifelte man an der Aechtheit derselben und vermuthete einen Betrug. Es befand sich eine Marmorvase in der Kirche mit derselben Aufschrift; als man sie öffnete, enthielt sie nur 3 Phalangen einer Hand, die Gebeine in der Kiste zeigten sich als ein vollständiges Skelet, dem aber jene 3 Fingerknochen fehlten. Man konnte aus alten Urkunden nachweisen, dass wahrscheinlich ein Ordensbruder in Voraussicht, dass man die Gebeine des als Ketzer angesehenen Dichters von der geweihten Stelle, an der sie ruhten, entfernen werde, sie heimlich in der Kapelle beigesetzt habe. Professor H. Welcker in Halle wurde von Witte, dem Vorsitzenden der Deutschen Dante-Gesellschaft, um ein Urtheil über die Maske gebeten. Er glaubte, sie mit dem Schädel Dante's vergleichen zu müssen, an dessen Aechtheit selbst die italienischen Gelehrten Gaddi und Nicolucci zweifelten. Es stand ihm aber kein Abguss des Schädels zu Gebote, nur die in einem zur Zeit des Dante-Jubiläums erschienenen Berichte gegebenen Schädelmaasse konnte er benutzen. Aber viele Zahlen passten gar nicht zusammen. Die Entfernung der Nasenwurzel von den Alveolen der Schneidezähne ist am Schädel 85 ^{mm}, an der Maske 66, der Abstand eines äussern Augenhöhlenrandes vom andern am Schädel 124, an der Maske 106, und doch müssten die Maasse der Maske grösser sein! Für die Jochbeinbreite wird 124, eine am Schädel fast unmögliche Zahl angegeben. Nicolucci giebt für den Schädel einen Inhalt von 1493 $^{Kcm.}$ an, und berechnet danach ein Hirngewicht von 1552 ^{grm}. Welcker berechnet aus dem Gewicht der Reiskörner, die zur Messung gedient, = 1420 ^{grm}, einen Inhalt von 1580 bis 1630 $^{Kcm.}$; aus dem Umfang des Schädels von 525 $^{mm.}$ aber nur 1470 $^{Kcm.}$; nimmt man 1490 an, so war das Hirngewicht 1420, das ist weniger als man für Dante annehmen sollte, mit Rücksicht auf seine sehr kleine Körpergestalt vielleicht erklärlich. Welcker schliesst nun aber trotz jener Abweichungen in den Maassen, die er beim Schädel für irrige hält, dass sowohl Maske als Schädel ächt seien, denn dieser hat eine Eigenthümlichkeit, er ist etwas schief, indem der linke Scheitelhöcker mehr rückwärts liegt, als der rechte, und diese Schiefheit lässt sich auch in der Maske erkennen. Welcker konnte auch an einem andern Schädel erkennen, dass Schiefheit der Schädeldecke auf die Bildung der Gesichtsknochen ihren Einfluss übt. (Vgl. H. Welcker, Der Schädel Dante's. Jahrb. der Deutschen Dante-Gesellschaft, 1867, I. S. 40.)

Diese Untersuchung führe ich hier auch deshalb an, weil sie uns das Mittel nahe legt, welches allein im Stande ist, die Frage, ob die Shakespeare-Maske ächt sei, in endgültiger Weise zu entscheiden; es ist dies die Vergleichung der Maske mit dem Schädel Shakespeare's! Die Feststellung des Werthes dieser Maske ist um so dringender gefordert, als, nach dem Ausspruche Elze's, keines der vorhandenen Bildnisse Shakespeare's die vereinten Vorzüge unbezweifelter Aechtheit und künstlerischer Ausführung für sich in Anspruch nehmen kann.

So lange die Nachrichten fehlen, die vielleicht nie zu erbringen sein werden, dass eine Todtenmaske von Shakespeare genommen worden und dass diese nach Mainz gekommen ist, so lange ist ein vollgültiger Beweis ihrer Aechtheit nicht vorhanden. Dieser kann aber in der angedeuteten Weise jederzeit geführt werden und die Entscheidung dieser Angelegenheit ist doch auch so wichtig, dass man hoffen darf, es werden mit der Zeit alle diesem Vorschlage etwa entgegenstehenden Bedenken einer vernünftigen Erwägung weichen.

Da fällt uns wohl jene Strophe ein, die auf dem Denksteine über dem Grabe des Dichters in Stratford steht und ihm selbst zugeschrieben wird:

Bleste be ye man yt spares thes stones
And curst be he yt moves my bones!
(Gesegnet sei, wer schonet diesen Stein,
Der sei verflucht, wer störet mein Gebein!)

Aber es ist keine Entweihung, die edlen Reste des Dichters dem prüfenden Auge der Wissenschaft anzuvertrauen, die daraus nur Neues lernen und uns den Werth einer andern kostbaren Reliquie desselben über allen Zweifel sicher stellen soll, um sie dann der Ruhe des Grabes zurückzugeben.

Bonn, den 14. April 1874.

Ueber
den ursprünglichen Text des King Lear.

Von
N. Delius.

Im siebenten Bande des Shakespeare-Jahrbuchs habe ich versucht, das Problem der eigentlichen Textbeschaffenheit eines Shakespeare'schen Drama's, des *King Richard III.*, seiner Lösung näher zu bringen als bis dahin geschehen war. An jenen ersten Versuch reihe sich hier ein zweiter, der eine nicht minder verwickelte und schwierige Frage der Kritik, die Frage des ursprünglichen Textes des *King Lear*, zu erforschen und, wo möglich, zu einer wenigstens plausiblen Entscheidung zu fördern unternimmt. In der That finden wir, wenn wir von denjenigen Shakespeare'schen Dramen absehen, die uns in zwei ganz verschiedenen Recensionen, in vollständigen Doppeltexten überliefert sind — *Romeo and Juliet, Hamlet, Merry Wives of Windsor* und *King Henry V.* — ausser *King Richard III.* kein anderes Werk unsers Dichters, dessen Foliotext in einer solchen Fülle von Einzelheiten abwiche von dem Quartotext, sich so durchgängig und auffällig davon unterschiede, wie gerade *King Lear*. Die Untersuchung, welche in jenem früheren Falle des *King Richard III.* uns beschäftigte, ob und in welcher Weise jene in allen Theilen des Drama's so zahlreich hervortretenden Discrepanzen auf eine etwaige revidirende Thätigkeit von Seiten des Dichters zurückzuführen sein möchte, dieselbe Untersuchung wird uns auch hier in Anspruch nehmen, und zwar um so gründlicher und eingehender, je entschiedener die meisten Kritiker sich, in Bezug auf *King Lear* wie auf *King Richard III.*, der Ansicht von einer nachträglich erfolgten Textrevision durch Shakespeare's eigene Hand zuneigen — eine Ansicht, deren Widerlegung die folgenden Auseinandersetzungen bezwecken.

Wir beginnen unsere Untersuchung mit der Editio Princeps des *King Lear* oder vielmehr mit den beiden Einzelausgaben dieses Drama's, welche in Kleinquartoformat im Jahre 1608 bei Nathaniel Butter in London erschienen und seitdem bis zur Publication der Gesammtausgabe Shakespeare'scher Dramen in Folio im Jahre 1623 nicht wieder aufgelegt wurden. Ehe die Herausgeber der Cambridge Edition ihre verdienstliche Collationirung verschiedener Exemplare dieser Quartos bewerkstelligt und deren Resultate in der Vorrede zum achten Bande ihrer Ausgabe veröffentlicht, hatte man, auf Malone's und Boswell's bibliographische Kritik gestützt, die Erscheinung einer dritten Quarto in demselben Jahre 1608 angenommen. Die Cambridge-Editors haben uns aber den Nachweis geliefert, dass die vereinzelten Varianten, welche diese angebliche dritte Quarto von den beiden andern Quartos desselben Jahres unterscheiden, in der That keine andern sind als solche Abweichungen, wie sie in verschiedenen Exemplaren einer und derselben Quarto des *King Lear* mehrfach vorkommen. Wir werden auf derartige Varianten innerhalb einer und derselben Ausgabe bei unserer Musterung des Quartotextes noch häufiger zurückkommen müssen, und wir werden bei der evidenten Fahrlässigkeit dieser ersten Drucke den Grund dieser Abweichungen in den freilich nur gelegentlich und inconsequent hervortretenden Versuchen des Setzers oder Druckers finden können, der einen ihm aufstossenden flagranten Druckfehler auf eigene Hand und ohne alle Bezugnahme auf ein vorliegendes Manuscript zu verbessern unternahm, während noch die Druckbogen abgezogen wurden. Einen wesentlichen Einfluss auf die Textgestaltung der im Uebrigen fast identischen beiden Quartos konnten derlei schwache und improvisirte Verbesserungsversuche einer durchaus incompetenten Hand selbstverständlich nicht gewinnen, und wir sind demnach, trotz dieser in einzelnen Exemplaren auftauchenden Speciallesarten, vollkommen berechtigt, den Quartotext im Ganzen und Grossen als einen einheitlichen zu fassen und ihn als solchen (Qq.) dem Foliotexte (F.) gegenüberzustellen.

Diese beiden Quartos erschienen, wie bereits erwähnt ist, im Jahre 1608 im Verlage des Nathaniel Butter, und zwar ohne irgend welche Betheiligung oder Autorisation von Seiten des Dichters oder der Schauspieler-Gesellschaft der „*King's Seruants*", welche, laut Titelblatt, das Stück vor dem Könige Jacob in seinem Palast zu Whitehall am zweiten Weihnachtstage aufgeführt hatten und gewöhnlich im Globus-Theater spielten (*As it was plaid before the Kings Maiesty at Whitehall upon St. Stephens night in Christmas*

Hollidaies. By his Maiesties Seruants playing usually at the Globe on the Banck-side). — Da N. Butter seinen beabsichtigten Verlagsartikel schon im November 1607 mit derselben Notiz von der Aufführung bei Hofe eintragen liess, so muss diese Aufführung um Weihnacht 1606 stattgefunden haben und wahrscheinlich den Darstellungen des Stücks im Globus - Theater, während des Sommers 1606, nachgefolgt sein. Dass der *King Lear* schon ein Jahr früher über die Bretter gegangen, darauf scheint der im Jahre 1605 unternommene Neudruck des älteren Drama's vom anonymen Verfasser: *The True Chronicle History of King Lear* etc. hinzudeuten — ein Neudruck, der, auf eine Täuschung des Publikums berechnet, vielleicht unterblieben wäre, wenn N. Butter sich schon damals in den Besitz einer Handschrift des Shakespeare'schen *King Lear* hätte setzen können. Nachdem ihm das einige Jahre später gelungen war, liess er den Titel seiner Quartos, offenbar in Bezug auf diesen ältern, fälschlich als Shakespeare'schen feilgebotenen *King Lear*, so verfassen: *M. William Shakespeare.* (In der andern Quarto steht *Shak-speare.*) *HIS True Chronicle History of the life and death of King Lear and his three Daughters.* — Wie hier durch den Druck in Majuskeln das „*His*" geflissentlich hervorgehoben ist, eben so in der Fortsetzung des Titelblattes die Namen „*Edgar*" und „*Tom*" zur Hindeutung auf populäre Figuren, die dem Shakespeare'schen Drama eigenthümlich sind und in dem ältern Drama fehlen: *With the unfortunate life of EDGAR, sonne and heire to the Earle of Glocester* (in der andern Quarto steht *Gloster*)*. and his sullen and assumed humour of TOM of Bedlam.* — Dass diese zur Anlockung von Käufern dergestalt specificirte Inhaltsanzeige Butter's eignes Fabrikat ist und sich nicht etwa in solcher Fassung in der seinem Drucke zu Grunde gelegten Handschrift des Drama's vorfand, darüber kann kaum ein Zweifel statthaft sein. Wiederholt sich doch dieselbe Erscheinung bei manchen andern, in gleicher marktschreierischer Manier spezialisirten Inhaltsanzeigen auf den Titelblättern Shakespeare'scher Quartos, wenn wir sie mit den viel einfacheren Titelangaben der Folio vergleichen.

Hätte nur N. Butter dieselbe Sorgfalt, die er auf die Ausstattung seines Titelblattes verwandte, auch auf den Druck seines Buches ausgedehnt! Aber in dieser Beziehung hat er es so ziemlich an Allem fehlen lassen, was auch der bescheidenste Leser zu fordern berechtigt ist. Zwar war der Verleger so glücklich, sich eine fast vollständige Abschrift des Drama's zu verschaffen, in der Gestalt, in welcher dasselbe vor König Jakob in Whitehall und vor dem grössern Publikum im Globus-Theater aufgeführt worden war; aber schon diese Abschrift muss höchst nachlässig und unleserlich angefertigt gewesen sein, sonst wären die zahllosen Missverständnisse, Verswidrigkeiten und Auslassungen, welche sich der Drucker alsdann zu Schulden kommen liess, kaum zu erklären. Die Missverständnisse beruhen zum grossen Theile darauf, dass der Setzer statt eines für ihn unleserlichen Wortes ein anderes, in den Schriftzügen, im Ductus Literarum ihm ähnliches, setzte, ohne viel zu fragen, ob er damit überhaupt einen Sinn, geschweige denn Shakespeare's Sinn, treffe. Die Verswidrigkeiten hängen mit den Auslassungen zusammen, insofern letztere, meistens Partikeln oder einsilbige Wörter betreffend, natürlich den Blankvers zerstört haben, der überhaupt in den Quartos auch äusserlich im Drucke vielfach unbeachtet geblieben und wahrscheinlich schon in der zum Grunde liegenden Copie der ursprünglichen Theaterhandschrift ebenso verkannt und vernachlässigt worden ist. Man hat häufig, indem man lediglich die Menge der Abweichungen zwischen Quartotext und Foliotext in's Auge fasste, den *King Lear* und den *King Richard III.* in Eine Parallele gestellt; aber, näher betrachtet, ist das beiderseitige Verhältniss doch ein ganz verschiedenes. Der Editio Princeps beider Dramen lag allerdings eine vollständige Copie der damals gültigen Theaterhandschrift zu Grunde, aber während der Herausgeber der ersten Quarto des *King Richard III.* in vermeintlichen Verbesserungen des ihm vorliegenden Textes sich selbst und dem Lesepublikum nicht genug thun zu können meinte, liess der Herausgeber der Quartos des *King Lear* auch die einfachsten Pflichten seines Amtes und Faches ausser Acht und lieferte so durch Zuwenigthun einen Text, der von dem ursprünglichen Worte des Dichters nicht minder abwich, wie der Herausgeber der ersten Quarto des *King Richard III.* dasselbe Resultat durch Zuvielthun erzielt hatte. — Es liegt mir nunmehr ob, wie ich in meiner früheren Abhandlung den Nachweis des Behaupteten in Betreff des *King Richard III.* zu liefern suchte, hier für den *King Lear* ein Gleiches zu thun.

Wir beginnen mit denjenigen Varianten der Quartos, die wir, je nachdem wir ihren Ursprung in der handschriftlichen Copie oder in einer falchen Lesung des Setzers vermuthen — ein Dilemma, das sich schwerlich so oder so mit Bestimmtheit entscheiden lässt — als Schreibfehler oder als Lesefehler bezeichnen können. Als characteristisches Kennzeichen derselben erscheint, wie schon oben angedeutet, die möglichste Beibehaltung des Ductus Literarum, ohne irgendwelche genauere Berücksichtigung des Sinnes, der bald ungeführ, bald halb, bald gar nicht wiedergegeben ist. Der Raumersparniss wegen citiren wir hier grösstentheils nicht den ganzen Context, sondern nur die falsche Lesart, nach der Zeilenzählung der Cambridge Edition, mit Hinzufügung der bez. richtigen Lesart, wie der Foliotext sie uns in der Regel bietet.

A. 1, Sc. 1. *first intent — fast intent* (36). *Conferring — Confirming* (38). *mistresse — mysteries* (108). *diseases — disasters* (173). *friendship — freedom* (180). *you for voucht affections — your fore-vouch'd affection* (219).

A. 1, Sc. 2. *for your liking — for your o'er-looking* (38). *spirituall predominance — spherical predominance* (117). *mine — my cue* (128). *them of Bedlam — Tom o' Bedlam* (ibid.).

A. 1, Sc. 4. *pestilent gull — pestilent gall* (109). *Either his notion, weaknesse or his discernings are lethergy — Either his notion weakens, or his discernings are lethargied* (221—222). *a great palace — a graced palace* (239). *thou lessen my traine and — thou liest. My train are* (256—7). *thou'rt disnatur'd — thwart disnatur'd* (277). *should make the worst blasts — should make thee worth them. Blasts* (293). *upon the untender — upon thee! The untented* (293—4). *better ought — better oft* (341).

A. 2, Sc. 1. *Which must aske breefenesse and fortune helpe — Which I must act. Briefness and fortune work!* (18). *warbling — mumbling* (38). *threatning — threading* (119).

A. 2, Sc. 2. *to intrench to inloose — too intrinse to unloose* (70). *dialogue — dialect* (104). *stopping — stocking* (127).

A. 2, Sc. 3. *service — farmes* (17). — Dass auch hier wie in andern Fällen der Setzer dem Ductus Literarum folgte, wird klar, wenn wir uns *service* mit langem s (ſ) geschrieben denken.

A. 2, Sc. 4. *hence — home* (1). *heeles — heads* (8). *meere Iustice — mere fetches* (85). *look'd backe upon me — look'd black upon me* (156). *not the deed — not the need* (261). *to beare it lamely — to bear it tamely* (273).

A. 3, Sc. 1. *warrant of my arte — warrant of my note* (18).

A. 3, Sc. 2. *carterickes and Hircunios — cataracts and hurricanoes* (2). *concealend centers — concealing continents* (58). *more sinned against their sinning — more sinned against than sinning* (60).

A. 3, Sc. 4. *Save what beates their filiall ingratitude — Save what beats there. Filial ingratitude!* (14). *to the dark towne — to the dark tower* (175).

A. 3. Sc. 7. *I am true — I am none* (32). *unbridle all the sparks — enkindle all the sparks* (85).
A. 4, Sc. 1. *Stands still in experience — Stands still in esperance* (4). *I cannot dance it — I cannot daub it* (53). *stands your ordinance — slaves your ordinance* (68). *under excess — undo excess* (70). *Looks firmely — Looks fearfully* (74).
A. 4. Sc. 2. *A mistress coward — A mistress's command* (21). *an eye deseerving — an eye discerning* (52). *The news is not so tooke — The news is not so tart* (89).
A. 4, Sc. 6. *her cock above — her cock a buoy* (19). *the dread summons — the dread summit* (57). *consummation — consumption* (128). *a dogge so bad in office — a dog's obeyed in office* (156). *to shoot a troop of horse with fell — to shoe a troop of horse with felt. fenced from my griefs — sever'd from my griefs* (282). Vgl. oben A. 2, Sc. 3. *service — farmes.*
A. 4. Sc. 7. *Mine iniurious dog — Mine enemy's dog* (36).
A. 5, Sc. 1. *Hard is the guess — Here is the guess* (52).
A. 5, Sc. 3. *The which immediate — The which immediacy* (66). *Conspicuote — Conspirant* (136). *(O father) — O fault!* (193).
Wenn wir diese Kategorie von Varianten, deren Zahl sich leicht noch um ein Beträchtliches vermehren liesse, im Einzelnen mustern, so ist es augenfällig, dass die Hand des Dichters Nichts damit zu schaffen hatte; oder, mit andern Worten, dass Shakespeare von vornherein nur so geschrieben haben kann, wie wir es im Foliotext finden. Ebenso unbetheiligt muss der Dichter aber auch an den oben erwähnten gelegentlichen Verbesserungsversuchen gewesen sein, welche die Collation der Cambridge-Editors in einzelnen Exemplaren der Quartos nachgewiesen hat. Von diesen Versuchen, welche darthun, dass bisweilen doch der in den Quartos gedruckte Unsinn dem Drucker selbst in die Augen sprang und einer nothdürftigen Abhülfe bedürftig schien. mögen hier gleichfalls einige Beispiele citirt werden:

A. 2, Sc. 2. *You stubborn ancient knave* (121). Für das allein richtige *ancient* hatte man zuerst, dem Ductus Literarum folgend, *ausrent* gedruckt, wie noch in einem Exemplar der Bodleyana zu lesen steht. Als blosse Conjectur wurde dann dieser Nonsens in *miscreant* verbessert, und dies ist dann die stehende Lesart der Quartos geworden.

Ibid. *Nothing almost sees miracles* (160). Für *miracles* hat die unorthographische Handschrift wahrscheinlich *myrackles*, in dem erwähnten Exemplar der Bodleyana getrennt gedruckt *my rackles*, welcher Unsinn denn in den meisten Exemplaren der Quartos zu *my wracke* mit scheinbarem Sinne verbessert wurde.

A. 2, Sc. 1. *To have th'expence and wast of his revenues* (100). So die Folio. Für *th'expence*, das in der Handschrift nicht recht deutlich gewesen sein muss, hatte der Setzer der Quarto zuerst *these* — gesetzt und erst nachher war in einigen Exemplaren die so entstandene, lediglich mit einem Gedankenstrich ausgefüllte Lücke aus blosser Conjectur als *the wast and spoyle* etc. ergänzt worden.

A. 3, Sc. 4. *Thou think'st 'tis much that this contentious storm* (6). Für das wahrscheinlich in der Handschrift nicht ganz leserliche *contentious* bieten die Quartos das sinnlose *crulentious*, das dann in einigen Exemplaren aufs Gerathewohl in *tempestious* corrigirt wurde.

A. 3, Sc. 6. *Take up, take up*
And follow me. (94—5).
Die Quartos zogen das zweite *take up* verkehrt zusammen und trennten dann wieder sinnlos *take up to keepe*; dafür ist in andern Exemplaren die Conjecturalemendation *Take up the King* gesetzt.

A. 4, Sc. 2. *France spreads his banners in our noiseless land;*
With plumed helm thy slayer begins threats (56—7).
Für *slayer*, die eigentliche Lesart der Quartos, steht in einigen Exemplaren *state* gedruckt, und für *threats* ebenso *thereat*. In Folge dessen lesen Staunton und mit ihm die Cambridge-Editors, indem sie *begins* mit dem Subject *France* verbinden: *thy state begins to threat.* — Leider entbehren wir hier zur sicheren Emendation des Textes den Beistand der Folio, welche diesen Passus auslässt.

Wir sehen, eine revidirende Hand des Dichters lässt sich in solchen gelegentlichen Emendationen, welche während des Druckes ohne alle Bezugnahme auf die Handschrift mit einigen der sinnlosesten Lesarten der Quartos vorgenommen worden, ebenso wenig erkennen, wie in der ganzen vorher citirten Reihe ähnlicher Lesarten der Quartos selber. — Ungleich zahlreicher noch als diese, auf falscher Lesung oder Schreibung beruhenden Varianten der Quartos sind durch das ganze Drama hindurch andere Abweichungen vom Foliotext zerstreut, die wir als gleichgültige oder willkürliche bezeichnen dürfen. Die Quartos setzen z. B. oft eine andere Partikel, ein anderes Hülfsverbum, ein anderes Relativpronomen, einen anderen Numerus als wir in der Folio an den entsprechenden Stellen finden. Sie setzen gern *my*, *thy* etc., wo die Folio vor einem vocalisch anlautenden Nomen *mine*, *thine* etc. setzt, und *has*, wo die Folio *hath* setzt. Wir wählen aus der reichen Fülle der vorliegenden Beispiele dieser Varianten, die uns auf jeder Seite begegnen, als unserem Zwecke genügend. nur einige wenige aus, indem wir zunächst den Foliotext zu Grunde legen und ihm die Abänderungen der Quartos beifügen:

A. 1, Sc. 1. *Meantime we shall express our darker purpose* — Qq. *will* und *purposes.*

Ibid. *Dearer than eye-sight, space and liberty* — Qq. *or.*

Ibid. *I do invest you jointly with my power* — Qq. *in.*

A. 1, Sc. 2. *If thou be'st as poor for a subject* — Qq. *be.* But *where's my fool* — Qq. *this.*

A. 1, Sc. 4. *He that keeps nor crust nor crum* — Qq. *neither.*

Ibid. *Which in the tender of a wholesome weal* — Qq. *That.*

Ibid. *But let his disposition have that scope As dotage gives it.* — Qq. *That.*

Dieser Gattung willkührlicher oder gleichgültiger Varianten gehört auch die Vertauschung eines Synonyms mit dem andern an, welche gleichfalls sehr häufig den Quartotext von dem Foliotext unterscheidet. Es lässt sich dabei nur in den seltensten Fällen ein plausibler Grund zu solcher Aenderung, wie etwa die Wahl eines vermeintlich treffenderen Ausdrucks, muthmassen; in der Regel aber scheint die reinste Beliebigkeit obgewaltet zu haben. Auch hier mögen einige Beispiele, aus einer grossen Masse der vorliegenden herausgegriffen. genügen:

A. 1, Sc. 1. *When majesty falls to folly* — Qq. *stoops.*

Ibid. *Where it is mingled with regards* — Qq. *respects.*

A. 1, Sc. 3. *If he distaste it, let him to my sister* — Qq. *dislike.*

A. 1, Sc. 5. *Shall not be a maid long, unless things be cut shorter* — Qq. *except.*

A. 2, Sc. 1. *Bringing the murderous coward to the stake* — Qq. *caitiff.*

A. 2, Sc. 2. *you come with letters against the king* — Qq. *bring letters.*

Ibid. *When he compact and flattering his displeasure* — Qq. *conjunct.*

Vielleicht gehört aber diese letzte Variante eher in die vorher characterisirte Kategorie der Schreib- oder Lesefehler. wie solcher Zweifel auch bei manchen anderen Varianten statthaft ist. z. B. A. 2. Sc. 1. *ear-kissing arguments*. wo die Quartos *ear-bussing arguments* lesen; und ebendaselbst *launch'd mine arm*, wo die Quarto's *latch'd mine arm* lesen.

Von Varianten dieser Art, bei denen es sich um reine Synonyma handelt, ist schon in der Abhandlung über den ursprünglichen Text des *King Richard III.*, wo sie ebenfalls reichlich vorkommen, bemerkt worden, dass sie, für sich allein und absolut betrachtet, weder für eine vorwiegende Autorität der Folio, noch für eine solche der Quarto geltend gemacht werden können.[1] Für unsern Zweck muss vielmehr die Frage so gestellt werden: Ist es wahrscheinlich, dass Shakespeare — den Fall einer von ihm herrührenden Revision des Textes einmal angenommen — sich die überflüssige Mühe gegeben haben sollte, statt irgendwelche tiefer eingreifende Verbesserung vorzunehmen, diese zahllosen Minutien gleichgültigster Art, man kann nicht sagen zu verbessern, sondern zu verändern — und zwar ohne allen ersichtlichen Grund? Oder ist es wahrscheinlicher, dass ein simpler Abschreiber, der auf das Shakespeare'sche Wort als solches sehr wenig Gewicht legte, in der Flüchtigkeit seiner Arbeit achtlos und absichtslos einen Ausdruck, wie er ihm gerade einfiel, für den andern, eine Partikel für die andere, einen Modus oder Numerus für den andern setzte?

Wird also die Autorität der Quartos für den ursprünglichen Text des *King Lear* durch die zuletzt betrachtete Kategorie ihrer Lesarten nicht direct, sondern nur indirect erschüttert, so erleidet dieselbe einen desto entschiedeneren Abbruch durch die nunmehr folgende Prüfung einer anderen Eigenthümlichkeit dieser Editio Princeps, der Lücken und Auslassungen nämlich, welche sie kennzeichnen. Es muss dieser Punkt um so schärfer betont und hervorgehoben werden, als die grössere Vollständigkeit des Quartotextes des *King Lear*, gegen den Foliotext gehalten und rein quantitativ betrachtet, als ein unbestreitbarer Vorzug der ältern Ausgabe stets gegolten hat und in gewissem Sinne mit Fug und Recht gilt. Es ist wahr, besässen wir das Drama unseres Dichters lediglich in der Gestalt des Foliotextes, also in der Gestalt, in welcher es die Shakespeare'sche Schauspielergesellschaft, nachdem Shakespeare's persönliche Betheiligung an der scenischen Darstellung aufgehört hatte, aufführte, so würden wir auf manche Partieen der Tragödie verzichten müssen, die, so lange Shakespeare selbst dem Theater nahe stand, im Globus-Theater wie im Palaste zu Whitehall gewiss zur Geltung kamen und daher auch aus der Abschrift des ursprünglichen Theatermanuscripts mit in die Quartos übergegangen sind. Auf diese Lücken des Foliotextes kommen wir aber später zurück. Hier haben wir es zunächst mit den Auslassungen des Quartotextes zu thun, die, scheinbar geringfügiger, doch für die Herstellungsweise und eigentliche Beschaffenheit dieses Textes desto characteristischer sind, und zwar characteristisch in doppelter Beziehung: einmal als Zeugniss für die Nachlässigkeit, mit welcher der Abschreiber oder der Drucker einzelne Worte und Wörtchen überhüpfte, falls er sie nicht etwa, als seiner Meinung nach entbehrlich, ausliess: zweitens als Zeugniss für den gänzlichen Mangel an Verständniss für den Versbau, der durch derlei Auslassungen, wie gelegentlich durch willkührliche Zusätze anderer Worte und Wörtchen, natürlich zu Schaden kam. Diese metrische Ignoranz wird freilich, wie wir bereits früher sahen, schon durch den ganzen Druck der Quartos, — Prosa für Vers, Vers für Prosa — hinlänglich verrathen.[1]) Auch hier lassen sich nur einige Beispiele aus der grossen Menge vorhandener anführen:

A. 1, Sc. 1. *Only she comes too short* — Qq. *come short*.
A. 1, Sc. 4. *That you protect this course and put it on* — *it* fehlt in Qq.
A. 2, Sc. 1. *O Madam, my old heart is crack'd, is crack'd* — *O Madam* fehlt in Qq.
A. 2. Sc. 4. *The night before there was no purpose in them* — *in them* fehlt in Qq.
A. 3, Sc. 6. *Now, my good lord, lie here and rest a while* — *and rest* fehlt in Qq.
A. 3, Sc. 7. *Though well we may not pass upon his life* — *well* fehlt in Qq.
Ibid. *I have serv'd you ever, since I was a child* — *you* fehlt in Qq.
A. 4, Sc. 2. *You are not worth the dust which the rude wind* — *rude* fehlt in Qq.
A. 5, Sc. 3. *What comfort to this great decay may come* — *great* fehlt in Qq.

Es ist wohl klar, dass nicht eine etwaige Revision von Shakespeare's Seite erst durch Einfügung der in den Quartos fehlenden

---

[1]) Dass von einem so eminent populären Drama, wie der Shakespeare'sche *King Lear* ohne Zweifel war, ausser den beiden Quartos von 1608 keine weiteren Einzelausgaben vor der Folio 1623 erschienen, hat man den erfolgreichen Bemühungen der Shakespeare'schen Schauspielergesellschaft zuschreiben wollen, welche fernere Auflagen der Quartos zu verhindern gewusst. Näher liegt vielleicht die Erklärung, dass der Verleger des *King Lear* mit einem so absolut unlesbaren Texte, wie er ihn zu bieten hatte, beim Publikum keine fortdauernd guten Geschäfte machen konnte und deshalb auf späteren Neudruck des Shakespeare'schen Drama's verzichtete.

Wörtchen den regelrechten Blankvers hergestellt hat, sondern dass der Dichter denselben von vornherein so geschrieben, wie ihn der Foliotext uns bietet. — Weniger klar aber auf den ersten Anschein liegt der Fall, wo es sich um Auslassungen nicht einzelner Wörtchen, sondern ganzer Sätze und, obgleich höchst selten, sogar längerer Passus in den Quartos handelt. Die hier vorliegende Frage bedarf für uns um so eher einer eingehenden Prüfung, als ja der Gedanke nahe liegt und in der That auch häufig von den Kritikern und Editoren Shakespeare's geäussert worden ist, dass wir es hier nicht mit Auslassungen in den Quartos, sondern vielmehr mit Zusätzen zu dem ursprünglichen Texte zu thun haben, welche der Dichter bei Gelegenheit jener vermeintlichen Revision des *King Lear* zu machen sich veranlasst gesehen hätte. An und für sich betrachtet, müsste es allerdings auffällig erscheinen, dass diese Revision, deren Resultate uns in der Folio vorliegen sollten, sich im Uebrigen vorzugsweise durch umfangreiche Streichungen, Behufs der Kürzung des allzulangen Drama's für scenische Zwecke, bethätigt, dann doch wiederum durch neue Zusätze dieser Tendenz entgegengearbeitet hätte. Zu einer sichern Entscheidung aber werden wir nur gelangen, wenn wir die einzelnen Fälle ins Auge fassen und sie darauf ansehen, ob die betr. Auslassungen im Quartotexte nicht wirkliche Lücken andeuten, welche Shakespeare selbst unmöglich in seinem ursprünglichen Werke gelassen haben kann.

Gleich die erste Rede des auftretenden Königs Lear bietet uns ein eclatantes Beispiel solcher Lücken in den Quartos, die sich schwerlich als spätere Zusätze in der Folio fassen lassen. Es fehlen da die Verse: *while we — — now* (38—43) und die Verse: *Since — — state* (47—48). In dem ersten Passus ist die für das Verständniss des Shakespeare'schen Publikums schlechterdings unentbehrliche namhafte Vorführung der beiden Schwiegersöhne Lear's und die bestimmte Zusicherung der Mitgiften ihrer Gattinnen enthalten. In dem zweiten Passus aber wird ebenso nothwendig der ganze Umfang dieser Mitgiften näher bezeichnet. — In der Anrede Lear's an die Cordelia (81—83) fehlt die gleichfalls erforderliche Hindeutung auf deren beide Freier, wie auch weiterhin (86—87) Lear's verwunderte Frage: *Nothing?* und Cordelia's ruhig bestimmte Antwort: *Nothing!* fehlt. Auch da ist es ganz undenkbar, dass der Dichter erst nachträglich darauf verfallen sein sollte, diesen Angelpunkt des Drama's, um den sich Alles drehen musste, durch Wiederholung des entscheidenden Wortes geflissentlich hervorzuheben. Das Alles muss natürlich schon in dem ursprünglichen Texte gestanden haben und ist eben so willkürlich oder nachlässig von dem Veranstalter der Quartos weggelassen, wie derselbe z. B. A. 1, Sc. 2, Z. 45 die Worte: *This policy and reverence of age* durch Weglassung der Worte *and reverence* sinnlos gemacht hat. Auf der „Ehrfurcht vor dem Alter" beruht ja eben diese Staatsweisheit, welche den Söhnen verwehrt, die Väter bei lebendigem Leibe zu beerben. — Ebenso gedankenlos liess der Herausgeber der Quartos in derselben Scene den Passus aus, in welchem Gloster die schlimmen Omina der Sonnen- und Mondverfinsterungen speciell auf seine Familie und auf die seines Königs bezieht, wodurch ihre Anführung allein passend erscheint. Dass dieser in den Quartos fehlende Passus *(This villain — — graves,* Z. 103—108) schon im ursprünglichen Texte gestanden haben muss, erhellt auch aus dem darauf folgenden Monologe Edmunds, der direct an das in den Quartos Ausgelassene anknüpft.

In A. 1, Sc. 4 fehlt Z. 58 *of kindness*, so dass man nicht weiss, welche Art von *abatement* der Ritter meint; und eben so fehlt Z. 268 *Of what hath moved you*, so dass Albany höchst naiv von seiner eigenen Ignoranz im Allgemeinen redet: *My lord, I am guiltless as I am ignorant.*

A. 2, Sc. 4 (Z. 14—21) muss der Dichter die raschen Wechselreden, in denen Lear und Kent einander überbieten und abtrumpfen, von vornherein so angelegt haben, wie die Folio sie uns bietet. Wenn sie nun in den Quartos arg verstümmelt erscheinen, so dass z. B. auf Lear's Betheurung: *By Jupiter, I swear no ...* Kents characteristische Replik: *By Juno, I swear ay* fehlt, so kann natürlich Letzteres kein späterer Zusatz des Dichters sein. Ganz anders ist der Fall, wenn in diesen Wechselreden auch die Folio eine zufällige Lücke bietet, indem sie Z. 18—19 *(No — — have)* auslässt.

A. 2, Sc. 4, Z. 136—141 ist in den Quartos ausgelassen. Lear lässt also Regan's Aeusserung, dass er den Werth Goneril's verkenne, so befremdlich sie ihm klingen muss, ganz unberücksichtigt und benimmt damit der Regan den willkommenen Anlass, das Verfahren ihrer Schwester dem Vater gegenüber noch weiter zu rechtfertigen. In diesem Falle wie in so manchem andern, zeigt schon die Metrik, dass das Ausgelassene ursprünglich vorhanden war, denn der Halbvers: *Then she to scant her duty* wird erst durch das folgende: *Say, how is that?* vervollständigt.

Die erste Scene des dritten Actes ist als orientirende, den Gang der Handlung kaum fördernde Zwischenscene in der Folio stark gekürzt worden und wird in dieser Beziehung später noch von uns betrachtet werden müssen. Aber auch die Quartos streichen hier den Passus (Z. 22—29 *Who have — — furnishings —*), in welchem auf einen bevorstehenden Bruch zwischen Cornwall und Albany und auf dessen Ursachen, sowie auf die dadurch wie durch Lear's Misshandlung herbeigeführte Intervention Frankreichs hingedeutet wird. In den Quartos folgt ganz unvermittelt nach dem abgerissenen Anfang dieser Exposition: *There is division — — and Cornwall,* der Vers: *But true it is, from France there comes a power.* Der Herausgeber übersah dabei, dass sich dieses *But true it is* etc. auf das in seiner Ausgabe Ausgelassene, nicht aber auf das darin Stehengebliebene bezog.

A. 3, Sc. 2 schliesst mit einer Apostrophe des Narren an das Publikum, welche, in die Form einer parodistischen Prophezeiung gekleidet, in keinem weitern Zusammenhange mit dem Drama selber steht und also ohne Schaden wegbleiben konnte, wie sie denn in den Quartos weggeblieben ist. Eine andere Frage aber ist es, ob Shakespeare sich genüssigt sehen konnte, bei einer späteren Revision diese lediglich auf die Lachmuskeln der Zuschauer berechneten, stereotypen Narrenintermezzo's geflissentlich noch zur Ausstattung seiner ohnehin mehr der Kürzung als der Verlängerung bedürftigen Tragödie einzufügen?

A. 3, Sc. 6 fehlt in den Quartos Z. 12—15 *(No — — before him)* und damit die Erklärung, welche der Narr auf seine Frage — *whether a madman be a gentleman or a yeoman* — um so eher selbst geben muss, als Lear's Antwort: *A king, a king!* ihm nicht genügt. Also auch hier eine offenbare Lücke!

Zu Anfang des vierten Actes fehlen in dem Monologe Edgars die Worte: *Welcome then — — blasts* (Z. 6-9) in den Quartos. Sie müssen aber schon in dem ursprünglichen Texte gestanden haben, da sie gerade die trostreiche Anwendung eines vorher ausgesprochenen allgemeinen Erfahrungssatzes auf Edgars eigene Verhältnisse enthalten. Indem der Herausgeber der Quartos sie strich, verkannte er zwar ihre Unentbehrlichkeit, nicht aber die durch ihre Weglassung entstehende Versstörung, und änderte demgemäss das *But who comes here?* wie wir in der Folio lesen, in: *Who is here?* um. Es verdient diese Correctur um so eher hervorgehoben zu werden, als sonst in den Quartos, wie wir oben sahen, die Metrik durchgängig verwahrlost erscheint. Vielleicht thun wir jedoch dem Editor der Editio Princeps zu viel Ehre an, wenn wir im Widerspruche mit seinem üblichen Verfahren ihm hier ausnahmsweise eine Berücksichtigung der Metrik zuschreiben; und *Who is here?* für

But who comes here? mag eine jener vielen rein willkürlichen Textänderungen sein, die er sich bei der Herstellung der Quartos gestattete. — Solche Willkürlichkeiten und willkürliche Auslassungen hat er sich, da er den Context nicht verstand, namentlich in Lear's Wahnsinnsreden (A. 4, Sc. 6) gestattet. Lear hält den Gloster für die Goneril und wundert sich über den weissen Bart, den sie trägt, was ihn dann auf seine eigenen weissen Barthaare bringt: *Ha! Goneril! — with a white beard! — They flattered me like a dog; and told me I had the white hairs in my beard, ere black ones were there.* — Dieser Gedankengang, den der Dichter von vornherein angelegt haben muss, nicht aber erst später in den Foliotext hineingebracht haben kann, wird völlig zerstört, wenn die Quartos *with a white beard!* auslassen und dafür: *ha! Regan!* setzen, wahrscheinlich, weil darauf das pluralische: *They flattered* etc. folgt. — Weiterhin (Z. 51) fehlt *change places and*, und damit wird der Rest des Satzes völlig sinnlos. — Endlich lassen die Quartos den Passus: *Plate sin — — accuser's lips* (Z. 103—108) aus und verwischen so die sichtlich persönliche Beziehung der folgenden Worte: *Get thee glass eyes* etc. auf den blinden Gloster, der in dem Ausgelassenen als *my friend* von Lear direct angeredet wird.

A. 4, Sc. 7, Z. 61 fehlt in den Quartos: *not an hour more nor less*, was der Dichter den vorhergehenden Worten: *Fourscore and upwards* hinzufügte, nicht etwa als eine wörtlich zu fassende nähere Zeitbestimmung, sondern als characteristisch für Lear's nur allmählich und theilweise wiederkehrende Besinnung. Da erst das Ganze einen Vers bildet, so spricht alle Wahrscheinlichkeit dafür, dass der Dichter schon anfänglich so geschrieben hat. — Aus metrischen Gründen erhellt auch, dass A. 5, Sc. 1, Z. 46 die in den Quartos fehlenden Worte: *And machination ceases* im ursprünglichen Texte gestanden haben müssen, wie sie denn als Abschluss des ganzen Satzes auch schwer zu entbehren sind.

A. 5, Sc. 3 lassen die Quartos die Worte: *Dispose of them, the walls are thine* (Z. 77) aus, wodurch der Sinn des Vorhergehenden unvollständig bleibt. Denn dass Regan nicht nur all ihr Besitzthum, sondern auch ihre Person dem Edgar zur freien Verfügung übergiebt, musste der Dichter klar aussprechen und hat es auch in dem von den Quartos ausgelassenen, nicht etwa nachträglich in der Folio hinzugefügten Verse ausgesprochen. — Der Herausgeber der Quartos scheint den Tropus: *the walls are thine* eben so wenig verstanden zu haben, wie er weiterhin (Z. 90) Gonerils spöttische Zwischenbemerkung: *An interlude!* verstand und deshalb auch einfach wegliess. — Weiterhin fehlt in den Quartos der Vers: *What safe and nicely I might well delay* (Z. 145), der das Object zu den Verben *disdain* und *spurn* in dem folgenden Verse enthält. Der verstümmelte Satz erscheint also in den Quartos völlig sinnlos. — Nicht viel besser ist durch Auslassung einem folgenden Passus (Z. 225—6) mitgespielt, wo der Edelmann mit dem blutigen Messer erscheint, welches er aus Regan's Todeswunde gezogen. Da sind die Worte: *O, she's dead!* unterdrückt und demnach Albany's Frage: *Who dead? speak, man* — zu *Who man? speak* verstümmelt — eine Fassung, die natürlich niemals von unserm Dichter herrühren, sondern allein in der Nachlässigkeit des Quartodrucks ihren Grund haben konnte. — Eben so wenig kann Shakespeare (Z. 256) die auf Cordelia's angeblichen Selbstmord hindeutenden Worte: *that she fordid herself* erst später hinzugefügt haben, bloss weil wir sie in den Quartos vermissen. — Endlich fehlen die Worte (Z. 283): *This is a dull sight*, in denen Lear die Schwäche seines Augenlichts beklagt, die ihn seinen Freund Kent nicht alsbald erkennen liess. Vielleicht auch waren sie dem Veranstalter der Quartos ebenso unklar, wie sie manchem späteren Commentator und Uebersetzer gewesen sind. Capell erweiterte sie der Deutlichkeit und Versregulirung halber zu: *This sight of mine is a dull sight;* der Quartotextdreher fand es einfacher, sie zu streichen.

Von den Lücken der Quartos, die sich uns nun wohl sammt und sonders als Auslassungen in dem ursprünglichen Texte vorhandener, nicht erst später vom Dichter eingefügter Stellen erwiesen haben, wenden wir uns nunmehr zu den Lücken der Folio. Diese sind, wie an Umfang viel bedeutender — ungefähr 220 Verse im Ganzen — so in ihrer Veranlassung viel einfacher zu erklären: sie haben lediglich eine Kürzung des allzulangen Drama's, deren Nothwendigkeit sich im Verlaufe der Darstellungen herausgestellt haben mochte, zu ihrem Endzwecke, und sie finden sich deshalb in dem Foliotexte, weil dieser aus einer später angefertigten und gebrauchten Theaterhandschrift hervorgegangen ist. So weit ist also alles klar: die complicirtere Frage, die uns hier zu beschäftigen hat, ist die, ob diese Kürzung mit oder ohne Zuthun des Dichters, ob sie von ihm selber oder von seinen Schauspielern vorgenommen wurde?

An sich betrachtet, erscheint es ja als das Natürlichste, dass der Dichter, der zugleich Schauspieler war, ein von ihm für seine Schauspielergesellschaft verfasstes Drama selbst mit den passenden Abkürzungen versah, sobald sich solche im Laufe der Aufführungen als wünschenswerth herausgestellt hatten. Erwägt man aber andrerseits die Sorglosigkeit, mit welcher Shakespeare seine Stücke dem Theater, für welches er sie schrieb, zu freier Verfügung überliess, ohne sich weiter um deren Schicksal und literarische Zukunft zu kümmern, so wird es doch höchst wahrscheinlich, dass er auch im Falle seines *King Lear* sich keiner späteren persönlichen Mühewaltung im Interesse der Bühnendarstellung unterzog, sondern getrost dieselbe den zunächst dabei Betheiligten, den Schauspielern des Globus-Theaters, den Besitzern des Manuscriptes überliess. Es wird das um so wahrscheinlicher, wenn wir uns erinnern, dass zur Zeit, als an dem *King Lear* diese Abkürzungen vorgenommen wurden, Shakespeare selbst aufgehört hatte, ein thätiges Mitglied der Bühne zu sein und, aus ihrem Verbande ausgeschieden, entfernt von London sein Stratforder Stillleben zu geniessen begonnen hatte. Im Jahre 1608, als die Quartos erschienen, ist, wie wir aus ihrer Erscheinung und aus den Angaben ihres Titelblattes muthmassen durften, der *King Lear* noch in seiner vollständigen Gestalt gespielt worden, und um jene Zeit haben wir unsern Dichter gewiss nicht mehr als Schauspieler in London, sondern als Rentner in Stratford zu suchen. Sollten nun damals oder später — denn auch später mag man den *King Lear* verkürzt haben — die Schauspieler sich an den abwesenden, weit entfernten Dichter gewandt haben, damit er an seinem Drama eine scenische Procedur vornehme, die ihnen als routinirten Männern vom Fache so überaus einfach erschien, dass sie dieselbe eben so leicht selbst durchführen konnten? War dieses Drama doch, so gut wie alle übrigen Shakespeare'schen Dramen, ihr Eigenthum, das Eigenthum ihrer Gesellschaft, mit dem sie nach Belieben schalten und walten konnten und mochten. Und gerade die Art und Weise, wie sie damit schalteten, wie sie sich den *King Lear* bühnenmässiger zustutzten, muss in uns die Ueberzeugung bestärken, dass die Schauspieler, nicht der Dichter, sich damit befasst haben. Hätte Shakespeare selbst in der Musse seines Stratforder Lebens sein Werk zu dem vorliegenden Zwecke wieder vorgenommen, so würde die Revision, die man ihm so zuversichtlich zugeschrieben hat, an dem Texte des Drama's weitergreifende Spuren zurückgelassen haben, als diese Streichungen einzelner Partieen, die wir jetzt darin wahrnehmen. Allerdings hat man solche weitergreifende Spuren der vermeintlichen Revision von Shakespeare's Hand in den zahlreichen oder zahllosen Varianten finden wollen, welche den Foliotext von dem Quartotext unterscheiden. Aber nachdem unsere vorhergehenden Untersuchungen in dieser

Beziehung das wirkliche Sachverhältniss der beiden Texte in das rechte Licht gestellt haben, bleiben doch nur die Streichungen des Foliotextes als scheinbare Ergebnisse dieser scheinbaren Revision übrig. Es ist sogar sehr zweifelhaft, ob die Schauspieler eine Textrevision des *King Lear* in dem Umfange, wie man sich bisher die Sache vorgestellt hat, dem Dichter gelaukt haben würden. Schon bei Gelegenheit des *King Richard III.* sahen wir, welche heillose Confusion das Neu-Einstudiren eines in tausend Einzelnheiten veränderten Textes bei einem längst in älterer Gestalt einstudirten Drama unter den Schauspielern hätte zu Wege bringen müssen. Und dieselbe Schwierigkeit, die wir bei dieser Präsumtion für die Aufführungen des *King Richard III.* zu constatiren hatten, würde sich wiederholen in dem Falle, um den es sich hier handelt. Die Schauspieler konnten eben keinen umgearbeiteten, sondern nur einen zu scenischen Zwecken etwas verkürzten Text des *King Lear* gebrauchen.

Von den äusserlichen Gründen, welche gegen eine Betheiligung Shakespeare's an der Abkürzung des *King Lear* sprechen, gehen wir zu der Erwägung innerer Gründe über. Es muss untersucht werden, ob diese Auslassungen überall im Sinne des Dichters bewerkstelligt sind, ob sie nicht vielmehr dem Geiste seiner dramatischen Kunst zuwiderlaufen und die Conception und Anlage speziell dieses dramatischen Kunstwerkes beeinträchtigen. Im Ganzen ist allerdings das Bemühen unverkennbar, möglichst schonend zu verfahren und nur solche Stellen auszumerzen, welche entweder nur ausführende Schilderungen enthalten oder doch in die Entwickelung der dramatischen Handlung und der Charactere nicht eingreifen.[1]) Aber es ist doch ein grosser Unterschied, ob ein solches Verfahren innegehalten wird von den Schauspielern, die in dem Drama so und so viele Haupt- und Nebenrollen erblicken und nach eigenem Gutdünken unter sich zu vertheilen und einzustudiren haben, oder ob es von dem Dichter geübt wird, der sein Drama als einheitliches Ganze anschaut, als einen Bau, aus dessen architektonischer Zu-

---

[1]) Gerade diese Wahrnehmung, die sich mir wie andern Herausgebern der Werke Shakespeare's auf den ersten Anschein zu ergeben schien, hatte mich bestimmt, unserm Dichter selbst eine Mitwirkung bei diesem Theile einer Bearbeitung des Foliotextes zuzuschreiben — eine Ansicht, die ich der später vorgenommenen eingehenderen Prüfung gegenüber nicht länger festzuhalten vermag. Ich bemerke das hier geflissentlich, damit man mir den Widerspruch zwischen dem in der Einleitung zu meiner Ausgabe des *King Lear* Behaupteten und dem in dieser Abhandlung Auseinandergesetzten nicht vorhalte.

sammenfügung kein Theil ohne Schädigung dieses Ganzen weggenommen werden darf. Shakespeare selbst hat an seinem *King Lear* gewiss Nichts für überflüssig gehalten, sonst würde er, was seinen Bearbeitern entbehrlich scheinen mochte, schwerlich hingesetzt haben. Sehen wir uns denn dieses vermeintlich Entbehrliche, d. h. das im Foliotexte Gestrichene, unter diesem Gesichtspunkt einmal näher an.

Die Expositionsscene (A. 1, Sc. 1) ist intact geblieben, aber schon die folgende Scene (A. 1, Sc. 2) verräth in ihren Streichungen eine andere als des Dichters Hand. Durch die Auslassung von Z. 91—93 (Edm. *Nor — — earth*) ist nicht nur Glosters Rede unvollendet geblieben, sondern auch der rührende Ausdruck väterlichster Zärtlichkeit für den ungerecht verdächtigten Sohn unbarmherzig gestrichen. — Ebenso ungehörig fehlt in derselben Scene Z. 137—143 *(as of — — Come, come)*. Wenn Edmund sagt: *I promise you, the effects he writes of, succeed unhappily*, so muss er doch hinzufügen, worin diese schlimmen Omina bestehen, wenn er seinen Zweck erreichen, d. h. seinem Bruder Besorgnisse einflössen will.

Die kurze, auf das Kommende vorbereitende Zwischenscene (A. 1, Sc. 3) war den Schauspielern noch nicht kurz genug. Indem sie Z. 17—21 *(Not to be — — abused)* strichen, blieb der Goneril ein Stück ihrer Rede im Munde stecken: *Whose mind and mine, I know, in that are one* — nämlich: *Not to be overruled*. So aber erfährt der arme Zuschauer gar nicht, in welchem Punkte denn Goneril und Regan Eines Sinnes sind. — Ebenso in der letzten Rede Gonerils (Z. 25—26) fehlen die Worte: *I would — — speak*, welche den wichtigen Zug enthalten, dass Goneril einen Anlass herbeiführen möchte, unverhohlen ihrem Vater ihre Meinung zu sagen.

A. 1, Sc. 4 haben die Schauspieler zwar Lear's Aufforderung an den Narren, ihn den Unterschied zwischen einem süssen und einem bittern Narren zu lehren, stehen lassen, aber den Bescheid, mit dem der Narr dieser Aufforderung entspricht, gestrichen. Solche Sinnlosigkeit ist dem Dichter selbst doch kaum zuzutrauen. Vielleicht war es aber bei der Streichung dieses Passus Z. 135—150 *(That lord — — snatching)* hauptsächlich auf den zweiten Theil desselben, auf die Satire gegen die Monopolhascherei der vornehmen Herren und Damen am Hofe abgesehen, welche höheren Anstoss erregt haben mochte. Da wurde denn mehr von der Narrenrede gestrichen als die so häufig in den Dramen der Zeit bemerkbare Theatercensur verlangt hätte. — Weiterhin in derselben Scene fehlen Z. 223—228 *(I would — — father)*, und damit bleibt Lear's Frage, ob Niemand ihm sagen könne, wer er sei, ohne die gehörige Motivirung, denn auf die Einreden des Narren, von denen die erste: *Lear's shadow* stehen geblieben und die zweite: **Which they will make an obedient father** mit dem Uebrigen in der Folio gestrichen ist, achtet Lear nicht. A. 2, Sc. 2 strichen die Schauspieler die Verse: *His fault — — punish'd with* (Z. 136—140), in denen Gloster die Schuld des als Diener verkleideten Kent zugiebt, aber zugleich die Zuversicht ausspricht, dass Lear selbst seinen Knecht strafen werde, wenn auch nicht in so entehrender Weise wie mit dem Fussblock. Damit wird Lear's spätere Entrüstung beim Anblick seines im Blocke sitzenden Dieners zugleich angedeutet und gerechtfertigt. Es ist schwer zu glauben, dass der Dichter diesen feinen und wohlberechneten Zug selbst aus seinem Drama entfernt haben würde.

Zu Anfang des dritten Acts haben wir wieder eine jener Orientirungsscenen, wie unser Dichter sie gern auch als Ruhepausen und Uebergänge zwischen leidenschaftlich bewegten Auftritten seiner Dramen einzuschieben liebt und wie sie deshalb den Schauspielern, rein äusserlich betrachtet, leicht entbehrlich erscheinen konnten. Die Auslassung, welche der Hersteller der Quartos sich hier erlaubt hat, ist schon vorher geprüft worden. Bedeutender sind aber die Auslassungen der Folio Z. 7—15 *(tears — — take all)* und Z. 30—42 *(But true — — to you)*. Der erste Passus führt die Schilderung von Lear's wahnsinnigem Trotze gegen die entfesselten Elemente weiter aus, in Zügen, die zur Vervollständigung des Bildes und der ganzen Situation so unentbehrlich sind, dass Shakespeare sie gewiss nicht weggelassen hätte. Noch unentbehrlicher aber ist der zweite Passus, insofern Kent dem Edelmann die Rüstungen Frankreichs und die ganz nahe bevorstehende Landung eines französischen Heeres in England berichtet und zugleich denselben nach Dover zu den dort weilenden Freunden Lear's entsendet. Die Schauspieler übersahen bei der Auslassung dieses Stückes, dass ohne dasselbe das Folgende unverständlich bleibt. Wie soll der Edelmann denn die Cordelia finden und Kents Auftrag an sie ausrichten, wenn er nicht zuvor erfährt, dass sie mit dem französischen Heere in Dover weilt? Natürlich kann solch ein auffälliger Missgriff nicht von Shakespeare, der den Plan und Bau seines Drama's besser kannte, ausgegangen sein.

A. 3, Sc. 6, Z. 17—54 *(The foul — — 'scape?)* ist ausgelassen und damit fällt der wesentlichste Theil der Wahnsinnsausbrüche Lear's aus, derjenige, der allein das dann folgende und stehen gebliebene Wort Kents rechtfertigen könnte, in welchem Lear an die Fassung, deren er sich so oft berühmt, gemahnt wird. Wenn die Zuschauer von diesen Wahnsinnsausbrüchen wenig oder nichts gewahren, so werden sie Kents Mahnung ziemlich ungehörig und beziehungslos finden. -- Zum Schluss der Scene sind dann die Reden Kents: *Oppressed — — behind* (Z. 96—100) und Edgars: *When we — — lurk* (Z. 101—114) gestrichen. Aus der ersten ersehen wir, dass der Narr, ausdrücklich von Kent aufgefordert, seinen Herrn mit forttragen hilft, was nach der Streichung der Narr also unaufgefordert und stillschweigend thun müsste. — Von der letzten Rede Edgars sagen die Cambridge-Editors in einer Note ihrer Ausgabe: *Every editor from Theobald downwards, except Hanmer, has reprinted this speech from the Quartos. In deference to this consensus of authority we have retained it, though as it seems to us, internal evidence is conclusive against the supposition that the lines were written by Shakespeare.* — Wenn wir dieser Ansicht der Cambridge-Editors entgegentreten, so geschieht es zunächst, weil wir uns nicht erklären können, wie ein nicht-Shakespeare'sches Stück in den Quartotext des *King Lear* gerathen konnte. Schwerlich dürfen wir dem Veranstalter dieser Ausgabe, wie wir ihn und seine Mühwaltung haben kennen lernen, die Urheberschaft dieses angeblichen Einschiebsels zutrauen oder bei ihm überhaupt einen Versuch voraussetzen, das ihm vorliegende Manuscript, das den *King Lear* nach der damaligen Aufführung enthielt, mit fremden Zuthaten zu verschönern. Aber auch die inneren Gründe, aus denen die Cambridge-Editors diesen Monolog Edgars unserm Dichter absprechen möchten, wollen uns nicht recht einleuchten. Wir geben gern zu, dass der Stil dieses Passus nicht derselbe ist wie im übrigen Drama; aber solche Verschiedenheit, wie sie hier erscheint, wird zwiefach bedingt: theils durch die Form, theils durch den Inhalt. Shakespeare liebt es auch anderswo[1]) in derlei Reimversen, die sich geflissentlich von dem sie umgebenden Blankvers abheben, eine Reihe von Sentenzen in epigrammatisch zugespitzter, antithetisch gruppirter Redeweise vortragen zu lassen, welche in pointirter Weise die Moral

---

[1]) So erinnert Edgars Monolog im Stil und Versbau an die gereimten Wechselreden des Dogen und Brabantios in *Othello* (A. 1, Sc. 3), an den Monolog des Coriolanus (A. 2, Sc. 3), an die Schlussrede der Cressida in *Troilus and Cressida* (A. 1, Sc. 2), endlich an das Schauspiel im Schauspiel in *Hamlet* (A. 3, Sc. 2).

verdeutlichen sollen, die der Zuschauer aus der jeweiligen Situation und Stimmung seiner handelnden Personen ziehen möge. Hier kam noch ein Zweites hinzu: der Parallelismus zwischen der Familie Glosters und der Familie Lears, auf den unser Dichter überall ein grosses Gewicht legt, sollte an diesem passenden Wendepunkte noch einmal scharf betont werden. Schwerlich hätte ein beliebiger Interpolator diese eigenthümliche Art und Tendenz unsers Dichters so tief erkannt und ausgeführt, und noch dazu in so prägnanter Manier, wie das in den wenigen, aber ein ganz Shakespeare'sches Gepräge tragenden Worten: *He childed as I father'd!* geschehen ist. Eben deshalb ist es mehr als unwahrscheinlich, dass Shakespeare selbst, seine eigenen Intentionen gleichsam vernichtend, diese Verse später gestrichen haben sollte.

A. 4, Sc. 2 ist von dem Gespräch Gonerils mit ihrem Gemahl, in welchem der tief klaffende Zwiespalt der beiden Gatten und der nüancirte Character Albany's so bedeutsam für die Rolle, die er nachher zu spielen hat, entwickelt wird, wenig oder nichts übrig geblieben. Auch wollen die kümmerlichen Reste dieser Reden, wie der Foliotext sie bietet, an ihren Enden weder dem Sinne noch dem Metrum gemäss sich recht aneinanderfügen. Albany begnügt sich statt der längeren Strafrede, die er seiner Gemahlin halten muss, mit der einfachen Replik: *You are not worth the dust which the rude wind blows in your face.* Und doch erwidert Goneril, als ob er wirklich die in den Quartos uns erhaltene Strafrede gehalten hätte, in spezieller Bezugnahme auf einzelne Punkte derselben: *Milk-liver'd man! that bear'st* etc. etc. Dagegen fehlt wieder im Fortgange dieser Rede der Goneril die so wesentliche Hinweisung auf die von Frankreich drohende Gefahr und auf die schlaffe Unthätigkeit Albany's derselben gegenüber. Erst durch diese bittern Hohnreden seines Weibes schwer gereizt, kann Albany in die Worte ausbrechen: *See thyself — — woman*, welche in der Folio ziemlich unvermittelt sich an den ersten stehen gebliebenen Theil der vorhergehenden Rede Gonerils (Z. 50—53) anschliessen. — So konnten eben nur die Schauspieler, ohne Mitwirkung und Mitwissen des Dichters, mit seinem überlieferten Texte wirthschaften!

A. 4, Sc. 3. Diese Orientirungsscene zwischen Kent und einem Edelmanne, in welcher nur berichtet, nicht gehandelt wird, glaubten die Schauspieler wahrscheinlich als überflüssig getrosten Muthes weglassen zu dürfen. Und doch ist sie in Shakespeare's Sinne so wesentlich, dass wir alle Ursache haben, dem Herausgeber der Quartos für ihre Erhaltung dankbar zu sein. Zunächst musste doch angedeutet und motivirt werden, dass der König von Frankreich, Cordelia's Gemahl, der für die weiteren Intentionen des Dichters nur ein störendes Element geworden wäre, nicht mehr auftritt und, so zu sagen, aus dem Drama verschwindet. Ferner war Cordelia selbst erst einmal, ganz zu Anfang des Schauspiels, und dann nachher nicht wieder aufgetreten. Da mochte es dem Dichter wol passend erscheinen, diese Figur, die im letzten Theile des Drama's ein so gewichtiges Moment der Tragik werden sollte, vor ihrer persönlichen Wiedererscheinung auf der Bühne dem Zuschauer in einer seine Theilnahme in hohem Grade anregenden Schilderung vorzuführen. So musste denn der Edelmann dem Kent, der ihn in einer früheren Scene (A. 3, Sc. 1) an die Cordelia abgesandt hatte, über den Empfang, den er selbst und seine Berichte von Lear und den älteren Töchtern bei der Königin gefunden, Rechenschaft ablegen. Damit erhält jene frühere Scene erst jetzt ihren entsprechenden Abschluss, der freilich in der Folio fehlt, weil ihn die Schauspieler nicht für nöthig hielten. Endlich hat der Dichter noch ein drittes Element in diese dritte Scene des vierten Acts verarbeitet: eine neue Stufe und Wandlung in Lears gestörten Seelenzuständen. Auf den Wahnsinn, der allgemach zu weichen beginnt, folgt noch nicht alsbald das klare Bewusstsein, sondern ein Lucidum Intervallum, characteristisch durch Lears Scheu und Scham vor seiner einst von ihm verkannten und arg misshandelten Tochter Cordelia — eine Scheu und Scham, die in ihrem Uebermass ihn denn noch einmal in jenen Wahnsinn zurückwirft, in welchem wir ihn bald nachher (A. 4. Sc. 6) in der Umgegend von Dover umherirrend auftreten sehen. — Alles das hat der Dichter in der dritten Scene des vierten Acts ausdrücken wollen, die den Schauspielern so entbehrlich schien, dass sie dieselbe ohne Weiteres strichen. — Ebenso strichen sie auch am Schlusse des vierten Acts den orientirenden Dialog derselben beiden Personen, der, nach Shakespeare's Weise, auf kommende Ergebnisse, hier auf die bevorstehende blutige Schlacht und deren zweifelhaften Ausgang vorbereiten soll.

A. 5. Sc. 1. Z. 23—28 (*Where I — — nobly*) ist von den Schauspielern gestrichen, aber den lediglich auf diese Worte Albany's bezüglichen Einwurf der Regan: *Why is this reason'd!* hat man naiver Weise stehen lassen. Der Ausfall dieses Passus in der Folio ist um so mehr zu bedauern, da der Quartotext an der betreffenden Stelle offenbar corrumpirt und wahrscheinlich defect ist. Wie die Cambridge-Editors annehmen, ist vor den sehr zweifelhaften Worten:

Not bolds the king, eine Zeile ausgefallen und Albany habe ungefähr Folgendes gesagt: *I should be ready to resist any mere invader, but the presence in the invader's camp of the king and other Britons, who have just cause of enmity to us, dashes my courage.* — Jedenfalls ist es nicht Shakespeare's Absicht gewesen, einen für die Characteristik Albany's wie für die Darlegung der Sachlage so wesentlichen Zug verwischt zu sehen.

Die letzte grosse Scene des Drama's hat nur zwei Auslassungen in der Folio aufzuweisen, eine kürzere und eine längere. Die erste, Z. 55—60 (*At this time — — place*) betrifft den Schluss einer Rede Edmunds, deren Anmassung alsbald von Albany zurückgewiesen wird und deren Fassung daher vom Dichter schwerlich so abgeschwächt worden ist, wie sie in der Verkürzung des Foliotextes erscheint. — Noch viel weniger in Shakespeare's Sinne ist aber ein zweiter längerer Passus von den Schauspielern gestrichen: Z. 205 —225 (*This — — slave*), welche Edgars erschütternden Bericht von der Begegnung Kents und des sterbenden Gloster enthält. Gewiss hat dieses Wiedersehen der so lange getrennten oder nur unerkannt sich begegnenden Freunde, deren Gespräch das Drama zuerst eröffnete, nun am Schlusse desselben unserm Dichter am Herzen gelegen; und da der Plan und die Oekonomie seines Schauspiels ihn verhinderte, dies Wiedersehen den Zuschauern als Handlung vorzuführen, hat er wenigstens in anschaulichst ergreifender Schilderung es uns vorgeführt. Die Schauspieler strichen diese Partie, liessen aber ahnungslos als Wahrzeichen, dass sie früher im Texte gestanden, die vorhergehenden, darauf bezüglichen Worte Edmunds an Edgar stehen: *You look as you had something more to say.* — Oder sollte etwa Shakespeare selbst so ungeschickt gestrichen und stehen gelassen haben?

Es erübrigt noch, einen Blick auf die allerdings sehr vereinzelten Fälle zu werfen, in denen eine Lesart des Quartotextes den Vorzug vor der entsprechenden des Foliotextes verdient. Dass in der Regel durch den ganzen *King Lear* hindurch das umgekehrte Verhältniss obwaltet, sahen wir schon an zahlreichen Beispielen in dem ersten Theile dieser Abhandlung und mussten diese Thatsache auch sehr erklärlich finden, wenn wir die Entstehung der einen wie der andern Ausgabe uns deutlich zu machen suchten. In der That ist der gewaltige Unterschied zwischen beiden auch augenfällig genug. Wenn es, nachdem im Verlaufe des siebenzehnten Jahrhunderts die vier Folioausgaben der Shakespeare'schen Dramen erschöpft waren, dem ersten eigentlich literarischen Herausgeber dieser Werke, Nicholas

Rowe, gelang, ohne Hinzuziehung der ihm unbekannten Quartos, allein aus der Folio einen immerhin lesbaren Text des *King Lear* herzustellen, so würde umgekehrt aller Scharfsinn späterer Commentatoren kaum ausgereicht haben, ein ähnliches Resultat allein mit Hülfe der Quartos zu erzielen, falls durch ein grosses Missgeschick etwa jedes Exemplar der Folios verloren gegangen wäre. Nichtsdestoweniger haben Rowe's Nachfolger in der Herausgabe Shakespeare's den Beweis geliefert, welcher partielle Gewinn sich aus einer Collation der Quartos für die Feststellung des Textes unseres Drama's ziehen liess, abgesehen von der Ergänzung derjenigen Partien, die in der Folio ausgefallen sind. Wie wir schon in dem ganz analogen Falle des *King Richard III.* bemerkten, müsste es auch von vornherein wunderbar erscheinen bei der notorischen Fahrlässigkeit, mit welcher die Gesammtausgabe der Shakespeare'schen Dramen besorgt wurde, wenn ein Drama so manches Jahr nach seiner Abfassung aus einer so vielfachem Wechsel unterworfenen Theaterhandschrift ganz correct in den Druck der Folio übergegangen wäre. Und ebenso wunderbar wäre es, wenn der Veranstalter der Quartos, dem eine Abschrift verhältnissmässig bald nach der ersten Aufführung des Schauspiels vorgelegen, bei allen Missgriffen und Willkürlichkeiten seines Verfahrens, nicht gelegentlich ein Wort oder eine Stelle des ursprünglichen Textes besser wiedergegeben haben sollte, als der so viele Jahre später vielleicht nach der Abschrift einer Abschrift hergestellte Druck der Folio es in einzelnen Fällen gethan.

Im *King Lear* ist die Zahl solcher einzelnen Fälle noch viel beschränkter als wir sie im *King Richard III.* zu constatiren hatten; viel beschränkter, selbst wenn wir die zweifelhaften Fälle hinzurechnen, wo der Shakespeare-Kritiker, je nach seinem subjectiven Ermessen oder nach seiner Werthschätzung der Quartos wie der Folio sich beliebig für die eine oder für die andere Lesart entscheiden mag. Die hervorstechendsten Beispiele, wo die Quartos unzweifelhaft die richtige, in der Folio durch Nachlässigkeit entstellte, Lesart bieten, mögen etwa folgende sein:

A. 1, Sc. 1. *For equalities are so weighed* — *qualities* in der Fol. *I shall my liege* — *Lord* in F. *which the must precious square of sense possesses* — *professes* in F. *the observation we have made of it hath not been little* — *not* fehlt in F.

A. 1, Sc. 4. *You are much more attask'd* — *at task* in F.

A. 2, Sc. 1. *lanc'd mine arm* — *latch'd* in F. *potential spurs* — *spirits* in F. *I have heard strange news* - *strangenesse* in F.

A. 2, Sc. 2. *Bring oil to fire — Being* in F. *dread exploit — dead* in F.
A. 2, Sc. 4. *Of her confine — his* in F.
A. 3, Sc. 4. *through ford — sword* in F.
A. 3, Sc. 6. *Or bobtail tike — tight* in F. *Dogs leap — leapt* in F.
A. 3, Sc. 7. *All cruels else subscrib'd — subscribe* in F.
A. 4, Sc. 2. *who thereat enraged — threat-enraged* in F.
A. 4, Sc. 4. *In the good man's distress — desires* in F.
A. 4, Sc. 6. *touch me for coining — crying* in F. *small vices do appear — great* in F.
A. 5, Sc. 3. *Whose age has charms — had* in F. *made them skip — him* in F.

Wir übergehen die zweifelhaften Lesarten, über deren resp. Vorzug sich streiten lässt, da sie eben wegen ihrer Zweifelhaftigkeit zur Entscheidung der vorliegenden Frage Nichts beitragen, und wir fassen hiermit das Resultat unserer Untersuchung in folgenden Schlussatz zusammen:

Die Differenzen zwischen dem Quartotext und dem Foliotext des *King Lear*, auf ihren wahren Ursprung zurückgeführt, sprechen nicht für, sondern g e g e n die Annahme einer späteren Revision des Drama's von Shakespeare's Hand.

Shakespeare's Character,
seine Welt- und Lebensanschauung.

Von

K. Elze.

Kein grosser Dichter hat es der Nachwelt so schwer gemacht, zu einer klaren und begründeten Auffassung seines sittlichen Characters, seiner Welt- und Lebensanschauung zu gelangen, wie Shakespeare, und doch ist dies gerade derjenige Punkt, über welchen jeder Verehrer des Dichters vor Allem eine verlässliche und möglichst ausführliche Kunde besitzen möchte. Unsere Nachrichten über Shakespeare's Leben, über sein Verhältniss zu Eltern und Geschwistern, zu Frau und Kindern,[1]) zu Freunden und Mitmenschen überhaupt sind so ausserordentlich dürftig, dass wir nur vereinzelte und unsichere Schlüsse daraus zu ziehen vermögen, und die aus seinen Werken geschöpfte Darstellung seiner sittlichen Persönlichkeit erweist sich nicht minder ungenügend, indem sich hier, nach den Worten des bekannten Ausspruchs, der Schöpfer fast wie ein

---

[1]) Ueber Shakespeare's vierfaches Verhalten als Sohn, Bruder, Gatte und Vater wissen wir nichts als was über seine Eheschliessung bekannt ist und was sich mit innerer Nothwendigkeit daraus zu ergeben scheint. Dass er seinen Eltern in den Jahren der Bedrängniss beistand, wird sich nicht bezweifeln lassen, wie er auch jedenfalls in der Angelegenheit der Wappenverleihung mit dem Vater Hand in Hand ging. H. Kurz (Shakespeare-Jahrbuch IV, 263) geht gewiss zu weit, wenn er glaubt, dass Launce's Schilderung seines Abschieds von Hause (in den beiden Veronesern II, 3) ein Streiflicht auf des Dichters eigenen Abschied von seiner Familie werfe. Auffällig könnte es dagegen scheinen, dass die beiden Ermahnungen zu massvoller Trauer im Hamlet und in Ende gut, Alles gut gerade an den Tod eines Vaters geknüpft sind, wenn nicht ein Rückschluss auf des Dichters eigene Trauer um den Vater durch den Umstand ausgeschlossen würde, dass die beiden Stücke aller Wahrscheinlichkeit nach dem Tode John Shakespeare's (1601) vorangingen.

Gott hinter seiner Schöpfung verbirgt. Man kann also auch hier nicht anders als mit Hülfe von Combinationen und Hypothesen vorgehen, so dass sich alles um die möglichst unanfechtbare Begründung und innere Wahrheit derselben dreht.

Als eine äussere Handhabe bieten sich uns zunächst das Urtheil und die Schätzung der Zeitgenossen dar, soweit sie uns überliefert worden sind. Die Epitheta, mit denen der Dichter von seinen Zeitgenossen geschmückt wird, sind *gentle, worthy, beloved* und *friendly;* namentlich *Gentle Shakespeare* ist stehende Bezeichnung geworden wie *Venerable Bede, Judicious Hooker* u. a.[1]) Alle Zeugnisse sind einstimmig im Lobe Shakespeare's, obenan die Aeusserungen Ben Jonsons, der trotz schwer wegzuleugnender Eifersucht und daraus entspringender Missbelligkeit schliesslich doch nicht umhin konnte zu gestehen: '*I loved the man and do honour his memory, on this side idolatry, as much as any*',[2]) und ihn in dem allbekannten Nachruf zu verherrlichen. Abgesehen von den literarischen Seitenhieben bei Nash, von denen es immerhin nicht erwiesen ist, dass sie sich auf Shakespeare beziehen, ist der einzige (allerdings auch nicht urkundlich auf Shakespeare beziehbare) zeitgenössische Angriff gegen den Dichter, der bekannte eifersüchtige Ausfall Greene's in seinem *Groatsworth of Wit*, der Shakespeare nichts weiter vorzuwerfen weiss, als dass er '*the onelie Shake-scene in a country*' und '*an upstart crow*' sei, '*which has beautified itself in our feathers*'. Und auch diesen einzigen Angriff hat Chettle, der Herausgeber des Pamphlets, widerrufen und Pater peccavi gesagt. '*The other (viz. Shakespeare),* so lauten Chettle's Worte, *whom at that time I did not so much spare, as since I wish I had; for that as I have moderated the hate of living writers, and might have used my own discretion (especially in such a case, the author being dead) that I did not, I am as sorry as if the original fault had been my fault; because myself have seen his demeanour, no less civil than he excellent in the qualities he professes. Beside, divers of worship have repeated his uprightness in dealing, which argues his honesty, and his facetious grace in writing, that approves his art.*' Sehen wir von den Schlussworten ab, die nur den Schriftsteller, nicht den Menschen in Shakespeare angehen, so kann es kaum ein grösseres Lob für seinen Character geben und dasselbe fällt um so mehr ins Gewicht, als es mit allem, was wir

---

[1]) Shakespeare. By Thomas De Quincey. Edinburgh, 1864, p. 59.
[2]) B. Jonson, Discoveries (Works, Moxon 1853, p. 747).

sonst wissen oder schliessen dürfen, durchaus im Einklang steht. Also nicht weniger '*civil*' in seinem Benehmen war er, als ausgezeichnet in seiner Kunst — und zwar versichert Chettle das aus eigener Kenntniss. Shakespeare hatte sich danach dem von Chettle veröffentlichten Angriffe Greene's gegenüber mit der taktvollen Artigkeit des ächten Gentleman, mit der überlegenen Ruhe und Würde eines grossen Geistes benommen. Er stand hoch über gewöhnlichem Gerede und kleinlicher Eifersüchtelei, er glänzte ruhig fort, wie der angebellte Mond in der bekannten Fabel. Dass hier seine '*honesty and uprightness of dealing*' ausdrücklich bezeugt wird, ist von um so grösserer Tragweite, als man bei Shakespeare's Trachten nach Erwerb und Besitz leicht auf den Verdacht gerathen könnte, dass er dabei nach den Worten der Bibel in Versuchung und Stricke gefallen sei.

Nehmen wir danach eine edle, würdevolle und vielleicht selbstbewusste Haltung für den Dichter in Anspruch, so wird diese Vorstellung durch die Thatsache bestätigt, dass er im Gegensatz zu so manchen seiner Zeitgenossen kein Schmeichler war. Er hat sich nie an den Hof oder an die Aristokratie gedrängt, wenngleich er mit beiden in Berührung gekommen ist. Dass er seine Gedichte (Venus und Adonis und Lucretia) einem vornehmen Patron widmete, kann nicht als Schmeichelei angesehen werden, denn das war Sitte und Erforderniss der Zeit. Ben Jonson hat jedes einzelne seiner Dramen irgend einem Gönner dedizirt, woran Shakespeare bekanntlich nicht gedacht hat. Wenn die Sonette an den jungen Freund, gleichviel ob man Graf Southampton oder Graf Pembroke in ihm vermuthen soll, als baarer autobiographischer Ernst aufzufassen wären, so wäre der Dichter allerdings schwer von verächtlicher Schmeichelei freizusprechen — doch davon wird gleich ausführlicher die Rede sein. In den Dramen dagegen finden sich nur einige wenige Stellen, welche als Komplimente für Elisabeth und Jakob angesehen werden müssen und diese zeichnen sich nicht allein durch ausserordentliche Zartheit und dichterische Schönheit aus, sondern bleiben weit hinter dem zurück, was beiden Fürsten und namentlich der Elisabeth geboten werden musste, wenn ihre ungemessene und widerwärtige Eitelkeit befriedigt werden sollte. Darauf verstand sich Ben Jonson ganz anders; er war jederzeit bereit, die schamlosen Anforderungen, welche seitens des Hofes in Bezug auf schmeichlerische Huldigung gestellt wurden, nicht nur zu erfüllen, sondern wo möglich zu überbieten und wurde dem entsprechend zum Poeta Laureatus ernannt und mit einem Jahrgehalt begnadigt.

Auch in dieser Hinsicht ist er das Widerspiel Shakespeare's, der in Was Ihr wollt III, 1 den bemerkenswerthen Ausspruch thut — in dem wir wol eine persönliche Ueberzeugung erkennen dürfen:
    Die Welt war nimmer froh,
    Seit niedres Heucheln galt für Artigkeit.
Seine eigenen Komplimente für Elisabeth im Sommernachtstraum, in Heinrich VI. und Heinrich VIII. wie für Jakob in Heinrich VIII. und in Macbeth sind allerdings nichts weniger als 'niedres Heucheln', und der Segenswunsch, den Mrs. Quickly als Sprecherin der Elfen am Schlusse der Lustigen Weiber über Windsor-Schloss ausspricht, kann nicht als Schmeichelei angesehen werden. Von der Stelle im Sommernachtstraum (Oberons Vision) ist anderswo eingehend die Rede gewesen und es ist höchst wahrscheinlich, dass sie dem Dichter dazu dienen sollte, um die königliche Huld und Gnade für einen Dritten zu erwirken.[1]) Was das Lob angeht, welches in Heinrich VI. dem Vorfahr der Elisabeth, Heinrich VII., im Gegensatz zu Richard III. gespendet wird, so folgte der Dichter dabei fast wörtlich seiner Quelle (Holinshed) und zwar um so lieber, als er schon aus Gründen der dramatischen Komposition den ersten Tudor dem Wütherich Richard als fehlerlos gegenüber stellen musste. Die Bemerkung, die der ungeschliffene Dr. Johnson zu der Stelle gemacht hat: 'Shakespeare knew his trade' zerfällt daher in nichts. Bedenklicher könnte die Schlussscene in Heinrich VIII. erscheinen, wo der Dichter bekanntlich sowohl Elisabeth als auch Jakob in Brillantfeuer strahlen lässt. Allein einmal ist es höchst fraglich, ja sogar durchaus nicht wahrscheinlich, dass das Stück bei Elisabeths Lebzeiten aufgeführt worden ist, und zweitens rührt die daran sich anschliessende Huldigung für Jakob vermuthlich gar nicht von Shakespeare, sondern von einem Ueberarbeiter des Stückes her.[2]) Uebrigens verwahrt sich der Verfasser — er mag gewesen sein wer er wolle — gegen den Vorwurf der Schmeichelei durch die exceptio veritatis; lasst mich reden, so beginnt Cranmer,
    Lasst mich reden,
Gott selbst gebeut mir's. Haltet nicht mein Wort
Für Schmeichelei: es wird sich wahr erweisen.
Die Weisswaschung Banquo's im Macbeth schliesst insofern eine Artigkeit für Jakob in sich, als Banquo sein Ahnherr war. Schon Upton hat bemerkt, dass den schottischen Chronisten zufolge Banquo

---

[1]) Vergl. Shakespeare-Jahrbuch III, 166.
[2]) Vergl. Shakespeare-Jahrbuch IX, 80 und 85.

ganz eben so schwer am Morde Duncans betheiligt war als Macbeth, dass aber Shakespeare durch seine abweichende Darstellung nicht allein ein Kompliment für Jakob, sondern auch eine Verschiedenheit und einen zweckmässigen Gegensatz in den Characteren seiner Tragödie gewonnen hat. Als eine Schmeichelei gilt auch die Schilderung der bekannten königlichen Wunderkur (*the King's Evil*) durch Malcolm (IV, 3) der, nach des Dichters Worten, den heilkräftigen Segen den nachfolgenden Königsgeschlechtern hinterliess. Seine eigene — etwas ungläubige — Stellung zu diesem bis auf Georg I. fortgepflanzten Aberglauben scheint übrigens der Dichter durch die Worte: '*tis spoken*' hinlänglich zu bezeichnen.

Wie wenig alles dies dem Begriffe der Schmeichelei im Sinne der Elisabethanischen Zeit entspricht, davon kann man sich mit leichter Mühe überzeugen, wenn man beispielsweise die Beschreibung der sogenannten *Princelie Pleasures* dagegen hält. Nehmen wir auch die angeführten Stellen buchstäblich wie sie liegen, ohne alle hypothetischen Auslegungen, so wird doch gewiss Niemand um ihretwillen dem Dichter den Makel niedriger Schmeichelei anheften und ihn für einen '*tufthunter*' erklären wollen. Wäre er das gewesen, so hätte es sicherlich nicht jener — obenein vergeblichen — Aufforderungen an ihn bedurft, der Königin, die ihn so ausgezeichnet haben soll, bei ihrem Tode einen Nachruf zu widmen, wir meinen die Verse in *Englande's Mourning Garment* von Chettle und die Zeilen aus dem (hoffentlich ächten) *Mournefull Dittie entituled Elizabeth's Losse*.[1]) Shakespeare hat weder bei dieser, noch bei einer andern Gelegenheit seine Stimme erhoben, um die freudigen oder schmerzlichen Ereignisse in der königlichen Familie zu besingen.[2]) Auch das mag in diesem Zusammenhange erwähnt werden, dass er niemals '*Commendatory Verses*' geschrieben hat, was der Biograph und Literarhistoriker in Einer Hinsicht bedauern mag, denn hätte Shakespeare seinen Brüdern in Apoll solche Encomien gespendet, so würden sie es sicherlich in reichem Masse vergolten und uns auf diese Weise vermuthlich in den Besitz einiges biographischen Materials gesetzt haben. Der Einzige, dessen Shakespeare einmal lobend gedenkt, ist Spenser, von welchem es in einem Sonett im *Passionate Pilgrim* heisst:

— *whose deep conceit is such,*
As passing all conceit, needs no defence.

[1]) Neil, Shakespeare, a Critical Biography (London, 1863) p. 48. — Collier, New Facts, p. 37.
[2]) Hunter, New Illustrations II, 105.

Diese Huldigung selbst 'needs no defence', insofern sie nicht nur vollkommen verdient ist, sondern auch erst nach Spensers Tode veröffentlicht wurde: Spenser starb nämlich 1598 und *The Passionate Pilgrim* erschien 1599.

Weit eher liesse sich glauben, dass Stolz als dass Schmeichelei ein Characterzug Shakespeare's gewesen sei, denn wie sehr auch sein dichterisches Schaffen ein unbewusstes gewesen sein mag, so konnte ihm doch ein Gefühl seiner geistigen Ueberlegenheit nicht fremd bleiben, ein Gefühl, das ihn über seine Standesgenossen erheben und der Aristokratie anreihen musste. Dass Shakespeare's Klage über die Niedrigkeit seines Standes im 111. Sonette nicht blosse Phantasie, sondern ein autobiographischer Stossseufzer ist, wird sich im Zusammenhange mit seinen übrigen Lebensverhältnissen kaum leugnen lassen, und auch die von seinem Vater jedenfalls auf seinen Betrieb nachgesuchte Wappenverleihung spricht für die Richtigkeit dieser Auffassung. Durch das Wappen wurde Shakespeare nach den Begriffen seiner Zeit zum anerkannten Gentleman gestempelt und ein Gentleman im vollsten und edelsten Sinne nicht nur zu heissen, sondern zu sein, darauf war unverkennbar sein Dichten und Trachten gerichtet. Er strebte nach Unabhängigkeit; ein begüterter und angesehener Herr zu sein war das Ziel, das er sich gesteckt hatte. Dabei ist es aber höchst merkwürdig, dass sich sein Anspruch, den bessern Ständen zugezählt zu werden, nicht auf seine Werke, sondern lediglich auf das von ihm erworbene Vermögen gründete; in Bezug auf die erstern blieb er zeitlebens vollkommen anspruchslos und schlicht und zeigt hierin wieder eine auffallende Aehnlichkeit mit Walter Scott. Auch Walter Scott war trotz seiner Hinneigung zur Aristokratie kein Schmeichler und auch er begründete seinen Anspruch, den Reihen derselben zugezählt zu werden, nicht auf seine Werke (die er ja grösstentheils verleugnete), sondern auf seinen Grundbesitz; allerdings spielte das Bewusstsein aristokratischer Abstammung mit hinein und es ist sehr möglich, dass Shakespeare in Bezug auf seine mütterliche Familie sich einem ähnlichen Gefühle hingegeben haben mag.[1] Dass übrigens nicht die Abstammung allein den Gentleman macht, wussten beide Dichter; Shakespeare sagt im Wintermärchen I, 2:

---

[1] Ueber Shakespeare's Aristokratismus vergl. Hartley Coleridge, Shakespeare, a Tory and a Gentleman in seinen Essays and Marginalia (London, 1852). — 'A Gentleman according to Shakespeare' im Temple Bar Magazine, April 1868.

> Du bist ein Edelmann, dabei ein Mann
> Von reichem Wissen, was nicht weniger
> Den Adel schmückt als unsrer Väter Namen,
> Der unser edles Erb' ist. —

Treten wir, um Auskunft über Shakespeare's sittliche Persönlichkeit zu erlangen, an seine Werke heran, so bieten sich uns zunächst die Sonette dar, um deren Auffassung sich bekanntlich die Frage nach Shakespeare's Character wie um einen Angelpunkt dreht. Nach der Ansicht vieler, namentlich englischer, Erklärer sind die Sonette durchaus autobiographischen Inhalts oder autobiographische Bekenntnisse und Wordsworth hat sich sogar zu dem Ausspruche verstiegen: *With this key Shakespeare unlocked his heart.* Abweichende und sehr gekünstelte Erklärungsversuche, die nicht auf Beistimmung zählen können, sind in England von Gerald Massey, Henry Brown u. A. gemacht worden, während sich in Deutschland neuerdings die namentlich von Delius und Gildemeister entwickelte Ueberzeugung Bahn gebrochen hat, dass die Sonette lediglich Erzeugnisse der freien, dichterisch schaffenden Phantasie sind.[1]) Gildemeister weist mit grosser Entschiedenheit auf die Folgerungen hin, welche sich aus der autobiographischen Theorie für den Character des Dichters ergeben; danach müsse er ein ganz schwacher, haltloser, kaum achtbarer Mensch gewesen sein. Zu diesem Schlusse ist schon vor Gildemeister Thomas Kenny gekommen,[2]) nur mit dem Unterschiede, dass dieser die Folgerung annimmt, während Gildemeister sie unwillig zurückweist und überzeugt ist, dass die Gegner dadurch ad absurdum geführt werden. Nach Kenny liegt der Schwerpunkt der ganzen Streitfrage in der demüthigenden und widerwärtigen Zuneigung, welche der Dichter gegen seinen Freund zur Schau trägt. 'Der grösste dichterische Genius, sagt er, den die Welt je gekannt hat, wirft sich vor einem obscuren Idol nieder und entsagt in der Verzückung zitternder Hingebung seiner Selbstachtung und Menschenwürde.' Kenny erkennt in der dichterischen wie in jeder künstlerischen Schöpfungskraft ein weibliches Element und ist überzeugt, dass der Genius des Dichters am meisten durch eine sehnsüchtige Zärtlichkeit, durch ein unbefriedigtes Verlangen und eine unbestimmte und unstillbare Empfänglichkeit mit den grossen Gestaltungen der Welt, die ihn umgeben, in Verbindung steht.

---

[1]) Delius, Ueber Shakespeare's Sonette im Shakespeare-Jahrbuch I, 18—56. — Shakespeare's Sonette übersetzt von O. Gildemeister, Leipzig, 1871.
[2]) The Life and Genius of Shakespeare. London, 1864, p. 79 seqq.

Diese ruhelose Leidenschaft zeige sich in Shakespeare's Sonetten in einer ganz besonders übertriebenen und unangenehmen Form und diejenigen Kritiker, welche die Sonette für freie dichterische Hervorbringungen erklärten, hätten das nur gethan, um den Schlussfolgerungen zu entgehen, zu denen der Inhalt der Sonette mit Nothwendigkeit hindränge. Die Sonette stimmten jedoch in Inhalt und Character durchaus mit den übrigen lyrisch-epischen Dichtungen Shakespeare's überein; alle behandelten dasselbe Thema, unerwiderte, brennende, sehnende, schmachtende, rettungslos verzehrende Liebe: alle malten sie die verschiedenen Phasen der Leidenschaft mit übertriebener, ins Kleinliche gehender Ausführlichkeit aus; alle legten sie eine überquillende, ungezügelte, mehr oder weniger ungeordnete Gedanken- und Bilder-Verschwendung des Dichters an den Tag. '*Diffusion*, so schliesst Kenny, *is their most striking characteristic*'.

So stehen nach Kenny's Auffassung die Sonette durchaus im Einklange mit der '*extravagant impressionability*', welche er als einen Grundzug in Shakespeare's geistiger Natur betrachtet. Aus der beispiellosen Fähigkeit, mit welcher sich Shakespeare in den Geist und Character aller andern Menschen hineinversetze, geht, wie er meint, hervor, dass der Dichter selbst keinen festen und ausgeprägten eigenen Geist und Character besessen haben könne. Es scheint auffällig, dass Kenny dieses Urtheil nicht auch auf Walter Scott erstreckt hat, indem unter allen Dichtern alter und neuer Zeit Scott derjenige ist, welcher nächst Shakespeare die grösste Zahl von Characteren geschaffen oder geschildert hat. Da wir jedoch über Scotts Character ausführlich und authentisch unterrichtet sind, so würde eine solche Ausdehnung dieser Ansicht sofort ihre Unhaltbarkeit dargethan haben. '*Shakespeare had no firm commanding originality of character — he had no visible and striking energy of purpose*', so lauten Kenny's eigene Worte (S. 78), und an einer andern Stelle (S. 101) heisst es: '*His very want of a firm, distinctly marked individuality enabled him the more readily to restore its own boundless life to the wonderful universe beyond him.*' Wie ein grosser Maler oder Musiker ausserhalb des Bereiches seiner Kunst ein verhältnissmässig unbedeutender Mensch sein könne, so sei es auch Shakespeare ausserhalb der dramatischen Poesie gewesen; sein Genius habe sich ausschliesslich auf diesen Einen Punkt concentrirt. Er sei gewissermassen leise und anspruchslos über die Oberfläche der Welt dahingeglitten und, obwohl der grösste Dichter der Welt, habe er doch kein grosses oder auch nur bedeutendes Leben gehabt. Aus diesem Grunde hätten auch seine Zeitgenossen nichts

Ausserordentliches in ihm zu erblicken vermocht und das sei zugleich die Ursache, warum uns so wenig über seine Lebensumstände, seine Stellung zu den Zeitgenossen und seinen Character überliefert worden sei.

Das klingt im ersten Augenblicke ganz einleuchtend und annehmbar, allein verschiedene Argumente sprechen entschieden dagegen. Zunächst kann man Kenny's Auffassung der Sonette nicht ohne Weiteres theilen, da er dieselben absolut und nicht aus der geistigen Atmosphäre Shakespeare's heraus, nicht nach den Ideen und Sitten seiner Zeit beurtheilt. Wie das englische Drama so hat Shakespeare auch das englische Sonett auf den Gipfel geführt und seine Vorgänger darin überflügelt. Alle characteristischen Merkmale der englischen Sonettdichtung sind bei ihm am ausgeprägtesten, in der That so ausgeprägt, dass man sagen möchte, noch einen Schritt weiter und das Shakespeare'sche Sonett gerade wie das Shakespeare'sche Drama schlägt in ein Zerrbild um. Zu den wesentlichsten Characterzügen der Sonettdichtung gehört aber die Liebes- und Freundschaftsschwärmerei, und der Inhalt dieser Dichtgattung ist nicht minder conventionell, als ihre Form; bietet uns doch unsre eigene Literatur einen analogen Fall dar in Platens Sonetten mit ihrer ganz ähnlichen Freundschaftsschwärmerei, welcher H. Heine in seinen Reisebildern bekanntlich die nichtswürdigste Auslegung gegeben hat. '*Sometimes*, sagt Nash, *(because Love commonly wears the liuerie of wit) hee [viz. the upstart] will be an Inamorato Poeta, and sonnet a whole quire of paper in praise of Ladie Manibetter, his yelow-faced mistress, and wear a feather of her rainbeaten fanne for a fauor, like a fore-horse.*' ¹) Dass diese Liebesschwärmerei von der Freundschaftsschwärmerei noch überboten wurde, hat namentlich Henry Brown in seinem sonst wenig empfehlenswerthen Buche ausgeführt und durch eine Reihe von Belegstellen dargethan. ²) Man stellte die Freundschaft als ein ausschliesslich sittliches Verhältniss hoch über die Liebe, die mindestens zur Hälfte ein physisches ist; man betrachtete sie nicht nur als eine Verwandtschaft, sondern als eine Vermählung der Seelen, als eine Ehe in Bezug auf geistiges Zusammenleben, auf Schicksale, Interessen und Bestrebungen. '*Friendships*, sagt Jeremy Taylor *(Measures of Friendship) are marriages of the soul, and of fortunes, and interests, and counsels*'. Ganz ähnlich lautet eine Stelle in

---

¹) Pierce Penniless ed. Collier, p. 17. — Vergl. Birons Aeusserungen über Sonettpoesie in Verlorner Liebesmüh.
²) The Sonnets of Shakespeare Solved. London, 1870.

The Whole Duty of Man: '*For when men have contracted friendship, and espoused their souls and minds to one another, there arises a new relation between them, for in this close and new relation men give each other a property in themselves*'. In *Allot's Wit's Commonwealth* (1598) heisst es: '*The love of men to women is a thing common and of course, but the friendship of man to man infinite and immortal*'. In *Meres' Wit's Commonwealth* lesen wir: '*Friendship ought to resemble the love between man and wife, that is, two bodies made one will and affection.*'[1]) Sogar der praktische und weltmännische Bacon hat einen für seinen nüchternen Standpunkt fast schwärmerischen Essay '*Of Friendship*' und Dryden spricht sich anlässlich seiner Vergleichung zwischen Shakespeare und Fletcher folgendermassen aus: '*He (viz. Shakespeare) excelled in the more manly passions, Fletcher in the softer; Shakespeare writ better betwixt man and man, Fletcher between men and women; consequently the one described friendship better, the other love. Yet Shakespeare taught Fletcher to write love, and Juliet and Desdemona are originals. It is true the scholar had the softer soul, but the master had the kinder. Friendship is both a passion and a virtue essentially; love is a passion only in its nature, and is not a virtue but by accident; good nature makes friendship, but effeminacy love*'. Richard Barnefield schrieb 1595 eine aus 20 Sonetten bestehende Dichtung '*The Affectionate Shepherd*', welche in Nachahmung von Virgils zweiter Ekloge die Liebe eines Hirten zu einem schönen Knaben in arkadischer Unschuld schildert; es war sein Erstlingsgedicht und erlebte in mehreren Auflagen eine schnelle und weite Verbreitung. Auf den verwandten Inhalt der Sonette von Daniel, der bekanntlich Shakespeare's unmittelbarer Vorgänger in der Sonettdichtung war, hat Delius mit Recht hingewiesen. Dass auch der hohe Adel von denselben schwärmerischen Freundschaftsideen durchdrungen war, beweist ein begeistertes Sonett des bekannten Grafen William Pembroke auf die Freundschaft (erschienen 1660), worin es heisst:

Choose one of two companions for thy life,
Then be as true as thou wouldst have thy wife;
Though he lives joyless that enjoys no friend,
He that hath many pays for't in the end.

Diese Nachweisungen und Vergleichungen führen zu der Ueberzeugung, dass der Gedankeninhalt der Shakespeare'schen Sonette

---

[1]) Es klingt ganz modern: Zwei Seelen und Ein Gedanke! — Die obigen Stellen sind sämmtlich dem Brown'schen Werke entnommen.

nicht sowohl das individuelle und ausschliessliche Eigenthum des Dichters, als vielmehr ein Factor und Element des allgemeinen Gedankeninhalts seiner Zeit war. Wie sonderbar und widerstrebend uns auch heutzutage die '*master-mistress*' der Sonette (Son. 20, 105, 116) anmuthen mag, so dürfen wir uns doch nach dem Gesagten in keiner Weise wundern, Shakespeare sich innerhalb dieses Ideenkreises bewegen zu sehen; nur das Gegentheil würde verwunderlich sein. Auch in seinen Dramen wird die Freundschaft ausserordentlich hoch gestellt und gewissermassen als eine höhere und reinere Liebe characterisirt, so dass man sich des Gedankens nicht erwehren kann, als sei Shakespeare dadurch, dass er in der Liebe Schiffbruch gelitten und von dem Schicksal einer unglücklichen Ehe bedrückt worden sei, dahin getrieben worden, in der Freundschaft einen Ersatz für das versagte Liebesglück zu suchen und sich der herrschenden Schwärmerei in die Arme zu werfen. Jedenfalls war er für die Freundschaftsideen der Zeit in hohem Masse empfänglich. Welche schwärmerische Glut und Hingebung athmen nicht die Freundschaftsverhältnisse zwischen Antonio und Bassanio, zwischen Hamlet und Horatio, Lear und Kent, Aufidius und Coriolan! Portia leiht dem Verständniss von 'göttergleicher Freundschaft', das Lorenzo bei ihr voraussetzt, in folgenden Worten Ausdruck (III, 4):

Bei Genossen,
Die mit einander ihre Zeit verleben,
Und deren Herz ein Joch der Liebe trägt,
Da muss unfehlbar auch ein Ebenmass
Von Zügen sein, von Sitten und Gemüth.

Hamlet betheuert seinem Freunde, dass er ihn in seines Herzens Herzen trage und Polonius ermahnt seinen Sohn:

Den Freund, der dein, und dessen Wahl erprobt,
Mit eh'rnen Reifen klammr' ihn an dein Herz.

Was aber für die Beurtheilung der Sonette, um zu diesen zurückzukehren, den Ausschlag giebt, ist, dass sich die ganze Freundschaftsgeschichte mit der Verführung der Geliebten durch den Freund und der darauf folgenden Versöhnung bereits in Lilly's *Euphues (The Anatomy of Wit)* vorfindet und dass sie von B. Jonson in seinem *Bartholomew Fair* (V, 3) durch ein Puppenspiel verspottet wird, dessen Titel lautet: '*The ancient modern history of Hero and Leander, otherwise called the Touchstone of true love, with as true a trial of friendship between Damon and Pythias, two faithful friends o' the Bankside.*' Damon und Pythias haben einer des andern Geliebte benutzt (*I say, between you, you have both but one drab)*, nämlich die in Fishstreet wohnende Hero, um deretwillen Leander über die Themse schwimmen will; sie schimpfen sich tüchtig aus, vertragen sich aber sehr schnell wieder, bleiben nach wie vor die besten Freunde und erscheinen schliesslich mit dem *Dunmow Flitch of Bacon* zum Zeichen ihrer ungetrübten, wahrhaft ehelichen Verträglichkeit.[1]) Dass Jonson überhaupt ein erklärter Gegner der Sonettdichtung war, wissen wir aus seinen Unterhaltungen mit Drummond: *he cursed Petrarch for redacting verses to sonnets; which he said were like that Tirrant's bed, wher some who were too short were racked, others too long cut short*.[2]) Diejenigen Kritiker, welche keine Verspottung Shakespeare's bei Jonson zugeben wollen, haben hier einen schweren Stand, wenn sie nicht wie Gifford dies Puppenspiel mit Stillschweigen übergehen wollen. Man könnte sagen, die Stelle sei auf Lilly gemünzt, aber welcher Zuschauer wird wol bei der Aufführung an den dreissig Jahre alten Euphues, und nicht an die vor fünf Jahren erschienenen Sonette gedacht haben? Die Sache hat den Anschein, als ob ein solcher Konflikt zwischen Freundschaft und Liebe, die Untreue des Freundes auf dem Felde der Liebe, ein vielfach verhandeltes Lieblingsthema der Zeit, so zu sagen ein dialektisches oder poetisches Problem gewesen sei, das man wetteifernd zu lösen versuchte, etwa wie in den provenzalischen Liebeshöfen den Sängern derartige heikle Themata zur Behandlung aufgegeben wurden. Shakespeare kommt nicht nur in Viel Lärmen um Nichts II, 1 auf den Gedanken zurück, sondern hat ja auch in den beiden Veronesern dasselbe Thema variirt. Dass er im Ernste den Verrath an der Freundschaft keineswegs leicht genommen haben kann, das zeigt er im Hamlet, wo Güldenstern und Rosenkranz eigentlich nur deshalb untergehen, weil sie Verräther an der Jugendfreundschaft mit Hamlet sind.[3])

Bei dieser Lage der Dinge wird man nicht daran denken dürfen, wenigstens dieser Partie der Sonette eine autobiographische Be-

---

[1]) Auch in B. Jonsons Epicoene, or the Silent Woman (1609, also gleichzeitig mit Shakespeare's Sonetten erschienen) will H. Brown (16 seq.) eine Satire auf die Freundschaftsschwärmerei und auf Shakespeare's Sonette erkennen. Sir John Daw und Sir Amorous La Foole sollen Porträts von Shakespeare und Pembroke sein!! Die dafür vorgebrachten Gründe sind jedoch nichts weniger als stichhaltig. Verdächtig ist es freilich, dass die Verse, welche Sir John Daw an den geliebten Jüngling (nominell ist es allerdings eine Geliebte) richtet, 'A Ballad of Procreation' genannt werden (II, 2), was sehr wohl ein Hieb auf die ersten siebzehn Sonette sein könnte.

[2]) B. Jonson's Conversations with William Drummond ed. by Laing, p. 4.

[3]) Vergl. Flir, Briefe über Hamlet, 141.

deutung beizulegen und es ergiebt sich hieraus hinlänglich, wie vorsichtig man auch bei der Beurtheilung der übrigen Sonette zu Werke gehn muss. Es ist möglich, dass die Sonette wie Goethe's Autobiographie Dichtung und Wahrheit enthalten — Dichtung steht wohlgemerkt voran — und dass sie hier und da in Anknüpfung an irgend ein äusseres oder inneres Erlebniss wirklich durchlebte Stimmungen des Dichters zum Ausdruck bringen, Dichter beichten ja gern sub rosa, wie Goethe sagt, allein die autobiographischen Körnchen mit Sicherheit und vollständig auszuscheiden, möchte für immer ein vergebenes Bemühen sein. Nur als Beispiele mögen die Klage über den niedern Stand (Son. 29 und 111) und das öfter wiederkehrende Gefühl des Alters (Son. 73) angeführt werden. Ob auch die Sonette an die dunkle Geliebte eine prosaische Grundlage gehabt haben? Wer kann das sagen; dass aber Shakespeare mit lebhafter und starker Sinnlichkeit ausgestattet war, die ja den meisten grossen Genien eigen ist, lässt sich nicht bezweifeln; sicherlich hat er in London Liebesverhältnisse gehabt. Doch können die betreffenden Sonette auch Spiele der Phantasie sein, mit denen Shakespeare sich und seine Freunde unterhielt; wir sind in der That nicht sicher, dass er nicht auch für andere, d. h. auf ihren Wunsch, um nicht zu sagen ihre Bestellung, Sonette geschrieben haben mag. Wie aus verschiedenen Stellen (namentlich auch aus *A Lover's Complaint*) hervorgeht, pflegten Liebesgeschenke von Sonetten begleitet zu werden; nichts ist also glaublicher, als dass Geschenkgeber, welche — wie Hamlet — ihre Liebesseufzer nicht in Reime zu bringen vermochten, sich der Dienste eines Andern versicherten, der bei den Musen in höherm Ansehn stand. Ob nicht Shakespeare manches Sonett — wenn der Ausdruck gestattet ist — aus dem Aermel geschüttelt und verschenkt haben mag? Ob nicht seine Sonette in weitem Kreise ein Mode-Artikel waren, den zu besitzen zum guten Ton gehörte? Jedenfalls werden durch die bekannten Worte von Meres 'seine zuckersüssen Sonette unter seinen Freunden' dergleichen Muthmassungen angeregt. Mag sich die Sache verhalten haben wie sie will, so viel ist sicher, dass die Sonette kein Gewicht in die Wagschale legen dürfen, wenn es sich darum handelt, ein Bild von Shakespeare's Character zu entwerfen, am wenigsten dürfen sie einer Characteristik des Dichters als Grundlage oder Ausgangspunkt dienen.

Aber nicht bloss in der Auffassung der Sonette irrt Kenny, sondern auch darin, dass er Shakespeare '*a visible and striking energy of purpose*' abspricht. In dem Nebel, welcher Shakespeare's

Dasein für uns umgiebt und wie zu fürchten steht stets umgeben wird, ist gerade dieser eine hellere Punkt deutlich erkennbar, dass der Dichter unverrückt einem festen Ziele zustrebte und es durch Umsicht, Energie und Ausdauer wirklich erreichte. Dass dieses Ziel, weit entfernt von jener Idealität, die wir als unzertrennlich von einem grossen Dichter zu denken gewohnt sind, vielmehr durchaus irdischer Natur war, thut nichts zur Sache, wenn es sich um die Frage handelt, ob dem Dichter überhaupt ein bewusstes Lebensziel und die zur Erreichung desselben erforderliche Willenskraft und Characterstärke zugeschrieben werden müsse. Kenny hat diesen Punkt selbst besprochen, ohne den Widerspruch herauszufühlen, in den er sich dadurch mit sich selbst versetzt hat. Er stellt nämlich keineswegs in Abrede, dass sich Shakespeare trefflich auf den Gelderwerb verstand und ein ganz gewiegter Geschäftsmann war — in der That, wenn wir irgend eine Thatsache aus seinem Leben mit Sicherheit wissen, so ist es (leider!) diese, die ihm das bekannte bittere Epigramm von Pope zugezogen hat.[1]) Shakespeare's Ziel war bekanntlich kein anderes, als die Gründung eines ansehnlichen und geschlossenen Besitzthums, das sich in aristokratischer Weise von Geschlecht zu Geschlecht vererben und seinen Nachkommen dauernden Wohlstand und damit verbunden aristokratisches Ansehn verleihen sollte. Dasselbe Lebensziel war es, das auch Walter Scott verfolgte, nur dass ihm das geschäftliche Geschick abging, durch welches sich Shakespeare auszeichnete. Scott verstand wohl zu erwerben, aber nicht zugleich wie Shakespeare zu wirthschaften. Auf die Erklärung und Beurtheilung dieses Characterzuges der beiden grossen Dichter kommt es hier nicht an, sondern nur darauf, dass das anerkannte Lebensziel Shakespeare's und sein lebenslängliches klares und energisches Streben nach demselben in geradem Gegensatze zu jener weiblichen Hingebung, jener krankhaften Sehnsucht, jener hin und her schwankenden Schwäche steht, welche Kenny als Shakespeare's hauptsächlichen Characterzug aus den Sonetten herausliest. Das würden unvereinbare Gegensätze sein und schon daraus ergiebt sich, dass diese Auslegung der Sonette nicht die richtige sein kann.

Kenny's Irrthum wird noch in einem dritten Punkte erkennbar, der vielleicht der bedeutsamste von allen ist, insofern er auf den innersten Kern von Shakespeare's geistigem Leben abzielt. Es

---

[1]) *Shakespeare, whom you and every playhouse bill*
Style the divine, the matchless, what you will,
For gain, not glory, wing'd his roving flight,
And grew immortal in his own despight.

ist richtig, dass die aus des Dichters Werken auf seinen Character zu ziehenden Schlüsse in hohem Masse unsicher sind, das aber lehren uns diese Werke auf jeder Seite, dass ihr Verfasser mit den tiefsten Räthseln der menschlichen Natur und des menschlichen Daseins gerungen hat und sie zu begreifen und zu lösen wusste, so weit sie überhaupt dem Menschengeiste begreiflich und lösbar sind. Wir erkennen sogar, dass dieses Verständniss dem Dichter keineswegs ausschliesslich durch Intuition oder Inspiration zu Theil geworden ist, sondern dass er sich redlich darum bemüht hat, indem er sich durch eindringendste Beobachtung, durch unausgesetzten Selbstunterricht das positive Wissen und Können angeeignet hat, welches zur Bewältigung jener Geistes- und Lebens-Räthsel unerlässlich ist. Darin unterscheidet sich die Kunst des Dichters, zumal des dramatischen Dichters, von der des Musikers und Malers, mit welcher sie Kenny zusammenstellt; bei den beiden letztern spielt das positive Wissen und das selbständige Denken nur eine sehr untergeordnete Rolle. Shakespeare dagegen, der tausendsinnige — $\mu\varrho\iota\acute{o}\nu\upsilon\varsigma$ — wie ihn Coleridge genannt hat, hat alle Fragen, die des Menschen Geist und Herz bewegen, selbst durchgedacht und in sich durchgelebt, und dass ihn diese unaufhörliche Geistesarbeit, dieses allumfassende innere Erlebniss nichts weniger als heiter und leichtlebig gestimmt hat, dafür liegen unzweideutige Zeugnisse in seinen Werken vor; im Gegentheil ist er dadurch verdüstert worden und hat ohne Zweifel schwere Jahre und innere Kämpfe durchzumachen gehabt, wie das namentlich Gervinus überzeugend dargelegt hat. Wie weit steht der tiefsinnige, verbitterte Ernst und die gewaltige Gedankenwucht der spätesten Trauerspiele von der Leichtigkeit und Heiterkeit der Jugendstücke ab und welche Laufbahn zunehmender und sich vertiefender Gedankenarbeit liegt zwischen ihnen! Wer so tief, so erschöpfend über die Vergänglichkeit des Irdischen, über Welt und Schicksal gedacht und gefühlt hat wie der Dichter des Hamlet und des Sturms, kann unmöglich ein oberflächlicher, unselbständiger, unausgeprägter Character gewesen und leicht über die Oberfläche des Lebens hinweggegangen sein, wie Kenny will. Kenny hat die Sache unrichtig aufgefasst; die Wahrheit ist, dass Shakespeare bescheiden oder richtiger ausgedrückt, schlicht und anspruchslos war. Wie er ein abgesagter Feind jeder Anmassung, Ueberhebung und Eitelkeit ist, so hat er auch an sich selbst diese Fehler nicht geduldet. Diese Anspruchslosigkeit ist, mit seltenen Ausnahmen, das Erbtheil aller grossen Genien, während Anmassung in der Regel einen Geist zweiten oder dritten Ranges kennzeichnet.

In dieser Hinsicht zeigt Shakespeare abermals unverkennbare Aehnlichkeit mit Scott, von welchem Robert Chambers sagt: *'Along with the most perfect uprightness of conduct, he was characterized by extraordinary simplicity of manners. He was invariably gracious and kind, and it was impossible ever to detect in his conversation a symptom of his grounding the slightest title to consideration upon his literary fame, or of his even being conscious of it. Of all men living, the most modest, as likewise the greatest and most virtuous, was Sir W. Scott.'* [1]) Der Anwendung dieses Urtheils auf Shakespeare liesse sich nichts entgegenstellen als höchstens diejenigen Stellen der Sonette, in welchen der Dichter von der Unsterblichkeit seiner Verse spricht und dem von ihm besungenen Freunde die gleiche Unsterblichkeit verheisst. Diese Aeusserungen stehen jedoch so sehr in Widerspruch mit allbekannten Aussprüchen des Dichters über die Vergänglichkeit aller Erdendinge wie mit des Dichters Verhalten zu seinen Dichtungen, dass wir schwerlich fehl gehn werden, wenn wir sie dem herkömmlichen Inhalt und den conventionellen Redefiguren des Sonettenstiles in Rechnung stellen. Wäre es Shakespeare damit Ernst gewesen, s) hätte er doch vor allen Dingen für den Druck seiner Sonette sorgen müssen, anstatt sie handschriftlich zu verzetteln; ähnliche rechtliche Bedenken wie bei den, der Schauspielergesellschaft gehörigen Dramen standen ja ihrer Veröffentlichung nicht im Wege. Aber weit entfernt ihren Druck zu befördern, scheint Shakespeare demselben im Gegentheil Hindernisse in den Weg gelegt zu haben, wenigstens enthält das Lob, welches in der bekannten Widmung dem Mr. W. H. als *'the onlie begetter'* gespendet wird, einen indirecten Vorwurf dieses Inhalts gegen den Dichter. Ueberdies leiht Shakespeare der Gleichgültigkeit gegen Nachruhm, Kritik und Schmeichelei im Sonett 112 Worte, die wir vielleicht mit mehr Recht für einen Ausfluss eigener persönlicher Ueberzeugung ansehn dürfen, als jene Vorwegnahme der Unsterblichkeit; er sagt:

So tief begrab' ich alle Sorg' und Noth
Um fremdes Urtheil, dass mein Natternsinn
Für Tadler und für Schmeichler ist wie todt.

Noch weiter von Kenny's Characteristik des Dichters entfernen wir uns, wenn wir uns zu den Dramen wenden und aus diesen Shakespeare's Welt- und Lebensanschauung zu entwickeln versuchen. Dieser Versuch ist zwar schon häufig gemacht worden und hat stets

---

[1]) R. Chambers, Life of Scott (1871) p. 105.

zu einem abweichenden Ergebniss geführt, so dass man nicht mit Unrecht die Gœthe'schen Worte:

      Liest doch nur jeder
  Aus dem Buch sich heraus —

darauf anwenden darf; nichtsdestoweniger wird und muss man immer aufs Neue darauf zurückkommen, da es nicht ausbleiben kann, dass sich mehr und mehr Züge herausstellen, welche allgemeiner Anerkennung theilhaft werden, so dass sich schliesslich doch noch ein Characterbild ergeben dürfte, das wenigstens in seinen Umrissen Anspruch auf Gültigkeit erheben darf. Und selbst wenn uns hier wie anderwärts die Wahrheit versagt bleiben sollte, so ist doch der Trieb danach unserer Natur eingepflanzt und ist für sie ebensowohl eine Nothwendigkeit wie ein Segen. Hätten wir es auch wirklich nur mit einer Variation der Gœthe'schen Verse zu thun:

  Es ist im Grund der Herren eigner Geist,
  In dem die Zeiten sich bespiegeln,

so hat doch auch diese Bespiegelung einer Generation nach der andern in dem unvergänglichen Spiegel der Shakespeare'schen Dichtung ihre volle Berechtigung und dient uns gewissermassen als ein Gradmesser für die auf- und abflutende Kultur dieser Generationen.

An der Spitze der Untersuchung steht billiger Weise Shakespeare's Verhalten zu Religion und Kirche. Englische wie deutsche Geistliche haben Shakespeare's Dramen wiederholt auf ihren religiösen Gehalt geprüft und zunächst gefunden, dass ihrem Verfasser wie allen englischen Dichtern (namentlich auch Scott und Byron) eine grosse Bibelkenntniss eigen ist, von welcher er einen ausgedehnten und, wie von allen Seiten zugegeben wird, vom ästhetischen Standpunkte aus stets sachgemässen und characteristischen Gebrauch macht. Dieser Gebrauch der Bibel seitens eines weltlichen, obenein dramatischen Dichters ist für eine grosse Zahl von Engländern ein unüberwindlicher Anstoss, so zwar dass Bowdler, die bekannte Verordnung Jakobs I., welche die Flüche und die Anrufung des göttlichen Namens aus Shakespeare ausmerzte, weit überbietend, in seinem Familien-Shakespeare alle Anspielungen auf die Bibel als Entweihung gestrichen hat.[1]) Wie weit das geht, mag die Stelle

---

[1]) Auch den gottlosen Gibbon hat Bowdler für die Familie gereinigt: Family Gibbon, with the careful Omission of all Passages of an Irreligious or Immoral Tendency. — Bowdler und Birch gehören übrigens, wie ausdrücklich bemerkt werden mag, nicht ihrer Lebensstellung, sondern nur ihrer Geistesrichtung nach der Geistlichkeit an.

aus 2 K. Henry IV., III, 2 darthun, wo Richter Shallow sagt: '*Death, as the Psalmist saith, is certain to all; all shall die*', und wo Bowdler die Worte '*as the Psalmist saith*' gestrichen hat, als wären sie anstössig für die Familie.[1]) Ein solches Verfahren ist allermindestens ein Ausfluss der beschränktesten intellektuellen Einseitigkeit, um nicht zu sagen Verkrüpplung. Dass Bowdler in dieser Anschauungsweise keineswegs vereinzelt dasteht, beweisen nicht allein die zahlreichen Auflagen seines Familien-Shakespeare's, sondern zahlreiche Urtheile und Aeusserungen anderer englischer Kritiker und Literarhistoriker. Gifford stellt seinen vergötterten Jonson unserm Dichter auch in diesem Punkte als leuchtendes Vorbild gegenüber; '*Shakespeare*, sagt er, *is, in truth, the coryphaeus of profanation.*'[2]) Aus demselben Grunde erhebt die gesammte puritanische Mittelmässigkeit bis auf den heutigen Tag Milton gegen Shakespeare auf den Schild, wobei natürlich in den Augen dieser Herren Shakespeare's Obscönitäten als der schlagendste Beweis gänzlicher moralischer Versunkenheit gelten müssen. Die in dieser Richtung vielleicht am weitesten gehende Schrift ist 'An Inquiry into the Philosophy and Religion of Shakespeare' (London, 1848) von W. J. Birch, ein Werk von beispielloser Ungründlichkeit und Voreingenommenheit. Der Verfasser thut nichts als die einzelnen Stücke durchgehen und alle irgend bezüglichen Stellen, auch die unschuldigsten, in das Prokrustesbett seines Einen und ausschliesslichen Gedankens pressen, dass Shakespeare ein Atheist, ein Spötter und Religionsverächter gewesen sei, gerade wie Montaigne und Bacon, deren Schriften er studirt und hochgeschätzt habe. Birch unterscheidet nicht entfernt, was Shakespeare's Personen ihrem Character gemäss sprechen und sprechen müssen und was als des Dichters eigene Aussprache angenommen werden kann, wie denn überhaupt von zusammenhängender und eingehender Untersuchung keine Rede bei ihm ist. Alles, was irgend eine von des Dichters Personen spricht, wäre es auch ein Idiot wie Dogberry oder ein Bösewicht wie Jago, wird dem Dichter persönlich in Rechnung gestellt. Portia, welche von Hebler als eine Musterchristin gepriesen wird, ist nach Birch gar keine Christin: er sieht nichts in ihr als '*profane levity*'. Zum Ueberfluss wird oft ganz falsch citirt, in einer Weise, die Bedenken gegen des Verfassers Ehrlichkeit wach zu rufen geeignet ist; so lässt der Verfasser den Dichter im Sommer-

---

[1]) Wordsworth, Shakespeare's Knowledge and Use of the Bible (London, 1864) p. 289.
[2]) Works of B Jonson (London, 1853, Moxon) p. LV.

nachtstraum sagen: *'the religious, the lunatic, and the poet are of imagination all compact'*, statt: *'the lover, the lunatic'*, etc. Aus Sonett 74 liest Birch die Leugnung der Erlösung heraus und die bekannte Grabschrift: *'Good friend, for Jesus' sake forbear'* (die offenbar gar nicht von Shakespeare herrührt) ist ihm nichts als leichtsinniger Scherz und Frivolität. Birch spricht nicht direct gegen Shakespeare's Sittlichkeit, er fragt bloss (p. 12) in tartüffischer Weise: *'Is there nothing in the works of this celebrated man to justify the suspicion of immorality?'*; die Antwort spricht er nicht aus, aber jeder Leser muss fühlen, dass er nur die Antwort im Sinne hat: *'Yes, there is.'* Wer nicht glaubt, oder anders glaubt, ist für diesen Standpunkt ipso facto ein unsittlicher Taugenichts, wenn nicht ein Schuft; das ist eine so alltägliche Auffassungsweise, dass sie Niemanden überraschen kann.

Jedoch auch unter der Geistlichkeit giebt es heller denkende Männer, welche einen so beschränkten Standpunkt nicht theilen. Obenan unter diesen steht Charles Wordsworth, Bischof von St. Andrews, welcher in seinem verständigen und fleissigen Buche: 'Shakespeare's Knowledge and Use of the Bible' (2nd Ed., London, 1864) unsern Dichter ausdrücklich gegen Bowdler in Schutz genommen hat; dem Bowdlerthum gegenüber ist sein Buch wirklich nicht viel weniger als eine muthige und verdienstliche That. Characteristisch ist es, wie selbst dieser freisinnige Geistliche nöthig findet, sich in der Vorrede unter den Schutz hoher Autoritäten zu stellen, dafür, dass sein Name — der eines Bischofs! — auf dem Titel eines Buches über Shakespeare stehe. In der That hat er seine Schrift ursprünglich anonym erscheinen lassen wollen, hat jedoch dem gegentheiligen Verlangen seiner Verleger nicht zu widerstehen vermocht. Er tröstet sich also mit Dr. John Sharp (1644—1714), welcher gesagt hat: *'The Bible and Shakespeare have made me Archbishop of York'*, und mit dem h. Chrysostomus, dessen Lieblingsschriftsteller Aristophanes war. Aus derselben Blütenlese von Stellen, aus denen Birch nichts als skeptisches und atheistisches Gift gesogen hat, saugt Wordsworth den bischöflichen Honig des Bibelchristenthums. Er beweist nicht nur, was eigentlich keines Beweises bedarf, dass Shakespeare eine seltene Bibelkenntniss besass, sondern auch, dass er nie auf Profanation ausgegangen ist, dass vielmehr seine Anspielungen auf die Bibel überall von hoher Poesie, von tiefem Ernst und wahrer Ehrfurcht erfüllt sind. Shakespeare's untergeordnete Charactere — seine *'fools'* und *'madmen'*, wie der Bischof zu seinem und seiner Leser Troste hervorhebt —

sprechen freilich nicht überall mit jener Ehrfurcht von der Bibel, die man heutzutage wünscht, allein viele von ihren unehrbietigen Spässen, meint Bischof Wordsworth, rühren gewiss nicht vom Dichter her, sondern sind durch die Schauspieler in den Text gekommen; er stützt sich dabei auf Dr. Farmer's durchaus unerwiesene Annahme, dass die französischen Unflätigkeiten *(ribaldry)* in der letzten Scene von Heinrich V. von anderer Hand eingefügt worden seien.[1]) Das Endergebniss, zu welchem Bischof Wordsworth nach Besprechung der einzelnen Stellen gelangt, möchte nur bei seinen speziellen Gesinnungsgenossen Billigung finden; es geht dahin, dass — abgesehen von denjenigen Schriftstellern, welche über Religion und Theologie geschrieben haben — alle englischen Schriftsteller zusammengenommen die Bibel nicht so viel gelesen und benutzt haben, als Shakespeare allein. Dies 'Phänomen', sagt der Bischof, lasse sich von verschiedenen Seiten betrachten; er wolle es nur mit der unbezweifelten Thatsache in Verbindung bringen, dass Shakespeare allgemein als der grösste und beste aller englischen Schriftsteller anerkannt sei. Bischof Wordsworth unterschreibt nicht allein den Ausspruch von Charles Lamb, dass '*Shakespeare in his divine mind and manners, surpassed not only the great men his contemporaries, but all mankind*',[2]) sondern geht noch einen Schritt weiter, indem er behauptet, dass nur diejenigen Shakespeare's dichterische Grösse bestritten hätten, welche auch den Werth und die Autorität der h. Schrift geleugnet haben. Als die hervorragendsten solcher Gegner macht er Voltaire und David Hume namhaft und findet in diesem Umstande nur eine Bestätigung des einstimmigen Lobes, welches dem Dichter von christlicher Seite zu Theil geworden sei. In dieses Zusammentreffen, das nicht einmal durchgehende Richtigkeit besitzt, vermag nur ein Geistlicher einen ursächlichen Zusammenhang hinein zu geheimnissen.

Die deutschen Geistlichen, welche sich mit Shakespeare beschäftigt haben, sind zu einem andern, theilweise entgegengesetzten,

---

[1]) Solche fremdartige Einschiebsel mögen sich allerdings hie und da in den Text der Elisabethanischen Dramatiker eingeschlichen haben; in Bezug auf Shakespeare fragt es sich nur, welcher Handschriften sich Heminge und Condell bedienten — ob solcher, bei denen derartige Interpolationen möglich waren. Jedenfalls ist die Sache viel zu unsicher, um irgend welche Schlüsse darauf zu bauen. Vergl. Gifford, B. Jonson's Works (Moxon, 1853) p. LV, Note, sowie Shakespeare's eigene Mahnung im Hamlet, dass der Clown nicht mehr sprechen solle, als für ihn niedergeschrieben sei.

[2]) Specimens of English Dramatic Poets I, 71 (Preface).

jedoch noch weniger richtigen Ergebniss gekommen, wie ihre englischen Amtsbrüder. Die Engländer haben darin eine feine Nase: sie riechen es Shakespeare an, dass er kein Christ in ihrem Sinne ist[1]) und das Höchste, was sie ihm zugestehn ist eben das Bibelchristenthum; die deutschen Geistlichen hingegen wollen ihren eigenen hypergläubigen Confessionalismus in ihm wiederfinden, sie finden, um Ebrard's Worte zu gebrauchen, dass Shakespeare 'festgewurzelt auf dem Boden positiv-christlicher Welt- und Lebensanschauung und christlichen Glaubens' steht.[2]) Allen diesen geistlichen Erklärern Shakespeare's, englischen wie deutschen, könnte noch immer der Schauspieler Quin die ärgerlichen Worte zurufen, die er bei der Nachricht ausstiess, dass Bischof Warburton eine Ausgabe von Shakespeare's Werken veranstalten wolle: '*I wish he would stick to his own Bible and leave us ours!*'

Für eine nicht von theologischer Voreingenommenhe t befangene Anschauung gestaltet sich die Sache folgendermassen. Bibel und Christenthum sind seit Jahrhunderten ein unlösbarer Bestandtheil unserer Civilisation, ein untrennbares geistiges und sittliches Kultur-Element geworden; wie ein Sauerteig haben sie unser gesammtes äusseres und inneres Leben, unsere Staatseinrichtungen, unsere Bildungsanstalten, unsere Literatur und Kunst durchdrungen. Das ist eine geschichtliche Thatsache, mag man über sie urtheilen, wie man will. Wer also die Menschen zu schildern unternimmt, wer wie Shakespeare dem Jahrhundert den Spiegel vorhalten will, der kann nicht umhin, auch ihr Verhalten zum Christenthum und zur Bibel in seinen verschiedensten Phasen, vom religiösen Schwärmer bis zum Teufel, der die Schrift ebenfalls zu seinen Zwecken zu citiren versteht,[3]) zur Darstellung zu bringen. Dadurch ist der Gebrauch, den Shakespeare gleich andern Dichtern von der Bibel macht, nicht allein gerechtfertigt, sondern als nothwendig erwiesen. Wie liesse sich wol nach Bowdler'schen Grundsätzen ein Tartüffe oder ein Richard III. schildern, der in seinem be-

---

[1]) Vergl. Shakespeare, was he a Christian? London, 1862.
[2]) Betrachtungen über die religiöse Bedeutung Shakespeare's. Heidelberg, 1858. — Aug. Schwartzkopff, Shakespeare in seiner Bedeutung für die Kirche unserer Tage dargestellt. 2te Aufl. Halle, 1865. — Mor. Petri, Zur Einführung Shakespeare's in die christliche Familie. Eine Gabe zunächst für Frauen und Jungfrauen. Hannover, 1868. — Das Verhältnis (sic!) Shakspear's (sic!) zum Christenthum. Vortrag von Dr. Aug. Ebrard. Erlangen, 1870.
[3]) Kaufmann von Venedig I, 3:
Der Teufel kann sich auf die Schrift berufen.

kannten Monolog (I, 3) sich selbst mit den Worten kennzeichnet:

> So bekleid' ich meine nackte Bosheit
> Mit alten Fetzen, aus der Schrift gestohlen,
> Und schein' ein Heil'ger, wo ich Teufel bin.

Shakespeare verhält sich seinem ganzen Character entsprechend der geoffenbarten Religion gegenüber zunächst dramatisch-objectiv, wie Scott episch-objectiv, was wiederum ein Punkt schlagender Aehnlichkeit zwischen diesen beiden Dichtern ist: beide haben vollständig objectiv das Verhältniss der Welt zur Religion geschildert — ihre poetische Reproduction der Welt und des Menschen würde sonst an einer wesentlichen Lücke leiden — gegen beide verhält sich daher die theologische Engherzigkeit und Beschränktheit, die diesen objectiven Standpunkt nicht zu begreifen und noch weniger sich anzueignen vermag, in gleicher Weise abweisend und tadelnd.

Shakespeare fand jedoch das Christenthum nicht bloss als einen Factor der von ihm zu schildernden Menschenwelt vor, sondern es war auch für ihn persönlich ein Kultur-Element, von dem er sich eben so wenig als irgend jemand anders hätte völlig lossagen können, selbst wenn er es gewollt hätte; er war im Christenthum aufgewachsen und erzogen. Selbst wer die Offenbarung verwirft und den historischen und dogmatischen Theil der geoffenbarten Religion in Mythologie auflöst, selbst von dem gilt der lateinische Vers:

> Quo semel imbuta est servabit odorem
> Testa diu.

Die poetische Einkleidung des Christenthums übt auf die Jugend einen so mächtigen und nachhaltigen Eindruck aus, dass sich auch der Mann, zumal der Dichter, demselben nie völlig entziehen kann. Der Dichter, insbesondere der dramatische, bewegt sich in der geistigen Atmosphäre christlicher Anschauungen, Vorstellungen, Bilder und Redeweisen, ohne dass sich in jedem einzelnen Falle mit Sicherheit nachweisen lässt, in wie weit er von dem Inhalte derselben wirklich erfüllt ist, in wie weit die darin ausgesprochenen Gedanken, Hoffnungen, Gefühle und Ueberzeugungen sich mit seinen eigenen decken; ja es ist bereits wiederholt dargethan, dass ein solcher Nachweis bei keinem Dichter schwieriger und unsicherer ist als eben bei Shakespeare, der alle andern durch seine 'verzweifelte Objectivität' überragt. Wie unwillkürlich sich Shakespeare in christlicher Anschauungs- und Ausdrucksweise bewegt, wie wenig also daraus ein sicherer Rückschluss auf seine persönliche religiöse Ueberzeugung zulässig ist, ergiebt sich u. a. daraus, dass er kein Be-

denken trägt, auch heidnischen Personen christliche oder doch
biblische Ausdrücke in den Mund zu legen, so z. B. wenn er den
Cassius sagen lässt (Julius Cæsar I, 2):
> Einst gab es einen Brutus, der so gern
> Des alten Teufels Hof als einen König
> Geduldet hätt' in Rom —

oder wenn Antonius (Antonius und Cleopatra III, 13) ausruft:
> Ständ' ich doch
> Auf Basan-Hügel, die gehörnte Heerde
> Zu überbrüllen!

Cleopatra spricht von Sünde und es erscheint fraglich, wie weit diesem Worte der spezifisch christliche Begriff unterzulegen ist.[1]
Ueberhaupt herrscht in Shakespeare's Dramen eine Vermischung des Heidnischen und Christlichen und man kann unmöglich behaupten, dass er irgend einem Stücke ein entschieden heidnisches Gepräge verliehen habe oder habe verleihen wollen, so wenig wie er darauf ausgegangen ist, irgend einem andern Stücke ein entschieden christliches Gepräge zu geben. Zwar könnte es scheinen, als habe er im König Johann den Unsterblichkeitsglauben, im Kaufmann von Venedig die Lehre von der Gnade und anderswo andere christliche Hauptlehren zum Ausdruck gebracht und seine persönliche Ueberzeugung darin niedergelegt, allein bei genauer Untersuchung stellt sich dies als ein trügerischer Schein heraus. Wenn Portia die Gnade als das Wesen der Religion predigt, so greift sie doch damit eigentlich nicht über die diesseitige Welt hinaus, sondern weist vielmehr der Gnade ihren eigentlichen Wirkungskreis in dieser Welt an; sie soll von Menschen gegen Menschen geübt werden und ist der schönen Predigerin gleichbedeutend mit Barmherzigkeit, mit wahrer Menschenliebe, mit Milde und sympathischem Wohlwollen. Dass Shakespeare selbst bestrebt war, diese von ihm so hoch gepriesene Gnade zum Leitstern seines Lebens zu machen, scheint durch das von seinen Zeitgenossen ihm gegebene Beiwort *'gentle'* bestätigt zu werden. Gewiss war er auch auf religiösem Gebiete mild und seinen Zeitgenossen an Duldsamkeit voraus, namentlich theilte er, wie sich aus dem Kaufmann von Venedig ableiten lässt, schwerlich ihren Judenhass und stimmte in diesem Punkte nicht mit der Kirchenlehre seiner Zeit überein.[2] Die von Bischof

---

[1] Antonius und Cleopatra IV, 15:
> Sünde wär's, des Todes
> Geheimes Haus gewaltsam zu erbrechen
> Eh' er sich an uns wagt?

[2] S. Shakespeare-Jahrbuch VI, 162 folg.

Wordsworth mit Stillschweigen übergangene Gartenscene zwischen Jessica, Lanzelot und Lorenzo giebt in dieser Hinsicht einen viel deutlichern Fingerzeig für Shakespeare's religiöse Richtung und seine Stellung zum Dogma wie der ganze sogenannte freie Gebrauch der Bibel und alle unehrerbietigen Clowns-Spässe zusammengenommen. Aber nicht allein der religiösen Toleranz scheint sich Shakespeare beflissen zu haben, er besitzt sympathisches Mitgefühl auch für die Armen und Presshaften,[1]) ja sogar für die untergeordnetsten Thiere, für die Fliege, die Marcus im Titus Andronicus (III, 2) mit einem Messer tödtet und für den Käfer, von dem Isabella in Mass für Mass sagt (III, 1):

> Der arme Käfer, den dein Fuss zertritt,
> Fühlt körperlich ein Leiden, ganz so gross,
> Als wenn ein Riese stirbt.

Der Dichter kommt öfter auf die Nothwendigkeit dieser so zu sagen irdischen Gnade zurück; so im Hamlet (II, 2): Behandelt jeden Menschen nach seinem Verdienst und wer ist vor Schlägen sicher? namentlich aber in Mass für Mass II, 2, wo der Gnade gleichfalls die diesseitige Welt als Wirkungskreis angewiesen wird, allerdings unter Berufung auf die göttliche Gnade und Erlösung:

> Alle Lebendigen waren einst verfallen,
> Und Er, dem's recht sein durfte, wie es war,
> Fand Rettung aus. Was würd' aus Euch, wenn Er,
> Der alles Rechtes Zinne, so nur Euch
> Wollt' richten, wie Ihr seid? O denkt daran,
> Und Eurer Lippe Hauch wird Gnade sein,
> Wie des neugebornen Menschen.

Was die Lehre von der Erlösung anlangt, so spricht auch Eduard IV. in Richard III. (II, 1) von seinem Erlöser, der ihn zu sich berufen werde, ob aber als Mundstück für des Dichters eigene innerste Ueberzeugung oder nur als historische Person, das wird sich nicht entscheiden lassen.

Eben so wenig lässt sich Shakespeare's persönliche Ueberzeugung bezüglich des Unsterblichkeitsglaubens ermitteln, denn wer sich auf die Hoffnung der Lady Constanze im König Johann berufen wollte, um den Unsterblichkeitsglauben für Shakespeare zu vindiziren, dem kann man Lear's Klage an der Leiche der Cordelia

---

[1]) So für den armen Tom, 'der gepeitscht wird von Kirchspiel zu Kirchspiel und in die Eisen gesteckt, gestäupt und eingekerkert'. König Lear III, 4.

entgegen halten; wer je Lear's viermaligen Weheruf 'Niemals' von einem wahren Schauspieler gehört hat, der wird nie den Abgrund unendlichen Schmerzes vergessen, der sich darin ausspricht, und wird nicht zweifeln, dass ein solcher Schmerzensruf sich nur einer Seele entringen konnte, für die das Jenseits im besten Falle das grosse Vielleicht ist. Um den Widerspruch zu lösen könnte man sagen, dass Lady Constanze gläubig spricht wie eine Frau, Lear ungläubig wie ein Mann; dass König Lear in vorchristlicher Zeit spielt, ist nach dem eben Bemerkten kein stichhaltiges Auskunftsmittel, da es in dieser Hinsicht ganz gleichgültig ist, ob des Dichters Personen heidnisch oder christlich sind. Wie wunderbare Anomalien dabei vorkommen, beweist folgender Umstand. Kein Dichter hat seinen Lesern so viele Sterbende vorgeführt als Shakespeare, aber von allen diesen Sterbenden deutet nur die Heidin Cleopatra auf ein Wiedersehen nach dem Tode hin und zwar im Widerspruch mit sich selbst, da sie kurz vorher den Tod als den ewigen Schlaf gepriesen hat.[1]) Nirgends sonst findet sich ein hoffender oder tröstlicher Ausblick in ein jenseitiges Dasein und bei der Trauer um geliebte Verstorbene werden nie christliche Trostgründe vorgebracht; der Kehrreim ist stets, es ist ein unabänderliches Schicksal, in das man sich fügen muss. Uebermässige Trauer

       ist Vergehn
Am Himmel; ist Vergehen an dem Todten.
Vergehn an der Natur; vor der Vernunft
Höchst thöricht, deren allgemeine Predigt
Der Väter Tod ist, und die immer rief
Vom ersten Leichnam bis zum heut verstorbnen
'Dies muss so sein!'

---

[1]) Antonius und Cleopatra V, 2:
       Es ist gross,
Zu thun, was allem Thun ein Ende macht,
Den Zufall fesselt und den Wechsel bannt,
Ein Schlaf ist, und den Koth nicht fürder schmeckt,
Der Bettler und Cäsaren gross genährt.
Dagegen in derselben Scene:
       Schnell! mich dünkt, ich höre
Antonius' Ruf: ich seh' ihn sich erheben,
Mein edles Thun zu preisen . . . . .
  . . . . . . Gemahl, ich komme.
Und ebenda:
  Sieht sie (Charmion) zuerst den lockigen Anton,
  Wird er sie fragen, und den Kuss verthun,
  Der mir ein Himmel ist.

So spricht nicht nur König Claudio zu Hamlet, sondern auch die Gräfin Roussillon zu Helena, ohne dass weder der eine noch die andere die Verwaisten mit einem Wiedersehen nach dem Tode zu trösten versuchte, was doch namentlich von der Gräfin als einer Frau hätte erwartet werden können. Dieser Auffassung lässt sich freilich wieder die schöne Schilderung der Sphärenmusik entgegen halten, die wir dereinst hören werden, wenn uns dies 'hinfüll'ge Kleid von Staub' nicht mehr hindert (Kaufmann von Venedig V, 1). Es ist hier eben mit der Betrachtung einzelner Stellen nicht vorwärts zu kommen, weil, wie diese Beispiele beweisen, fast jeder Stelle eine andere gegentheilige gegenüber steht, so dass sich nirgends mit Sicherheit heraushören lässt, wo der Dichter seiner eigenen persönlichen Ueberzeugung Ausdruck leiht und wo er bloss die Personen seiner Stücke reden lässt. Alle einschlägigen Stellen zu untersuchen würde ein Buch füllen und doch kein Resultat ergeben. Das von Gervinus (II, 572) empfohlene Verfahren, die Sinnsprüche aus Shakespeare's Werken auszuziehen und darunter die ins Auge zu fassen, die am häufigsten wiederkehren, um die Summe von Shakespeare's Character zu ziehen, ist doch gar zu mechanisch; dürfen denn alle diese Sinnsprüche als unbedingte Aeusserungen von Shakespeare's eigener Ueberzeugung angesehen werden? Diese Stellen gleichen vielmehr Symptomen und wer darauf hin die kirchliche Stellung und religiöse Ueberzeugung des Dichters zu bestimmen unternimmt, gleicht dem Arzte, der die Krankheit seines Patienten nach Symptomen zu heilen versucht; daraus lässt sich wie aus der Bibel alles beweisen und mit einiger Willenskraft kann man danach je nach Belieben, Shakespeare zum gläubigen Katholiken oder Protestanten stempeln, eine Möglichkeit, die auf's klarste die Werthlosigkeit des auf einem solchen Wege erlangten Ergebnisses beweist. Man muss sich also nach einem andern, wo möglich zuverlässigern Ausgangspunkte umsehen und dieser ist kein anderer als Shakespeare's Objectivität.

Shakespeare's Objectivität ist in der That so wunderbar und beispiellos und zugleich so unbestreitbar — auch in Bezug auf religiöse Dinge — dass sie einen der wenigen Punkte in der Shakespeare-Forschung bildet, über welche alle Erklärer und Kritiker ohne Ausnahme einig sind. Shakespeare lässt jeder Glaubensrichtung und Glaubensäusserung ihr Recht widerfahren, ohne die eine vor der andern zu bevorzugen; gleicher Wind und gleiche Sonne für alle, ist auch hier sein Wahlspruch. Seine angebliche Vorliebe für den Katholicismus, von welcher mehrfach die Rede gewesen ist, widerspricht dieser fast übermenschlichen Gerechtigkeit und Unparteilichkeit in keiner Weise, wie sich alsbald zeigen wird. Diese beispiellose Objectivität wäre dem Dichter nicht möglich gewesen, wenn er ein strenggläubiger Anhänger irgend eines Bekenntnisses gewesen wäre. Bekenntnissgläubigkeit und Objectivität schliessen sich ihrem Wesen nach gegenseitig aus: die erste ist ihrer Natur nach beschränkt und ausschliessend, die zweite das Gegentheil. Shakespeare's religiöse und fügen wir hinzu sittliche Objectivität beweist, dass er von einem Standpunkt ausserhalb des dogmatischen Kirchenthums ausging, von einem Standpunkt, der ebenso different vom protestantischen wie vom katholischen Dogma war, — d. h. vom Standpunkt der Humanität. Wäre er von irgend einem religiösen Bekenntniss voll und innig durchdrungen gewesen, so würde er gar nicht umhin gekonnt haben, dasselbe wenn auch nicht offen auszusprechen, so doch anzudeuten und unwillkürlich als Massstab anzulegen. Goethe hat Shakespeare einen 'wahren Naturfrommen' genannt, 'der sein reines Innere ohne Bezug auf irgend eine bestimmte Religion religiös entwickelte'. Diesem Ausspruch kann man nur beistimmen; Shakespeare vergreift sich nie an dem, was jedem denkenden und fühlenden Menschen gross, erhaben, ehrwürdig und heilig ist. Wenngleich er an ein paar Stellen die Spitze seines Witzes auch gegen die Dogmatik kehrt, so ist er doch nichts weniger als ein Religionsspötter. Shakespeare verlegt den Schwerpunkt der Religion in das Gewissen, in die Pflichtübung, nicht in das Dogma; er weist uns überall auf ein thätiges Leben im Dienste der Sittlichkeit, auf thätige Liebesübung hin.[1]) Er hasst Müssiggang, todte Gelehrsamkeit und Missbrauch der verliehenen Kräfte. 'Mannesehre, sagt Gervinus, und Thatkraft ist bei ihm einerlei Begriff.' Er weiss, dass unser Leben ein gemischtes Gewebe aus Gut und Böse ist,[2]) und dass sich selbst die besten Menschen aus ihren Fehlern herausgestalten.[3]) Das aber legt uns, wie der Dichter oftmals betont, die Pflicht der sittlichen Läuterung auf durch Bezähmung der Leidenschaften und durch Erstrebung des in allen menschlichen Dingen inne zu haltenden Masses; gegen das Uebermass erklärt er sich allenthalben in ausgesprochener und noch mehr in unausgesprochener Weise und verlangt wiederholt, dass das Blut, d. h. die Leidenschaft und Begierde, durch das Urtheil, d. h. die

---

[1]) Verlorne Liebesmüh I, 1. Gervinus, Shakespeare II, 554 folgg. König im Shakespeare-Jahrbuch VI, 290.
[2]) Ende gut, Alles gut IV, 3.
[3]) Mass für Mass V, 1.

Vernunft, gebändigt werde.[1] Gervinus bemerkt sehr gut, dass es nicht die angewöhnte, sondern die grundsätzliche, nicht die instinctive, sondern die geprüfte Tugend, das Product der Vernunft und Willenskraft ist, was Shakespeare am höchsten schätzt. Ohne Zweifel hat der Dichter die Nothwendigkeit der sittlichen Läuterung sowohl aus der äussern Erfahrung wie aus der Tiefe des eigenen Herzens geschöpft und hat, wenn nicht alles trügt, den Läuterungsprozess an sich selbst vollzogen. Die wahre Reue und Busse ist für Shakespeare die Umkehr und Lebenserneuerung, wie das Hamlet seiner Mutter in der Klosetscene auf's eindringlichste einschärft. Ob der Mensch die ihm gestellte sittliche Aufgabe erfüllen will oder nicht, ist lediglich in seine Hand gelegt und die einzige treibende Kraft ist das Gewissen. Alle Personen des Dichters handeln aus eigener freier Wahl und Selbstbestimmung; Shakespeare ist kein Schicksalsdichter und tritt überall für die Willensfreiheit auf; nach ihm ist nicht nur jeder seines Glückes Schmied (wie er selbst es war), sondern trägt auch die volle Verantwortung für seine Handlungen — in dieser Auffassung stimmen Christenthum und Humanität überein. Bei Shakespeare gilt das Wort aus Wallenstein:

In deiner Brust sind deines Schicksals Sterne.

In der eigenen Brust liegt Entschluss und Verantwortung, liegt Lohn und Strafe, Glück und Unglück. Nichts ist Shakespeare zufolge unrichtiger und thörichter als die Sterne für unser Unrecht verantwortlich machen zu wollen, 'als wenn wir Schurken wären durch Nothwendigkeit'. Es kann keine unzweideutigere und nachdrücklichere Auseinandersetzung dieses Punktes geben als die übereinstimmenden Aeusserungen der beiden Bösewichter Edmund und Jago;[2] auch Richard III. spricht es aus, dass er ein Schurke ist, nicht weil ihn sein Schicksal dazu bestimmt oder gemacht hat, sondern weil er will.

Der Dichter geht folgerichtig weiter, indem er die Welt als einen sittlichen Organismus betrachtet, in welchem der Einzelne ein mit innerer Nothwendigkeit eingefügtes Glied bildet. Keiner hat eine Sonderexistenz, er existirt vielmehr durch und für das Ganze. In trüben Stunden scheinen den Dichter freilich Zweifel über unsere Bestimmung anzufassen: das menschliche Leben, meint er dann, ist nicht mehr als zählte man Eins; es ist doch nur ein armseliger Schauspieler, der seine Stunde auf der Bühne herumstolzirt und

---

[1] Vergl. Shakespeare-Jahrbuch VI. 282.
[2] Lear I, 2 und Othello I, 3.

dann nicht mehr gehört wird, es ist die Erzählung eines Idioten, voll Klang und Wuth, aber ohne Bedeutung.¹) Diese Verzweiflung kommt aber aus dem Munde Hamlet's und Macbeth's und wir stehen wieder vor dem Räthsel, wie viel davon als des Dichters persönliche und bleibende Ueberzeugung zu betrachten sein mag. Vielleicht kommen wir dieser näher mit dem Gedanken, dass es dem Einzelnen nur durch den grossen Organismus des Ganzen ermöglicht wird, diejenige sittliche Vollkommenheit zu erreichen, die das Ziel des Lebens ist und die er sich selbst wie der Allgemeinheit schuldig ist; wesshalb auch, in Uebereinstimmung mit dem göttlichen Gebote, Niemand seinem Leben selbst ein Ziel setzen darf, was nicht allein von Hamlet, sondern auch von andern Personen des Dichters betont wird. Dieser sittliche Weltorganismus besteht und beruht in sich selber; er übt die Strafgewalt über Gut und Böse aus — 'die Weltgeschichte ist das Weltgericht'. Er bedarf keine Ergänzung durch eine jenseitige Welt, welche von Shakespeare nirgends in Perspective gestellt wird. Zwar heisst es 'Reif sein ist alles',²) das ist aber eben unsere diesseitige Aufgabe, die wir zu erfüllen haben, um dem Tode ruhig in's Gesicht sehen zu können. Nach dem Tode mag dann kommen was will; wir wissen es nicht, da noch Niemand von dem unentdeckten Lande zurückgekehrt ist. Das Jenseits ist und bleibt ein ewiges Geheimniss und es ist dem Dichter sehr wohl bewusst, dass es uns unmöglich ist Uebernatürliches zu ergründen. Er lässt sich durch diese Erkenntniss jedoch weder zum Mysticismus noch zum Aberglauben verleiten, sondern bleibt einfach vor den übernatürlichen Räthseln stehen, gewiss auch ein Beweis, dass sie ihm nicht durch den Offenbarungsglauben als gelöst galten. Dass die Philosophie dazu nicht ausreicht, spricht er wiederholt aus und erweckt dadurch die Muthmassung, dass er von ihr und nicht vom Glauben die Enträthselung dieser Geheimnisse erwartet habe; es giebt mehr Dinge im Himmel und auf Erden, sagt Hamlet, als wovon unsere Weltweisheit sich träumen lässt und Lafeu meint: 'Wunder geschehen nicht mehr, wie man sagt, und wir haben unsre Philosophen, um übernatürliche und unergründliche Dinge alltäglich und glatt zu machen. Daher kommt es, dass wir Schrecknisse als Bagatellen betrachten und uns selbst in angebliche Wissenschaft verschanzen, wenn wir uns dem Schauder des Ungeahnten unterwerfen sollten'.³) Ueber dieses Ungeahnte ist daher nicht weiter

---

¹) Hamlet V, 2. Macbeth V, 5.
²) Hamlet V, 2 (*the readiness is all*); Lear V, 2 (*ripeness is all*).
³) Ende gut, Alles gut II, 3.

zu grübeln; wir müssen es als etwas Unabänderliches hinnehmen. Edgar spricht es mit klaren Worten aus (Lear V, 2):

> Dulden muss der Mensch
> Sein Scheiden aus der Welt, wie seine Ankunft,

und Prospero (Sturm IV, 1) fügt hinzu:

> Wir sind solcher Zeug
> Wie der zu Träumen, und dies kleine Leben
> Umfasst ein Schlaf.

Das heisst, wir kommen aus dem Nichts und kehren in das Nichts zurück. Derselbe Gedanke kehrt im Titus Andronicus I, 2 wieder, wo Titus dem Grabgewölbe nachrühmt:

> Hier tobt kein Sturm,
> Kein Lärmen! Stille nur und ew'ger Schlaf.

Hamlet quält sich freilich mit der Furcht, ob uns in diesem ewigen Schlafe nicht auch Träume kommen werden; zu einem Ergebniss kann er aber nicht gelangen und lässt den Gedanken wieder fallen. Da dies also völlig ungewiss ist, so vollzieht sich nach Shakespeare das Schicksal des Menschen in dieser Welt und schliesst hier ab — 'der Rest ist Schweigen'.[1]

Aber nicht bloss rücksichtlich der Unsterblichkeit, sondern im Allgemeinen kann man sagen, dass Shakespeare das Dogmatische bei Seite lässt. Nicht den Glauben, sondern das Wissen preist er als das Höchste in den herrlichen Versen (2 K. Henry VI, IV, 7):

> Es ist Unwissenheit
> Der Fluch von Gott, und Wissenschaft der Fittig,
> Womit wir in den Himmel uns erheben.

Er ist aus der geoffenbarten Religion übergetreten zur reinsten und edelsten Menschlichkeit und ist ein christlicher Dichter nur insoweit als sich ächtes Christenthum und ächtes Menschenthum decken. Wer mit Einem Schlage Klarheit haben will, darf nur Shakespeare neben Milton, Dante, Calderon oder Klopstock stellen; das sind Dichter der geoffenbarten Religion, während vor Shakespeare die geoffenbarte Religion wie eine historische Erscheinung ausgebreitet liegt und er sie in allen ihren Formen und Bekenntnissen mit demselben weltbeherrschenden Blicke überschaut. Mit Einem Worte, Shakespeare bekennt sich wie fast alle die grössten Dichter, namentlich wie die klassische Blütezeit unserer eigenen Literatur, zum Humanitäts-Ideal; darin liegt der Grund, warum sich alle Glaubens-

---

[1] Das Wort '*immortality*' kommt nur Einmal bei Shakespeare vor (Pericles III, 2) und bezieht sich an dieser Einen Stelle auf irdische Unsterblichkeit.

bekenntnisse in ihm wiederzufinden glauben und sich vor seiner sittlichen Grösse beugen, die selbst der befangenste Dogmatist nicht hinwegzuleugnen vermag. Darin erkennen wir auch eine von den Ursachen, wesshalb sich unsere Klassiker, die Lessing, Schiller und Goethe, so unwiderstehlich zu ihm hingezogen fühlten; sie fühlten sich auch in dieser Hinsicht als seine nächsten Geistesverwandten, ja als Fleisch von seinem Fleisch.

Fasst man den religiösen und kirchlichen Character der Shakespeare'schen Zeit in's Auge, so zeigt sich deutlich, dass und wie nicht allein Shakespeare selbst, sondern die Besten seiner Zeitgenossen sich von der dogmatischen Auffassung der Religion ab- und dem Humanitäts-Ideale zuwenden mussten. Kirche und Religion waren so vollständig in den Strudel der Politik hineingezogen worden, dass ihnen ihre selbstständige Existenz, ihr Ziel und Zweck fast gänzlich abhanden gekommen waren. Namentlich die Reformation hatte einen vorwiegend politischen Character und erst die Puritaner gaben ihr einen religiösen und kirchlichen Inhalt, wobei sie freilich das Ziel überschossen und sich in das entgegengesetzte Aeusserste stürzten. Die Reformation ging in England nicht wie in Deutschland vom Volke, sondern von der Staatsregierung, ja man möchte sagen von ungezügelter Herrscherlaune aus, ihre Geburtsstätte war nicht wie in Deutschland das Volksgewissen, sondern die dynastische Politik. In seinem scharfsinnigen Essay '*Burleigh and his Times*' weist Macaulay nach, dass es allerdings eine katholische wie eine protestantische Partei gab — beide verhältnissmässig klein — dass aber die grosse Mehrheit des Volkes einer seltsamen und gleichgültigen Religionsmischung anheim gefallen war, gleich jenen samaritauischen Ansiedlern im zweiten Buche der Könige (Kap. 17), welche den Herrn fürchteten und zugleich ihren Götzen dienten. Die Masse des Volkes war offenbar ebenso bereitwillig sich zur protestantischen wie zur katholischen Kirche zu bekennen. Wie hätte sie sonst die Rückkehr zum Katholicismus unter der blutigen Maria und dann wieder zum Protestantismus unter Elisabeth so gleichmüthig ertragen? Gleichwohl wurde durch diese jähen, durch keine Volksbewegung unterstützten Religionswechsel ein Schwanken und eine Unruhe in den Geistern erzeugt, die schliesslich zur völligen Gleichgültigkeit gegen kirchliches und religiöses Leben führen musste. Bei den gegenseitigen Verfolgungen war es nicht minder gefährlich dem alten Glauben offen anzuhängen als sich dem neuen mit Entschiedenheit zuzuwenden. Durch strenge Verordnungen und Strafandrohung wurde bekanntlich der Kirchenbesuch und das äussere

Religionsbekenntniss erzwangen. Was war unter solchen Umständen
natürlicher als eine innere Abwendung? Was konnten die hervorragenden Geister anders thun, als auf einem andern Felde die innere
Befriedigung suchen, welche ihnen hier mit Gewalt versagt wurde?
Der Humanismus, die Renaissance der Literatur und Wissenschaft,
welche in England während des 1?. Jahrhunderts in steigender
Progression ein reiches und blühendes Leben entfalteten, boten sich
den Dichtern und Schriftstellern ganz von selbst als Ersatz dar und
unvermerkt trat auf dem natürlichsten Wege die Humanität an die
Stelle des Kirchenthums. Mächtig befördert wurde dieser Prozess
durch das lebensvolle Studium der in regster Entwickelung begriffenen neuern Literaturen, vorzugsweise der italienischen und französischen, in denen gleichfalls die reformatorischen Einflüsse und
die klassischen Studien zum Humanitäts-Ideale hingedrängt hatten.
Es leuchtet ein, dass beispielsweise Montaigne mit dem hinreissenden
und einschmeichelnden Skepticismus seiner vielgelesenen Essays bei
den englischen Dichtern und Denkern vielfältige und nachhaltige
Anregungen hervorrufen musste. Was speziell die religiöse Stellung
der Elisabethanischen Dramatiker angeht, so scheint sie Macaulay
a. a. O. doch nicht ganz richtig erfasst zu haben, insofern er eben
die Humanität nicht als Grundlage derselben erkannt hat. Sie
sprächen zwar, meint er, achtungsvoll von den Grundlehren des
Christenthums, aber sie sprächen weder als Katholiken noch als
Protestanten, sondern sie hätten sich aus Bruchstücken beider Con-
fessionen ein eigenes, die Mitte haltendes System zurecht gemacht.
Eine Hinneigung zu den Lehren und Gebräuchen der Römischen
Kirche sei bei ihnen unverkennbar und die Parteilichkeit Shakespeare's für Mönche sei bekannt; 'und doch, fügt Macaulay hinzu,
war der Verfasser von König Johann und Heinrich VIII. sicherlich
kein Freund der päpstlichen Oberhoheit'. Wir werden nachher versuchen, diesen scheinbaren Widerspruch auf eine andere, wie uns
dünkt, richtigere Weise zu lösen. Wie bemerkt stand Shakespeare
in dieser Hinsicht keineswegs vereinzelt da, vielmehr nahm der ganze
Kreis der Elisabethanischen Dichter mehr oder weniger die gleiche
Stellung zur positiven Religion einerseits und zur Humanität andrerseits
ein. Aus Greene's *Groat's Worth of Wit* erfahren wir bekanntlich,
dass Marlowe für einen bösen Atheisten galt und dass Greene selbst
kein besseres Lob verdiente, bis er 'zu sterben kam' und sich bekehrte.[1]

---

[1] '*Wonder not (for with thee will I first begin) thou famous gracer of tra-
gedians, that Greene, who hath said with thee, like the fool in his heart, there is
no God, should now give glory to his greatness.*'

Bacon und Raleigh waren Deisten. Sidney patronisirte den Giordano Bruno, der als Ketzer verbrannt wurde. Beaumont und Fletcher machen denselben 'freien Gebrauch' von der Bibel, der an Shakespeare so viel Tadel erfahren hat. Alle Uebrigen sind, wenigstens in den Augen des millionenfach bereuenden Greene, wenig besser. Der einzige B. Jonson machte, nach Gifford's bereits erwähnter Darstellung, wenigstens bis auf einen gewissen Grad eine Ausnahme von der allgemeinen Ungläubigkeit; sehr rühmlich war diese Ausnahme allerdings nicht, denn Jonson trat zur katholischen Kirche über und kehrte nach einiger Zeit zum Protestantismus zurück. Hätte B. Jonson's Religiosität in der That der Schilderung Gifford's entsprochen, so würde es nicht bedeutungslos sein, dass Jonson in seinem Nachruf an Shakespeare nicht ein Wort über dessen Religiosität und Kirchlichkeit zu sagen gewusst hat; er hätte das gewiss nicht übergangen, wenn er ein Lob hätte daran knüpfen können.

Zu diesem, allerdings schwachen äusserlichen Anzeichen gegen Shakespeare's Bekenntnissgläubigkeit gesellt sich ein zweites, das schwerer wiegt und um so weniger unerwähnt bleiben darf, als es von einigen Kritikern in anderm, ja sogar entgegengesetztem Sinne aufgefasst worden ist. Wenn nämlich in Erwägung gezogen wird, dass sich des Dichters Familie augenscheinlich einer streng kirchlichen — puritanisch gefärbten — Richtung zuwandte, so kann es keinem Zweifel unterliegen, dass der Zwiespalt, in welchen sie dadurch mit dem Dichter selbst trat, deutlich aus der Grabschrift seiner Tochter Susanne herausklingt:

Witty above her sex, but that's not all,
Wise to salvation was good Mistriss Hall:
Something of Shakspeare was in that, but this
Wholly of Him, with whom she's now in bliss.[1]

Also: in dem Witze und Verstande, der über ihr Geschlecht ging, hatte Mrs. Hall etwas von ihrem Vater, ihre Frömmigkeit hingegen war ihr ausschliesslich von Gott verliehen. Die Sache hat gar nichts Auffälliges; Mrs. Shakespeare und Mrs. Hall folgten nur der allgemeinen Richtung ihres Geschlechts, dem Bedürfniss und der Neigung aller Frauen, wenn sie sich der Kirchlichkeit zuwandten, in welcher Shakespeare als Mann keine Befriedigung zu finden vermochte. Dass hiergegen der Eingang seines — nicht einmal von

---

[1] Vergl. Hunter, New Illustrations I, 105 folgg. — Halliwell, Life of Shakspeare 270.

ihm selbst aufgesetzten — Testamentes nicht geltend gemacht werden darf, in welchem er hofft, einzig und allein durch das Verdienst Jesu Christi des ewigen Lebens theilhaft zu werden, das ist bereits von Ulrici u. A. erkannt worden; dieser Eingang ist nichts als die stehende Formel der protestantischen Testamente damaliger Zeit und beweist nicht das mindeste für Shakespeare's Kirchlichkeit, sondern nur für seinen Protestantismus, insofern die Rechtfertigung durch den Glauben allein (sola fide) eine der wichtigsten protestantischen Unterscheidungslehren ist.

Das führt uns auf die bekannten Versuche, Shakespeare zu einem gläubigen Katholiken zu stempeln, deren Beurtheilung sich aus dem Gesagten von selbst ergiebt. Eine eingehende Kritik und Widerlegung derselben ist für die Kreise, von denen diese Bestrebungen ausgehen, vollständig vergeblich; trotz der vortrefflichen Auseinandersetzungen von M. Bernays (Shakespeare-Jahrbuch I, 220 folgg.) u. A., nach denen die Sache ein für alle Mal abgethan sein sollte, sind seitdem Dr. August Reichensperger und Dr. A. Hager doch wieder mit Donquichotischer Lanze in die Schranken geritten, um gegen männiglich die unzweifelhaften Ansprüche der allein seligmachenden Kirche auf den grossen Dichter geltend zu machen; Reichensperger erklärt ihn für einen offenen, Hager für einen Krypto-Katholiken, d. h. jeder für das, was er selbst ist oder war.[1]) Es hilft nichts, auf die alten Argumente zurückzukommen und zum so und so vielten Male nachzuweisen, dass die bekannte Notiz von Davies: '*he died a papist*' nicht den mindesten Werth besitzt; dass das angeblich im Jahre 1770 unter den Dachsparren des Shakespeare'schen Geburtshauses aufgefundene Testament John Shakespeare's nichts als eine grobe Fälschung ist[2]) und dass es, selbst seine Aechtheit angenommen, doch nichts für den Dichter, sondern höchstens für seinen Vater beweisen würde. Es gehört nur ein Minimum von Kritik dazu, um die ganze Frage in ihrem rechten Lichte zu erkennen. Ob Shakespeare's Vater Recusant war oder

---

[1]) Reichensperger, William Shakespeare, insbesondere sein Verhältniss zum Mittelalter und zur Gegenwart. Münster, 1872. — Hager, Die Grösse Shakespeare's. Freiburg i. Br., 1873. — Vergl. F. A. Rio, Shakespeare. Paris, 1864. — Shakespeare von F. A. Rio. Aus dem Französischen übersetzt von Karl Zell. Freiburg i. Br., 1864. — Was Shakespeare a Roman Catholic? in der Edinburgh Review No. CCLI, Jan. 1866. — Was Shakspeare a Catholic? (von Simpson) in The Rambler (einer katholischen Zeitschrift) 1854, No. 7.

[2]) Vergl. Drake, Shakespeare and his Times (Paris, 1838), p. 5 folgg. Shakespeare-Jahrbuch I, 235.

nicht, ob sich die eidliche Anerkennung der Königin als Oberhauptes der Kirche, die er als Alderman und Bailiff leisten musste,¹) mit seinem von den Kritikern angenommenen Krypto-Katholicismus vertrug oder nicht, das kann völlig auf sich beruhen bleiben, so viel ist sicher, dass der Dichter selbst nach den klarsten und unwiderleglichsten historischen Zeugnissen der protestantischen Kirche angehörte. 'Shakespeare wurde, um uns Ulrici's schlagende Darstellung (I, 265) anzueignen, in der protestantischen Kirche zu Stratford getauft ²) [und begraben]; er besuchte ohne Zweifel die Bürgerschule der Stadt und empfing hier ebenso unzweifelhaft den ersten Religionsunterricht in der protestantischen Lehre; die Erlaubniss zu seiner Verheirathung nach einmaligem Aufgebot wird von einem protestantischen Bischof ertheilt, die Ehe also auch in der protestantischen Kirche eingesegnet: — welcher Grund bleibt übrig, ihn für einen Katholiken zu halten?' Nehmen wir einen Augenblick an, die Sache verhielte sich umgekehrt, es wäre urkundlich erwiesen, dass Shakespeare in einer katholischen Kirche getauft und begraben worden sei, dass sein Aufgebot und seine Trauung nach katholischem Ritus vollzogen und seine Kinder katholisch getauft worden seien — was würden die Katholiken sagen, wenn ein protestantischer Erklärer, solchen Thatsachen ins Gesicht schlagend, Shakespeare für einen Protestanten auszugeben unternähme? Da würde es freilich mit den Worten der bekannten Fabel heissen: 'Ja, Bauer, das ist ganz was andres'. Zum Ueberfluss mag noch auf einen in diesem Zusammenhange bisher unbeachtet gebliebenen Punkt hingewiesen werden. Aus dem Krankenjournal von Shakespeare's Schwiegersohn Dr. Hall geht unzweideutig hervor, dass derselbe ein entschiedener, streng kirchlicher Protestant war. Nicht nur wird in der zweiten Vorrede zu seinen nachgelassenen *Select Observations* seine Tüchtigkeit und Beliebtheit als Arzt durch die Bemerkung: '*Nay, such as hated him for his Religion, often made use of him*' ins hellste Licht gestellt, sondern Dr. Hall selbst vergisst in seinem Journal nie zu bemerken, wenn sein Patient ein Katholik war.³) Als er im Jahre

---

¹) Shakespeare-Jahrbuch I, 235.
²) Dass Shakespeare in einer protestantischen Kirche getauft wurde, gestattet auch einen bündigen Rückschluss auf seinen Vater; hätte dieser wol seine Kinder protestantisch taufen lassen, wenn er der katholischen Kirche angehört hätte?
³) Z. B. Mrs. Peerse of Anson, Roman Catholicke (p. 28). — Browne, a Romish priest. The Catholick was cured (p. 41). — Mrs. Richardson, Roman Catholick (p. 167). — Select Observations on English Bodies: or, Cures both

1632 selbst von schwerer Krankheit ergriffen wurde, schrieb er nach seiner Genesung ein Dankgebet in ächt protestantischem Geiste nieder;¹) er unterlässt überhaupt nie bei schwierigen Kuren Gott die Ehre zu geben. Sollen wir nun glauben, dass ein so ausgesprochener Anti-Katholik sich mit einer katholischen Familie verbunden und Shakespeare's Tochter geheirathet haben würde, wenn dieser ein Anhänger Rom's gewesen wäre?

Kann — wie aus den Schriften katholischer Interpreten hervorgeht — der gläubige Katholicismus nicht zum klaren Verständniss der Shakespeare'schen Dichtungen durchdringen, so konnte er sie noch viel weniger hervorbringen. Ein Katholik dem Namen nach hätte Shakespeare möglicher Weise sein können, ein Katholik der That und dem Wesen nach nimmermehr! Das ist eine innere Unmöglichkeit. Konnte ein Katholik den König Johann oder Heinrich VIII. schreiben?²) Wäre es einem Katholiken möglich gewesen, den Ausspruch zu thun, dass unter der Elisabeth Gott wahrhaft erkannt werden solle? Von allen katholischen Shakespeare-Erklärern hat nur der vorurtheilsfreie Dr. Flir, obwol ein tyrolischer Geistlicher, im Gegensatze zu den modernsten ultramontanen Heisspornen eingesehen, dass sich Shakespeare nicht zum Katholicismus bekannt haben könne.³) Der Katholicismus in seiner strengen Consequenz ist die grösste Einseitigkeit, um nicht zu sagen Beschränktheit des menschlichen Geistes, Shakespeare aber besass nicht nur einen vielseitigen, sondern einen allseitigen Geist. Er, der freieste und unabhängigste Denker, konnte sich unmöglich einer geistigen Gebundenheit und Fesselung unterwerfen, wie sie die katholische Kirche über ihre Bekenner verhängt und um ihrer Existenz willen verhängen muss. Ja die katholische Kirche mit ihrer Engherzigkeit, ihrer polizeilichen Ueberwachung, ihrer Unduldsamkeit und Verfolgungssucht musste Shakespeare geradezu abstossen, wie ihn ja dieselben Gründe auch vom protestantischen Kirchenthum, insbesondere vom Puritanismus, fernhielten. Der Puritanismus war

Empericall and Historicall, performed vpon very eminent Persons in desperate Diseases. First written in Latine by Mr. John Hall, Physician, living at Stratford-upon-Avon, in Warwickshire, where he was very famous, as also in the counties adjacent &c. &c. Now put into English for common benefit by James Cooke, Practitioner in Physick and Chirurgery. London, 1657.

¹) Bei Halliwell, An Historical Account of New Place. London, 1864.
²) Vergl Lord Campbell, Shakespeare's Legal Acquirements p. 63: 'In K. John III, 1 the true ancient doctrine of "the supremacy of the crown" is laid down with great spirit and force.'
³) Flir, Briefe über Shakespeare's Hamlet S. 118.

keine geringere Geistessklaverei als der Romanismus: in dieser Hinsicht war es der ins Protestantische übertragene Romanismus. Der Puritanismus entfernte sich fast noch weiter als der Papismus vom Humanitäts-Ideale und vom ächten Menschenthum, und da ihm weder das ehrwürdige Alter, noch die imposante Organisation der katholischen Kirche zur Seite stand, so konnte er nicht umhin, dem Spotte der Dramatiker, Shakespeare nicht ausgeschlossen, anheimzufallen.[1]) Die Dramatiker erkannten vollkommen, dass die Puritaner die Todtengräber des lustigen Alt-Englands waren und hatten allen Grund mit Junker Tobias Rülp gegen die Malvolios auszurufen: 'Vermeinst du, weil du tugendhaft seiest, solle es in der Welt keine Torten und keinen Wein mehr geben?' Zu verargen war es ihnen nicht, wenn sie wie Junker Christoph von Bleichenwang auch ohne 'exquisiten Grund' die grösste Lust verspürten, den Puritanern eine tüchtige Tracht Schläge angedeihen zu lassen, und wenn sie mit Maria sprachen: 'Den Henker mag er ein Puritaner oder sonst etwas anders auf die Dauer sein, als einer, der den Mantel nach dem Winde hängt. Ein gezierter Esel, der vornehme Redensarten auswendig lernt, und sie bei grossen Brocken wieder von sich giebt; auf's beste mit sich selbst zufrieden, wie er meint so ausgefüttert mit Vollkommenheiten, dass es ein Glaubensartikel bei ihm ist, wer ihn ansieht, müsse sich in ihn verlieben' (Was Ihr wollt, II, 3). Die Puritaner, die von der Frömmigkeit Profession machten, hatten zu viele lächerliche und herausfordernde Seiten, um nicht Spott und Hass zugleich hervorzurufen; über den Katholicismus liess sich mit Stillschweigen hinweggehen, aber der Puritanismus zwang die Dramatiker zu reden; er drängte sich überall auf und machte sich durch seine Narrheit bemerklich: 'nur ein Puritaner ist darunter, und der singt Psalmen zum Dudelsack' (Wintermärchen IV, 2). In Junker Christoph's Worten (Was Ihr wollt III, 2): '*I had as lief be a Brownist as a politician*' wird man wol Shakespeare's persönliche Meinung erkennen dürfen, denn seiner ganzen Natur nach konnten die Puritaner ihm nicht anders als zuwider sein, und dennoch verleugnet er auch ihnen gegenüber seine Milde und Duldsamkeit nicht. Das tritt deutlich zu Tage, wenn man das grobe Geschütz betrachtet, mit welchem Ben Jonson im Alchymisten und in Bartholomew Fair der mit gefährlicher Schnelligkeit emporkommenden Secte zu Leibe geht. In den Worten des Junker Christoph, dass er zwar keinen

---

[1]) Vergl. das Shakespeare zugeschriebene Stück 'The Puritan, or The Widow of Watling-Street'. — Beaumont und Fletcher, Women Pleased, Act IV. — Knight, William Shakespeare, a Biography, 463 folg.

exquisiten Grund, aber doch Grund genug habe, die Puritaner zu prügeln, erkennt Knight a. a. O. eine versteckte Missbilligung der Feindseligkeit, mit welcher sich die unwissende Menge gleichfalls ohne exquisiten Grund gegen die Puritaner gewandt habe: Knight findet die Worte im besten Geiste der Duldung gesprochen, die Niemanden um seiner Meinungen willen verfolgt sehen will. Es ist eben hier wie überall die lauterste Humanität, die Shakespeare zur Richtschnur dient und sein Verhalten gegen Andersdenkende auch dann regelt, wenn er in seinem Herzen unmöglich Beistimmung und Sympathie für sie finden kann.

Angesichts des König Johann wird von Macaulay und Andern[1]) allerdings zugegeben, dass sich Shakespeare nicht zur katholischen Kirche bekannt haben könne, doch wird ihm, wie wir gesehn haben, eine unverkennbare Vorliebe für einzelne Glaubenssätze, Einrichtungen und Gebräuche derselben zugeschrieben. 'Im Hamlet, so führt Macaulay in der erwähnten Stelle fort, beklagt sich der Geist, dass er ohne die letzte Oelung gestorben sei und erklärt dem Artikel, der die Lehre vom Fegefeuer verpönt, zum Trotz, dass er verdammt sei.

      zu fasten in der Glut,
 Bis die Verbrechen meiner Zeitlichkeit
 Hinweggeläutert sind.

Diese Verse würden, wie Macaulay fürchtet, unter der Regierung Karl's II. einen furchtbaren Sturm im Theater hervorgerufen haben: sie waren, wie er sagt, augenscheinlich nicht von einem eifrigen Protestanten und nicht für eifrige Protestanten geschrieben.[2]) Thornbury vervollständigt das Register solcher Parteilichkeits-Symptome, was ihm in der That keine Schwierigkeit verursacht haben kann. Shakespeare, sagt er, zeichnet die katholischen Priester gewöhnlich als fromm, opferfreudig und ehrlich, die protestantischen Geistlichen

---

[1]) Macaulay, Burleigh and his Times. — Thornbury, Shakespeare's England I, 212. II, 64 folgg.

[2]) Dr. Flir hat diesen Punkt viel richtiger aufgefasst als Macaulay. 'Wäre die anglikanische Orthodoxie Shakespeare's nur im mindesten anrüchig gewesen, so äussert er sich S. 116 folg., so durfte er sich nie und nimmer eine solche Freiheit erlauben und am wenigsten persönlich die Rolle des Geistes spielen. Für den feststehenden Volksglauben, der hier mit der katholischen Kirchenlehre übereinstimmt, konnte der Geist weder aus der Hölle, noch aus dem Himmel kommen; sollte er überhaupt erscheinen, so musste er aus dem Fegefeuer kommen. 'Shakespeare's Dichtung, sagt Flir, bedurfte eines solchen Geistes aus dem Fegefeuer, und der Dichter gehorchte dem Gebote der Kunst'. Vergl. meine Ausgabe des Hamlet, S. 185.

dagegen als einfältig, knechtisch und schurkisch. Auf dieser Seite stehen Evans, Ehren Textdreher und Holofernes, auf jener die Mönche Patrick in den beiden Veronesern, Lorenzo in Romeo und Julie und ein paar ungenannte — sogar den verkleideten Herzog in Mass für Mass rechnet Thornbury dazu. Die mönchischen Missbräuche, so führt er fort, berührt Shakespeare kaum, während er die Puritaner verspottet; Portia lässt er vor Kreuzen und Bildstöcken knieen und Jago bezeichnet die Taufe als das Zeichen und Symbol der Erlösung von Sünde (Othello II, 3). Im Sommernachtstraum endlich spricht der Dichter *of nuns as thrice blessed, but less earthly happy than „the rose distilled"*. Diese Stellen sind sehr leichtfertig citirt[1]) und ohne tiefere Erwägung einseitig und tendentiös zusammengestellt. Aber auch so weit die Thatsachen an sich richtig sind, ergeben sich doch keineswegs die Folgerungen daraus, welche Thornbury aus ihnen ziehen möchte; namentlich beweisen sie, richtig aufgefasst, durchaus keine persönliche Vorliebe des Dichters für den Katholicismus. Sie dienen vielmehr lediglich zur Characterisirung der Personen, denen sie in den Mund gelegt sind, wie der Zeiten und Oertlichkeiten, in welche die betreffenden Stücke verlegt sind, mit Einem Worte, sie gehören zum Kostüm, und nichts berechtigt uns, sie als den Ausdruck allgemein gültiger Wahrheiten oder persönlicher Ueberzeugungen des Dichters aufzufassen. Der Dichter ist hier nicht minder objectiv als anderwärts; zugleich konnte es ihm aber nicht entgehen, dass der Katholicismus ein romantisches, um nicht zu sagen pittoreskes Element besitzt, welches dem Protestantismus abgeht, und das sich für die dichterische Verwerthung als ausserordentlich geeignet darbietet. Dieses romantische Element war es ja auch, was unsere Romantiker zum Katholicismus hinzog und einige von ihnen in der That zum Uebertritt bewog. Shakespeare aber benutzte diese Hindeutungen auf katholische Dogmen und Gebräuche gerade wie den Volksglauben, von dem er einen so ausgedehnten Gebrauch gemacht hat, nur als poetischen Apparat. Als ein Beweis für diese Auffassung kann das seltsame Versehen angesehen werden, auf welches v. Friesen aufmerksam macht.[2]) In Romeo und Julie IV, 1 heisst es nämlich:

---

[1]) Jeder Leser Shakespeare's weiss, dass in der Stelle aus dem Sommernachtstraum keine Rede von Nonnen ist; die Worte über die Taufe lässt Thornbury nicht Jago, sondern Othello selbst sprechen: *'the seal and symbol of redeemed love'* heisst es bei ihm, während bei Shakespeare steht: *'All seals and symbols of redeemed sin'*.

[2]) Alt-England und William Shakspere. Wien. 1874. S. 287.

Are you at leisure, holy father, now;
Or shall I come to you at evening mass?
'Welcher Katholik, fragt v. Friesen, hätte auch nur aus Versehen von einer Abendmesse sprechen können? Solche zufällige Aeusserungen, sagt er sehr mit Recht, verrathen oft mehr, als die mühsamsten Beweisführungen darthun können.' Julie meint selbstverständlich die Vesper. Wenn aus der Anwendung katholischer Kirchengebräuche, wo dieselben zur Characteristik oder Ausschmückung einer Dichtung gehören, ein Schluss auf die religiöse Ueberzeugung des Dichters gestattet wäre, so müsste u. a. aus Maria Stuart und dem Geisterseher gefolgert werden, dass Schiller Katholik gewesen sei oder doch '*a yearning fondness*' — das ist Thornbury's Ausdruck — für den Katholicismus besessen habe.

Was den geistlichen Stand anlangt, so hat Shakespeare auch im Priester überall den Menschen erkannt und geschildert, sowohl auf katholischer wie protestantischer Seite. Die Hierarchie, protestantische nicht minder als katholische, erblickt darin natürlich Mangel an Ehrerbietung und Religionsverachtung, denn ihr zufolge soll man im Geistlichen stets nur den Geistlichen und nie den Menschen sehen; das Priestergewand soll den Menschen zudecken und der priesterliche Character gilt ihr als unauslöschlich. Shakespeare dagegen weiss, dass die Kapuze noch nicht den Mönch macht:
Sie sollten gut, ihr Thun rechtschaffen sein;
Doch nicht die Kutte macht den Mönch,
heisst es in Heinrich VIII. (III, 1). Dass ihm die katholische Geistlichkeit in poetischerem Lichte erschien als die protestantische, ist ganz natürlich; auch darin giebt der Dichter nur das objective Spiegelbild der Wirklichkeit. Selbst heutigen Tages ist vom sinnfälligen poetischen Standpunkte aus betrachtet ein Bischof im Vortheil gegen einen General-Superintendenten, ein Einsiedler (wie Lorenzo in Romeo und Julie) gegen einen protestantischen Pfarr-Vicar. Shakespeare's Zeit war in kirchlicher Hinsicht obenein ein Uebergangsstadium, wo das Alte an und für sich in einem doppelt und dreifach poetischern Lichte erscheinen musste als das unfertige Neue. Die protestantische Geistlichkeit hatte sich noch nicht zu einem geschlossenen, ehrenwerthen und geachteten Stande herausgebildet und es ist bezeichnend für ihre Stellung, dass Elisabeth die Priesterehe nur duldete, nicht gestattete oder anerkannte; bis zur Thronbesteigung Jakob's galten sogar die aus solchen Ehen entsprossenen Kinder für illegitim. Noch gegen Ende des siebzehnten Jahrhunderts spielte nach Macaulay's unübertroffener Schil-

derang¹) die protestantische Geistlichkeit eine so klägliche Rolle, dass es den Dramatikern nicht zu verargen ist, wenn sie von diesen Heckenpriestern nur nebenher Gebrauch machten und sie nicht mit poetischem Glanze zu umgeben vermochten. Mit seltenen Ausnahmen setzte diese Geistlichkeit weder die politische Rolle fort, welche ihre katholische Vorgängerin seit so langer Zeit ausgebeutet hatte, noch war sie bisher in die seelsorgerische, samaritanische Stellung des niedern katholischen Klerus eingetreten. Diejenige Seite, von welcher sie am wesentlichsten und nutzenbringendsten in das Leben der Nation eingriff, war bis dahin noch ihre unterrichtende und erziehende Thätigkeit, und im vollkommenen Einklange mit dieser Thatsache führt uns daher Shakespeare den welschen Pfarrer Evans, Sir Nathaniel und Holofernes als Lehrer vor; in wie weit ihm dabei dieses oder jenes Stratforder Modell vorgeschwebt haben mag, thut hierbei nichts zur Sache. Eben so sachentsprechend und verständnissvoll hat er die katholische Geistlichkeit, vom Kardinal bis zum Barfüssler herab, geschildert, und nicht seine Vorliebe, sondern der Inhalt seiner Dramen brachte es mit sich, dass er uns eine ziemlich umfangreiche Gallerie derselben vorgeführt hat. In einer Kirche, welche zugleich eine politische Macht ist, kann es nicht anders sein, als dass die Prälaten sich zu herrschsüchtigen, ränkevollen, politischen Persönlichkeiten gestalten, denen die Herzenseinfalt und ungeheuchelte kindliche Frömmigkeit der dienenden Brüder und Mönche fremd sind. Hierher gehören der Kardinal Pandulf im König Johann, der Legat Campejus und Kardinal Wolsey in Heinrich VIII., der Bischof von Carlisle und der Abt von Westminster in Richard II. u. s. w. Der letztere ist ein Verschwörer, welcher Bolingbroke durch Mord aus dem Wege schaffen will und damit beginnt, dass er seine Anhänger das Abendmahl darauf nehmen lässt; der Bischof von Carlisle dagegen ist ein ebenso treuer und ehrlicher als unerschrockener und eifriger Verfechter des Königthums von Gottes Gnaden. Die niedere katholische Geistlichkeit wird von Shakespeare, wie von andern Dramatikern, als wohlwollend, demüthig, selbstlos und dienstfertig geschildert;²) ein Vorbild dieser Art ist der mehrerwähnte Bruder Lorenzo, der sich beiläufig nicht auf die Religion, sondern auf die Philosophie beruft, um Trost zu spenden.³) Der Dichter kennt

---

¹) Macaulay, History of England, Chapter III.
²) Vgl. den Klosterbruder im Gegensatze zum Patriarchen in Lessing's Nathan.
³)   Ich will dir eine Wehr dagegen leih'n,
    Der Trübsal süsse Milch, Philosophie,
    Um dich zu trösten, bist du gleich verbannt.

aber auch Mönche andern Kalibers; er verschweigt es nicht, dass König Johann von einem Mönche vergiftet wurde, wenngleich er denselben nicht auf die Bretter bringt, und führt uns bei der Bestattung Opheliens den lieblosen, hartherzigen Priester vor, dem über Dogma und Ritus Menschlichkeit und Gnade abhanden gekommen sind. Die Abfertigung, welche Laertes diesem *'churlish priest'* zu Theil werden lässt, ist eine Zurechtweisung des Kirchenthums durch die Humanität.

Shakespeare war ein so harmonischer Geist, dass sich nicht anders glauben lässt, als dass seine Stellung zum Staat durchaus im Einklange stand mit seiner Stellung zur Kirche und zur positiven Religion; hier wie dort finden wir dieselbe grossartige Objectivität, die eben so hoch über den verschiedenen Staatsformen wie über den verschiedenen Konfessionen schwebt. Mit der Betrachtung einzelner Stellen und Aeusserungen wird hier eben so wenig ein allgemeines Ergebniss gewonnen als in Bezug auf Shakespeare's religiöse Anschauungen. Auch über Staat, Königthum, ständische Gliederung u. s. w. sprechen die Personen des Dichters je nach ihrer Individualität und wir haben kein Recht, beispielsweise die politischen Anschauungen Richard's II. oder Richard's III. dem Dichter als seine eigenen unterzuschieben. War ihm doch gar keine andere Möglichkeit gegeben, als in seinen Historien diejenige politische Auffassung zum Ausdruck zu bringen, welche der dargestellten Zeit und den handelnden Personen eigen war, und die er in seinen Quellen vorfand. Es ist bekannt, wie eng er sich auch in dieser Hinsicht in den Historien an Holinshed, und in den Römerdramen an North's Plutarch anschliesst. Shakespeare war ohne Zweifel nichts weniger als ein Politiker — *I had as lief be a Brownist as a politician* — er hatte sich eben so wenig ein politisches als ein theologisches System zurechtgelegt, aber er sah sicherlich ein, dass der Staat ein unumgängliches und unersetzliches Mittel ist, um die menschliche Gesellschaft wie das menschliche Individuum auf der Bahn der Bildung und Sittlichkeit vorwärts zu führen und dass bei richtigem Gebrauche jede Staatsform das zu leisten vermag, wie freilich entgegengesetzt auch jede Staatsform ausarten kann. In so fern werden ihm wahrscheinlich, theoretisch betrachtet, Monarchie und Republik gleich gegolten, und er wird nur verlangt haben, dass die Fundamente alles menschlichen Wesens, Ordnung und Gesetzlichkeit, Wahrhaftigkeit und Treue, Gerechtigkeit und Gnade, darin zur Geltung gebracht würden, denn das waren für ihn die Eckpfeiler des Staates und der Kirche, weil sie für ihn die Grundlagen aller sittlichen Gemeinschaft waren. Ausser diesen legt er nur noch auf Einen sittlich-politischen Factor Gewicht, das ist die Gliederung und Ordnung der verschiedenen Stände und Klassen, die nicht muthwilliger oder verbrecherischer Weise übersprungen werden darf. Er liebt es nicht, wenn der Bauer dem Höfling auf die Frostbeulen tritt (Hamlet V, 1). Das kann uns um so weniger Wunder nehmen, als die einzige Staatsform, die Shakespeare aus Erfahrung kannte, die sich aus dem Feudalismus herausarbeitende, mehr durch die öffentliche Meinung als durch das Parlament beschränkte Monarchie seines Vaterlandes war, und er sich somit in die ständische Gliederung von Kindesbeinen an eingelebt hatte. Für ihn sollte jeder den ihm angewiesenen Platz behaupten und zum Besten der Allgemeinheit ausfüllen, ohne sich Uebergriffe nach rechts oder links zu erlauben; nur so kann seiner Ueberzeugung nach das Gemeinwesen gedeihen. Am ausführlichsten und zusammenhängendsten wird dies in der berühmten Rede des Ulysses in Troilus und Cressida (I, 3) vorgetragen. Im Zusammenhange damit steht es, dass für den Dichter das Bestehende schon desshalb eine Berechtigung hat, weil es ein Bestehendes ist; es erinnert an Hegel's Ausspruch, dass alles Bestehende vernünftig ist und Shakespeare bietet auch hierin wieder einen Vergleichungspunkt mit dem gleichgesinnten Walter Scott dar.[1]) Die Gliederung der Stände ist aber für Shakespeare keineswegs eine ausschliesslich monarchische Staats-Einrichtung, er stellt vielmehr dieselbe Anforderung auch an die Republik, wie die Eingangsscene zum Coriolan beweist; die dort von Menenius Agrippa erzählte Fabel vom Bauch und den Gliedern spricht beredt genug. Und doch hat für den Dichter auch hier wieder die Kehrseite der Medaille ihre um nichts geringere Berechtigung; er bekämpft und verurtheilt Standesvorurtheile und stellt Rang und Geburt weit unter Tugend und Seelenadel. Das wird am entschiedensten in Ende gut, Alles gut gelehrt und die Mahnrede an den jungen Grafen Roussillon (II, 3), der Helena wegen ihres niedrigen Standes verachtet, muss den Reden des Ulysses und des Menenius Agrippa als Ergänzung und Gegenstück gegenüber gestellt werden. Eine solche Objectivität ist um so verzweifelter, als diese Verwerfung aller Standesvorurtheile keineswegs von einem Demokraten und Weltumstürzer gepredigt wird, sondern aus einem königlichen Munde kommt. Staatsformen, welche nicht auf den genannten Grundlagen alles staatlichen und gesellschaftlichen Lebens

---

[1]) S. mein Leben Scott's II, 240 folg.

aufgebaut sind, weist der Dichter mit eben so ergötzlichem als vernichtendem Spotte zurück. Er führt uns deren zwei vor: die Ochlokratie Jack Cade's im zweiten Theile Heinrich's VI. und den utopischen Naturstaat nach Montaigne'schen Ideen im Sturm; beide hat er in ewig mustergültigen Zügen gezeichnet. Die Schlagwörter, mit denen Shakespeare diese beiden Missgeburten abfertigt, werden von König im Shakespeare-Jahrbuche VII, 197 sehr richtig dahin angegeben, dass der Pöbelstaat vom Dichter durch die Worte Jack Cade's characterisirt wird: Wir sind erst recht in Ordnung, wenn wir ausser aller Ordnung sind, und dass der Dichter vom Naturstaate mit den Worten Alonso's Abschied nimmt: Du sprichst von Nichts zu mir.

Es hat nicht an Bemühungen gefehlt, Shakespeare als einen guten Royalisten und einen Herold des sog. christlich-germanischen Staates darzustellen, Bemühungen, welche auf gleicher Linie stehen mit den Anstrengungen, ihn zu einem streng gläubigen Christen, sei es Protestanten, sei es Katholiken, zu stempeln. Es ist wahr, dass Shakespeare das Königthum ausserordentlich hoch stellt und es wiederholt mit begeisterten Worten als die erhabene und geheiligte Gipfelung der gesellschaftlichen Rangordnung preist; allein man darf doch nicht übersehen, dass er diese Lobpreisung den Königen selbst — und allenfalls ihren Umgebungen — in den Mund legt und Niemand wird erwarten, dass diese von ihrer Würde geringschätzig denken und reden sollen. Es mag genügen, auf die Aeusserungen Claudio's (Hamlet IV, 5) und die Reden Richard's II. (III, 2 und 3) zu verweisen. Zudem entspricht die biblische und hochpoetische Vorstellung, dass der König als der Gesalbte des Herrn, als der Stellvertreter Gottes auf Erden waltet, durchaus den Ideen der Shakespeare'schen Zeit und 'Seine geheiligte Majestät' Jakob I. war so erfüllt davon, dass er kaum noch als ein Sterblicher angesehen sein wollte. Die gleiche Auffassung fand der Dichter endlich in seinem Holinshed, wo ihr z. B. der Erzbischof von Canterbury gelegentlich der Krönung König Johann's Worte leiht; sie gehörte mit Einem Worte dem allgemeinen Gedanken-Inhalte seiner Zeit an, so dass es schon deshalb schwer bestimmbar ist, in wie weit sie sich mit Shakespeare's persönlichen Ueberzeugungen deckte. Benno Tschischwitz, in welchem der angebliche Royalismus Shakespeare's wol seinen entschiedensten Verfechter gefunden hat, ist so weit gegangen, das Gefühl der Pietät zu einem Princip zu erheben und hat an der Lancaster-Tetralogie nachzuweisen versucht, dass dieses von ihm geschaffene Pietäts-Princip und die Achtung vor demselben den Kernpunkt von Shakespeare's politischem Glaubensbekenntniss bilde.[1]) Er kommt zu den beiden Sätzen, einmal, dass uns in der Lancaster-Tetralogie des Dichters politische Grundansicht 'mit der vollen Gültigkeit eines entwickelten und begründeten Systems entgegen tritt' (S. 57) und zweitens, dass 'der volksthümliche Absolutismus für Shakespeare die ideale Regierungsform' ist (S. 60). Mit keiner dieser Positionen vermögen wir uns zu vereinigen. Es lässt sich vielmehr unseres Erachtens nicht verkennen, dass Shakespeare vor dem Königsmantel an sich keinen grössern Respect hegt, als vor dem Priestergewande und dass er den Ausspruch: die Kapuze macht nicht den Mönch sehr füglich hätte vervollständigen können: noch der Purpur den König. Kapuze und Hermelin sind ein schöner und ehrwürdiger Schein, aber das Wesen darf sie nicht Lügen strafen, und es kommt dem Dichter wie überall so auch hier durchaus auf den Menschen an, welcher von diesem Königsmantel bedeckt wird. Er weiss, dass es auch gekrönte Verbrecher giebt und führt uns solche in Claudius und Richard III. vor. Er weiss, dass die königliche Würde hohe Pflichten auferlegt und beurtheilt die Könige nach der Tüchtigkeit und Gewissenhaftigkeit, mit welcher sie ihr von Gott eingesetztes Amt verwalten — danach gestaltet sich auch ihr Schicksal. Die souveräne Freiheit des Geistes, mit welcher Shakespeare nicht nur eine Reihe der verschiedenartigsten Königscharactere, sondern auch ächt-römische Republikaner gezeichnet hat, lässt es unmöglich erscheinen, dass er ein Verehrer des Königthums quand même gewesen sein, ja überhaupt, dass er einer politischen Theorie angehangen haben sollte. Wohin der auf die Spitze getriebene Royalismus und Absolutismus führen, das wird uns an Lear in einem erschütternden Beispiele gezeigt. Lear erkennt in lichten Momenten selbst, leider zu spät, in wie hohem Masse seine absolute Macht und die kriechende Huldigung und Schmeichelei seiner Unterthanen an seinem Unglück Schuld sind, wie sie es sind, die ihn ins Verderben gestürzt haben. Ohne Uebertreibung lässt sich sagen, Lear ist der verrückt gewordene Absolutismus und beweist, dass die übertriebene absolute Macht in ihrer letzten Consequenz zu geistiger Verirrung führt. Es ist der Gœthe'sche Mahnruf 'Grenzen der Menschheit' in anderer und zwar in seiner grandiosesten und erschütterndsten Gestalt. 'Sie schmeichelten mir wie Hunde, klagt Lear (IV, 6). — Ja und nein zu

---

[1]) Shakspeare's Staat und Königthum nachgewiesen an der Lancaster-Tetralogie von B. Tschischwitz. Halle, 1868.

sagen zu Allem, was ich sagte! — Ja und nein zugleich, das war keine gute Theologie. Als der Regen kam, mich zu durchnässen, und der Wind mich schauern machte, und der Donner auf mein Geheiss nicht schweigen wollte, da fand ich sie, da spürte ich sie aus. Nichts da, es ist kein Verlass auf sie; sie sagten mir, ich sei Alles: das ist eine Lüge, ich bin nicht fieberfest.' — Wenn irgendwo, so scheint der Dichter hier durch den Mund seiner Personen zu sprechen.

Aber nicht nur bei dem Träger der Krone, sondern auch bei seinen Beamten sind dem Dichter Ueberhebung und Anmassung verhasst; er straft sie bei jeder Gelegenheit und selbst Hamlet vergisst nicht die 'Insolenz des Amtes' zu den schwersten Lebensplagen zu zählen. Der Dichter weiss,

könnten die Grossen donnern
Wie Jupiter, sie machten taub den Gott:
Denn jeder winz'ge, kleine Obmann brauchte
Zum Donnern Jovis Aether; — nichts als Donnern![1])

Paart sich nun gar im niedern Beamtenstande Amtsdünkel und Ungebühr mit Unwissenheit und Albernheit, so wird diese Vereinigung dem Dichter zur Zielscheibe seines hinreissendsten und zugleich beissendsten Witzes; die Schaal, Stille, Dogberry, Varges u. s. w. sind hochkomische Figuren, die aber doch des Dichters ernste Meinung über solche Zerrbilder des Beamtenthums unzweideutig zwischen den Zeilen lesen lassen. Wie nach oben der Absolutismus in Wahnsinn endet, so läuft er nach unten in Lächerlichkeit aus. Von verschiedenen Seiten ist es Shakespeare freilich anlässlich dieser Charactere zum Vorwurf gemacht worden, dass er den Bürgerstand benachtheilige und sich überall auf Seiten der Aristokratie stelle; seine Städter hat man gesagt, seien Einfaltspinsel oder Helden von Eastcheap, seine Landleute gar Narren in der Harlekinsjacke: man hat in dieser Hinsicht in Scott, bei gleicher Vielseitigkeit in der Characterschöpfung, eine ungleich grössere Gerechtigkeit erkennen wollen.[2]) Die Wahrheit ist, dass der Fortschritt der staatlichen und gesellschaftlichen Entwickelung dem Bürgerstande eine weitaus höhere Stellung und Bedeutung gegeben hat, als er zu Shakespeare's Zeiten besass. Damals hatte sich der dritte Stand noch nicht zu ebenbürtiger Bildung und Geltung durchgekämpft, sondern in der Aristokratie lag noch immer der Schwerpunkt des

---
[1]) Mass für Mass II, 2.
[2]) S. mein Leben Scott's II, 113 folg.

politischen, gesellschaftlichen, intellektuellen und vielfach auch des literarischen Lebens, während der Bürgerstand in Wahrheit und demgemäss auch in Shakespeare's Dramen meist eine untergeordnete Rolle spielte; die aufstrebenden Elemente des Bürgerstandes, an denen allerdings kein Mangel war, befanden sich in der Nothwendigkeit, sich der Aristokratie, die zugleich Geburts- und Geistes-Adel war, anzuschliessen, sich von ihr so zu sagen ins Schlepptau nehmen zu lassen. Dass aber Shakespeare seine allseitige Gerechtigkeit auch gegen den Bürgerstand, soweit er ihm achtungswerth und tüchtig entgegentrat, nicht verleugnete, beweisen die Lustigen Weiber, welche uns in die Sphäre eines gesunden und kernhaften bürgerlichen Lebens versetzen; hier finden wir Vertreter des Bürgerthums, die weder Idioten noch Tölpel sind und die den possenhaften Handwerksgenossen des Sommernachtstraums oder des Coriolan mindestens das Gleichgewicht halten. In den romantischen Komödien dürfen wir überhaupt keine ernsthaften Vertreter des Bürgerstandes suchen; eben so wenig ist in den Historien ein Platz für sie, da diese zeitlich hinter dem Dichter zurückliegen und es folglich mit einem noch weniger entwickelten Bürgerstande zu thun haben als Shakespeare's eigenes Zeitalter. Die grossen Tragödien endlich bewegen sich selbstverständlich in Zeiten und Sphären, wo von einem Bürgerstande im heutigen Sinne keine Rede sein kann.

Ueber Einen Punkt in Shakespeare's Character herrscht unter den Interpreten glücklicher Weise vollkommene Einigkeit, das ist seine begeisterte Vaterlandsliebe, welcher er nicht nur in verschiedenen unsterblichen Apostrophen Ausdruck geliehen hat,[1]) sondern die seine ganze Poesie erwärmend und erleuchtend durchdringt; der freudige Stolz auf sein England erklingt wie heller Trompetenton aus allen seinen Dramen und man darf sagen, dass ihn kein Dichter der Welt an glühendem und innigem Patriotismus übertrifft. Gleichwohl ist er nichts weniger als ein John Bull und seine Personen sind keineswegs, wie Gœthe gesagt hat, sämmtlich eingefleischte Engländer.[2]) Shakespeare lässt auch die andern Nationen in ihrer Berechtigung und Eigenthümlichkeit gelten; voreingenommene und ungerechte Einseitigkeit ist ihm hier ebenso fremd wie anderswo. Er kennt keinen Nationalhass, nicht einmal gegen Spanien, das doch als Vormacht der romanisch-katholischen Welt fortwährend in

---

[1]) Allbekannt sind die Rede Gaunt's in Richard II. (II. 1) und die Schlussverse von König Johann.
[2]) Vergl. Shakespeare-Jahrbuch VIII. 58 fg.

feindlichem Gegensatze zu seinem Vaterlande stand, es sogar mit Krieg überzog und ihm den Untergang drohte, gerade in den Jahren, als der junge Shakespeare für tiefe und lebenslänglich haftende Eindrücke am empfänglichsten war. Allerdings hat er im Don Armado¹) in Verlorener Liebesmüh ein ausserordentlich naturwahres Bild des spezifisch spanischen Renommisten geliefert, allein dem sprudelnden Witze, dem dieses Bild entsprungen ist, ist weder Bitterkeit noch Schärfe beigemischt, so dass es selbst die Landsleute dieses zweiten oder streng genommen ersten Don Quixote nicht verletzen kann.²) Scharf (obschon noch immer mild genug) ist Shakespeare nur gegen die Franzosen, deren Nationalcharacter er vollständig durchschaut hat; ihr eitles, renommistisches, hohles und unzuverlässiges Wesen ist ihm auf's genauste bekannt. Bei der Schilderung des fränkischen Schwindels, der nach K. Heinrich VIII. (I, 3) auch die Engländer anzustecken droht, hat sich der Dichter allerdings an Holinshed gehalten, dagegen sind die beiden Bramarbas und Eisenfresser Parolles und Dr. Cajus durchaus seine eigenen Schöpfungen; es sind zwei vortrefflich characterisirte Erzfranzosen von einer Naturwahrheit, dass noch heute nach Jahrhunderten jeder kleinste Zug unübertrefflich richtig ist. Den Monsieur Veroles im Pericles (IV, 2) wird es genügen zu nennen. Der Gegensatz der von jeher fauligen Windbeutelei der Gallier gegen den verständigen, ernsten und gediegenen englischen Nationalcharacter ist überall bei Shakespeare deutlich erkennbar. Wer sieht nicht den Franzmann leibhaftig vor sich, wenn Richard III. — freilich kein gültiger Vertreter des englischen Characters — betheuert (I, 3):

Weil ich nicht schmeicheln und beschwatzen kann,
Zulachen, streicheln, hintergehn und kriechen,
Fuchsschwänzend wie ein Franzmann und ein Aff',
So hält man mich für einen häm'schen Feind.

Wer kann der Portia im Herzen Unrecht geben, wenn sie von ihrem französischen Freier Monsieur Le Bon sagt: Gott schuf ihn,

---

¹) Ob nicht Don Armado doch ein absichtlicher Anklang an die Armada ist, in welcher der bramarbasirende Nationaltypus sich in der That nicht verkennen lässt? Hertzberg (Shakespeare's Dramatische Werke &c. VII, 262) muthmasst nicht unwahrscheinlich auf zurückgebliebene Kriegsgefangene der Armada als Modell. Diente vielleicht der von Drake gefangen genommene Admiral Don Pedro Valdes als solches? Jedenfalls scheint der 'grosse Seeräuber Valdes' im Pericles IV, 1 ein Stich auf die Spanier zu sein. Vergl. Dyce, Glossary s. Valdes.

²) Die erste Quarto von Verlorener Liebesmüh stammt aus dem Jahre 1598, während der Don Quixote erst 1606 erschien.

also lasst ihn für einen Menschen gelten? Nur in Einem Falle scheint Shakespeare für unsere heutige Auffassung zu weit gegangen und ungerecht gewesen zu sein, das ist seine Characteristik der Pucelle, allein er hat sich hierin streng an seine Quelle gehalten, gleichviel ob wir Hall oder Holinshed als solche anzunehmen haben.[1]) Der wahre Character der Pucelle war bis in das achtzehnte Jahrhundert selbst ihren Landsleuten noch ein verschlossenes Buch und ist erst in neuerer Zeit in seiner vollen Reinheit und Schönheit aus den Akten an's Licht gefördert worden. Aber auch wenn dem Dichter diese Unkenntniss nicht als unanfechtbare Entschuldigung zur Seite stände, so verschwände doch sein Unrecht in Nichts, sobald es mit dem Schmutz verglichen wird, den Voltaire, ihr eigener Landsmann, auf die Pucelle gehäuft hat. Und wäre Voltaire's Witz noch hundertmal bestechender, so könnte er ihn doch nicht von dieser Versündigung rein waschen.

Von den Deutschen hat Shakespeare wenig Veranlassung gehabt zu sprechen. Im Kaufmann von Venedig und im Othello erwähnt er ihre Trunksucht, muss aber an der letztern Stelle zugeben, dass sie im Zechen von den Engländern noch übertroffen werden; wie bekannt stellt er ihnen auch die Dänen und Holländer in dieser Hinsicht als ebenbürtig an die Seite. Trunksucht und Völlerei waren damals im mittlern und nördlichen Europa an der Tagesordnung und wir werden uns daher diesen Tadel nicht mehr als die übrigen Nationen zu Herzen nehmen dürfen, sondern werden uns mit demselben um so leichter aussöhnen, wenn wir in die andere Wagschale das schöne Zeugniss legen, welches uns in den Lustigen Weibern IV, 5 vom Wirthe zum Hosenbande ausgestellt wird: 'Die Deutschen sind ehrliche Leute!'

Fassen wir zusammen. Wenn wir die Objectivität, welche, wie von allen Seiten zugestanden wird, bei Shakespeare ihren Gipfel erreicht hat, als eine Basis betrachten, die der Beurtheilung des Dichters mit ungleich grösserer Sicherheit zu Grunde gelegt werden darf als die Stellenbetrachtung, so ergiebt sich daraus sein Verhältniss zur positiven Religion wie zum Staate mit logischer Nothwendigkeit. Shakespeare stand, mögen englische und deutsche Theologen und Nicht-Theologen sagen was sie wollen, über der dogmatischen und confessionellen Erfassung der Religion; schon dass die Untersuchungen der Geistlichen über Shakespeare's reli-

---

[1] Von der Frage, ob und in wie weit Heinrich VI. von Shakespeare herrührt, mag dabei abgesehen werden.

giösen Standpunkt zu so verschiedenen, ja entgegengesetzten Ergebnissen geführt haben, darf als ein Beweis für die Unzulänglichkeit und Unrichtigkeit der letztern angesehen werden. Eine Einigung über diesen Punkt wird unter den Erklärern schwerlich je zu erzielen sein, da nichts eigensinniger ist als der Glaube. Um so erfreulicher ist es, dass eine um so allgemeinere Uebereinstimmung über die erhabene und ewig gültige Sittlichkeit herrscht, von welcher Shakespeare's Poesie in so hohem Grade durchdrungen ist, dass kein anderer Dichter in dieser Hinsicht einen Vorrang vor ihm beanspruchen kann. Alles Lob, das Shakespeare aus diesem Grunde von den verschiedensten Seiten gespendet worden ist, darf unbedenklich unterschrieben werden. Kurzsichtige Kritiker haben sich zwar durch die Leichtfertigkeiten und Obscönitäten abschrecken lassen, die nach der Sitte oder richtiger Unsitte der Zeit eine breite Stelle in den Unterredungen der Shakespeare'schen Personen einnehmen und dem Dichter häufig zur Entfaltung sprudelndsten Witzes dienen. So widerwärtig sie auch dem heutigen Anstandsgefühle sein mögen, so darf doch zweierlei nicht übersehen werden, erstens dass sie eine Charactereigenschaft der Zeit und nicht des Dichters und zweitens, dass sie dieser Thatsache entsprechend bei dem letztern die Schale, und nicht der Kern sind. Wer freilich durch diese Schale nicht hindurchzudringen vermag, und es muss zugegeben werden, dass dies unsern Frauen kaum angemuthet werden darf, der bleibe dem Dichter fern, oder nehme irgend einen Familien-Shakespeare zur Hand. Wir werden hierbei an jenes Gleichniss erinnert, welches Alkibiades in Plato's Symposium von seinem Lehrer Sokrates gebrauchte, dass er nämlich einem jener Silenen gleiche, die in ihrem Innern herrliche Götterbilder bergen. Dieses innere Götterbild in Shakespeare's Poesie ist unabhängig von jedem kirchlichen Bekenntniss, jeder politischen Parteistellung, jeder Nationalität, jeder Zeit; in unvergänglichem Glanze strahlt es in alle Zukunft hinein. Dass die ästhetische und sittliche Grösse und Schönheit Shakespeare's ohne Unterschied die Bekenner aller Religionen und die Anhänger jeder Staatsverfassung begeistert und mit sich fortreisst, das scheint in der That eine gewichtige Bestätigung unserer Auffassung. Aber Shakespeare verkündet es nicht bloss, dass Tugend Schönheit sei (Was Ihr wollt III, 4), er gleicht keineswegs jenen 'heilvergess'nen Predigern', von denen Ophelia sagt, dass sie den steilen und dornigen Pfad zum Himmel zeigen, während sie selbst den Blumenpfad der Lust wandeln, sondern nach allem, was wir von seinem Leben wissen und schliessen können, war er treu und gewissenhaft bemüht, seinen Lehren auch nachzuleben und sein Humanitäts-Ideal nach besten Kräften an sich selbst zu verwirklichen. Dafür bürgt uns schon seine ausserordentliche Wahrheitsliebe, die gewiss in seinem Leben nicht minder bestimmend zu Tage getreten sein wird als in seiner Poesie. Shakespeare war sicherlich einer der wahrsten und ächtesten Menschen; die Wahrhaftigkeit in ihrer tiefsten und idealsten Bedeutung war ein Grundzug seines Wesens und wenn er irgend einer Tugend den Vorrang vor den übrigen einräumt, so ist es diese. Auch hierin kann seine Aehnlichkeit mit Scott nicht unbemerkt bleiben. Ueber nichts geräth Shakespeare in Eifer, ausgenommen über das Scheinwesen, über Unwahrheit und Unächtheit, Ziererei und Verkünstelung, Lug und Trug und krumme Wege. Wie ereifert er sich z. B. über die Schminke und die falschen Haare der Frauen, die ihm ein Greuel sind.¹) Während ihn bei unwahren, in Ziererei und Scheinwesen untergegangenen Characteren, wie beispielsweise bei Osrick, fast seine Objectivität zu verlassen droht, lässt sich umgekehrt sein Wohlgefallen an tüchtigen, ächten Characteren, die dem falschen Scheine abhold sind, trotz aller Objectivität nicht verkennen: so z. B. bei Heinrich V. und bei der Portia, die so recht ein Mädchen nach seinem Herzen ist. Treue gegen sich selbst gilt dem Dichter als das Höchste, als der beste Schutz gegen Verirrung und als der sicherste Weg zu sittlicher Vervollkommnung,²) denn, sagt Polonius, wer treu ist gegen sich selbs, kann auch gegen keinen andern falsch sein. Ja diese Treue gegen sich selbst wird sogar dem Vaterlande zur Pflicht gemacht und nach Sonett 123 bieten Treue und Wahrheit Schutz gegen die Sichel der Zeit. Man darf um so unbedenklicher die Wahrhaftigkeit und die Naturtreue als den Grundzug von Shakespeare's Poesie, wenigstens von seiner dramatischen Poesie ansehen, als er selbst sie unzweideutig als Ziel und Gipfel der Kunst bezeichnet; man denke nur an die beredte Schilderung des dem Timon (I, 1) zum Kauf angebotenen Bildes, an die Beschreibung der Gemälde in der Einleitung zur Zähmung der Widerspenstigen und an das dem Julio Romano gespendete Lob im Wintermärchen (V, 2).³) Wenn es Shakespeare danach in Poesie und Kunst überall auf die Herausbildung und Darstellung wahrster und edelster Menschlichkeit ankommt, sollen wir glauben, dass sein

---

[1] Hamlet III, 1. Timon von Athen IV, 3.
[2] Hamlet I, 3. - König Johann, Schluss.
[3] Vergl. Shakespeare-Jahrbuch VIII, 68 folgg.

Leben seine Kunst Lügen gestraft habe? Wir haben nicht den geringsten innern oder äussern Anhaltspunkt zu einer solchen Annahme, sondern alle vorhandenen Indizien sprechen im Gegentheil dafür, dass des Dichters Leben mit den Grundlagen und dem Wesen seiner Poesie im vollsten Einklange stand. Gewiss war Shakespeare so wenig als irgend ein anderer Mensch weder im Leben noch in der Dichtung ohne Fehl — zumal in seiner jugendlichen Sturm- und Drangperiode; gewiss sind die Leidenschaften, die er mit so unerreichbarer Meisterschaft geschildert hat, auch in seine eigene Brust eingekehrt, aber er hat nie gestrebt, besser zu scheinen als er war und alles deutet darauf hin, dass er sich aus den Banden der Leidenschaften befreit und durch eine veredelnde Läuterung von den Schlacken der Sinnlichkeit gereinigt hat. Nur Blödsichtigkeit und Engbrüstigkeit können sich daher gegen Gervinus erklären, wenn er Shakespeare als einen der vortrefflichsten und zuverlässigsten Lebensführer preist; sicherlich wird, wer ihm mit richtigem Verständniss folgt, nicht straucheln noch irre gehn. Aber nicht nur für den Einzelnen ist Shakespeare ein Lebensführer, sondern er gehört zu den Leitsternen der Menschheit. Und wenn die Menschen an ihren Früchten erkannt werden sollen, so wird sich kaum Jemand neben Shakespeare stellen dürfen, der nun seit drei Jahrhunderten über den weitesten Kreis, dessen sich je ein Dichter erfreut hat, ja man darf sagen über die gesammte Menschheit, goldenen Samen ausgestreut hat und dem von Jahrzehnt zu Jahrzehnt reichere Ernten gereift sind. Es giebt schwerlich einen Dichter, dessen Werke in so hohem Masse in das intellektuelle wie in das ethische Leben der Menschheit übergegangen sind und eine so dauernde Einwirkung auf dasselbe äussern wie diejenigen Shakespeare's. Wie die Wasser eines mächtigen Stromes weithin erkennbar ihre Bahn im Weltmeere fortsetzen, so führt der Geist Shakespeare's vielleicht in höherm Grade als der irgend eines andern Sterblichen ein erkennbares Dasein im Menschheits-Meere fort.

Ben Jonson.

Eine Studie

von

H. Freih. v. Friesen.

Benjamin, oder nach üblichem Sprachgebrauch Ben Jonson, war 1574 geboren und starb am 6. August 1637. Er war also um 10 Jahre jünger als Shakespeare und überlebte ihn um 21 Jahre. Da er sich früh entwickelte, fällt daher seine Thätigkeit auf dem Felde der dramatischen Poesie in die reichste Periode von Shakespeare's poetischer Laufbahn, wogegen er in Bezug auf seine letzten Schöpfungen der unmittelbar auf Shakespeare nachfolgenden Zeit angehört. Er war von guter Herkunft und seine Eltern gehörten einer schottischen Familie an. Allein der Tod seines Vaters erfolgte vor seiner Geburt, und da seine Mutter mit einem Manne, der das Gewerbe eines Maurers *(of a bricklayer)* zu London betrieb, eine zweite Ehe einging, verbrachte er die ersten Jahre seines Lebens in der Hauptstadt. Wiewohl er durch diese Umstände in eine ziemlich untergeordnete Sphäre versetzt worden zu sein scheint, genoss er dennoch einen wissenschaftlichen Unterricht auf der Schule von Westminster und bezog schon in jungen Jahren die Universität Cambridge mit Hülfe einer Unterstützung. Da ihm diese bald wieder verloren ging, scheint er nicht lange dort geblieben zu sein. In das Haus seines Stiefvaters zu London zurückgekehrt, soll er genöthigt gewesen sein, ihm in dem Gewerbe eines Maurers beizustehen, dabei aber doch seine Studien in den classischen Wissenschaften nicht vernachlässigt haben. Ob ihn einflussreiche Gönner, sei es Chetwood oder Camden, aus dieser peinlichen Lage zu befreien und nach Cambridge zurückzubringen gesucht haben, ist nicht ausgemacht. Dagegen steht es fest, dass er sich selbst aus derselben rettete, indem er Kriegsdienste nahm und einen Feldzug in Flandern mit einiger Auszeichnung mitmachte. Im Jahre 1595 kehrte er nach London zurück. Dass er darauf die Universität Cambridge noch einmal besucht habe, ist nicht erwiesen. Wahrscheinlicher ist es, dass er sich sofort der Bühne, sei es als dramatischer Schriftsteller oder als Schauspieler, zuwendete. Auch muss er, ungeachtet seiner jungen Jahre, bald Erfolge in dieser Laufbahn gehabt haben, da sein Lustspiel „*Every Man in his Humour*" schon im November 1596 mit Beifall aufgeführt wurde. Meres spricht ihm sogar um 1598 in seinem bekannten Buche *Palladis Tamia* oder *Wit's Treasury* den Ruhm eines vorzüglichen Tragikers zu, wiewohl wir keine Tragödie besitzen, die nachweislich in diesem Zeitraum geschrieben ist. In der ersten Zeit seines Aufenthalts in London hatte er das Unglück, mit einem Schauspieler, angeblich Gabriel Spenser, in Händel verwickelt zu werden und ihn im Zweikampfe umzubringen. Er wurde deshalb verhaftet und soll sogar einige Zeit gefürchtet haben, am Leben gestraft zu werden, kam aber auf eine nicht ermittelte Weise wieder auf freien Fuss, ohne einer weitern Strafe zu unterliegen.

Unter diesen Umständen darf man billig darüber verwundert sein, dass es ihm gelungen ist, sich schon mit frühen Jahren die gründliche und ausgedehnte Gelehrsamkeit zu erwerben, welche nicht blos aus allen seinen Schöpfungen nachweislich ist, sondern auch von ihm selbst durch häufige Anmerkungen, besonders zu seinen Masken, absichtlich zur Schau gestellt wird. Gifford[1]) sagt, mit dreiundzwanzig Jahren habe er sich bereits der römischen und griechischen Classiker bemeistert und sei in diesem Alter den grössten Gelehrten seiner Zeit beizuzählen gewesen. Wie ihm aber dies bei den oben summarisch berichteten Verhältnissen möglich geworden sei, ist nicht leicht zu begreifen, wenn es auch wahr ist, was Gifford an einer andern Stelle sagt, dass er nämlich in der Zwischenzeit seines Aufenthalts in Cambridge und seiner Kriegsdienste in Flandern mit der einen Hand die Kelle geführt und in der andern seinen Homer oder Horaz gehalten habe. Die geistige Ausbildung, welche aus allen Dichtungen Shakespeare's unzweifelhaft hervorgeht, hat man von vielen Seiten für unerklärlich, ja sogar für unglaublich gehalten, und deshalb bald zu dem blinden Glauben an ein Wunder, bald zu den abenteuerlichsten Conjecturen, bis zu der Vermuthung, dass er nur seinen Namen zu den bekannten Dramen hergegeben habe, seine Zuflucht genommen. Warum hat

---

[1]) The Works of B. Jonson ed. by Gifford (in 1 vol.) Memoirs p. 23.

man, so weit es mir wenigstens bekannt ist, das Räthsel, wie Ben Jonson zu der ausserordentlichen Gelehrsamkeit habe kommen können, noch niemals mit gleicher Verwunderung betrachtet? Allerdings liegt ein grosser Unterschied zwischen der Fähigkeit, sich in die höchsten Regionen der idealen Welt hinaufzuschwingen, um die tiefsinnigsten Geheimnisse aus derselben zu enthüllen, und zwischen der Begabung, sich ein ausgedehntes Wissen zu erwerben und dasselbe in poetischen Versuchen oder selbst gelungenen Schöpfungen auf dem Wege der Reproduction anzulegen. Man kann bei jenem sich mit der Annahme einer exceptionellen Begünstigung der Natur begnügen, sowie es denn üblich ist zu sagen, ein Dichter könne nur geboren werden, wogegen die tiefsinnigste und ausgedehnteste Gelehrsamkeit mit Hülfe einer ungewöhnlichen Ausdauer in anstrengendem Fleisse zu gewinnen möglich sei. Auch bilden Shakespeare und Jonson in dieser Hinsicht die entschiedensten Gegensätze. Es kann sogar, wie wir später genauer zu betrachten haben werden, die Behauptung berechtigt scheinen, Shakespeare's unverrücktes Ziel sei überall das Eindringen in die tiefsten Geheimnisse der Räthsel des Lebens gewesen. Ben Jonson aber habe sein Genügen darin gefunden, sein erschöpfendes Wissen und seinen ergründenden Scharfsinn geltend zu machen. Doch trotz dieser unläugbaren Gegensätze berühren sich dennoch beide Erscheinungen in wesentlichen Punkten. Es ist vor Allem undenkbar, dass Shakespeare die Höhe der poetischen Erhebung hätte erreichen können, wenn ihm nicht neben dem Fluge seiner mächtigen Phantasie ein ergründender Scharfsinn und mit Hülfe desselben ein ausgedehntes Wissen zur Seite gestanden hätte. Ob und wie weit ihm dieses in derselben Weise eigen und dienstbar gewesen sei, wie Ben Jonson, ist der Sache nach gleichgültig. Nur ist es billig, über die geistige Ausbildung des Sohnes von einem begüterten Yeoman, welcher nur die Grammar-School in Stratford besucht hat, nicht mehr verwundert zu sein, als über die frühreife Gelehrsamkeit von dem Stiefsohn eines untergeordneten Handwerkers, wenn er gleich vor jenem den Besuch auf der Universität Cambridge voraus hat. Denn abgesehen von der kurzen Dauer desselben, kann Vieles von dem dort Erworbenen durch die zeitweilige Theilnahme an dem Maurerhandwerk und in dem unstäten Kriegsleben verschwitzt und verloren worden sein. Dazu kommt, dass, während wir Jonson schon in seinem dreiundzwanzigsten Jahre mit Erfolg als dramatischen Dichter auftreten sehen, wir dasselbe bei Shakespeare, wenigstens mit urkundlicher Sicherheit, nicht vor seinem 25. bis 26. Jahre nachweisen können. Setzen wir, wie billig, das geistige Vermögen von diesem über das von Ben Jonson, so scheint es um so verwunderlicher, dass in der Ausgleichung der Hindernisse, welche Beiden während ihrer Jugend in den Weg gelegt waren, der Untergeordnetere den Erhabeneren überholt hat. Das Ergebniss dieser Betrachtungen wird kein anderes als die Ueberzeugung sein, dass die Wege und Mittel, durch welche Geister von ausserordentlicher Begabung zu einer Staunen und Bewunderung erregenden Ausbildung gelangen, im Allgemeinen nicht bis auf die letzte Spur zu verfolgen sind. Wir müssen uns aber dessen mit vermehrter Entsagung bescheiden, wenn es sich, wie im gegebenen Falle, um Erscheinungen handelt, welche einer Zeit von der exceptionellen Gestaltung, wie das Ende des 16. Jahrhunderts für England war, angehören. So wenig wir diese in allen ihren wunderbar untereinander verflochtenen Regungen nur mit annäherndem Verständniss verfolgen können, eben so wenig können wir wissen und erschöpfend ergründen, welche ungewöhnlichen Mittel der geistigen Erhebung und Ausbildung sie ihren begabtesten Kindern gewähren konnte. Es wird also gerade in der Anerkennung und der Verfolgung der unläugbaren Thatsache, dass Shakespeare sowohl als Ben Jonson die ächtesten Kinder ihrer Zeit waren, nicht blos der ausgiebigste Beitrag zur Verständigung mit jedem Einzelnen, sondern auch die Erklärung der einen Erscheinung aus der andern von selbst folgen.

Aus dem zu Tage liegenden oppositionellen Character Ben Jonson's gegenüber von Shakespeare hat man von vielen Seiten auf einen entschieden gehässigen Antagonismus von Seiten Jonson's gegen Shakespeare schliessen wollen. Gifford giebt sich die äusserste Mühe, diese Anschauungsweise zu bestreiten. Er würde aber meines Erachtens zur Beseitigung der irrigen Ansichten und Schlüsse anderer Kritiker in dieser Beziehung erfolgreicher haben wirken können, wenn er an der Stelle einer, oft bitteren und schonungslosen Polemik mehr den Standpunkt der Zeit von beiden Persönlichkeiten einzunehmen gesucht hätte. Natürlich musste diese auf die völlig verschiedenen Individualitäten, wie sie aus ihren Werken einleuchtet, auch die verschiedenste Wirkung ausüben. Ist es doch allen Zeiten von ungewöhnlicher Erregung und Erhebung eigenthümlich, dass sie uns in den ausgezeichnetsten Erscheinungen, welche sie auf natürlichem Wege ausgebären, die entschiedensten Gegensätze in Bezug auf geistige Richtung und Auffassung darstellen. Wenn auch daraus Widersprüche der einen mit der andern folgen müssen, so ist nicht ohne Weiteres ein feindlicher Gegensatz vorauszusetzen. Von der Härte und Schärfe, welche Jonson in Bezug auf alle Lebensanschauungen eigen ist, kommt ein nicht geringer Theil auf Rechnung seiner Zeit. Selbst die Leidenschaftlichkeit, auf welche nach seinen persönlichen Erlebnissen und Aeusserungen zu schliessen ist, steht in Beziehung zu der Zeit, in welcher die Neigung sowohl als die Abneigung nur allzu oft die Färbung der Leidenschaft annahm. Unter diesem Lichte betrachtet, kann Manches, was in seinen Schöpfungen den Schein der bitteren Satyre oder Verunglimpfung trägt, milder beurtheilt werden. Nicht dass die reizbare Empfindlichkeit Ben Jonson's gegen entgegenstehende Meinungen in Abrede gestellt werden soll. Wir können im Gegentheil versichert sein, dass sein heftiger Character ihn nicht selten zu ungerechtfertigtem Tadel und Spott hingerissen hat, sowie er denn in seinem Poetaster gegen seine angeblichen Verläumder Dekker und Marston das Mass zu überschreiten scheint. Man kann ferner zugeben, dass ihn gegen Shakespeare ein doppelter Beweggrund zu satyrischen Ausfällen angespornt hat. Zuerst ist sein Gefühl, in Bezug auf Schulgelehrsamkeit Shakespeare zu überragen, an sich selbst sehr natürlich. Von diesem Gefühle sind manche Aeusserungen dictirt, auf welche von der Kritik oft zu viel Gewicht gelegt und nicht selten ein Missverständniss gegründet worden ist. Wenn Ben Jonson z. B. geäussert haben soll, Shakespeare verstehe nur wenig Latein und noch weniger Griechisch, so hat man völlig Unrecht gehabt, aus dieser anecdotären Aeusserung auf Shakespeare's völligen Mangel an Schulbildung zu schliessen. Da es aber, wie wir sehen werden, Jonson's Bedürfniss war, das Drama nur nach denjenigen Grundsätzen zu bilden und auszuführen, welche ihm mit dieser Schulgelehrsamkeit vereinbar schienen, so konnte bei dieser Richtung die Aeusserung des Widerspruchs gegen die von Shakespeare eingeschlagene, bald in launigem, bald in sarkastischem Spotte nicht fehlen. Auch mag es sein, dass Jonson von dem Unbehagen seiner Inferiorität in poetischer Beziehung gegenüber von Shakespeare bedrückt war. Ich gebrauche hier mit Absicht den mildesten Ausdruck, weil einem strebsamen Geiste und heftigen Gemüthe, wie das von Ben Jonson war, dieses drückende Missbehagen nicht leicht erspart werden konnte, ohne dass wir dabei sofort an eine gehässige Eifersucht zu denken brauchen. Doch neben allen diesen, mehr als wahrscheinlichen Möglichkeiten und Thatsachen dürfen wir vor allem anderen den Geist der damaligen Zeit nicht aus den Augen lassen. Gerade deshalb, weil es eine allgemeine Gewohnheit der Zeit war, sich in Extremen zu bewegen und der Begeisterung nach den verschiedensten Richtungen hin freien Raum zu gewähren, war man von keiner Seite darauf bedacht, die Worte ängstlich abzuwägen. Neben der Aufregung der Gemüther waren die Geister zu stark, um eine offene Aussprache von Empfindungen und Meinungen zu scheuen, oder um sich durch Aeusserungen des Widerspruchs zur unversöhnlichen und gehässigen Feindschaft verführen zu lassen. Wenn uns auch einzelne Beispiele von solchen Ausbrüchen des gehässigen Spottes vorliegen, wie in dem Federkriege zwischen Thomas Nash und Gabriel Harvey, so finden wir wieder andere, wo, trotz der satyrischen Ausfälle des Einen gegen den Andern, die Versöhnung nicht lange auf sich warten liess. Nach der schon angedeuteten Fehde zwischen Dekker und Marston einerseits und Ben Jonson andererseits verging nur ein kurzer Zeitraum bis zu der gemeinschaftlichen Abfassung des Stückes „*Eastward Hoe*" von Jonson, Chapman und Marston. Eine Stelle in diesem Lustspiel hatte den König wegen einer bittern Verspottung der Schotten zum äussersten Zorn aufgeregt. Die notorischen Verfasser der betreffenden Stelle, Chapman und Marston, wurden der Majestätsbeleidigung angeklagt und mit der schimpflichsten Strafe bedroht. Sie sollte darin bestehen, dass ihnen die Ohren abgeschnitten und die Nasenlöcher aufgeschlitzt würden. Darauf stellte sich Jonson, der bisher unangefochten geblieben, weil er an der beleidigenden Stelle nicht betheiligt war, freiwillig der Haft und war bereit, sich derselben Strafe wie seine Mitarbeiter zu unterwerfen. Wahrscheinlich wurden seine Freunde durch diese aufopfernde Grossmuth von dem verhängnissvollen Schicksal befreit, da den König möglicherweise die überaus günstigen Gesinnungen für Jonson bewogen, nicht blos ihn, sondern auch jene zu begnadigen.

In gleicher Weise sind uns zahlreiche Andeutungen zur Hand, die, wenn auch mehr oder minder von anecdotärem Character, einen freundschaftlichen Verkehr zwischen Shakespeare und Jonson wahrscheinlich machen. Wir besitzen aber auch einen unwiderleglichen Beweis von der rückhaltlosen Verehrung Jenes für Diesen in dem schönen Ausdruck der Trauer über Shakespeare's Dahinscheiden, der mit vielen anderen Gedichten ähnlichen Inhalts der Folio-Ausgabe von 1623 beigegeben ist.

Was auch von entgegenstehender Meinung, und sei es auch im Tone bitteren Spottes, bald im vertraulichen Verkehr, bald in veröffentlichten Schriften von Ben Jonson gegen Shakespeare nachweislich oder nur vermuthungsweise ausgesprochen worden sein mag, so sind wir doch berechtigt anzunehmen, dass Beide sich nicht als persönliche Feinde gegenüber gestanden haben. Wie sollte auch mit einer solchen Meinung die Wärme des Preises, welche in Ben Jonson's Gedichte auf Shakespeare's poetische und persönliche Individualität ausgesprochen ist, vereinbar sein? Je mehr wir uns also von den irrigen Anschauungen Malone's und anderer Kritiker über Ben Jonson's persönliches Verhältniss zu Shakespeare befreien, um so unbefangener werden wir betrachten können, wie er auf dem Wege seiner dramatischen Dichtungen auf der einen Seite zwar eine völlig entgegengesetzte Richtung von Shakespeare verfolgt, auf der andern Seite aber in vieler Hinsicht sich dennoch nahe mit ihm berührt. Und es ist um so wichtiger von jenem missverständlichen Standpunkte abzusehen, als dadurch die allerdings häufig grillenhaft und satyrisch gefärbten Ausfälle Ben Jonson's nicht im Lichte einer tendenziösen und gehässigen Verfolgungssucht, sondern als natürliche Ausströmungen seines seltsam gestalteten Ingeniums aufgefasst werden können.

In einer Hinsicht lässt sich vielleicht behaupten, dass die Stellung, welche Ben Jonson nicht gegen Shakespeare allein, sondern gegen die allgemeine oder mindestens vorherrschende Richtung der Dramatik seiner Zeit mit Bewusstsein einzunehmen strebte, nicht original, sondern schon lange vor ihm vertheidigt worden war. Betrachten wir dieselbe als einen entschiedenen Widerspruch der classischen Gelehrsamkeit und ihrer Grundsätze gegen die Freiheit der Romantik, so finden wir sie mit derjenigen übereinstimmend, welche schon in den Zeiten der sich neu gebärenden Nationalbühne in England von vielen mehr oder minder begabten Dramatikern eingenommen und von manchen anderen auf dem Wege der Kritik als massgebend bezeichnet worden war. Aber Ben Jonson hat den gegründetsten Anspruch auf selbständige Originalität in doppelter Hinsicht. Mit dem Glanze und der überwältigenden Kraft, durch welche Marlowe's dramatische Dichtungen sich eine neue Bahn gebrochen hatten, mit dem Liebreiz, der in Greene's Schöpfungen die allgemeinen Gemüther gefangen nahm, kurz mit allen Erfolgen, welche die ältere Schule von diesen, G. Peele, Th. Kyd, Lily und Th. Lodge vorlängst gewonnen hatten, schien schon seit Jahren vor Ben Jonson's Auftreten die Frage entschieden, ob die Romantik, welche selbst in der Renaissance noch fortlebte, oder die classische Disciplin, deren Wiederherstellung doch eigentlich im Sinne der sogenannten Renaissance lag, den Sieg davon tragen sollte. Es bedurfte nur des mächtigen Ingeniums von Shakespeare, um mit seiner gemüthlichen Tiefe, Anmuth und Kraft nicht sowohl den Sieg der Romantik zu vollenden, sondern gewissermassen mit der Renaissance-Poesie zu versöhnen und sie unter deren Schutz der englischen Bühne als unveräusserliches Eigenthum zu retten und zu bewahren. Es gehörte also die ganze Kraft einer selbständigen Ueberzeugung dazu, um unter diesen Umständen den Kampf von Neuem aufzunehmen. Ben Jonson besass alle Mittel an Energie des Geistes, Scharfsinn der Beobachtungsgabe, Erfindsamkeit der Imagination, Behendigkeit des Witzes und ausgebildeter Virtuosität, um seine Aufgabe in originaler Weise zu lösen. Man könnte möglicher Weise vermuthen, dass es ihm, abgesehen von seinem unwiderstehlichen Hange zum satyrischen Spotte, unbewusstes Bedürfniss gewesen sei, nicht blos die Rechtsgültigkeit der classischen Muster, besonders in Bezug auf die Komödie, wieder völlig zu retten, sondern auch auf diesem Boden neue Muster aufzustellen, die in reizender und anregender Wirkung auf die Beschauer den Schöpfungen der Romantik nicht nachstehen sollten. Wie dem auch sei, so kann ihm nicht der Erfolg in dieser Beziehung abgesprochen werden. Er stellte dramatische Gemälde her, die den ächtesten Stempel der Originalität tragen und mit denen sich nichts, was vor ihm und nach ihm auf die Bühne gebracht worden, zu messen vermag.

Wenn man von ihm selbst lernen will, wohin seine Intentionen als dramatischer Dichter gehen, kann man meines Erachtens nichts Besseres thun, als seine Einleitung zu dem Stücke „*Every man out of his humour*" zu lesen. Sie hat in der Gestalt eines Vorspiels, an dem mehrere Personen betheiligt sind, den Character eines Prologs mit der Bestimmung, den Zuschauer in den Sinn der darzustellenden Komödie einzuführen. Auch bleiben zwei der betheiligten Personen als Zuschauer bei der Darstellung gegenwärtig und geben zuweilen zu den einzelnen Theilen der Handlung erläuternde oder kritische Bemerkungen. Im Beginn spricht Asper, den man leicht für den Stellvertreter des Autors selbst halten dürfte, seine Meinung über die thörichten, verwerflichen und lasterhaften Richtungen und Sitten der Gegenwart mit äusserster Heftigkeit aus. Er hält sich für berechtigt, sie durch ihre Darstellung auf der Bühne unbarmherzig zu züchtigen; und indem er sich zu der Absicht bekennt, der Welt einen Spiegel von der Grösse der Bühne vorzuhalten, wird man oberflächlich an die Worte Hamlet's erinnert, dass der eigentliche Zweck der Bühne (oder Schauspielkunst) von jeher gewesen und auch noch sei, der Zeit den Spiegel und dem Laster sein eigenes Bild vorzuhalten. Soweit scheint also Ben Jonson mit Shakespeare über die Bedeutung und den Beruf der Bühne einig gewesen zu sein. Allein es kommt sehr bald zur Sprache, dass der Verfasser sich vorgesetzt habe, eine „vetus Comoedia", eine antike Komödie darzustellen. Er müsse also die Beweglichkeit der Bühnendichter neuerer Zeit verschmähen und wolle sich einer künstlerischen Form bedienen, die den Meisten unter den damaligen Dramatikern fremd sei. Ein Ueberblick über die Entstehung und Ausbildung der antiken Komödie, so kurz und bündig, wie er nur von Ben Jonson's gründlicher Gelehrsamkeit zu erwarten war, scheint vorzugsweise zur Entschuldigung darüber bestimmt zu sein, dass er, bei der entschiedenen Anlehnung an die classischen Muster, sich nicht des Chorus bediene, weil schon Plautus nicht mehr Gebrauch davon gemacht habe. Bei der schonungslosen Leidenschaft, mit welcher Asper die verabscheuungswürdigen Verirrungen und Thorheiten seiner Zeit anzugreifen beabsichtigt, ist die Verwahrung gegen den Vorwurf persönlicher Anfeindungen völlig an ihrem Platze. Das Wichtigste für die Verständigung mit des Verfassers Anschauungsweise ist aber seine Auslassung darüber, was unter dem Ausdruck „humour" zu verstehen sein solle. Wir brauchen nicht mit ihm auf den ursprünglichen Sinn des Wortes zurückzugehen. Es genügt vielmehr, seiner Vorstellung in so weit zu folgen, als er meint, jede flüchtige und zusammenhangslose Gemüthsaffection, wie Zorn, Schwermuth, Phlegma oder Heftigkeit, da sie gleich einer flüchtigen Feuchtigkeit nicht von Bestand sei, dürfe mit dem Ausdruck „*humour*" metaphorisch bezeichnet werden. Hiernach würden diesem Worte unsere Ausdrücke: Laune oder Grille für entsprechend gehalten werden dürfen, wenn er nicht hinzufügte, dass dasselbe auch auf die gesammte Stimmung anzuwenden sei, da häufig eine besondere Eigenschaft von der Gesammtheit des Menschen Besitz ergreife und dadurch alle seine Gemüthsbewegungen, seinen Geist und seine Fähigkeiten in ihre Strömung hineinziehe. Dieses Bekenntniss ist deshalb von wesentlicher Bedeutung für das Verständniss seiner Richtung als dramatischer Dichter, weil es nicht blos für das vorliegende Stück eine ausschliessliche, sondern für alle seine Komödien, so weit sie mir bekannt sind, eine allgemeine Geltung hat. Wir müssen darnach zwar von dem Sinne, welchen wir gewohntermassen mit den Worten Humor und humoristisch zu verbinden pflegen, absehen; aber der Begriff des Komischen in Verbindung mit einem innern Widerspruche oder einer Verkehrtheit, den wir auch mit dem, was wir Witz zu nennen pflegen, unbewusster Weise in Beziehung bringen, liegt dennoch für Jonson darin. Nur ist für ihn *the humour* nicht sowohl eine subjective Stimmung und Anschauungs- oder Darstellungsweise des Beschauenden und Reproducirenden, sondern die verkehrte und komische Gesinnung des Objectes, um dessen Versinnlichung es ihm zu thun ist. In diesem Sinne scheint auch Gifford's Bemerkung [1]) richtig, dass seine dramatischen Gemälde nicht Leidenschaften, sondern nur absonderliche Gemüthsstimmungen *(humours)*, also eigentlich Launen und Grillen zum Gegenstand haben.

Nach diesem Programme bemessen hat er allerdings in seinen Komödien Meisterhaftes geleistet. Die komischen Seiten der bald harmlos-thörichten, bald böswillig-verwerflichen Gesinnungen, Neigungen und Verirrungen seiner Gegenwart sind mit scharfsinniger Beobachtungsgabe aufgefasst und mit aristophanischer Schärfe vergegenwärtigt. Man wird dabei unwillkürlich an die humoristische Darstellung von allerlei Narrheiten in Deutschland im Reformations-Zeitalter, wie an Seb. Brant's Narrenschiff und das Narrenschneiden von Hans Sachs erinnert. Ersteres kann er gekannt haben, da es bald ins Englische übersetzt wurde, auch erwähnt er in *The Alchemist* Eulenspiegel und den spanischen Don Quixote, der um die Zeit der letzten Periode seiner Laufbahn in England bekannt geworden war. Allein ich möchte daraus nicht die Vermuthung eines Einflusses dieser Dichtungen auf seine Imagination oder Darstellungsweise schöpfen. Vielmehr halte ich seine komischen Gemälde durchaus für die Erzeugnisse einer originalen Schöpferkraft. Er ist besonders erfindsam in Bezug auf die Verwickelungen, welche durch die mannigfaltigen Narrheiten und sittlichen Verkehrtheiten seiner dramatischen Personen veranlasst werden. Namentlich hat er darin eine eigenthümliche Kraft, die lächerlichen Verwirrungen bis zum endlichen Schluss zu steigern und den unterhaltenden Scherz bis auf den Grund zu erschöpfen. Wiewohl er die Regeln der Einheiten von Zeit und Ort nicht nach dem willkürlichen Missverständniss der sogenannten classischen Schule der Franzosen beobachtet, sind doch seine Komödien an einen sehr eng begrenzten Raum gebunden. Auch kann man für die Handlung nur einen kurzen Zeitraum als genügend erachten. So wie dies Alles schon Zeugniss ablegt von dem Aufwande einer grossen Aufmerksamkeit und eines angestrengten Fleisses, so ist auch in der Sprache eine geflissentliche Sorgfalt zu erkennen. Mit Ausnahme einiger ab-

---

[1]) a. a. O. p. 63. (Jonson was the painter of humours, not of passions.)

sonderlichen Ausdrücke und Wendungen, die mit der capriciösen Gestaltung seiner Personen zusammenhängen, und abgesehen von einer zuweilen allzu cynischen Färbung ist seine Sprache rein von Idiotismen und Solöcismen. Seine Versification ist genau und sorgfältig, ohne Pedanterie zu verrathen.

Ob aber daraus folgen dürfe, ihm das Verdienst der Gründung von einer neuen, gedeihlichen Schule der dramatischen Dichtung im Gebiete der Komödie zuzusprechen, wie dies von Einigen angenommen wird — sowie denn Gifford[1]) unter Anderem das Lustspiel „*Every man in his humour*" für die erste regelrechte Komödie in englischer Sprache halten will — bedarf vor der erschöpfenden Beantwortung dieser Frage einer sorgfältigen Erörterung. Ich glaube ihm nicht zu nahe zu treten, wenn ich es für unzweifelhaft halte, es sei ihm nicht vorherrschendes Bedürfniss gewesen, eine Begebenheit oder ein Ereigniss, das ihm gewissermassen zur erlebten Erscheinung geworden war, dramatisch darzustellen. Es ist ihm vielmehr meines Erachtens darum zu thun, ein Bild seiner Zeit nach eigener Anschauung in Personen von absonderlicher Gemüthsstimmung zu vergegenwärtigen, so dass ihm die Erscheinung der handelnden Personen zum Hauptgegenstand und Zweck seiner Darstellung und die Handlung zum Mittel derselben gedient habe. Wenn auch darin ein wesentlicher Differenzpunkt zwischen ihm und Shakespeare, wie ich ihn aufzufassen pflege, zu liegen scheint, so würden wir doch nicht dadurch allein zu einem Vorwurf oder Tadel gegen ihn berechtigt sein. Gifford behauptet, dass es seine bewusste Intention gewesen sei, die Verwilderung oder Willkür, welche selbst seit Marlowe's mächtigem Auftreten nicht gemässigt und mit fast allen Nachfolgern nur vermehrt worden sei, durch die Einführung bestimmter Regeln zu heilen und das Drama zur classischen Reinheit wieder zurückzuführen; und nach seinem oben mitgetheilten Bekenntniss darf diese Aufstellung wohl für berechtigt gehalten werden. Nun will ich zwar weder unbedingt bezweifeln, noch ohne Weiteres entscheiden, ob gerade darin der eigentliche Character und das Wesen der antiken Komödie liege, dass sie nur die Schwächen, Verirrungen und Launen der Zeit zum Gegenstande einer komischen Darstellung habe machen und die Begebenheit als Mittel zum Zweck habe gebrauchen wollen. Da sich aber Ben Jonson, wie angeführt worden, selbst zu der Absicht bekennt, der verderbten Welt seiner Zeit einen Spiegel, so gross wie die Bühne

[1]) a. a. O. p. 61.

selbst, vorhalten zu wollen, so darf man vermuthen, er habe nicht blos genau in die Fussstapfen der Alten treten, sondern sich ein höheres und ausgedehnteres Ziel stecken wollen. Gewiss wenigstens scheint es nicht hinreichend zu dem ausgesprochenen Vorsatz, das verworrene und verderbte Wesen seiner Zeit nur von der einen Seite seiner lächerlichen Natur darzustellen. Auf dem Wege dieser Einseitigkeit war es nicht zu vermeiden, dass seine Bilder sich zu Carricaturen verzerrten. Indessen mag auch diese Bezeichnung seiner Schilderungen, die man nicht leicht für unangemessen halten wird, an sich selbst nicht zum Vorwurf dienen, so lange das ethische Ziel, das doch Ben Jonson unfehlbar im Sinne gelegen haben muss, nicht dadurch aus den Augen verloren wird. Heisst es auch, wie Goethe sich gelegentlich ausspricht, dem Dichter sein Handwerk verderben, wenn man ihm zumuthet, sich eine sittliche Wirkung zum bewussten Ziele zu stecken, so kann doch, wie er bei derselben Gelegenheit ebenfalls äussert, eine wahre Poesie ohne sittliche Wirkung nicht gedacht werden. Es scheint zwar müssig, in dieser Beziehung darnach zu forschen, ob Aristophanes, Plautus und Terenz, sei es wollend oder nicht wollend, auf ihre Zeit sittlich gewirkt haben. Das wird aber nicht blos erlaubt, sondern sogar unerlässlich sein, darnach zu fragen, ob irgend ein Zweig der Poesie nur dadurch aus einer verwerflichen Verwilderung oder Willkür zu retten sei, dass man sich an die Form eines anerkannten Musters aus längst vergangener Zeit hält, ohne die Gewissheit, dass das Wesen dieses Musters auch in der Gegenwart den höheren Anforderungen der Poesie Genüge leistet. Nun scheint zwar Ben Jonson in das Treiben seiner Zeit bis in die untersten Schichten eingedrungen zu sein. Die schmutzigen Scenen in seinem Lustspiel „*Bartholomew Fair*" mögen recht eigentlich aus dem Leben gegriffen sein. Man kann es glauben, dass dem Besucher eines Marktes zu Smithfield im Beginn des 17. Jahrhunderts Aehnliches habe begegnen können, wie der ehrbaren Frau des Proctor Littlewit, die in Gefahr kommt, auf die schimpflichste Weise ihrer Ehre beraubt zu werden; auch die Inhaberin einer Bude von sittenloser Bestimmung, Frau Ursula, mag in ihrer ekelerregenden Gemeinheit nach dem Leben gezeichnet sein. Aber wäre es auch denkbar, dass solche und ähnliche Scenen der ärgerlichsten Natur aus dem Leben der Zeit durch den Vorgang der classischen Dramatiker entschuldigt werden — was mehr als zweifelhaft scheint — so bleiben sie doch gerade bei Ben Jonson's Stellung und seinen anerkannten Intentionen nicht blos verwunderlich, sondern im höchsten Grade vorwurfsvoll. Ich will vor der Hand nicht auf die Frage eingehen, wie es möglich war, dass solche und ähnliche Bilder, die das Aeusserste wett machen, was auf den niedrigsten Volkstheatern dargestellt wurde, von dem Hofpoeten — denn das war Jonson damals schon — zur Befriedigung der Lachlust der Damen und Herren des königlichen Hofes auf die Bühne gebracht werden und Beifall finden konnten. Auch soll Jakob I. mit diesem Lustspiel, das nicht blos auf dem Theater *The Hope*, sondern auch bei Hofe aufgeführt worden, nicht zufrieden gewesen sein. Weit wichtiger ist es, die Zumuthung abzuweisen, dass diese Auswüchse zur Reform der in Willkür und Regellosigkeit versunkenen Bühne dienen können. Am beschwerendsten ist endlich der Vorwurf, dass sie dem ethischen Princip um so mehr zuwider laufen, je mehr sie mit cynischer Behaglichkeit und Breite geschildert sind. Man kann noch alle Tage Klagen über anstössige Derbheiten und über Obscönitäten in Shakespeare's Dramen hören. Entschuldigt man sie nur mit den Gewohnheiten oder, wie man zu sagen liebt, der Barbarei der damaligen Zeiten, so kann man nicht wissen oder nicht wissen wollen, dass gegenüber von diesen Gewohnheiten oder der Barbarei, welche an weit vorwurfsvolleren Uebergriffen nur wegen ihrer komischen Erscheinung Gefallen fanden, Shakespeare in mehrfacher Hinsicht das Verdienst des Strebens zukommt, trotz seiner scheinbaren Regellosigkeit, seine Zeit für edlere und reinere Gefühle empfänglich zu machen. Sucht man bei ihm vergebens nach ähnlichen Ausdrücken und Anspielungen von der schmutzigsten Art, wie sie bei Ben Jonson vorkommen, so sind auch die Berührungen und Hinweisungen auf den vertrautesten Umgang der verschiedenen Geschlechter, wie sie sich bei ihm finden, niemals mit der Rohheit des Scherzes zum vorherrschenden Gegenstand der Belustigung und Unterhaltung in den Vordergrund gestellt.

Man könnte über diese Vorwürfe gegen Ben Jonson hinwegsehen, wenn sie nur als Beiwerke und Ausflüsse der ungezügelten Laune zu betrachten wären. Er ist aber nicht davon frei zu sprechen, seiner cynischen Neigung und Gesinnung nicht blos in Bezug auf scabrose und obscöne Gegenstände allzu grosse Freiheit zu lassen, sondern seine gesammten Anschauungen und Beobachtungen der Unsitte und Thorheit seiner Zeit sind davon erfüllt. Es gehört eben sein durchdringender Verstand und die ganze Stärke seiner Fähigkeit, Alles in einem unwiderstehlichkomischen Lichte darzustellen, dazu, um ihm bei der meisterhaften Schilderung von Gesinnungen und Handlungen, die man als verwerflich verdammen muss, mit Unterhaltung zu folgen. Wenn es aber auch kaum möglich ist, sich des Lachens zu erwehren, so liegt es doch eben so nahe, zu glauben, dass seiner Individualität die übertriebensten Albernheiten, wie hohle Prahlsucht mit Feigheit verbunden (in seinem bekannten Bobadil), gespreizte Modesucht (in seinem Puntarvolo), oder narrenhafte Verblendung in eine alberne und sittenlose Frau (bei Deliro), ebenso wie betrügerische Niederträchtigkeit (in Subtle und Face), scheinheilige Heuchelei (in Tribulation und Busy), oder durchtriebene Gewinnsucht (in Volpone) weit weniger zum Gegenstand der sittlichen Entrüstung, als zum Stichblatt des satyrischen Spottes und der komischen Schilderung gedient haben. Ich kann auch nicht, wie unter Anderen Mézières,[1]) bemerken, dass er vorzugsweise die Puritaner zum Gegenstande einer leidenschaftlichen Anfeindung machte. Es scheint mir vielmehr, dass ihm Alles, was albern und schlecht ist, gleich gilt, sobald es sich von einer erzlächerlichen Seite darstellen lässt, wenn ihm gleich einzelne Figuren, wie Bobadil, Volpone und Tucca, besonders gelungen sind.

Wäre das vorherrschende Motiv seiner komischen Darstellung das sittliche Gefühl, so würden die Schelmereien und theilweisen Niederträchtigkeiten, um die es sich handelt, den betreffenden Personen nicht meistentheils für voll ausgehen. Man empfängt den Eindruck, als habe sich der Verfasser daran ergötzt und erfreut, wie in der Welt alle möglichen Gaunerstreiche verübt, Niederträchtigkeiten sowohl als Albernheiten begangen und die einen von den anderen an List und Schlauheit überboten werden. Das ist auch meistentheils die Pointe der Handlung, dass ein Lump oder Schurke die Ränke des andern auf überraschende Weise durchkreuzt und dem ersten der Erfolg, den er angestrebt hat, durch die grössere Feinheit der Anschläge eines zweiten und dritten oder auch durch einen glücklichen Zufall entzogen wird. Allein der Knoten der Verwirrung wird nicht eigentlich gelöst. Dem Hauptschurken oder Narren wird nicht das Handwerk so gelegt, dass er nicht leicht wieder von Neuem anfangen könnte. So ist es unter Anderm nicht befriedigend noch beruhigend, dass in „*Every man out of his humour*" Macilente, nachdem er aus Neid und Missgunst, wovon er Profession macht, allen Grillen und albernen Launen der anderen Personen auf ränkevolle Weise den Erfolg abgeschnitten hat, harmlos bekennt, nun wolle er für die Zukunft auf seine gallige Ge-

---

[1]) Contemporains et successeurs de Shakespeare, p. 14.

sinnung und seinen Neid verzichten, weil er seinen Zweck erreicht habe. Welche Sicherheit haben wir, dass dieser hämische Mann sein Wort hält und bei vorkommender Gelegenheit nicht wieder von vorn anfängt? Am schroffsten tritt dieser Mangel bei dem Lustspiel „*The Alchemist*" hervor; einer Schöpfung, bei welcher Ben Jonson die volle Kraft seiner scharfsinnigen Beobachtungsgabe, seine ganze Erfindsamkeit in sinnreicher Verbindung der Intrigue und das äusserste Mass seiner energischen Darstellungsgabe angelegt hat. Es ist allerdings in hohem Grade belustigend und komisch, wie der Alchemist Subtle und sein Spiessgeselle Face alle thörichten Narren, die sich dem albernen Glauben hingeben, dass er für sie Gold machen könne und wolle, auf die hinterlistigste und zugleich erfindsamste Weise hintergehen. Alle Excentricitäten der damaligen Zeit werden mit aristophanischer Schärfe gegeisselt. Der nach Reichthum verlangende verschwenderische Ritter, der Schreiber eines Advocaten, der nach betrügerischem Gewinn dürstet, der abenteuernde Raufbold, der in jedem Streit und Handel die Oberhand zu behalten begehrt, der gewinnsüchtige Krämer, der durch eine reiche Heirath sein Glück machen will, und endlich der heuchlerische Religionsschwärmer und Fanatiker, alle diese laufen in die Netze der Betrüger und werden, jeder nach seiner Laune und seinem Verdienst, geprellt und geplündert. Alle dazu geeigneten Hebel werden von den durchtriebenen Gaunern mit wahrer Virtuosität in der Schurkerei angesetzt. Auch die Sinnlichkeit bleibt nicht aus dem Spiele, wozu ein verworfenes Frauenzimmer, deren Name, Dol-Common, schon ihr Gewerbe genügend bezeichnet, mit allen Künsten gemein weiblicher Schlauheit mitwirken muss. Zu diesen sauberen Zwecken hat sich Subtle mit Hülfe von Face in den Besitz eines Hauses gesetzt, das Letzterem von seinem abwesenden Herrn zur Ueberwachung übergeben war. Als nun dieser unvermuthet zurückkehrt und von seinem Hause wieder Besitz nehmen will, sollte man glauben, der Zeitpunkt sei gekommen, wo die Intrigue völlig gelöst und die betrügerische Genossenschaft ihren Lohn finden werde. Die Scenen, in welchen diese Personen nach allen Mitteln der Rettung greifen, gehören allerdings zu den sinnreichsten und komischsten. Aber für eine befriedigende Lösung ist nicht gesorgt. Der Hausbesitzer Lovewit vergiebt dem treulosen Hausmeister ohne Weiteres und findet während der Verwirrung Gelegenheit, die Hand der reichen Wittwe, um deren sicheren Besitz Subtle und Face schon wie um eine sichere Beute gestritten hatten, für sich selbst zu gewinnen. Unterdessen hat der Alchemist Zeit, seine geraubten

Schätze zusammenzupacken und dieselben, in Verbindung mit seiner sauberen Genossin, sowie sich selbst über das Wasser zu retten, wo es ihm dann frei stehen wird, sein Gaunergewerbe von Neuem zu beginnen.

Es war also in diesem wie in den meisten anderen Fällen dem Dramatiker gar nicht darum zu thun, eine Begebenheit, welche sich durch die Verirrungen, Thorheiten oder Leidenschaften der Betheiligten auf komische Weise verwickelt und verwirrt hatte, zu einem versöhnenden und befriedigenden Ende hinauszuführen. Von der wunderbaren Weise, wie Gemüth und Schicksal so sehr in Eins zusammenzufallen pflegen, dass Novalis einmal aussprechen konnte, unser Gemüth sei unser Schicksal, konnte, wie es scheint, Ben Jonson kaum eine Ahnung haben. Wäre sein Standpunkt gerechtfertigt, so würde daraus auch folgen, dass er die Handlung nur zum Mittel der Ausführung seiner persönlichen Gestalten gebrauchen könne. Ebenso möchte er dann auch wohl vertheidigen können, dass er das Leben, im Ganzen wie im Einzelnen, nur von der Seite der Narrheit und der Verwerflichkeit ansieht. Aber er würde sich dann mit dem Sinn und Wesen, das, wenigstens nach unsern modernen Begriffen, die Komödie haben soll, in entschiedenen Widerspruch stellen.

Wenn ich vorhin gesagt habe, mit der Absicht, der Welt einen Spiegel vorzuhalten, stelle sich Jonson, mindestens zum Theil, auf den Standpunkt von Shakespeare's Anschauung über das alte, wie das neue Endziel der dramatischen Kunst, so stossen wir nun auf einen Mangel, der ihn vollständig von diesem trennt. Shakespeare (Hamlet III, 2) spricht aus, das Endziel des Schauspiels sei von Anbeginn und noch jetzt, der Natur gewissermassen den Spiegel vorzuhalten, der Tugend ihre eigene Gestalt, der Verwerflichkeit ihr eigenes Bild und der Zeit ihre Form und ihr Gepräge in ihrem leibhaftigen Alter zu zeigen. Dadurch ist mit dem Worte Natur der Begriff eines unzertrennlichen Ganzen mit seinen Gegensätzen in Tugend und Laster und mit dem Worte Zeit *(time)* der einer wahren Erscheinung verbunden. Eine Natur oder ein Leben nur von der einen Seite der Verwerflichkeit und eine Zeit nicht nach dem Gepräge ihres leibhaftigen Alters, sondern nach einem willkürlich gewählten Muster oder Vorbilde dargestellt, kann also dem von Alters her feststehenden Endziele des Schauspiels nicht entsprechen.

Indem die Gegensätze, in welchen die Natur und das Leben sich bewegen, aus den Augen verloren werden, verschliesst sich auch das Auge den Wirkungen derselben auf das Individuum, das uns doch nur als ein integrirender Theil von Natur oder Leben Theilnahme abgewinnen kann. Es ist daher sehr natürlich, dass in Ben Jonson's dramatischen Bildern von einer gegenseitigen Beziehung des Innern im Menschen zu der ihn umgebenden Aeusserlichkeit, mit andern Worten, von einem Verhältniss zwischen Gemüth und Schicksal nur in der unvollkommensten Weise oder fast gar nicht die Rede sein kann. Wenn auch, wie ich überzeugt bin, in der Komödie die Ausführung und Darstellung der Gesinnung vor der des Characters im engeren Sinne des Worts vorherrschend sein darf und soll, wenn auch selbst Grille, Laune oder eine gewaltsame Verkehrtheit der Gesinnung für die Komödie durchaus brauchbar und angemessen sind, so widerspricht es doch unserem Bedürfniss und dem Sinn der dramatischen Poesie, dieselben nur als die Erzeugnisse einer momentanen Willkür und ausser Verbindung mit dem eigentlichen Wesen und Character des Individuums darzustellen. Dass es auf diesem Wege unmöglich ist, auf das Gemüth des Beschauers zu wirken, was doch im Berufe jeder Poesie und Kunst liegt, bedarf daher nur einer vorübergehenden Erinnerung. Doch eine Eigenthümlichkeit, durch welche Ben Jonson zwar in Widerspruch mit dem eigentlichen Wesen der dramatischen Poesie tritt, aber doch eine nachhaltige Wirkung auf seine Zeit und Nachwelt ausgeübt hat, bleibt noch zur Betrachtung übrig.

Man hat oft davon gesprochen, Shakespeare's Stärke in seiner Characterzeichnung bestehe vorzugsweise darin, dass er in seinen handelnden Personen allerwege allgemein gültige Typen darstelle. Diese Anschauungsweise liegt aber meines Erachtens in der missverständlichen Verwechselung des Eindruckes seiner dramatischen Gestalten auf unser Inneres mit ihrem Wesen. Selbst im Leben und in der Geschichte begegnen uns Gestalten, in welchen bei mannigfaltiger Verbindung und Verknüpfung der verschiedensten Eigenschaften und Gemüthsbewegungen sich dennoch eine scharf ausgeprägte Individualität darstellt. Sie machen uns mit ihrer Erscheinung in der Regel den Eindruck eines Typus, d. h. eines für viele ähnliche Fälle scharf zutreffenden Gepräges, nicht deshalb, weil sie in ihrer ungetheilten Einheit diese Geltung haben, sondern weil uns die mannigfachen Elemente ihres Seins und Lebens gerade wegen ihrer selbständigen, individuellen Abrundung einen Massstab und einen Anhalt geben für die Verständigung mit ähnlichen Erscheinungen, in welchen sich dieselben Elemente, wenn auch unter einer anderen individuellen Abrundung zu wiederholen scheinen;

sowie denn im Leben und in der Natur die vollständige typische Wiederholung einer früher schon existirenden Schöpfung oder Erscheinung niemals entdeckt werden kann. Genau in demselben Falle befinden wir uns mit den Characterbildern Shakespeare's. Eben deshalb, weil sie, soweit es die Beschränkung der Bühne gestattet, in der vollsten Abrundung einer scharf ausgeprägten Individualität ausgeführt sind, und doch wegen dieser Beschränkung unserer Phantasie die nothwendige Freiheit zur Vervollständigung derselben gelassen ist und gelassen werden musste, setzen sie uns in den Stand, eine typische Bedeutung aus ihnen abzuleiten.

Ben Jonson geht gerade den entgegengesetzten Weg. Bei seiner Bestrebung, nur die capriciöse Seite seiner Gestalten zur Anschauung zu bringen, konnte er gar nicht auf die Darstellung einer abgerundeten Individualität ausgehen. Indem er aber die ganze Kraft seiner ausserordentlichen Begabung auf die erschöpfendste Ausführung seiner Aufgabe verwendete, gestalteten sich seine Personen mehr zu allgemein gültigen Typen, als zu abgerundeten Individualitäten. Auf diese Weise kann er gewissermassen als der Schöpfer derjenigen Gattung des modernen Lustspiels gelten, die der Sprachgebrauch zu Characterstücken gestempelt hat, wiewohl man eine erschöpfende und abgerundete Characterschilderung ihnen gerade weniger nachrühmen kann, als denjenigen dramatischen Schöpfungen, die als gute Komödien mit Recht zu bezeichnen sind. Wo es also darauf ankommt, das Komische menschlicher Absonderlichkeiten, Launen, Grillen oder Narrheiten zum Gegenstande der Komödie zu machen, wird der meisterhafte Vorgang Ben Jonson's auf immerwährende Zeiten lehrreich bleiben. Wenn auch die Schärfe seiner satyrischen Neigung ihn oft bis zur Carricatur hinreisst und die Verwerflichkeit des Nichtswürdigen zuweilen in zu grosser Nacktheit von ihm dargestellt wird, so kann doch sein eindringender Scharfsinn, seine dramatische Lebendigkeit und der erschöpfende Fleiss, mit dem er seine Stücke ausarbeitete, als ein Muster für jeden Komödiendichter dieser Richtung gelten. Nur ist dabei nicht aus den Augen zu verlieren, dass dem tiefen Sinn des Komischen nicht, wie bei ihm, blos durch Erregung der Lachlust, sondern nur dadurch genügt werden kann, dass im Hintergrunde des Lächerlichen und Erzkomischen eine ethische Bedeutung steht.

Dass die beiden oppositionellen Erscheinungen, Ben Jonson und Shakespeare, irgend einen gegenseitigen Einfluss auf einander mögen gehabt haben, ist zwar bei ihrer Begegnung auf demselben

Felde und ihrem unläugbaren geselligen Zusammenleben kaum zu bezweifeln. So viel scheint wenigstens gewiss, dass Beide in mancher Beziehung durch den gegenseitigen Widerspruch ihrer Anschauungen und ihrer Richtung hier und da angetrieben worden sind, auf die scharfe Ausprägung ihrer schriftstellerischen Individualität einen desto grösseren Fleiss zu verwenden. Auch würde es nicht unmöglich sein, von diesem Standpunkte aus Einzelnes hervorzuheben, ohne dass man deshalb, wie dies schon oben abgewiesen worden, auf eine feindliche Stellung des Einen gegen den Andern schliessen dürfte. Doch würde ein derartiger Versuch über die Grenzen dieser skizzenhaften Darstellung gehen. Auch davon sehe ich ab, einzelne Stellen zu bezeichnen, wo der Styl oder die Versification des Einen an die des Andern erinnern könnte, wiewohl sie sich hier und da fast unwillkürlich anbieten; denn dabei kann oft der Zufall mehr als ein bedeutenderer Grund mitgewirkt haben.

Von den zwei Tragödien Jonson's, Catilina und Sejanus, habe ich aus doppelten Gründen nur wenig zu sagen. Sie geben, vielleicht mehr als alles Andere, das schlagendste Zeugniss von der Gelehrsamkeit des Verfassers und seiner erschöpfenden Kenntniss der pragmatischen Geschichte. Es ist selbst möglich, dass sie unmittelbar aus der Begierde Ben Jonson's entstanden sind, seine tiefe Einweihung in die römische Geschichte durch die dramatische Darstellung dieser beiden Episoden aus derselben gegenüber von der Anschauungs- und Darstellungsweise Shakespeare's auf demselben Felde geltend zu machen. Nur dürfte auch hier nicht auf eine gehässige und feindselige Absicht geschlossen werden, da nach der Ueberlieferung Shakespeare nicht allein eine Rolle im Sejanus übernommen, sondern sogar Aenderungen und Verbesserungen an diesem Stücke angebracht haben soll. Ungeachtet des grossen Aufwandes von Fleiss auf das Studium der zu benutzenden Details sowohl als auf die stylistische und metrische Ausarbeitung haben diese Tragödien niemals eine beifällige Aufnahme gefunden. Wenn es daher nicht an sich selbst widerstrebte, die allgemeinen und einzelnen Schwächen und Mängel dem Verfasser, der wegen seiner ausserordentlichen Begabung Achtung verdient, mit peinlicher Kritik nachzuweisen, so würde dies Bemühen doch deshalb müssig sein, weil die allgemeine Stimme schon über den geringen Werth dieser Schöpfungen für die Bühne entschieden hat, und weil sie daher auf die Förderung und gedeihliche Ausbildung der dramatischen Poesie ihrer und der nachfolgenden Zeit keinen wesentlichen Einfluss ausüben konnten..

Ben Jonson's Masken verdienen dagegen eine genauere Besprechung. Sie können zwar für eine unbedingt neue Erfindung deshalb kaum angesprochen werden, weil sie im Grunde nur in der Verbindung der schon früher üblichen Maskenspiele mit den bei festlichen Gelegenheiten herkömmlichen allegorischen Schaustellungen oder Pageants auf öffentlichen Plätzen bestehen. Aber in zweierlei Hinsicht sind sie doch als neu und als eine eigenthümliche Erfindung der neueren Zeit zu betrachten. Bei Jakob wirkte seine Voreingenommenheit für gründliche wissenschaftliche Bildung und seine Neigung zu theatralischen Darstellungen gemeinschaftlich darauf hin, dass er dem gelehrten Schöpfer unterhaltender Dramen seine besondere Gunst zuwendete. Seiner Liebe für Glanz und Pracht kam der talentvolle Baumeister Inigo Jones zu Hülfe, von dessen architektonischem Geschmack einige Trümmer auch an den Ruinen des Heidelberger Schlosses zu bewundern sind. So verbanden sich denn zwei ausgezeichnete Talente in diesem und Ben Jonson, um Ausführungen voll Pracht und Erfindsamkeit, wie sie bisher noch nicht gesehen worden waren, in den Räumen des königlichen Palastes möglich zu machen. Bald waren es Tage allgemein festlicher Bedeutung, bald besondere Gelegenheiten, wie Geburts- oder Vermählungsfeste, welche dazu Veranlassung boten. Durch Reisen und gründliche Studien in Frankreich und Italien ausgebildet, besass Inigo Jones alle materiellen Mittel, um mit Hülfe seines künstlerischen Geschmacks und seiner Erfindungsgabe lebende Bilder herzustellen, welche auf dem Wege sinnreich erfundener Maschinerien bald verändert, bald durch andere völlig ersetzt oder durch künstlich angebrachte Vorrichtungen in verschiedener Weise beleuchtet werden konnten. Die dramatischen Spiele, welche in allegorischer Weise entweder diesen Aufstellungen zur Erläuterung dienten oder von denselben eingeleitet und nach Bedürfniss begleitet wurden, waren die Aufgabe Ben Jonson's, sowie Daniel's, Francis Beaumont's, Chettle's, Campion's, Sir W. Davenant's und anderer Dichter. Ob ihnen oder Inigo Jones der grösste Theil der Erfindung von diesen zahlreichen und mannigfaltigen Festspielen zukam, mag ich nicht entscheiden. Von den Eifersüchteleien und Streitigkeiten, welche der Ueberlieferung nach zwischen Ben Jonson und Inigo Jones stattgefunden haben sollen, ist es Gifford nicht möglich, so viel abzuläugnen, als er in Bezug auf die Gegensätze des Ersteren gegen Shakespeare in Abrede zu stellen versucht hat. Indessen lässt sich aus den darüber bekannt gewordenen Details schliessen, dass die Leidenschaftlichkeit des Einen wie des Andern zu gleichen Theilen die Schuld davon trägt. Was den Glanz und den Reiz der Neuheit des Ganzen am Meisten erhöhte, war die persönliche Theilnahme der Herren und Damen des königlichen Hofes, selbst die Königin und die Prinzessinnen nicht ausgenommen, an den Schaustellungen und pantomimischen Tänzen. Denn auch diese gehörten zu den Festspielen, sowie denn auch Vocal- und Instrumentalmusik dabei mitwirkten.

Bei den sorgfältigen Beschreibungen, welche in den Werken von Ben Jonson dem poetischen Theile seiner Masken beigegeben sind, muss man sich allerdings fragen, ob die decorativen Theile derselben oder die dramatische Poesie das Meiste dabei geleistet haben und dabei leisten sollten. Allein, wenn man auch Ben Jonson und den anderen Dichtern nicht die ganze Erfindung dieser zusprechen wollte, während doch wahrscheinlich der geschickte Architekt und Maschinist grösstentheils nur die Ideen des Dramatikers zur Ausführung brachte, so bleibt doch Ben Jonson das Verdienst, viele geistreiche und mannigfaltige dramatische Spiele aus eigener Imagination ersonnen zu haben. Man kann selbst die Gespräche, Lieder und Gesänge in diesen Masken, mindestens theilweise, mehr für das Erzeugniss einer poetischen Begabung ansehen, als manches Andere in seinen Dramen. Auch sind sie durchweg mit einer meisterhaften Beherrschung der Sprache ausgearbeitet. Nur dass man auch hier einige cynische Derbheiten, wie unter Anderen mehrere in *„The Masque of the Metamorphosed Gipsies"* vorkommen, aus Rücksicht für die Sitte der Zeit nachsichtig beurtheilen muss. Auffallend ist es jedenfalls, dass man in mehreren Stellen nach Inhalt und Form das Bestreben vermuthen kann, Shakespeare's Vorbild in dem Sommernachtstraum und Sturm nahe zu kommen. Selbstverständlich bleibt aber Ben Jonson hinter der hinreissenden Anmuth und der blendenden Färbung dieser Dichtungen weit zurück. Man hat das Gefühl, als ob er sich mühte, mit ohnmächtigen Schwingen in die leichten und ätherischen Regionen sich zu erheben, in denen Shakespeare mit natürlichem Behagen und eigenthümlicher Grazie vergnüglich schwebt.

Je mehr ich diesen Theil von Ben Jonson's Werken betrachte, desto mehr bemächtigt sich meiner ein Gefühl der Trauer über die wechselvolle und hinfällige Schwäche selbst hochbegabter und hochgestellter Menschen. Man hat wohl Ben Jonson der Servilität und übertriebenen Schmeichelei gegen seinen königlichen Gönner beschuldigen wollen, wogegen die leidenschaftlichen Verehrer Shakespeare's so weit geneigt sind, diesen von einer ähnlichen Schwäche freizusprechen, dass man sogar versucht hat, die Stelle aus Heinrich VIII., die eine Verherrlichung der Königin Elisabeth und eine Huldigung Jakob I. enthält, ihm abzusprechen und Ben Jonson zuzuschreiben. Ich bin nicht gemeint, dem Dichter und besonders dem Dramatiker aus jeder Aeusserung der Huldigung und Verehrung für die Grössen der Erde und namentlich für den angestammten Landesherrn einen Vorwurf zu machen. Handelt es sich dabei vorzugsweise um die Idee von der Würde des Königthums, so kann um so weniger von einer anstössigen Servilität die Rede sein. Und ich glaube, in den dramatischen Schöpfungen keines Dichters sind mehr und gediegenere Huldigungen dieser Idee zu finden, als in Shakespeare's Dramen, unter denen die Historien besonders hervorzuheben sind. Auch die schon berührte Stelle aus Heinrich VIII., dessen ganzer Zweck wahrscheinlich nichts Anderes ist, als der der Huldigung des königlichen Hofes bei einer gewissen Gelegenheit, enthält nicht mehr, als die Anpreisung königlicher Eigenschaften beider Persönlichkeiten, und ist daher weit entfernt von einer niedrigen Schmeichelei. Nun geht allerdings Ben Jonson in seinen Masken so weit, dass er so ziemlich Alles auf die Verherrlichung des Königs, seiner Gemahlin und der königlichen Prinzen bezieht. Wollte man ihm aber daraus einen Vorwurf machen, so würde man denselben schon im Allgemeinen darauf ausdehnen müssen, dass er sich überhaupt zum Hofpoeten hergegeben habe, wogegen ihm viele Entschuldigungen in Bezug auf Uebereinstimmung der Gesinnungen und Neigungen mit dem Könige selbst, auf persönliche Stellung und auf Bedürfniss zu Gebote stehen würden. Mein oben ausgesprochenes Gefühl bezieht sich also darauf nicht in erster Stelle. Vielmehr ist es mir beschwerend, dass unmittelbar nach Shakespeare's glänzenden Eroberungen auf dem Gebiete einer nationalen dramatischen Poesie, ja noch bei seinem Leben und zu derselben Zeit, wo noch seine vollkommensten Schöpfungen, kaum entstanden, die allgemeine Bevölkerung sowohl als die Mitglieder des königlichen Hofes zum ungetheilten Beifall hinrissen, das Missverständniss schon aufkommen und zu einer Macht werden konnte, die dramatische Muse und die Bühne habe ihre Vocation und Befriedigung in dem Sinnenkitzel augenblicklicher Ueberreizung durch künstlich veranstaltete Phantasmagorien zu suchen. Denn das ist eben der wesentliche Unterschied dieser Masken und der Ergötzung an andern Dramen, dass es bei ihnen nicht auf ein Kunstwerk und den Genuss daran, sondern auf ein scharfsinnig ersonnenes Kunststück und auf die momentane Versetzung in einen Sinnentaumel ankommt. Alle diese Betrachtungen würden weit müssiger sein und beinahe als die Aeusserungen eines überspannten Kunstenthusiasmus angesehen werden können, wenn diese Masken als eine vorübergehende Erscheinung in der Geschichte der Dramatik aufträten. Sie bezeichnen aber in einer prägnanten Weise den ersten Fall, wo der Uebergang des Nationaltheaters zu einem Hoftheater mit dem Verfall der dramatischen Poesie und Kunst in Eins zusammentraf. Nicht Ben Jonson allein, sondern die Meisten seiner Zeitgenossen und Nachfolger verwandelten sich von nationalen zu Hofdichtern. Allerdings war damals der Hof die wesentliche Stütze der Bühne, da die Bevölkerung immer mehr von dem puritanischen Geiste ergriffen und derselben feindlich gesinnt wurde. So weit könnte sie also kaum ein Vorwurf treffen; aber ich weiss nicht, ob sie darüber genügend zu entschuldigen sind, dass ihnen die Würde und Selbständigkeit fehlte, um sich vor der Ansteckung der losen Sittlichkeit eines üppigen Hofes zu bewahren. Vielleicht dass sie selbst zur Vermehrung derselben beitrugen. Gewiss ist es wenigstens, dass die immer mehr auf der Bühne einreissende Lascivität und sittenlose Ungebundenheit auch die minder leidenschaftlichen unter den politischen und religiösen Eiferern von ihr abwendig machen musste. Ja es ist nicht unmöglich, dass die Begünstigung dieses Treibens durch den Hof dazu beitrug, die feindlichen Gesinnungen eines grossen Theils in der Bevölkerung immer höher anzuspannen. So können wir denn leicht in der ersten Verirrung von dem edelsten Zweck der Bühne den Keim und den Anfang davon sehen, dass ein Institut, das seinem eigensten Wesen nach zu der Befestigung von Sitte und Bildung in der Nation bestimmt und berufen ist und kaum durch eine besondere Gunst des Schicksals auf eine seltene Höhe erhoben worden war, in Verbindung mit anderen Umständen darauf wirken kann, die festesten Basen der nationalen Existenz zu erschüttern und die Nation selbst in eine verhängnissvolle Verwirrung hineinzureissen. Wenn es auch zu weit gehen sollte, diese Erscheinungen für eine Beförderung der Revolution von England theilweise verantwortlich zu machen, so wird doch von Ben Jonson und seinen Nachfolgern der Vorwurf, zum Verfall der englischen Bühne wesentlich beigetragen zu haben, nicht abzuwenden sein.

Alcilia.

Eine Sammlung von Gedichten aus dem Jahre 1595.
Nach dem einzigen Exemplar der Hamburger Stadtbibliothek

herausgegeben und eingeleitet

von

Wilhelm Wagner.

Es ist ein Verdienst J. Payne Collier's zuerst auf die anonyme Gedichtsammlung, welche wir hier für die Leser des Jahrbuchs herausgeben, aufmerksam gemacht zu haben. In seinem Poetical Decameron, vol. II (1820) p. 112 und 116—120 theilt er einzelne Proben aus der Alcilia mit, ohne sich jedoch auf bibliographische Notizen weiter einzulassen; als sein Urtheil darf man wohl die p. 119 zu lesende Aeusserung Morton's, des einen der Freunde, welche im Decameron redend eingeführt werden, betrachten: *We are much obliged to you for introducing us to a poet who can write with so much ease and delicacy.* Ausserdem ist hervorzuheben, dass Collier 1820 noch keine Ahnung von dem muthmasslichen Verfasser hatte, denn p. 116 wird auf die Frage: *Have you any conjecture who is meant by Philoparthen?* geantwortet: *I have not, nor do I find any clue in the production.* Damals übersah also Collier die in allen (späteren) Ausgaben, von denen es in England Exemplare giebt, sich vorfindenden Buchstaben *J. C.*, aber in einem späteren Werke, A Bibliographical and Critical Account of the Rarest Books in the English Language I, 117—118 sagt er: *There is some reason for assigning to Chalkhill a collection of small poems under the title of "Alcilia, Philoparthens loving Folly", which was first printed in 4to. 1613 in a volume with Marston's "Pygmalion's Image" and "The Love of Amos and Laura"* (welches nicht von Chalkhill ist). *The last of these is dedicated to Is. Wa.*

or *Isaac Walton*, *which connects him with the publication; and at the end of the first piece are the initials J. C. which perhaps were those of John Chalkhill. There were subsequent editions of "Alcilia" in 8vo. 1619, and 4to. 1628, and it certainly deserved considerable popularity for the "smooth and easy verse", in which it is written. a quality imputed by Walton to Chalkhill's poetry.* Collier stellt dann die Vermuthung auf, dass der Philaretes, welcher den zu Anfang der Sammlung stehenden Brief an den Verfasser geschrieben haben will, Walton selbst sei, *who, nearly sixty years afterwards, edited Thealma and Clearchus.* Dies ist alles *guesswork*, und kann keine weitere Werthschätzung beanspruchen.

Die erste Ausgabe der Alcilia von 1595, von der sich ein Exemplar auf der Hamburger Stadtbibliothek befindet, scheint in England gänzlich unbekannt zu sein. In Hazlitt's Handbook werden folgende Ausgaben angeführt:

a) Alcilia. Philoparthens Louing Folly. Whereunto is added Pigmalions Image. With the Loue of Amos and Laura and other Epigrammes, by Sir I. H. and others. Neuer before imprinted. London: Printed for Richard Hawkins, dwelling in Chancery-lane, neare Serjeants-Inne. 1613. 4to. 48 Blätter. Ein Exemplar, Bright 1845, woran 2 Blätter fehlten, wurde für Pfd. Sterl. 3. 10 Sh. für Herrn Corser, den Verfasser der Collectanea Angl. Poetica (1860) gekauft, und ist aus dessen Bibliothek dann in das British Museum gekommen.

b) Alcilia. Philoparthens Louing Folly. Whereunto is added Pigmalions Image. With the Loue of Amos and Laura. London. Printed for Richard Hawkins, dwelling in Chancery Lane, neere Serieants Inne. 1619. klein 8vo. Das einzige bekannte Exemplar dieser Ausgabe befindet sich im British Museum.

c) Alcilia. Philoparthens Louing Folly. Whereunto is added Pigmalions Image. With the Loue of Amos and Laura. And also Epigrammes by Sir J. H. and others. The second impression. London: Printed for Richard Hawkins, dwelling in Chaucery Lane, neere Serjeants Inne. 1628. 4to. Ein Exemplar befindet sich in der Bodleiana zu Oxford. Ein anderes wurde auf Harvard's Auction 1858 mit Pfd. Sterl. 3. 11 Sh. bezahlt. Es ist klar, dass dieses eine neue Auflage von a) ist.

d) An edition "Printed and sold by William Leake at the Crown and Scepter between the Two Temple Gates" circa 1643, is advertised as published, on a separate leaf pasted into a copy of the Compleat Justice 1643. 12mo.

Ausserdem verdanke ich der Güte meines geehrten Freundes F. J. Furnivall, des Directors der New Shakspere Society, den Hinweis auf Corser's Beschreibung der Alcilia (1613) in seinen Collect. Aug. Poet. I, 15—27; über die Ausgabe von 1628 fasst sich Corser kürzer.

Nach all' diesen Erörterungen, welche so sorgfältigen Forschern wie Hazlitt und Corser entnommen sind, darf wohl mit Zuversicht ausgesprochen werden, dass die Hamburger Stadtbibliothek an der Alcilia von 1595 ein wirkliches Unicum besitzt.

Dieses Exemplar ist in klein 4to. und besteht aus 31 nicht paginirten Blättern, einschliesslich des Titels; bei den meinem Wiederabdrucke des Gedichts beigesetzten Seitenzahlen habe ich jedoch das Titelblatt nicht mitgezählt. Auf dem letzten Blatte ist, jedoch in verkehrter Richtung, in einer Schrift, welche ganz entschieden das Gepräge des 16. oder des Anfangs des 17. Jahrhunderts trägt, der Name des früheren Besitzers eingetragen:

Edmund Stubbing his booke
Ex dono Do^{ris} Clapham

und auf dem Titelblatte selbst hat sich unter der Jahreszahl ein späterer Besitzer eingeschrieben: J. Langermann DR 1755. Nach einer Mittheilung des Herrn v. Dommer, Bibliotheks-Assistenten in Hamburg, findet sich dieser Name in gar manchen Büchern der hiesigen Bibliothek; Dr. Langermann war ein Jurist, welcher in der zweiten Hälfte des vorigen Jahrhunderts dem Staate seine Bibliothek vermachte. Wie aus dem Besitze Edmund Stubbing's das Büchlein nach Hamburg und in die Hände des Dr. Langermann gekommen ist — dem nachzuforschen möchte wohl Zeitvergeudung sein; jedenfalls steckt es aber noch jetzt in demselben Einbande, welchen ihm der erste Besitzer Stubbing, oder vielleicht schon der ursprüngliche Donator Dr. Clapham, einst gab.

In Bezug auf den Verfasser der Gedichte ist allerdings das Hamburger Exemplar der ersten Ausgabe nur geeignet, neue Verwirrung, neue Zweifel zu erregen; denn wenn nach Collier die 4 bisher bekannten Ausgaben am Schlusse die Buchstaben J. C. tragen (nach einer Mittheilung Furnivall's steht J. C. in der Ausgabe von 1613, während es I. C. in der von 1619 ist), so zeigt das Hamburger Exemplar zwar auf den ersten Blick die Buchstaben J. G., aber bei genauerer Prüfung erweist sich, dass auch in ihm ursprünglich J. C. stand; es ist nämlich durch Hinzufügung eines kunstgerechten Unterstriches das *C* in ein *G* verwandelt.

Da stehen wir vor einem Räthsel! Das Hamburger Exemplar enthält ausserdem eine ziemliche Anzahl von Correcturen im Texte selbst, welche von uns am gehörigen Orte vermerkt worden sind: alle sind in derselben Tinte wie der zu dem ursprünglichen C hinzugefügte Strich. Hat der vortreffliche Dr. Clapham diese Correcturen vorgenommen? Ja, war er vielleicht der Autor der Alcilia? Machte er also sein eigenes Opus seinem Freunde Stubbing zum Geschenke, und sollte er, damit dieser nicht so leicht den Autor des Büchleins erriethe, den C in einen G verwandelt haben? Warum hat uns das Geschick nicht den Vornamen des Dr. Clapham aufbewahrt: hiess er J?

Oder hiess der Verfasser wirklich J. G.? Dann liessen sich gar manche Vermuthungen aufstellen, ja in diesem Falle hätten wir wohl eine kleine Hypothese schon fix und fertig, um dem Dichter der Alcilia mindestens einen Namen, wenn auch nicht eine *local habitation* zu geben. Es finden sich nämlich in der Literatur dieser Zeit die Buchstaben J. G. in mehreren Fällen als Autorenbezeichnung verwandt. Da wir die Notizen mit einiger Vollständigkeit beisammen zu haben glauben, so mag immerhin gestattet werden, das Material hier mitzutheilen, und so vielleicht zu weiterem Forschen anzuregen.

In dem British Museum befinden sich folgende zwei Tractate:

1) M. Some laid open in his coulers: wherein the indifferent reader may easily see, how wretchedly and loosely he hath handeled the cause against M. Penry. Done by an Oxford man to his friend in Cambridge. Die Buchstaben J. G. stehen zu Ende des Werkchens, dessen Druckort und Druckzeit unsicher sind, doch wird London 1588 gemuthmasst. Ueber den Inhalt besitze ich keine Angabe.

2) A Refutation of the Apology for Actors (von Thomas Heywood), divided into three briefe treatises. Wherein is confuted all the chiefe groundes — — alleaged in defence of Playes: and withall in each treatise is deciphered Actors 1. Heathenish and diabolicall institution. 2. Their ancient and modern indignitie. 3. The wonderfull abuse of their impious qualitie. By J. G. London, 1615. 4to.

Ganz dem Gegenstande nach übereinstimmen mit dem, was man dem Verfasser der Alcilia zutrauen dürfte, würde wohl ein Gedicht, dessen Titel wir aus Hazlitt's Handbook entnehmen:

G. (J.) An Apologie for Women-kinde. At London. Printed by Ed. Alde for William Ferbrand. 1605. 4to. Es würde interessant sein, dies Gedicht mit der Alcilia zu vergleichen; doch hat es mir dazu vollständig an Gelegenheit gefehlt.

Auf einen vollständigen Namen, wenn auch nicht auf eine sonst bekannte Persönlichkeit, würde folgende Notiz führen, auf die mich wieder Furnivall aufmerksam gemacht hat:

Affrican and Mensola. — *A Famous tragicall discourse of two lovers, Affrican and Mensola, their lives, infortunate loves, and lamentable deaths, together with the of-spring of the Florentines. A History no lesse pleasant then full of recreation and delight. Newly translated out of Tuscan into French by Anthony Guerin, domino Creste. And out of French into English by Jo. Goubourne.* — At London Printed by Ja. R. for William Blackman, dwelling neere the great North doore of Paules. 1597. 4to. 44 Blätter.

Nach Collier, dessen Bibliographical and Critical Account etc. I, 13 dieser Titel entnommen ist, ist dies *a prose romance, written in an affected style, and the languid story devoid of interest. A young shepherd named Affrican falls in love with a nymph of Diana whom he long in vain pursues, but at length, in female attire, deflowers her, and finally kills himself. Of Mensola is born Pruneo, who is represented as the original, or "of-spring", of the Florentines. The description of the half-willing and half-unwilling rape upon the heroine is sufficiently prurient, and must have constituted the chief attraction of the performance. — Of Jo. Goubourne we have no other trace, and at the close is printed "Thus endeth Maister John Bocace to his Flossolan: Data fata secutus". It is dedicated by I. G. "to the vertuous gentleman Maister Frances Versaline": then comes an address "To the Reader health", and a page headed "The author disireth the favour of his Mistris". "A Table of Contents" gives the titles of the 18 tedious chapters of which the romance consists. The whole merits notice only on account of its extreme rarity.*

Wenn gleich Collier's Beschreibung dieser Erzählung kein sehr günstiges Vorurtheil für dieselbe und ihren Verfasser erweckt, und obschon wir das Werk selbst nicht gelesen haben, so liesse sich immerhin — freilich als reines Rathen — John Goubourne als der J. G. unserer Alcilia in Anspruch nehmen; vorausgesetzt, dass die Buchstaben J. G. irgend welche Autorität besitzen. Da sich aber diese Voraussetzung durch nichts bestimmt erweisen lässt, so fällt wohl unser ganzes Gebäude wie ein Kartenhaus zusammen.

Sicherer ist, was sich über die Bildung und das Können des Dichters der Alcilia bemerken lässt. Da fallen zunächst die Marginal-Inschriften in die Augen, und von diesen sind eine ganze Reihe italienisch, nicht weniger als fünf:

Ne amor ne signoria vuole compagnia
                        Sonn. L, p. 25.
Chi non si fida, non viene ingannato
                        Sonn. I, zweite Abth., p. 47.
Chi non fa, non falla, chi falla l' amendu
    (wohl s' amenda). Sonn. 2, XIII, p. 51.
Chi va e ritorna, fa buon viaggio
                        Sonn. 2, XV, p. 51
Quanto piace all mondo, è breve sogno
                        Sonn. 2, XXXVIIII, p. 60.

Diese italienische Gelehrsamkeit entspricht übrigens ganz der Bildung der Zeit und dem Geschmacke, der sich auch sonst in Sonetten der Elisabethischen Periode geltend macht.

Wenn wir nun aus der Alcilia selbst uns ein Bild von dem Verfasser machen wollen — worin ja zugleich eine Würdigung der Production selbst enthalten sein muss — so liesse sich wohl auf Folgendes hinweisen.

Unser Dichter ist offenbar ein sehr gebildeter und in gewisser Beziehung gelehrter Mann. Dafür spricht erstens einmal das seinen 'Sonnets' voraufgeschickte lateinische Gedicht, dessen Verse im Ganzen sehr correct und gefällig sind — wenn freilich auch der Schnitzer cōmiter für cōmiter (V. 7) nicht verschwiegen werden darf. Weiter bezeugen die classische Bildung unseres Dichters die beigeschriebenen lateinischen Sentenzen, bei denen jedoch nur Martial mit Namen (Sonn. LVIII, p. 28), dagegen bekannte Verse aus Vergil (Sonn. I) und Ovid (Sonn. 2, XXX, p. 57), sowie aus anderen Dichtern ohne Namen angeführt werden (Sonn. 2, XXXVI, p. 59 und 2, XXXVII, p. 59). Ausserdem finden sich allgemeine Sentenzen angeführt: meritum petere grave Sonn. XXX; nemini datur amare simul et sapere p. 6; alteri inserviens me ipsum conficio Sonn. LX, p. 29, die allem Anscheine nach aus einer Anthologie oder Gnomologie der Zeit, und nicht aus selbständiger Lectüre der Schriftsteller herrühren. Wohl mit Sicherheit lässt sich das behaupten von dem zu Sonn. XXXVI angeschriebenen Ausspruche des Cynikers Diogenes: amor est otiosorum negotium, der auf eine griechische Quelle zurückgeht, mit welcher unser Dichter schwerlich vertraut gewesen dürfte: Diogenes Laertius VI, 2, 51 (vol. 1. p. 271 ed. Tauchn.), τὸν ἔρωτα ἀσχολίαν (εἶναι ἔλεγεν ὁ Διογένης).

Indessen für die Annahme, dass der Dichter kein eigentlicher Gelehrter, sondern ein Mann war, der nach empfangener Universitätsbildung in das praktische Leben eingetreten und aller Pedanterie.

allem Prunken mit gelehrtem Kram, abhold war, muss man hinweisen auf den verhältnissmässig sparsamen Gebrauch, den er von der classischen Mythologie macht: was um so mehr hervorzuheben ist, wenn man bedenkt, dass in dem Stil der damaligen Zeit mythologische Anspielungen ein sehr beliebter Zierrath waren und oft im Uebermass angewandt wurden. Soviel ich sehe, sind hier bloss die drei Grazien (Sonn. XIIII, p. 13), Phöbus (XVI, p. 14), Jupiter und Ganymed (XVI, p. 14) und Icarus (p. 36) bemüht worden.

Im Allgemeinen dürfte wohl Einfachheit und Natürlichkeit als der Hauptvorzug der Alcilia bezeichnet werden. Die Sprache ist so durchgängig klar und verständlich, dass allein dieser Umstand diesen Gedichten in der damaligen Zeit eine gewisse Popularität verschafft haben muss — denn dass die Alcilia sich einer solchen erfreute, kann man nach dem oben gegebenen Verzeichnisse der Ausgaben nicht leicht bezweifeln. Dass jedoch der Dichter keine grosse Gewalt und Herrschaft über die Sprache besass, wird sogleich gezeigt werden, indessen leuchtet dies erst bei näherer Controlle seiner Reime und sonstigen poetischen Hülfsmittel ein: der erste Eindruck (und dieser entscheidet bei dem grossen Publikum) bleibt doch der einer gefälligen Einfachheit und Verständlichkeit. Doch wird der Dichter auch gelegentlich zu populär, wie wenn er den volksthümlichen Ausdruck *at six and seven* Sonn. 2, XVIII, p. 53 in einer Umgebung gebraucht, die uns nicht recht passend erscheinen will.

Das Versmass der Sonette ist ein über alle Beschreibung einfaches: und in der That, vergleicht man den strengen Bau des Sonetts bei den Italienern, und selbst die weniger strenge, ja oft nachlässige Behandlung desselben bei den Elisabethischen Dichtern, so hat sich der Dichter der Alcilia die Sache leicht gemacht! Ausser ihm und gefälligen Freunden würde Niemand wohl diese 6zeiligen Strophen mit dem stolzen Namen 'Sonnets' belegen: indessen mag die Fahrlässigkeit des Sprachgebrauchs der Zeit ihn entschuldigen, und wir wollen nicht weiter mit ihm rechten.

Die rhythmische Bewegung ist häufig steif und nach der bessern Praxis späterer Dichter fehlerhaft; z. B. ein Vers wie Sonn. XIII, p. 13:
her body is straight slender and upright
würde heute allgemein und im siebzehnten Jahrhundert von den sorgfältigern Dichtern vermieden worden sein. Auch daraus also machten wohl die Zeitgenossen unserm Dichter keinen Vorwurf.

Die Reime sind ermüdend einförmig, und hier zeigt sich wohl am meisten, dass dem Verfasser zum Dichter Vieles fehlte. Er hat immer und immer wieder dieselben Reime. Ich habe bald die Geduld verloren ihm nachzuzählen, aber Einiges mag doch hier erwähnt werden. Bei einem Verfasser von Liebesgedichten muss ja natürlich *love* viel herhalten. So finden wir denn *prove* auf *love* reimend (unrein, aber gewöhnlich) mindestens 6 mal; *love* auf *prove* 3 mal; *proved* auf *loved* 2 mal; *loved* auf *proved* 3 mal; *proved* auf *beloved* 1 mal. Dann reimt *move* auf *love* und umgekehrt, und *moved* auf *loved*. Dann haben wir 2 mal *dart* auf *heart* und 4 mal *smart* auf *heart*. Ferner finde ich 4 mal *again* auf *pain* und 1 mal das umgekehrte; auch 1 mal *gain* : *pain*. Andere wohlfeile Reime, die alle öfter vorkommen, sind *feature* : *creature*; *cure* : *endure*; *heart* : *part* (oft); *rain* : *pain*; *grief* : *relief*; *fire* : *desire*; *regard* : *reward* (mindestens 3 mal); *past* : *last*; *hateful* : *ungrateful* (2 mal). Ferner sind nachlässige Reime *greater* : *detter*, p. 6; *have* : *crave*, Sonn. XVII, p. 14 und p. 37, wozu *crave it* : *have it*, p. 38, und *crave* : *have*, 2, XXV, p. 55; dann *found* : *wound* ('Wunde') Sonn. XXI, p. 16; *good* : *blood*, p. 46; *bloom* : *come*, 2, XXVIII, p. 56; *miscarry* : *wary*, p. 43; *past* : *waste*, 2, XXIIII, p. 55; *desert* : *part*, p. 42. Etwas wie *cruelties* : *eyes*, p. 32, gehört zu den erlaubten Dingen, und *unstable* : *miserable*, p. 33, sowie *hate* : *intemperate*, p. 37, findet seine richtige Erklärung in der Aussprache der Zeit. Wir sehen aber aus dieser Zusammenstellung, dass die dem Verfasser zu Gebote stehenden poetischen Mittel gering und dürftig sind.

Wenn auch die Sprache im Ganzen leicht dahin fliesst, so finden sich in derselben doch einige Archaismen, welche dem Stile Shakespeare's bereits fremd geworden sind. Diese Archaismen finden sich aber alle auch bei Spenser, und da die Alcilia sich auch in der Wahl des Metrums an diesen Dichter anschliesst (man vergleiche Spenser's Astrophel), so darf man wohl Spenser in gewisser Beziehung als den Lehrmeister unsers Dichters bezeichnen. Dazu stimmt auch, dass der Verfasser der Alcilia in Chaucer zu Hause zu sein scheint und sich auf *our ancient poet* beruft:[1] pries doch auch Spenser den alten Dichter als *the well of English undefiled!*

Wir geben zunächst ein alphabetisch geordnetes Verzeichniss der bedeutenderen Archaismen:

brond = *brand*: 'my burning brond' in *Love's Last Will and Testament*, p. 45. Obgleich diese Form nicht durch den Reim ge-

---

[1] Es ist mir leider nicht gelungen, die Stelle in Chaucer zu entdecken, an welcher der von unserm Dichter angeführte Ausdruck 'uncouth unkist' vorkommt.

schützt ist, darf man sie doch nicht ändern, da sie ganz genau ebenso bei Spenser vorkommt.

carke in dem alliterirenden Ausdruck *care and carke* p. 44. Spenser hat *careful carke* F. Q. I, 1, 44.

contrary und *contráry* werden von dem Dichter der Alcilia beide gebraucht, und wenn auch die erstere Aussprache jetzt für die gebildete gilt, so hat sich doch die zweite im Volksmund behauptet. Spenser und Shakespeare bedienen sich beider Betonungen: für letzteren s. A. Schmidt's vortreffliches Lexikon.

eftsoons ein archaisches Wort = *forthwith*, öfter bei Spenser; bei Shakespeare wohl nur einmal im Pericles (wo also der Verdacht entsteht, dass die Stelle nicht von ihm herrührt, sondern aus seiner Vorlage herübergenommen ist); doch hat Shakespeare das Adjectiv *eft* 'bereit' in Much Ado about Nothing IV, 2.

gré = frz. gré in en bon gré, mal gré. Spenser braucht dasselbe Wort. Hier Am. Prael. p. 5.

intent = *intention*, S. XV, p. 14. In derselben Weise finden wir noch *repent* = *repentance*, p. 36, und *resist* = *resistance*, p. 8. Gekürzte Substantiva dieser Art sind in der englischen Poesie, namentlich der älteren, doch auch der archaisirenden unserer Zeit, ziemlich häufig.

maker als 'Dichter', ποιητής, S. LX, p. 29, darf als bekannt angenommen werden, doch ist wohl zu bemerken, dass das Wort in dieser Bedeutung bei Shakespeare nicht vorkommt.

'pincons of despair', p. 32, ist vermuthlich ein blosser Druckfehler; vergl. meine Anmerkung zu der Stelle.

regiment 'Regierung' findet sich auch bei Shakespeare; s. meine Anm. zu Marlowe's Edward II., p. 12 u. 75.

retchless = *reckless*, p. 7 und S. 2, XXVII, p. 56, findet sich auch bei Spenser.

shent, S. VI, p. 11, auch bei Shakespeare.

sterve = *die* 'sterben', S. XXX, p. 19, oft genug bei Chaucer und Spenser, Shakespeare ist es fremd.

ventre nachlässige Aussprache statt *venture*; unser Dichter reimt *ventring : entring*, S. XLVIII, p. 25, und ebenso reimt Spenser F. Q. IV, 7, 31 *ventred : entred*.

wist: die Redensart *'had I wist'* wendet unser Dichter 2 mal an: Sonn. LXIII, p. 30 und p. 42 zu Ende, beide male als den Ausdruck der durch witzigende Erfahrung bewirkten Reue. Man vergl. dazu Dyce's Anmerkung zu Marlowe Edw. II. II, 5, 90 (p 61 meiner Ausg.), und ein Beispiel aus dem alten *King John* (in den

Old Plays, from which Sh. took Iris &c.), p. 268: *mylord, I took a care of 'had I wist'*.

Noch Eins bleibt uns zu erörtern übrig und das mag für den Leser eines Shakespeare-Jahrbuchs wohl gerade die Hauptsache sein. Freilich bedarf wohl im Allgemeinen der Abdruck einer höchst seltenen Sammlung von Gedichten aus der Zeit Shakespeare's keiner weiteren Entschuldigung; wir alle wissen, dass, um Shakespeare zu verstehen und um ihm nach allen Seiten gerecht zu werden, man nicht ihn allein, sondern ihn in Verbindung mit seiner Zeit, seiner Mitwelt, studiren muss. Gerade eine Gedichtsammlung aber wie die Alcilia zeigt uns den poetischen Dilettanten der Elisabethischen Periode und besitzt insofern ein ganz eigenes Interesse. Der Verfasser beweist, wie wir gesehen haben, eine gewisse Vertrautheit mit dem, was seine Zeit als zur 'Bildung' erforderlich betrachtete; er kann nette lateinische Verse machen, er versteht italienisch, er kennt seine Classiker, und kann in der Muttersprache wie ein Spenser en miniature Liebesgedichte, 'Sonnets', verfertigen. Aber auch in's Theater geht er, und es finden sich bei ihm auch Reminiscenzen Shakespeare'scher Stellen.

Romeo und Juliet war in der älteren Bearbeitung schon längst vor 1595, vermuthlich schon 1592 oder 1593, auf der Bühne erschienen; dass unser Dichter, der auch von Liebe schreibt, — freilich hat seine Alcilia nach echt englischer Art immer ein Auge *to the main chance*, und als er zögert sich zu erklären, nimmt sie den, welcher sie zuerst heirathen will![1] — an das 'Hohelied der Liebe' einmal anstreifen würde, liess sich erwarten. Nach Sonn. 2, XL (p. 60) hat er zwei Jahre geschmachtet, und dürfte man seiner Versicherung, dass die 'Sonnets' nach und nach *at divers times and upon divers occasions* (p. 9) entstanden seien, unbedingt trauen, so könnte er ja nach einer Vorstellung von Romeo und Juliet sein zweites Sonett geschrieben haben, worin der Ausdruck vorkommt: *each sigh a wind*. Bei Shakespeare heisst es, freilich unter ganz verschiedenen Verhältnissen, und doch wiederum dem zweiten Gedichte der Alcilia in den Ausdrücken auffallend ähnlich, III, 5, 130 ff.:

> *In one little body*
> *Thou counterfeit'st a bark, a sea, a wind;*
> *For still thy eyes, which I may call the sea,*
> *Do ebb and flow with tears; the bark thy body is,*
> *Sailing in this salt flood; the winds, thy sighs* u. s. w.

[1] Vergl. p. 35 zu Ende.

Und dazu vergleiche man die Worte Romeo's II, 2, 80 ff.:

> By love, who first did prompt me to inquire,
> He lent me counsel and I lent him eyes.
> I am no pilot: yet, wert thou as far
> As that vast shore wash'd with the farthest sea,
> I would adventure for such merchandise.

In komischer Weise findet sich übrigens bei Shakespeare derselbe Vergleich von Seufzern mit Winden in den *Two Gentlem. of Ver.* II, 3, 60, wo Launce sagt: *if the wind were down, I could drive the boat with my sighs.*

Mit dem Gedanken, der sich bei dem Dichter der Alcilia noch an ein paar andern Stellen benutzt findet, vergleiche man übrigens auch Spenser's LXIII. Sonett in den Amoretti:

> After long storms and tempests and assay,
> Which hardly I endured heretofore,
> In dread of death and dangerous dismay,
> With which my silly bark was tossed sore:
> I do at length descry the happy shore,
> In which I hope ere long for to arrive:
> Fair soil it seems from far and fraught with store
> Of all that dear and dainty is alive.
> Most happy he, that can at last achieve
> The joyous safety of so sweet a rest:
> Whose least delight sufficeth to deprive
> Remembrance of all pains which him opprest.

Noch ein anderer Ausdruck erinnert an Romeo und Juliet. Wie es dort heisst (II, 2, 109):

> O, swear not by the moon, the inconstant moon,

so muss wohl darauf aufmerksam gemacht werden, dass unser Dichter auch *the inconstant moon* hat, Sonn. 2, XIX, p. 53.

Ein weiteres Interesse erregt das 56. Sonett in der ersten Abtheilung, das da anfängt:

> The fire of love is first bred in the eye —

denn man kann nicht umhin, dabei an das reizende Lied in dem *Merchant of Venice* zu denken (III, 2, 63 ff.):

> Tell me, where is fancy bred
> Or in the heart or in the head?
> How begot, how nourished?

Reply, reply.
It is engender'd in the eyes u. s. w.[1])
und wiederum findet die sich hieran schliessende Rede Bassanio's ihren Ausdruck und Wiederhall in den durch Anführungszeichen in der Originalausgabe als bedeutende Sentenz hervorgehobenen Schlussworten des 58. Sonetts:

> *In meanest show the most affection dwells,*
> *And richest pearls are found in simplest shells.*

Das sind Anklänge, welche nicht gering anzuschlagen sind, und da wir ja nicht annehmen werden, dass Shakespeare seine Gedanken aus der Alcilia entlieh, so muss man wohl, wie bei den Anspielungen auf Ausdrücke in Romeo und Juliet, sich dahin entscheiden, dass der Verfasser der Alcilia den *Merchant of Venice* schon vor dem Jahre 1595 auf der Bühne gesehen und daraus seine Ausdrücke entnommen hatte.

Die Bestimmung der Abfassungszeit des *Merchant of Venice* ist bekanntlich, wie so Vieles in der Chronologie der Shakespeare'schen Stücke, adhuc sub indice streitig. Eine Untersuchung der Frage — über welche es jetzt genügt, unsere Leser auf den im sechsten Bande des Jahrbuchs enthaltenen Aufsatz Elze's zu verweisen — liegt uns hier fern; doch andeuten dürfen wir, wie wir uns die Sache denken. Wir nehmen, wie bei Romeo und Juliet, ein frühes Entstehen des Stückes an, und möchten zu den früheren Theilen ganz besonders die Kästchenscenen rechnen — auf welche der Dichter der Alcilia, wie es scheint, Bezug nimmt. Auch der fünfte Act wird der Hauptsache nach zu dem älteren Stück gehört haben: damit hätte man eine Erklärung für die offenbare Nachahmung in *Wily Beguiled*, welche in Delius' Note leicht nachgesehen werden kann. Aber, so wie das Stück uns heute vorliegt, ist es erst um 1596 oder 1597 entstanden, daran haben wir nicht den geringsten Zweifel, und schliessen uns in dieser Beziehung dem Urtheile eines so bedeutenden Kenners wie A. Schmidt (in der Einleitung zur Uebersetzung der Deutschen Shakespeare-Gesellschaft) vollständig an: es liessen sich auch die eben angenommenen

---

[1]) Vergl. auch die Verse von Sir Walter Raleigh:
Conceit, begotten by the eyes,
Is quickly born, and quickly dies;
For while it seeks our hearts to have,
Meanwhile there reason makes his grave.
Trench, A Household Book of English Poetry, p. 3.

Unterschiede in der Composition des *Merchant of Venice* noch in Einzelheiten nachweisen — doch gehört das jetzt nicht zu unserer Aufgabe.

Und nun, missis ambagibus, erlaube man uns die Alcilia selbst den Lesern des Jahrbuchs zur Kenntnissnahme und Begutachtung vorzustellen: wir zweifeln nicht, dass von Andern noch andere Bezüge des Gedichtes, die unserer Aufmerksamkeit entgangen sind, entdeckt werden können.[1])

---

[1]) Noch mögen einige Bemerkungen zu dem gedruckten Texte hier eine Stelle finden. p. 22, im zweitletzten Verse von Son. XL muss es heissen: '*continual ease in pain, change's sometimes meeter*': es ist nämlich '*s* (= is)' vor dem Anfangs-*s* des folgenden Wortes ausgefallen. — p. 24, XLV, 2 wohl *hast* statt *had*. — p. 48, III, 2 darf man nicht *Repentance's shelf* ändern, was gegen den Gebrauch der Sprache wäre. — p. 50, X, 6 wäre '*but hope's a shadow*' gefälliger. — Es mag hier auch ausdrücklich bemerkt werden, dass selbst die vielfach fehlerhafte Interpunction der Originalausgabe in gegenwärtigem Abdrucke nicht geändert worden ist.

ALCILIA

Philoparthens Louing
Follie.

Non Deus (vt perhibent) amor eſt, ſed amaror, et error.

AT LONDON,
Printed by R. R. for William Mattes,
dwelling in Fleetſtreet at the ſigne of the hande and plough.
1595.

A Letter written by a Gentleman to the
Author his friende.

Friend *Philoparthen*, in peruſing your louing folly, and your declining from it, I doe behold reaſon conquering paſſion. The infirmitie of Louing argueth you are a man, the firmeneſſe thereof diſcouereth a good witte, and the beſt nature, and the falling from it, true virtue. Beawtie was alwaies of force to miſlead the wiſeſt, & men of greateſt perfection haue had no power to reſiſt loue. The beſt are accompanied with vices to exerciſe their virtues, whoſe glorie ſhineth brighteſt in reſiſting motiues of pleaſure, & in ſubduing affections. And though I cannot altogether excuſe your Louing Folly: yet I do the leſſe blame you, in that you loued ſuch a one, as was more to bee commended for hir virtue, then beawty, albeit euen for that too ſhe was ſo well accompliſhed with the giftes of nature, as in mine owne conceit (which for good cauſe I muſt ſubmit as inferior to yours) there was nothing wanting either in the one or the other, that might adde more to hir worth, except it were a more due, and better regard of your loue, which ſhe requited not according to your deſertes, nor anſwearable to hir ſelfe in hir other partes of perfection. Yet heerein it appeareth you haue made good vſe of reaſon, that being heeretofore loſt in youthfull vanitie, haue now by timely diſcretion founde your ſelfe. Let me entreate you to ſuffer theſe your Paſſionate Sonnets to be publiſhed, which may peraduenture make others poſſeſſed with the like humor of Louing, to follow your example in leauing, and mooue other *Alciliaes*, (if there bee anie) to embrace deſeruing loue, while they may. Heereby alſo ſhe ſhall know (and it may be) inwardly repent the loſſe of your loue, and ſee how much hir perfections are blemiſhed by ingratitude, [p. 2] which will make your happineſſe greater by adding to your reputation, then your contentment could haue beene in enioying her loue. At the leaſtwiſe the wiſer ſort, howſoeuer in cenſuring them they may diſlike of your errors: yet they cannot but commend and allow of your reformation, and all others, that ſhall with indifferency read them, may reape thereby ſome benefit, or contentment. Thus much I haue written as a teſtimonie of the good wil I beare you, with whome I doe ſuffer or reioice according to the qualitie of your good happe, or misfortune. and ſo I take my leaue, reſting, as alwaies.

Yours moſt aſſured,
Philaretes.

Author ipſe φιλαιτέρτερος ad libellum ſuum. [p. 3]

PArue liber Domini vanos dicture labores,
  Inſomnes noctes, ſollicitoſque dies,
Errores varios, languentis tædia vitæ,
  Mœrores certos, gaudia certa minus,
Peruigiles curas, ſuſpiria, vota, querelas,
  Et quæcunque pati dura coegit amor.
I precor intrepidus, duram comiterque ſalutans
  Hæc me eius cauſa ſuſtinuiſſe refer.
Te grato excipiet vultu rubicundula, nomen
  Cùm titulo inſcriptum viderit eſſe ſuum.
Forſitan et noſtri miſerebitur illa doloris,
  Dicet et, ah quantum deſeruiſſe dolet:
Séque nimis ſæuam, crudelemque ipſa vocabit.
  Cui non eſt fidei debita cura meæ:
Quod ſiquidem eueniet, Domino ſolaminis illud,
  Et tibi ſupremi muneris inſtar erit.
Si quis (vt eſt æquum) fatuos damnauerit ignes,
  Pigritiæ fructus ingenijque leuis:
Tu Dominum cœcis tenebris erraſſe, ſed ipſum
  Erroris tandem pænituiſſe ſui,
Me quoque re vera nec tot, nec tanta tuliſſe,
  Sed ficta ad placitum multa fuiſſe refer.
Ah quanto ſatius (niſi mens mihi vana) fuiſſet
  Iſta mea penitùs delituiſſe ſinu: [p. 4]
Quam leuia in lucem prodire, aut luce carentis
  Inſanam Domini prodere ſtultitiam.
Nil amor eſt aliud, quàm mentis morbus, et error.
  Nil ſapienter agit, nil bene, quiſquis amat.
Sed non cuique datur ſapere, aut melioribus vti,
  Forte erit alterius, qui meus error erat.
Cautior incedit, qui nunquam labitur, atqui
  Iam proprio euadam cautior ipſe malo.

Si cui delicto grauior mea pœna videtur,
　Illius in laudes officiofus eris.
Te fi quis fimili qui carpitur igne videbit,
　Ille fuam fortem flebit, et ille meam.
Alciliæ obfequium fupplex præstare memento,
　Non minima officij pars erit illa tui.
Te fortaffe fua fecura recondet in arca,
　Et Solis pofthæc luminis orbus eris.
Nil referet, fateor me non prudenter amaffe:
　Vltima deceptæ fors erit illa spei.
Bis proprio *Phœbus* curfu luftrauerat orbem,
　Confcius erroris ftultitæque meæ,
A quo primus amor cœpit penetrare medullas,
　Et falfa accenfos nutrijt arte focos.
Defino iam nugas amplecti, feria pofthæc
　(Vt Ratio monet) ac vtiliora fequor.

Amoris Præludium. [p. 5]

TO thee *Alcilia*, folace of my youth,
　Thefe rude and fcatred rimes I haue addreffed
The certaine witneffe of my loue, and trueth,
　That truely cannot be in wordes expreffed:
Which, if I fhall perceiue thou tak'ft in gree,
I will from henceforth write of none but thee.

Here may you find the wounds your felfe haue made,
　The many forrowes I haue long fuftained,
Heere may you fee, that Loue muft be obaide,
　How much I hop'd, how little I haue gained,
That as for you the [1] paines haue bin endured,
Euen fo by you they may at length be cured.

I will not call for aide to any mufe,
　It is for learned Poets fo to doo.
Affection muft my want of art excufe.
　My works muft haue their patronage from you:
Whofe fweete affiftance if obtaine I might,
I fhould be able both to fpeake, and wright.

Meane while vouchfafe to reade this, as affignd [p. 6]
　To no mans cenfure, but to yours alone:
Nemini datur amare fimul & fapere.　Pardon the faults, that you therein fhall finde,
　And thinke the writers heart was not his owne:
Experience of examples daily prooue,
That no man can be well aduifd', [2] and loue.

And though the worke it felfe deferue it not,
　Such is your worth with my great wantes compared:
Yet may my loue vnfained, without fpot

---

[1] In dem Hamburger Exemplar ist der Artikel von einer sehr alten Hand in *thefe* umgeändert; eine ganz überflüssige Besserung.

[2] So im Original irrthümlich statt *aduifd*.

Challenge fo much (if more cannot be fpared).
Then louely virgin take this in good part.
The reft vnfeene is feald vp in the heart.

Iudge not by this the depth of my affection,
Which farre exceeds the meafure of my fkill,
But rather note heerein your owne perfection,
So fhall appeare my want of art, not will,
Whereof, this now as part, in lieu of greater
I offer as an infufficient detter.

Sic incipit ftultorum Tragicomedia. |p. 7|

IT was my chaunce (vnhappie chaunce to me)
As all alone I wandred on my waie,
Void of diftruft, from doubt of dangers free,
To paffe a groue, where Loue in ambufh lay,
Who ayming at me with his fethered dart,
Conuey'd it by mine eie vnto my hart.

Where retchleffe boy he let the arrow fticke,
When I as one amafed fenceleffe ftoode.
The hurt was great, yet feemed but a pricke,
The wound was deepe, & yet apperd no blood,
But inwardly it bleeds. Proofe teacheth this ,,
When wounds do fo, the daunger greater is. ,,

Paufing a while, and grieued with my wound,
I look'd about expecting fome releefe;
Small hope of helpe, no eafe of paine I found.
Like¹) all at once to perifh in my greefe,
When haftilie I plucked forth the dart,
But left the head faft fixed in my heart.

Amoris Præludium. |p. 8|

Faft fixed in my hart I left the head,
From whence I doubt²) it will not be remoued,
Ah what vnluckie chaunce that way me led,
O *Loue*, thy force thou migh'ft³) elfewhere haue proued,
And fhewed thy power, where thou art not obaid.
„The conqueft fmall, where no refift is made.

But nought (alas) auailes it to complaine.
I reft refolu'd with patience to endure,
The fier being once difperft through euerie vaine
It is too late to hope for prefent cure.
Now *Philoparthen* muft new follies proue,
And learne a little, what it is to loue.

¹) d. h. nach dem gewöhnlichen Sprachgebrauch der Zeit soviel wie *likely*.
²) = *I fear*.
³) Ein Fehler statt *might'ft*.

These Sonnets following, were written by the Author, |p.9|
(who giueth himselfe this fained name of *Philoparthen* as his accidental
attribute) at diuerse times, *and vpon diuers occasions, and
therefore in the forme*, and matter they differ, and
sometimes are quite contrarie one to another,
which ought not to be misliked considering
the verie nature, and qualitie of
Loue, which is a passion full
of varietie, and contra-
rietie in it selfe.

I

Vnhappie eies that first my hart betraid,
  Had you not seene, my griefe had not bin such:
And yet how may I iustlie you vpbraid,
Since what I saw delighted me somuch: *Vt vidi, et*
But hence alas proceedeth all my smart. *perij, et me*
Vnhappie eies that first betraid my hart. *malus ab-*
                                           stulit error.

II

To seeke aduentures, as fate hath assind:
My slender barke now flotes vpon the maine:
Each troubled thought an Oare, each sigh a wind,
Whose often puffes haue rent my sailes in twaine.
Loue steeres the boate, which, for that sight he lacks? [1])
Is still in daunger of tenne thousand wracks.

III |p. 10|

What sodain chance hath chang'd my wonted cheer
Which makes me other then I seeme to be?
My daies of ioy, that once were bright, and cleere
Are turnd to nights, my mirth to misery.
Ah well I weene that somewhat is amisse,
But sooth to say, I know not, what it is.

IIII

What am I dead? then could I feele no smart,
But still in me the sense of griefe reniueth.
Am I aliue? ah no, I haue no heart,
For she that hath it, me of life [2]) depriueth.
Oh that she would restore my heart againe,
Or giue me hirs, to counteruaile my paine.

V

If it be Loue, to wast long howers in greefe,
If it be Loue, to wish, and not obtaine,

---

[1]) Jedenfalls sollte hier kein Fragezeichen stehen; *for that* heisst 'weil', quoniam. Vgl. unten Sonn. LX p. 29.

[2]) Der Druckfehler der ersten Ausgabe, welche *of* nach *life* wiederholt, ist schon in dem Hamburger Exemplar von alter Hand berichtigt.

If it be Loue, to pine without releefe.
If it be Loue, to hope, and neuer gaine:
Then may you thinke, that he hath trulie loued
Who for your fake al this, and more hath proued.

VI

If that in ought mine eies haue done amiſſe,
Let them receiue deſerued puniſhment.
For ſo the perfect rule of Iuſtice is,
Each for his owne deeds ſhould, be praiſd, or ſhent.
Then doubtleſſe is it both gainſt law, & ſenſe
My heart ſhould ſuffer for mine eies offence.

VII

I am not ſick, and yet I am not ſound:
I eat, and ſleepe, and yet me thinks I thriue not:
I ſport, and laugh, and yet my greefs abound:
I am not dead, and yet methinks I liue not.
What vncouth cauſe hath theſe ſtrange paſſions bred,
To make at once ſick, ſound, aliue, and dead?

VIII

Some thing I want, but what I cannot ſay.
O now I know, it is my ſelfe I want.
My loue with hir hath tane my hart away
Yea hart, and all: and left me very ſcant.
Such power hath *Loue*, & nought but *Loue* alone,
To make diuided creatures liue in one.

IX

Philoparth. Come gentle Death, and ſtrike me with thy dart.
Life is but lothſome to a man oppreſt.
Death. How can I kill thee when thou haſt no hart.
That which thou hadſt, is in anothers breaſt.
Philoparth. Then muſt I liue, and languiſh ſtill in paine?
Death. Yea, till thy *Loue* reſtore thy hart againe.

X

Were *Loue* a fier, my teares might quench it lightlie.
Or were it water, my hot hart might drie it.
If ayre, then might it paſſe awaie more ſlightlie,
Or were it Earth, the world myght ſoone diſcrie it.
If fier, nor water, aire, nor earth it be,
What then is it, that thus tormenteth me?

XI

To paint hir outward ſhape, and giftes of mind,
It doth exceed my witte, and cunning farre.
She hath no fault, but that ſhe is vnkind.
All other partes in hir ſo complet are,

That who to view them throughly¹) would deuise,
Must haue his bodie nothing else but eies.

XII [p. 13]

Faire is my *Loue*, whose partes are so well framed
By Natures speciall order, and direction,
That she hir selfe is more than halfe ashamed,
In hauing made a worke of such perfection,
And well may Nature blush at such a feature,
Seeing hir selfe excelled in hir creature.

XIII

Hir bodie is streight, slender, and vpright,
Hir visage comely, and hir lookes demure,
Mixt with a cheerefull grace, that yeelds delight.
Hir eies like starres bright shining, cleere, and pure,
Which I describing, *Loue* bids staie my pen,
And saies it's not a worke for mortall men.

XIIII

The auncient Poets write of Graces three,
Which meeting all together in one creature,
In all pointes perfect make the same to be,
For inward vertues, and for outward feature.
But smile *Alcilia*, and the world shal see,
That in thine eies a hundred Graces bee.

XV [p. 14]

As *Loue* had drawne his bow, readie to shoot,
Ayming at me with resolute intent,
Straight bow, and shaft he cast downe at his foot,
And said, why needlesse should one shaft be spent?
He spare it then, and now it shall suffise
Insteed of shafts to vse *Alcilias* eies.

XVI

Blush not my *Loue* for feare least *Phœbus* spy,
Which if he do, then doubtlesse he will say,
Thou seek'st to dim his cleernes with thine eie,
That cleernesse, which from East brings gladsom day,
But most of all, least *Loue* should see, I dreed,
And take thee vp to heauen like *Ganymede*.

XVII

Philoparthen. What is the cause *Alcilia* is displeased?
Loue. Because she wants²) that which should most content hir.
Philoparth. O did I know it, soone should she be eased.
Loue. Perhaps thou dost, & that doth most torment hir.

---

¹ So sagt man noch das ganze 17. Jahrhundert statt des jetzt ausschliesslich gebräuchlichen *thoroughly*; andrerseits aber findet sich auch noch *thorough* an mehr als einer Stelle als volle, alte Form der Präposition.

²) d. h. so viel wie *lacks*, 'sie muss entbehren'.

Philoparth. Yet let hir aske what fhe defirs to haue:
Loue. Geffe by thy felfe: for maidens muft not craue.

XVIII [p. 15]

My *Loue* by chaunce hir tender finger pricked,
As in the darke I ftriued for a kiffe.
Whofe bloud I feeing, offred to haue licked,
But halfe in anger fhe refufed this.
O that fhe knew the difference of the fmart,
Twixt hir prickd finger, and my pierced hart.

XIX

I praie thee tel, what makes my hart to [1] tremble, *Philoparth*
When on a fodaine I *Alcilia* fpie?
Bicaufe thy hart cannot thy ioie diffemble. *Loue.*
Thy life, and death are both lodg'd in hir eie.
Doeft thou not hir with felfefame paffion ftrike? *Philoparth.*
O no, hir hart, and thine are not alike. *Loue.*

XX

Such are thy partes of bodie, and of mind,
That if I fhould not loue thee, as I doo,
I fhould too much degenerate from kind,
And thinke the world would blame my weakenes too.
For hee, whom fuch perfections cannot moue,
Is either fenceleffe, or not borne to loue.

XXI [p. 16]

Alciliaes eies haue fet my hart on fire
The pleafing obiect, that my paine doth feed:
Yet ftill to fee thofe eies I doe defire,
As if my helpe fhould from my hurt proceed.
Happie were I, might there in hir be found,
A will to heale, as there was power to wound.

XXII

Vnwife was he, that painted *Loue* a boy,
Who for his ftrength a Giant fhould haue beene,
It's ftraunge a child fhould worke fo great annoy,
Yet howfoeuer ftraunge too truely feene.
,, But what is he that dares at *Loue* repine,
,, Whofe workes are wonders, and himfelfe deuine?

XXIII

My faire *Alcilia* gladly would I know it,
If euer louing paffion peirc'd thy hart.
Oh no. For then thy kindnes foone would fhow it,
And of my paines thy felfe would'ft beare fome part

---

[1] *to* wäre falsch nach modernem Gebrauch; aber die elisabethische Sprache lässt *to* nach *make* noch in vereinzelten Fällen zu.

Full little knoweth hee, that hath not proued,
What hell it is to loue, and not be loued.

XXIIII

Loue art thou blind? nay thou canſt ſee too well,
And they are blind, that ſo report of thee
That thou doeſt ſee, my ſelfe by proofe can tell,
A hapleſſe proofe thereof is made by me,
For ſure I am, had'ſt thou not had thy ſight.
Thou neuer could'ſt haue hit my hart ſo right.

XXV

Long haue I languiſh'd, and endur'd much ſmart,
Since hapleſſe I the cruel faire did loue,
And lodg'd hir in the center of my hart,
Who there abiding, reaſon ſhould hir moue,
Though of my paines ſhe no compaſſion take,
Yet to reſpect me¹) for hir owne ſweet ſake.

XXVI

In midſt of winter ſeaſon, as the ſnow,
Whoſe milke-white manteil ouerſpreeds the ground:
In part the colour of my loue is ſo,
Yet their effects I haue contrarie found.
For when the Sun appeares, ſnow melts anone,
But I melt alwaies, when my ſun is gone.

XXVII

The ſweet content at firſt I ſeem'd to proue,
While yet Deſire vnfledg'd could ſcarſely flie.
Did make me thinke, there was no life to Loue,
Till all too late Time taught the contrarie:
For like a flie I ſported with the flame,
Till like a foole I periſh'd in the ſame.

XXVIII

After darke night the cheereful daie appeareth.
After an ebbe, the riuer flowes againe,
After a ſtorme, the cloudie heauen cleereth.
All labors haue their end, or eaſe of paine.
Each creature hath releefe, and reſt, ſaue I,
Who onely dying liue, and liuing die.

XXIX

Sometimes I ſeeke for companie to ſport,
Whereby I might my penſiue thoughts beguile.
Sometimes againe I hide me from reſort,
And muſe alone; but yet alas the while
In chaunging place I cannot chaunge my mind,
For wherefoere I flie, my ſelfe I finde.

---

¹) *ut me reſpiciat = to conceiue ſome regard for me.*

XXX

Faine would I speake, but strait my hart doth tremble,
And cheeks my tong, that should my griefes reueale.
And so I striue my passions to dissemble,
Which all the art I haue cannot conceale.
Thus standing mute, my hart with longing sterueth. *Meritum pete*
It greeues a man to aske, what he deserueth. *re graue.*

XXXI

Since you desire of me the cause to know,
For which these diuerse passions I haue proued,
Looke in your glasse, which will not faile to show,
The shadowed pourtraict of my best beloued.
If that suffice not, looke into my hart,
Where it's engrauen by a new found art.

XXXII

The paineful Ploughman hath his harts delight,
Who, though his dailie toile his bodie tireth:
Yet merrelie comes whistling home at night,
And sweetlie takes the ease his paine requireth.
But neither daies nor nightes can yeeld me rest
Borne to be wretched, and to liue opprest.

XXXIII

O well were it, if *Nature* would deuise,
That men with men together might engender,
As graftes of trees one from another rise.
Then nought of due to wemen should we render¹)
But vaine conceit, that *Nature* should do this,
Since well we know, hir selfe a woman is.

XXXIIII

Vpon the Altar, where *Loues* fier burned,
My sighes, and teares for sacrifice I offred.
When *Loue* in rage from me his countenance turned,
And did reiect, what I so humbly proffred.
If he my hart expect, alas it's gone
„How can a man giue that is not his owne?

XXXV

Alcilia said she did not know my mind,
Bicause my wordes did not declare my loue;
Thus where I merit most, least helpe I find,
And hir vnkindnes all too late I proue.
Grant *Loue*, that she, of whom thou art neglected
May one day loue, and little be respected.

---

¹) Hier sollte ein Punct gesetzt werden.

XXXVI

The *Cynicke being afk'd, when he would loue,   *Diogenes.
Made anfwere, when he nothing had to doo.
For Loue was floth: but he did neuer proue   Amor eft
By his experience, what belong'd thertoo.   otioforum
For had he tafted, but fo much as I,   negotium.
He would haue foone reform'd his herefie.

XXXVII

O iudge me not fweet Loue by outward fhow,
Though fometimes ftraunge I feem, & to neglect thee:
Yet didft thou but my inward paffions know,
Thou fhould'ft perceiue, how highly I refpect thee.
When lookes are fix'd, the hart oftimes doth tremble.
Little loues he, that cannot much diffemble.

XXXVIII

Parting from thee, euen from my felfe I part,
Thou art the ftarre by which my life is guided,
I haue the bodie but thou haft the hart.
The better part is from it felfe deuided.
Thus doe I liue, and this do I fuftaine,
Till gracious Fortune make vs meete againe.

XXXVIIII ¹)

Open the fluces of my feeble eies,
And let my teares haue paffage from their fountaine.
Fill all the earth with plaints, the aire with cries,
Which maie pierce rocks, & reach the higheft mountain
That fo Loues wrath by thefe extremes appeafed,
My griefes maie ceafe, and my poore hart be eafed.

XL

„ After long ficknes health brings more delight,
„ Seas feeme more calme by ftormes once ouerblowne
„ The daie more cheerful by the paffed night.
„ Each thing is by his contrarie beft knowne.
„ Continuall eafe is paine. Chaunge fometimes meeter
„ Difcords in Muficke, make the Muficke fweeter.

XLI

Feare to offend, forbids my tongue to fpeake,
And fignes, and fighes muft tell my inward woe.
But (ay the while) my hart with greefe doth breake,
And fhe by fignes my forrowes will not know,
The ftilleft ftreames wee fee in deepeft foords,
And Loue is greateft, when it wanteth wordes.

---

¹) Da diefes Gedicht in dem Originaldruck irrthümlich wieder XXXVIII nummerirt ist, sind alle folgenden Zahlen dort ebenfalls um 1 verkehrt. Ich habe mich für berechtigt gehalten, diesem Irrthum abzuhelfen.

XLII

No paine so great, but may be eas'd by art,
Though much we suffer, yet despaire we should not.
In middst of groefes, hope alwaies hath some part,
And Time may heale, what Art, and Reason could not.
Oh what is then this passion I endure,
Which neither Reason, Art, nor Time can cure?

XLIII

Pale Ielousie, feend of eternall night,
Misshapen creature, borne before thy time,
The Impe of horror, foe to sweet delight.
Making each error seeme a haynous crime.
Ah too great pittie, (were there remedie,)
That euer *Loue* should keepe thee company.

XLIIII

The daies are now come to their shortest date, — *Solstit:*[1]) *brumal.*
And must in time by course encreafe againe:
But onely I continue at one state, — *This Sonnet was deuised vpon the shortest day of the yeare.*
Voide of all hope of helpe, or ease of paine,
For daies of ioy must still be short with mee,
And nights of sorrow must prolonged bee.

XLV

Sleepe now my Muse, and henceforth take thy rest,
Which all too long thy selfe in vaine had wasted,
Let it suffice I still must liue opprest,
And of my paines the frute must neere be tasted.
„ Then sleepe my Muse. Fate cannot be withstood.
„ It's better sleepe, then wake, and do no good.

XLVI

Why should I loue, since she doth proue vngratefull,
Since for reward I reape nought but disdaine.
Loue thus to be requited it is hatefull,
And Reason would I should not loue in vaine,
Yet all in vaine, when all is out of season.
„ For *Loue* hath no societie with reason.

XLVII

Harts ease, and I haue bin at ods too long,
I follow fast, but still he flies from me.
I sue for grace, and yet sustaine the wrong,
So gladly would I reconciled be
Loue make vs one. So shalt thou worke a wunder,
Vniting them, that were so farre asunder.

---

[1]) Der Originaldruck hat den Druckfehler *Solstit*, den der alte Corrector des Hamburger Exemplars berichtigt hat.

XLVIII

Vncouth vnkift our auncient* Poet faid,   *Chaucer.*
And he that hides his wants, when he hath need,
May after haue his want of wit bewraid,
And faile of his defire, when others fpeed
Then boldly fpeake: the worft is at firft entring,
Much good fucceffe men miffe for lack of ventring.

XLVIIII

Declare the greefes wherewith thou art oppreft
And let the world be witneffe of thy woes,
Let not thy thoughts lie buried in thy breaft,
But let thy toung thy difcontents difclofe,
For who conceals his paine when he is greened,
May well be pittied, but no way releeued.

L

Wretched is he, that louing fets his hart
On hir, whofe loue from pure affection fwerueth
Who doth permit each one to haue a part,
Of that which none but he alone deferueth
Giue all, or none. For once of this be fure   *Ne amor ne*
Lordfhippe and *Loue* no partners may endure.   *fignoria vuole compagnia.*

LI

Who fpends the weary day in penfiue thought,
And night in dreames of horror, and affright,
Whofe wealth is want, whofe hope is come to nought
Himfelfe the marke for *Loue* and *Fortunes* fpight,
Let him appeere, if any fuch there bee.
His cafe, and mine more fitly will agree.

LII

Faire tree but fruitleffe fometimes full of fap,
Which now yeelds nought at all, that may delight me
Some cruell froft, or fome vntimely hap
Hath made thee barren onely to defpite me.
Such trees in vaine with hope do feede defire,
And ferue for fuell to encreafe *Loues* fier.

LIII

In companie, while fad, and mute I fit,
My thoughts elfe where, then there I feeme to be,
Poffefs'd, with fome deepe melancholy fittes,[1])
One of my friendes obferues the fame in me,
And faies in ieft, (which I in earneft proue)
Hee lookes like one, that had loft his firft loue.

---

[1]) Der Reim zeigt, dass wir den Sing. *ft* herftellen müssen.

LIIII

Twixt Hope, and Feare in doubtfull ballance pezed,
My Fate, my Fortune, and my Loue depends.
Sometime my Hope is rais'd, when Loue is pleased,
Which feare weighs down, when ought his wil offends.
The heauens are fometimes cleer, & fometimes lowre,
And he that loues muſt taſt both ſweet, and ſowre.

LV

Retyre my wandring thoughts vnto your reſt,
Do not henceforth confume your felues in vaine.
No mortall man in all points can be bleſt,
What now is mine may be anothers paine.
The watrie cloudes are cleere, when ſtormes are paſt,
And things in their extreemes long cannot laſt.

LVI

The fier of *Loue* is first bred in the eie,
And thence conuaies his heat vnto the hart,
Where it lies hid, till Time his force difcry.
The Toung thereto addes fuell for his[1]) part.
The touch of lips, which doth fucceed the fame
Kindles the reſt, and fo it proues a flame.

Vifus.
Sermo.
Tactus.

LVII

The tender ſprigges,[2]) that ſprowted in the field,
And promis'd hope of fruit to him that planted:
Inſteed of fruit doth nought but bloſſoms yeeld
Though care, & paine to prune it neuer wanted:
Euen fo my hopes do nought but bloſſoms proue
And yeeld no fruites to recompence my loue.

LVIII

Though little figne of loue in ſhow appeare:
Yet thinke true loue of colors hath no need:
It's not the glorious garments, which men weare
That makes them other then they are indeed
„ In meaneſt ſhow the moſt affection dwels,
„ And richeſt pearles are found in ſimpleſt ſhells.

LVIIII

Let not thy toung thy inward thoughts difcloſe
Or tell the forrowes that thy hart endures.
Martial. Let no mans eares be witneſſe of thy woes,
Ille dolet Since pitie neither helpe, nor eaſe procures,
veré qui
fine teſte And onely he, is truely ſaid to mone,
dolet. Whofe greefs none knoweth but himfelf alone.

---

¹) Der Corrector ändert *hir*.
²) Trotz des im dritten und vierten Verse folgenden Singulars fehlt es uns
an Berechtigung, mit dem alten Corrector des Hamburger Exemplars den Plural
fprigges durch Auslassung des Schluss-*s* in den Singular zu verwandeln. Belege
für solche Unregelmäſsigkeiten finden sich in genügender Anzahl bei den Dichtern der Zeit.

LX [p. 29]

A thoufand times I curfe thefe idle rimes,
Which do their makers follies vaine fet forth,
Yet bleffe I them againe as many times,
For that in them I blaze *Alciliaes* worth.
Meane while I fare, as doth the torch by night, *Alteri infer*
Which wafts it felfe in giuing others light. *uiens meip-
fum conficio*

LXI

Enough of this. For all is nought regarded,
And fhe not once with my complaints is moued
Die haples *Loue*, fince thou art not rewarded;
Yet ere thou die, to witneffe that I loued,
Report my trueth, and tell the faire vnkind,
That fhe hath loft, what none but fhe fhal find.

LXII

Louers lament, you that haue truely loued,
For *Philoparthen* now hath loft his loue,
The greateft loffe that euer Louer proued.
O let his hard hap fome compaffion moue:
Who had not rued the loffe of hir fo much;
But that he knowes the world yeelds no more fuch.

LXIII [p. 30]

Vpon the Ocean of conceited error,
My wearie fpirits many ftormes haue paft,
Which now in harbor free from wonted terror
Ioy the poffeffion of their reft at laft.
And henceforth fafely may they lie at roade,
And neuer roue for had I wift abroad.

Loues accufation at the iudgement feat of Reafon, [p. 31]
wherein the Authors whole fucceffe in his
Loue is couertlie defcribed.

IN *Reafons* Court, my felfe being Plantiffe[1]) there,
  Loue was by proceffe fummon'd to appeare,
That fo the wrongs, which he had done to mee
Might be made knowne, and al the world might fee
And feeing rue what to my coft I proued,
While faithfull, but vnfortunate I loued.
After I had obtained audience,
I thus began to giue in euidence.

Moft facred Queene and Soueraigne of mans hart,
Which of the mind doeft rule the better part,
First bred in heauen, and from thence hither fent,
To guide mens actions by thy regiment.
Vouchfafe a while to heare the fad complaint,
Of him that *Loue* hath long kept in reftraint,

---
[1]) Ein Irrthum statt *Plaintiffe*.

And, as to you it properly balongs,
Graunt iuftice of my vndeferued wrongs.
It's now two yeares (as I remember well)
Since firft this wretch fent from the nether hell
To plague the world with new found cruelties
Vnder the fhadow of two Chriftall eies |p. 32|
Betrayd my fenfe, and as I flumbring lay,
Felonioufly conuai'd my hart away,
Which moft vniuftly he detain'd from mee,
And exercis'd thereon ftraunge tyrannie.
Sometime his manner was in fport, and game
With bryars, and thornes to rafe and pricke the fame
Sometime with nettles of defire to fting it.
Sometime with pincons [1]) of defpaire to wring it,
Sometime againe he would annoint the fore,
And heale the place, that he had hurt before.
But hurtfull helpes, and miniftred in vaine,
Which ferued onely to renew my paine.
For after that, more wounds he added ftill,
Which perced deepe, but had no power to kill.
Vnhappie med'cine, which infteed of cure
Giues ftrength to make the patient more endure.
But that which was moft ftraunge of al the reft
My felfe being thus twixt life and death diftreft,
Oftimes when as my paine exceeded meafure,
He would perfwade me that the fame was pleafure,
My folemne fadnes, but contentment meete,
My trauaile reft, and all my fower fweet,
My woundes but gentle ftrokes, whereat he fmiled. |p. 33|
And by thefe flights my careleffe youth beguiled.
Thus did I fare as one that liuing died,
(For greater paines I thinke hath no man tried,)
Difquiet thoughts, like furies in my breast
Nourifh'd the poyfon, that my fpirits poffeft.
Now greefe, then ioy, now warre, then peace vnftable.
Nought fure I had but to be miferable.
I cannot vtter all (I muft confeffe)
Men may conceiue more then they can expreffe.
But to be fhort (which cannot be excufed)
With vaine illufions *Loue* my hope abufed,
Perfwading me I ftood vpon firme ground,
When vnawares my felfe on fands I found.
This is the point, which moft I doe enforce,
That *Loue* without all pittie or remorfe
Did fuffer me to languifh ftill in greefe,
Void of contentment, fuccour or reliefe,
And when I look'd my paines fhould be rewarded

---

[1]) Es ist gewiss *pinions* zu schreiben: *pincon* ist mir gänzlich unbekannt.

I did perceiue that they were nought regarded.
For why (alas) thefe haplefſe eies did ſee,
Alcilia lou'd another more then mee,
So in the end when I expected moſt
My hope, my loue, and fortune thus were croſt. [p. 34]
Proceeding further, Reaſon bad me ſtay.
For the Defendant had ſome thing to ſay,
Then to the iudge for iuſtice lowd I cried
And ſo I pauſed, and *Loue* thus replied.

Since *Reaſon* ought to lend indifferent eares,
Vnto both partes, and iudge, as truth appears:
Moſt gratious Ladie giue me leaue to ſpeake
And anſwere his complaint, that ſeeks to wreak
His ſpight, and malice on me without cauſe
In charging me to haue tranſgres'd thy lawes
Of all his follies he imputes the blame
To me poore Loue, that nought deſerues the ſame.
Himſelfe it is, that hath abuſed mee
As by mine anſwere ſhall wel proued be.
Fond youth thou knoweſt what I for thee effected
(Though now I find it little be reſpected)
I purg'd thy wits,[1]) which was before but groſſe:
The mettell pure I ſeuered from the droſſe,
And did inſpire thee with my ſweeteſt fier,
That kindled in thee courage, and deſire
Not like vnto thoſe ſeruile paſſions.
Which cumber mens imaginations [p. 35]
With Auarice, ambition, and vaineglorie,
Deſire of things fleeting, and tranſitorie,
No baſe conceit, but ſuch, as powers aboue
Haue knowne, & felt, I mean th'inſtinct of loue
Which making men all earthly things deſpiſe
Tranſports them to a heauenly paradiſe.
Where thou complain'ſt of ſorrows in thy hart,
Who liues on earth, but therein hath his part?
Are theſe thy fruits? are theſe thy beſt rewards
For all the pleaſing glaunces, flie regards,
The ſweet ſtolne kiſſes, amorous conceits,
So manie ſmiles, ſo manie faire entreats,
Such kindneſſe, as *Alcilia* did beſtow
All for my ſake, as well thy ſelfe doeſt know?
That *Loue* ſhould thus be vſed, it is hatefull.
But all is loſt that's done for one vngratefull.
Where he alledgeth, that he was abuſed
In that he truelie louing, was refuſed:

---

[1]) Der alte Corrector ändert hier (unnöthiger Weise) den Plur. *wits* in den Sing. um. Vergl. namentlich unten p. 42: *oft wits proues best, that's dearest bought.*

That's most vntrue, and plainly may be tried.
Who neuer afk'd, could neuer be denied.
But he affected rather fingle life
Then yoke of mariage matching with a wife.
And moft men now make loue to none but heires, |p. 36|
Poore loue (God wote) that pouerty empaires.
Worldly refpectes *Loue* little doth regard,
Who loues hath onely loue for his reward.

The di- He meriteth a Louers name indeed
fcription That cafts no doubts, which vaine fufpicion breed,
of a But difperately at hazard throwes the Dife
foolehar-
die Louer. Neglecting due regard of friendes aduife;
That wrestles with his fortune and his fate,
Which had ordain'd to better his estate;
That hath no care of wealth, no fenre of lacke,
But ventures forward, though he fee his wracke.
That with *Hopes* winges like *Icarus* doth flie,
Though for his rafhneffe he like fortune trie,
That to his fame the world of him may tell,
How, while he foard aloft, adowne he fell.
And fo true *Loue* awarded him this doome
In fcaling heauen to haue the fea his toome.
That making fhipwracke of his deareft fame
Betraies himfelfe to pouertie and fhame.
That hath no fenfe of forrowe, or repent,
No dread of perils farre, or imminent,
But doth preferre before, all pompe, or pelfe
The fweet of loue as dearer then himfelfe. |p. 37|
Who were his paffage ftop'd by fword & fier,
Would make way through to compaffe his defire.
For which he would (though heauen & earth forbad it)
Hazard to loofe a kingdome, if he had it.
Thefe be the things, wherein I glorie most,
Whereof this my accufer cannot boft.
Who was indifferent to his loffe or gaine,
And better pleas'd to faile then to obtaine.
All qualified affections¹) *Loue* doth hate
And likes him beft that's moft intemperate.
But hence proceeds his malice, and difpight
While he himfelfe barres of his owne delight.
For when as he *Alcilia* firft affected
Like one in fhow that loue little refpected,
He mafqu'd difguis'd, and intertaind his thought,
With hope of that which he in fecret fought;
And ftill forbare to vtter his defire
Till his delay receiu'd hir worthy hier,

---

¹) d. h. jede Zuneigung, die mit einer Einschränkung (qualification) stattfindet.

And well we know, what maides themselues would haue
Men must sue for, and by petitions[1] craue.
But he regarding more his wealth, then will
Had little care his fancie to fulfill.
Yet when he sawe *Alcilia* lou'd another, |p. 38|
The secret fier, which in his brest did smother,
Began to smoake, and soone had prou'd a flame,
If *Temperance* had not allaied the same,
Which afterward so quench'd he did not find,
But that some sparks remained still behind.
Thus when time seru'd, he did refuse to craue it
And yet enuied[2] another man should haue it.
As though, faire maids should wait at yoong mens pleasure
While they twist sport, and earnest loue at leasure:
Nay at the first, when it is kindlie proffred,
Maides must accept, least twise it be not offred.
Else though their beauty seeme their good t'importune,
Yet may they loose the better of their fortune.
Thus as this fonding[3] coldlie went about it:
So in the end he cleerelie went without it.
For while he doubtfull seem'd to make a stay,
A Mungrell stole the maidens hart away,
For which though he lamented much in show:
Yet was he inward glad it fell out so.
Now *Reason* you may plainely iudge by this
Not I, but he the false dissembler is,
Who while fond hope his luke warme loue did feed,
Made signe of more then hee sustain'd indeed, |p. 39|
And fill'd his rimes with fables & with lies
Which without passion he did oft deuise.
So to delude the ignorance of such,
That pittied him, thinking he lou'd too much,
And with conceit rather to shew his wit
Then manifest his faithfull loue by it.
Much more then this could I lay to his charge
But time would faile to open all at large,
Let this suffice to shew his bad intent,
And proue that *Loue* is cleare, and innocent.
Thus at the length though late he made an end,
And both of vs did earnestly attend
To[4] finall iudgement *Reason* should award,

---

[1]) Der alte Corrector ändert *petitions* in den Singular.
[2]) *enried* ist die gewöhnliche Aussprache der Zeit, nicht *enried*. Vergl. meine Anmerkung zu Marlowe's Edward II. I, 1, 162 (p. 12).
[3]) Aller Wahrscheinlichkeit nach ist *fonding* Druckfehler für *fondling* 'Narr', ein u. a. von Spenser gebrauchtes Wort.
[4]) Der alte Corrector ändert *To* in *Tho'*. Es ist aber die La. des Originaldrucks so zu verstehen, dass man die Auslassung von *which* nach *judgement* anzunehmen hat.

When thus she gan to speake. With due regard
The matter hath bin heard on either side.
For iudgement you must longer time abide
The cause is waightie and of great import,
And so she smiling did adiorne the Court:
Little auail'd it then to argue more,
So I return'd in worse case then before.

Loue Desciphered.[1] [p. 40]

Loue, and I are now deuided:
Conceit by error was misguided.
Alcilia hath my loue despised.
„ No man loues, that is aduised.
„ Time at length hath trueth detected.
Loue hath miss'd, what he expected.
Yet missing that, which long he sought,
I haue found, that, I little thought.
Errors in time may be redrest,
„ The shortest follies are the best

Loue and Youth are nowe asunder,
Reasons glorie, Natures wonder.
My thoughts long bound are now enlarg'd,
My follies pennance is discharg'd,[2]
Thus Time hath altered my estate.
„ Repentance neuer comes too late.
Ah well I finde that Loue is nought,
But follie, and an idle thought.
The difference is twixt Loue and mee,
That he is blind, and I can see.
Loue is hunnie mixt with gall. [p. 41]
A thraldome free, a freedom thrall.
A bitter sweet, a pleasant sower.
Got in an yeare, lost in an hower.
A Peacefull warr, a warlike peace,
Whose wealth brings want, whose want, encrease.
Full long pursuit, and litle gaine.
Vncertaine pleasure, certaine paine.
Regard of neither right nor wrong.
For short delights Repentance long.

Loue is a sickenes of the thought.
Conceit of pleasure dearely bought.
A restlesse passion of the minde.
A Laborinth of errors blinde.
A sugred poyson, faire deceit,

---
[1] Das s in Desciphered ist von dem alten Corrector durchstrichen.
[2] Es muss dahingestellt bleiben, ob dies für ein immerhin ungewöhnliches *decharged* oder für ein verdrucktes *discharged* zu nehmen ist.

A baite for fooles, a furious heat,
A chilling cold, a wondrous paſſion,
Exceeding mans imagination,
Which none can tell in whole, nor part,
But onely he, that feeles the ſmart.
Loue is ſorrow mixt with gladneſſe, [p. 42]
Feare with hope, and hope with madneſſe.
Long did I loue, but all in vaine.
I louing was not loued againe,
For which my hart ſuſtain'd much woe,
It fittes not maides to vſe men ſo.
Iuſt deſertes are not regarded,
Neuer loue ſo ill rewarded,
But all is loſt, that is not ſought.
„ Oft witts proues beſt, that's deareſt bought.

Women were made for mens reliefe,
To comfort, not to cauſe their greefe.
Where moſt I merite, leaſt I finde,
No meruaile, ſince that loue is blinde.
Had ſhe bin kind, as ſhe was faire,
My caſe had bin more ſtraunge, and rare.
But wemen loue not by deſert, [1])
Reaſon in them hath weakeſt part.
Then henceforth let them loue that liſt.
I will beware of Had I wiſt.
Theſe faultes had better bin concealed, [p. 43]
Then to my ſhame abroad reuealed:
Yet though my youth did thus miſcarrie
My harmes may make others more warie.
Loue is but a youthfull fitte,
And ſome men ſay it's ſigne of witte;
But he that loues as I haue done,
To paſſe the day and ſee no ſunne:
Muſt chaunge his note, and ſing *Erraui*,
Or elſe may chaunce to crie *Peccaui*.

The longeſt day muſt haue his night,
Reaſon triumphs in *Loues* deſpight.
I follow now *Diſcretions* lore,
Henceforth to like, but loue no more.
Then gently pardon what is paſt,
For *Loue* drawes onward to his laſt.
He walkes (they ſay) with warie eie, „
Whoſe footſteps neuer tread awrie. „
My muſe a better worke intends,
And heere my louing folly ends.
After long ſtormes, and tempeſtes paſt [p. 44]
I ſee the hauen at the laſt,

---
[1]) Der Corrector ändert *deſart*.

Where I muſt reſt my wearie barke,
And there vnlade my care, and carke,
My paines and trauailes long endured,
And all my wounds muſt there be cured.
Ioyes out of date ſhall be renued,
To thinke of perils paſt eſchued.
When I ſhall ſit full blith, and iollie,
And talke of louers, and their folly.

Then *Loue* and *Folly* both adieu.
Long haue I bin miſled by you,
Folly may new aduentures try,
But *Reaſon* ſaies, that *Loue* muſt die,
Yea die indeed, although it greeue him,
For my cold hart cannot releeue him,
Yet for hir ſake, whom once I loued,
(Though al in vain, as *Time* hath proued)
Ile take the paine, (if ſhe conſent)
To write his will and Teſtament.

Loues laſt Will, and Teſtament. [p. 45]

MY spirit I bequeath vnto the ayre.
My bodie ſhall vnto the earth repaire.
My burning brond vnto the Prince of hell,
T'increaſe mens paines, that there in darknes dwell.
For well I weene aboue, nor vnder ground
A greater paine, then that may not be found.
My ſweet conceites of pleaſure and delight
To *Erebus*, and to eternall night.
My ſighes, my teares, my paſſions, and laments
Diſtruſt, deſpaire, all theſe my howrely rents,
With other plagues, that Louers minds enthral
Vnto *Obliuion* I bequeath them all.
My broken bow, and ſhaftes I giue to *Reaſon*,
My cruelties, my ſlights and forged treaſon
To wemenkind, and to their ſeed for aye,
To wreake their ſpight, and worke poore mens decay,
Reſeruing onely for *Alciliues* part
Small kindneſſe, and leſſe care of louers ſmart,
For ſhe is from the vulgar ſort excepted,[1)]
And had ſhe *Philoparthens* loue reſpected,
Requiting it with like affection,
She might haue had the praiſe of all perfection. [p. 46]
This done, If I haue any faith, and troth
To *Philoparthen* I aſſigne them both;
For vnto him of right they do belong,

[1)] Der Originaldruck hat *exceped*, schon von dem alten Corrector verbessert.

Who truely louing fuffred too much wrong.
Time fhalbe fole executor of my will,
Who may thefe things in order due fulfill.
To warrant this my Teftament for good,
I haue fubfcrib'd it with my dying blood.

And fo he died, that all this bale had bred,
And yet my hart mifdoubts he is not dead.
For fure I feare fhould I *Alcilia* fpie,
She might eftfoones reuiue him with hir eie,
Such power deuine remaineth in hir fight,
To make him liue againe in deaths difpight.

Thefe Sonnets following were written by the Author [p. 47]
after he began to decline from his paffionate
affection & in them hee femeth to pleafe
himfelfe with defcribing the vanitie
of loue, the frailtie of beautie,
and the fower fruites
of Repentance.

I

Now haue I fpun the web of my owne woes
And labour'd long to purchafe my owne loffe.
Too late I fee I was beguild with fhowes.
And that, which once feem'd gold, now proues but droffe.
Thus am I both of helpe & hope bereaued;   *Chi non fi fida non*
He neuer tried that neuer was deceiued.   *riene ingannato.*

II

Once did I loue, but more then once repent,
When vintage came, my grapes were fower, or rotten
Long time in greefe, and penfiue thoughts I fpent,
And all for that, which *Time* hath made forgotten
O ftraunge effects of *Time*. which once being loft,
Makes men fecure of that they loued moft.

III   [p. 48]

Thus haue I long in th' aire of error houer'd,
And runne my fhip vpon Repentance fhelfe.
Trueth hath the vaile of Ignorance vncouer'd
And made me fee, and feeing know my felfe.
Of former follies now I muft repent,
And count this work part of my time ill fpent.

IIII

„ What thing is *Loue*? a Tyrant of the mind
„ Begot by heat of youth, brought forth by floth,
„ Nurf'd with vaine thoughts, and changing as the wind

„ A deepe diſſembler, void of faith, and troth,
„ Fraught with fond errors, doubts, diſpite, diſdaine
„ And all the plagues, that earth and hell containe.

V

Like to a man, that wanders all the day,
Through waies vnknowen to ſeek a thing of worth
And at the night ſees he hath gone aſtray,
As neere his end, as when he firſt ſet forth:
Such is my caſe, whoſe hope vntimely croſt
After long errors proues my labor loſt.

VI

Fail'd of that hap, whereto my hope aſpired
Depriu'd of that which might haue bin mine owne.
Another now muſt haue that I deſired,
And things too late by their euents are knowne.
Thus do wee wiſh for that cannot be got,
And when it may then wee regard it not.

VII

Ingratefull *Loue*, ſince thou haſt plaid thy part,
Enthralling him, whom *Time* hath ſince made free,
It reſts for me to vſe both wit, and art,
That of my wrongs I may reuenged bee;
And in thoſe eies, where firſt thou took'ſt thy fier,
Thy ſelfe ſhalt periſh through my cold deſire.

VIII

Greeue not thy ſelfe for that cannot be had,
And things once cureleſſe let them careleſſe reſt,
Blame not thy fortune, though thou deeme it bad.
What's paſt, and gone, will neuer be redreſt.
The onely helpe for that cannot be gained „
Is to forget it might haue bin obtained. „

VIIII

How happy once did I my ſelfe eſteeme,
While *Loue* with hope my fond deſire did cheriſh
My ſtate as bliſſefull as a Kings did ſeeme,
Had I bin ſure my ioyes ſhould neuer periſh.
The thoughtes of men are fed with expectation
„ Pleaſures themſelues are but imagination.

X

Why ſhould we hope for that which is to come
Where the euent is doubtfull, and vnknowne
Such fond preſumptions ſoone receiue their doome,
When thinges expected wee count as our owne,
Whoſe iſſue oftimes in the end proues nought,
But hope a ſhadow, and an idle thought.

XI

In vaine do wee complaine our life is fhort,
Which wel difpos'd great matters might effect,
While wee our felues in toyes, and idle fport
Confume the better part without refpect,
And careles, as though time fhould neuer end it
Twixt fleepe, and waking prodigally fpend it.

XII

Youthfull defire is like the fommer feafon,
That laftes not long, for winter muft fucceed:
And fo our paffions muft giue place to reafon,
And riper yeares more ripe effectes muft breed
Of all the feede Youth fowed in vaine defires.
I reaped nought, but thiftles, thornes, & bryers.

XIII

To erre, and do amiffe, is giuen to men by kind.
Who walkes fo fure, but fometime treads awry?
But to continue ftill in errors blind
A bad, and beftial nature doth defcry.
Who proues not, failes not, & brings nought to end.
Who proues and failes, may afterward amend.

*Chi non fa
non falla,
chi falla
l'amenda.*

XIIII

There was but one, and doubtleffe fhe the belt,
Whom I did more, then all the world efteeme.
She hauing faild I difauowe the reft,
For now I finde thinges are not, as they feeme,
Default of that, wherein our will is croft,
Oftimes vnto our good auaileth moft

XV

*Chi ra. &
ritorna,
fà buon
riaggio.*

I fare like him, who now his land-hope fpent
By vnknowne feas failes to the Indian fhore,
Returning thence no richer then he went,
Yet cannot much his fortune blame therefore,
Since who fo ventures forth vpon the Mayne
Makes a good mart, if he returne againe.

XVI

Louers conceites are like a flatring Glaffe,
That makes the lookers[1] fairer then they are,
Who pleaf'd in their deceit contented paffe:

---

[1] *lookers* ist die Verbesserung des alten Correctors statt *lookes*, des Druckfehlers in der Originalausgabe.

Such once was mine, who thought there was none fair,
None wittie, modeft, vertuous but fhee,
Yet now I finde the glaffe abufed mee.

XVII

Adieu fond *Loue*, the mother of all error,
Repleat with hope, and feare, with ioy,¹) and paine.
Falfe fier of fancy, full of care and terror,
Shadow of pleafures fleeting fhort, and vaine.
Die lothed *Loue*, receiue thy lateft doome
Night be thy graue, *Obliuion* be thy Toome.

XVIII [p. 53]

Who would be rapt vp into the third heauen
To fee a world of ftrauuge imaginations:
Who careleffe would leaue all at fix, and feuen
To wander in a Laborinth of paffions:
Who would at once all kindes of folly proue:
When he hath nought to do, then let him loue.

*Nihil agen
du male age
re difcimus.*

XIX

What thing is *Beautie*? *Natures* deereft minion "
The fnare of youth, like the inconftant moone "
Waxing, and waning, error of opinion "
A mornings flower, that withereth ere noone "
A fwelling fruit, no fooner ripe then rotten, "
Which ficknes makes forlorne and Time forgotten. "

XX

The fpring of youth which now is in his prime,
Winter of Age with hoary froftes fhall nippe,
Beautie fhal then be made the pray of *Time*.
And fower remorfe deceitful pleafures whippe.
Then henceforth let Difcretion rule Defire,
And *Reafon* quench the flame of *Cupids* fier.

XXI [p. 54]

O what a life was that fometime I led,
When *Loue* with paffions did my peace incumber,
While like a man neither aliue nor dead
I was rapt from my felfe, as one in flumber.
Whofe idle fenfes charm'd with fond illufion
Did nourifh that, which bred their owne confufion.

XXII

The child for euer after dreads the fier.
That once therewith by chaunce his finger burned
Water of *Time* diftild doth coole defire.

---

¹: Die beiden Commata nach *feare* und *ioy* hat der Corrector zugefetzt.

And farre he ran (they fay) that neuer turned.
After long ftormes I fee the port at laft
Folly farewell for now my loue is paft.

XXIII

Bafe feruile thoughtes of men too much deiected,
That feeke, and crouch, and kneele for wemens grace,
Of whom your paine, and feruice is neglected.
Your felues difpis'd. Riuals before your face.
The more you fue, the leffe you fhall obtaine.
The leffe you win, the more fhalbe your gaine.

XXIIII [p. 55]

In looking backe vnto my follies paft,
While I the prefent with times paft compare,
And thinke how many howers I then did waft,
Painting on cloudes, and building in the ayre.
I figh within my felfe, and fay, in fadnes
This thing, which fooles cal *Loue* is nought but madnes.

XXV

The thinges wee haue, we moft of all neglect, "
And that we haue not, greedily we craue. "
The things wee may haue, litle we refpect, "
And ftill we couet, that we can not haue. "
Yet howfoe're in our conceit we prife them, "
No fooner gotten, but we ftraight defpife them. "

XXVI

Who feats his loue vpon a womans will,
And thinkes thereon to build a happie ftate,
Shall be deceiu'd, when leaft he thinkes of ill,
And rue his folly, when it is too late.
He ploughs on fand, and fowes vpon the wind,
That hopes for conftant loue in wemenkinde.

XXVII [p. 56]

I will no longer fpend my time in toyes,
Seeing *Loue* is error, folly, and offence,
An idle fitte for fond, and retchleffe boyes,
Or elfe for men depriu'd of common fenfe.
Twixt *Lunacy*, and *Loue* thefe ods appeare,
Th'one makes fooles monthly, th' other all the yeare.

XXVIII

While feafon feru'd to fow, my plough lay ftil,
My graftes vnfet, when others trees did bloome
I fpent the fpring in floth, and flept my fill,

But neuer thought of winters cold to come,
Till spring was past, the sommer wel nigh gone,
When I awak'd, and saw my haruest none.

XXIX

Now *Loue* fits all alone in blacke attyre,
His broken bow, and arrowes lying by him.
His fier extinct, that whilom fed desire.
Himselfe the scorne of louers, that passe by him,
Who this day freely may disport and play,
For it is *Philoparthens* holie day.

XXX [p. 57]

Nay thinke not *Loue* with all thy cunning flight
To catch me once againe. Thou com'st too late,
Sterne Industrie puts Idlenesse to flight,
And *Time* hath chaunged both my name and state.
Then seek elsewhere for mates, that may befrend thee
For I am busie, and cannot attend thee.

Otia si tollas periere Cupidinis arcus.

XXXI

Loose Idlenesse, the nurse of fond desire,
Roote of all ils, that do our youth betide
That whilom didst through loue my wracke conspire,
I banish thee, and rather wish t' abide
All austere hardnesse, and continuall paine,
Then to reuoke thee, or to loue againe.

XXXII

The time will come, when looking in a glasse,
Thy riueled face with sorrow thou shalt see,
And sighing say, it is not as it was
These cheekes were wont more fresh, & faire to bee.
But now what once made me so much admired,
Is least regarded, and of none desired.

XXXIII [p. 58]

Though thou be faire, thinke *Beauty* but a blast,
A mornings dewe, a shadow quickly gon,
A painted flower, whose colour will not last.
Time steales away, when least we thinke thereon
Most pretious time, too wastfully expended,
Of which alone the sparing is commended.

Temporis solius honesta est auaritia.

XXXIIII

How vaine is Youth, that crofs'd in his desire
Doth frette and fume, and inwardly repine,

As though[1] 'gainſt heauen it ſelfe he would conſpire
And with his frailtie 'gainſt his fate combine.
Who of it ſelfe continues conſtant ſtill,
And doth vs good oftimes againſt our wil.

XXXV

In prime of Youth when years, & Wit was ripe,
Vnhappie Will to ruine led the way.
Wit daunc'd about, when Folly gan to pipe,
And Will, and he together went aſtray.
Nought then but pleaſure was the good they ſought,
Which now *Repentance* proues too deerely bought.

XXXVI [p. 59]

He that in matters of delight, and pleaſure.
Can bridle his outrageous affection,
And temper it in ſome indifferent meaſure
Doth proue himſelfe a man of good direction.
In conquering Will true courage moſt is ſhowne,
And ſweet temptations make mens vertues knowne.

*Eſt virtus
placitis ab-
ſtinuiſſe
bonis.*

XXXVII

Each naturall thing by courſe of kind we ſee,
In his perfection long continueth not.
Fruites once full ripe, will then fall from the tree,
Or in due time not gathered ſoone will rot.
It is decreed by doome of powers deuine,
Things at their height muſt thence againe decline.

*Inuida fa-
torum ſeries
ſummiſque
negatum Stare
diu.*

XXXVIII

Thy large ſmooth forehead wrinckled ſhal appeare,
Vermilion hue to pale, and wan ſhall turne.
Time ſhall deface, what Youth hath held moſt deere.
Yea theſe cleere eies which once my hart did burne
Shall in their hollow circles lodge the night,
And yeeld more cauſe of terror, then delight.

XXXVIIII [p. 60]

Loe heere the record of my follies paſt,
The fruites of wit vnſtaid, and howers miſpent.
Full wiſe is he, that perils can forecaſt,
And ſo by others harmes his owne preuent.
All worldly pleaſure, that delites the ſence,
Is but a ſhort ſleepe, and times vaine expence.

*Quanto
piace al
mondo é
breue
ſogno.*

---

[1] Der Originaldruck hat *thugh,* offenbar ein bloßer Druckfehler.

XI.

The Sunne hath twife his annuall courfe perform'd,
Since firft vnhappie I began to loue,
Whofe errors now by Reafons rule reform'd
Conceites of loue but fmoake, and fhadowes proue.
Who of his folly, feekes more praife to win,
Where I haue made an end let him begin.

J. C.[1])

FINIS.

---

[1]) Dieses C ist dann von derselben Hand, welche die übrigen Verbesserungen in dem Hamburger Exemplar vorgenommen hat, in ein G verwandelt worden. S. die Einleitung.

Ueber den Gang von Shakespeare's dichterischer Entwickelung und die Reihenfolge seiner Dramen nach demselben.

Von
Wilhelm König.

Von jeher hat es die Shakespeare-Kritik sich zu einer Hauptaufgabe gemacht, die Zeit der Entstehung der einzelnen Dramen des Dichters zu bestimmen. Es ist dabei viel Scharfsinn aufgewandt und viel historisches Material herangezogen worden. Im Einzelnen hat es mitunter mehr Aufwand an kritischer Arbeit bedurft, um die Unhaltbarkeit, ja Fälschung einzelner Vorlagen nachzuweisen, als man vorher zur Ausbeutung derselben für die Darstellung der Laufbahn des Dichters gebraucht hatte. An das zuverlässigste Material, an die Werke Shakespeare's selbst hat man sich im Ganzen zu wenig gehalten und wenn es geschah, so liess man sich mehr von Aeusserlichkeiten der Sprache und des Wortbaus, als von dem geistigen Inhalt, dem Werth und der dramatischen Vollendung der Stücke leiten. Sei es denn einmal versucht, hauptsächlich aus diesen Momenten die zeitliche Reihenfolge der Dramen und den Gang zu bestimmen, welchen die Entwickelung Shakespeare's als dramatischer Dichter genommen hat, wobei freilich die Aeusserlichkeiten der Form und die bisher festgestellten historischen Daten nicht ausser Acht gelassen werden können.

Die Bestimmung der Reihenfolge von Shakespeare's Dramen würde nicht so schwer sein, wenn solche nach ihrer Gattung in drei grosse Gruppen: Tragödien, Historien und Comödien oder gemischte Dramen getheilt würden und es sich darum handelte, für jede einzelne Gruppe die Reihenfolge besonders festzusetzen. Versuchen wir aber, wie es unsere Absicht ist, die Entwickelung des Dichters aus allen seinen dramatischen Werken in ein harmonisches

Gesammtbild zu bringen und durch die wechselnde Thätigkeit desselben auf den verschiedenen Gebieten dramatischer Dichtung den fortlaufenden Faden seiner dichterischen Ausbildung festzuhalten, so wird die Aufgabe in demselben Masse schwieriger, als ein dabei gewonnenes Resultat dankbarer sein muss. Denn bei den vervielfältigten Combinationen, welche die Gesammtzahl der Dramen Shakespeare's und das Aneinanderrücken derselben in kürzere Zeiträume darbieten, vervielfältigt sich auch in noch höherem Masse die Schwierigkeit, einzelne davon, die nach Werth und Entstehungszeit sich offenbar nahe stehen, aus diesem Gesichtspunkt in die richtige Reihenfolge zu setzen. Dann wird überhaupt die Untersuchung durch einen Umstand schwer gemacht, der gerade häufig als Nothbehelf zur Lösung von sich darbietenden Schwierigkeiten gebraucht oder gemissbraucht worden ist, dadurch nämlich, dass bei manchen Stücken nachweislich, bei vielen nach der Annahme einzelner oder auch vieler Kritiker eine doppelte Redaction oder Ueberarbeitung stattgefunden hat. Wir wollen uns durch diese letztere Schwierigkeit möglichst wenig beirren und von der übersichtlichen Darstellung abbringen lassen, um nicht in die Labyrinthe kritischen Details zu gerathen, wir halten uns daher an den jetzt vorliegenden spätern Text und nehmen von früheren Bearbeitungen nur da eine kurze Notiz, wo sie von besonderer Bedeutung für die gegenwärtige Untersuchung scheinen.

Doch werden wir gleich bei den Erstlingen der dichterischen Muse Shakespeare's aus allen drei erwähnten Gebieten seiner Kunst, bei Pericles, Heinrich VI. und Titus Andronicus in bedenklicher Weise auf das Gebiet der Specialkritik gedrängt, da bei denselben der Umfang der Autorschaft des Dichters mehr oder weniger bestritten worden ist. Wir werden dabei meist auf die Erörterungen Anderer verweisen, wo solche uns endgültig und erschöpfend erscheinen, und wo dies nicht thunlich ist, unsere Ansicht lieber in unvollständiger Begründung hinstellen, als so speciell vertheidigen, dass die Uebersichtlichkeit unserer Darstellung verloren geht. Wir adoptiren also zunächst Titus Andronicus mit den meisten neueren Kritikern als ein unzweifelhaftes Werk unseres Dichters, ebenso nicht blos die drei Theile Heinrich VI., sondern auch die beiden älteren ihnen zu Grunde liegenden Stücke, indem wir auf die überzeugende und erschöpfende Beweisführung von Ulrici verweisen.[1]) Auf die älteren Bearbeitungen gehen wir dabei, wie

---
[1]) Ulrici, Shakspeare's dramatische Kunst. 3. Aufl., Th. 3, S. 3 ff.

auch bei anderen Stücken, wo solche vorliegen, nicht zurück, weil die Uebersicht, die wir erstreben, dadurch nur beeinträchtigt werden kann und die von uns gewonnene Anschauung auch durch die Rücksichtnahme auf dieselben keine Modification erlitten hat.

In Betreff des *Pericles* dagegen müssen wir unsere Ansicht zunächst entgegen der auch im Jahrbuch abgehandelten so mancher und gewiegter Kritiker dahin aussprechen, dass wir dies Stück vollständig für ein Werk Shakespeare's und zwar für sein erstes, vielleicht noch in Stratford entstandenes, halten. Nur einzelne Scenen und zwar die, welche Marina's Conflict mit den Kupplern enthalten (IV, 2—6), erachten auch wir für einen spätern Zusatz des Dichters. Indem wir uns in Betreff der kritischen Beweisführung wieder auf Ulrici beziehen, welcher auch das Zeugniss Drydens dafür, dass das Stück Shakespeare's Erstlingswerk war, richtig geltend macht,[1] wollen wir für unsere Ansicht nur diejenigen von Ulrici noch nicht einmal beigebrachten Momente geltend machen, welche einen Zusammenhang mit des Dichters spätern Schöpfungen verrathen und es eben rechtfertigen, dass dieses Stück zum Ausgangspunkt einer Betrachtung über Shakespeare's dichterische Entwickelung gemacht wird. Wir finden allenthalben im Pericles dicht neben grossen Verstössen gegen dichterische Wahrheit und den guten Geschmack, welche uns versuchen könnten, solche Scenen unserm Dichter abzusprechen, deutliche Spuren der Characterzeichnung und jenes Tiefsinnes, der uns in seinen späteren Werken begegnet, so dass wir allenthalben die Hand des Dichters wiedererkennen und die Behandlung ist, abgesehen von der bezeichneten spätern Beifügung, so gleichmässig oder so wenig verschieden, dass wir nicht eine einzige Scene als von fremder Hand herrührend, auszuscheiden uns zutrauen möchten. Auch in der Ausdrucksweise, in einzelnen Bildern und den häufig vorkommenden Sentenzen, deren Plattheit und unpassende Anbringung und gereimte, des poetischen Schwunges entbehrende Form von Delius in vielen Fällen gewiss mit Recht als fremdartig bezeichnet werden, zeigen sich doch auch sehr häufig die dem Dichter eigenthümlichen, geläufigen und in spätern Werken häufig wiederkehrenden Anschauungen, die wir in andern Werken zeitgenössischer Dichter vergebens in dieser Aehnlichkeit und dem-

---

[1] Ulrici ibid. S. 45—50. Nur möchten wir nicht als zweifellos annehmen, dass Dryden mit dem „Mohr" nicht Othello, sondern Titus Andronicus bezeichnet hat.

selben numerischen Verhältniss suchen.¹) Nicht minder begegnen wir im Pericles allenthalben einzelnen Situationen und Motiven, welche wir in späteren Werken in grösserer Vollendung und Ausführung wiederfinden, wovon wir nur einiges wenige hervorheben wollen. Die Scene unter den Fischern im Anfang des zweiten Acts, worin Delius die politisch-moralisch-satirischen Anspielungen mit solchen im dritten Act des Timon (die er aber ebenfalls für unecht erklärt) ähnlich findet, weist unsers Erachtens noch viel mehr Aehnlichkeit mit dem Gespräch der Schäfer im Wintermärchen über den Untergang des Schiffes (III, 3), der Scene zwischen der Königin und den Gärtnern in Richard II. (III, 4) und vor allem mit der Todtengräberscene im Hamlet (V, 1) auf. Ferner ist der alte Simonides (II, Sc. 3 u. 5), seine Aufforderung zum Tanzen, seine halb scherzhafte, halb gewaltsame Art des Einschreitens bei der Verlobung seiner Tochter eine Vorstudie zu dem alten Capulet in Romeo und Julia, sowie sein Vorwurf, die Tochter sei durch Zaubermittel verlockt worden, die erste Skizze zu der später im Othello so schön und poetisch detaillirten Werbung, wovon auch im Sommernachtstraum (I, 1, 27) eine hübsche Variation nach der komischen Seite gegeben ist. Der gelehrte Cerimon hat nach verschiedenen Seiten im Bruder Lorenzo (Romeo und Julia) und im Prospero (Sturm) bestimmtere Ausführung erhalten und seine Anwendung der Musik bei Behandlung der scheintodten Thaisa (III, 2) so wie das ähnliche Motiv bei Pericles (V, 1) und sein Wiederfinden der Thaisa finden sich wiederholt in der schönen Scene zwischen Cordelia und dem wiedergefundenen Lear (IV, 7) und bei dem Wiedersehen am Schluss des Wintermärchens. Als Pericles sich im Ent-

---

¹) Es mögen hiervon nur hervorgehoben werden die echt Shakespeareschen Worte (II, 3, 45):
>   *Whereby I see that Time's the king of men;*
>   *He's both their parent, and he is their grave,*
>   *And gives them what he will, not what they crave —*

mit denen man vergleiche Pater Lorenzo's Rede (Romeo und Julia, II, 3, 9):
>   *The earth, that's nature's mother, is her tomb;*
>   *What is her burying grave, that is her womb.*

Ferner Lucretia v. 925 folg., darunter 929:
>   *Thou nursest all and murderst all that are,*

mehrere Sonette u. a. m.

Ferner sind die Worte in A. II, Sc 1, 47 (ähnlich auch im Prolog vorher v. 18): *We would purge the land of these drones that rob the bee of her honey* — fast wiederholt in Heinrich VI, 2. Th. (IV, 1, 109).

zücken des Wiedersehens Mässigung zuruft, geschieht es fast in denselben Bildern, mit denen Portia das gleiche bei dem glücklichen Erfolg von Bassanio's Wahl ausspricht.

Vor allem aber ist es der Character des Hamlet, welcher im Pericles vorgebildet ist, so dass wir also die Conception dieser Schöpfung, welche den Dichter von allen seinen Werken wol die längste Zeit und am tiefsten beschäftigt haben dürfte, bis zu seiner frühesten dichterischen Thätigkeit zurückführen dürfen. Einige Hauptmomente des Hamlet-Characters, die Melancholie, der eindringende Verstand, die Neigung zur Reflexion, das vorsichtige Ausweichen vor entfernten, das muthige Bestehen von nahen Gefahren, das Abschliessen gegen Andere und resignirte Einwühlen in den eigenen Schmerz, treten alle bei Pericles deutlich und mit mehr Ausführlichkeit hervor, als zu der oberflächlichen und skizzenhaften Behandlung der übrigen Personen und der meisten Scenen des Dramas passt. Auch sind hier und da Erörterungen angeknüpft, aus denen hervorgeht, wie schon damals der Dichter in die Tiefe des Seelenlebens einzudringen suchte und wie ihn gerade diese Characterform interessirte. Nur erscheinen hier die einzelnen Elemente des Characters unvermittelt neben einander, so dass sie kein harmonisches Bild geben, sondern als die Züge verschiedener Personen erscheinen könnten. Einzelnes ist auch ins Unglaubliche übertrieben und ungenügend motivirt, z. B. dass Pericles bis zur Verheirathung der Marina ungeschoren und dann nach ihrem vermeintlichen Tode, dass er für immer ungewaschen und äusserlich vernachlässigt bleiben will. Der Chorus, vielleicht späterer Zusatz, nennt hier die Leidenschaft des Pericles sehr bezeichnend geborgt und ihn als vom Schmerz verzehrt. Im Hamlet wird dieser Zug der äusseren Vernachlässigung ebenfalls, doch nur einmal und sehr gemildert hervorgehoben (II, 1) und die Schweigsamkeit in ganz anderer Art characterisirt.

So häufig auch sonst bei Shakespeare Wiederholungen gewisser Motive vorkommen, so sind doch solche anderwärts wiederholte Elemente seiner Dichtung nirgends so häufig und in so bunter Mannigfaltigkeit zu finden, wie gerade im Pericles. Es sind aber hier fast eben nur Elemente der Dichtung und es fehlt denselben meist an der Lebensfähigkeit, welche durch Wahrheit und Möglichkeit bedingt wird. Die Handlung des Stückes, eigentlich die Ereignisse desselben, ist fast nur eine Kette von Zufälligkeiten und die Darstellung hat meist etwas trockenes und interesseloses. Die vielen moralischen Sentenzen, welche vorkommen, sind eben nur eingestreut und hängen meist mit dem gerade Dargestellten nicht nothwendig zusammen. Nach all diesem kann noch weniger von einem durchgehenden Gedanken und geistigen Mittelpunkt des ganzen Stückes die Rede sein und wir können Ulrici nicht beistimmen, der einen solchen in dem Suchen und Finden des höchsten Gutes, der Liebe, finden will. Offenbar hat vielmehr der Dichter das poetische Interesse, ganz einer jugendlichen, selbst kindlichen Phantasie angemessen, im Abenteuerlichen, Wunderbaren und Seltsamen gesucht, und auch wo er moralische Schlechtigkeit darstellen wollte, wie bei Antiochus und seiner Tochter, hat er solche in dem allerseltsamsten und unerhörtesten Verhältniss gesucht, das für poetische Darstellung nur gewählt werden konnte.

Als das nächste, an poetischer Form und Behandlung mit Pericles verwandteste Stück bezeichnen wir den ersten Theil von *Heinrich VI*. Es könnte zwar als ein auffallender Sprung erscheinen, dass der Dichter sich aus der Sphäre des Wunderbaren gleich auf den Boden der Geschichte begeben, doch entspricht gerade ein solcher Wechsel dem jugendlichen Geschmack, so wie das Kind, das kaum an anmuthigen Märchen sich ergötzte, nur „wahre Geschichten" hören will. Zunächst mag auch das Gefallen des Publikums an Darstellungen aus der vaterländischen Geschichte und der Vorgang von Marlowe und Greene den Dichter auf diesen Boden geleitet haben, auf welchem er so umfassende und gewaltige Werke geschaffen hat. Doch schwerlich hat ihm von Anfang an die Absicht beigewohnt, in grösserem Umfange, geschweige im Zusammenhange die Geschichte seines Vaterlandes auf die Bühne zu bringen. Indem er nun den Stoff für einzelne dramatische Darstellungen suchte, war es natürlich, dass zuerst die Zeit Heinrich VI. als die bewegteste und wechselvollste und in dieser die Kämpfe mit Frankreich, die Heldengestalt eines Talbot seine Phantasie beschäftigten, Motive, die dem jugendlichen Verständniss zugänglicher waren und wirkungsvoller erschienen, als die Reibung der Kräfte im innern Staatsleben. So finden wir denn in diesem Erstlingswerke der Historien, wie im Pericles, eine Reihe von Scenen, welche kaum äussern Zusammenhang haben und einen langen Zeitraum umfassen. Unter den zahlreichen vorgeführten Gestalten sind zwar viele, wie im Pericles, von ganz vorübergehender Erscheinung und entsprechendem Interesse, doch ist es eine grössere Anzahl lebendiger und ansprechender Gestalten, als in jenem Stücke. Das in Pericles vorherrschende Moment des Wunderbaren kommt auch in der Jungfrau von Orleans und den bösen Geistern, mit denen sie verkehrt, einigermassen zur Geltung, doch ist ihre Erscheinung ganz realistisch, so zu sagen in derb holländischem Stil und ganz vom englischen Parteistandpunkte aus behandelt, was sich übrigens völlig aus der damals noch herrschenden Anschauung über den Gegenstand erklärt. Die Charactere sind besser gezeichnet als im Pericles, doch sind die einzelnen Scenen, wie dort, kaum ein Ausdruck derselben, sondern vielfach nur ein Resultat des wechselnden Kriegsglücks. Der innere Zusammenhang mit den folgenden Stücken, der durch das über die ganze Trilogie sich erstreckende Gesammtbild staatlicher Zersetzung durch überwiegendes Geltendmachen der Interessen Einzelner beim Mangel einer kräftigen Regierung gegeben wird, beruht theils in den Ereignissen selbst, theils ist er gewiss erst später, namentlich durch Einfügung einzelner Scenen (die im Tempelgarten und mit dem sterbenden Mortimer A. II, Sc. 4 u. 5) und am Schluss der Dichtung, da dieser deutlich auf Fortsetzung derselben hinweist, hergestellt und ins Auge gefasst worden. Ueberhaupt zeigt Heinrich VI. in seinen drei Theilen eine ziemlich ungleiche und nach dem Ende hin an dramatischer Ausbildung sehr vorgeschrittene Behandlung und sowohl der grosse Umfang des Werkes wie der nahe Zusammenhang mit Richard III. und die beiden älteren Bearbeitungen, die wir des Zusammenhangs wegen ebenfalls als nach dem ersten Theil entstanden ansehen, ergeben augenscheinlich, dass der Dichter durch eine längere Zeit seiner Laufbahn mit diesem Gegenstand beschäftigt gewesen ist. Wir können daher hier, wo es sich um die Entwickelung des Dichters handelt, die Trilogie Heinrich VI. nicht zusammen behandeln, sondern müssen verschiedene Stücke dazwischen schieben.

Wir reihen daher unmittelbar an den ersten Theil Heinrich VI. zunächst die erste Tragödie Shakespeare's, *Titus Andronicus*. Sie zeigt einen erheblichen Fortschritt gegen die beiden vorigen Stücke durch Einheit des Interesses und eine zusammenhängende fortschreitende Handlung. Doch enthält sie vieles, was schlecht oder gar nicht, anderes was ungeschickt und mit unverhältnissmässiger Breite motivirt ist, in der Handlung treten mitunter Lücken ein und es fehlt derselben an gleichmässiger oder harmonisch wechselnder Fortbewegung. Was aber vor allem das Werk als ein unreifes Product characterisirt, ist die Häufung des Grässlichen, das Vorführen unmotivirter, grauenerregender Schandthaten und die Abwesenheit jedes versöhnenden Momentes. An Stelle der moralischen Reinigung, welche die Tragödie aufweisen soll, wird uns zum Schluss nur im Grossen und Ganzen das Eintreten eines besseren Regiments in Aussicht gestellt, wie dies allerdings auch in späteren Meisterwerken, wie Hamlet und Lear, aber neben der eigentlichen tragischen Sühne geschieht. Der jugendliche Fehler der Uebertreibung, in welchen der Dichter namentlich in diesem Stücke verfallen, ist ihm nicht einmal so hoch anzurechnen, da er dazu offenbar zunächst durch die damaligen Geschmacksmuster Kyd und Marlowe verleitet worden ist. Des Ersteren Spanische Tragödie, in welcher die Rache persönlich auftritt, hat Shakespeare offenbar das Grundmotiv für seine erste Tragödie geliefert, da in beiden Stücken die reichlich vorkommenden Greuelthaten auf Rache, motivirte und unmotivirte, zurückgeführt werden und selbst jene Personification hat bei Shakespeare eine Art Wiederholung in der Maske der Tamora als Rachegöttin gefunden. Die Characteristik der Personen ist im Titus Andronicus noch wenig vorgeschritten, sie ist entweder ziemlich farblos gehalten, oder, wie im Mohr Aaron, zu unnatürlicher Uebertreibung geschraubt. Indessen lässt sich hierbei so manches nachweisen, was den Dichter von seinen Vorgängern schon vortheilhaft unterscheidet und einen Zusammenhang mit seiner spätern Dichtweise ergiebt. Den schablonenhaften Kraftgestalten, wie sie die ältere Bühne öfters vorführt, begegnen wir in dieser Tragödie gar nicht, nur wenige Personen darin erscheinen überhaupt an sich als grausam und leidenschaftlich, die meisten vielmehr als Menschen mittleren Schlages, und in der Art, wie der Dichter milder geartete Menschen durch die Umstände zur Verübung raffinirter Greuelthaten gelangen lässt, wie er aus den ersten, selbst entschuldbaren Grausamkeiten eine ganze Kette von Freveln entwickelt, lässt schon die Anlage des tiefsinnigen Dichters erkennen, der alle solche Schrecknisse auf eine ursprüngliche Verschuldung zurückführte. Selbst die unnatürliche Erscheinung des Aaron, wenn ihr auch der Boden der Möglichkeit fehlt, welchen der Dichter später seinen menschlichen Ungeheuern, einem Jago, Richard III. zu geben nicht unterliess, hat mit diesen doch schon den idealen Zug gemein, der sich aus der intellectuellen Ueberlegenheit, einer mit Humor gewürzten Freiheit der Anschauung und dem gelassenen Sichfinden in die Folgen der eigenen Missethaten ergiebt. Auch dem Helden selbst sind hier eigenthümliche Züge verliehen, welche in späteren Characterbildern des Dichters in grösserer Vollendung wiederkehren. In dem Geisteszustand des Titus nach den erlebten Schrecknissen erscheint wieder Hamlet in einer andern Richtung als bei Pericles vorgebildet, nämlich im Zustande des verstellten Wahnsinns, wie Ulrici es treffend bezeichnet: „in der seltsamen Seelenstimmung, dem Helldunkel zwischen Wahnsinn und planvoller Besonnenheit, zwischen spielender Gedankenlosigkeit und energischer Geistesgegenwart".[1]) Die Art, wie Titus in zweckwidriger, symbolisch-witziger Weise den Groll gegen seine Feinde auslässt, die leichte Bestimmbarkeit, der Mangel an Festigkeit zeigt ihn als verwandt mit dem Hamlet-Character, auch an die tiefsinnigen Betrachtungen Richard des Zweiten gemahnt seine Art und Weise mit seinem Gram zu spielen. Andrerseits erinnert er an König Lear, wenn wir den Undank, den er für das Aufgeben eines Thrones erndtet, seine flüchtige Reizbarkeit und Uebereilung bei dem Widerspruch seiner Kinder, und an Lear's Doppelgänger, den alten Gloster, wenn wir die Leichtgläubigkeit bei den falschen Anklagen gegen seine Söhne in Betracht ziehen. Hiernach könnte man vielleicht versucht sein, das Stück näher an die vollendeteren Tragödien heranzurücken, doch ist der oben hervorgehobene dichterische Werth überwiegend bestimmend für die hier angenommene Reihenfolge. Auch fehlt es nicht an einzelnen Anknüpfungspunkten, welche das Stück gerade mit Heinrich VI. in Verbindung setzen. Das Verhältniss Aarons zur Kaiserin Tamora ist sehr ähnlich dem Suffolks zur Königin Margaretha und hat beiderseits zu ähnlichen mit verschwenderischem Farbenzauber ausgemalten Scenen Anlass gegeben. Das erstere ist aber viel gröber und fast nur roh sinnlich dargestellt, obgleich auch Aaron in dem schwungvollen Monolog des zweiten Acts einmal einen Anlauf nimmt, als wolle er eine Rolle wie Suffolk spielen. Er paraphrasirt dort des Letzteren Worte:

Margretha soll den König nun beherrschen,

Ich aber sie, den König und das Reich,

die auch in den Worten Saturnius:

Zur Krone halfst Du

In Hoffnung, über mich und Rom zu herrschen —

eine weniger kräftige Parallele haben. Im Titus Andronicus ist also das Motiv nur angedeutet, das in Heinrich VI. ausgeführt ist, und schon hiernach ist anzunehmen, und durch weitere Vergleichung beider Stücke wird es allenthalben bestätigt, dass der zweite Theil Heinrich VI., vielleicht schon der Schluss des ersten Theils, nach Titus Andronicus gedichtet worden.[2]) Ueberhaupt wird man bei

---

[1]) Shakspeare's dramat. Kunst. 3. Aufl. B. 2. S. 176.

[2]) Für diese Reihenfolge spricht auch ein Ausspruch im Titus Andronicus, der noch zweimal in besserer Fassung in Heinrich VI. (1. Th. V, 3) und in Richard III. (I, 2) wiederkehrt:

She is a woman, therefore may be woo'd,

wie Kurz im Jahrbuch B. V., S. 103 nachgewiesen hat.

Bestimmung der Reihenfolge der einzelnen Dramen sich der Annahme nicht verschliessen können, dass keineswegs immer eines nach dem andern geschaffen und vollendet worden, dass vielmehr der Dichter mitunter auch mit mehreren gleichzeitig beschäftigt gewesen und, wenn auch nur ausnahmsweise, einzelne eher angefangen und später vollendet hat, als andere, wie denn auch namentlich bei den historischen zusammenhängenden Dramen es völlig zweifellos ist, dass dazwischen verschiedene andere gedichtet worden sind. So sind vor die Vollendung Heinrich VI. gewiss auch noch mehrere Lustspiele zu setzen, die wir unmittelbar an Titus Andronicus anreihen. Zwar ist weder ein äusserer Umstand, noch ein zwingender innerer Grund vorhanden, dass die Lustspiele nach Titus Andronicus geschaffen wurden, doch sprechen dafür die grösseren bereits erwähnten Mängel der Tragödie und es ist wahrscheinlich, dass die jugendliche Neigung zur Poesie sich eher der Tragödie als dem Lustspiel zugewandt hat. Dann mag der Dichter in einer gewissen Ernüchterung und im richtigen Gefühl des Abweges, den er in seiner ersten Tragödie eingeschlagen, in der Ueberzeugung, dass vor allem Wahrheit und Mass die Grundlage der Poesie sind, mehr den Boden der Realität und zwar auf dem Gebiet der Historie und des Lustspiels gesucht haben. Ebenso war es natürlich, dass er nun andere Vorbilder wählte und sich zunächst mehr an vorhandene Bearbeitungen hielt. Im Ganzen wendete er sich dem italienischen Drama zu und nahm es zum Vorbild, da es mit seinem lebendigen natürlichen Dialog den entschiedensten Gegensatz zur bombastischen Sprache und den Ungeheuerlichkeiten in Marlowe's Dichtungen bildete. Auch den Stoff zu seinen Dramen entnahm Shakespeare nun öfter italienischen Quellen und versetzte sie auf italienischen Boden, aber auch nach antik römischen und spanischen Vorbildern und Quellen wurden einzelne Stücke geschaffen.

Diesen Wendepunkt im Geschmack und der Dichtung Shakespeare's bezeichnet unseres Erachtens die *Zähmung der Widerspenstigen*, welche wir unmittelbar nach Titus Andronicus und in das Jahr 1588 setzen. Bekanntlich ist dieses Lustspiel nur eine allerdings selbständige Bearbeitung eines älteren englischen Stückes, dessen Autorschaft Shakespeare mit Recht abgesprochen wird und welches vermöge seiner unvollkommenen rohen Beschaffenheit jene neue Geschmacksrichtung auch nicht beeinträchtigen konnte. Das Stück characterisirt sich augenscheinlich als das Erstlingswerk auf dem Felde des Lustspiels. Es zeigt sich darin der am wenigsten freie Flug der Phantasie, Dialog und Sprache zeichnen sich fast vor allen übrigen Werken durch Nüchternheit und Einfachheit aus, die theils das mangelnde Geschick des Anfängers, theils das Streben verräth, von der schwungvollen aber bombastischen Sprache in der erwähnten Tragödie zu natürlicher Einfachheit zurückzukehren, wobei der Dichter in das entgegengesetzte Extrem wol mehr gerathen ist, als seiner poetischen Begabung entsprach. Von den Characteren sind einzelne, wie die Widerspenstige und ihr Zähmer, sehr ins Grobe und Derbe gearbeitet, andere von typischer Allgemeinheit, wie die meisten Figuren der damaligen italienischen Komödie, fast alle von unbestimmten und wenig erkennbaren Umrissen. Einzelne Sentenzen treffen wir zwar nicht so häufig wie in den früheren Dramen, aber eben so oft, wie dort, Brocken aus fremden Sprachen, welche noch die Nähe der Schulbank verrathen. Von einem das Ganze durchdringenden Gedankeninhalt ist nichts zu erkennen, doch ist das, was die Moral der Haupthandlung bilden soll, gegen den Schluss von Catharina in einem längeren bilderreichen Sermon weitläufig und didactisch-lyrisch, nicht dramatisch, abgehandelt. Der gedankliche Zusammenhang mit den anderen Dramen verräth sich fast nur in der längeren Auslassung, worin Petrucchio den Schein dem Wesen entgegensetzt und im Sinne des Dichters dieses dann so reichhaltig erörterte und schon im Pericles mehrmals berührte Thema behandelt (IV, 3).

An die Zähmung der Widerspenstigen wird gleich *die Komödie der Irrungen* anzureihen sein, welche gerade nicht durch neue Vorzüge, aber doch durch höhere Ausbildung des in dem ersten Lustspiel gezeigten dichterischen Vermögens einen Fortschritt zeigt. Zwar könnte man versucht sein, jenem eine höhere Stelle insofern anzuweisen, als darin ein psychologisches Problem, die Umwandlung eines Characters, abgehandelt und gelöst wird, während in der Komödie der Irrungen die Handlung fast gar nicht auf den Characteren, sondern nur auf der zufälligen Verschränkung der Ereignisse und einer äusserlichen Aehnlichkeit verschiedener Personen beruht, indess ist jenes psychologische Moment zu vereinzelt und nicht tief und fein genug, um deshalb das Stück selbst auf eine höhere Stufe zu rücken. Andrerseits zeigt sich in der Komödie der Irrungen mehr von originaler Behandlung und künstlerischer Verschlingung des Stoffs, eine mehr gleichmässige und lebendige Characterzeichnung und mehr Gewandtheit und Fülle des Dialogs und der Sprache. Zwar hat auch hier der Dichter ein ausgearbeitetes Vorbild, die Menächmi des Plautus, gehabt, aber der Stoff hat eine mehr künstlerische, selbst künstliche Umbildung erfahren, indem der Dichter die Verwickelungen verdoppelt und auch noch Motive aus dem Amphitruo des Plautus und seinem eigenen Pericles (die Trennung von Weib und Kind durch den Schiffbruch) aufgenommen hat.[1]) Ueber den Gedankeninhalt der Irrungen lässt sich fast dasselbe sagen, wie bei der Zähmung der Widerspenstigen, wir finden darin weniger einzelne Maximen, aber einige längere Erörterungen, in derselben Art und ohne organische Verbindung mit dem Ganzen angebracht. Jene Rede Catharina's hat eine kürzere und etwas geistvollere Wiederholung in der Ermahnung Luciana's an ihre aufgebrachte Schwester (II, 1) und am Schlusse des Stückes wird derselben noch eine andere Standrede über unbegründete Eifersucht gehalten.

Die beiden Veroneser, welche wir nun folgen lassen, stechen zwar durch einige auffallende Mängel, die zum Theil auf spanische Vorbilder zurückzuführen sind,[2]) von den vorigen Lustspielen etwas ab, doch zeigt sich immerhin der Dichter hier auf einer höheren Stufe der Ausbildung. Wir begegnen hier zuerst einer durch Contraste bedingten planvollen Gruppirung der Personen und in Proteus einer von jenen tieferen Characterstudien, welche die späteren Schöpfungen des Dichters so werthvoll machen, namentlich verräth sich in ihrer wenn auch mangelhaft ausgeführten Anlage jene echt Shakespeare'sche Anschauung, dass begabte Menschen so leicht und dann doppelt gefährlich in moralische Schlechtigkeit umschlagen können.

Einen weitern Fortschritt bemerken wir in den Veronesern, wenn wir die Darstellung der Liebe darin mit dem vergleichen, was die früheren Lustspiele davon aufweisen. In der Zähmung der Widerspenstigen kommt darüber fast nur die ziemlich schablonenmässige Aeusserung des Lucentio über den Eindruck, den Bianca auf ihn gemacht (I, 1), in Betracht, in den Irrungen hat die Liebeserklärung des einen Antipholus an Luciana (III, 2) schon einen höheren poetischen Schwung, wenn damit eben auch nur vorübergehend das Erwachen der Leidenschaft behandelt ist. Die Veroneser dagegen sind das erste Stück, worin der Wechsel der Leidenschaft beim Einzelnen, verschiedene Nüancen derselben und Ein-

---

[1]) Vergl. den Nachweis darüber von Paul Wislicenus in seiner Zeitschrift „Die Literatur" 1874. S. 4 u. 37, wo zuerst darauf aufmerksam gemacht ist. Das Motiv aus Pericles war übrigens ein in der damaligen italienischen dramatischen und Novellen-Literatur sehr geläufiges.

[2]) Vergl. Carriero im Shakespeare-Jahrbuche VI, 367.

wirkung auf den Gang der Handlung umfassender dargestellt ist und viele Einzelheiten weisen schon auf Romeo und Julia hin.

Doch in ungleich vollendeterer Art und mit überwiegender Bedeutung für das betreffende Drama wird die Liebe in den folgenden zunächst zu betrachtenden Stücken verherrlicht, in der Verlorenen Liebesmühe, Romeo und Julia, dem Sommernachtstraum und Ende gut Alles gut, und das so vielseitig und in so verschiedener Art, in allen Graden der Laune und des Scherzes bis zum höchsten tragischen Pathos, dass sich zwar überall eine innere Verwandtschaft in diesen Dramen zeigt, dass es aber schwer ist, die Entwickelung des Dichters mit Bezug auf die zeitliche Reihenfolge der Stücke darin nachzuweisen. Wenn Romeo und Julia unstreitig dasjenige Drama Shakespeare's ist, worin die Leidenschaft der Liebe in der grössten Kraft und mit dem höchsten Zauber der Poesie dargestellt ist, so erscheint hier die Liebe auch in der grössten Einfachheit und so zu sagen normalen Beschaffenheit, während die andern eben genannten Stücke sie theils in ungewöhnlichen Nüancen, theils in einer so eigenthümlichen Auffassung und Darstellung vorführen, dass man darin die Frucht einer späteren vielseitigeren Anschauung sehen möchte, nachdem das Normalbild in einem grossen Wurfe bereits gegeben worden. Dies wird auch bei den meisten zutreffen, nur eines müssen wir, so sehr es gerade von der einfachen Darstellung der Leidenschaft abweicht, noch vor Romeo und Julia setzen, die *Verlorene Liebesmühe*. Dieses eigenthümliche und für das Studium der Entwickelung Shakespeare's hochinteressante Stück ist wie ein Januskopf theils der spätern Vollendung der Shakespeare'schen Dichtung, theils den unvollkommeneren Stücken der Vergangenheit zugewendet. Es hat, wie die Veroneser, noch nicht scharf gezeichnete Charactere, ja es sind noch die typischen Figuren des Renommisten und Pedanten aus der italienischen Komödie herübergenommen, aber die Personen sind mehr in scharfen Contrasten gruppirt, als in irgend einem früheren Stücke; die Handlung ist einfach, schwach motivirt und seltsam, aber gleichmässig durchdrungen von bestimmten, mit der ganzen Anschauung des Dichters eng zusammenhängenden Gedanken. Dies gilt sowohl von der Haupt- wie von der Nebenhandlung, welche beide hier zuerst in grössere Scenen gesondert und doch wieder in geeigneter Art verbunden sind. Es ist die Uebertreibung im Studium und in der Enthaltsamkeit, das unmotivirte Ankämpfen gegen die natürlichen Triebe und insbesondere gegen die Liebe, was in dieser Komödie in vielfachen Variationen, mit treffendem Witz und grossem rhetorischem Nachdruck, zuletzt sogar ziemlich ernst verspottet wird. Jenes erstere Moment wird hauptsächlich zu Anfang und in den Reden, dann in einigen untergeordneten Characteren behandelt, im weiteren Verlauf und in der Handlung wird fast nur die Liebe verherrlicht. So sehr dieses Lustspiel nach Inhalt und Form gegen die früheren absticht, so finden sich doch nach beiden Richtungen deutliche Anknüpfungspunkte an dieselben. Die Lust am Studium und die Warnung vor Uebertreibung darin und vor Abwendung vom Lebensgenuss findet sich schon in der Zähmung der Widerspenstigen im ersten Gespräch zwischen Lucentio und seinem Diener, ferner in den Veronesern, wo von der Reise der beiden Edelleute und dem Zweck ihrer Ausbildung die Rede ist. Hier ist auch das Ausweichen vor der Liebe und die Strafe dafür erörtert und von Valentin in kürzerer Weise gesagt (I, 1. II, 4), was in der Verlorenen Liebesmühe der Gegenstand der ganzen Darstellung ist. Von den vielen Parallelstellen, die hier in Betracht kommen können, mag nur als characteristisch hervorgehoben werden aus den Veronesern (I, 1, 32):

If haply won, perhaps a hapless gain,
If lost, why then a grievous labour won —

und aus der Verlorenen Liebesmühe (I, 1, 72):

Why, all delights are vain; but those most vain,
Which, with pain purchased, doth inherit pain.

Die Verlorene Liebesmühe bezeichnet aber auch namentlich insofern einen Wendepunkt in der dichterischen Laufbahn Shakespeare's, als es den älteren Stücken gegenüber ein Muster an Gewandtheit und Eleganz der Sprache, dabei, ganz im romanischen und euphuistischen Stil, voller Spitzfindigkeiten und Concepte ist, und zugleich der Dichter sich augenscheinlich von der Unnatur dieses Stils schon zu reinigen suchte. Dabei ist es schwer zu sagen, ob der Dichter die Personen des Stückes mehr hat characterisiren, oder in ihnen gewisse Typen parodiren, ob er in jenem Geschmack hat dichten oder denselben mehr hat verspotten wollen. Wie es uns scheint, hat er in übermüthiger Laune in der seiner Natur widerstrebenden Manier noch einmal absichtlich das geleistet, was er leisten konnte, um dann mit den aus seiner Seele gesprochenen Worten Birons (V, 2) von den Sommerfliegen der affectirten Rede, den tafftenen Phrasen u. s. w. ausdrücklich Abschied zu nehmen. Aber wie Biron gleich wieder in das ausländische *sans* verfällt und sich das rügen lassen muss, so hat sich auch Shakespeare nur allmälich von den Eigenheiten jenes Geschmacks losgemacht und die spitzfindigen Antithesen, die gesuchten Vergleiche kommen noch öfter und namentlich in den folgenden Stücken, Romeo und Julia, Ende gut Alles gut und den früheren historischen Dramen vor. Doch im Ganzen herrscht von nun an in allen seinen Dichtungen ein anderer Ton, es gewinnt die angelsächsische Natur vor der romanischen die Oberhand und Wahrheit, Kürze und Gedrungenheit des Ausdrucks haben es über die Zierlichkeit und Eleganz der Form davongetragen. Diese Wendung tritt schon scharf in dem Liede am Schluss des Lustspiels hervor, welches so ganz den nationalenglischen Volkston anschlägt, dass es in einem fast fehlerhaften Contrast zu dem Ganzen steht, doch ist dieser gewiss beabsichtigt worden, wie aus den Schlussworten des Armado hervorgeht, welche der gedachten Wendung eben Ausdruck geben: ‚Die Worte Mercurs sind rauh nach den Gesängen des Apoll. Ihr dorthin, wir dahin.'

Diese Wendung dürfte ein Hauptmoment sein, welches dem Stück gerade hier seine Stelle anweist, denn sonst würde man die Möglichkeit nicht läugnen können, dass es noch viel später angesetzt werden kann, wie denn auch einzelne Momente ergeben, dass es in der dramatischen Ausbildung des Dichters noch eine niedere Stufe bezeichnet. Die auferlegte Busse hat etwas sehr Unpoetisches und es will uns bedünken, dass die französischen Damen nicht ganz im Recht wären, den Rittern das Brechen eines Gelübdes, bei dem sie selbst so wesentlich interessirt sind und dann den von ihnen selbst verursachten Irrthum in der Adresse ihrer Liebesbetheuerungen so ernstlich zu rügen; dann ist es auch immer ein Fehler, die Reinigung und Busse für den im Stück erörterten Fehler hinter dasselbe zu legen.

Sehr merkwürdig ist auch, dass sich für das Stück bisher keine Quelle hat finden lassen, und daher die Annahme nahe liegt, dass der Dichter die einfache Handlung sich selbst construirt hat, um seiner eigensten Anschauung in den so eben berührten Richtungen Ausdruck zu geben.

Auf die Verlorene Liebesmühe werden wir nun gleich das bedeutendste der erotischen Stücke, *Romeo und Julia*, folgen lassen müssen. Der grosse Unterschied an poetischem Werth und Schwung, welcher diese Tragödie über die andern Dramen dieser Periode emporhebt, macht es schwer, sie in die Reihe derselben am richtigen Ort einzustellen, nicht minder der Umstand, dass die Tragödie in 2 Ausgaben vorliegt, von denen die ältere zwar, wie die damaligen Ausgaben gewöhnlich, vielfach verstümmelt sein mag, aber doch eine verschiedene erheblich unvollkommenere Redaction des Dichters verräth. Wir werden aber eine Trennung beider Ausgaben hier um so weniger vornehmen können, als die Verschiedenheit meist nur die Schönheit der äusseren Form, die feinere Ausbildung des Dialogs betrifft und weder der Abstand der Zeit zwischen beiden Redactionen, noch bei einer von beiden die Zeit der Entstehung mit Bestimmtheit überliefert ist. Denn auch die in der ersten Ausgabe befindliche Anspielung der Amme auf ein Erdbeben dürfte zu unsicher sein, um danach die Entstehung des Stücks auf das Jahr 1591 zu berechnen.

Wir glauben die Tragödie sogar etwas früher, in das Jahr 1590, setzen zu müssen. An sich würde es natürlich sein, dass der Dichter dem Gegenstande nach das Stück noch früher und vor andern erotischen Stücken gedichtet hätte, doch haben wir bereits angedeutet, wie natürlich es war, dass er erst nach einer längern Thätigkeit auf dem Felde des Lustspiels wieder den höhern Flug zur Tragödie genommen hat. Erst nachdem er an Tiefe der Anschauung gewonnen und das richtige Mass der dramatischen Darstellung im Allgemeinen gefunden hatte, vermochte er jenes erste Meisterwerk zu schaffen und das hohe Lied der Liebe zu singen. Aber es ist keineswegs blos eine Verklärung der Liebe, vielmehr hat er ganz im Sinne jener früheren Stücke, welche den Werth und die Macht der Leidenschaft in einzelnen Schattenseiten zeigten, und im Zusammenhange mit seiner ganzen Denk- und Anschauungsweise auch ihre zerstörende Macht hervorgehoben.

An die Veroneser erinnert der Wechsel der Leidenschaft bei Romeo, die Art wie Unbetheiligte derselben gegenüber gestellt sind, dort Valentin, hier Mercutio, Benvolio und Lorenzo, und von den Betrachtungen in Verlorener Liebesmühe enthält vieles in Romeo und Julia seine thatsächliche, mehr dramatische Begründung, so wie in jenem Stücke schon manches dramatisch dargestellt ist, was in früheren blos ausgesprochen war. Dagegen finden sich auch in Romeo und Julia einzelne Betrachtungen, wie die des Bruder Lorenzo (II, 3), welche die eigenthümlich doppelseitige Anschauungsweise des Dichters in einer bis dahin noch nicht vorgekommenen Ausführung und Deutlichkeit wiedergeben.

Ein bedeutender Fortschritt gegen die früheren Stücke zeigt sich auch namentlich in der Lebendigkeit und Bestimmtheit, sowie in der Gleichmässigkeit, womit alle Charactere gezeichnet sind, nur nach der grösseren oder geringeren Wichtigkeit sind sie mehr oder weniger ausgeführt. Auch die Gruppirung und gegensätzliche

Stellung der einzelnen Figuren ist hiernach künstlerischer und planmässiger, als in den früheren Dramen.¹) Abgesehen von der Art der Darstellung und Characterzeichnung finden wir in keiner der bisher betrachteten Dichtungen Charactere von der Originalität und Lebendigkeit des Mercutio, der Amme, von der Tiefe der Conception und Anlage, wie Romeo.

Ein weiterer Fortschritt ist in der dramatischen Diction zu erkennen, nicht nur in der hinreissenden Schönheit und dem Schwung der Sprache, sondern auch in der Art, wie Sentenzen und Gedanken zwar immer noch hier und da in längeren Reden abgehandelt werden, aber doch in engem Zusammenhange und in Harmonie mit der Handlung, so dass immer mehr die dramatische Action die Hauptsache und die Declamation in richtiges Verhältniss damit gesetzt wird.²)

Für eine Besprechung der allgemeinen Entwickelung scheint bei diesem Stück namentlich mit Rücksicht auf das Gesagte die Frage nicht zu übergehen zu sein, ob der Dichter darin auch dem italienischen Geschmack noch in derselben Art wie in den vorigen Stücken gehuldigt hat, besonders da von einer Autorität der Neuzeit (Hartmann) die Ansicht aufgestellt wurde, dass die Tragödie nur in sehr beschränktem Masse als Darstellung der Liebe gelten könne, dass das Wesen derselben darin, der romanischen Anschauung gemäss, vorzugsweise auf Sinnlichkeit basirt sei und daher nicht die germanische Gemüthstiefe befriedigen könne. Wir können nur so viel nachgeben, dass in dem Bilde, das der Dichter entworfen, allerdings mehr das Feuer der Leidenschaft als Gemüthstiefe vorherrscht, dass aber doch die ganze Hingebung der Liebe, das eigentliche Wesen derselben sich voll und rein ausspricht und in der Handlung nirgends eine sinnliche Regung anstössig hervortritt, im Gegentheil Romeo ist gerade ein Schwärmer mit mehr germanischer als romanischer Grundlage. Es sind ferner zwar ein gewisser südlicher Hauch, der in dem ganzen Stücke weht, und gewisse Eigenthümlichkeiten des italienischen Lebens unverkennbar, indess ist die Liebe darin auch wieder so universell und so wenig particular eigenthümlich gehalten, dass das Stück sehr wohl als ein Drama der Liebe, das für alle Nationen geschrieben ist und von

---

¹) Ausführlicher darüber haben wir uns im Jahrbuch VIII, 212 ausgelassen.
²) Man vergleiche darüber die begeisterte Characteristik, welche Ulrici davon giebt (Shakspeare's dramat. Kunst. 3. Aufl. II, 25).

ihnen nachempfunden werden kann, seine ewige Geltung behalten wird. Im übrigen ist noch vieles in dem Stück, was weit mehr germanischen Ursprung und Geschmack verräth, als romanischen, und einzelne Figuren, Mercutio, die Amme, der alte Capulet, sind fast ganz germanischen Ursprungs, so dass wir den Dichter unverkennbar auf dem Rückwege von der Nachahmung romanischer Vorbilder bemerken.

Unmittelbar hinter Romeo und Julia stellen wir den *Sommernachtstraum*, ein Stück, das vielerlei Schwierigkeiten für die Beurtheilung bietet und nächst Hamlet vielleicht den Kampf der Kritik am meisten herausgefordert hat. Für unsern Zweck könnte das Stück als von untergeordneter Bedeutung scheinen, wenn dasselbe, wie wir es thun, als ein Gelegenheitsgedicht angesehen wird, da bei einem solchen von aussen her die Dichtung und der Inhalt gegeben und der Flug des Dichters von vornherein beschränkt wird. Allein das Stück ist von so hohem poetischen Werth, von so leichtem und vollendetem Schaffen, dabei so im Zusammenhang mit und auch wieder so verschieden von den nahestehenden andern Dramen und gewährt so manche äussere Anhaltspunkte für seine Entstehung, dass es für eine Darstellung der dichterischen Ausbildung Shakespeare's von schwerwiegender Bedeutung ist.

Dabei wird zunächst zu constatiren sein, dass es die Hochzeit eines hohen Gönners gewesen ist, welche die Veranlassung zu der Dichtung gab. Wer dieser Gönner war, dürfte mit voller Bestimmtheit nicht festzustellen sein, doch ist von Elze[1]) mit grossem Scharfsinn nachgewiesen, dass dieses erste aller Hochzeitsgedichte zu der im Jahre 1590 stattgehabten Vermählung von Essex, nicht zu der Southampton's im Jahre 1599, wie man sonst öfter angenommen hat, gedichtet worden.

Hiernach ist die Entstehung des Lustspiels auf das Jahr 1590 zu setzen und würde in das 26. Jahr des Dichters fallen. Es würde damit harmoniren, Romeo und Julia kurz vorher und die anderen Stücke in die vorhergehenden 5 oder 6 Jahre zu vertheilen, so dass der Pericles etwa im 20. oder 21. Jahre des Dichters entstanden sein würde.

Indess wollen wir den Beweis Elze's nicht für ganz unumstösslich erklären, dass gerade zu Essex' Vermählung das Stück gedichtet worden, denn die persönlichen Verhältnisse des Dichters in

---

[1]) Jahrbuch III, 130. Ebenso Kurz, Jahrbuch IV, 268. Dagegen Hense, Jahrbuch VII, 277. Ulrici, Shakspeare's Dram. Kunst II, 287.

der damaligen Aristokratie sind uns zu wenig bekannt, als dass die Möglichkeit ganz ausgeschlossen wäre, dass das Stück zur Hochzeit eines andern englischen Grossen gedichtet worden. Zwar stimmen wir Elze auch in der Deutung bei, welche er in Verfolg seines Nachweises der sogenannten Vision Oberon's giebt, wenn wir auch zugeben, dass manches wieder dagegen spricht und die Beweisführung immer noch unvollständig ist:[1] dies aber scheint uns ganz unzweifelhaft, dass persönliche Anspielungen hier verborgen sind und dass solche dem Wesen des Dichters viel weniger widersprechen würden, als wenn darin nur eine allgemeine poetische Einkleidung gegeben sein sollte, welche hier in eine gezierte und nichtssagende Manier gerathen würde, die wir dem Dichter nicht zutrauen können.[2]

Ein weiterer äusserer Anhalt für die Zeit des Sommernachtstraumes ist die Anspielung auf Spenser, welche wir im Ganzen ebenso deuten wie Kurz[3] und aus der wir ebenfalls den uns völlig sicher scheinenden Schluss ziehen, dass das Stück vor dem Tode Greene's und vor 1592 zu setzen ist. Sollte daher auch nicht als feststehend gelten, dass der Zeitpunkt von Essex' Hochzeit auch als Entstehungszeit des Sommernachtstraumes angenommen wird, so würde er doch wenig später zu setzen sein und es würde dies in der von uns angenommenen Reihenfolge kaum etwas ändern. Einzelne Kritiker sind durch die Meisterschaft, mit der im Sommernachtstraum heterogene Elemente zu einem harmonischen Ganzen verbunden worden sind, und durch die Vollendung und Schönheit der Sprache veranlasst worden, den Sommernachtstraum weiter in die spätere und reifere Wirksamkeit des Dichters zu setzen, doch gerade die Form, die häufige Anwendung des Reims, der leichtere und mehr klare Versbau weist dem Stück eine frühere Stelle an und bei dem grossen Unterschied, den wir gegen die ersten Lustspiele bemerken, ist immer zu berücksichtigen, dass in jene Zeit auch die lyrisch-epischen Gedichte und die meisten der Sonette zu setzen sind, durch welche der Dichter sich allein eine bedeutende Formgewandtheit aneignen musste. In der Komposition und Zusammenfassung der Elemente entdecken wir zwar schon eine hohe Meisterschaft, doch keine, die nicht zu der Annahme der bezeichneten Entstehungszeit berechtigte.

---

[1] Vergl. darüber Hense, Jahrbuch VII, 277.
[2] Vergl. Delius in der Einleitung zum Sommernachtstraum.
[3] Jahrbuch IV, 268.

Nach der ganzen Empfindungsweise, die sich darin offenbart, gehört der Sommernachtstraum in die Frühlings- und Jünglingsperiode der Shakespeare'schen Dichtung und wir können das Jahr 1590 durchaus nur dem entsprechend finden. Müssen wir auch hier voraussetzen, dass der Dichter mit einer grossen Ueberlegenheit über der Leidenschaft steht, so offenbart sich doch andrerseits ein so jugendlicher Frohsinn und Uebermuth, wie wir ihn bei Shakespeare in den folgenden Stücken sehr bald nicht mehr antreffen.

Wie erheblich auch die berührten Momente für eine Bestimmung des Werthes, das Verständniss des Stückes im Zusammenhang mit der ganzen Dichtung Shakespeare's, sind, so würden wir doch auch ohne dieselben im wesentlichen zu demselben Resultate kommen und stimmen daher in manchen Punkten selbst mit solchen überein, welche die ganze von uns adoptirte Hypothese der Gelegenheitsdichtung verwerfen (z. B. A. Schmidt in der Einleitung zur neuen Ausgabe der Schlegel-Tieck'schen Uebersetzung). Ueberhaupt sind wir von der Annahme weit entfernt, dass der Dichter, wenn er hier ein Gelegenheitsgedicht geschaffen, sich nur dadurch zu seiner Dichtung hat bestimmen lassen und so zu sagen aus seinem poetischen Bildungsgange für eine Zeit lang herausgetreten ist. Im Gegentheil haben gewiss Veranlassung und poetischer Drang hier zusammengewirkt, nur ist es eben schwer zu bestimmen, in welchem Verhältniss; jedenfalls werden wir uns aus dem letzteren Momente manches erklären können, was einzelne Ausleger mit der Annahme eines Gelegenheitsgedichtes nicht in Uebereinstimmung bringen konnten. Shakespeare war allerdings nicht der Mann, sich gegen sein poetisches Gefühl einer Aufgabe zuzuwenden, die blos von äusseren Umständen dictirt war, aber er wusste alle drei Ansprüche, die des eigenen poetischen Dranges, die des grösseren Publikums und die der besonderen Gelegenheit zu befriedigen und ein fast wunderbares Resultat dieser Fähigkeit ist sein Sommernachtstraum. Der Stoff des Gedichtes ist wieder die Liebe, aber in ganz anderer Weise dargestellt als bisher. Die heterogensten Elemente sind zusammengebracht, um in parodistischer Weise und im Gegensatz zu Romeo und Julia darzustellen, wie die Liebe nicht als Alles bewegende Leidenschaft den Menschen ergreift, sondern wie er sich rein mechanisch von ihr hin- und hertreiben lässt, wie sie überhaupt ohne grosse Wirkungen theils überprosaisch, theils als neckischer Zauber empfunden wird. Zu Trägern der willkürlich und von aussen sich geltend machenden Macht und Wirkungen sind die Elfen gewählt und der Dichter hat damit zuerst übernatürliche Wesen auf die Bühne gebracht. Er hat dabei ganz an die Vorstellungen und den Aberglauben angeknüpft, den er auf heimathlichem Boden vorfand, aber doch nicht sich einseitig und urtheilslos demselben hingegeben, sondern sie in seiner Weise poetisch aufgefasst und harmonisch mit seinen Anschauungen und der realen Grundlage seiner Dichtung verbunden. Ein poetisches Interesse für diesen Gegenstand hat der Dichter schon in Romeo und Julia durch die bekannte Auslassung des Mercutio über die Feenkönigin verrathen, eine Auslassung, die wir eben blos dem poetischen Interesse zuschreiben können, da sie sonst mit der Tragödie wenig zu thun hat. Es scheint uns unzweifelhaft, dass die gedachte Stelle früher gedichtet und eingelegt ist, dass also Romeo und Julia in der Hauptsache früher vollendet war, als der Sommernachtstraum, denn das poetische Interesse würde sich, wie wir dies schon bei anderen Stücken geltend machten, schwerlich umgekehrt zuerst durch ausführliche Behandlung in einem ganzen Stück und dann durch eine einzelne noch dazu ziemlich unmotivirte Einlage kund geben. Auch in einzelnen Ansichten der Nebenpersonen in Romeo und Julia über die Liebe, selbst in der ovidischen Aeusserung Julia's, dass Jupiter des Meineids der Verliebten lache, finden sich die Spuren einer Auffassung, wonach die Liebe ihrem Entstehen nach unbegreiflich (also auf übernatürliche Einwirkung zurückzuführen) und in ihrem Gebahren lächerlich ist. So wenig eine solche Auffassung zur Verherrlichung eines Hochzeitsfestes passte, so war es doch andererseits die Art und Weise des Dichters, ihr Erscheinen als leichten Scherz zu behandeln, die es möglich machte, daraus eine Festvorstellung mit einzelnen Anspielungen zu machen, die für Eingeweihte verständlich, im allgemeinen aber nicht greifbar und für Keinen verletzend waren, obwohl wir einräumen, dass sich die Sache auch wieder entgegengesetzt darstellen und die Interpretation Halpins ebenso leicht lächerlich machen lässt, als uns hier eine allgemein allegorische Auslegung ohne persönliche Beziehungen widerstreben würde. Die parodistische Natur des ganzen Stücks scheint uns gerade bei einem Dichter wie Shakespeare, der alle Dinge von zwei Seiten zu betrachten pflegte, der in seinen humoristischen Darstellungen dicht neben dem tiefsten Ernst den heitersten Scherz zu entwickeln wusste, völlig verständlich, und daher auch nicht unangemessen, dass dieses Stück zeitlich dicht neben Romeo und Julia gestellt wird. Sehr leicht kann auch eine satirische Tendenz in dem Stücke verborgen sein, wenn wir auch nicht annehmen, dass das Ganze eine Satire auf damalige Theaterzustände und so zu sagen eine Apotheose der eigenen dramatischen Wirksamkeit Shakespeare's sein sollte, wie dies kürzlich in ausführlicher Darlegung nicht ohne Geschick versucht worden ist.[1])

Mit *Ende gut Alles gut*, welches wir jetzt den besprochenen Stücken anreihen, wendet sich der Dichter zuerst mit einer gewissen Entschiedenheit der Bahn zu, auf welcher er die bedeutendsten Lorbeeren erringen sollte. Wir sehen dabei immer noch von den historischen Stücken ab und dürfen sie um so mehr bei der Betrachtung der spontanen Entwickelung des Dichters ausscheiden, als bei ihnen der Gegenstand gewissermassen durch die geschichtlichen Vorlagen in der Hauptsache vorgezeichnet war.

Der Dichter hat sich in dem erwähnten Stücke zuerst in grösserem Umfange die Lösung eines psychologischen Problems zur Aufgabe gestellt. Die Werbung der Helena um Bertram, eines liebenden Weibes um den Mann, der sie verschmäht und der auf dem Character der Frau und ihrer Willensstärke beruhende glückliche Erfolg der Werbung ist der Gegenstand, den ihm seine Quelle entgegenbrachte und den er hier zuerst mit grösserer Tiefe behandelte und zum Mittelpunkt des Stückes machte, dessen übrige Elemente nach demselben Gesichtspunkte hin gebildet sind.[2])

Die Aufgabe, die sich der Dichter gestellt, setzt das Stück unmittelbar hinter die bisher genannten, könnte es aber in noch viel spätere Zeit rücken, allein die Art, wie er ihr nachgekommen, lässt es wieder nicht zu, dasselbe hinter eines der späteren zu stellen.

So heterogen das Stück von den unmittelbar vorhergehenden, von Liebes Leid und Lust (Verl. L. M.), Romeo und Julia und dem Sommernachtstraum auch ist, so ist doch der innere Zusammenhang unschwer nachzuweisen oder wenigstens der naturgemässe Bildungsgang des Dichters auch hier zu verfolgen.

Nachdem in Romeo und Julia die Liebe als Leidenschaft in all' ihrer Kraft und als normale Erscheinung bei beiden Liebenden dargestellt war, nachdem sie im Sommernachtstraum so zu sagen als in der gewöhnlichen Oberflächlichkeit erscheinende Schwäche einen entsprechenden Ausdruck gefunden hatte, beide Male mit einer gewissen Universalität, so wird hier eine absonderliche einzelne

---
[1]) (Herrmann) Über Shakespeare's Midsummer-Nights-Dream. Eine Studie. Wernigerode, 1874.
[2]) Der künstlerische Bildungsprozess hierbei ist sehr anschaulich und überzeugend von Elze in dem Aufsatz „Zu Ende gut Alles gut" im Jahrbuch VII. 24 fgg. dargestellt.

Erscheinung derselben zum Ausdruck gebracht. Es wird dabei die normale Stellung der Geschlechter zu der Leidenschaft von einer neuen Seite und in einer Richtung gezeigt, die in der Zähmung der Widerspenstigen ihre erste Darstellung gefunden hatte. Hier ist im Gegensatz dazu die Bezähmung des widerspenstigen Mannes durch die Liebe der Frau, wie dort der widerspenstigen Frau durch die Kraft des Mannes dargestellt. Wenn insofern beide Stücke inhaltlich verwandt sind, so ist ein grösserer Gegensatz in einem andern Stücke. Liebes Leid und Lust, gegeben und von vornherein beabsichtigt, schon durch den Namen, denn auch uns ist es völlig unzweifelhaft, dass wir in Ende gut Alles gut dasjenige Stück vor uns haben, welches Meres in seiner bekannten Schrift von 1598 als „der Liebe gewonnene Müh'" bezeichnet. Damit ist auch das Stück unzweifelhaft vor diesen Zeitpunkt gewiesen und wenn auch eine spätere Umarbeitung stattgefunden haben mag, so sind doch die Spuren davon zu einflusslos auf den Werth der Dichtung, um darauf erhebliche Rücksicht nehmen zu können. Auch inhaltlich ist die Verlorene Liebesmühe nicht so verschieden, da es sich hier ebenfalls um ein unnatürliches Ausweichen vor der Liebe und um ein schliessliches Obsiegen derselben handelt. Dagegen ist in der Behandlung ein grosser Gegensatz zwischen beiden Stücken, der uns aber ebenfalls darauf führt, beide nahe zusammen zu rücken. Was in der Verlorenen Liebesmühe ausgesprochen, aber noch nicht befolgt ist, das Verlassen des unnatürlich gezierten Stils, der tafftenen Phrasen und aller der im Gefolge des romanischen Geschmacks eingeführten Unnatur, ist in Ende gut Alles gut zur Ausführung gekommen. Der germanische Geschmack hat hier vollständig die Oberhand über den romanischen bekommen. Statt der gezierten, nicht recht lebenskräftigen Gestalten in Verlorener Liebesmühe, die nicht blos um die Anschauung des Dichters darzulegen so geworden sind, sondern an einer gewissen Aeusserlichkeit des Schaffens leiden, herrscht in Ende gut Alles gut so zu sagen eine gesündere Luft, eine mehr nüchterne aber kräftige Existenz, die Charactere sind von innen heraus construirt, tief angelegt und zum Theil vollendet ausgearbeitet, nicht blos äusserlich geformt. Doch ist es unverkennbar, dass der Dichter hier eben erst den Weg eingeschlagen hat, auf dem er die poetische Vollendung erreichte. Die Behandlung ist noch ungleich, einzelne Hauptfiguren, wie Bertram, in der Ausführung undeutlich, fast unvollständig, so dass der Character zwar nicht unnatürlich erscheint, aber doch nur mit Mühe nachzuconstruiren ist, ebenso erscheinen Hauptpartieen in den poetischen Motiven, das Wiederfinden und die Vereinigung Bertrams mit Helena zu stiefmütterlich behandelt. Ueber den Character der Hauptpersonen wird noch viel von andern gesprochen und weniger durch die Handlung selbst gezeigt, namentlich bei Bertram. Hierbei zeigen einzelne Aeusserungen darüber ganz die Shakespeare'sche Anschauung über die Characterbildung, über den zweifelhaften Werth einzelner Vorzüge, deren mögliches Umschlagen (I, 1. 47) ganz in dem Sinne und zum Theil mit denselben Ausdrücken, wie wir sie in reiferen Werken, Wie es Euch gefällt und Hamlet, finden, aber sie sind noch zu undeutlich und zu unklar, so dass wir nur im Zusammenhang mit den sonstigen Aussprüchen und Darstellungen des Dichters ein richtiges Bild von seiner Meinung bekommen. So sehr die Hauptpersonen einheitlich gruppirt sind, so finden sich doch noch Nebenpersonen, die als Nothbehelfe für die Fortführung der Handlung sich darstellen und sonst kaum Zusammenhang mit derselben haben. Ferner sind die komischen Nebenscenen, wozu wir die Entlarvung des Parolles bei ihrem Einfluss auf Bertram nicht rechnen, noch ausser Beziehung zur Haupthandlung und nur um der Belustigung des Publikums willen eingefügt, und einzelne davon, wie das erste Gespräch der Helena mit Parolles, das weder zu der idealen Haltung des Helena-Characters, noch zu deren augenblicklichen Stimmung passt, sogar recht störend. In dieser Beziehung hatten wir schon das frühere Stück „Verlorene Liebesmühe" höher gestellt.

Die Abwendung von dem gezierten Wesen zeigt sich ferner auch in zahlreichen einzelnen Ausfällen gegen die höfischen und Cavalierssitten, gegen übertriebenen Witz u. s. w. und findet eine positive Zurechtweisung und ein Musterbild in der Gedächtnissrede des Königs von Frankreich für Bertrams Vater.

Mit den bisher abgehandelten schliessen wir die Reihe der wesentlich erotischen Stücke in der Hauptsache ab, da nur noch einige zweifellos spätere Stücke dem Inhalt nach hierher gehören (Was Ihr wollt und allenfalls Viel Lärm um Nichts und Wie es Euch gefällt). Wir wenden uns nun zu der ungleich schwierigeren Aufgabe, mit den übrigen Dramen auch die Historien in die richtige Zeitfolge zu setzen. Es wird dies einerseits erleichtert, andrerseits erschwert durch den Umstand, dass die historischen Stücke einen planvollen Zusammenhang haben und dass bei dem Vorhandensein so vieler zweifellos älteren Stücke der Dichter an der gewaltigen Schöpfung der Historien nicht ununterbrochen gearbeitet haben kann und wahrscheinlich nicht einmal die einzelnen Stücke immer ohne abzusetzen geschaffen hat. Schon die 3 Theile Heinrich VI., welche inhaltlich am engsten zusammenhängen, verrathen, wie schon oben berührt, eine sehr unterbrochene Arbeit. Indem wir an das früher Gesagte anknüpfen, haben wir zunächst darauf zu verweisen, dass die ersten drei Lustspiele nach dem Anfang und vor Vollendung des ersten Theils, jedenfalls vor Schöpfung des zweiten und dritten Theils zu setzen sind. Schwieriger wird es uns, die reiferen und näher zusammenrückenden folgenden erotischen Dichtungen, Verlorene Liebesmühe, Romeo und Julia und den Sommernachtstraum einzureihen.

Hier kommen uns die vorhandenen äusseren Anhaltspunkte zu Statten, welche, so wenig genau sie sind, doch so viel feststellen, dass Romeo und Julia und der Sommernachtstraum in den Anfang des letzten Jahrzehnts und die Heinriche aus der Lancaster-Tetralogie gegen das Ende desselben zu setzen sind. Ferner geht aus der Zeit der ersten Ausgaben Richard III. (1597) und des alten nicht Shakespeare'schen Stückes gleichen Inhalts (1594), welches wahrscheinlich in Folge des Erfolges des Shakespeare'schen Stückes herausgegeben wurde, um solchen für sich auszubeuten,[1] hervor, dass Richard III. um die Mitte, wahrscheinlich schon in die erste Hälfte der neunziger Jahre zu setzen ist. Hiernach würde *Richard III.* nach Romeo und Julia, vielleicht auch nach der Vollendung von Heinrich VI. entstanden sein. Zwar könnte man zum Gegentheil versucht sein, wenn man Romeo und Julia als das dramatisch vollendetere Werk anerkennt und die mancherlei geschmacklosen Vergleiche, die undramatisch langen pathetischen und Fluchscenen, die auf die Handlung keinen Einfluss haben, in Richard III. berücksichtigt. Aber auch in Romeo und Julia fehlt es an längeren mehr declamatorischen als dramatischen Reden nicht, nur ist das Stück seinem Inhalt nach für die lyrische Form mehr geeignet und daher dieser Umstand weniger auffallend als bei den historischen Dramen. Nach der ganzen dichterischen Empfindung, die sich in beiden Stücken ausspricht, deutet Romeo und Julia mehr auf das Jünglingsalter des Dichters wie seiner Dichtung, während Richard III. mehr dem Mannesalter oder wenigstens dem Uebergang dazu anzugehören scheint. Auch wenn wir nochmals einen Rückblick auf die früheren Dichtungen werfen, scheint es glaublicher, dass der Dichter die erotischen Stücke wenigstens so weit im Zusammenhange geschaffen, dass er in Romeo und Julia und dem Sommer-

----

[1] S. Delius' Einleitung zu Richard III.

nachtsraum einen gewissen Abschluss auf diesem Gebiet erreichte, ehe er sich davon ab zu einer entfernter liegenden Dichtungsart gewendet. Bei den historischen Stücken wäre zwar an sich der gegenständliche Zusammenhang mit grösserem Recht geltend zu machen, doch ist derselbe ja ohnehin und mit Nothwendigkeit unterbrochen worden und es kann sich nur fragen, ob wir Richard III. und vielleicht die Vollendung Heinrich VI. vor die erwähnten erotischen Stücke setzen oder ob wir sie nach diesen an die späteren Historien anreihen. Die letztere Alternative scheint uns die richtige zu sein.

Wir haben oben bei Heinrich VI. bereits darauf hingewiesen, dass dem Dichter der Plan zur zusammenhängenden Behandlung eines grösseren Historien-Cyclus erst später gekommen sei. Doch scheint aus mehreren Scenen in der York-Tetralogie hervorzugehen, dass er unter der Beschäftigung mit derselben auch schon den Plan zur Lancaster-Tetralogie gefasst hat und vor Beginn derselben hat er unseres Erachtens noch *König Johann* in Angriff genommen, um den ganzen Historien-Cyclus damit einzuleiten. Die Beschaffenheit dieses Stückes bietet jedoch manche Schwierigkeiten für dessen Zeitbestimmung. Die Zusammenhangslosigkeit der Handlung, der Mangel an Einheit, die schwache Zeichnung der meisten auftretenden Personen und viele Eigenthümlichkeiten in Sprache und Versbau stellen es mit den früheren Stücken des Dichters, selbst mit dem ersten Theil von Heinrich VI. in eine Reihe, so dass Richard III. wie Romeo und Julia als reifere Producte erscheinen, andererseits enthält das Stück vieles, was wir nur einer gereifteren poetischen Kraft zuschreiben können und es ist auch schwer zu glauben, dass der Dichter vor Vollendung der York-Tetralogie sich an einen neuen historischen Gegenstand gemacht habe. Auch findet sich der Fehler der Zusammenhangslosigkeit und dramatischen Ueberflüssigkeit einzelner Scenen auch noch in zweifellos späteren, namentlich historischen Dramen des Dichters, wie z. B. in den beiden Theilen Heinrich IV. Wir werden also in obiger Annahme für die Zeit des Stücks nicht fehlgehen und danach eine planmässige Einleitung für den ganzen Cyclus darin erblicken, in der die staatlichen Elemente neben einander vorgeführt werden, aus denen die spätern Historien zusammengesetzt sind. Bei dieser Auffassung erhält die laxere dramatische Behandlung des Stückes eine Art Entschuldigung, wenn wir damit auch noch nicht alle Mängel desselben für gedeckt erachten können.

Der Dichter hat hier auch am deutlichsten seiner echt patriotischen und gesunden Anschauung, welche alle seine historischen Dramen durchdringt, in der Figur des Bastard Faulconbridge Ausdruck gegeben, einer Schöpfung, die ebenfalls verhindert, das Stück zu früh anzusetzen, da sie so manche Berührungspunkte mit den reiferen Dichtungen gewährt.

Der Bastard ist einer von den bedeutenderen Humoristen, die Shakespeare geschaffen hat, welchem aus allen früheren Stücken nur Mercutio einigermassen ebenbürtig ist. Wegen der Aehnlichkeit dieser beiden Figuren so wie wegen der berührten Unvollkommenheit in der Diction und vieler einzelner ähnlichen Bilder, glauben wir, König Johann möglichst nahe an Romeo und Julia und noch vor Ende gut Alles gut setzen zu müssen. Es ist nun zunächst zu erörtern, ob dieses Lustspiel vor oder nach *Richard II.* gehört. Für ersteres scheint der Zusammenhang zu sprechen, den Richard II. mit den folgenden Stücken der Lancaster-Tetralogie hat, aber dieser Zusammenhang ist auch sonst, wie wir sehen werden, unterbrochen und die Behandlung Richard II., die Sprache und Diction ist so verschieden von der in Heinrich IV., dass wir gern einen Zwischenraum vor diesem annehmen möchten. Vor König Johann hat Richard II. Tiefe in der Charakterzeichnung bei den Hauptfiguren, grössere Einheit, wie das tragische Pathos voraus, steht ihm aber sehr nahe in der ungleichmässigen Behandlung einzelner oberflächlich gehaltener Charactere, in der äusseren Form, dem häufigen Reim und der mit Concepten noch reichlich durchwachsenen Diction. Wir setzen daher Ende gut Alles gut mit Rücksicht auf seine oben erörterten Eigenschaften, namentlich die beginnende tiefere Characterzeichnung, die ersten Spuren des eigenthümlich psychologischen Systems und wegen so mancher Eigenthümlichkeiten, die es mit Hamlet in Verwandtschaft setzen,[1]) unmittelbar hinter Richard II. und vor Heinrich IV. Das letztere Drama ist augenscheinlich in Characterzeichnung, Sprache und der hinreissenden poetischen Wahrheit der Darstellung auf einer erheblich höheren Stufe wie Ende gut Alles gut und schon die Figur des Parolles ist offenbar früher geschaffen als Falstaff und Pistol, in welche sie gewissermassen zerlegt wird.

Wir müssen aber noch ein anderes Stück vor die Heinriche setzen, den ***Kaufmann von Venedig***, und es kann selbst zweifelhaft sein, ob dieses nicht noch vor Ende gut Alles gut gehört. Nach der Neigung zu tiefsinniger Characterzeichnung nähert sich Ende

---

[1]) Vergl. Elze im Jahrbuch VII, 235.

gut Alles gut mehr den späteren Stücken: nach der Gleichmässigkeit, Lebendigkeit und Vollendung der Characterzeichnung, und dies wird hier wol den Ausschlag geben, ist dagegen der Kaufmann von Venedig entschieden als das reifere und darum spätere Werk anzusehen. Die äusseren Kennzeichen der Sprache können auf das Gegentheil deuten, doch entscheiden sie hier weniger. Die häufigen Reime, die vorkommende Sonettenform, die geringere Gewandtheit der Sprache deuten bei Ende gut Alles gut auf einen früheren Zeitpunkt der Entstehung, wie die mehr gedrungene und unklare Diction auf die späteren Werke. Der leichte und klare Versbau im Kaufmann von Venedig, die blühende Sprache stellt dieses Stück einerseits mit dem Sommernachtstraum, andererseits mit den späteren Stücken der Lancaster-Tetralogie und Hamlet in nahe Verwandtschaft. Die äusseren bekannten Umstände lassen ebenfalls die Entstehung des Stückes möglichst früh annehmen, insbesondere wird dieselbe durch eine nachgeahmte Stelle vor das Jahr 1596 und durch eine Notiz in Henslowe's Tagebuch vor die Mitte des Jahres 1594 verwiesen, wenn wir unter der dort erwähnten Venetianischen Komödie den Kaufmann von Venedig zu verstehen haben, eine Annahme, die immerhin problematisch ist.[1]) Doch können wir unbeschadet der hier aufgestellten Reihenfolge auch das Jahr 1594 für den Kaufmann von Venedig annehmen. Es würden dann Romeo und Julia und der Sommernachtstraum in das Jahr 1590—1591, Richard III. und König Johann in die Jahre 1591—1592, Richard II. 1592—1593, Ende gut Alles gut in das Jahr 1593 und der Kaufmann von Venedig in den Anfang 1594 zu setzen sein.

Wenn wir auch Ende gut Alles gut unmittelbar dem Kaufmann von Venedig vorangehen lassen, so herrscht doch in beiden Stücken eine erheblich verschiedene Färbung und Stimmung, die uns wenigstens von der Annahme abhält, dass der Dichter in rascher unmittelbarer Aufeinanderfolge beide Stücke gedichtet. Wir sind daher zu der Annahme geneigt, dass die erste Redaction des Hamlet unmittelbar nach Ende gut Alles gut erfolgte, da beide Stücke, wie erwähnt, in Einzelheiten vielfach übereinstimmen und da Hamlet schon lange vor seiner Vollendung im ganzen Jahrzehnt in des Dichters Plan gelegen haben muss. Doch können wir uns die Verschiedenheit auch aus einer wechselnden Stimmung erklären, welche bei wechselvollen Erlebnissen natürlich auch rasch hintereinander eintreten kann.

---

[1]) Vergl. Delius' Einleitung zum Kaufmann von Venedig.

Der Kaufmann von Venedig ist sowohl an sich wie in seinem Verhältniss zu Shakespeare's anderen Stücken ein eigenthümlich gemischtes Drama, das komische und das tragische Element liegen hier so dicht neben einander, dass vielfach streitig gewesen ist, welches davon der eigentliche Boden des Stückes sei, andererseits ist das erotische Element, welches in den bisher behandelten Lustspielen die Oberhand hat, mit allgemeineren Lebensanschauungen und jener tieferen Auffassung der menschlichen Verhältnisse und Leidenschaften, wie sie dem Dichter in seinen späteren Stücken eigenthümlich ist, so verbunden, dass es zu wenig hervortritt, um das Drama noch zu den erotischen zu rechnen. So sehr es den Anschein hat, als wenn durch jene Einmischung des tragischen etwas Disharmonisches in das Stück kommen müsste, und so sehr man auch etwas der Art in dem Stück gefunden hat, worüber die Untersuchung nicht hierher gehört,[1]) so ist dasselbe doch aus einer offenbar sehr harmonischen Stimmung heraus gedichtet und wir möchten es sogar als das erste Werk des Dichters bezeichnen, welches die Sicherheit und Freude des Schaffens unwiderleglich an der Stirn trägt.

Die Lebensanschauung des Dichters tritt hier zum erstenmale in mehr umfassender Weise hervor. Wir können dieselbe bei aller Unsicherheit solcher Abstraction als eine gesteigerte Objectivität bezeichnen, die sich namentlich in dem Streben äussert, die Dinge in ihrer wahren Beschaffenheit, entkleidet von allem Schein, zu sehen und ihnen den wahren Werth zu geben, woraus sich für die Erkenntniss als Resultat der Satz ergiebt: nichts ist an sich gut oder böse, und für das Handeln das Masshalten in allen Dingen. Diese Anschauung durchdringt, wie wir an einem andern Orte nachzuweisen versuchten,[2]) den ganzen Kaufmann von Venedig und ist hier so zu sagen mit jener siegenden Freudigkeit behandelt, welche — dem damaligen Alter des Dichters entsprechend — zugleich Jugendfrische und eine eben gewonnene Sicherheit der sittlichen und praktischen Anschauung verräth. Aus diesen Gesichtspunkten wird sich auch überall der innere Zusammenhang des jetzt besprochenen Dramas mit den früheren, namentlich den erotischen, nachweisen lassen. Denn auch in diesen legte er allenthalben, am deutlichsten in den Veronesern, den Prüfstein der Echtheit an die Liebe, und da, wo er der Leidenschaft den gewaltigsten Ausdruck giebt, wie in Romeo und Julia, giebt er die Lehre, durch die Worte

---

[1]) Vergl. Elze, Zum Kaufmann von Venedig, Jahrbuch VI, 129.
[2]) Shakespeare als Dichter etc. S. 75 folg. Meissner im Jahrb. VII. 96.

des Lorenzo, wie durch den Verlauf der Tragödie: *love moderately* (II, 6, 14), dieselbe, welche sich im Kaufmann von Venedig auf dem Gipfel des Liebesglückes Portia zuruft (III, 2, 111) beiläufig in Worten und Bildern, die in ganz ähnlicher Situation der Freude auch Pericles äussert (V, 1, 192).

Im Kaufmann von Venedig ist die Liebe weniger als Leidenschaft, wie als Quelle dauernden Glücks dargestellt, eben dadurch, dass sie von jener Lebensphilosophie durchdrungen ist, befreit vom Scheinwesen und von Masslosigkeit. In sehr geschickter und höchst poetischer Art, durch eingestreute Liedchen, durch das Symbol der Kästchen, durch treffende Bemerkungen im Gespräch, nicht durch lange Declamationen, wie in frühern Dramen, wird das Wesen echter Liebe im Gegensatz zur Fancy, zur unechten und flüchtigen, klar und sicher bezeichnet, mehr in das Geben als das Verlangen und besonders in uneigennützige Hingebung und in die Beständigkeit gelegt. Zugleich hat der Dichter in reicherem Umfange seine Anschauungen gegeben, indem er die Liebe mit der Freundschaft in Verhältniss gesetzt und als Contrast die hauptsächlich von Eigennutz beseelte Gestalt des Shylock aufgestellt hat. Was in den Veronesern in unreifer, ja unerfreulicher und störender Art vorgeführt wird, wie die Freundschaft bei Proteus einer unwahren Liebe und andererseits bei Valentin (am Schluss) die wahre Liebe einer schlecht bewährten Freundschaft geopfert wird, das scheint im Kaufmann von Venedig im richtigen Verhältniss dargestellt, indem hier gezeigt wird, dass die Liebe, so echt sie ist, doch die Ansprüche, die sonst das Leben in berechtigter Weise macht, nicht beseitigen soll. Insofern ist der Kaufmann von Venedig das Gegenstück und die positive Ergänzung zu der in Romeo und Julia in negativer und nothwendig tragischer Weise gegebenen Anschauung von der Liebe.

Ueberblicken wir noch einmal den Gang, den die Entwickelung Shakespeare's bisher genommen, so begegnen wir zuerst der Neigung zum Wunderbaren, dann zum Ungeheuerlichen, Grässlichen, dem übertriebenen Ausdruck der Leidenschaft. Von da wird einerseits auf das Feld der Thatsachen, der Geschichte und andererseits der jugendlichen Liebesempfindung übergegangen. Der Gesichtskreis, welchen der Seherblick des Dichters umspannt, wird allmälig immer weiter, er sucht die Aussenwelt immer vollkommener zu erfassen und dabei macht sich die Polemik gegen das Scheinwesen geltend, die im Kaufmann von Venedig ihren ersten harmonischen Abschluss findet. Hierauf werden wir ihn die praktische Lebensweisheit immer mehr in philosophische Betrachtung vertiefen sehen. eine Richtung, die im Hamlet ihre Höhe erreicht, um dann die menschlichen Leidenschaften von der Tiefe der Erkenntniss der menschlichen Kräfte aus auf das lebendigste und wahrste zu erfassen und zum gewaltigsten Ausdruck zu bringen. In dieser Phase sehen wir ihn auf der Höhe seiner Ausbildung und in dieser hat er die vollendetsten und gewaltigsten Werke, Hamlet, Lear, Othello, Macbeth geschaffen. Was er nachher noch gedichtet, sind theils Wiederholungen der früher zum Ausdruck gebrachten Anschauungen, Verfolgen derselben nach einzelnen Richtungen, oder abschliessende Rückblicke auf den Gesammtstoff seiner dichterischen Thätigkeit.

Wir werden diesen Gang bei den einzelnen noch übrigen Stücken näher zu verfolgen haben und danach ein jedes an dem uns richtig scheinenden Orte einreihen können.

Zunächst müssen wir nochmals zum Kaufmann von Venedig zurückkehren und darauf hinweisen, dass namentlich auch die dramatische Kunst des Dichters sich hier auf einer bedeutend höheren Stufe zeigt als bei den früheren Stücken. Insbesondere ist die Durchdringung des Gedichts von den leitenden Gedanken und der echt dramatische Ausdruck derselben ein Vorzug, der dasselbe schon den besten Schöpfungen des Dichters anreiht. Man hat zwar gerade in Beziehung auf dramatische Einheit vielfachen Tadel gegen das Stück erhoben und namentlich wegen des fünften Acts gegen den dramatischen Bau Ausstellungen gemacht. Wir geben zu, dass darin eine Anomalie liegt, aber eine sehr poetische, die wir uns gefallen lassen können und durch welche wir jedenfalls nicht zu einer früheren Datirung des Stückes Veranlassung haben. Ein weiterer Fortschritt besteht in der harmonischen Gruppirung und der lebendigen Zeichnung der Charactere; sowohl hohe Ideal-Charactere, wie Portia und Antonio, wie die Mittel-Charactere verrathen die Schöpferkraft des Meisters und namentlich ist in Shylock ein gewaltiges Characterbild geschaffen, wie es der Dichter bis dahin noch nicht aufgestellt hatte.

Das nächste Drama, *Heinrich IV.*, verräth eine innere Verwandtschaft mit dem Kaufmann von Venedig dadurch, dass hier im Haupthelden, im Prinzen Heinrich, die Apotheose der scheinlosen Echtheit gefeiert wird. In der sichern Klarheit, mit welcher die Verhältnisse hier behandelt sind, ohne dass dabei noch in die tieferen Schachte der Leidenschaft hinabgestiegen wird, sowie in der sprudelnden Lebensfreudigkeit, welche das ganze Stück durchdringt, erkennen wir denselben noch jugendlich frischen Standpunkt und dieselbe Gefühlsweise, in welcher der Kaufmann von Venedig geschaffen worden. Schon im zweiten Theil Heinrich IV. und in Heinrich V. scheint uns diese Frische allmälig abzunehmen. Es kann zweifelhaft scheinen, ob der Dichter von Haus aus den *zweiten Theil Heinrich IV.* und *Heinrich V.* im Plan gehabt hat, doch deutet darauf hin, dass im ersten Theil Heinrich IV. bezüglich des Königs selbst so gut wie gar kein Abschluss enthalten ist, so wie die Wahrscheinlichkeit, dass Shakespeare einen Anschluss an die York-Tetralogie gewinnen und eine möglichst harmonische Gestaltung des ganzen Cyclus bewirken wollte. An eigentlicher Bühnenwirkung, wie an dramatischer Composition stehen die beiden letzten Stücke entschieden unter dem ersten Theil Heinrich IV. und selbst dieses Stück dürfte, was dramatischen Abschluss und Concentration des Interesses betrifft, hinter Richard II. und Richard III. zurückbleiben. Man könnte daher hier einen Rückschritt, sogar mehrere Rückschritte des Dichters in der dramatischen Ausbildung annehmen, was auch bei Dichtern ersten Ranges nichts Unerhörtes sein würde. Doch werden wir bei den historischen Stücken in Bezug auf dramatische Composition einen andern Massstab anlegen müssen; der Dichter ist hier offenbar in bewusster Art andern Principien gefolgt, als z. B. in seinen Einzel-Tragödien aus der reifsten Zeit. Es war offenbar schon nach Vollendung der ersten historischen Dramen seine Absicht, die ganzen Historien zu einem grossen harmonischen Ganzen zu gestalten und wir müssen einräumen, dass er die anfangs losen Glieder der Kette ziemlich geschickt zum Ganzen verbunden hat. Er hatte zunächst die Heinrich IV. betreffenden Stücke nicht zu ungleichmässig gegen Heinrich VI. halten können, er concentrirte also die Handlung nicht so, wie er es vielleicht hätte thun können, sondern brachte vor allem Wechsel und Mannigfaltigkeit in die Darstellung, indem er allerlei Personen und Scenen aus verschiedenen Zeiten vorüberführte, die mehr im Grossen und Ganzen ein Bild der Zeit gaben, als die strenge Einheit eines einzelnen Dramas darstellten. Die Regierung Heinrich V. bot nun gar des dramatischen Stoffes wenig und die Heldenkämpfe in Frankreich eigneten sich mehr für epische Behandlung. Gleichwohl verlangte das Nationalgefühl gerade eine Verherrlichung dieser glorreichen Zeit und der Dichter gab sie und wusste sie harmonisch mit dem ganzen Cyclus zu verbinden, indem er in halb dramatischer, halb lyrischer Form die Thaten Heinrichs mit allem Aufwand einer schwungvollen Sprache verherrlichte und in den Mittelpunkt des ganzen Cyclus stellte, vor welchem einerseits die Unruhen bei Erhebung des Hauses Lancaster und andererseits nachher die gewaltigen Kämpfe der Erhebung der York'schen Dynastie sich abspielten, während in Heinrich V. die inneren Unruhen nur leise und vorübergehend bemerklich werden. Eine Tragödie, in welcher der Grund der staatlichen Wirrnisse gelegt ist, beginnt den Cyclus und eine andere, worin so zu sagen das Resumé des begangenen Unrechts gezogen und die politische Atmosphäre wieder gereinigt wird, schliesst das Ganze. In der Mitte ist die Pause und zugleich dithyrambische Erhebung und dazwischen die breite historische Entfaltung der Begebenheiten. Diese kunstvolle Gruppirung kann zum Theil bis ins einzelne weitergeführt werden und würde zu einem entgegengesetzten Resultat führen, als einzelne, z. B. in neuerer Zeit Benedix, gerade aus den historischen Stücken gezogen haben, um die dramatische Kunst Shakespeare's herabzusetzen. Das Genie des Dichters, welches sich hier zeigte, konnte freilich von dem rein handwerksmässigen Standpunkt moderner Bühnentechnik aus, wie ihn Benedix einnahm, nicht entfernt begriffen werden.

Im wesentlichen war der historische Cyclus von Dramen nunmehr abgeschlossen, denn Heinrich VIII. lag offenbar nicht im ursprünglichen Plan und in die Zwischenzeit bis zu jenes Erscheinen fallen zunächst noch die letzten Lustspiele und wenigstens einige der grossen Tragödien Shakespeare's. Die Lustspiele werden alle vor Hamlet und die späteren Tragödien einzureihen sein, schon weil wir für ihre Zeitbestimmung äussere Anhaltspunkte haben, wonach sie in die Zeit von 1598 bis 1602 zu setzen sind. Sie alle sind in Meres' Palladis Tamia noch nicht genannt und von zweien davon existiren Einzelausgaben, welche bei den Lustigen Weibern von 1602, bei Viel Lärm um Nichts von 1600 datiren. Wie es Euch gefällt ist neben dem letzteren Stück und Heinrich V. unterm 4. August des Jahres 1600 in die Buchhändler-Register eingetragen. Für Was Ihr wollt ergiebt eine Notiz aus dem Tagebuche Manningham's, dass das Stück am 2. Februar 1602 als ein ihm neues aufgeführt worden ist. In welcher Reihenfolge die vier Stücke gedichtet oder aufgeführt worden, darüber existiren sonst keine sicheren Notizen und es wird daher nöthig, solche nach der Beschaffenheit der Stücke selbst zu construiren. Danach nehmen wir folgende Zeitfolge an: *Die lustigen Weiber*, *Viel Lärm um Nichts*, *Wie es Euch gefällt*, *Was Ihr wollt*. Das erstere Stück hängt schon dem Gegenstand nach mit den letzten historischen zu nahe zusammen, als dass wir es davon erheblich trennen möchten. Bekanntlich existirt auch die bis in den Anfang des vorigen Jahrhunderts zurückgehende Tradition, dass das Stück in vierzehn Tagen auf Veranlassung der Königin Elisabeth geschrieben worden, um ihr Falstaff in einem Liebesverhältniss vorzuführen (s. Delius, Einleitung). Wir haben keinen Grund dies zu bezweifeln, und das Stück trägt auch in der That die Spur eines flüchtigen Schaffens, sowie davon, dass es nicht aus der Tiefe des Geistes seines Urhebers geflossen ist. Auch spricht sich in der Vorführung Falstaffs nicht entfernt das Behagen aus, wie dies in Heinrich IV. und im zweiten Theile schon weniger der Fall war.[1]) Die erwähnte Ausgabe von 1602 enthält übrigens nicht den Text, wie er uns jetzt vorliegt und ist wahrscheinlich nicht von Shakespeare, sondern eine unregelmässig und fehlerhaft zusammengesetzte Ausgabe, welche jedoch die vorherige Aufführung des echten Stückes voraussetzt, das auch in der vollkommenen jetzt vorhandenen Gestalt nicht füglich in eine spätere Zeit zu setzen ist. Seiner Beschaffenheit nach ist es auch insofern merkwürdig, als es das einzige reine Lustspiel Shakespeare's ist, indem darin alles auf der komischen Grundlage ruht und weder tragische noch wunderbare Elemente eingemengt sind, denn dazu können wir den Maskenscherz der Elfendarstellung kaum rechnen. Es ist auch ferner von den freien Dichtungen Shakespeare's, sofern sie nicht einen mythischen Anflug haben, das einzige, welches auf heimathlichem Boden spielt, während für alle andern Lustspiele der Schauplatz fremder Länder gewählt ist. Daher würde das Stück den Begriff eines modernen Tendenzstückes an sich tragen, wenn darin die Verspottung irgend einer zeitgemässen Schwäche oder Verkehrtheit den Mittelpunkt bildete, wenn z. B. die Anschauung von Ulrici richtig wäre, der darin die Entartung des Ritterthums mit satirischer Tendenz dargestellt wissen will. Um dies anzunehmen ist aber die Ritterlichkeit Falstaffs viel zu wenig im Vordergrund und viel zu vereinzelt gehalten, es würde dem auch die erwähnte Veranlassung der Dichtung völlig widersprechen, so wie insbesondere die durchaus nicht satirisch gehaltene Verherrlichung des Hosenbandordens in A. 5, Sc. 5. Diese ist wieder ein Beweis dafür, dass wir es mit einem Gelegenheitsstück zu thun haben und harmonirt mit der erwähnten Tradition. Der Dichter hat allerdings vielfach die Modethorheiten der Zeit, auch das falsche Ritterthum, die in Aeusserlichkeiten sich darstellenden Eigenthümlichkeiten desselben, den Cavalier- und Hofton verspottet, und wir begegnen

---

[1]) Ueber den veränderten Character Falstaffs s. Ulrici, Shakespeare's dramatische Kunst, B. 2, S. 344 fgg.

schon im Pericles und dann von der Verlorenen Liebesmühe und Romeo und Julia an sehr häufig treffenden und scharfen Ausfällen in dieser Richtung, doch dürfen wir in keinem Stücke so zu sagen den Schwerpunkt und Mittelpunkt in solcher satirischen Tendenz suchen. Vielmehr characterisirt sich das Lustspiel auch insofern als Gelegenheitsstück in dem angedeuteten Sinne, dass gerade nur die Darstellung Falstaffs als Verliebten in einer einheitlichen Handlung gegeben ist, sonst aber allerlei komische Gestalten und Situationen hineingezogen sind, ohne zum Hauptinhalt der Dichtung in eine so harmonische Beziehung gesetzt zu sein, wie dies bei den anderen Dramen aus des Dichters reiferer Periode mehr oder weniger der Fall ist.

Hiernach finden wir in diesem Stücke, wie es ja bei der Veranlassung nicht zu verwundern, keinen eigentlichen Fortschritt der dramatischen Kunst Shakespeare's, wenn wir nicht als solchen die einheitliche Zusammenfassung rein komischer Elemente und die vollständige Basirung der Handlung auf dieselben gelten lassen wollen.

Das zunächst angesetzte Lustspiel *Viel Lärm um Nichts* zeigt die Elemente des entschiedenen Lustspiels und ernsten Dramas fast gleich gewogen, jedoch nicht so geschieden, wie in andern, in welchen die komischen Elemente in besondere Scenen verwiesen sind. An durchgebildeter feiner Characteristik, an harmonischer, echt dramatischer Gestaltung des Stoffes und Gedrungenheit der Sprache giebt das Stück den reifsten des Dichters wenig nach. Von Situationen erinnert manches an Romeo und Julia, namentlich der vorgebliche Tod Hero's und die Trostreden über denselben, das Zurückziehen der in ihrer Ehre gekränkten Hero, ausserdem noch an das Wintermärchen und an Pericles, das Verhältniss von Benedick und Beatrice an Biron und Rosaline in der Verlorenen Liebesmühe. Aber um wie viel feiner und lebensvoller ist die Darstellung und Characteristik in Viel Lärm um Nichts, als in jenen frühern Stücken! Ein ganz eigenthümlicher Character in dem Stück ist der schwarzgallige Prinz Johann, welcher ein Glied in der Kette von Personen bildet, die der Dichter auf der Grundlage eines melancholischen Temperaments gebildet hat, und zwar besonders häufig und nach den verschiedensten Richtungen hin in dieser Periode seines dichterischen Schaffens. Schon im Pericles und Titus Andronicus sahen wir bei den Titelhelden die Melancholie in verschiedenen Formen auftreten und ausserdem hat der Dichter schon in den früheren Stücken verschiedenes über die Melancholie als Temperamentsform und Geisteskrankheit mit fast auffallender und undramatischer Breite erörtert.¹) Nachdem dann in Romeo nur in leiser Mischung ein melancholisches Temperament dargestellt worden war, hat der Dichter vom Kaufmann von Venedig an eine Reihe der verschiedensten eigenthümlich von ihm geschaffenen Characterformen auf dem Grunde eines melancholischen Temperaments gebildet, bis er im Hamlet dasselbe zu einem Characterbilde von bewunderungswürdiger Tiefe und Reichthum verwendete, nach welchem er dann keine ähnlichen Charactere mehr geschaffen hat, denn der übertriebene Menschenhass des Timon ist auf eine andere Grundlage zurückzuführen. Verfolgen wir die dichterische Schöpfung in diesen Characterformen, so gewinnen wir einen, wenn auch nicht sichern, doch immerhin beachtenswerthen Massstab für Bestimmung der Reihenfolge der uns jetzt beschäftigenden Dramen. Zunächst hat der Dichter im Kaufmann von Venedig, Antonio, auf der Grundlage des melancholischen Temperaments einen sehr edeln, uneigennützigen Character gebildet, welcher nur in dem Glück Anderer seine Freude findet; dann hat er in dem eben besprochenen Stücke Viel Lärm um Nichts auf derselben Grundlage jenen gegentheiligen Character, den Bastard John, geschaffen, dem das Glück Anderer nur Pein bereitet und der sich dadurch zu schlechten Thaten hinreissen lässt. Diesen unerfreulichen Character hat der Dichter sehr wenig ausgeführt und darin mit künstlerischem Takt gehandelt, es ist aber klar, dass er ihn als Melancholiker gedacht hat und die Anschauung, dass aus solcher Temperamentsbeschaffenheit schwarze Thaten hervorgehen können, ergeben schon zwei frühere Stellen aus König Johann (III, 3, 42) und Titus Andronicus (II, 3, 333). Damit ist also der Ansicht widersprochen, die man jetzt mitunter antrifft, dass die Melancholiker die edelsten Menschen zu sein pflegten.

Offenbar hat der Dichter nach dem Kaufmann von Venedig erst im Prinz John sein gerades Gegenbild geschaffen, ehe er in Wie es Euch gefällt das viel reichere und eigenthümliche Characterbild des Jacques gebildet hat, welcher daher auch der noch reicheren Schöpfung des Hamlet viel näher steht, als jene anderen Melancholiker. Denn in der That hat der philosophische Faullenzer Jacques vieles gemein mit dem vor der That ausweichenden und ebenso gern reflectirenden Hamlet. Wir setzen daher unmittelbar nach Viel Lärm um Nichts das duftige Lustspiel oder eigentlich Pastoral-Drama *Wie es Euch gefällt*. Seine Eigenschaft als solches

---

¹) Vergl. die Stellen in meinem Buch: „Shakespeare als Dichter etc." S. 21 ff.

erklärt manche Abweichungen und macht es schwer, es gegen andere derselben Periode nach seinem poetischen Werth abzuwägen, jedenfalls ist ein poetischer Reiz über dasselbe ergossen, wie ihn Viel Lärm um Nichts nicht darbietet. Bei den Characteren zeigt sich eine weitere Aehnlichkeit zwischen Rosalinde und Beatrice und wir werden zweifellos die erste idealer gehalten finden, aber wir dürfen darin noch keinen Fortschritt des Dichters sehen, da die Verschiedenheit der beiden Charactere aus dem verschiedenen Character beider Stücke sich erklärt.

Als das letzte und vollendetste Lustspiel sehen wir *Was Ihr wollt* an und setzen es daher in das Jahr 1600 oder 1601. Es ist zugleich das letzte der erotischen Dramen und recht eigentlich das Lustspiel der Liebe und als solches das Gegenstück zu Romeo und Julia, wie wir an einem andern Orte nachzuweisen versuchten. So verschieden das Stück von dem nun folgenden Hamlet ist, so macht sich doch vielfach ein gewisser elegischer Ton darin geltend, welcher als ein Uebergang von den vorigen Lustspielen zu dieser Gedanken-Tragödie angesehen werden kann.

Auch im einzelnen finden sich in Was Ihr wollt Anklänge an Hamlet. Das Wesen der Schönheit und Tugend, in Was Ihr wollt identificirt (III, 4) und schon in Wie es Euch gefällt (III, 3) scherzhaft als ein Pleonasmus bezeichnet, wird von Hamlet in dem bekannten Gespräch mit Ophelia in ziemlich herber Weise erörtert (III, 1, 103), wohlthuender dann in Mass für Mass (III, 1, 188). Der König, in witziger Weise mit dem Bettler zusammengebracht, findet sich in Was Ihr wollt (III, 1, 6), wie in Hamlet ebenso der eigenthümliche Ausdruck „*honour at the stake*", in Was Ihr wollt (III, 1, 129) und in Hamlet (IV, 4, 56). Endlich ist das Behandeln des Malvolio als Verrückten, sein gleichsam passiv fingirter Wahnsinn eine Art Gegenbild zu dem Hamlet's und die vielfache Erwähnung der Melancholie, z. B. die *sad and merry madness* (III, 4, 15) in Was Ihr wollt weist auf denselben Gedankenkreis hin, in welchen der Geisteszustand Hamlet's und seine eigenen Worte darüber führen.

Indem wir nun zum *Hamlet*, der geistig bedeutendsten, wenn auch nicht poetisch gewaltigsten Schöpfung des Dichters gelangen, wird es wiederum schwer, sich nicht zu sehr in Einzelheiten und die kritischen Streitfragen einzulassen, welche gerade dieses Stück wie ein schwer zu übersteigender Wall umgeben. Die unendlich verschiedenen Ansichten, die über dieses Werk und namentlich den Character des Hamlet laut geworden sind, lassen sich in zwei grosse

Gruppen theilen, von denen die eine in Hamlet mehr den normalen Menschen erblickt und sein Verhalten aus der Situation entwickelt, in welche er gestellt ist, die andere aber aus seinem mehr oder weniger fehlerhaft gebildeten Character oder Gemüthszustand. Wir unsererseits halten uns überzeugt, dass nur in der letzteren Sphäre das Richtige liegt, da Shakespeare durchgängig und namentlich in seinen ernsteren Stücken den Fortgang der Handlung im wesentlichen aus dem Character der Hauptpersonen ableitet und namentlich den tragischen Erfolg auf gewisse Fehler und Unvollkommenheiten zurückführt. Wie sollte er gerade bei seinem offenbar durchdachtesten Werke die Handlung nur auf Aeusserlichkeiten basirt und in Hamlet nur das Opfer einer unglücklichen Situation und der Verbrechen Anderer darzustellen beabsichtigt haben! Wir haben unsere Ansicht bereits im Jahrbuch ausführlicher entwickelt[1]), wenn auch noch lange nicht ausführlich genug, um den vielseitigen Gegenstand zu erschöpfen oder auch nur das zu bringen, was sich zur Vertheidigung derselben sagen lässt, selbst wenn man sich auf das Erhebliche beschränken will. Wir können daher hier nur das Resumé wiederholen, dass der Dichter in der Person des Hamlet eine fehlerhafte Mischung der Geisteskräfte, ein Ueberwuchern des Verstandes, der Phantasie und der Reflexion über den Willen und die Thatkraft dargestellt, dass er die anderen Personen nach demselben Gesichtspunkt theils gegensätzlich, theils in einzelnen Abstufungen gebildet hat. Die Art, wie der Dichter dies aus dem spröden Stoff der alten Erzählung herausgearbeitet hat, zeigt ihn auf der Höhe seiner Kunst.

Die Charactere sind aus der Tiefe philosophischer Anschauung geschaffen und auf das sorgfältigste und feinste ausgearbeitet, allerdings mit jener nothwendigen und künstlerischen Modification der Genauigkeit, welche die feinste und ausgeführteste Zeichnung auf die Hauptperson und auf die andern in dem Verhältniss immer weniger davon verwendet, als sie eben Nebenpersonen sind. Die Entwickelung der Handlung, die Lebendigkeit des Dialogs, der Schwung und auch wieder die Natürlichkeit der Sprache sind von vollendeter Meisterschaft und vor allem verdient die harmonisch künstlerische Vertheilung und Abrundung der Scenen, der künstlerische Wechsel und Contrast im Ganzen wie im Einzelnen eine Bewunderung, der sich auch Solche nicht haben verschliessen können, welche den tieferen Intentionen des Dichters nicht folgen wollten.

---

[1]) VI, 277. Mein Buch „Shakespeare als Dichter etc.", S. 1.

insbesondere jene Gruppe der Situationserklärer, welche in der Behandlung manches Incongruente finden mussten, was sie gewöhnlich in bequemer Weise auf den Einfluss der Quellen und eine mangelhafte Durchbildung derselben zu schieben pflegten, obwohl gerade bei diesem Stück die sorgfältigste Feile und höchste Vollendung des Schaffens unwiderleglich aus jeder Scene spricht.

Hamlet ist, um gleich auf den Kern der Sache zu gehen, eine philosophische Dichtung, nicht blos, weil Hamlet philosophirt, sondern weil das Gedicht selbst ein Product philosophischen Studiums ist. Aber dieses Studium wird nicht auf Kosten der Poesie bemerklich, vielmehr ist das poetische Element durch das philosophische gehoben und beides ist auf das innigste durchdrungen. Dadurch, dass der Dichter mit philosophischer Tiefe in den Grund der Charactererscheinungen eingedrungen ist, hat er sie mit um so grösserer Wahrheit und Lebendigkeit, mit um so gewaltigerer poetischer Wirkung darzustellen vermocht.

Es wird hier, wo es sich um die Entwickelung der Shakespeare'schen Dichtungen in grossen Zügen handelt, nicht der Ort sein, um die philosophischen Ansichten des Dichters und deren Zusammenhang mit der Philosophie seiner Zeit speciell nachzuweisen, es mag auch vielfach angefochten werden, ob der Dichter überhaupt als Philosoph gelten darf, jedenfalls wird er selber auf diesen Character noch weniger Anspruch gemacht haben, als sein Geistesverwandter Montaigne. Wir sind auch weit entfernt, zu behaupten, dass der Dichter etwa im Hamlet andere philosophische Ansichten verrathen, als in seinen sonstigen Werken; im Gegentheil, ganz dieselbe Lebensweisheit und Anschauung, die der Dichter allenthalben in seinen lyrisch-epischen Gedichten wie in seinen Dramen aus verschiedenen Perioden seines Lebens kundgiebt und die schon in seinen frühesten Versuchen im Keime zu erkennen ist, spricht sich auch im Hamlet aus, aber allerdings liegt hier in der tiefsten Begründung und in der reichsten Zusammenfassung vor uns, was wir in seinen andern Dichtungen zerstreut und mehr in einzelnen Anwendungen finden, und nur im Kaufmann von Venedig in einer vollständigeren, wenn auch nicht entfernt so tiefen Darstellung angetroffen haben. Wir werden uns auch hüten müssen, alles, was wir an philosophischer Anschauung und namentlich im Hamlet ausgesprochen finden, gerade als das philosophische System des Dichters aufzufassen, im Gegentheil, gerade im Hamlet hat der Dichter die Gefahren philosophischer Reflexion dargethan, sowohl im Grossen und Ganzen, wie sie sich auf Character und Lebensstellung äussern, als da wo mit Spott auf einzelne Consequenzen philosophischen Denkens hingewiesen wird. Wir werden daher die eigene Philosophie des Dichters genau von solchen philosophischen Ansichten, die er aussprechen lässt, zu trennen haben. Die erstere war sehr einfach und ist im wesentlichen in den schon berührten Anschauungen enthalten. Das Masshalten hat er gewiss auch auf die Philosophie angewendet und die Ansicht Horatio's war gewiss seine eigene: dass man die Dinge nicht zu genau, nicht zu philosophisch betrachten müsse.

Nach dem Hamlet werden wir zunächst die Reihe der grossen Tragödien fortzuführen haben, von denen Hamlet zweifellos die erste war. Dass sie noch vor das Jahr 1602, spätestens in den Anfang dieses Jahres zu setzen, geht auch aus äusseren Daten hervor, aus der Auslassung in Meres' Aufzählung Shakespeare'scher Stücke vom Jahre 1598, aus dem Datum der ersten Ausgabe von 1603, worin das Stück als ein mehrmals *(diverse times)* aufgeführtes und aus der Notiz in den Registern der Buchhändlergilde vom 26. Juli 1602, worin es als ein kürzlich aufgeführtes erwähnt ist. Diese Notiz bezieht sich offenbar auf die vollendetere Ausgabe, wie sie dann im Jahre 1604 erschienen ist und auch der Herausgeber der unvollkommenern Bearbeitung von 1603 hat offenbar zu einer Zeit, wo die vollendete Bearbeitung bereits dargestellt wurde, und in Speculation einer Verwechselung mit dieser jene erste Edition veranlasst (vergl. Delius' Einleitung zu Hamlet).

Wir werden aber Hamlet noch früher als 1602 und zwar schon in das Jahr 1601 oder 1600 zu setzen haben, weil wir ihn für offenbar älter halten, als den *Julius Cæsar*, den wir vor den Mai 1602 ansetzen müssen.

Obgleich der Dichter mit Julius Cæsar ein ganz anderes und neues Gebiet betrat, das der römischen Geschichte, so steht doch dieses römische Stück mit Hamlet in einem innern Zusammenhange und mancherlei deutet darauf hin, dass er den Stoff gleichzeitig im Sinne gehabt und unmittelbar nach Hamlet bearbeitet hat.

Zunächst kann aus vielen Stellen, schon aus den frühesten Dichtungen Shakespeare's nachgewiesen werden, dass ihm die Geschichte Julius Cæsar's ein nicht blos bekannter, sondern auch oft gegenwärtiger Stoff gewesen. Die entschiedensten Hindeutungen darauf finden wir aber im Hamlet, in der Erwähnung des Polonius von seiner Darstellung des Cæsar, in der Erzählung der Erscheinungen vor dem Tode Cæsar's, und es würde namentlich die letztere schwerlich ihre Stelle im Hamlet gefunden haben, wenn schon vorher im

Cæsar dasselbe viel unmittelbarer dargestellt worden wäre. Dagegen verräth sich darin das beginnende Interesse für den Stoff des Cæsar und auch zur Bildung des Brutus-Characters führten ihn dieselben Anschauungen, die ihn beim Hamlet geleitet hatten, nur dass sie beim Brutus in einer anderen Richtung sich geltend machten. Wie dem Hamlet war auch dem Brutus eine schwere Aufgabe auferlegt, der er nicht gewachsen war. Beide waren Idealisten und es fehlte ihnen das Vermögen, in rein practischer Weise die gewöhnlichen Verhältnisse zu übersehen und zu behandeln. Bei beiden machten sich Conflicte verschiedener Pflichten geltend und wo Hamlet durch Schwäche des Willens nicht zum Handeln kommen konnte, handelte Brutus unbeirrt nach seiner Ueberzeugung, ging aber darin fehl aus Mangel an richtiger Erkenntniss der Verhältnisse. Wir müssen hier auch die Characterschilderung des Brutus hervorheben, welche über seiner Leiche gegeben wird (V, 5):

His life was gentle, and the elements
So mix'd in him that Nature might stand up
And say to all the world this is a man.

Dieselbe stimmt ganz zu der von Shakespeare augenscheinlich adoptirten, der Philosophie des Giordano Bruno entnommenen Anschauung von der Mischung der Elemente auch im menschlichen Character, welche im Hamlet so sehr hervortritt. Hier sind namentlich die Characterschilderungen des Horatio und des alten Hamlet ganz in derselben Art gehalten wie dort die des Brutus.

Schon aus diesem Grunde müssen wir die obigen Verse im Cæsar als unentlehntes Eigenthum Shakespeare's ansehen und also Drayton's sehr ähnliche Verse (in der zweiten Bearbeitung des Mortimeriados von 1603 und dann in der spätern Auflage von 1619) als eine Nachahmung Shakespeare's, nicht umgekehrt. Es erhellt also, dass der Cæsar nicht nach 1603 entstanden sein kann. Wir haben aber auch die weitere Notiz im Tagebuch des Theaterdirector Henslowe vom 22. Mai 1602, wonach vier Autoren mit der Abfassung eines Stückes, Cæsar's Fall, für seine Bühne, die mit der Shakespeare'schen rivalisirte, beschäftigt waren. Hiernach nehmen wir als Entstehungszeit des Cæsar den Anfang des Jahres 1602 oder das Jahr 1601 an. Von Ulrici wird zwar Cæsar viel später, 1605 bis 1606, gesetzt und zwar aus dem gerade hier nicht zu übersehenden Grunde, weil man annehmen müsse, dass der Dichter die römischen Tragödien im Zusammenhange, wenigstens ohne lange Zwischenräume, bearbeitet habe und er durch die Bearbeitungen Anderer (im Jahr 1604) zu seiner Dichtung veranlasst worden sein möge. Indess sind die letzteren offenbar umgekehrt durch den Erfolg seiner Tragödie Julius Cæsar hervorgerufen worden und das Verhältniss zu den andern Römer-Dramen, namentlich zu Antonius, weist zwar einen gewissen Zusammenhang nach, aber nicht in der Art, dass der Dichter von vornherein mehrere römische Stücke beabsichtigt haben muss und zu einer auf einander folgenden Bearbeitung sich veranlasst sah. Dies trat vielleicht später durch den andauernden Erfolg des Cæsar ein.

Gegen eine spätere Ansetzung des Cæsar dürfte auch namentlich die Sprache und das Versmass, sowie die Klarheit der Diction sprechen.

Was den poetischen und dramatischen Werth anbetrifft, so werden wir vom Hamlet zum Julius Cæsar kaum einen Fortschritt des Dichters constatiren können, und das Nachlassen des Interesses, welches schon im Hamlet vom vierten Acte an sich zeigt, macht sich noch viel mehr im Julius Cæsar geltend.

Da Julius Cæsar vor dem Mai 1602 entstanden, so müssen wir ihm ein Stück anreihen, welches von sehr ungleicher Beschaffenheit und gewöhnlich viel später gesetzt worden ist — *Heinrich VIII*. Dasselbe hat viel Schwierigkeiten für den Kritiker, insofern ziemlich bei jeder Ansicht, die über die Zeit und Veranlassung der Entstehung geltend gemacht werden kann, allerlei erhebliche Widersprüche hervortreten. Im Wesentlichen wird meist darum gestritten, ob das Stück zur Zeit der Elisabeth, also bis März 1603, gedichtet worden ist und gedichtet werden konnte, oder ob es in die Zeit Jakob's zu setzen ist. Man hat darin ein Gelegenheitsstück gesehen und die Vertreter der letzteren Ansicht haben es auf die Hochzeit der Tochter Jakob's (Elisabeth) mit Friedrich von der Pfalz bezogen. Wir dagegen theilen ganz die Ansicht von Elze und glauben uns auf seine ausführliche Nachweisung beziehen zu können, dass das Stück für die Aufführung vor Elisabeth bestimmt war und aus der letzten Zeit ihrer Regierung herrührt, dass durch ihren Tod die Aufführung unterbrochen und es später wieder aufgenommen und durch die vielleicht von fremder Hand herrührende Einschiebung des Compliments für Jakob zur Aufführung vor diesem möglich gemacht worden ist (Jahrb. IX, 55).

Wenn wir hiernach das Stück im Wesentlichen als ein Gelegenheitsstück anerkennen müssen, so werden wir weder nach einem geistigen Zusammenhang mit seinen sonstigen Schöpfungen forschen, noch einen Fortschritt in dem späteren Entwickelungsgang des Dichters constatiren dürfen. Es ist auch anerkannt, dass das Stück erhebliche Mängel hat und dass es kaum als ein Drama überhaupt, geschweige als ein Meisterwerk anzusehen ist, da es in verschiedene Gruppen zerfällt und ihm die Einheit des Interesses völlig gebricht.

Aus dem Bisherigen ergiebt sich schon, dass es von Hause aus nicht in des Dichters Plan gelegen, den Cyclus seiner Historien auch auf Heinrich VIII. auszudehnen. Doch scheint es uns unzweifelhaft, dass, wenn Shakespeare auch das Stück zu einer bestimmten Gelegenheit dichtete, er es doch als eine Art Fortsetzung und Abschluss des ganzen Cyclus behandelte und auch beim Publikum die Erwartung dessen voraussetzen konnte. Zwar sind die Fäden des Zusammenhanges namentlich mit Richard III. sehr schwach, wenn wir aber den ganzen Cyclus übersehen, so reiht sich demselben Heinrich VIII. als eine Art Nachspiel harmonisch an und zeigt in wahrhaft künstlerischer Weise dieselben Ideen, welche die ganzen Historien bewegen, gewissermassen consolidirt und in fester, ruhiger Gestaltung. Wie sehr wir auch darin die fortschreitende dramatische Bewegung und die Einheit der Handlung vermissen, so hatte der Dichter doch völlig Recht, wenn er in einem solchen Nachspiel, das eine stürmische Vergangenheit an die Gegenwart anknüpfen und die Zukunft in einem freundlicheren Lichte zeigen sollte, eine gewaltsamere und ungewiss spannende Handlung vermied und die Darstellung so zu sagen in ruhigere Bahnen lenkte. Vergleichen wir das Stück namentlich mit K. Johann, den wir als die Ouvertüre des grossen Werkes bezeichneten, so finden wir dieselben Elemente, welche in jenem Stück noch chaotisch durcheinander spielten, hier in Ordnung und Ruhe, die Legitimitätsfrage, Vasallenthum, Verhältniss von Religion und Kirche zum Staat, Beamtenwesen, alles ist geregelt und in erfreulicher Weise an die Gegenwart geknüpft.

In der Characterzeichnung verräth das Stück zwar den Meister, doch ist solche ziemlich oberflächlich und mehr skizzenhaft gehalten, was wir besonders dem Umstande zuschreiben, dass der Dichter schon den Hauptcharacter in einer gewissen Unbestimmtheit oder wenigstens nicht in voller Ausführlichkeit geben konnte, er hat ihn zwar täuschend ähnlich und mit greifbarer Wahrheit, aber so zu sagen in vortheilhaftem Profil dargestellt.

Offenbar ist, weil Heinrich VIII. in erster Reihe ein Schau- und Gelegenheitsstück sein sollte, der Dichter nicht mit der vollen Kraft seines poetischen Schaffens dabei gewesen, daher liess er nur einzelne Glanzlichter auf diejenigen Scenen fallen, welche durch poetische Schönheit sich auszeichnen und im Uebrigen sorgte er nur dafür, dass das Stück vermöge der hervorgehobenen Gesichtspunkte eben zugleich als Schlussgedicht seiner grossen patriotischen Epopöe sich den früheren dramatisch wirksameren anreihen konnte. Doch wenn es den einzelnen Personen aus den angegebenen Gründen auch an tieferer und sorgfältiger Characteristik fehlt, wenn die Zeit seiner Entstehung auf rein äusserlicher Veranlassung beruht, so geht doch aus Einzelheiten hervor, dass das Stück gerade in diejenige Periode des Dichters gehört, welche wir als die philosophische bezeichnen möchten und als deren eigentlichen Repräsentanten wir Hamlet anzusehen haben. In der Art, wie der König in Folge der vorhergegangenen Verläumdungen und zwar in unrichtiger Auffassung von Buckingham spricht, also in einer für den Gang der Handlung unwesentlichen und völlig entbehrlichen Erörterung, wird eine tief philosophische Anschauung über Characterbildung berührt und an dieser Stelle vielleicht am deutlichsten besprochen, welcher wir bei Shakespeare mehrfach begegnen und welche mit seiner ganzen Lebensansicht nahe zusammenhängt.[1]) Wir heben diese Anschauung um so mehr hervor, als sie in dem Stücke, das wir nun anzureihen haben, in *Mass für Mass* ganz unverkennbar eine weitere Anwendung findet. Der moralische Fall, den wir hier im Angelo bei all seiner geistigen Ausbildung sich vollziehen sehen, ist das ausgeführte Bild des von Heinrich ausgesprochenen Gedankens. Wir nehmen keinen Anstand, Mass für Mass für das nächst Hamlet philosophischste Drama des Dichters zu erklären. Es beweist nächst jener Tragödie am deutlichsten, dass der Dichter auch im Gebiet der Philosophie Studien gemacht hat und dass ihm die philosophischen Ansichten seiner Zeit geläufig, dass ihm namentlich Montaigne's und Giordano Bruno's Schriften bekannt waren. Den näheren Nachweis müssen wir uns vorbehalten und wollen nur, weil wir in gegenwärtiger Darstellung noch darauf werden zurückkommen müssen, bezüglich des Ersteren anführen, dass namentlich in der Rede des Herzogs über den Werth des Lebens unverkennbar Anschauungen Montaigne's und selbst Ausdrücke desselben wiederkehren.[2]) Während im Hamlet die philosophische Bildung zur

---

[1]) Wo also edle Gabe schlecht vertheilt
Erfunden wird — wenn erst der Geist verderbt ist —,
Verkehrt sie sich zum Laster, zehnfach wüster,
Als schön zuvor. (I, 2, 114).

[2]) Essais, l. I, cap. 19. Le long temps vivre et le peu de temps vivre est rendu tout un par la mort. — — Le continuel ouvrage de votre vie, c'est batir la mort. — — Le but de notre carrière c'est la mort. — — ibid. cap. 40. Mein Buch: Shakespeare als Dichter etc. S. 165.

tragischen Gestaltung des Helden beiträgt (was nun allerdings wieder alle die nicht gelten lassen, welche in Hamlet nur den Situationshelden sehen), ist eine solche Gefahr für den Character in Mass für Mass in andern Modificationen dargestellt. Der Herzog ist in ähnlicher Art wie Hamlet zu sehr zur Beschaulichkeit geneigt, um ein guter Regent sein zu können, und Angelo, der immerhin seiner tiefen und umfassenden Studien wegen als' ein Philosoph gelten kann, ist offenbar gegensätzlich zu Hamlet ein Beispiel, dass der natürliche Trieb durch das Studium nicht unterdrückt wird, sondern in menschlich fehlerhafter und doppelt gefährlicher Weise sich geltend macht. Nach dieser Richtung hin — wo es sich um den Conflict zwischen Naturtrieb und Lebenslust auf der einen, Ehrgeiz und Studium auf der andern Seite handelt — sind wir einer Darstellung desselben schon in Verlorener Liebesmühe begegnet und selbst im Dialog des Lucentio mit seinem Diener zu Anfang der Zähmung der Widerspenstigen zeigt sich eine Spur davon. Doch ist in unserem Stücke die Anschauung des Dichters hierüber mit einem sittlichen Ernst behandelt, wie dies bis dahin noch nicht geschehen war. Dieses Mass für Mass ist schon deshalb ein merkwürdiges Stück, weil sich darin eine fast abstossende Herbheit, ein schonungsloses Aufdecken des moralisch Widerwärtigen in den höchsten wie in den untersten Schichten zugleich mit einer Milde der Anschauung, einer allumfassenden Humanität und einer echt christlichen Gesinnung ausspricht, dass darin die sittliche Anschauung des Dichters auf ihrer Höhe erscheint. Vermöge der ersteren Eigenschaften weist das Stück den Zusammenhang mit Dichtungen aus der spätern Zeit, wie Timon, nach, während die letzteren mit jener heitern Seelenstimmung verwandt sind, welche sich am klarsten im Kaufmann von Venedig abspiegelt, mit welchem dieses Stück ja auch die beredten Erörterungen und noch nachdrücklicheren Darstellungen des Werthes der Gnade und die Polemik gegen das Scheinwesen gemein hat (vergl. mein Buch). Das Stück hat ferner nicht blos als Characterbild und Darstellung der tiefsten sittlichen Wahrheiten einen unvergänglichen Werth, es ist auch ein weiter Gesichtskreis auf staatliche Verhältnisse darin eröffnet, indem es Fragen der innern Politik behandelt. Dadurch nähert es sich den Historien und mit Heinrich VIII. insbesondere ist Mass für Mass gegenständlich verwandt, insofern die Ueberhebung und der Sturz Wolsey's eine ähnliche Situation darstellt, wie Angelo's Art und Weise, das Vertrauen seines Machtgebers zu täuschen.

Wenn wir die rein dramatische Entwickelung des Dichters in

Betracht ziehen, so werden wir hier gegen Hamlet, Julius Cæsar und Was Ihr wollt kaum eine Vervollkommnung wahrnehmen, doch kann auch das immerhin als ein Fortschritt gelten, dass die tiefsten Anschauungen des Dichters nach einer neuen Seite hin eine gleich vollendete Darstellung erhalten, nicht minder dass hier eine fortlaufende Nebenhandlung in die Haupthandlung harmonisch eingefügt ist, welche ganz dieselben Gedanken zum Ausdruck bringt, wie die Haupthandlung. Wir haben die Nebenhandlung in so umfangreicher Art bisher nur etwa in den Falstaff-Scenen und in Was Ihr wollt und in einigen der frühesten Stücke angetroffen und finden sie dann in keinem der folgenden Stücke in diesem so zu sagen harmonischen Parallelismus wieder. Von nun an verlässt er zunächst diese Form ganz, indem er in den grossen Tragödien keine komischen Nebenpersonen hat und in einigen andern Stücken dieselben mehr mit der Haupthandlung verbindet. An Tiefe und Schärfe der Characteristik wird Mass für Mass dem Hamlet kaum nachstehen.

Bei all dem wird unsere Ansicht viele Gegner haben, denn im Ganzen gehört das Stück zu denen, die weniger Beifall gefunden haben und finden werden, da gewöhnlich mehr der poetische Werth als die psychologische Tiefe berücksichtigt wird und nicht Jeder die edle Humanität und echt christliche Gesinnung des Dichters, die darin enthalten, sich aus dem Stück herausliest. Man hat sogar einzelne Momente der Dichtung, die damit zusammenhängen, dem Dichter zum grossen Tadel angerechnet und z. B. die poetische Gerechtigkeit darin vermisst, dass Angelo nach den schweren Freveln, die er begangen, noch Verzeihung erhält. Doch ist dabei nicht ausser Acht zu lassen, dass einerseits Angelo's Character an sich zu streng beurtheilt worden ist und dann dass eben die Gnade und Vergebung das Ziel ist, worauf das ganze Stück gebaut ist und dass es eine Eigenthümlichkeit des Dichters ist, seinen Gegenstand in den weitesten Dimensionen zu fassen, dass er also einen möglichst hohen Grad von Schlechtigkeit gerade absichtlich geschaffen hat, um die Wirkung der Gnade auf das eindringlichste darzustellen. Gerade in diesem Stücke hat er eine Menge scheinbar überflüssiger Personen, z. B. den Mörder Bernardino hineingezogen, um für die Hauptcharactere mannigfache Gegensätze zu schaffen und für die Wirkung der Gnade das weiteste Gebiet zu gewinnen. Wir können also hier die Begnadigung des Angelo nicht als Fehler, sondern als ein nothwendiges Glied des ganzen sehr harmonischen Kunstwerks anerkennen. Dabei müssen wir aber einen Rückblick auf einige andere Fälle thun, wo dem Dichter mit mehr Recht der Vorwurf gemacht werden dürfte, dass er gegen schlechte Personen die poetische Gerechtigkeit nicht handhabt. Es is dies am auffälligsten in Wie es Euch gefällt bei Oliver, in Ende gut Alles gut ist die Besserung Bertram's wenigstens in einigem Dunkel gehalten und die Art, wie Proteus in den Veronesern von seinem Freunde Valentin nicht nur Verzeihung, sondern auch noch die geliebte Silvia gewissermassen abgetreten erhält, ermangelt nicht nur jeder näheren Motivirung, sondern bringt auch einen entschiedenen Misston in das ganze Drama, welchen man daher auch auf Auslassungen und Corruptionen des Druckes zurückzuführen versucht hat. Doch fehlt dafür jeder nähere Anhalt und vergleichen wir das Motiv mit den erwähnten und namentlich mit den Sonetten, wo die gleiche übertriebene Nachsicht gegen den Freund so vielfachen Anstoss erregt hat, so können wir uns nicht verschliessen, die lyrische und dramatische Dichtung auf eine gleiche Empfindung übertriebener Nachsicht und zärtlicher Freundschaft zurückzuführen, die dem Dichter eigenthümlich gewesen sein und ihn dahin gebracht haben mag, in einzelnen Fällen die poetische Gerechtigkeit mit zu wenig Strenge zu handhaben. Diese Schwäche findet aber ihren Abschluss und ihre Läuterung in Mass für Mass und in den spätern Stücken begegnen wir solchen Motiven überhaupt nicht wieder, weil dann überhaupt solche längeren psychologischen Prozesse nicht mehr abgehandelt werden. Es kommen schon Umwandlungen vor, aber sie sind mehr nach dem Ausbruch der Leidenschaft zu gerichtet, es vollzieht sich mehr äusserlich ein rascher Umschwung, es werden aber die tiefsten Probleme der menschlichen Natur, die innersten Wirkungen und Verhältnisse der Seelenkräfte nicht mehr so berührt, wie in den zuletzt besprochenen Dramen. Deswegen sind die Darstellungen in den folgenden Stücken von nicht minder psychologischer Wahrheit, aber es werden mehr die Resultate des innern Seelenlebens, als dessen Vorgänge selbst, mehr die nach aussen tretende Leidenschaft, als die innere Entwickelung gezeigt. Darum sind die Stücke der folgenden Periode nun auch die dramatisch wirksamsten und der Dramatiker Shakespeare steht in ihnen auf seiner Höhe. Doch dürfen wir jene mehr psychologische Richtung als eine nothwendige Uebergangsstufe bezeichnen, indem wir annehmen können, dass Shakespeare, wenn er sich hier nicht so sehr in die psychologische Seite seiner Dichtung vertieft hätte, schwerlich mit solcher Wahrheit, Sicherheit und Kraft in seinen vollendetsten Tragödien die menschliche Leidenschaft darzustellen vermocht hätte. Dabei muss wieder hervorgehoben werden, dass der Dichter nicht etwa erst im Hamlet die psychologische Seite seiner Dichtung cultivirt hat, dass er ganz dieselbe Richtung auch schon früher verfolgte, wie denn der Hamlet offenbar das Resultat vieler Jahre ist, dass er sie auch später nie ganz verlassen hat, indem bei ihm die äussere Darstellung der Leidenschaft überall mit dem tieferen Studium Hand in Hand geht, aber es ist nur ein characteristisches Hervortreten der einen oder andern Richtung, was uns die bezeichneten Perioden anzunehmen bestimmt.

Ehe wir diese zweite Periode abschliessen, werden wir nur noch die späteren Zuthaten des Pericles und diejenigen Scenen desselben einzureihen haben, welche wir nach der obigen Darstellung unzweifelhaft in eine vollendetere Zeit des Dichters zu setzen haben. Diese Scenen, dies siegreiche Hervorgehen der Marina aus der unsaubern Gesellschaft, in welche sie im vierten Act gerathen ist, verrathen eine so grosse Verwandtschaft mit Situationen in Mass für Mass, dass wir sie nahe an dieses Stück setzen müssen und es frägt sich nur, ob vor oder nach dasselbe. Wir entscheiden uns für die erste Alternative und zwar, weil der im Pericles dargestellte Conflict weiblicher Tugend mit dem Laster mehr äusserlich, der Character der Marina oberflächlicher ist, als der Isabella's, die ganze Behandlung im Pericles einfacher, nicht mit den tiefsinnig psychologischen und politisch praktischen Fragen in Verbindung gebracht ist, wie in Mass für Mass. Es scheint wahrscheinlicher, dass der Dichter zuerst den Contrast einfach und dann in den künstlichen und feinen Verschlingungen behandelt hat, wie sie Mass für Mass darbieten, als umgekehrt.

Bei den nun noch zu besprechenden Stücken wird es schwerlich zweifelhaft sein, dass dieselben von den bisher behandelten zu sondern und nach diesen anzusetzen sind, doch sind über die Stelle der einzelnen sehr verschiedene Ansichten laut geworden und die wenigen äusseren Anhaltspunkte, die uns vorliegen, sind kaum geeignet, über die Reihenfolge im einzelnen eine grössere Gewissheit zu geben. Nur bei dem ersten, womit wir die Reihe zu eröffnen haben, bei König Lear, haben wir mehrere äussere Beweise, nämlich das vom Dichter benutzte, 1603 erschienene Buch von Harsnet, die Notiz, dass das Stück am 26. Decbr. 1606 vor König Jakob in Whitehall aufgeführt worden und die Ausgabe des alten König Lear vom Jahre 1605, welche auf dem Titel wiederholte Aufführungen in jüngster Zeit erwähnt und offenbar auf eine Verwechselung mit dem Shakespeare'schen Drama berechnet war.

Hiernach ist der König Lear in das Jahr 1604 oder kurz vorher zu setzen.

So verschieden das Stück von den vorher besprochenen ist, so würden wir doch auch aus inneren Gründen dasselbe unmittelbar an dieselben anschliessen und gleich hinter Mass für Mass setzen. Es ist die erste von den grossen Tragödien, worin wir eine grossartige Entfaltung der Leidenschaft, verbunden mit einem gewaltigen tragischen Pathos, antreffen. Wir können König Lear sogar vorzugsweise als die Tragödie der Leidenschaft bezeichnen, insofern der Inhalt so zu sagen die Entfesselung der Leidenschaften, das Gehenlassen des Naturtriebes im Grossen und Ganzen ist, wobei die von Sitte und Mass geleiteten Charactere nur ganz vereinzelt erscheinen. Ist es im Hamlet die Unwahrheit und das Unterdrücken der Natur, wovon die Menge der dargestellten Menschheit sich ergriffen zeigt, so im König Lear das masslose Gehenlassen einer wilden Natur, wobei die Maske der Unwahrheit und Verstellung nur vorübergehend vorgenommen wird und nur auf blöde Augen, wie die Lear's, berechnet ist.

Dieser allgemeinen, auch umfänglich grossen Darstellung entspricht auch das, ebenso wie im Hamlet, massenhafte Abschlachten der handelnden Personen zum Schluss des Stückes.

Gegen die dramatische Kunst lassen sich hier, wie im Hamlet, erhebliche Bedenken erheben, und während wir für unsern Theil dieselben beim Hamlet mehr auf den Gedankeninhalt des Stückes zurückführen, womit wir z. B. die retardirende Handlung erklären, so dass wir ein harmonisch vollendetes Kunstwerk darin erblicken, so macht sich im König Lear eine weniger concentrirte Handlung und der zweifellos kranke Geisteszustand des Helden geltend, der ihn mehr als Object wie als Subject der dramatischen Handlung erscheinen lässt. So gewaltig daher die Wirkung des König Lear ist, so beruht sie mehr auf dem grossartigen Pathos, das entwickelt wird, auf der Massenwirkung scharf gezeichneter Charactere, als auf dramatischer Einheit und Harmonie. Insofern würde der König Lear sogar unter den Hamlet zu stellen sein, doch zeigt er andererseits diejenige grossartige Entfaltung dichterischer Kraft, welche eben die Periode bezeichnet, welche er einleitet. Bei all dem zeigt sich gerade eine solche Verwandtschaft mit Mass für Mass, dass man annehmen muss, beide Stücke sind unmittelbar nach einander geschaffen worden. Wenn wir auch auf die leise Aehnlichkeit kein Gewicht legen wollen, dass in beiden Stücken der Herrscher sich seiner Macht entäussert und sie in die Hände von Unwürdigen legt; so begegnen wir doch in König Lear, gerade da, wo es der Dichter nicht mit der durch den Stoff gebotenen Entwickelung der Handlung zu thun hat, sondern wo er dem freieren Fluge der Phantasie folgt, also namentlich in den scheinbar zusammenhanglosen, doch von der richtigsten Anschauung geleiteten Reden des wahnsinnigen Lear, ganz denselben Bildern und Gedanken, die wir in Mass für Mass dargestellt und selbst in ähnlicher Art geäussert gefunden haben. Dieselben zeugen von so feiner Beobachtung, dass mehr der Dichter als der von ihm geschaffene König, der sich in so grober Weise täuschen lässt, aus ihnen zu sprechen scheint. Die heuchlerisch unterdrückte und verheimlichte Sinnlichkeit der Richter und Büttel, die Fehler strafen, welche sie selbst haben, sind solche Gegenstände und der Hauptinhalt der Phantasien Lear's. Man vergleiche König Lear IV, 6: *The usurer hangs the cozener;* I, 2: *The lusty stealth of nature.* Mass für Mass I, 3: *The stealth of our most mutual entertainment.* Ebenda II, 1, 23.

In Betreff der Abfassungszeit des *Othello*, welchen wir nun folgen lassen, sind zwar von Cunningham und Collier Notizen mitgetheilt, dass das Stück im August 1602 und dann am 1. November 1604 aufgeführt worden, doch sind dieselben theils als geradezu unecht, theils als unzuverlässig erwiesen. Wir sind daher ganz auf das Stück selbst angewiesen und nach seiner innern Beschaffenheit glauben wir es hier ansetzen zu müssen.

Die dramatische Kunst Shakespeare's steht hier auf ihrer Höhe, wenn auch gegenständlich dieses Stück nicht das erfreulichste ist und nicht den wohlthuendsten Eindruck hinterlassen dürfte. Allein was Concentration, Entwickelung der Handlung und dramatische Wirkung der einzelnen Scenen betrifft, so dürfte das Stück kaum seines gleichen haben, während es an Characterzeichnung und gewaltiger Entfaltung der Leidenschaft den besten Stücken des Dichters gleichsteht. Schon hiernach reihen wir das Stück unmittelbar an König Lear an, da wir nicht wüssten, was für Uebergangsstufen noch zwischen beiden Stücken anzunehmen und durch welche Stücke sie repräsentirt sein sollten. Auch durch das Ausscheiden des Narren, der nur in wenigen Scenen als Clown auftritt, wird jene Einheit und Concentration befördert und das Stück den modernen Anforderungen an das Drama entsprechender gemacht, als irgend eine der Tragödien Shakespeare's, nicht minder darin, dass keine Anachronismen vorkommen.

Auf den ersten Anblick bieten Othello und König Lear weder Aehnlichkeit noch Anknüpfungspunkte dar, welche einen geistigen

Zusammenhang oder eine auf einander folgende Thätigkeit des Dichters erkennen liessen. Beide Stücke stehen auf ganz verschiedenem Boden verschiedener Zeitalter und behandeln verschiedene Leidenschaften; König Lear ist, wie gezeigt, mehr das Drama der Leidenschaft überhaupt, Othello behandelt eine individuelle Leidenschaft und ist wesentlich, König Lear gar nicht, Intriguenstück. Dennoch finden sich einzelne Anknüpfungspunkte, welche auf eine nahe Zeitfolge der Entstehung und auf eine fortlaufende Beschäftigung des Dichters mit denselben Gegenständen schliessen lassen. Die Liebe der Tochter zum Vater und wie dieselbe durch die Liebe zum Manne beeinträchtigt wird, ist im ersten Gespräch zwischen Cordelia und Lear in verhängnissvoller Weise erörtert. In Othello findet das gleiche zwischen Desdemona und ihrem Vater in noch mehr präciser und ausführlicher Art statt, und während dort der Gemahl Cordelia's (Frankreich) im weiteren Verlauf des Stückes völlig zurücktritt, wird in Othello das Verhältniss zum Mann thatsächlich zu weiterer Darstellung gebracht und macht sich dabei die Zurücksetzung des Vaters in strafender Weise geltend. Schon hieraus lässt sich aus dem früher berührten Grunde annehmen, dass die Darstellung in Othello die spätere ist. Dabei mag nicht unerwähnt bleiben, dass hier, wie schon öfter, ein Motiv aufgenommen worden ist, welches schon im Pericles eine wenn auch mehr scherzhafte Behandlung gefunden hat (II, 5, 49) und dann in anderer Form im Sommernachtstraum wiederkehrt, der Glaube des Vaters, dass die Gunst der Tochter durch Zaubermittel gewonnen worden.

Von Characteren wird uns auch wenig Anhalt geboten, doch ist in Jago der letzte der grossen Bösewichter vom Dichter geschaffen und es verlohnt sich, einen Rückblick auf die beiden grössten früher geschaffenen, Richard III. und Edmund im König Lear, zu werfen. Diesen gegenüber scheint seinen Zwecken nach Jago der kleinste und nach den Gründen, die er für seine Bosheit hat, der schwächste. Bei jenen ist es wirklich Zurücksetzung durch die Natur in entgegengesetzter Weise — durch äussere Missgestalt oder illegitime Geburt — welche sie im Selbstgefühl eines überlegenen Geistes in Kampf mit der Menschheit treten lässt; bei Jago ist es ein ganz einzelnes und eingebildetes Verhältniss, das ihn zu seinen schlimmen Anschlägen veranlasst, der rücksichtslose Egoismus, der sich bei allen dreien zeigt, ist bei ihm viel feiner ausgebildet, je kleinere Ziele er hat. Wir würden deshalb annehmen, dass es die schwierigste und darum letzte Studie ist, die der Dichter in dieser Richtung gemacht hat. Edmund gegenüber ist auch der

Character viel ausführlicher begründet und erscheint als die vollkommenere poetische Bildung, so viel man auch an der Natürlichkeit des Characters zweifeln und in Rechnung ziehen mag, dass Edmund nicht in dem Grade eine Hauptperson des Stückes ist, wie Jago im Othello.

Die Diction fängt schon an, jene Gedrungenheit zu zeigen, der wir in den letzten Stücken begegnen, steht aber der noch ziemlich deutlichen Sprache im König Lear offenbar näher wie der in den letzten Römerdramen und im Timon.

An Othello reihen wir *Cymbeline* an, für welches Stück wir nur denselben Anhaltspunkt wie bei dem dann folgenden Macbeth haben, nämlich die Erwähnung in Forman's Tagebuche von 1610. Wir können aber auf die blosse Wahrscheinlichkeit, dass Forman ihm damals neu erschienene Stücke besprochen, nicht so grosses Gewicht legen, dass wir deshalb die aus dem Drama selbst sich ergebenden Gründe fallen liessen. Seiner Beschaffenheit nach und aus inneren Gründen ist Cymbeline zwischen Othello und Macbeth einzureihen. Es sind darin Elemente der romantischen und italienischen Novellendichtung, wie sie den Stoff für Othello hergaben, mit denen des nordischen Heldenthums, auf dessen Boden sich Macbeth bewegt, in ziemlich gleichem Verhältniss gemischt und insofern weist das Stück auch einigermassen auf König Lear zurück, in welchem die Intrigue Edmunds auch auf romanische Quellen zurückzuführen ist. Wie sehr auch Cymbeline seines ethischen Gehalts und so mancher Schönheiten wegen mit Recht gepriesen worden ist, so steht es doch an dramatischem Werth gegen die grossen Tragödien, an Gedankeninhalt auch hinter Mass für Mass bedeutend zurück, mit welchem es der Gattung nach einigermassen zusammengehörig ist. Es fehlt in Cymbeline an der dramatischen Concentration und es enthält zu viel ungenügend verarbeitetes episches Material, so dass es mit Recht als dramatisches Epos bezeichnet worden ist.[1]) Es dürfte daher gegen Othello als ein Rückschritt in der Ausbildung des Dichters betrachtet werden, wenn wir diesen Begriff jetzt, wo wir die Höhe derselben mit Hamlet und Othello erreicht haben, noch für erlaubt und passend halten dürfen. Wir finden es nur natürlich, dass Werke ersten Ranges nicht immer aufeinanderfolgen, sondern mit solchen von geringerem Werthe abwechseln, dass Shakespeare also die grossen Tragödien nicht alle hinter einander geschaffen hat, so dass die unmittelbare Aufeinanderfolge von König Lear und Othello, wenn wir dabei überhaupt Recht haben, mehr

---
[1]) Ulrici a. a. O. II, 385.

als Ausnahme wie der Regel entsprechend erscheint. Zwischen den gewaltigen Schöpfungen, wie sie die grossen Tragödien darstellen, dürfte der Dichter den poetischen Schöpfungstrieb wieder in geringerer Anspannung haben walten lassen und Werke geschaffen haben, worin er sich mehr gehen liess und die Leidenschaft nicht in so hohen Wogen fluthete. Namentlich als der Dichter die Höhe der Meisterschaft erreicht hatte, wird er weniger scrupulös gewesen sein, auch einmal ein minder vollendetes Werk auf die Bühne zu bringen und entweder in ungewöhnlicheren Formen sich zu ergehen oder zu absonderlichen und weniger günstigen Stoffen zu greifen. Hieraus werden wir uns zu erklären haben, dass wir in der letzten Periode seines dichterischen Schaffens Werken begegnen, in denen die Regeln der dramatischen Kunst in so ungleicher Weise gehandhabt sind und werden um so weniger Bedenken tragen dürfen, Othello und Cymbeline dicht neben einander zu setzen.

Nach dem geistigen Inhalt, namentlich so weit wir die dargestellte Leidenschaft und Intrigue, also das eigentlich Dramatische des Stückes berücksichtigen — der übrige Inhalt von Cymbeline, die wechselnden Abenteuer und Kämpfe, die dargestellt werden, ist wesentlich episch — zeigen beide Stücke fast denselben Inhalt, eine durch Intrigue aufgestachelte Eifersucht, und Jachimo ist selbst dem Namen nach der verkleiner'e Jago, dieser der Bösewicht mehr als Held, Jachimo mehr als Geck. Wir könnten zwar daraus den Schluss ziehen, dass Othello das spätere Stück sei, weil darin die gleiche Leidenschaft in viel grossartigerer und mehr detaillirter Weise entwickelt ist, doch begegnen wir der Eifersucht noch einmal in dem zweifellos späteren Wintermärchen, auch ist die Leidenschaft bei Posthumus in einem andern Character, in einer ganz andern Weise, mit so verschiedenen Empfindungsäusserungen dargestellt, dass wir darin fast ein geflissentliches Verwenden des in Othello Gegebenen und also gerade einen Beweis für die spätere Abfassung des Stückes erblicken möchten. Cymbeline weist auch bei anderen Punkten auf die nächst vorhergegangenen Stücke in einer Weise zurück, dass wir gerade hier die späteren Wiederholungen erkennen. Der ganze historische Boden ist derselbe wie im König Lear, die Versuchung Imogens durch Jachimo eine Variation der Scenen zwischen Angelo und Isabella in Mass für Mass, die Trostreden der Kerkermeister an Posthumus Wiederholungen der Trostrede des Herzogs in Mass für Mass in ähnlicher Veranlassung (III, 1) und einzelner Reflexionen Hamlet's im komischen Stil, und selbst mit Prinz Heinrich hat der unscheinbar edle

Leonatus viel Aehnlichkeit. Andererseits haben aus Cymbeline dichterische Motive in Macbeth eine weitere Ausbildung gefunden, namentlich der verbrecherische Ehrgeiz der Königin und ihr Verhältniss zu ihrem Gemahl und Sohn in Macbeth eine Umgestaltung in das rein eheliche Verhältniss und zugleich eine wunderbare Vertiefung erhalten.

Cymbeline ist das letzte Stück, in welchem eine Verbindung verschiedener Quellen vom Dichter angewendet worden. Von nun an finden wir immer mehr eine möglichst treue Benutzung der einen gewählten meist historischen Quelle, bei Macbeth der Chronik Holinshed's, bei den zwei römischen Stücken und Timon, so weit die Quelle von ihm handelte, des Plutarch. Bei Troilus und Cressida sind es die mittelalterlichen Erzählungen vom Trojanischen Kriege und wenn auch nicht feststeht, in welchem Umfange der Dichter hier mehrere Bearbeitungen und selbst in einzelnen Momenten die ursprünglichen Quellen benutzt hat, so ist es doch immer nur derselbe Sagenstoff, aus dem das seltsame Drama geschaffen worden ist. Auch im Wintermärchen ist die Quelle ausschliesslich und mit vieler Treue benutzt.

Der Dichter scheint also schon vom Cymbeline an so zu sagen bequemer gedichtet, einfacheres Material gewählt oder das complicirtere und in manchen Fällen auch das einfachere weniger durchgearbeitet zu haben. Daher die epische Breite und mangelnde Concentrirung der Handlung, der häufige Scenenwechsel, die Theilung des Interesses und ungleiche Motivirung der Handlung, der wir in diesen Stücken begegnen. Dem entspricht auch eine grössere Sorglosigkeit in Versbau und Sprache, Kühnheit und Tiefsinn im Ausdruck in gleichem Masse mit Undeutlichkeit desselben gepaart. Doch wenn wir auch anerkennen, dass die Werke dieser Periode auch in der äussern Form sich von den früheren deutlich unterscheiden, so können wir doch nicht zugestehen, dass aus der Beschaffenheit der Verse und dem Procentsatz der weiblichen Reime die Reihenfolge der Stücke mit einiger Sicherheit zu bestimmen ist, wie dies in neuerer Zeit öfter behauptet worden ist. Gerade das Resultat, welches Hertzberg (Einleitung zu Cymbeline S. 292, Th. 12 der neuen Schlegel-Tieck'schen Shakespeare-Uebersetzung) als mit der sonstigen Feststellung übereinstimmend bezeichnet, halten wir für unrichtig, z. B. dass Heinrich VIII. zu allerletzt und Verlorene Liebesmühe zuerst, der Kaufmann von Venedig neben die Veroneser und vor die Zähmung der Widerspenstigen zu setzen sei. Der Versbau ist nach unserer Ansicht nur ein allgemeines Criterium, nach welchem sich z. B. durchaus nicht bestimmen lässt, welches unter zwei nahe und selbst entfernter stehenden Stücken das frühere oder spätere gewesen ist. Es hängt dabei viel von der Färbung und so zu sagen Stimmung des ganzen Stückes, auch von der jeweiligen Stimmung des Dichters und der Sorgfalt, mit welcher er das Stück behandelte, ab. Wir treffen in zeitlich entfernt stehenden Stücken oft eine gleichartige Stimmung; und in nachweislich ziemlich gleichzeitigen Stücken eine sehr verschiedenartige an. Doch wollen wir auch die von uns eingeschlagene Methode, aus dem Gegenstand, dem Gedankeninhalt und dem dramatischen Bau den einzelnen Dramen ihre Stelle anzuweisen, keineswegs als sicher bezeichnen, selbst wenn es uns gelungen wäre, die erheblichen Momente richtig hervorzuheben.

Einen Zusammenhang und Uebergang von Cymbeline zu *Macbeth*, den wir für das nächste Stück halten, haben wir schon oben in den Quellen und in dem Verhältniss der Lady Macbeth angedeutet. Auch nach seinem poetischen und dramatischen Werth im Allgemeinen scheint es hier seine richtige Stelle zu haben. Die gewaltige Entfaltung der einen Leidenschaft, die Tiefe der Characteristik reiht das Stück den besten des Dichters an, andrerseits ist die Einheit mehr episch als dramatisch. Der Kampf des Helden ist zuerst rein psychologischer und später rein äusserlicher Natur, er besteht wesentlich in einem Feldzug, bei dem das Kriegsglück entscheidet. Was dazwischen liegt, die Entfremdung der Vasallen durch Tyrannei, ist eben auch nur eine sich nothwendig vollziehende Consequenz, nicht ein Kampf entgegengesetzter Kräfte, von dessen relativer Ungewissheit das dramatische Interesse abhängt. Die längere Scene zwischen Malcolm und Macduff verräth stark die Nachbildung der Chronik, wo sie noch ausführlicher sich findet, für die Haupthandlung dürfte sie ganz überflüssig sein, denn es erscheint selbstverständlich und keiner besonderen Motivirung bedürftig, dass die unzufriedenen Lords sich im Auslande mit dem Prinzen Malcolm vereinigen. Auch die äusseren Anhaltspunkte sprechen für die angenommene Entstehung des Stückes. Man lässt gewöhnlich nur die Notiz in Forman's Tagebuch und die Anspielung auf König Jacob gelten und entscheidet sich für den Werth des einen oder andern Grundes, je nachdem man die Notiz Forman's auf ein neues Stück bezieht oder die Anspielung auf Jakob nur in dessen erste Regierungsjahre setzen zu müssen glaubt. Uns scheint jene Notiz zu unsicher zu der Annahme, dass Forman ein neues Stück vor Augen gehabt, auch ist zu bemerken, dass er in ähnlicher

Weise in seinen von 1610 und 1611 datirenden Tagebüchern Cymbeline und das Wintermärchen erwähnt, schwerlich werden also alle drei Stücke ganz neu gewesen sein. Dagegen ist die Anspielung auf die Vereinigung der drei Kronen gewiss nicht zu weit von deren Vollziehung zu setzen, weil nur in den nächsten Jahren nach derselben eine solche von erheblicher Wirkung sein konnte. Wir halten hiernach die Bestimmung von Malone, der das Stück in das Jahr 1606 setzt und sich noch auf einige andere Umstände, z. B. auf eine Entlehnung aus Macbeth in einem 1607 erschienenen Buche (S. 173 folg. Varior. Edit.) bezieht, für richtig.

Von den weiteren Werken sind zunächst die beiden Römerdramen *Coriolan* und *Antonius und Cleopatra* anzureihen. Wir würden das letztere für das frühere halten, wenn wir annehmen dürften, dass es näher an Julius Cæsar, an welches Stück es sich inhaltlich anschliesst, zu setzen sei. Aber zweifellos liegen zwischen beiden so viele und so bedeutende Stücke andern Inhalts und andrer Richtung, dass dieser Gesichtspunkt hier gar nicht entscheiden kann. Dagegen hat Coriolan mit Macbeth dem Gedankeninhalt nach viel Verwandtes und steht ihm auch der dramatischen Form nach viel näher als Antonius und Cleopatra. In letzterer Beziehung tragen wir sogar kein Bedenken, es über Macbeth und überhaupt mit den vollendetsten Tragödien, die der Dichter geschaffen hat, mit Othello, Lear und Hamlet in eine Reihe zu stellen. Die Einheit und Entwickelung der Handlung, die gewaltige und doch harmonisch vertheilte Entfaltung der Leidenschaft, die consequente Ableitung der Handlung aus den Characteren, das grossartige Pathos und der tragische Conflict sind in wahrhaft mustergültiger Weise dargestellt und dass das Stück im Ganzen weniger gefällt, ist theils dem entlegeneren und nicht allgemein ansprechenden Gegenstande, sowie der herberen Empfindung, die sich hier immer weniger verläugnet, zuzuschreiben.

Die Verwandtschaft mit Macbeth ist sehr nahe, in beiden Stücken ist es die zügellose Manneskraft, welche das tragische Moment bildet, die sich in Macbeth zur Herrschsucht ausbildet und in Verbrechen verirrt und in Coriolan zu masslosem Selbstgefühl und Ueberhebung führt, durch welche dann ein rein politisches Verbrechen begangen wird.

In Antonius und Cleopatra ist dann auf Grund derselben Quelle, mit der sich der Dichter damals beschäftigte, des Plutarch, eine Gegenüberstellung des Einzelnen gegen den Staat und ein dadurch herbeigeführter tragischer Conflict dargestellt, der wieder auf der entgegengesetzten Grundlage beruht. Wie Coriolan zu sehr die That und den Ruhm voranstellt und darin eine Ueberspannung der Kräfte zum Schaden der eigenen Person ausübt, so legt Antonius zu wenig auf die That, den Ruhm und das Vaterland Gewicht und giebt sich in Erschlaffung der Kräfte dem eigenen Vergnügen hin, alle Fähigkeiten und edlen Regungen sind aus Mangel an Willen und Festigkeit unfruchtbar, ja schädlich für ihn, und er geht im Conflict mit den Ansprüchen, die das Vaterland an ihn macht, aus den entgegengesetzten Fehlern zu Grunde. Die dramatische Behandlung ist von der im Coriolan fast so verschieden, wie in beiden der Character der Helden. Eine gewisse Zerfahrenheit und Zusammenhangslosigkeit, ein Springen von Zeit zu Zeit und Ort zu Ort macht sich in diesem Stück in störender Weise geltend. Doch die Art und Weise, wie die Quelle fast ohne jede Durchbildung des Stoffes in Scene gesetzt, die Charactere, namentlich die Cleopatra in fast wunderbarer Art lebendig geworden, zeigt das dichterische Vermögen Shakespeare's immer noch auf seiner Höhe, wenn auch nicht das Bemühen, sich zu gewaltigen und harmonisch geordneten Schöpfungen zu erheben.

Für die Entstehung des Stückes giebt äusserlich ein Vermerk, wonach am 12. Mai 1608 ein Buch gleichen Titels in die Buchhändlerregister eingetragen worden, einigen Anhalt. Wenn das Stück auch nicht gedruckt worden, so dürfen wir immerhin annehmen, dass es das Shakespeare'sche Stück war, dessen Druck (wie damals gewöhnlich unberechtigter Weise) in Folge erfolgreicher Aufführung des Stückes beabsichtigt gewesen und dann unterblieben, vielleicht in Folge Einspruchs durch die berechtigte Schauspielergesellschaft.

Das Stück dürfte daher in das Jahr 1607 und Coriolan in das Jahr 1606 oder 1607 zu setzen sein.

Unmittelbar nach Antonius und Cleopatra setzen wir *Timon von Athen*, schon weil die gleiche Quelle Plutarch den Dichter auf die Bearbeitung dieses Stückes geführt zu haben scheint. Wir finden zwar in vielen, auch früheren Stücken des Dichters Timon von Athen erwähnt und es würde daher die Bekanntschaft mit dem Stoff nicht erst auf die Lebensbeschreibung des Antonius, wo die wenigen historischen Daten über Timon von Athen vorkommen, zurückzuführen sein, aber auch den Alcibiades hat Shakespeare offenbar aus Plutarch herüber genommen und ist auf dessen Person jedenfalls schon bei Bearbeitung des Coriolan, mit welchem Plutarch ihn in Parallele stellt, aufmerksam geworden. Die Rechtfertigung

der Parallelstellung des genialen Atheners, der vielleicht mehr
Achnlichkeit mit Antonius als mit einem andern der von Plutarch
geschilderten Römer haben dürfte, mit Coriolan, werden wir dem
alten Biographen selbst zu überlassen haben, merkwürdig bleibt es,
dass auch Shakespeare ganz unhistorisch den Alcibiades umgebildet
hat, um ihn nicht ähnlich, sondern in einem Gegensatz zu Coriolan
darzustellen, als einen, der in ähnliche Situation gestellt, in ruhiger
und gerechter Erwägung, mit gelassener Sicherheit nur die feindlichen Elemente des Vaterlandes, nicht dieses selbst bekämpft.

Was die dramatische Behandlung betrifft, so ist Timon ver-
möge der Einheit des Interesses und der gleichmässigen Entwicke-
lung der Handlung weit über das letztere Drama und etwa in eine
Reihe mit Macbeth zu stellen, mit welchem Stücke es auch das ge-
mein hat, dass mehr in der psychologischen Entwickelung und
Motivirung des Hauptcharacters, als in dramatischen Conflicten das
Interesse des Stückes beruht. An energischer Darstellung der
Leidenschaft bemerken wir hier noch eine gewaltige Erhebung des
Dichters, welche wir bei seinen späteren Stücken nicht mehr an-
treffen.

An Timon von Athen reiht sich *Troilus und Cressida* vermöge
der darin herrschenden Stimmung unzweifelhaft an und da das
Stück 1609 gedruckt worden, so werden wir es in dieses Jahr oder
vorher setzen müssen. In eine Erörterung über die eigentliche Bedeutung dieses merkwürdigen Stückes werden wir hier nicht einzugehen haben, besonders da durch Hertzberg und Eitner dieselbe
ihrer Grundlage nach durch Klarlegung der betreffenden Quellen
in der Hauptsache als festgestellt angesehen werden kann,[1]) wir
werden hier nur den Zusammenhang des Stückes mit der ganzen
Laufbahn des Dichters, mit seiner Anschauung und dramatischen
Kunst nachzuweisen suchen.

Das Eigenthümlichste an dieser Dichtung ist eine Seelenstimmung, die sich völlig vom Idealen abwendet und in schonungsloser
Nacktheit das Nichtige und Verwerfliche des irdischen Treibens
darstellt. Allerdings kommen in den Scenen, welche den Kriegs-
rath beider streitenden Theile darstellen, schöne Erörterungen über
die Ehre und treffliche Lehren der Staatsweisheit vor, aber theils
sind sie ohne organischen Zusammenhang mit dem Ganzen, theils
wird das, was Schönes und Erhebendes gesagt wird, durch entgegengesetzte Anschauungen wieder aufgehoben oder wenigstens als

---

[1]) Vergl. Jahrbuch VI, 169. III, 252.

erfolglos dargestellt. Im Timon wird wenigstens durch einzelne Erscheinungen, den treuen Flavius und die gleichgesinnten Diener, den theilnehmenden und massvollen Alcibiades ein versöhnendes und erhebendes Moment gegeben und der Menschenhass Timons überhaupt als ein verschuldeter und nicht berechtigter dargestellt; in Troilus und Cressida jedoch wird das ideale Moment nur schwach als ein kaum berechtigtes in dem getäuschten Titelhelden und höchstens in einzelnen Zügen bei Nestor, die durch dessen Verspottung reichlich wieder aufgehoben werden, zur Geltung gebracht, das Stück endigt in grellem Misston, und ist überhaupt fast nur ein einziger Misston. Dennoch zeigt sich in den Einzelheiten überall der grosse Meister und die reifsten Anschauungen, die wir in den besten Stücken des Dichters verstreut finden, finden hier ihre Wiederholung und mitunter den nachdrücklichsten und poetisch schwungvollsten Ausdruck und die eingehendste Erörterung. Sonderbar, dass in solchen Einzelheiten der dichterische Schwung so sehr hervortritt, während im Grossen und Ganzen die rein prosaische Anschauung ausschliesslich sich geltend macht.

Hiervon ist man zu der Vermuthung geleitet worden, dass der Dichter eine Fortsetzung des Stückes beabsichtigt habe, doch dürfte dem die ganze Anlage des Stückes entschieden widersprechen. Eine Fortsetzung hätte entweder mit dem Stück nicht zusammengepasst, oder es hätte in unerfreulicher Art die schon in genügender Vollständigkeit gegebenen Momente wiederholen müssen. Geben wir uns zufrieden, dass der Dichter nur das eine Stück dieser Art geschrieben hat, das immerhin im einzelnen vieles Werthvolle bietet, aber durch eine Fortsetzung oder Vergrösserung an Harmonie kaum gewinnen konnte.

Eine neue Darstellung rein menschlicher Empfindungen und Zustände gewährt in dem Drama das Liebesverhältniss, welches mit ungemeiner Naturwahrheit und Feinheit behandelt ist. Die weibliche Natur, welche der Dichter bisher regelmässig von ihrer idealen Seite, mitunter der gewöhnlichen Schwachheit unterliegend, ausnahmsweise zur Herrschsucht und zu verbrecherischem Thun entartet uns vorgeführt hat, ist hier von der Seite der Treulosigkeit und Koketterie, bei aller verführerischen Liebenswürdigkeit als die Seele vergiftend, dargestellt. In der Cleopatra, dem mit Cressida noch verwandtesten Character, finden wir neben fast allen Schwächen und Fehlern des Weibes doch auch die glänzenden Eigenschaften desselben und eine bis in den Tod standhafte Treue und Liebe für den Erwählten. In Cressida ist eben nur so viel Reiz aufgewendet, um zu verführen, und ausser der gewöhnlichen Klugheit und feinen Berechnung nichts, was mit ihr versöhnen könnte. Noch viel weniger kann das dargestellte Heldenthum für sich einnehmen.

Eine Aehnlichkeit, welche Timon mit Troilus und Cressida aufweist, ist die Figur des Apemantus, welche dem Thersites in dem andern Stück entspricht, nur ist Thersites noch erbärmlicher, auch von seiner eigenen Erbärmlichkeit durchdrungen, wo Apemantus heftig ist, auch noch feig. So sehr auch die Verschiedenheit beider Personen mit dem Character beider Stücke zusammenhängt und der Verschiedenheit beider entspricht, so dürfte doch Thersites als noch weiter ins Extrem der Menschenverachtung gehend die spätere Bildung von beiden sein.

Wie dem auch sei, beide Stücke sind offenbar unmittelbar nach einander geschrieben und die erwähnte Reihenfolge ergiebt sich auch daraus, dass Timon mehr mit den römischen Tragödien zusammenhängt.

Die beiden letzten noch übrigen Dramen, das *Wintermärchen* und der *Sturm*, werden schon deshalb hier als die letzten aufzuführen sein, weil die Annahme widerstrebt, dass ein Dichter wie Shakespeare, der wie kaum ein anderer in dem Unharmonischen das Harmonische, in dem Widerstrebenden das Ansprechende zu erblicken wusste, dessen eigentliches Wesen eine allumfassende Humanität ist, seine dichterische Laufbahn mit einem Misston wie Troilus und Cressida oder einer Apotheose des Menschenhasses wie Timon beendigt haben wird.

Beide Dichtungen sind auch von jeher als die letzten Shakespeare's angesehen worden. An äusseren Anhaltspunkten haben wir für das Wintermärchen das erwähnte Forman'sche Tagebuch, wonach das Stück also vor dem Mai 1611 gedichtet sein muss, für den Sturm ist eine solche vom 1. November 1611 verzeichnet gefunden worden, die Notiz hat sich aber später als Fälschung herausgestellt (Jahrb. VII, 35). Eine sicherere Zeitbestimmung sieht man in dem 1610 veröffentlichten Bericht Jourdan's über die Entdeckung der Bermudas-Inseln, aus dem einzelne Ausdrücke und Motive in Shakespeare's Drama übergegangen sein sollen. Neuerdings ist diese Annahme bedeutend erschüttert worden durch das Material und die Beweisführung, welche Elze in dem Aufsatz: „Die Abfassungszeit des Sturms" (Jahrb. VII, 29) gebracht hat. Nach diesem soll der Sturm bereits im Jahre 1604 gedichtet sein und dies namentlich aus einer auf den Sturm bezogenen Stelle in Ben Jonson's Volpone, einem nachweislich 1605 erschienenen Stücke hervorgehen. Doch so sehr wir die Richtigkeit der Gründe Elze's an sich anerkennen müssen, namentlich alles das adoptiren, was er gegen die Beweisfähigkeit der Gründe Malone's und anderer Ausleger sagt, die sich auf den Einfluss des obigen Buches von Jourdan beziehen, so können wir doch in der citirten Stelle keinen vollen Beweis für seine Zeitbestimmung finden. Zwar sind wir ebenfalls der Ansicht, dass die von Elze berufene Stelle auf Shakespeare zielt, obgleich darin nur im Allgemeinen den englischen Schriftstellern, namentlich denen, die im Italienischen bewandert *(happy)* sind, vorgeworfen wird, dass sie aus Guarini fast eben so viel entlehnten wie aus Montaigne. Die Beweisführung Elze's beruht nun aber darauf, dass, weil sonst keine deutlichen Entlehnungen aus Montaigne vorliegen, weder bei Shakespeare noch bei anderen Schriftstellern, hier nothwendig die bekannte, allerdings unzweifelhafte Entlehnung im Sturm[1]) gemeint sein müsse. Wir behaupten nun aber, dass eben auch anderweitig Entlehnungen Shakespeare's aus Montaigne vorhanden sind, welche B. Jonson in jener Stelle gemeint haben kann. Elze selbst weist auf solche Stellen hin, bei denen er aber die Aehnlichkeit zu entfernt hält, um die Anspielung B. Jonson's darauf zu beziehen. Wir haben unserseits bereits oben und anderwärts auf Stellen aus Montaigne verwiesen, welche uns von Shakespeare in einer Weise verwerthet zu sein scheinen, dass B. Jonson zu jener Anspielung veranlasst, wenn auch nicht berechtigt sein konnte, sofern er von einem Stehlen literarischen Eigenthums spricht. Dass er damit nicht einmal eine wirkliche Entlehnung, wie sie in jener Stelle des Sturms vorliegt, gemeint hat, sondern mehr die Anschauungs- und Darstellungsweise als nachgeahmt bezeichnen wollte, scheint auch aus den von Elze citirten Schlussversen:

He has so modern and facile a vein
Fitting the time, and catching the court-ear

hervorzugehen, sowie daraus, dass Shakespeare aus dem Pastor fido von Guarini, aus dem nach Jonson's Worten fast ebenso viel wie aus Montaigne entlehnt sein soll, nur sehr wenig und in ganz veränderter Art benutzte Stellen sich nachweisen lassen.[2]) Wir können ferner den Grund Elze's, dass wenn die Worte Ben Jonson's auf andere Schriftsteller, oder — fügen wir hinzu — auf andere Dich-

---

[1]) II, 1, 145—171. S. Delius' Ausgabe, Einleitung zum Sturm. Jahrbuch IX, 198.

[2]) Vergl. mein Buch: Shakespeare als Dichter etc. S. 210 folg.

tungen Shakespeare's gemünzt wären, er dann nicht nach derselben im Sturm noch die viel deutlichere Entlehnung aus Montaigne vorgenommen hätte, nicht als durchgreifend gelten lassen. Wir müssten, um dies anzunehmen, der Anspielung B. Jonson's eine allgemeine Verständlichkeit und Bedeutung für ihre Zeit beimessen, welche wir nicht voraussetzen und bei Shakespeare eine Aengstlichkeit vor derartigen Denunciationen, die wir ebenfalls nicht für wahrscheinlich halten. Dem gegenüber halten wir namentlich aus inneren Gründen die Zeit von 1605 als zu früh angesetzt. Elze erkennt selbst an, dass der Dichter im Sturm gewissermassen Abschied vom Publikum genommen. Wenn dies auch nicht ausschliesst, dass er dann noch einiges für die Bühne geschaffen hat, so würden wir doch bei jener Zeitannahme zu viele und zu bedeutende Stücke nach jenem Zeitpunkt setzen müssen. Selbst wenn die hier aufgestellte Reihenfolge nicht ganz adoptirt werden sollte, so würden doch wenigstens Macbeth und die beiden Römerdramen, wo nicht auch Othello, in welchem die Höhe der dramatischen Kunst erst erreicht worden, hinter das Jahr 1604 zu setzen sein.

Selbst die weniger werthvollen Stücke, Timon und Troilus und Cressida können unseres Erachtens vielleicht noch weniger nach einem solchen Abschied gesetzt werden, weil es nach einem solchen weniger wahrscheinlich ist, dass der Dichter dann nochmals aus der offenbar verbitterten Stimmung heraus, die in diesen Stücken sich ausspricht, die schon aufgegebene Beschäftigung wieder aufgenommen haben sollte.

Wollten wir aber annehmen, dass die meisten Stücke schon vor 1605 gedichtet worden, so würde bei aller Hochachtung vor des Dichters Leistungsfähigkeit es doch an's Wunderbare grenzen, wenn Shakespeare in dem Zeitraum bis dahin, da er doch auch von den rein praktischen Geschäften des Theaters in Anspruch genommen war, die zahlreichen Werke seines Geistes geschaffen haben sollte, und noch wunderbarer würde es sein, wenn er dann in der verhältnissmässig langen Zeit bis zu seinem Tode poetischen Schöpfungsdrang nicht mehr verspürt und nichts mehr geschaffen hätte. Vertheilt sich die Thätigkeit aber bis gegen das Jahr 1610 und nehmen wir dann den Sturm als das letzte Stück an, so ist es wohl eher glaublich, dass hierauf der Dichter die letzten sechs Jahre seines schon mehr vorgerückten Lebens des poetischen Schaffens sich gänzlich enthalten hat.

Nicht minder sprechen innere Gründe speziell dafür, dass jene beiden Stücke die letzten Shakespeare's gewesen sind. Sie machen, und zwar in höherem Grade der Sturm wie das Wintermärchen, abgesehen von den Kennzeichen der Sprache und des Versbaues, den Eindruck einer grossen dichterischen Reife, einer kühlen Ruhe, sie sind nicht mehr aus dem Drang dichterischen Schaffens hervorgegangen, nicht aus der Bemühung, psychologische Probleme zu lösen und die aufgewühlte Leidenschaft darzustellen, sondern geben die vollendete dichterische Anschauung in olympischer Ruhe wieder. Darin stehen sie gewissermassen — mit den oben hervorgehobenen Modificationen — in einer Reihe mit Troilus und Cressida und und scheiden sich nebst diesem Stück scharf von Timon, in welchem jene beiden Momente noch stark zur Geltung kommen.

Einen inhaltlichen Zusammenhang mit früheren Stücken zeigt nur das Wintermärchen, insofern darin die Eifersucht, die der Dichter in so verschiedenen Graden in mehreren Stücken dargestellt hat, in einer neuen Seite und eigentlich in der reinsten Form dargestellt, die dichterische Anschauung darüber gewissermassen abgeschlossen wird. Während in der Komödie der Irrungen, den lustigen Weibern von Windsor, Viel Lärm um Nichts, Othello, Cymbeline, selbst Antonius und Cleopatra, die Eifersucht immer als eine unberechtigte und meist durch äussere Intrigue herbeigeführte dargestellt worden, erscheint sie zuerst in Troilus und Cressida als berechtigte und im Wintermärchen als völlig unberechtigte, allen Vorstellungen und Bemühungen Anderer Trotz bietende Leidenschaft. Es ist also fast als hätte in diesen beiden auf einander folgenden Stücken der Dichter diese Leidenschaft in ihren entgegengesetzten Polen ihrer Entstehung nach noch einmal darstellen wollen. Schon darum dürfte es sich rechtfertigen, das Wintermärchen für das frühere Stück anzusehen.

Mit dem Sturm hat das Wintermärchen inhaltlich das Hervortreten des väterlichen Verhältnisses zu dem Kinde in Bezug auf dessen Liebe und Heirath gemein und wir möchten fast annehmen, dass dem Dichter die Behandlung dieser Fragen durch persönliche Verhältnisse nahe gelegt worden sei, doch passt dazu nicht die Zeit der Vermählung seiner Töchter (1607 und 1616) und um in der Trennung und dem Wiedersehen des königlichen Ehepaares im Wintermärchen ein Bild für die ehelichen Verhältnisse des Dichters selbst zu sehen, dafür fehlt es an thatsächlichem Anhalt und dürfte es auch dem Character des Dichters widersprechen, nur würde es mit der berechtigten Annahme übereinstimmen, dass der Dichter in seinen letzten Stücken ganz unabhängig von der Rücksicht auf äussern Erfolg und so zu sagen für sich gedichtet hat. Die besondere Vorliebe, mit welcher im Wintermärchen das ländliche Leben im vierten Act behandelt ist und der idyllische Hauch, der darüber gebreitet ist, sprechen dafür, dass der Dichter sich damals im unbeschränkten Genuss ungestörter Zurückgezogenheit wohl fühlte, was freilich keine Zeitbestimmung möglich macht, aber doch auf die spätere Zeit seines Lebens und auf den Schluss seiner dichterischen Laufbahn deutet.

Jene Sorglosigkeit gegen den Erfolg zeigt sich auch der dramatischen Form und Regel gegenüber, bei beiden Stücken nach verschiedenen Richtungen. Während im Wintermärchen mit Ort und Zeit in der freiesten Weise geschaltet wird und zwischen dem zweiten und dem ersten Theil nur ein äusserer Zusammenhang der Personen besteht, ist im Sturm Einheit der Zeit und des Ortes, so wie des Interesses, abgesehen von der loseren Verknüpfung der Nebenpersonen, in einer Art beobachtet, wie bei keinem anderen Drama Shakespeare's. Dennoch hat das Stück kein eigentlich dramatisches Interesse, da wir die ganze Handlung durch die widerstandslose Zauberkunst Prospero's geleitet sehen, die eine Ungewissheit über den Ausgang kaum zulässt. Während das Wintermärchen überwiegend episch ist, zeigt der Sturm eine eigenthümliche Mischung von dramatischen, lyrisch-elegischen, epischen und didactischen Elementen und die eingeflochtene Maske hat den Anschein, dass ein Gelegenheitsgedicht daraus gemacht wurde.

Wenn schon seiner poetischen Form nach der Sturm aus den engen Schranken der Gattung heraustritt, so ist er auch dem Gedankeninhalt nach von universellster Bedeutung. Es ist, als wenn in diesem Stück der Dichter seine poetischen und wir dürfen sagen philosophischen Anschauungen noch einmal zusammengefasst und in geklärtester Reife hätte zum Ausdruck bringen wollen. Dass er dabei mehr wie je mit der eigenen Person hervorgetreten und damit zugleich für immer von seinem Beruf und seiner Dichtung Abschied genommen, dürfte nur natürlich sein. Die Kraft und Bildung, das Vermögen des menschlichen Geistes in seinem weitesten Umfange, seinen höchsten Zielen und seinen entferntesten Grenzen ist es, was den geistigen Inhalt des Stückes bildet. Mit derselben Humanität, die den Dichter überall kennzeichnet, sind hier der Bösewicht wie der verwilderte Naturmensch behandelt und ist jedem der Weg zur Vervollkommnung gewiesen.

Wir versagen uns ein näheres Eingehen in das Stück, wodurch dasselbe in diesem Sinne als der Schlussstein der Shakespeare'schen Dichtung nachgewiesen würde, um so mehr, als wir uns auf die trefflichen und eingehenden Erörterungen von Johannes Meissner darüber berufen können.

Wenn auch das Stück auf einer engen Insel spielt, so weist es doch prophetisch auf die Cultur von Welttheilen hin, deren Entdeckung die erste Anregung zu dem Gedicht oder wenigstens zu wesentlichen Seiten desselben augenscheinlich gegeben hat. Wie aber dabei nicht blos äussere Ereignisse die Dichtung hervorgerufen haben, sondern der Hauptgedanke derselben schon lange tief im Dichter gelegen hat, beweisen nicht nur die zahlreichen Aussprüche über den Werth des Wissens, ähnliche Situationen in Mass für Mass, sondern auch, dass die Hauptfigur, Prospero, schon in seinem allerersten Werke, Pericles, in der Person des Cerimon vorgebildet ist. Ueberhaupt bietet Pericles gerade mit den beiden letzten Stücken des Dichters viele Aehnlichkeiten. Die Art, wie Pericles um Thaisa wirbt, wird im Verhältniss von Prospero, Miranda und Ferdinand vielfach wiederholt, die Trennung und das Wiederfinden von Frau und Tochter wird im Wintermärchen ganz ähnlich dargestellt. Der Sturm auf der See ist im Pericles mehrfach, einmal ganz ähnlich mit der ersten Scene des Tempest dargestellt und auch im Wintermärchen poetisch behandelt. Auch Perdita mit den Blumen hat ein Vorbild in Marina in Sc. 1, A. 4 des Pericles.

Es hat also fast den Anschein, als wenn der Dichter, nachdem er den Kreis seiner Anschauungen durchlaufen, nicht blos zu der zwanglosen Form, sondern auch zu dem Inhalt seiner frühesten Dichtung zurückgekehrt wäre.

Wenn wir nun das Resultat der bisherigen Erörterung ziehen, so würde sich folgende Reihenfolge für die Entstehung der Dramen ergeben:

1. Pericles 1585
2. Heinrich VI. Erster Theil 1586
3. Titus Andronicus 1587
4. Die Zähmung der Widerspenstigen
5. Die Komödie der Irrungen . . } 1588—1589
6. Die beiden Edelleute von Verona
7. Verlorene Liebesmühe 1589
8. Romeo und Julia 1590
9. Der Sommernachtstraum 1590
10. Heinrich VI. Zweiter Theil . .
11. Heinrich VI. Dritter Theil . . } 1588—1591
12. Richard III. . . . .
13. König Johann . . . . } 1591—1592

14. Richard II. . . . . 1592—1593
15. Ende gut Alles gut 1593
    Hamlet. Erste Bearbeitung.
16. Der Kaufmann von Venedig . 1594—1595
17. König Heinrich IV. Erster Th. }
18. König Heinrich IV. Zweiter Th. } 1596—1597
19. König Heinrich V. 1598
20. Die lustigen Weiber von Windsor }
21. Viel Lärm um Nichts . . . . } 1598—1599
22. Wie es Euch gefällt 1599
23. Was Ihr wollt . . . . . . }
24. Hamlet . . . . } 1600—1601
25. Julius Cæsar . . . . 1601—1602
26. Heinrich VIII. . . . . . . 1602—1603
27. Mass für Mass 1603
    Pericles. (Act 4.)
28. König Lear 1604
29. Othello . . . . }
30. Cymbeline . . . . } 1605
31. Macbeth. 1606
32. Coriolan. 1606
33. Antonius und Cleopatra 1607
34. Timon von Athen . . . . }
35. Troilus und Cressida . . . . . . } 1608
36. Das Wintermärchen . . . . }
37. Der Sturm . . . . } 1609—1610

Wenn wir die vorstehende Reihenfolge noch in Perioden eintheilen wollen, so würden die ganzen Dramen etwa so zu gruppiren sein:
1. Erotisch-historische Dramen bis zu Was Ihr wollt einschliesslich.
2. Philosophische Periode von Hamlet bis Mass für Mass einschliesslich.
3. Periode der tragischen Kraft von König Lear bis zum Ende der dichterischen Laufbahn.

Von den Dramen der ersten Periode kann man noch eine Gruppe abtrennen und unter eine Jugendperiode bringen, welche mit Pericles beginnen und bei der Zähmung der Widerspenstigen, oder, legt man einen strengeren Massstab an, vor der Verlorenen Liebesmühe abschneiden müsste.

Voltaire und Shakespeare.

Von
Wilhelm König jun.

Es war im Jahre 1725. An der Tafel des Herzogs von Sulli hatte sich ein Wortstreit entsponnen und der Chevalier von Rohan-Chabot, dem die öffentliche Meinung allerlei schlimme Dinge nachsagte, fragte plötzlich im hochmüthigsten Tone, wer denn der junge Mensch sei, der ihm so laut zu widersprechen wage? „Herr Chevalier, antwortete Voltaire, denn er war der so Bezeichnete, es ist ein Mann, der keinen grossen Namen führt, aber demjenigen, den er führt, Ehre macht."

Die Rache des Chevalier zeigte, dass diejenigen nicht Unrecht hatten, die ihn persönlicher Feigheit bezichtigten. Wenige Tage darauf liess er Voltaire von der Tafel des Herzogs hinauslocken und durch seine Bedienten prügeln, während er von seinem Wagen aus zuschaute. Voltaire, dem seine vornehmen Freunde jede Mitwirkung versagten, nahm Fechtstunde. Er erschien nach einiger Zeit in der Loge des Chevalier von Rohan im Théâtre français und verlangte Satisfaction. Rohan nahm die Forderung an und am folgenden Tage — ward Voltaire in die Bastille gesteckt, am 17. April 1726. Mehrere Tage darauf ward er freigelassen, unter der Bedingung jedoch, dass er am 2. Mai abreiste — nach England.

Das Gesetz der Causalität erscheint manchmal in seltsamer Beleuchtung! Wer weiss, ob ohne diesen feigen Streich Voltaire jemals nach England gekommen wäre! Die zwei Jahre seines Aufenthalts daselbst genügten, ihn dreierlei erwerben und mitbringen zu lassen, Locke, Newton und Shakespeare.

Voltaire's Verhältniss zu englischer Philosophie und Wissenschaft ist bestimmt und leicht zu zeichnen; sein Verhältniss zum grössten Dichter der Briten erscheint im ersten Augenblicke so eigenthümlich unklar, dass es noch heute unverlorene Mühe ist, die characteristischen Züge desselben aufzuspüren, und so einen bescheidenen Beitrag zur Characteristik Voltaire's einerseits, zur Geschichte Shakespeare's andrerseits zu geben.

Voltaire war kein Dichter im höchsten Sinne des Wortes, sagen wir es gleich voraus. Es fehlte ihm, was den Dichter macht, „ein volles, ganz von einer Empfindung volles Herz"; es fehlte ihm jenes geheimnissvolle Etwas, das mit unwiderstehlicher Gewalt sich aus den Tiefen der Seele hervorringt und gebieterisch Gestaltung verlangt. Ihm fehlt das ächte tiefe Gemüth, ohne das es keinen wahren Dichter geben kann; wirkliche Leidenschaft ist ihm fremd, wie zarte Empfindung. Indem er diesen Mangel durch klügelnde Reflexion zu ersetzen versucht, verfällt er in der Darstellung der Leidenschaft gespreiztem Pathos, in der Darstellung der Empfindung pointirter Schönrednerei. Dafür besitzt er im höchsten Grade die Gabe des Esprit, jener funkelnden Versatilität des Geistes, die auch dem an sich Werthlosen flüchtigen Werth verleihen kann und manchmal dem Kiesel den Glanz des echten Diamanten giebt. So hat ihn Hettner mit Recht, wenn gleich etwas paradox, das Genie des Esprit genannt. Scharfer Verstand und eine bewundernswerthe Arbeitskraft sind nur Attribute einer Fähigkeit der Reception, wie sie in gleichem Masse nur sehr wenige Menschen aufzuweisen hatten. In dieser Fähigkeit der Aufnahme, der geistigen Durchdringung und fast selbständigen Wiedergabe des Fremden liegt auf dem Gebiete der Wissenschaft der Schwerpunkt seiner Bedeutung. Und wie fast kein Zweig der Wissenschaft von seiner ausgedehnten Thätigkeit unberührt blieb, so hat er auch die drei Reiche der Poesie mit kühnem Fuss durchwandert. Er hat kein Kunstwerk, kein *monumentum aere perennius* hinterlassen können; aber sein Wirken ist auch hier nichts weniger als spurlos und folgenlos gewesen. Seine Lyrik ist nicht umsonst nur *poésie fugitive;* die Lorbeeren der Henriade sind mit dem Leben des Dichters verwelkt; in der dramatischen Dichtung aber, der er die ersten und die glänzendsten der späteren Erfolge verdankt, müssen wir mit seinem Namen eine Periode bezeichnen, die Nachblüthe des Classicismus.

Die Dichter des Cid und der Athalie sind todt, aber die Gesetze, welche ihr Genie eingeengt hatten, bestehen noch in ungemindertem Ansehen. Von Unterstützung der Phantasie durch das Scenarium ist noch immer keine Rede. Auf der engen Bühne, die noch von den Zuschauern getheilt wird, schreiten die Helden des Alterthums noch immer mit galonnirtem Federhut, in seidenen Strümpfen und Schnallenschuhen, in der von der Etiquette vorgeschriebenen Haltung, und richten die Seufzer unerwiderter Liebe oder die Vorwürfe der Eifersucht in zierlich abgeschliffenen Phrasen an die *chers objets de leur flamme*. Die Bühne wird vom Hofe zum Theil unterhalten und lebhaft gefördert; aber wehe auch dem, der ein Wort, eine Geberde oder gar eine Handlung vorzuführen wagt, welche gegen die Anschauungen des Hofes verstösst und die zarten Nerven einer schönen Herzogin oder eines duftenden Chevaliers in lebhaftere Erregung versetzen könnte! Die Handlung geht noch immer in 24 oder 30 Stunden vor sich und an demselben Ort. Noch immer geht sie zumeist *hinter* der Bühne vor sich und der unvermeidliche Vertraute oder Bote berichtet sie in derselben zierlich langweiligen Weise wie früher. Und zu der Zeit, wo ringsumher über alle andern Felder des Geistes der scharfe Morgenwind einer neuen Zeit zu wehen beginnt, herrscht hier auf den Brettern Thaliens noch immer dieselbe linde bewegungslose Treibhaus-Atmosphäre; es ist, als wäre die Bühne mit allem Zubehör, mit Dichtern, Schauspielern und Zuschauern unter eine Glasglocke gesetzt.

Ueberblicken wir aber die Periode, welche den Namen Voltaire's trägt, so machen wir alsbald eine auffallende Wahrnehmung. Derselbe Mann, den wir gewöhnt sind im Vordertreffen des Fortschritts zu finden, hält sich in allen Hauptsachen als Conservativer ängstlich zurück. Derselbe Mann, der mit leidenschaftlicher Kühnheit Kirche und Offenbarung angegriffen mit allen Waffen, die ihm zu Gebote standen, er entschuldigt sich weitschweifig auch wegen der kleinsten Abweichung vom Althergebrachten und wagt nur schüchtern hier und da eine Neuerung. Derselbe Mann, der für Freiheit und Menschenrechte mit seiner ganzen Persönlichkeit wacker eintritt und seine Stimme laut gegen den Missbrauch der Gesetzesgewalt erschallen lässt, der beugt sich sein Leben lang vor dem ästhetischen Codex Boileau's und der vermodernden Autorität der Akademie. Diese auffallende und schier unerklärliche Erscheinung zeigt sich in seinen Dramen selbst und vor allem in seinem fruchtlosen Kampfe gegen den Mann, dessen Namen hinfort zum Feldgeschrei eines neuen Princips gemacht wird, in seinem Kampfe gegen Shakespeare. Denn es ist ein Kampf,, der sich vor unsern Augen vollziehen wird. Dass in Shakespeare und Voltaire zwei schroffe Gegensätze auf einander gestossen sind, ist klar. Voltaire steht dem Dichter von Stratford zuerst gegenüber wie Jemand, der in einem ihm zufällig Begegnenden Eigenschaften findet, die er wider Willen achten muss, während er doch von Anfang an fühlt, dass das Wesen desselben Gegensätze enthalte, die mit dem eigenen geradezu unvereinbar sind. Der Werth von einzelnen dieser fremden Eigenschaften macht sich so ungestüm geltend, dass er versucht, durch theilweise Aneignung dem unvermeidlichen Zusammenstoss auszuweichen; sobald er fühlt, dass dies kaum gelingen wird, verwirft er trotzig auch das Wenige, was er vordem angebetet, und kämpft mit allen, auch den schlechtesten Mitteln, den Kampf weiter, in dem er schliesslich unterliegt.

Während seines Aufenthalts in England concipirte der schon berühmte Dichter des „Oedipus" unter unmittelbarer Anregung des englischen Theaters eine Tragödie „Brutus", deren ersten Act er schon damals in englischer Prosa niederschrieb. Dieselbe wurde zum ersten Male am 11. December 1730 aufgeführt und erschien mit einer „Abhandlung über die Tragödie an Milord Bolingbroke" als Vorwort. Dies Vorwort wirft mancherlei interessante Streiflichter auf die Anschauung des Dichters überhaupt und auf die neuen Eindrücke, die er mitbrachte.

Schon in dieser Vorrede erkennt er mit sicherem Takt einen der Grundunterschiede des englischen und französischen Theaters.[1]) „Das englische Theater, sagt Voltaire, sei recht sehr mangelhaft; indessen gebe es doch selbst in den ungeheuerlichsten Stücken bewundernswerthe Scenen. Bis jetzt habe freilich all ihren Tragödiendichtern die Reinheit, die regelmässige Führung, die Gemessenheit in Handlung und Stil, die Eleganz und alle die Feinheiten der Kunst gefehlt, welche den Ruf des französischen Theaters seit Corneille begründeten; indessen selbst die regellosesten Stücke hätten *einen* grossen Vorzug, den der *Handlung*. In Frankreich dagegen gebe es hochgeschätzte Tragödien, die eher Conversationen als die Darstellung eines Ereignisses seien. „Unsere übermässige Delicatesse, fährt er fort, zwingt uns bisweilen, das erzählen zu lassen, was wir den Augen vorführen möchten .... Die Engländer geben mehr auf die Handlung als wir; sie sprechen mehr zu den Augen; die Franzosen halten mehr auf Eleganz, auf Harmonie, auf den Zauber des Verses. Und sicherlich ist es *schwerer*, gut zu schreiben, als Mord, Rad, Galgen, Hexen und Gespenster auf die Bühne zu bringen."

Die Position der beiden Bühnen gegen einander ist in einem ihrer wesentlichen Unterschiede hier klar gefasst. Die Aufgaben

---

[1]) Vol. I. p. 148 a. Préf. de Brutus. Wir citiren durchgängig nach der Ausgabe Voltaire's von Firmin Didot, Paris, 1859—1863, in 13 Bd. gr. 8vo.

einer guten Tragödie sind ihm in Folge der Geschmacksrichtung der beiden Völker grundverschieden. Der Engländer betont den raschen Gang der Handlung; er fordert Leben; er will ergreifen und unmittelbar wirken. Voltaire kann sich dem gewaltigen Einfluss, den Shakespeare gerade dadurch auf ihn übt, nicht entziehen und spricht es offen aus: „Mit welchem Vergnügen habe ich nicht in London eure Tragödie, Julius Cæsar von Shakespeare, gesehen, die seit 150 Jahren die Wonne eurer Nation macht." Er will die barbarischen Verstösse gegen alle Regeln durchaus nicht billigen; „aber, fährt er fort, bei so viel groben Fehlern, mit welchem Entzücken habe ich Brutus gesehen, wie er den von Cæsars Blut gefärbten Dolch in der Hand haltend, das römische Volk versammelte und von der Tribüne aus anredete!" Er verweilt also hier ausdrücklich auf dem Eindruck, den der äussere Vorgang auf ihn gemacht (die theatralische Action, wie er es später bezeichnete) und erkennt diesen Vorzug willig an; aber, wie schon oben gesagt, solche Wirkungen sind verhältnissmässig leicht zu erzielen, und eine fortgeschrittene civilisirtere Poesie hat andere und bei weitem höher stehende, aber auch schwerer zu beschaffende Mittel der Wirkung, strenge Befolgung der Regeln, Eleganz, Harmonie und Wohllaut des Verses. In dem Bestreben dies zu motiviren, lässt er sich sogar verleiten, Grundsätze auszusprechen, deren Unrichtigkeit evident ist. So, wenn er sagt: „Die Detailschönheiten sind es, welche die Werke in Versen halten und welche sie auf die Nachwelt kommen lassen; es ist oft die eigenthümliche Art, gewöhnliche Dinge zu sagen, die Kunst, durch die Diction die Gedanken und Empfindungen aller Menschen zu verschönern, was die grossen Dichter macht." Es wäre unmöglich, solche Sätze aus dem Munde eines Dichters zu begreifen, wüsste man nicht, dass er hier pro domo spricht. Im *Grundprincip* bekennt er sich also auch hier schon, unter dem unmittelbaren frischen Eindruck seines englischen Aufenthalts zum strengen Classicismus; an den Concessionen, die er macht, hat die wirkliche Ueberzeugung vielleicht eben so viel Theil als die Courtoisie gegen den englischen Gönner, an den jene Vorrede gerichtet ist. Er betont ferner, dass im Gegensatz zu der fessellosen Freiheit der englischen Sprache der *Reim* zum Wesen der Tragödie gehöre. Also auch in diesem wichtigen Punkte hält er streng am herkömmlichen Gebrauch. Dass der Vers zum Wesen der französischen Tragödie gehöre, ist nicht richtig, wie sich neuerdings gezeigt hat, wenn wir gleich den andern Ausspruch von der Nothwendigkeit des Reims im französischen Verse acceptiren; aber mehr als die andern Gründe, scheint uns, bewegt ihn das selbstbewusste Streben, hinter den Grössten in Nichts zurückzubleiben. „Denn, sagt er, ganz abgesehen von allem Uebrigen, haben so und so viele grosse Meister, wie Corneille, Racine, Despréaux, die Ohren der Franzosen dergestalt an diese Harmonie gewöhnt, dass derjenige, der dieses Joch abzuschütteln versuchen würde, nicht als ein bahnbrechendes Genie erschiene, sondern als ein Schwächling, der in den alten Bahnen nicht vorwärts kommen könne." Er habe wegen des gereimten Verses manchen Strauss in England ausfechten müssen, z. B. mit dem gelehrten Bischof von Rochester, der diesen Brauch einen kindischen, selbstauferlegten Zwang genannt habe. Aber doch sei er überzeugt, je mehr ein Fremder in den Geist der französischen Sprache eindringe, desto rascher werde er sich mit dem Reime aussöhnen. Schon hier können wir uns des Gefühls nicht erwehren, dass gewisse Seiten seines Characters von entschiedenem Einfluss auf die Gestaltung seiner ästhetischen Principien gewesen sind.

Betrachten wir nun die Tragödie selbst, deren erster Act noch in England, in englischer Sprache, wie schon gesagt, und fast zweifellos durch Shakespeare's Caesar angeregt, niedergeschrieben wurde, so finden wir in der That weniger Neues als wir vielleicht erwarten dürften. Allerdings lässt sich nicht verkennen, dass gerade die Expositionsscenen einen ungewöhnlich frischen und bewegten Eindruck machen. In dem von Voltaire selbst gegebenen Scenarium schon finden wir eine Neuerung. Das Theater stellt einen Theil des Hauses der Consuln auf dem Tarpejischen Fels vor; im Hintergrunde sieht man den Tempel des Capitols. Zwischen dem Tempel und dem Hause, vor dem Altar des Mars, sind in einem Halbkreis die Senatoren versammelt, in rothen Gewändern, ein Wagniss, das Voltaire, wie er selbst sagt, nicht ohne Besorgniss unternommen. Die Consuln Brutus und Valerius führen den Vorsitz; die Lictoren mit ihren Beilen stehen hinter den Senatoren. Porsenna, der vor den Thoren Roms lagert, erkennt endlich, so verkündet Brutus dem Senat, die Gleichberechtigung des Volkes an und will unterhandeln. Der Gesandte harrt im Tempel der Erklärung des Senates, ob er ihn empfangen wolle oder nicht. Valerius erhebt sich dagegen; er vertritt die römische Anschauung, dass, so lange der Feind auf römischem Boden stehe, man nicht mit ihm unterhandeln, sondern ihn schlagen müsse. Aber Brutus verficht seine Meinung, dass diese Gesandtschaft eine erste Anerkennung der Republik von Seiten des Königthums sei und darum gehört werden müsse. Die Senatoren erheben sich zur Abstimmung, in der Brutus siegt. Nun

schreitet Aruns, der Gesandte Porsenna's, mit seinem Vertrauten
Albinus und Gefolge, von zwei Lictoren geleitet, am Senat vorüber, den er begrüsst und lässt sich auf einem Sitz im Vordergrunde
nieder. Aruns, dessen Stolz von Brutus mit gleichem Stolz erwidert wird, erinnert den Senat und das Volk an ihren Eid, den
sie dem Könige geschworen. Und da Brutus antwortet, dass der
König selbst durch seine Ausschreitungen den Eid gelöst, folgt eine
etwas lange staatsrechtliche Verhandlung, in der von beiden Seiten
entgegengesetzte Ansichten über Monarchie entwickelt werden. Allmälig aber belebt sich das Wortgefecht und steigert sich zuletzt zu
wirksamer Leidenschaft. Fast weht es uns aus diesen Scenen an
wie ein Hauch aus der Dichtung des grossen Briten. Aber es ist
auch nur eine vorübergehende Erhebung und der kecke Wurf dieses
Anfangs lässt die hoffnungslose Kälte der andern Acte uns um so
peinlicher empfinden.

Die erste direct auf Shakespeare zurückzuführende Neuerung
findet sich in „Eriphyle", die 1732 aufgeführt wurde. Es ist die
Erscheinung des Schattens des Amphiaraus im vierten Act, eine
Entlehnung aus Shakespeare's Hamlet. Noch in der Vorrede zum
Brutus sagt Voltaire bei der Besprechung des Addison'schen Cato
ausdrücklich: „Wie könnten wir beispielsweise wagen, auf unserm
Theater den Schatten des Pompejus oder den Geist des Brutus erscheinen zu lassen inmitten so und so vieler junger Leute, die
auch die ernsthaftesten Dinge nur als Gelegenheit zu einem
Witz ansehen?" Hier hat er nun den Versuch gemacht, den er
später in der Semiramis (die überhaupt als eine Umarbeitung der
Eriphyle anzusehen ist) wiederholte. Aber die oberflächliche Entlehnung und das mangelnde Verständniss haben sich empfindlich
gerächt. Die grossartige Wirkung, welche die Erscheinung des
Geistes in der unnachahmlichen Expositionsscene wie in den spätern
des Hamlet macht, geht hier ganz verloren.

In Hamlet erscheint der Geist den Wachen auf der öden Terrasse zu Helsingör in schweigender Nacht. Bernardo beginnt dem
ungläubigen Horatio das Wunderbare zu erzählen, da erscheint das
Gespenst. Lautlos schreitet es vorüber und der Eindruck, den der
düstere Gast aus einer andern Welt macht, ist so mächtig, dass wir
das Grausen des vorher so kecken Horatio mit empfinden. Dann
erscheint es Hamlet selbst; der Geist des Vaters dem Sohne, dem
er das schaudervolle Geheimniss mittheilen muss, das seine Ruhe
stört. Stumm winkt er dem Sohne und dann am abgelegenen Ort

bricht er das dumpfe Schweigen und enthüllt das Entsetzliche mit der Mahnung:

Räch' meinen schnöden unerhörten Mord!

Drauf zeigt der Glühwurm, des unwirksames Feuer zu erblassen beginnt, dass sich die Frühe naht und es schwindet von dannen. Und wieder, als der Sohn der Mutter in jener furchtbaren Scene einen Spiegel vorhält, in dem sie ihr Innerstes erblickt, erscheint im Augenblick, wo die furchtbare Leidenschaft den Unglücklichen fortreissen will, der Schatten wieder, nur seinem Auge sichtbar, nur seinem Ohr hörbar. Aber er spricht Worte des *Mitleids:*

Doch schau! Entsetzen liegt auf deiner Mutter;
Tritt zwischen sie und ihre Seel' im Kampf!
Sprich mit ihr, Hamlet!

Ganz anders in der Eriphyle. Diese hat durch ihren Geliebten Hermogides den Gemahl tödten und sein Haus, wie sie glaubt, vernichten lassen. Dann aber, von Gewissensqualen ob der Frevelthat gefoltert, von Abscheu gegen den Genossen ihrer Schuld erfasst, hat sie diesem den Lohn, ihre Hand, bisher vorzuenthalten gewusst. Zugleich keimt eine neue Leidenschaft in ihr auf zu einem verdienten jungen Krieger, Alcmäon, der seinerseits von Liebe zu ihr entflammt ist. Vom Volke gedrängt, endlich einen Gemahl zu wählen, wählt sie Alcmäon, ohne zu ahnen, dass er ihr Sohn ist. Im Augenblicke, wo sie ihm sagt:

Empfange meine Hand!

öffnet sich der Tempel und der Schatten des Amphiaraus erscheint am Eingange in drohender Haltung.

Geist.
Unglücklicher, halt ein!
Eriphyle.
O Himmel! Amphiaraus!
Alcmäon.
Düstrer Schatten,
Wer rief dich aufwärts aus der Höllennacht?
Was soll dies Blut? Wer bist du? Sprich!
Geist.
Dein König.
Strebst du zum Thron, halt ein und räche mich.
Alcmäon.
Ich bin bereit. Sag' an, was soll ich thun?

Geist.
Räch' mich auf meinem Grab!
Alcmäon.
An wem?
Geist.
Der Mutter!
Alcmäon.
An meiner Mutter? Welch sinnloser Spruch!
Schon ruft die Unterwelt ihn fort von mir —
Die Götter schliessen ihren Tempel wieder.

Der Schatten kehrt in den Tempel zurück, der sich schliesst. Hier ist es heller Tag, als das Gespenst erscheint. Was es mittheilt, ist bereits den Zuschauern wie den Personen des Dramas bekannt oder wird geahnt. Eriphyle sieht das Gespenst wie alle andern. Im Hamlet ruft der Geist eine Stimmung hervor, wie die stark elektrische Atmosphäre vor einem Gewitter; hier ist es ein banaler Knalleffect, der wie eine bengalische Flamme aufzischt. Noch kommt ein äusserlicher Umstand hinzu, das Widersinnige der ganzen Entlehnung schärfer hervorzuheben. Zu jener Zeit bestand die alte Unsitte noch zu voller Kraft, dass die bevorzugten Zuschauer die Bühne mit den Acteuren theilten. Die Erscheinung eines Geistes fast auf Armeslänge von einer geputzten, nur allzu leicht ironisch gestimmten Zuschauergesellschaft musste von herausfordernder Komik sein. In der Kehler Ausgabe finden wir auch die Bemerkung, dass Eriphyle 1732 mit Erfolg gegeben wurde, obgleich der Schatten des Amphiaraus und das Geschrei der Eriphyle keine Wirkung auf einer von Zuschauern angefüllten Bühnen thun konnte. Schon in der Abhandlung über die Tragödie an Milord Bolingbroke bemerkte Voltaire, dass die für Zuschauer bestimmten Bänke auf der Bühne die Scene beengten und jede Handlung fast unthunlich machten. Durch die Vorstellung der Eriphyle wurde ihm die Unmöglichkeit dieser Unsitte so klar gemacht, dass er bei der Aufführung der Semiramis die ernstesten Anstrengungen machte, sie zu unterdrücken, was ihm auch schliesslich gelang. Wir wollen gleich hier die Geschichte der Abschaffung dieses Missbrauches vorweg nehmen, da wir mit ziemlicher Sicherheit schon in Eriphyle den ersten Anstoss zu seinem energischen Vorgehen finden können. In der Abhandlung über die alte und neue Tragödie, welche der Ausgabe der Semiramis vorhergeht und dem Cardinal Quirini gewidmet ist (1748), sagt er: „Eines der grössten Hindernisse, die sich auf unserm Theater jeder grossen und pathetischen Handlung entgegensetzen, ist die Menge der Zuschauer, welche auf der Bühne mit den Schauspielern sich vermengen. Diese Unanständigkeit machte sich besonders bemerkbar bei der ersten Vorstellung der Semiramis. Die erste Londoner Schauspielerin, welche der Aufführung beiwohnte, konnte sich von ihrem Erstaunen nicht erholen; sie konnte nicht begreifen, wie es Leute gäbe, die so sehr Feinde des eigenen Vergnügens wären, dass sie in dieser Weise das Schauspiel verdürben ohne es zu geniessen. Diesem Missbrauch ist in der Folge bei den Vorstellungen der Semiramis abgeholfen worden, und er könnte leichtlich auf immer abgeschafft werden. Man muss sich nicht täuschen; eine solche Unzuträglichkeit wie diese allein hat genügt, Frankreich vieler Meisterwerke zu berauben, welche man zweifelsohne gewagt hätte, wenn man ein freies, für die Handlung geeignetes Theater gehabt hätte, wie es jetzt bei allen andern Nationen Europa's existirt." Hier ist die offene Kriegserklärung gegen diesen Brauch, und Voltaire verdanken wir also seine Abschaffung. Wie langsam übrigens diese Reform sich vollzog, sehen wir daraus, dass mehr als 10 Jahre später sie immer noch nicht als fait accompli angesehen werden darf. Collé, ein beiläufig ziemlich mittelmässiger Dichter, schrieb unterm 30. April 1759 in sein Tagebuch:

„Ich sah heute den Saal der Comédie française, auf deren Bühne man Niemanden mehr dulden will. Wollte Gott, dass dem so bliebe! Es macht den besten Eindruck von der Welt; sogar glaube ich zu bemerken, dass man die Stimmen der Schauspieler ungleich besser versteht. Die theatralische Illusion ist nun vollkommen; man sieht keinen Cæsar mehr in Gefahr, einem Gecken in der vordersten Reihe den Puder abzustreifen; keinen Mithridates mehr, der inmitten unserer Bekannten verscheidet; keinen Schatten des Ninus mehr, der einem Generalpächter auf die Hühneraugen tritt."[1]

Die am 15. August 1732 zum ersten Mal aufgeführte fünfactige Tragödie „Zaïre" gehört mit Recht zu den geschätztesten Werken Voltaire's. Wir wissen nicht, ob seine Angabe über die Entstehung derselben richtig ist; er erzählt nämlich, dass als Antwort auf die Vorwürfe einiger Damen, die Liebe nehme in seinen Tragödien einen zu geringen Raum ein, er in 22 Tagen die Zaïre vollendet habe.

---

[1] Journal historique ou mémoires critiques et littéraires sur les ouvrages dramatiques et les événements les plus mémorables depuis 1748 à 1751 par Charles Collé. Paris, 1805. Angeführt von Lotheissen, Literatur und Gesellschaft in Frankreich zur Zeit der Revolution. Wien, 1872.

Doch haben wir allen Grund, diese Zeitbestimmung nur auf das einfache Niederschreiben zu beziehen; Stoff und Disposition waren gewiss längst fertig. Voltaire hat nie eingestanden, dass die Fabel des Stückes sowie die Charactere in ihren Hauptzügen dem Othello Shakespeare's entnommen sind; doch unterliegt dies jetzt keinem Zweifel. Das Hauptthema beider Stücke bildet die Eifersucht; in beiden fällt eine edle schuldlose Frau, ein edler verblendeter Mann ihr zum Opfer; Desdemona ist zur Zaïre, Othello zum Orosman, das Schnupftuch zum Briefe geworden.

Allein, wie macht sich gerade in der Zaïre das Widersinnige des pseudoaristotelischen Einheitsgesetzes geltend! Von vernunftgemässer stufenweiser Entwickelung und allmäliger Steigerung jener furchtbarsten aller Leidenschaften kann keine Rede sein in den 30 Stunden, welche dasselbe verlangt. Die treibende Kraft der Person Jago's muss darum gleichfalls fortfallen und dieser Meistercharacter verwandelt sich in die farblose Vertrautenmarionette Corasmin's. Die Charactere entwickeln sich nicht aus sich selbst heraus mit jener zwingenden Nothwendigkeit und hinreissenden Anschaulichkeit wie im Othello; sie annonciren selbst die Factoren ihres Wesens und theilen selbst das psychologische Facit mit.

Und in den Characteren, welche Wandlung! Welch' schwächliche Rolle spielt dieser von moderner Aufklärung angekränkelte Sultan von Jerusalem neben der vulkanischen Persönlichkeit des Mohren von Venedig! Gleiche Wirkungen erfordern äquivalente Ursachen. Eine That, die bei einem Othello uns natürlich, fast nothwendig und darum schon halb gerechtfertigt erscheint, ist bei einem Orosman unverständlich und erweckt nicht das mit Entsetzen gepaarte tiefe Mitleid, das wir für jenen empfinden, sondern nur kalte erstaunte Empörung. „Wir hören in Orosman, sagt Lessing, einen Eifersüchtigen reden, wir sehen ihn die rasche That eines Eifersüchtigen begehen, aber von der Eifersucht selbst lernen wir nicht mehr und nicht weniger als wir vorher wussten. Othello hingegen ist das vollständige Lehrbuch über diese traurige Raserei; da können wir Alles lernen, was sie angeht, sie erwecken und sie vermeiden."[1]) In diesen wenigen Worten Lessing's ist der Hauptunterschied der beiden Charactere und der verschiedenen Behandlung gegeben.

Höher stellen wir die Zaïre selbst als den Orosman. Freilich, der zarte Duft, jenes unnachahmliche Etwas in der Desdemona, das uns stets aufs Neue mit seinem süssen Zauber umstrickt, ist auch

---

[1]) Hamburger Dramaturgie, 15tes Stück.

ihr abgestreift worden. Dafür hat der Dichter uns mehr zu bieten geglaubt, wenn er, dem sein kalt reflectirender Verstand nicht die Lösung des Räthsels gab, warum gerade die einfache stille Desdemona unser tiefstes Mitgefühl erregt, wenn er auch diese Seele zum Träger eines, wie er meinte, echt dramatischen Conflicts machte, des Conflicts zwischen Liebe und Religion. Aber doch hat er verstanden, hier einzelne Saiten anklingen zu lassen, deren Schwingungen sich noch heute schmeichelnd an unsre Seele legen.

Die Aehnlichkeit in der Motivirung ist unbestreitbar; bei Shakespeare ist das verlorne Tuch, das ihr der Mohr geschenkt, die Ursache zum Tode Desdemonens; bei Voltaire führt die Entdeckung des Briefes durch Corasmin die Katastrophe herbei. Auch der schliessliche Ausgang bietet zweifellose Analogieen; Orosman und Othello tödten sich über der Leiche der Geliebten mit fast denselben Worten. Der Raum verbietet uns leider die ausführliche Gegenüberstellung der beiden Dichtungen; dieselbe wäre um so interessanter, da sie nicht nur den Gegensatz der beiden Dichter, sondern überhaupt die beiden Richtungen des Dramas zu characterisiren Gelegenheit bietet. Wie heilsam aber der Einfluss Shakespeare's hätte werden können, wenn sich Voltaire ihm mehr überlassen hätte, sehen wir gerade hier. Gerade die Vorzüge, wegen deren wir mit Recht Zaïre eins der Meisterwerke der französischen Bühne nennen, müssen wir unmittelbar auf den Dichter des Othello zurückführen.

Auch nach anderer Seite hin wird Zaïre von Wichtigkeit. In der ersten Vorrede an Falkener weist Voltaire ausdrücklich auf die englische Bühne hin. „Dem *englischen* Theater verdanke ich die Kühnheit, die ich hatte, die Namen unserer Könige und der alten Familien unseres Reiches auf die Bühne zu bringen. Es scheint mir, dass diese Neuerung die Quelle einer Gattung der Tragödie sein könnte, die uns bisher unbekannt war und deren wir bedürfen."[1] Es ist die historisch-nationale Tragödie, deren ersten Anfang wir in Zaïre sehen. Fast klingt es wie eine Prophezeiung, wenn Voltaire später (1764) schrieb: „Die Zeit wird kommen, wo wir die Päpste auf die Scene bringen und wo die Bartholomäusnacht der Gegenstand einer Tragödie sein wird." Denn am 4. November 1787 wird sich schon von zwei Uhr Nachmittags an eine Menschenmasse zur Comédie française drängen, um ein neues Stück von Marie-Josef Chénier aufführen zu sehen, „Karl IX."; und das Stück wird unter rauschendem Beifall gegeben werden.[2] Hier ist es also

---
[1] I, p. 223 b.
[2] G. Duval, Souvenirs de la Terreur I, p. 126.

in der That eine neue Gattung, die Voltaire unter Shakespeare's Einfluss begründet. Wie lebhaft ihn der Gedanke beschäftigte, und wie ernst es ihm mit seiner Neuerung war, sehen wir schon an seinem nächsten grösseren Stücke „Adelaïde du Guesclin", das unter Karl VII. spielt, und in dem die Herzöge von Nemours und Vendôme als handelnde Personen auftreten, was bisher vollständig unerhört war.

Auch hier ist die Eifersucht die treibende Leidenschaft; es ist, als ob die durch Othello hervorgerufene Gedankenbewegung noch ihre äussersten Kreise zöge. Aber schon ist der Schwerpunkt verschoben; es sind zwei Brüder, die beide eine Nachkommin des berühmten Duguesclin lieben. Der ältere, Vendôme, weiss nicht, dass Nemours schon seit längerer Zeit den Gegenstand seiner Leidenschaft liebt und wieder geliebt wird, und verfolgt Adelaïde, die sich vergebens ihm zu entziehen sucht. Beide Brüder kämpfen ausserdem in entgegengesetzten Heerlagern und Vendôme nimmt den Bruder gefangen. Er erfährt das Verhältniss, das zwischen Adelaïde und ihm besteht, und dass er es ist, der seinen glühenden Wünschen im Wege steht. Die Eifersucht, die Wuth, reissen ihn zum Verbrechen hin; durch seinen Vertrauten Coucy will er ihn tödten lassen. Ein Kanonenschuss soll ihn von dem vollzogenen Befehl benachrichtigen. Da, unmittelbar vor der That, erwacht das Gewissen. (Nebenbei, der Monolog, der dies Erwachen schildern soll, ist von höchster Mittelmässigkeit.) Er will den Befehl zurücknehmen, allein es ist zu spät; schon donnert der Kanonenschuss, der es ihm kündet. Nun bemächtigt sich seiner die Verzweiflung. Schliesslich wendet sich indess Alles zum Guten. Der edle Coucy hat seinen Befehl nicht ausgeführt, um ihm Zeit zur Reue zu lassen, und am Schluss erfolgt allgemeine Versöhnung.

Selbst diese kurze Analyse genügt, erkennen zu lassen, dass das Sujet des dramatischen Lebens nicht entbehrt, und auch die Behandlung desselben ist herber und kräftiger als gewöhnlich. Gleichwohl fiel das Stück durch und zwar nicht wegen innern Unwerths, sondern wegen einzelner Aeusserlichkeiten, die der delicatesse extrême des französischen Publikums zuviel zumutheten. Voltaire selbst gab nach mehr als dreissig Jahren in einem Briefe die Ursachen an. „Das Stück wurde ausgepfiffen vom ersten Act an; das Pfeifen verdoppelte sich im zweiten, als man den Herzog von Nemours verwundet und den Arm in der Binde auftreten sah; noch schlimmer wurde es, als man im fünften das Signal vernahm, das der Herzog von Vendôme befohlen hatte; und als zum Schluss der

Herzog von Vendôme sprach: Bist du zufrieden, Coucy? riefen mehrere Spassvögel: Couci-couci! So, so, so, so!"[1])

Es nimmt uns jetzt stark Wunder, wie derartige Geringfügigkeiten ein ganzes Stück scheitern lassen konnten. Allein die Wohlanständigkeit, die bienséance, war verletzt und darin verstand und versteht das französische Publikum keinen Spass. Beweis jener Abend des 24. October 1829, wo bei der Aufführung der Vignyschen Othello-Uebersetzung das Wort *mouchoir* einen wahren Sturm hervorrief. Als kleine Digression, die indess nicht ohne Zusammenhang mit unserm Gegenstande ist, möge hier folgen, was Vigny selbst darüber im Vorwort seiner Uebersetzung gesprochen hat.

„Würdet ihr Engländer z. B. glauben, ihr, die ihr wisst, was für Worte in den Tragödien Shakespeare's gesagt werden, dass die französische tragische Muse 98 Jahre gebraucht hat, ehe sie zu dem Entschluss kam, laut zu sagen „ein *Taschentuch*", sie, die ganz ungenirt von Hund und Schwamm sprach. Hier mögen die Stationen folgen, welche sie durchmachte, mit ziemlich spassbafter Ziererei und Verlegenheit.

Im Jahre der Hedschra 1147, d. i. im Jahre Christi 1732. brauchte Melpomene bei Gelegenheit der Vermählung einer tugendhaften türkischen Dame, die nicht Zahra hiess und eine gewisse Familienähnlichkeit mit Desdemona hatte, ihr Taschentuch; und da sie es nie aus ihrer Tasche zu ziehen wagte, nahm sie statt seiner ein Billet. Im Jahre 1792 brauchte Melpomene wieder dasselbe Taschentuch zur Vermählung einer Bürgerin, die sich eine Venetianerin nannte, einer Cousine Desdemona's, welche beiläufig gerade *eine* Silbe ihres Namens hatte, die Silbe mo, denn sie nannte sich Hedelmone, ein Name, der sich bequem reimen lässt (ich will nicht sagen, mit aumône und anémone, das wäre genau und schwierig!), sondern mit soupçonne, ordonne etc. etc. Damals also, es ist 37 Jahre her, war Melpomene auf dem Punkte, das Taschentuch zu gebrauchen; allein sei es, dass zur Zeit der executiven Directorialgewalt es zu kühn gewesen wäre, mit einem Taschentuch zu erscheinen, sei es, dass man mehr Luxus verlangte, sie liess sich nicht zum zweiten Male verleiten und nahm statt dessen eine Diamantenschnur, die sie selbst im Bett anbehalten wollte, aus Furcht, im Negligé gesehen zu werden. Im Jahre 1820, als die französische Tragödie auf ihren Spitznamen Melpomene verzichtet hatte und bei einer Uebersetzung aus dem Deutschen noch einmal für das Testa-

---

[1]) I, p. 258 a.

ment einer schottischen Königin mit einem Taschentuch zu thun hatte, da, wahrhaftig, fasste sie sich ein Herz, ergriff das Taschentuch *selbst* mit ihrer Hand, vor versammeltem Publikum, runzelte die Stirn und nannte es laut und wacker „Gewebe" und „Geschenk". Das war ein grosser Schritt. Endlich im Jahre 1829, Dank Shakespeare, hat sie das grosse Wort gesprochen, zum Entsetzen und Ohnmächtigwerden der Schwachnervigen, die an diesem Tage lange Schmerzensschreie ausstiessen, allein zur Genugthuung des Publikums, das in der Majorität die Gewohnheit hat, ein Taschentuch Taschentuch zu nennen. Das Wort hat also seinen Antritt gemacht. Werden wir immer ein Jahrhundert brauchen für jedes wahre Wort, das auf der Scene eingeführt wird?"[1]

Adelaïde Duguesclin scheiterte also bei der ersten Aufführung. Voltaire scheint indessen eine besondere und wir glauben berechtigte Vorliebe für diesen Stoff gehabt zu haben. Er arbeitete ihn später um und machte daraus „Amelie oder der Herzog von Foix", Tragödie in 5 Acten, aufgeführt am 17. August 1752. Alles, was in der ersten Bearbeitung das Publikum gestört hatte, ist daraus entfernt. Ausserdem existirt noch eine dritte Bearbeitung, „Der Herzog von Alençon oder die feindlichen Brüder", die mit Unterdrückung der Frauenrolle 1731 für die königlichen Prinzen von Preussen geschrieben und von diesen in Sanssouci aufgeführt wurde, wobei sich Prinz Heinrich auszeichnete.

Eine Abschrift der ursprünglichen Adelaïde war indess in den Händen der Pariser Schauspieler geblieben, und diese führten, ohne dass Voltaire etwas davon wusste, sie am 9. September 1765 in der alten Gestalt auf. Und seltsam! gerade die Stellen, welche damals das allgemeine Missvergnügen hervorgerufen hatten, erregten diesmal den meisten Beifall. An nichts lässt sich klarer der gewaltige Umschwung im Geschmack des Publikums von 1734—1765, also in etwa 30 Jahren, erkennen.

Um diese Zeit erschienen die „Englischen Briefe",[2] die epochemachend sind. Schon in England selbst begonnen, schilderten sie in der durch Fontenelle angebahnten leichten Weise die höchsten Spitzen des geistigen Lebens der Nachbarn, und gewannen durch die Eleganz und Frische der Darstellung und ihre ironische Färbung gar bald rasche Verbreitung. Durch das von der Geistlichkeit ausgewirkte Verbot und durch die öffentliche Verbrennung von Henkers-

---

[1] Oeuvres de A. de Vigny. Brux. 1837, p. 363.
[2] Vol. V, p. 1 ff.

hand konnte dieselbe nur gefördert werden. Aus der fremden Welt jenseits des Kanals griff die geschickte Hand des Verfassers das Bedeutsamste und für die Entwickelung des eigenen Volkes Nothwendigste sicher und keck heraus.

Locke und Newton in der Wissenschaft, Butler, Pope, Shakespeare in der Poesie, Namen, die vorher in Frankreich kaum von den Gebildetsten gekannt waren, wurden durch die englischen Briefe mit einem Schlage Gemeingut des ganzen Volkes. Für unsere Zwecke ist nur der 18te Brief „Ueber die Tragödie" von Wichtigkeit. Von Shakespeare selbst ist wenig darin die Rede; nur gleich zu Anfang giebt Voltaire eine Characteristik in dem Lapidarstil, den wir in seiner Kritik nur allzu oft wiederfinden.[1]) „Shakespeare, sagt er, den die Engländer für einen Gott halten, blühte um die Zeit Lope de Vega's; er schuf das Theater; er hatte ein Genie voll Kraft und Fruchtbarkeit, voll Natur und Grösse, ohne den geringsten Funken von gutem Geschmack und ohne die geringste Kenntniss der Regeln." Das Urtheil ist characteristisch; es läuft darauf hinaus, dass das civilisirte Talent dem natürlichen Genie bei weitem überlegen ist. Es spricht unbefangen die ehrliche Ueberzeugung aus, dass nicht der innere Gehalt das Wesentliche der Dichtung ist, sondern der feine geläuterte Geschmack, der keine Empfindung zu stark anklingen lässt; die gemessene Wohlanständigkeit, welche die manchmal unangenehmen Wahrheiten des realen Daseins schonend verhüllt; die strenge Gebundenheit an das System von Regeln, welche jede allzu unmittelbar hervorwuchernde Ranke sorgsam beschneidet. In Voltaire's Augen sind dies die Attribute des wahren Dichters; Genie, Kraft, Erhabenheit dagegen nur Accidenzen. Ja, er geht noch weiter. „Ich will Ihnen etwas sagen, was kühn, aber wahr ist, nämlich, dass das Verdienst dieses Dichters (Shakespeare's) das englische Theater verdorben hat." Wie kommt Voltaire zu diesem immerhin überraschenden Satz? Auf die einfachste Weise von der Welt. „Es giebt nämlich so schöne Scenen, so grosse und furchtbare Partien in seinen ungeheuerlichen Possen (farces), die man Tragödien nennt, verstreut, dass seine Stücke immer mit einem grossen Erfolg gespielt worden sind. Die Zeit, die allein den Ruf der Menschen macht, macht am Ende ihre Fehler achtbar. Die meisten bizarren und gigantischen Ideen dieses Dichters haben im Verlauf von 200 Jahren das Recht erworben, für erhaben zu gelten."

---

[1]) V, p. 30.

Dass die Bewunderung für Shakespeare allein durch den einmal aus alter Zeit, aus altem Herkommen geehrten Namen getragen wird, folgert Voltaire weiter, sieht man klar daraus, dass bei den modernen Dichtern, die fast alle ihn copirt haben, das, was bei Shakespeare Glück machte, ausgepfiffen wird. Glänzend ist nach all dieser seltsamen Logik das letzte Sophisma: „Einzig der schlechte Erfolg seiner Nachahmer bewirkt, dass man ihn für unnachahmlich hält." Jeder Commentar ist hier überflüssig. Dass es aber nicht allein der schlechte Erfolg, sondern vielmehr das mangelnde Verständniss und die Ungeschicklichkeit seiner Nachahmer sind, die Shakespeare für unnachahmlich gelten lassen, das zu beweisen, genügt ein einfaches Experiment. Voltaire giebt nämlich in demselben Briefe eine prosaische wörtliche und eine gereimte freie Uebersetzung des Hamlet-Monologs:

To be or not to be, that is the question.

Sie sind beide allgemein bekannt. Die letztere genügt, um zu beweisen, dass Voltaire Shakespeare und den Hamlet nicht im geringsten verstanden hat. Und doch, bisweilen zuckt in seinen Bemerkungen ein Licht auf, das uns den Eindruck machen würde, er sei vollständig in das Wesen Shakespeare's eingedrungen, wüssten wir nicht, dass er dabei einen ganz andern Gedanken hat als wir. So sagt er zum Schluss: „Das poetische Genie der Engländer gleicht bis jetzt einem dichtbelaubten Baume, den die Natur gepflanzt, der aufs Gerathewohl tausend Zweige entsendet und ungleich mit Kraft gedeiht. Er stirbt, wenn ihr seine Natur zwingen und ihn in einen Baum der Gärten von Marli zurechtschneiden wollt!" Aber nur muss man bei diesem Urtheil zugleich festhalten, dass ihm der Baum von Marli unendlich höher steht als die tausendästige Eiche.

In der zweiten Hälfte des Jahres 1735 wurde das beneidenswerthe Stillleben, welches Voltaire in Cirey führte, wo er „im tiefsten Frieden und in der thätigsten Musse die Süssigkeiten der Freundschaft und der Studien kostete, mit einer Frau, einzig in ihrer Art, die Ovid und Euklid liest und die Phantasie des einen und die Correctheit des andern hat"[1]) wesentlich durch einen ihm sehr ärgerlichen Handel getrübt. Er hatte das schon seit Jahren fertige Manuscript einer Tragödie, „Der Tod des Cæsar" (wahrscheinlich wie Brutus und die Englischen Briefe theilweise schon in England entstanden) dem Abbé Asselin, Lehrer am Collège Harcourt, übergeben, um es von den Schülern aufführen zu lassen, jedoch

---

[1]) Brief Voltaire's an Thieriot, August 1735.

unter der Bedingung, dass keine Abschrift davon genommen würde. Nichtsdestoweniger wurde eine solche verbreitet mit mehrfachen Zusätzen und Verbesserungen von zweifelhaftem Werth. Ein bekannter Journalist, an welchen Voltaire sich gewandt hatte, mit der Bitte, diese Notizen zu veröffentlichen, der Abbé Desfontaines, ergriff statt dessen die Gelegenheit, Voltaire in einer Satire anzugreifen und beging zugleich die Indiscretion, durch Abdrucken jenes Briefes den Aufenthalt Voltaire's bei der Marquise du Châtelet dem grossen Publikum bekannt zu machen.[1]) Es gereicht dies um so weniger zu seiner Ehre, da ihn gerade Voltaire durch persönliche Verwendung aus einem höchst kitzlichen Handel befreit hatte.[2]) Auch gegen das Stück selbst hatte Desfontaines eine bissige Kritik gerichtet, hatte geäussert, dass es gegen die guten Sitten verstosse, und in Anlehnung an die Englischen Briefe boshaft bemerkt, Brutus zeige mehr die Empfindungen eines Quäkers als eines Stoikers. Voltaire war aufs höchste erbittert; seinerseits schrieb er an alle Freunde und Bekannte, dass das Stück in dieser Form nicht von ihm sei, dass die Herausgeber diesen Cæsar mehr geschlachtet hätten als jemals Brutus und Cassius den alten u. dgl. m. Schliesslich wurde eine von ihm selbst besorgte Ausgabe gedruckt; es fand sogar eine allerdings nur vorübergehende Aussöhnung mit Desfontaines statt. Wirklich auf der Bühne aufgeführt wurde der Tod Cæsar's erst acht Jahre nachher; seltsamer Weise liess später Napoleon beim Fürstencongress in Erfurt gerade dies Stück geben.

Voltaire, der natürlich am allerwenigsten der Mann war, die heut noch schwebende Frage, ob Shakespeare's Julius Cæsar ein einheitliches Stück sei oder nicht, zu beantworten oder nur unparteiisch zu discutiren, löst die Frage ohne weiteres auf die einfachste Weise, indem er mit der Leichenrede des Antonius schliesst. Dies zwingt ihn, da die Handlung nun nicht mehr genug Ausdehnung hat, die gewöhnlichen fünf Acte der Tragödie auf drei zu reduciren, eine Neuerung, wegen deren er sich selbst vertheidigte und vertheidigen lassen musste. Von grösserer Wichtigkeit ist indess ein anderer Versuch, das Fortlassen der gewöhnlichen Liebesintrigue und jeder Frauenrolle überhaupt. Noch im Brutus hatte Voltaire es für unumgänglich nöthig befunden, eine schale und unerquickliche Liebesintrigue hineinzuflechten und hatte in der Vorrede seine

---
[1]) Brief Voltaires an Berger, Septbr. 1735. XI. p. 169.
[2]) Als ihn der Graf d'Argenson fragte, warum er so seinen Wohlthäter angriffe, antwortete Desfontaines achselzuckend: „Man muss leben!" „Ich sehe die Nothwendigkeit nicht ein", erwiderte kalt d'Argenson.

Ansicht dahin ausgesprochen: „Liebe in allen Tragödien zu verlangen, scheint mir ein verweichlichter Geschmack; sie auf immer daraus verbannen, ist eine ganz unvernünftige Morosität." Und weiter: „Damit die Liebe der tragischen Bühne würdig sei, muss sie der nothwendige Knoten des Stückes sein; nicht gewaltsam herbeigezogen, um die Leere eurer Tragödien und der unseren auszufüllen, die alle zu lang sind; es muss dies eine wahrhaft tragische Leidenschaft sein, als eine Schwäche betrachtet und durch Gewissensbisse bekämpft. Die Liebe muss entweder zum Unglück oder zum Verbrechen führen, um zu zeigen, wie sehr sie gefährlich ist; oder die Tugend muss darüber triumphiren, um zu beweisen, dass sie nicht unüberwindlich ist; ohne das ist sie nur eine Idyllen- oder Komödienliebe." Dass Voltaire in seinem Cæsar die Liebe unterdrückt hat, dafür können wir ihm nur dankbar sein. Dass er die Frauenrollen überhaupt ausgeschlossen, die in seinem Vorbild sich fanden, dass er den hohen Werth von Figuren wie Portia und Calpurnia nicht verstanden und die tiefe Absicht und vollendete Kunst des Dichters, welche sich gerade in ihnen zeigt, kann uns kaum Wunder nehmen.

Ein ganz entschiedener Fortschritt aber zeigt sich in der Handlung selbst. Da ist Fluss und fortschreitende Bewegung von der ersten Scene bis zur letzten. Da sind keine langweiligen Vertrauten; vor uns selbst vollziehen sich die Wandlungen; vor uns wird der Tod Cæsar's beschlossen. Besonders interessant sind in dieser Hinsicht die vierte Scene des zweiten und die zweite des dritten Acts. Nach dieser Seite hin können wir unbedenklich den „Tod Cæsars" als bestes der Voltaire'schen Stücke bezeichnen. Am meisten Kühnheit gehörte für ihn dazu, die in einen blutigen Mantel gehüllte Leiche Cæsars auf einer Bahre auf die Bühne zu bringen; den Cassius und die andern mit dem Dolch auf der Bühne erscheinen zu lassen, (erinnern wir uns der Stelle in der Vorrede zum Brutus, wo er von dem tiefen Eindruck spricht, den gerade diese Scene des englischen Stückes auf ihn gemacht!) und vor allen Dingen, das römische Volk wie bei Shakespeare nicht blos auftreten, sondern *mitsprechen* zu lassen. Gerade Alles, was er hier gewagt hat, bezeichnet er in jener Vorrede als ein Unterfangen von höchst zweifelhaftem Erfolg. „Die Gewohnheit, die Herrscherin dieser Welt, schrieb er damals, muss den Geschmack der Nationen ändern und die Gegenstände unsrer Abneigung zum Vergnügen kehren."[1]) Das auftretende Volk nennt er „eine Art Chor".

[1]) I, p. 149.

Bedeutende Aenderungen, nicht gerade zum Glück, hat er in Characteristik und Motivirung gemacht. Schon an Shakespeare's Cæsarcharacteristik ist mancherlei ausgesetzt worden und wir glauben, mit Recht. Die geheime Absicht, Cæsar den Republikanern gegenüber in seiner Wirkung einzuschränken, verkennen wir dabei durchaus nicht. Hier bei Voltaire finden wir, was uns bei Shakespeare störend berührte, in peinlicher Weise gesteigert. Dieser Cæsar spricht gleich in der ersten Scene mit Antonius, noch dazu an einem öffentlichen Platz, frei heraus, dass er die Stirne mit dem königlichen Band geschmückt sehen wolle, bevor er zur Eroberung der Welt aufbreche. In der zweiten Scene meldet Dolabella die Senatoren an.

Die Senatoren harren auf Gehör;
Sie kommen her, gehorsam dem Befehl.
Cæsar.
Sie brauchten lange Zeit — lass sie herein!

In der nächsten Scene vertheilt Cæsar die Provinzen und spricht dabei immer im Futurum des absoluten Befehls. Antonius *wird* Gallien und Italien behalten; Cimber *wird* die unterworfenen Könige bekommen etc. Dann verlangt er direct von den Senatoren den Königstitel; als sie ihn weigern, schickt er sie fort mit den Worten: Wenn ihr nicht zu siegen verstandet, lernt dienen! Drauf spricht er zu Brutus gewandt: Höre! Und ihr (zu den Senatoren) geht! Kurz, dieser Cæsar ist so gewaltsam aufgeblasen, dass er in bedenklicher Weise an Lafontaine's Frosch erinnert.

Auch der Character des Brutus hat ein ähnliches Schicksal bei Voltaire gehabt. Im Plutarch fand er nämlich die Notiz, dass Brutus Cæsar's Sohn gewesen sei. Hier offenbart sich das feine dramatische Gefühl Shakespeare's und das äusserliche, nach Effect haschende Streben Voltaire's. Shakespeare, der mit bewundernswerther Genauigkeit die Angaben Plutarch's, den er in der Uebersetzung von Th. North gelesen hatte, gefolgt ist, der die Geschichte selbst wie die einzelnen characteristischen Momente und Reden so anscheinend zwanglos und leicht zum Drama zusammengeschoben hatte, wie Gervinus sich ausdrückt, kannte die betreffende Stelle ganz ebenso gut, hat sie aber in weiser Selbstbeschränkung vollständig unbenutzt gelassen. Voltaire dagegen bemächtigt sich derselben sofort mit grösstem Eifer. Brutus ein Vatermörder! Welch' glänzender Effect! Die einfache Linienführung in der Motivirung, die etwas so herb Grossartiges bei Shakespeare hat, wird mit Einem Zuge hier verwischt. Brutus, niedergeschmettert durch die Enthüllung Cæsar's, dass er sein Sohn sei, theilt rathlos den Verschworenen sein Geheimniss mit. Dem Cassius gelingt es, ihn zu überzeugen, dass er seinem alten Eide treu bleiben müsse, auch wenn Cæsar sein Vater sei. Schliesslich erklärt Brutus, er wolle noch einen Versuch machen, Cæsar zu bekehren; misslinge auch dieser, dann

„Erhebt den Arm, stosst zu! Ich wend' mich ab."
Wie pathetisch!

„Alzire", 1736 aufgeführt, bietet wenig Wichtiges für unsern Gegenstand. Voltaire hatte die Idee, „in ihr einen Contrast zwischen den Sitten Europas und denen der neuen Welt zu geben und Geist und Augen in fremde Regionen zu versetzen." Dieser Gedanke hat ohne Zweifel seine Quelle ebenfalls in Shakespeare und Voltaire entfernte sich durch die Aneignung desselben wiederum von den strengen classischen Traditionen. Dasselbe Experiment hat er später in „Zulime" und der „Waise von China" wiederholt, die in Afrika und Asien spielen.

In „Der verlorne Sohn", aufgeführt am 10. October 1736, macht er einen Versuch nach einer andern Seite hin. Schon von Lachaussé war in einzelnen Komödien, La fausse antipathie und Le préjugé à la mode die Mischung von Scherz und Ernst angebahnt worden. Man hatte diese Dichtungsart mit dem besonderen, nicht eben wohlklingenden Namen der *comédie larmoyante* getauft. Wenn Voltaire gleich in der Vorrede nichts davon erwähnt, so liegt doch der Gedanke nahe, dass gerade Shakespeare's Dramen, in denen diese Mischungen und Contraste allenthalben so wirkungsvoll behandelt sind, auch zu diesem Versuch besonders angeregt haben. Dass er etwas Neues zu geben beabsichtige, spricht er offen aus. „Ich will mich hier darauf beschränken, die Nothwendigkeit zu betonen, in der wir uns befinden, Neues zu geben. Hätte man auf die tragische Bühne stets nur römische Grösse gebracht, man wäre ihrer schliesslich überdrüssig geworden; sprächen die Helden immer nur Zärtlichkeit, man würde davon angewidert werden. — Nochmals „alle Gattungen sind gut ausser der langweiligen". Sich selbst spricht er ein Urtheil in den Schlussworten: „Man muss nie sagen: Wenn diese Musik keinen Erfolg gehabt, wenn dies Bild nicht gefällt, wenn dies Stück durchgefallen ist, liegt der Grund darin, dass es einer neuen Gattung angehörte; man muss sagen: dass es *in seiner Art* nichts taugt."

Es folgt nun eine fast sechs Jahre dauernde Pause in seiner dramatischen Wirksamkeit, von 1736—1742, nur unterbrochen durch die sonst werthlose und auch von Voltaire als schwach bezeichnete „Zulime". Dann folgt „Der Fanatismus" oder „Mahomet." Voltaire's Hauptzweck war, in dieser Tragödie durch abschreckende Darstellung des Fanatismus zur Toleranz zu leiten; diesem didactischen Zweck entsprechend wimmelt diese Tragödie auch mehr als andere von Sentenzen; „Was gelten dem Menschengeschlecht die Leidenschaften, das Unglück eines Helden des Alterthums, wenn sie nicht uns zu unterrichten dienen." Uns ist der Mahomet heut eigentlich am interessantesten durch die geniale Idee, ihn dem Papst Benedict XIV. zu widmen.

Schon in den letztbesprochenen Stücken bieten sich fast gar keine Beziehungen zu Shakespeare; es ist, als wäre Voltaire die Reformatorrolle verleidet worden. Auch in der 1743 zum ersten Mal gegebenen „Mérope", die übrigens bei uns zu den bekannteren gehört, da sie Lessing zu seiner schneidenden Kritik Gelegenheit gegeben,[1]) zeigt sich keine Spur von Einwirkung der Engländer. Aber noch einmal und zwar an einem Hauptwerk, soll derselbe klar und scharf zu Tage treten; es ist zugleich wie das letzte Aufflackern der dramatischen Kraft Voltaire's, der von nun an überhaupt eine veränderte Richtung einschlägt und den Schwerpunkt seiner Thätigkeit auf andere Gebiete verlegt. Wir sprechen von „Semiramis" deren erste Aufführung am 29. August 1748 stattfand.

Dass Semiramis die entscheidende Veranlassung zur Abschaffung des seit lange eingebürgerten Missbrauchs von der Anwesenheit der Zuschauer auf der Bühne wurde, haben wir bereits vorweggenommen. Die ziemlich umfangreiche Abhandlung, welche ihr vorhergeht, „Ueber die alte und neue Tragödie" enthält wie gewöhnlich gute und schlechte Bemerkungen durcheinander. Mit Recht bekämpft Voltaire darin die Ansicht Brumoy's, die uns heute allerdings kaum der Widerlegung werth erscheint, dass nämlich die Tragödie keinen vollständig erdichteten Gegenstand dulde. Er führt weiter aus, dass kein Einsichtiger mehr leugnen könne, wie sehr die französische Bühne der griechischen durch die Kunst der Führung, durch Erfindung und Detailschönheiten überlegen sei, eine Ansicht, gegen deren Richtigkeit bereits Lessing so energische Zweifel ausgesprochen hat, dass es überflüssig ist, noch dagegen zu remonstriren. Ebenso müsse man zugeben, meint Voltaire, dass im französischen Theater die Galanterie fast alle Vortheile, welche sie sonst besitze, wieder aufgehoben habe. Unter vierhundert Tragödien, die auf dem Theater

---

[1]) Hamburger Dramaturgie, Stück 36 bis 51.

gegeben würden, seien nicht zehn oder zwölf, die nicht auf einer
Liebesintrigue beruhten. Die meisten dieser Tragödien glichen dadurch so sehr Komödien, dass auch in der Schauspielkunst mancherlei
Nachlässigkeiten darauf zurückgeführt werden müssten. Aber, fährt
er wohlgefällig fort, die französische Bühne habe sich von diesem
Vorwurf rein gewaschen durch einige Tragödien, in denen die Liebe
eine glühende (furieuse) und furchtbare Leidenschaft sei, und durch
andere, in denen das Wort Liebe nicht einmal gebraucht werde.

Dann nachdem er von dem oben erwähnten Missbrauch in
energischer Weise gesprochen, plaidirt er lebhaft auch für sonstige
anständige Ausstattung des Theaters selbst. Durch die Mangelhaftigkeit der Bühne werde jede theatralische Action verhindert,
d. h. jedes Gepränge, Ceremonien, Versammlungen, ein dem Stücke
nothwendiges Ereigniss (er hat hierbei die Geistererscheinungen der
„Eriphyle" und „Semiramis" speciell im Auge). Dann kommt er
auf sein Stück selbst zu sprechen. Das Wichtigste ist ihm natürlich die Rechtfertigung der Erscheinung des Ninus. Schon früher
haben wir die „Semiramis" eine Umdichtung der „Eriphyle" genannt. Die Erscheinung des Geistes findet unter denselben Be-
dingungen statt; auch hier verhindert der Geist einen Incest und
fordert zur Rache auf. In dem Augenblick, wo Semiramis Arsaces
zum Gemahl erwählt hat und die Priester auffordert, ihr Verlöbniss
zu weihen, rollt der Donner und das Grabmal des Ninus scheint zu
erbeben. Der Schatten des Ninus erscheint der Semiramis und
diese ruft: O Himmel, ich sterbe! Der Geist aber spricht:

Du wirst herrschen, Arsaces.
Doch vorher musst du Freveltaten sühnen;
Auf meinem Grabe meiner Asche opfern:
Dien' meinem Sohn und mir! Des Vaters denke
Und hör' den Priester.

Arsaces.

Schatten, den ich ehre,
Halbgott, des Geist hier diese Luft beseelt,
Dein Anblick stärkt mich und entsetzt mich nicht.
Ich trete in dein Grab und gält's mein Leben.
Doch sprich, wen soll dir opfern meine Hand?
(Der Geist kehrt von seiner Bühne an die Thür des
Grabes zurück.)
Er weicht! Er flieht!

Semiramis.

Du, meines Gatten Geist,

Lass mich dein Knie in deinem Grab umfassen
Und Reue . . . .
                        Geist.
            Halt! Und ehre meine Asche.
Ich will dich rufen, wenn die Zeit erfüllt![1])
    (Der Schatten kehrt zurück und das Grabmal schliesst sich.)

Wir haben die Scene hierher gesetzt, um die Identität mit der betreffenden Scene der Eriphyle unwiderleglich zu machen. Was wir über den Geist in „Eriphyle" bereits gesagt, gilt in erhöhtem Masse von dem unsrigen. Voltaire nennt den Schatten von Hamlet's Vater einen der schlagendsten Theatercoups; er hat ihn nachahmen wollen, allein „Voltaire's Geist ist der blosse verkleidete Komödiant, der nichts hat, nichts sagt, nichts thut, was wahrscheinlich machen könnte, er wäre das, wofür er sich ausgiebt; alle Umstände vielmehr, unter welchen er erscheint, stören den Betrug und verrathen das Geschöpf eines kalten Dichters, der uns gerne täuschen und schrecken möchte, ohne dass er weiss, wie er es anfangen soll. . . . . . Das Gespenst, das sich Dinge herausnimmt, die wider alles Herkommen, wider alle guten Sitten unter den Gespenstern sind, dünket mich kein rechtes Gespenst zu sein; und Alles, was die Illusion hier nicht befördert, stört die Illusion."[2]) Hervorgehoben müssen übrigens auch die Nachlässigkeiten und Geschmacklosigkeiten in der Diction werden. Voltaire spricht von den Knien des Gespenstes; er lässt den Geist von seiner eigenen Asche reden, und die Worte des Arsaces „des Geist hier diese Luft beseelt" sind nicht gerade von besonderer Deutlichkeit.

In seiner Rechtfertigung des Gespenstes führt Voltaire aus, dass die Engländer ebensowenig wie die Römer an Gespenster glaubten, und doch beschwöre in Lucan's Pharsalia der junge Pompejus einen Geist und erscheine der Schatten des Königs im Hamlet. Das Urtheil über Hamlet, welches bei dieser Gelegenheit folgt, ist characteristisch. Voltaire nennt ihn ein rohes und barbarisches Stück, das der gemeinste Pöbel Frankreichs und Italiens unerträglich finden würde. „Hamlet wird darin verrückt im zweiten Act und seine Geliebte wird verrückt im dritten. Der Prinz tödtet den Vater seiner Geliebten, unter dem Vorgeben, eine Ratte zu tödten, und die Heldin stürzt sich in den Fluss. Man macht ihr Grab auf der Bühne; Todtengräber machen Spässe, die ihrer würdig sind, und

---

[1]) Semiramis III, 6.
[2]) Lessing, Hamburger Dramaturgie, 11tes Stück.

halten dabei Todtenköpfe in der Hand. Der Prinz Hamlet antwortet ihren abscheulichen Rohheiten durch nicht weniger widerwärtige Albernheiten. Während dieser Zeit macht einer der Schauspieler die Eroberung Polens. Hamlet, seine Mutter und sein Stiefvater trinken zusammen auf der Bühne; man singt bei Tisch, man streitet, schlägt und tödtet sich. Man möchte glauben, dass dies Stück die Frucht der Phantasie eines betrunkenen Wilden ist. Aber unter diesen rohen Unregelmässigkeiten, die noch heutigen Tages das englische Theater so abgeschmackt und so barbarisch machen, findet man im Hamlet durch eine noch grössere Bizarrerie erhabene Züge, die der grössten Genies würdig sind. Es scheint, dass die Natur sich darin gefallen hat, im Kopfe Shakespeare's das Gewaltigste und Grösste, das man sich denken kann, mit dem Niedrigsten und Abscheulichsten, was geistlose Rohheit haben kann, zu einen."[1]) Die Carricatur Hamlets, die in den angeführten Zeilen entworfen ist, erbittert uns um so mehr, da man ihr die Absichtlichkeit der Entstellung ansieht. Sie bestätigt die alte Wahrnehmung, dass böswilligem Witz auch das Höchste zum Opfer fallen kann. Hier finden wir auch das allgemein bekannte Schlagwort vom *trunkenen Wilden*. Es ist wie viele solche Worte wegen seiner pikanten und präcisen Fassung aus dem Zusammenhang herausgegriffen worden und hat in weiterer Verbreitung eine falsche Vorstellung hervorgerufen, die Vorstellung von der gänzlichen Unkenntniss, die Voltaire von den Werken Shakespeare's gehabt habe.

In der grösseren Bewegtheit der Handlung zeigt sich auch in der Semiramis englischer Einfluss; auch die theatralische Action (wir wissen, was Voltaire darunter verstand) ist hier glänzender als sonst behandelt. Ein ganz besonderer Fortschritt aber ist der, dass die Einheit des Ortes vollständig durchbrochen wird. Der erste und zweite Act spielen vor dem Palast der Semiramis; im dritten stellt die Scene ein Zimmer in demselben vor; ja, in der sechsten Scene des dritten Acts tritt auf einmal eine Verwandlung der Scene ein, die noch dazu sich leicht hätte vermeiden lassen.

Nach der „Semiramis" folgen Nanine (1749), Orest, Catilina, Amélie de Foix und schliesslich „Tancred" (1760), der letzte Versuch in der historisch-nationalen Tragödie. Neuen Stoff für unsere Untersuchung bieten sie sammt und sonders nicht. Voltaire hat sich mit „Semiramis" im Drama ausgelebt; kaum dass Tancred noch einen frischeren Zug zeigt. Am 9. Mai 1746 war Voltaire

---

[1]) I, p. 559.

nach langem Kampfe in den Besitz des so heiss ersehnten Sitzes in der Akademie gelangt. Fast wäre man versucht, diese beiden Daten mit einander in Beziehung zu setzen.

In dem Masse wie seine dramatische Schöpferkraft abnimmt, nimmt seine Reaction gegen Shakespeare zu; es liegt, selbst wenn wir alle die Momente abziehen, welche dabei mitgewirkt, ein vernichtendes Urtheil in dieser einfachen Bemerkung. Dem Zauberlehrling, der die Geister gerufen hatte, graut nun vor ihrer unbegreiflichen Geschäftigkeit. Wie gern möchte er sich ihrer entledigen, wenn er könnte! Aber die Fluth um ihn steigt zu immer gefährlicherer Höhe und droht fast, ihn fortzuschwemmen.

Und in der That, sie waren geschäftig gewesen, die Geister. Sie hatten seiner Weisung gehorsam aus dem Quell geschöpft und Wasser herbeigetragen, kannenweise und tropfenweise, jeglicher nach seiner Art und Kraft. Destouches lässt 1737 seine Komödie „Der Verschwender" drucken, in dem Villemain wohl mit Recht eine Umarbeitung Timons von Athen sieht, und giebt einige Jahre später Proben aus dem Sturm. 1740 veröffentlicht der liebenswürdige Verfasser des *Vert-Vert*, Gresset, seinen Eduard III., in welchem gegen die classische Regel der Mord auf der Bühne vollzogen wird. 1747 erscheint der „Franz II." des Präsidenten Hénault, der nach der eigenen Erklärung des Verfassers von Shakespeare inspirirt ist. Und so geht es fort, bis die Anglomanie, wie man es spottend nannte, triumphirt in Ducis, Mercier und Letourneur.

Durch das Erscheinen eines Buches wird Voltaire zuerst ein harter Schlag versetzt. 1746 erblickt ohne Vaternamen ein Buch das Licht der Welt, das „Das englische Theater" heisst, und neben einer Abhandlung über das englische Theater und einer Biographie Shakespeare's eine Uebersetzung von Othello und dem dritten Theil Heinrich VI. enthält; andere Bände folgen bald.[1] Es ist ein schlechtes Buch, müssen wir sagen. Dem Motto, das es führt, *non verbum reddere verbo*, ist sein Verfasser, de Laplace, mit mehr als wünschenswerther Gewissenhaftigkeit treu geblieben; ganze Scenen des Originals werden, um zu kürzen, fortgelassen und durch Inhaltsangaben ersetzt, ein Verfahren, bei dem nicht immer der gute Ge-

---

[1] Le théâtre anglais. A Londres, 1746. Vol. I. enthält: Discours sur le théâtre anglais, p. I—CXVIII. Vie de Shakespeare — p. CXLIII. Othello. Henri VI. — Vol. II.: Richard III. Hamlet. Macbeth. — Vol. III.: Cymbeline. J. Caesar. Cléopatra. — Vol. IV.: Timon ou le misanthrope. Les commères de Windsor. La pucelle p. Fletcher. Die übrigen Bände enthalten Werke von Ben Jonson, Rowe, Otway etc. etc.

schmack den Vorsitz führt. Die Ideen des Originals sind oft kaum wiederzuerkennen, so dass Alles in Allem Voltaire ein gewisses Recht hatte, an d'Argental zu schreiben (5. Juni 1762): de Laplace hat kein Wort von Shakespeare. Aber nichtsdestoweniger ist das Buch eine That. Laharpe's Urtheil, der sagt: „Da es das erste Werk war, das gut oder schlecht ein von dem unsrigen sehr verschiedenes Theater bekannt machte, so fand diese Compilation Absatz", ist engherzig und beeinflusst. Das Werk verdankt seinen Erfolg dem Umstande, dass es einem wirklichen Bedürfniss entgegenkam. Für uns von besonderem Werthe ist die Vorrede. Sie ist nicht ohne Geschick geschrieben, trägt aber das Gepräge grosser Vorsicht. Der Autor möchte es mit keiner von den beiden Parteien verderben. Nur schüchtern, in Frageform, meint er, „ob nicht vielleicht durch das Gute, welches die Verletzung der drei Einheiten nach sich ziehen könnte, der Vorwurf der Regellosigkeit entkräftet werden könnte. Mit derselben Reserve behandelt er die Frage über die Stellung der Liebe im Schauspiel. Man sieht, er hat Verständniss für die durch den Gegensatz des englischen und französischen Theaters hervorgerufenen Streitfragen; er hat auch einiges Verständniss und sehr grosse Bewunderung für den Dichter, den er übersetzt, und er citirt ausführlich und mit Freude die schönen Worte Pope's über denselben; aber er wagt keine entscheidenden Consequenzen zu ziehen. Aus dieser Unentschlossenheit und Unklarheit entspringen auch die Hauptschwächen seiner Uebersetzung. Nichtsdestoweniger, trotz alledem, ist das Buch ein Ereigniss. Es wird durch dasselbe Voltaire die absolute Führerschaft im Reiche des englischen Theaters entzogen. Von nun an ist auch das Publikum, das bisher nur auszugsweise und bunt durcheinander gewürfelt Einzelnes aus den Werken des grossen Briten zu Gesicht bekommen hatte, in der Beleuchtung, welche ihm die zufällige Laune Voltaire's gegeben, in den Stand gesetzt, selbst, nach eigener Empfindung zu urtheilen und das so mächtig angeregte Interesse zu befriedigen.

Voltaire erscheint von nun ab in der Stimmung eines Mannes, der sich lange Zeit mit einer schwierigen Aufgabe getragen hat, und da er sie endlich lösen zu können vermeint, sich von einem andern überholt sieht, den er selbst vormals auf diese Aufgabe hingewiesen. Die Hegemonie, welche ihm früher keiner streitig gemacht, wird mit einem Ruck seinen Händen entwunden, und er zieht sich murrend ins Lager der Opposition zurück. Auf ihn lässt sich sehr gut ein Wort anwenden, das er selbst über den Schauspieler Lekain an d'Argental schrieb (19. Juli 1776): Er tritt nicht gern in einer Rolle auf, wenn er nicht alle Anderen todt macht!

Und nicht auf dem Gebiet des Dramas allein geht es ihm so. Auf allen Seiten taucht ein junges Geschlecht empor, mit rascherem Blut und keckerer Hand; Gestalten, die ein fremdartiges Aussehen haben und doch seine Kinder sind, die noch rücksichtsloser vorgehen als ihr Vater und kein Bedenken tragen, die von ihm gelehrte Missachtung des absoluten Autoritätsprincips gelegentlich auf seine Kosten geltend zu machen. Diese Exoteriker lüften keck den Vorhang zum Allerheiligsten und haben nur ein spöttisches Lächeln für das αὐτὸς ἔφα der alten Zeit. Eine einmal verlorene Autorität wieder zu gewinnen, gelingt selten. Ein Mittel scheint noch übrig, der drohenden Gefahr zu begegnen; die offene energische Offensivbewegung; vielleicht gelingt es ihr, die bergab rollende Lawine in ihrem Laufe aufzuhalten.

Die erste solche offensive Bewegung Voltaire's ist die Veröffentlichung der Uebersetzung von Julius Cæsar, im Jahre 1760. Schon in den Einleitungsworten spricht sich deutlich der verhaltene Groll und die böse Absicht, die diesem ganzen Unternehmen zu Grunde gelegen, aus. „Da ich oft Corneille und Shakespeare vergleichen hörte, beginnt das Vorwort des Uebersetzers, so hielt ich für passend, die verschiedene Art und Weise zu zeigen, welche beide in Stoffen anwenden, die einige Aehnlichkeit haben. Ich habe die (drei) ersten Acte des Todes Cæsar's gewählt, in denen man eine Verschwörung sieht wie in Cinna, und in denen es sich bis zum Ende des dritten Actes nur um eine Verschwörung handelt. Der Leser wird leicht die Gedanken, den Stil und das Urtheil Shakespeare's mit den Gedanken, dem Stil und dem Urtheil Corneilles vergleichen können. Die Leser aller Nationen sollen nun zwischen dem einen und dem andern entscheiden." Als Princip seiner Uebersetzung giebt er möglichste Genauigkeit an; was im Original in Prosa, sei in der Uebersetzung gleichfalls in Prosa; Blankverse seien durch Blankverse und überhaupt Vers für Vers wiedergegeben; was im Original gewöhnlich und gemein sei, sei es auch in der Uebersetzung.

Die ganze Uebersetzung hat die Bestimmung, der von de Laplace ein Paroli zu biegen. Das wird aus folgender Stelle klar. „Wir haben im Französischen Nachahmungen, Skizzen, Auszüge aus Shakespeare, aber keine Uebersetzung. Man hat sichtlich unser Zartgefühl schonen wollen." Nun führt er weiter aus, der Zweck einer Uebersetzung sei sicherlich, Shakespeare zu zeigen, wie er sei;

warum habe denn der Uebersetzer z. B. nicht die bekannte Scene, in der Jago dem alten Brabantio die Entführung Desdemonens mittheile, mit all' ihren obscönen Redensarten gegeben? und er holt nun mit hämischer Freude das Versäumte nach, in der Hoffnung, durch diese groben Zweideutigkeiten von der Lectüre Shakespeare's abzuschrecken. Er schliesst seine Vorrede mit einem energischen Protest: „Wenn es einem einfällt, Tragödien in Blankversen zu machen und auf unserm Theater zu spielen, ist die Tragödie verloren. Nehmt die Schwierigkeit fort und ihr nehmt das Verdienst fort." Hier haben wir ein in Voltaire's Aesthetik eine hohe Stelle einnehmendes Gesetz vom Werth der überwundenen Schwierigkeit.

Die Uebersetzung selbst hat Ueberfluss an gelegentlichen Anmerkungen, die durch ihren Ton die böswillige Absicht klar genug verrathen. Bald sagt er da, dass Shakespeare aus Casca, einem Senator, eine Art Narren mache. In der zweiten Scene bei Gelegenheit des Auftretens des Wahrsagers bemerkt er: „Diese Anecdote findet sich im Plutarch, sowie die meisten Ereignisse des Stückes. Shakespeare hatte ihn also gelesen; wie konnte er die Majestät der römischen Geschichte so weit herabwürdigen, dass er manchmal diese Herren der Welt wie Unsinnige, Narren und Beutelschneider sprechen liess?" Als Cassius dem Brutus von seinem früheren Zusammenleben mit Cæsar erzählt und die Schwächen desselben characterisirt, sagt Voltaire: „Alle diese Erzählungen, die Cassius macht, gleichen dem Gespräch eines Jahrmarkthanswurstes. Es ist natürlich, ja; aber es ist die Natürlichkeit eines Mannes aus der Hefe des Volkes, der sich mit seinem Gevatter in einer Kneipe unterhält. So sprachen die grössten Männer der römischen Republik nicht." Und zu der zweiten Scene des dritten Actes, wo Casca sagt: Lasst unsre Händ' in Cæsar's Blut uns baden! bemerkt er: „Hier sieht man den verschiedenen Geist der Nationen. Diese abscheuliche Barbarei des Casca wäre einem französischen Dichter nie eingefallen. Wir wollen nicht, dass man das Theater mit Blut besudle, ausser bei ausserordentlichen Gelegenheiten, bei denen man, so gut es geht, diese widerwärtige Rohheit verdeckt."

Auch das Nachwort ist nicht ohne Interesse. Er bemerkt, dass es ganz unerklärlich sei, wie ein so weit fortgeschrittenes Volk, wie das englische, es erträglich finden könne, dass jetzt Cæsar als ein wirklicher Held, dann wie der capitano einer Possenbühne sich ausdrücke; wie es Zimmerleute, Schuhflicker und selbst Senatoren dulden könne, die den Jargon der Markthallen sprächen. Doch, setzt er vorsichtig hinzu, gebe es eine Fülle von Interesse in diesen so seltsamen und so wilden Stücken. Er selber sei z. B. trotz alledem durch den Julius Cæsar, da er ihn einst auf der Bühne gesehen, gefesselt worden; er habe keinen Verschworenen auftreten sehen, der ihm nicht ein besonderes Interesse eingeflösst. (Ein besseres Compliment für Shakespeare's Meisterschaft in der Characteristik kann es nicht geben, als dieses einem wirklich nicht wohlwollenden Kritiker abgerungene Bekenntniss!) Leider aber hätten Shakespeare und Lope de Vega zu einer Zeit Genie gehabt, wo der Geschmack noch nicht gebildet gewesen; ihre Nachahmer hätten nur ihre Fehler nachgeahmt und so hätten sie indirect die englische Bühne verdorben. Wie Shakespeare sei auch Corneille ungleich gewesen, aber auch genial wie er; nur verhalte sich das Genie Corneille's zu dem Shakespeare's, wie ein vornehmer Herr zu einem Manne aus dem Volke, der mit demselben Geiste wie er geboren sei.

Noch einschneidender in diese Fragen ist ein anderes Werk, das unmittelbar nach dem vorigen 1761 erschien. Eigentlich ist es ein Pasquill in einer ästhetischen Frage, das Voltaire unter einem Pseudonym herausgab, weil es ihm so bequemer war, von sich und seinen persönlichen Beziehungen zu diesem Gegenstand zu reden; der Titel war: Ueber das englische Theater von Jérôme Carré. Es ist ein Appell an alle Nationen „von Petersburg bis Neapel", zu entscheiden, ob in der That Shakespeare und Otway Corneille und Racine bei weitem überlegen seien. Hamlet sei eines der geschätztesten und bekanntesten Werke Shakespeare's, darum sei das Zweckmässigste, um ein Urtheil über Shakespeare zu bekommen, ein getreues Exposé dieses Stückes, das denn auch alsbald folgt. Dieses Exposé ist natürlich nichts als die groteskeste Carricatur, welche sich denken lässt. Mir ist unwillkürlich dabei das schöne Märchen Andersen's in's Gedächtniss gekommen, von dem Zauberspiegel, den der Teufel eines Tages auf die Erde fallen liess, dass er in unzählige Splitter zersprang. Diese Splitter flogen überall umher und wer einen solchen ins Auge bekam, sah Alles verzerrt und entstellt, was schön und edel war. Der arge Zauber ist hier böser Wille und giftige Schelsucht. Es wäre zu weitläufig und vor Allem zu unerquicklich, dies Exposé im Einzelnen zu verfolgen. Wo ein roher und schlechter Ausdruck sich findet, wird er gewiss übertrieben hervorgehoben; wo durch grelle Beleuchtung einzelner Schwächen das Ganze lächerlich gemacht werden kann, geschieht es gewiss. Die erste Skizze zu dieser in der Didot'schen Ausgabe neun Spalten umfassenden Inhaltsangabe haben wir schon in der Vorrede zur „Semiramis" besprochen. Dort konnte uns die sarkastische Manier noch ein Lächeln abzwingen; hier haben wir Mühe, den gerechten Widerwillen zurückzudrängen über den Frevel, welchen äffische Bosheit an einem der edelsten und tiefsten Werke der Dichtung aller Zeiten und Völker verübt. Der Unwille würde uns übermannen, läge der Trost nicht sehr nahe. Wie viele sind, denen der Name Jérôme Carré bekannt ist? Und wie viele sind, die nicht dem Hamlet eine reine Stunde verdanken?

Nach seiner Caricatur des Meisterwerkes ruft dann Voltaire triumphirend aus: „Dies ist genau die berühmte Tragödie Hamlet, das Hauptwerk der Londoner Bühne; dies ist das Werk, welches man Cinna vorzieht!"

„Zweierlei muss man sich fragen, heisst es weiter, einmal wie es möglich ist, dass soviel Ungeheuerlichkeiten in einem Kopfe entstanden sind, und dann, wie irgend ein Mensch sie erträglich oder gar geniessbar habe finden können?" Die erstere Frage beantwortet er damit, dass Shakespeare seine Tragödien alle aus der Geschichte oder aus Romanen geschöpft, und dass er im Hamlet weiter nichts gethan habe, als den Roman des Saxo Grammaticus dialogisiren. Für die zweite Frage findet er folgende Antwort: „Die Sänftenträger, Matrosen, Droschkenkutscher, Ladenschwengel, Schlächter und Schreiber sogar lieben leidenschaftlich die Schauspiele. Verschafft ihnen Hahnenkämpfe, Stiergefechte, Gladiatorenmetzeleien, Begräbnisse, Duelle, Galgen, Zaubereien und Gespenster, und sie strömen in Masse dazu. Und es giebt mehr als Einen grossen Herrn, der ebenso neugierig ist als das Volk. Die guten Bürger Londons fanden in den Tragödien Shakespeare's Alles, was Neugierigen gefallen kann. Die Hofleute wurden gezwungen, der Strömung zu folgen; wie sollten sie nicht bewundern, was der gesündere Theil der Stadt bewunderte? Man hatte nichts Besseres während 150 Jahren; die Bewunderung befestigte sich und wurde Abgötterei. Einzelne geniale Züge, einzelne glückliche Verse voll Natürlichkeit und Kraft, Züge, die man unwillkürlich auswendig behält, haben für den Rest um Gnade gebeten und mit Hülfe einiger Detailschönheiten hat bald das ganze Stück Glück gemacht. Es giebt solche Schönheiten bei Shakespeare, zweifeln wir nicht daran. Herr von Voltaire ist der erste, der sie in Frankreich bekannt gemacht hat; er wies uns vor ungefähr dreissig Jahren die Namen Milton und Shakespeare." Darauf erwähnt er die schon besprochene Uebersetzung des Monologs im Hamlet; er nennt diesen Monolog einen rohen Diamanten, der einige Flecken hat; wollte man ihn schleifen, würde er von seinem Gewicht verlieren. Seiner eigenen Uebersetzung giebt er dabei das Prädikat gewissenhaft.

Nach einem ähnlichen Resumé „Der Waise" von Otway folgen als Zugabe die Nachtscene vor Brabantio's Fenster und einige andre ähnlichen Inhalts. „Wir können uns nicht genug beklagen, bemerkt er ironisch, dass der Uebersetzer uns mit derselben Grausamkeit der schönsten Stellen aus Shakespeare's Othello beraubt hat. . . . . . . Der Leser ist nun im Stande, schliesst er, den Process zwischen der Londoner und der Pariser Tragödie zu entscheiden."

Seine Correspondenz aus dieser Zeit beschäftigt sich ebenfalls vielfach mit unserm Gegenstand, doch mehr beiläufig. Denn er ist damals (1762) nach ganz anderer Seite hin in Anspruch genommen; das jammervolle Schicksal der Familie Calas hat ihn zu thätigem Mitleid erregt, und wir lesen mit Bewunderung, mit welch' rastloser Energie er diese scheinbar verlorene Sache verficht. Wenn etwas mit Vielem in Voltaire's Character aussöhnen kann, so ist es die schöne Rolle eines Anwalts der Elenden und Bedrückten, die er ohne selbstsüchtiges Motiv und ohne Menschenfurcht durchführt. Der Segen jener unglücklichen Wittwe wiegt schwer in der Wage des gerechten Urtheils.

1764 tritt er wieder in die Arena mit einem Angriff gegen das Buch Home's (Lord Kames) „Essay on Criticism". Derselbe hatte an einer Stelle gesagt, dass die Monologe Shakespeare's die einzigen nachahmungswerthen Muster seien, und zugleich den Monolog Hamlet's (A. 1, Sc. 2) angeführt:

O schmölze doch dies allzufeste Fleisch,
Zerging' und löst' in einen Thau sich auf u. s. w.

Nun wird allerdings gerade an diesem Monolog ein classisch geschultes Ohr wenig Behagen finden; das benutzt Voltaire auch zu seinem alten Experiment, eine wortgetreue Uebersetzung nach den Principien der Vorrede zur Uebersetzung Cæsar's zu geben.

„Einige Leser, sagt er, werden überrascht sein von dem Urtheil des Herrn Home, Lord Kames; und einige Franzosen könnten sagen, dass Hanswurst auf einem Jahrmarkt in der Provinz sich mit mehr Anstand und mehr Würde ausdrücken würde als Prinz Hamlet. Allein man muss erwägen, dass dieses Stück vor 200 Jahren geschrieben ist; dass die Engländer nichts Besseres haben; dass die Zeit dieses Werk geweiht hat u. s. w."[1]

---

[1] Aux auteurs de la Gazette Littéraire, 4 avril 1764. Vol. IX. p. 224 ff.

Mit demselben Geschmack und demselben Recht habe Lord Kames den Vers aus Racine's „Iphigenie in Aulis" (I, 1):
Mais tout dort, et l'armée, et les vents et Neptune
schwülstig gefunden und ihm eine ähnliche Stelle aus Hamlet (1, 1):
Not a mouse was stirring
gegenübergestellt. „Wir müssen zugeben, sagt er ironisch, dass eine Tragödie mit keiner edleren und majestätischeren Wahrheit beginnen kann. Es ist der reinste Sophokles." „Indess nach alledem, schliesst er, mag er sich über unsere Versailler Hecken und über die Tragödien Racine's aufhalten, wir wollen es gerne dulden; wir wissen, dass jeder seinen Geschmack hat; wir betrachten alle Schriftsteller Europa's als Gäste, die am selben Tische essen; jeder hat sein Gericht und wir wollen keinem den Appetit verderben."

Die Parallele dieser beiden Verse Racine's und Shakespeare's findet sich noch einmal im „Philosophischen Wörterbuch." Er spricht in dem Artikel „Dramatische Kunst", der etwa ins Jahr 1765 zu verlegen ist, nach einer sehr flüchtigen und oberflächlichen allgemeinen Einleitung vom spanischen Theater, dann vom englischen. Er characterisirt dasselbe als sehr bewegt, aber im spanischen Geschmack, d. h. die Narrheit sei mit dem Grässlichen vereint gewesen. Das ganze Leben eines Mannes habe den Gegenstand einer Tragödie gebildet; die Schauspieler seien von Venedig nach Cypern gegangen; die gemeinste Canaille erscheine mit den Fürsten auf der Bühne und diese Fürsten sprächen oft wie die Canaille. Wieder greift er zu dem alten Mittel, anstössige und obscöne Stellen, aus dem Zusammenhang gerissen, anzuführen. Wieder verweist er auf J. Cæsar, auf die schon in den Noten zu seiner Uebersetzung hervorgehobenen Stellen, auf die so oft schon citirte Scene aus dem Mohren; und auf die Scene der Katharina in Heinrich V., Act 5, Sc. 2.

Wir kennen nun schon zur Genüge die perfide Manier, in der Voltaire gegen Shakespeare verfährt, um nicht erstaunt zu sein, wenn er unmittelbar darauf in einem „Vom Verdienst Shakespeare's" betitelten Absatz sagt: „Es giebt etwas, das noch erstaunlicher ist als das eben Gelesene, nämlich, dass Shakespeare ein Genie ist." Die Italiener, Franzosen, die Schriftsteller aller andern Nationen, die nicht einige Zeit in England gewohnt haben, halten ihn nur für einen Jahrmarkthanswurst, für einen Spassmacher, der Harlekin das Wasser nicht reicht, für den elendesten Narren, der jemals den Pöbel belustigt hat. Gleichwohl findet man in demselben Mann Stücke, die die Phantasie erheben und ans Herz dringen. Es ist die Wahrheit, es ist die Natur selbst, die ihre eigene Sprache spricht, ohne irgend eine Zuthat der Kunst. Es ist Grösse und der Dichter hat sie nicht gesucht. Es folgen einzelne Beispiele aus Cæsar, der Monolog aus Hamlet in der schon früher gegebenen Uebersetzung. Der Schluss, den Voltaire aus diesem Contrast von Grösse und Niedrigkeit, von erhabenen Gedanken und grobem Unsinn zieht, ist: dass Shakespeare ein vollendeter Dichter gewesen wäre, wenn er zur Zeit Addison's gelebt hätte.

Die einmal hervorgerufene Bewegung ging indessen ungehindert ihren Gang fort. Die englische Sprache wurde in Frankreich gelernt und damit englische Literatur mehr und mehr eingebürgert. Dagegen halfen weder die grossen noch die kleinen Mittel. Die Zeit ist im Zuge und der Gedanke nimmt seinen Lauf. Aber zähe wie immer vertheidigt Voltaire jeden Schritt; in Correspondenzen an seine vielen Freunde, ja selbst in seinen kleinen Romanen findet er immer noch Gelegenheit zu einem boshaften Ausfall, zu einem satirischen Angriff. Dass er aber selbst fühlt, wie dieser Widerstand kaum noch die zunehmende Bewegung ein wenig aufhalten, geschweige denn zurückdrängen könne, ergiebt sich aus der immer steigenden Gereiztheit seiner Angriffe, die ihn schliesslich auch die wenigen beschränkenden und anscheinend unparteiischen, günstigen Bemerkungen unterdrücken lässt. So schreibt er an Saurin am 4. September 1765: „Was die Engländer betrifft, so kann ich Ihnen nicht verdenken, dass Sie sich ein wenig über Gilles Shakespeare moquirt haben. Es war ein Wilder, der Phantasie hatte. Er hat viele glückliche Verse gemacht, aber seine Stücke können nur in London und Canada gefallen. Es ist eben kein gutes Zeichen für den Geschmack einer Nation, wenn das, was sie bewundert, nur bei ihr selbst Erfolg hat." Am 15. Juli 1768 fordert er die Herzogin von Choiseul auf, Schiedsrichter zwischen ihm und Horace Walpole zu sein, und bezeichnet sich selbst als alten Soldaten, der für sein Vaterland kämpfe. Walpole hatte nämlich in der Vorrede seines Romans, „Das Schloss von Otranto", seinem rohen Narren Shakespeare den Vorzug vor Racine und Corneille gegeben. In dem gleichzeitigen Briefe an den englischen Schriftsteller selbst verwahrt er sich gegen den Vorwurf, dass er Shakespeare verachte. Er zuerst habe Frankreich mit Shakespeare bekannt gemacht, wie mit Locke und Newton; er habe schon vor langer Zeit gesagt, hätte Shakespeare zu Addison's Zeit gelebt, so würde er dessen Eleganz und Reinheit seinem eigenen Genie gesellt haben. Shakespeare sei eine schöne Natur, aber sehr uncivilisirt, ohne Anständigkeit, ohne

Kunst; Niedrigkeit mit Grösse, Narrheit mit Furchtbarkeit vermischt; er sei „das Chaos der Tragödie, in welchem es hundert Lichtstrahlen gäbe." „Ihr freien Britten beobachtet weder die Einheit des Ortes, noch die Einheit der Zeit, noch die Einheit der Handlung. In Wahrheit gewinnt Ihr nichts dabei. Die Wahrscheinlichkeit muss doch immer für etwas gezählt werden. Die Kunst wird dadurch schwieriger, und die besiegten Schwierigkeiten verleihen in jeder Art Vergnügen und Ruhm. — Ja, mein Herr, ich habe geglaubt, ich glaube und werde glauben, dass Paris Athen im Punkte der Tragödien und Komödien sehr überlegen ist. Molière und selbst Regnard scheinen mir bei weitem grösser zu sein als Aristophanes, gleichwie Demosthenes grösser ist als unsere Advokaten. Ich will Ihnen geradeheraus sagen, dass alle griechischen Tragödien mir Schülerarbeiten zu sein scheinen im Vergleich mit den erhabenen Scenen Corneille's und den vollendeten Tragödien Racine's."

Wenn er hier noch wenigstens den Versuch macht, gerecht zu sein, indem er in alter Weise das Herbe auf der einen Seite durch ein Compliment auf der andern zu mildern sucht, so sehen wir ihn bald in offenem Bruch mit seiner ganzen immerhin reformatorisch zu nennenden Thätigkeit all' die Erbitterung ausströmen, welche sich in dem Greise aufgehäuft hatte, der fühlte, dass seine Zeit ihn überholt habe. Er, der gewohnt war, die Bewegung zu leiten, sah sich zurückgeschoben und zurückgedrängt von einer jungen Generation, deren stürmische Heftigkeit ihn mit Besorgniss erfüllte. Noch immer aber lebte in dem alten Philosophen von Ferney die frühere Leidenschaft. Die enorme Lebensfähigkeit dieses Mannes tritt in Nichts so klar zu Tage, als in dem verzweifelten Kampf, zu dem er sich am Abend seines an Kämpfen so reichen Lebens noch einmal aufrafft, um mit einem für seine Verhältnisse geradezu wunderbaren Aufwande von Zorn und Heftigkeit das verhasste Idol zu stürzen.

Wiederum bietet eine Uebersetzung die Gelegenheit dazu. Die erste Uebersetzung von de Laplace, deren Mangelhaftigkeit sein scharfer Blick sofort durchschaut hatte, hatte ihn verhältnissmässig ruhig gelassen; er hatte sich damit getröstet, dass de Laplace kein Wort von Shakespeare habe und dass es ihm jederzeit leicht sein würde es zu beweisen, und das gepriesene Götzenbild in seinem grotesken Aufputz, wie er meinte, an den Pranger der Lächerlichkeit zu stellen. Diesmal stand die Sache wesentlich anders. Einmal war die Uebersetzung vollständig, frei von all' den Mängeln und Lücken, welche das englische Theater de Laplace's so sehr entstellt hatten. Wenn auch nicht tadellos, war sie doch vollkommen geeignet, dem grossen Publikum das wunderbare Zauberreich der Shakespeare'schen Bühne zu erschliessen. Und wer konnte vorher bestimmen, was das Urtheil des Publikums, des grossen Kindes, sein würde? Würde es nicht die dargebotene Gabe mit mehr als Eifer annehmen? Und dann, Reinheit der classischen Tragödie — Gute Nacht!

Ein anderes Motiv, das die übermässige Heftigkeit dieser letzten Angriffe erklärt, ist wiederum persönlicher Art. Das Buch von *Pierre Letourneur*, denn von ihm reden wir, war dem Könige gewidmet; die Königin, die Prinzessinnen und folglich auch ein grosser Theil des Hofes hatten darauf subscribirt; das Buch selbst hatte vom Augenblick seines Erscheinens einen aussergewöhnlichen Erfolg. Voltaire fühlte sich in seiner Eigenliebe gewiss aufs höchste verletzt; er hatte seit seinem Aufenthalt in England stets auf Shakespeare hingewiesen; er hatte selbst Shakespeare bruchstückweise und in grösseren Partieen übersetzt; eine derartige Auszeichnung aber war *ihm* nie zu Theil geworden. Wo Voltaire's Eitelkeit ins Spiel kam, mussten alle andern Rücksichten schweigen; selbst die Wahrheit trat alsdann zurück. Seltsame Erscheinung bei diesem Manne, der soviel für die Wahrheit gekämpft! Dass dem in der That so ist, ergiebt sich klar aus seiner Correspondenz. Die Unmittelbarkeit der darin niedergelegten Urtheile macht dieselben ausserordentlich werthvoll. Fast hat diese letzte Fehde eines abgestorbenen gegen ein neues Princip mit all' ihrer Heftigkeit einen komischen Anstrich. Doch wollen wir gerecht sein. Dass Voltaire allen Ernstes glaubte, dass die classische Tragödie im Grossen und Ganzen die Tragödie $\varkappa\alpha\tau'$ $\dot{\varepsilon}\xi o\chi\dot{\eta}\nu$ sei, halten wir für gewiss. Insofern wirkt als dritter Factor eine ernste, ehrliche Ueberzeugung mit. Wir haben schon öfters auf eine Ansicht, oder wenn man will, auf ein Princip Voltaire's aufmerksam gemacht, auf das Princip vom Werthe der überwundenen Schwierigkeit. „Nehmt die Schwierigkeit fort, und ihr nehmt das Verdienst fort", schrieb er damals. Bei der anstürmenden Fluth der Neuerungen, welche das französische Theater mit der Fessellosigkeit des englischen zu überschwemmen drohte, war zu dieser Furcht alle Veranlassung vorhanden. Also es galt den Kampf pro aris et focis.

Unterm 19. Juli 1776 schreibt der 82jährige Mann von seiner Erbitterung gegen Letourneur an d'Argental: „Sollten Sie etwa die 2 Bände dieses Elenden gelesen haben, in denen er uns Shakespeare als das einzige Vorbild der echten Tragödie aufstellen will? Er nennt ihn den Gott des Theaters. Er opfert alle Franzosen ohne Ausnahme seinem Abgott, wie man ehemals der Ceres Schweine opferte. . . . . . . Es sind schon zwei Bände von diesem Shakespeare gedruckt, die man für Jahrmarktstücke halten könnte, welche vor 200 Jahren gemacht sind. Haben Sie sein abscheuliches Gewäsch gelesen, von dem es noch fünf Bände geben soll? Hassen Sie diesen unverschämten Dummkopf auch kräftig genug? Es giebt nicht genug Possen, Eselsmützen und Schandsäulen in Frankreich für einen solchen Hallunken. Das Blut kocht in meinen alten Adern, da ich von ihm spreche. Und was das Furchtbarste ist, das Ungeheuer hat seine Partei in Frankreich, und um das Unglück und den Greuel voll zu machen, habe *ich* vormals zuerst von diesem Shakespeare gesprochen: *ich* zeigte den Franzosen zuerst einige Perlen, die ich in seinem ungeheuren Misthaufen gefunden hatte."[1])

Mehrere Tage darauf schreibt er schon wieder an d'Argental, Lekain habe ihm gesagt, dass fast die ganze Jugend in Paris für Letourneur sei, dass die Schaffots und Bordels der englischen Theater über das Theater Racine's und über die schönen Scenen Corneille's den Sieg davon getragen hätten. Zugleich theilt er ihm mit, dass er der Akademie eine kleine Vorstellung darüber eingereicht habe. Am 14. August kündigt er Herrn de Vaines an, dass er am 25. August unter dem Banner d'Alembert's gegen Gilles Letourneur, den Knappen von Gilles Shakespeare, in den Schranken fechten werde. An Laharpe schreibt er am 15., wie er nicht erwartet habe, dass Frankreich eines Tages in den Abgrund von Schmutz versinken würde, in den man es getaucht habe. Sein Hauptzweck bei der Schrift an die Akademie sei gewesen, das Publikum ordentlich von dem „Uebermass von nichtswürdiger Abscheulichkeit" zu unterrichten, die man der Majestät des französischen Theaters entgegenzustellen wage. Man könne diese Nichtswürdigkeit nur klar machen, indem man wörtlich die rohen Ausdrücke des zarten Shakespeare übersetze. Freilich werde d'Alembert vor einem Publikum, in dem sich auch Damen befänden, sie nicht in den Mund nehmen können: doch gerade das Verschweigen werde noch Schlimmeres vermuthen lassen als man sage. Er wisse wohl, dass auch

---

[1]) Eine englische Dame, wahrscheinlich Lady Montague, sagte als ihr diese Stelle vorgelesen wurde, ganz laut, dass dieser Mist ein sehr undankbares Land (terre, Voltaire) befruchtet hätte.

Corneille grosse Fehler habe; allein es seien die Fehler eines grossen Mannes, und Rymer habe Recht, wenn er Shakespeare nur einen garstigen Affen nenne.

Am 27. August, wo er noch keine Nachricht über den Verlauf der Sitzung hatte, schreibt er voll Erbitterung an d'Argental darüber, dass es wirklich eine Shakespeare-Partei gebe. Es gebe kein Beispiel einer ähnlichen Verirrung der Geister und einer ähnlichen Schmach. Die Hanswürste und Pierrots vom Jahrmarkt St. Germain vor 50 Jahren seien Cinnas und Polyeuctes gewesen im Vergleich mit den Personen des Trunkenbolds von Shakespeare, den Herr Letourneur den Gott des Theaters nenne. Und an Herrn de Vaines schreibt er: „Ich bin nur ein alter Husar, aber ich habe gegen eine ganze Armee von Panduren gekämpft. Ich schmeichle mir, dass schliesslich sich wackere Franzosen finden werden, die sich mit mir verbinden." . . . . . . Uebrigens sei er überzeugt, dass Herr de Vaines entrüstet sei über die freche Felonie Letourneur's, der die Niedrigkeit begangen, Frankreich den Engländern aufzuopfern, um einige Subscriptionen von denen zu erhalten, die nach Paris kämen. Der Mensch müsse absolut verrückt sein, der kaltblütig einen Hanswurst wie Shakespeare Corneille und Racine vorziehen könne. Eine solche Nichtswürdigkeit könne nur aus schmutziger Habgier begangen werden, die nach Guineen hasche.

Man sieht, er verschmäht selbst die unwürdigsten Mittel nicht. Da Alles nicht helfen will, verdächtigt er in gehässigster Weise die Motive seines Gegners.

Schon früher haben wir die parallel laufende Bewegung zu Gunsten des englischen Theaters, durch Zusammenstellung einiger Daten skizzirt; machen wir uns nun kurz mit den Hauptvertretern der von Voltaire so geschmähten Partei wenigstens oberflächlich bekannt.

Der erste ist Jean-François Ducis, geboren 1733. Seine Bühnenthätigkeit beginnt erst spät, im Jahre 1769, wo sein Hamlet, eine Bearbeitung Shakespeare's, aufgeführt wurde. 1772 folgt Romeo und Juliette, 1783 König Lear, 1790 Macbeth, 1791 Johann ohne Land, 1792 Othello. Ducis wollte nicht mehr und nicht weniger als einen Löwen in eine Nussschale sperren, die Dichtungen Shakespeare's nach den Hauptgesetzen des Classicismus dem französischen Geschmack möglichst appretiren. Shakespeare also in seinen Dichtungen wiederzufinden dürfen wir nicht erwarten. Fast möchten wir sogar behaupten, dass er Shakespeare noch weniger verstanden als Voltaire ihn verstand oder verstehen wollte. Mit Ausnahme von einigen Scenen, die er glücklich verwerthet, wird unter seiner Hand Alles verstümmelt; seine Phantasie wird von den Werken des Dichters erregt, aber nur äusserlich durch die aufgesetzten blendenden Lichter, ohne wahrhaft erwärmt zu werden. Sein Talent ist unbedeutend; um so grösser dafür die Kühnheit, mit der er die Werke des Meisters misshandelt. Man sehe z. B. Hamlet. Die Grundgedanken dieses gedankenreichsten Stückes sind vollständig verfehlt. Der seelische Conflict ist rein veräusserlicht; es handelt sich bei Ducis einfach um einen Kampf um die Herrschaft zwischen Claudius und Hamlet. Der garstige Geist bleibt natürlich fein hinter der Coulisse und wird nur als im Traum erschienen gemeldet. Ophelia ist die Tochter des Claudius und dient als Köder für Hamlet. In der ersten Scene des ersten Actes unterhalten sich Claudius und sein Vertrauter Polonius über ihre Aussichten und Pläne gegen Hamlet. In der ersten Scene des zweiten Actes entdeckt Gertrud, die Königin, ihrer Vertrauten Elvire ohne jede Veranlassung den Mord ihres Gemahls u. s. w. Die Intrigue in Romeo hat er verbessert durch Zusätze aus den Merope- und Semiramisfabeln. Hier wird Romeo's Vater verbannt. Romeo selbst unbekannt als Kind im Hause der Capulets erzogen. Nach Jahren kommt der alte Montague wieder und Romeo schwankt nun zwischen der Pflicht gegen seinen Vater und seinen Pfleger, dessen Tochter Juliette er natürlich liebt. Es würde uns zu weit führen, auf die Einzelheiten alle einzugehen. Diese Proben mögen genügen, zu zeigen, welchen Werth die Arbeiten Ducis' als Dichtungen haben. Ducis, nicht ohne gewisse Begabung für den theatralischen Effect, hat die Tragödie Shakespeare's studirt mit den Augen eines Kindes, das in einer Oper sich am meisten über die den König begleitenden vielen Pagen freut; halb instinctiv hat er das Gefühl, dass etwas Anderes noch darin sei, von grösserem Werth als die Intrigue und die furchtbare Katastrophe; allein dies Andere zerfliesst ihm stets wie Nebel unter der Hand. Von Characterzeichnung, von Leidenschaft und ihrer Entwickelung ist in ihm wenig zu finden. Seine Sprache ist oft flüchtig und ermangelt der Kraft; selbst seine Verse sind nicht immer gut. Wenn uns die Wahl zwischen seinem Othello und Voltaire's Zaïre gestellt wäre, würden wir uns unbedenklich für letztere entscheiden. Sein Verdienst besteht wesentlich in seinem *naiven* Enthusiasmus für Shakespeare. So gering der Werth seiner Dichtungen erscheint, er hat doch wenigstens durch sie beigetragen, das Publikum oberflächlich mit den Werken des englischen Dichters bekannter zu machen und zu tieferem Eindringen anzuregen. So greift er schon bei Lebzeiten Voltaire's fördernd in die Shakespeare-Bewegung ein.

Der berühmte Sebastian Mercier (1740 — 1814), der Verfasser von „Das Jahr 2440, ein Traumgesicht", hat auch hier wie auf andern Gebieten eine gründliche Opposition gemacht und rücksichtslos reformatorisch gewirkt. 1773 erschien sein „Versuch über die dramatische Kunst".[1]) in dem er mit souverainer Verachtung der Regeln des Classicismus als energischer Ritter der dramatischen Wahrheit mit bisweilen etwas weitgehendem Feuereifer auftritt. Das ziemlich umfangreiche Buch ist voll Leben und Bewegung; die alten classischen Autoritäten von Aristoteles bis Boileau kommen ziemlich schlecht darin weg. Besonders spricht er zu Gunsten des Dramas. Das langgehegte Bedürfniss einer vollständigen Uebersetzung Shakespeare's, da de Laplace doch unbrauchbar und mittlerweile veraltet war, wurde erfüllt von Pierre Letourneur, der im Verein mit dem Grafen Catuelan und Fontaine-Malherbe 1776 sein epochemachendes Werk erscheinen liess, das im Jahre 1782 vollendet wurde; es umfasst 20 Bände.

Auch Letourneur ging mit rücksichtsloser Kühnheit vor. Er erklärte offen Shakespeare für das höchste theatralische Genie, das über Corneille und Racine stehe, griff offen die drei Einheiten und das ganze classische System an und empfahl das Studium Shakespeare's und die Aufführungen seiner Dichtungen als das beste Mittel zur Neubelebung der vaterländischen Bühne. Dass er in der That ein gefährlicher Gegner war, fühlte niemand besser als Voltaire. Daher auch die masslosen, zum Theil persönlichen Invectiven, die er gegen ihn schleudert, und die in den „Briefen an die Académie française" gipfeln.[2])

Am 25. August 1776 wurden dieselben in öffentlicher Sitzung durch d'Alembert vorgelesen.

Wie ehemals der Cardinal Richelieu, der grosse Corneille und Georges Scuderi, sein Nebenbuhler in Betreff des Cid, die Entscheidung der Akademie angerufen hätten, so nehme er jetzt, beginnt Voltaire den ersten Brief, dieselbe Entscheidung in Anspruch bei Gelegenheit des Erscheinens einiger ausländischer Tragödien. Seit einiger Zeit verehre die englische Nation den berühmten Schauspieler und Dichter Shakespeare; wie andere englische Werke sei auch dieses jetzt nach Frankreich gekommen; ja eine Uebersetzung

---

[1]) Du théâtre, ou Nouvel essai sur l'art dramatique. Amsterdam, 1773.
[2]) IX, p. 299 ff.

wurde angekündigt und zugleich mitgetheilt, dass dieser Mann „der Gott gewesen sei, der die erhabene Kunst des Theaters geschaffen habe, welche erst in seinen Händen das Leben und die Vollendung erhalten." Der Uebersetzer habe ferner gesagt, dass Shakespeare in Frankreich entweder gar nicht oder in entstellter Form bekannt sei. Und doch habe vor 50 Jahren ein Schriftsteller und Akademiker zuerst die englische Sprache gelernt und Shakespeare in Frankreich durch einzelne Uebersetzungen eingeführt, zugleich mit Pope, Dryden, Milton, mit Newton und Locke, und habe darum schwer unter gehässigen Verfolgungen aller Art zu leiden gehabt. Seitdem sei man von einem Extrem ins andere gerathen; man lese und drucke nur, was aus England komme. Derselbe Akademiker habe im Jahre 1760 einem Commentar über Cinna eine wortgetreue Uebersetzung von Shakespeare's Julius Cæsar beigefügt. Wenn nun der Uebersetzer (Letourneur) Frankreich vorwürfe, keine genaue Uebersetzung Shakespeare's zu haben, so hätte er seinerseits genauer übersetzen sollen. Z. B. übersetze er nicht das reizende Wortspiel mit Seele und Schuhsohle im ersten Act des Julius Cæsar. Sei ein solches vorsätzliches Auslassen nicht ein Sacrilegium gegen seinen Gott?

Nun folgt die übliche Blüthenlese zweideutiger und obscöner Stellen, seine Lieblingsscene, die Brabantioscene im Othello, voran; dann eine Scene aus Macbeth.[1]) Dazu bemerkt er ironisch: „Wenn solche Ideen und Ausdrücke in der That die schöne Natürlichkeit sind, die wir in Shakespeare verehren sollen, so darf sie sein Uebersetzer unserer Verehrung nicht entziehen. Sind es nur die kleinen Nachlässigkeiten eines echten Genie's, so erfordert die Treue, dass man sie bekannt macht, und wäre es auch nur, um Frankreich zu trösten, indem man ihm zeigt, dass es vielleicht auch *anderswo* Fehler gebe."

Nach der Scene mit Käthchen aus Heinrich V. (Act V, Sc. 2) bemerkt er: „Wenn Letourneur die Tragödie Heinrich V. getreu übersetzt, wie er versprochen hat, wird er damit eine Schule des Austands und der Delicatesse für unsern Hof eröffnen! *Einige* von Ihnen, meine Herren, *wissen* (!), dass es eine Tragödie giebt, Hamlet betitelt", fährt er fort. In bekannter Weise geht er einzelne Scenen durch, hebt die chronologischen Verstösse im Hamlet hervor, die Ermordung des Polonius und die Todtengräberscene, und bemerkt zu der letzteren: „Der Uebersetzer nimmt die Partei der Todtengräber. Er will, dass man sie beibehalte als das achtungs-

---

[1]) Macbeth II, 3.

würdige Denkmal eines einzigen Genie's. Es ist wahr, dass es in diesem wie in allen Werken Shakespeare's hundert Stellen giebt, die ebenso edel, ebenso anständig, ebenso erhaben und mit gleicher Kunst herbeigeführt sind; aber der Uebersetzer giebt den Todtengräbern den Vorzug; er stützt sich darauf, dass man diese abscheuliche Scene auf einem Londoner Theater beibehalten habe und scheint zu verlangen, dass wir dieses schöne Schauspiel nachahmen."

Weiter spricht er, immer noch in demselben ironischen Ton, von der glücklichen Freiheit, mit der die Schauspieler in einem Augenblick von einem Schiff auf hoher See fünfhunderttausend Meilen weit aufs Festland, aus einer Hütte in einen Palast, aus Europa nach Asien gelangen. „Vergebens würde man sich auf das Beispiel aller Maler stützen, unter denen sich kaum ein einziger findet, der zwei verschiedene Handlungen auf demselben Bilde gemalt habe; man entscheidet heutzutage, meine Herren, dahin, dass die drei Einheiten ein chimärisches Gesetz sind, weil Shakespeare es niemals beobachtet hat und weil man uns so weit erniedrigen will, dass wir glauben, wir hätten nur dies Eine Verdienst."

Nach einigen oberflächlichen Notizen zur Geschichte und Entwickelung des Theaters bei den verschiedenen Nationen (die übrigens nur Wiederholungen aus dem Artikel „Dramatische Kunst" im philosophischen Wörterbuch sind), fährt er fort: „Der Uebersetzer müht sich, Frankreich den Engländern aufzuopfern in einem Werk, das er dem König von Frankreich widmet und auf das er Subscriptionen von unserer Königin und unsern Prinzessinnen erhalten hat. Keiner unserer Landsleute, deren Stücke von allen Nationen Europas übersetzt und aufgeführt worden sind, selbst von den Engländern, wird in seiner Vorrede von 130 Seiten angeführt. Der Name des grossen Corneille findet sich nicht ein einziges Mal darin." Darauf vergleicht er die beiden Expositionsscenen von Racine's Bajazet und Romeo und Julie, von Corneille's Pompejus und König Lear, man weiss nicht recht, aus welchem Grunde, da all' diese Stücke nichts mit einander gemein haben, und verweilt mit einem wahren Behagen auf den Anstössigkeiten der Scenen Shakespeare's. „Nun urtheilt, ihr Höfe Europas, Akademiker aller Länder, ihr Wohlerzogenen, ihr geschmackvollen Leute in allen Staaten. Ja, noch mehr, ich wage, die Königin von Frankreich, unsere Prinzessinnen, die Töchter so vieler Helden, die wissen, wie Helden sprechen müssen, um Gerechtigkeit anzugehen."

Und wieder springt er zurück auf die schon bei Gelegenheit von Home's Buch besprochenen Stellen aus Racine's Iphigenie und Shakespeare's Hamlet (I, 1). „Ob dieser Soldat eine Maus vorüberlaufen sehen oder nicht, dies Ereigniss ist für die Tragödie Hamlet sehr unnütz; es ist einfach eine Hanswurstredensart *(discours de Gilles)*, eine gemeine Wendung, die keine Wirkung haben kann. . . . . . . Dieselben Betrachtungen, die ich hier vor Ihnen mache, meine Herren, sind in England von mehreren Schriftstellern gemacht worden. Rymer sogar, der gelehrte Rymer, treibt 1693 in einem Buche „Ueber die Grösse und die Verderbniss der Tragödie", das dem Grafen Dorset gewidmet ist, die Strenge seiner Kritik so weit, dass er sagt: es giebt keinen Affen in Afrika, keinen Pavian, der nicht mehr Geschmack hätte als Shakespeare. Gestatten Sie mir, meine Herren, die Mitte zwischen Rymer und dem Uebersetzer Shakespeare's zu halten, und diesen Shakespeare weder für einen Gott noch für einen Affen anzusehen, wohl aber Sie für meine Richter."
So schliesst der erste Brief.

Zu Anfang des zweiten scheint Voltaire einzulenken. „Die Wahrheit, die man vor Ihnen nicht verbergen kann, heisst mich Ihnen gestehen, dass dieser Shakespeare, so roh, so gemein, so zügellos und so absurd, doch Funken von Genie hatte. Ja, meine Herren, in diesem dunklen Chaos, das aus Morden und Narrheiten, aus Heldensinn und Gemeinheit, aus Strassenausdrücken und grossen Interessen zusammengesetzt ist, giebt es natürliche und treffende Züge." Ganz ähnlich sei es mit Lope de Vega gewesen; seine Nachfolger hätten diese eigenthümliche Mischung entgegengesetzter Eigenschaften ins Unerträgliche gesteigert und zuerst die italienische, dann die französische Bühne angesteckt. In Frankreich hätten sie keinen Fuss gefasst, das durch seine Bürgerkriege nur allzusehr in Anspruch genommen gewesen sei. Erst unter Richelieu sei ihm Corneille geschenkt worden. Shakespeare habe freilich in der Glanzzeit Englands gelebt; allein es konnte in dieser Zeit der Geschmack noch nicht weit genug entwickelt sein. Obgleich er keine Kunst besässe, so fänden sich doch in seinen bizarren Stücken schöne und natürliche Züge. Aehnlich sei es in Spanien gewesen. So hätten sich zu allen Zeiten Genies gefunden, die inmitten der Finsterniss ihres Jahrhunderts glänzten. Nach ihrem Tode seien sie als Götter von ihren Zeitgenossen verehrt worden, und erst allmälig habe sich der Geschmack gereinigt. Früge man aber, wie soviel fein und wissenschaftlich gebildete Leute in England diese Stücke hätten erträglich finden können, so könne man als Grund vielleicht die Herrschaft des

Volkes angeben. „Ueberall gefallen die Stücke voll unglaublicher Ereignisse dem Volke; das Volk liebt den Scenenwechsel, Krönungen, Prozessionen, Kämpfe, Morde, Zauberer, Ceremonien, Hochzeiten und Begräbnisse, es strömt in Menge dahin und reisst lange Zeit die gute Gesellschaft dahin fort, welche diese ungeheuren Fehler verzeiht, vorausgesetzt, dass sie mit wenigen Schönheiten geschmückt sind und selbst wenn sie deren keine haben."

Der Prüfstein für den wahren Dichter sei, dass nicht nur die eigene Nation, sondern auch die fremde an ihm Geschmack fände. Shakespeare sei nie auf einem ausländischen Theater aufgeführt worden (eine Behauptung, die, wie wir wissen, schon zu jener Zeit unrichtig war). Nun sollen diejenigen Akademiker, welche aus dem Theater ein ernsthaftes Studium gemacht haben, entscheiden, „ob die Nation, welche Iphigenie und Athalie hervorgebracht hat, sie aufgeben soll, um auf der Bühne Männer und Frauen zu sehen, die man erwürgt, Beutelschneider, Zauberer, Narren und betrunkene Priester; ob unser Hof, der so lange berühmt war um seiner feinen Lebensart und seines Geschmacks willen, in eine Bier- und Branntweinkneipe verwandelt, und ob der Palast einer tugendhaften Herrscherin ein Ort der Prostitution werden soll." Nun sollte man glauben, es wäre genug; allein Voltaire kann der Versuchung nicht widerstehen, noch einmal zu citiren. Er erzählt, dass er in der That Bier und Branntwein im Hamlet auf dem Tisch gesehen habe; dass Cæsar die Senatoren auf dem Wege zum Capitol auffordere, einen Schluck mit ihm zu trinken; dass in einer Scene der Cleopatra Alles betrunken sei; schliesslich übersetzt er aus Troilus und Cressida einige Stellen. Er endet mit den Worten: „Stellen Sie sich vor, meine Herren, Ludwig XIV. in seiner Gallerie zu Versailles, umgeben von seinem glänzenden Hofstaat. Da drängt sich ein Hanswurst, mit Lumpen bedeckt, durch die Menge der Helden, der grossen Männer, unter die Schönheiten, welche diesen Hof bilden; er schlägt ihnen vor, Corneille, Racine und Molière zu verlassen für einen Seiltänzer, der einige glückliche Gedanken hat und Verrenkungen macht. Wie glauben Sie, würde man dieses Anerbieten aufnehmen? Mit tiefer Hochachtung, meine Herren, bin ich Ihr sehr ergebener und gehorsamer Diener Voltaire."

So schliesst das Factum gegen Pierrot Letourneur und Gilles Shakespeare. Wollen wir ein Urtheil darüber fällen, so müssen wir es für sehr schwach erklären. Beide Briefe verrathen sichtlich die Schwäche des Greisenalters schon in der Form. Namentlich fällt uns ein hastiges eigenthümliches Ueberspringen von einem

Gegenstand zum andern auf. Der Inhalt ist fast ganz irgend einmal schon dagewesen, in den verschiedenen Vorreden, Vorworten, Abhandlungen, Dissertationen und Versuchen, selbst bis auf die geringfügigsten Citate; gewisse Ausdrücke scheinen sogar stereotyp geworden zu sein, und den Kern der ganzen Beweisführung bildet auch hier die Zusammenhäufung einzelner, aus dem Zusammenhang gewaltsam herausgerissener anstössiger Citate, die den Dichter lächerlich machen sollen, aber nachgerade jede Wirkung verfehlen. Schon die Zeitgenossen betrachteten diese Briefe an die Akademie als eine von Voltaire's gewöhnlichen Bouffonerien, und durch nichts werden diese berüchtigten Schriften besser kritisirt, als durch den Umstand, dass Voltaire schon damals sich gezwungen sah, in einer Note zu erklären, dass er sich durchaus nicht einen schlechten Scherz gemacht habe, sondern dass es ihm mit diesen Briefen heiliger Ernst sei. Sie sind nichts als der ohnmächtige Protest eines sterbenden oder vielmehr schon gestorbenen Princips; ein kraftloses Pasquill, das die entnervte Hand des Weisen von Ferney der neuen Zeit ins Gesicht wirft. Die Zeit aber schreitet ruhig fort auf ihrer vorgeschriebenen Bahn.

Die Antworten auf solche Angriffe wie die Briefe an die Akademie enthielten, konnten natürlich nicht ausbleiben. Ein Italiener, der der französischen und englischen Sprache mächtig war, Joseph Baretti, Secretär für auswärtige Correspondenz der britischen Akademie veröffentlichte 1777 eine französisch geschriebene „Abhandlung über Shakespeare und Herrn von Voltaire",[1]) die von hohem Interesse ist als zeitgenössische Stimme der Gegenpartei sowohl, als auch weil das Buch frisch und lebendig und nicht ohne Geist geschrieben ist, allerdings in ziemlich schlechtem Französisch und ausserdem schlecht gedruckt. Der Verfasser selbst giebt an, dass er es darum in französischer Sprache geschrieben habe, weil er die weitere Verbreitung der Schrift in Frankreich habe ermöglichen wollen. Der Ton ist für eine polemische Schrift ziemlich massvoll; es ist ein vielseitig gebildeter und verständiger Mann, dessen Urtheil wir hier hören. Er schliesst sein Buch mit den ernsten Worten: „Ich will nun meine Schrift beenden mit der Bitte an Alle, die über der Erziehung der Jugend in Frankreich wachen, nicht zuzugeben, dass ihre Schüler eines der Werke dieses soge-

---

[1]) Discours sur Shakespeare et sur M. de Voltaire, par Joseph Baretti, Secrétaire pour la Correspondance étrangère de l'Académie Royale Britannique. A Londres. Chez J. Nourse, libraire du Roi, et à Paris chez Durand neveu. 1777.

nannten Universalgelehrten lesen. Herr von Voltaire hat eine sehr verführerische Manier, die Dinge zu sagen, und die selbst dann gefällt, wenn er unverständiges Zeug redet, und er redet nicht selten unverständiges Zeug. Ferner belehrt er niemals, obgleich er immer ergötzt. Was werden junge Leute ohne Erfahrung und ohne wirkliches Wissen von ihm lernen? Sie werden lernen, dass Homer ein Schwätzer ist; dass man Sophokles und Euripides heutzutage nicht kennt oder verachtet; dass Hesiod, Plato, Virgil und Ovid, mit einem Wort alle, welche die Welt durch so viel Jahrhunderte als grosse Männer hochgeachtet hat, von Fehlern strotzen...... Kurz, mag ich gut oder schlecht reden, ich kann mich nicht enthalten, aus Leibeskräften zu rufen: Wehe über die jungen Leute, welche die Werke Herrn von Voltaire's gelesen haben, bevor sie Homer, Virgil und alle andern, die wir classische Schriftsteller nennen, gelesen haben! Wehe! Wehe!"

Schon vor Baretti's Schrift war das Buch der bekannten Lady Montague (1720—1800) „Ein Versuch über die Schriften und das Genie Shakespeare's"[1]) im Jahre 1769 erschienen, das sich zum Theil direct gegen die Voltaire'sche Kritik wandte und in feiner und verständiger Weise die Unrichtigkeiten derselben nachwies. Einzelne Kapitel des Werkes, wie das über dramatische Dichtung, über den Cinna Corneille's, sind von Interesse auch heute noch. Unmittelbar nach dem Erscheinen der Briefe an die Akademie erfolgte eine Antwort der Lady in ihrer „Apologie Shakespeare's", die alsbald ins Französische übersetzt wurde und über welche Voltaire aufs höchste erbittert war. Er schrieb am 14. Januar 1778 an Laharpe: „Es scheint mir, dass meine theure Nation seit einigen Jahren mit rasender Schnelligkeit der Schmach und der Lächerlichkeit in mehr als Einer Gattung verfällt...... Ich habe das Ende des Augusteischen Zeitalters gesehen und bin schon in der späteren Kaiserzeit...... Mit Ungeduld erwarte ich die Fortsetzung Ihrer Antwort für diese Shakespearomane Montague. Ich gestehe Ihnen, dass die Barbarei von de Belloy und Consorten mir ebenso unerträglich ist als die Barbarei Shakespeare's. De Belloy ist hundertmal weniger zu entschuldigen, da er Vorbilder hatte, während der englische Hanswurst deren keine hatte...... Ich würde zu Andern nicht so frei sprechen, wie zu Ihnen; indess wir

---

[1]) An Essay on the Writings and Genius of Shakespeare compared with the Greek and French Dramatic Poems, with some Remarks upon the Misrepresentations of Mons. de Voltaire. London, 1769.

gehören beide demselben Glaubensbekenntniss an und brauchen uns unsere Mysterien nicht zu verbergen."

Nochmals, kurz vor seinem Tode, raffte sich der unermüdliche Greis zu einem Briefe an die Akademie auf. „Madame Montague zieht Shakespeare den Dichtern der Iphigenie und Athalia, Polyeuctes und Cinnas vor . . . . . Ist es erlaubt, zwei Verse von Ennius oder Lykophron dem ganzen Virgil und Homer entgegenzustellen? . . . . . Lassen Sie, meine Herren, die Schranken bestehen, welche die gute Gesellschaft von Marktschreiern und ihren Hauswürsten trennen . . . . . Ach, meine Herren, lassen Sie mich wiederholen, dass ich einen Theil meines Lebens darauf verwandt habe, in Frankreich die treffendsten Stellen der bei fremden Nationen berühmten Schriftsteller bekannt zu machen." Er zuerst habe aus dem Koth Shakespeare's einiges Gold geschöpft. Dass Shakespeare nicht, wie man behaupte, die Kunst des Sophokles wieder belebt habe, gehe schon daraus hervor, dass Laharpe, der beredte Vertheidiger und Kenner classischer Literatur, nicht für Shakespeare spreche, sondern im Gegentheil zu beweisen suche, was Jedermann empfinde, dass nämlich Shakespeare ein Wilder sei, mit Funken von Genie, die in einer entsetzlichen Nacht glänzten. Am 15. März 1778 schrieb er an den Marquis von Florian: „Ich denke nur daran, von all' den Schuften erlöst zu werden, die mir von Shakespeare sprechen."

Sechs Wochen darauf verschied er, nachdem seine Eitelkeit noch einmal einen glänzenden Triumph gefeiert hatte.

Werfen wir nun nach langer Wanderung einen Blick rückwärts und fassen die Einzelheiten in einem Gesammtbilde zusammen.

Man hat in Voltaire's Verhältniss zu Shakespeare zwei gesonderte Perioden erkennen wollen; eine, die etwa bis zum „Tode Cæsar's" reicht, in welcher er unter dem directen Einflusse des englischen Dichters gestanden, und eine zweite, in der er sich reactionär gegen ihn verhalten habe. Diese Ansicht scheint nicht ganz richtig. Mehr empfiehlt es sich, gesondert zu betrachten, welchen Einfluss Shakespeare direct auf die Bühnenthätigkeit Voltaire's ausgeübt hat, und dann die Stellung zu beleuchten, welche Voltaire persönlich gegen ihn eingenommen.

Die Einwirkung der englischen Bühne auf die französische unter Voltaire erscheint am bedeutendsten — in Aeusserlichkeiten. Der langjährige Kampf, welchen Voltaire gegen die Anwesenheit der Zuschauer auf der Bühne geführt hat und aus welchem er schliesslich als Sieger hervorging, lässt sich nach eigenen Andeutungen des

Dichters auf das Beispiel des englischen Theaters zurückführen. Die Unterstützung der Illusion durch das Scenarium, die weitere Ausführung der theatralischen Action, die thatkräftige Opposition gegen die hergebrachte übertriebene Empfindlichkeit, dies Alles sind wesentliche Fortschritte des französischen Theaters, die sich an Voltaire's Namen knüpfen und die in letzter Linie auf Shakespeare zurückzuführen sind.

Dem Mangel einer bewegteren Handlung, den er so brennend empfand, hat Voltaire zuweilen mit Glück abzuhelfen versucht, soweit es ohne durchgreifende Reformen möglich war.

Voltaire ist der Schöpfer der historisch-nationalen Tragödie: er hat die von Lachaussée und Anderen angebahnte neue Gattung des Dramas, oder wie man es damals nannte, der còmédie larmoyante, wesentlich gefördert.

Das sind Titel genug, die uns berechtigen, mit seinem Namen eine besondere Epoche des Theaters in Frankreich zu bezeichnen. Aber wir können doch einen Seufzer des Bedauerns nicht unterdrücken, wenn wir sehen, wie gering die Ausbeute dieses so geschickten Kopfes aus dem unerschöpflichen Reichthum des von ihm neu entdeckten Landes ist.

Schon zu Anfang unseres Versuches hatten wir das glänzende Aneignungstalent Voltaire's als eine der hervorspringenden Seiten seiner Persönlichkeit namhaft gemacht. Um so auffälliger wird die Erscheinung, dass gerade auf dem Felde des Dramas, auf dem er seine ersten und letzten Lorbeeren pflückte, die Einwirkung von aussen fast nur in nebensächlichen Dingen sich geltend macht, die tieferen Seiten aber fast ganz unberührt lässt. Voltaire hat Shakespeare entdeckt; das Wort ist nicht zu kühn. Man entdeckt aber ein Genie wie Shakespeare nicht ungestraft. Es geht dem Entdecker gewöhnlich wie jenem morgenländischen Fischer, der am Strande des Meeres eine unscheinbare festverschlossene Flasche findet und sie öffnet. Der Geist, der darin eingekerkert war, schwillt empor zu riesiger Gestalt und greift hinfort mit allmächtiger Hand in das Leben des glücklichen Finders ein. Vergleichen wir z. B. den Einfluss, den Shakespeare auf Schiller und Goethe ausgeübt. Welch' wunderbarer Unterschied! Welche Gährung bringt die Bekanntschaft mit seinen Dichtungen im Innern unserer Dichterfürsten hervor! Es ist wie ein Sturm, der die tiefsten Tiefen ihrer Seele zu brausenden Wellen aufwühlt; bei Voltaire ist es ein grünes Blatt, das in einen stillen Weiher fällt und ein paar Kreise hervorruft, die bald verschwinden. Was ist der Grund dieser abnormen Erscheinung?

Voltaire hat Shakespeare nicht verstanden, und, fügen wir es gleich bei, *konnte* ihn nicht verstehen. Schon aus rein äusserlichen Gründen. Es sollte nicht schwer fallen zu beweisen, und vielleicht versuchen wir es demnächst, dass Voltaire lange nicht der englischen Sprache in dem Masse mächtig gewesen, um Shakespeare wirklich zu verstehen. Seine Uebersetzungen bieten uns Material und Beweis genug zu dieser Behauptung, die wir vorläufig allerdings als assertorische hinstellen müssen. Um Shakespeare in seinem innersten Wesen und Wirken zu erfassen, dazu fehlte die eigene Tiefe und die Kraft, sich aus nationalen Vorurtheilen und Beschränkungen loszulösen. Voltaire ist stets Franzose; vielleicht giebt es keine vollständigere Incarnation des Franzosenthums nach seinen bedenklichen und nach seinen glänzenden Seiten hin als gerade ihn.

Weil er aber Shakespeare nicht verstand, konnte er allenfalls flüchtig erwärmt werden von der reinen Flamme seines Genius, aber nicht zu jener gewaltigen Leidenschaft entzündet, von jener flammenden Begeisterung durchglüht, die allein im Stande ist, grosse Thaten zu thun. Sie allein giebt den Muth, der in allen Dingen zu einem Bruche mit der Vergangenheit erforderlich ist, und ohne einen solchen Bruch konnte der französischen Bühne nicht geholfen werden. Schon darum war der absolute Bruch mit dem Grundprincip des classischen Theaters nöthig, weil alle die Gegensätze, welche in Shakespeare und Voltaire aufeinandertrafen, aus demselben entsprangen, nämlich dem sogenannten Aristotelischen Gesetz der drei Einheiten.

Namentlich verhängnissvoll war die Einheit der Zeit geworden. Die Bedingung, dass der Inhalt eines Dramas in 24, höchstens 30 Stunden sich abspielen müsse, angeblich um die Illusion im Zuschauer möglich zu machen oder zu unterstützen, diese Bedingung schloss von vornherein als unmöglich aus, was unsere auf Shakespeare gestützte Aesthetik als das eigentlich Dramatische betont, die *Entwickelung* der Leidenschaften und Charactere aus sich heraus, vor unsern Augen. Nicht das *Gewordene* ist dramatisch, sondern das *Werden*. Dieselbe Bedeutung wie in der Philosophie hat der Begriff der Entwickelung auch im Drama. Das *Ausschliessen* dieses Princips musste zweierlei zur Folge haben, musste nach zwei Seiten verderblich wirken. Auf die *Charactere* einerseits, auf die *Handlung* andrerseits. Eine Vertiefung der Characteristik, wie bei Shakespeare, war dadurch zur Unmöglichkeit geworden. Die treibenden Kräfte der Handlung fielen dadurch fort. Die Feder war ausgebrochen, die im Stillen das ganze dramatische Räderwerk in Bewegung hielt. Aeussere Kräfte und äusserer Anstoss mussten die innere Nothwendigkeit ersetzen; für die Unmittelbarkeit der Anschauung tritt das Raisonnement ein; der Bericht der Vertrauten ersetzt das Thun des Helden.

Nicht minder schädlich wirkte die Einheit des *Ortes*. Der Ort, an dem die ganze Handlung einer Tragödie sich abspielen soll, muss zumeist einen gewissen öffentlichen Character haben. Der Oeffentlichkeit aber setzt der civilisirte Mensch eine reservirte Haltung entgegen. Darin liegt der erste Keim zum strengen Gesetz der Delicatesse, das im Classicismus eine so wichtige Rolle spielt, ein Keim, der weiter entwickelt und ausgebildet wurde durch den Einfluss des *Hofes*. Auch die Delicatesse wirkt dann ihrerseits auf die Handlung lähmend zurück.

Die Einheit der *Handlung*, die jede Episode, jede Mannigfaltigkeit der Verschlingung ausschloss, drängt das Interesse zusammen, verengert dadurch aber gewaltsam den Rahmen der ganzen Tragödie.

So wirken die drei Einheiten zerstörend nach verschiedenen Seiten; auf *einen* Punkt convergiren ihre Angriffe, auf die *Handlung*. Die Handlung wird das Opfer von allen dreien.

Es musste also Ersatz geschaffen werden. Was hier an Interesse mangelte, musste nach anderer Seite hin zugegeben werden, was innerlich fehlte, musste durch äussere Zuthat ergänzt werden. Daraus folgt mit Nothwendigkeit das Gesetz der Formvollendung, die Eleganz der Sprache, die Anwendung des Verses. Mustergültig ist nur die Hofsprache; daher die gewaltsame Unterordnung der Wirklichkeiten unter den Stil. Als ideale Form ist der Vers nöthig, und dem Verse der Reim. Der Würde der Tragödie angemessen ist nur der Alexandriner „eine Prozession von Mönchen, die zwei und zwei feierlich einherwandeln". So bestimmt sich schliesslich der Werth der Tragödie nicht mehr nach dem inneren dichterischen Gehalt, sondern daneben und bald hauptsächlich nach der überlegten Geschicklichkeit, mit der sich der Dichter innerhalb dieser engen Schranken zu bewegen weiss. Nicht die Reciprocität von Inhalt und Form, sondern die Unterordnung des Inhalts unter die Form ist die Folge davon. So haben wir ein Gesetz, das unseres Erachtens bei der Reconstruction der classischen Dramaturgie nicht genug berücksichtigt worden ist, das Gesetz vom Werth der überwundenen Schwierigkeit.

Selbst dieser rapide Ueberblick genügt aber, unsere Behauptung zu beweisen, dass ein Bruch mit dem Gesetz der drei Einheiten nöthig gewesen wäre, um erfolgreich das französische Theater zu reformiren. Schon damals, zu Voltaire's Zeit.

Diesen Bruch herbeizuführen, fehlte es Voltaire an Kenntnissen und an Verständniss. Dann aber fehlte ihm vor allem der freie unbefangene Blick, der das unwesentlich Nationale in dem Vorbild, von dem allein eine solche Reform ausgehen konnte, von dem Wesentlichen, allgemein Menschlichen zu sondern verstand. Die Verbindung Voltaire's mit dem Hofe und den höchstgestellten Männern Frankreichs hat sicher nicht wenig beigetragen, die Binde um seine Augen fester zu legen. Parvenus sind stets die ärgsten Conservativen. Und seine Eitelkeit als Dichter und als *Franzose* musste sich sträuben, die classische Form, in welche Corneille und Racine ihre Meisterwerke gegossen, wirklich zu zerbrechen.

All' das verbietet uns, die Ansicht für richtig zu halten, dass Voltaire bis zu einer gewissen Periode unter Shakespeare's Einfluss gestanden, und dann auf einmal umgekehrt sei und Opposition gemacht habe.

Voltaire's Grundanschauungen über die Tragödie, wie sie der Classicismus in ihm entwickelt hatte, sind nie ernstlich von Shakespeare'scher Freiheit afficirt worden. Er hat keine der Einheiten als die allerunwesentlichste durchbrochen; sie standen ihm als unverbrüchliche Gesetze fest. Dass er Wünsche gehegt in Bezug auf Belebung der Handlung, dass er selbst den Versuch gemacht, und mit Glück gemacht, gegen die öde Langweiligkeit des classischen Dramas anzukämpfen, wer läugnet es? Aber die ernsthaften Consequenzen, hat er nie gezogen und darum sind seine Reformversuche nur schwächliche Skizzen geblieben, die reine Aeusserlichkeiten tangiren.

Die Vorzüge Shakespeare's und des englischen Theaters hat er gleichfalls von Anfang bis zu Ende nicht verkannt. Aber er meinte, und wir glauben, aufrichtig, in der reinen Formvollendung des classischen Dramas diesen Vorzügen äquivalente entgegensetzen zu können. Er selbst fühlte sich zu gut als Meister der geglätteten Form, um von der hohen Bedeutung dieser Form nicht aufs Tiefste durchdrungen zu sein.

Er glaubte ferner, dass die Entwickelung und Verbreitung Shakespeare's ihm Ansprüche auf Dankbarkeit sichere; nur sah er leider Shakespeare als sein Monopol an, was ihn zugleich in den Stand setzen sollte, die hervorgerufene Bewegung nach seinem Willen zu halten oder zu fördern. Erst als er fühlt, dass ihm die Zügel aus den Händen genommen werden, verfällt er in jenen gereizten Ton, zeigt bösen Willen, entstellt und verfälscht absichtlich, was bisher nur aus mangelndem Verständniss geschehen war. Mit der Uebersetzung Letourneur's glaubt er das classische Drama ernstlich bedroht, das fühlt man selbst aus den im Ganzen albernen Briefen an die Akademie heraus. Dazu kommt das Bewusstsein der persönlichen Schwäche, der Druck des Greisenalters; er empfindet bitter, dass man den alten Kranken von Ferney zu den Acten gelegt; alles das erklärt die masslose Heftigkeit seiner letzten Angriffe.

Voltaire hat Shakespeare nicht verstanden, wenn er gleich seine Grösse instinctiv fühlt; das ist das ganze Geheimniss. Hier ist der Schlüssel zu den anscheinend so widersprechenden Erscheinungen in seinem Verhältniss zu ihm. Die Richtigkeit des Gervinus'schen Wortes bestätigt sich auch hier: „Die ganze Geschichte Shakespeare'scher Kritik ist seit einem Jahrhundert nichts anderes als die Aufdeckung der Fehlwege derer, die hundert Jahre lang vorher die Fehler des Dichters aufzudecken meinten."

Hamlet in Spanien.

Von

Caroline Michaëlis.

Ueber Shakespeare's Sein oder Nichtsein innerhalb Spaniens werden diese Seiten einigen, leider nur unbedeutenden, Aufschluss geben. Dass dies Sein, auch wieder leider, dem Nichtsein sehr ähnlich ist, beweist ein blosser Blick in die bibliographischen Verzeichnisse dieses Jahrbuches. In den ihm eingefügten Katalogen über die mehr und mehr anschwellende und nur Dank dieser Hülfe zu übersehende Shakespeare-Literatur, an deren Aufbau durch Ausgaben, kritische und ästhetische Bemerkungen, Textstudien, Bearbeitungen, Nachahmungen, Uebersetzungen und Biographieen, nächst England und Deutschland auch Frankreich und Holland thatkräftig mitwirken, und zu dem auch Italien, Russland, Ungarn, Schweden, Böhmen, Dänemark und Serbien einiges Material beisteuern, fehlt eine Abtheilung für spanische und portugiesische Werke ganz und gar. Nur ein einziges spanisches Buch wird in der Bibliographie aufgeführt, ein einziges besass bisher die Bibliothek der Shakespeare-Gesellschaft, ein einziges konnte daher — von Fräul. Clara Biller, Jahrbuch VII, 301—323 — einer Besprechung gewürdigt werden. Dies Unicum ist die Uebersetzung des Hamlet, welche 1798, also gerade zweihundert Jahre nach dem ersten Erscheinen des Shakespeare'schen Dramas, von dem spanischen Dichter Moratin, einem überzeugten Verehrer, nicht etwa des grossen Briten, sondern der classisch-französischen Schule veröffentlicht und mit einer ausführlichen Kritik versehen ward. Ein Mal hat Spanien also wirklich das Schweigen gebrochen, das es sonst stets und überall bewahrt hat, wo es sich darum handelt, der freien Sache des Geistes zu dienen; doch, um Missverständnissen vorzubeugen und Enttäuschungen zu vermeiden, will ich gleich hinzufügen, dass es auch dieses Eine Mal nur geschah, um künftige Male, auf lange Zeit wenigstens, unmöglich zu machen; dass Moratin, bis 1870 der einzige Spanier, der seine Stimme erhoben hat, um seiner Nation etwas von Shakespeare's Werken zu erzählen, nicht etwa von Begeisterung ergriffen, seinen Genius pries, sondern durch kleinliche Klaubereien, durch schnödes Splitterrichten, durch Herabsetzung der fremden Grösse die eigene Theilnahmlosigkeit zu rechtfertigen suchte; dass er im Grossen und Ganzen nichts that als Voltaire's Urtheil zu wiederholen und den Spaniern mitzutheilen, Shakespeare's Dramen seien „Träumen eines trunkenen Wilden gleich", die wohl hie und da von glücklichen, geistvollen Combinationen und Gedanken durchblitzt seien, die man aber besser thäte unbeachtet zu lassen. Und die folgsamen Spanier hörten sein verständnissloses, engherziges und unselbständiges Urtheil, richtiger seine Verurtheilung, wie einen unwidersprechlichen Orakelspruch gläubig mit an, oder sie hörten ihn auch gar nicht mit an; jedenfalls aber haben sie nichts darauf erwidert! Sie verstummten abermals und zwar für mehr als siebzig Jahre! Jetzt endlich löst sich ihre Zunge und wenn das, was sie sagt, auch noch nicht ganz rein und vollkommen ist, so hören wir es dennoch als den ersten Laut, als erstes Zeichen eines Wiedererwachens aus langem Todtenschlaf mit Freude an und begrüssen es hier von ganzem Herzen.

Ich glaube nicht, dass irgend Jemand die bisherige völlige Apathie des spanischen Geistes auf diesem Gebiete anstaunt; ist doch seine allgemeine Apathie nur zu gut bekannt. Niemand wird also annehmen, sie sei ein blosser trügerischer Schein; nur unsern Augen und Ohren unbemerkt rege sich jenseits der Pyrenäen vielleicht doch ein geistiges Leben, das auch aus Shakespeare Nahrung zöge! Wie gern würde ich es glauben, doch es ist unmöglich; wäre eine Bewegung zu Gunsten Shakespeare's dagewesen, sie hätte nicht resultatlos bleiben können; existirten Kenner und Verehrer Shakespeare's, sie würden Zeugniss für ihn ablegen, und diese Zeugnisse würden den deutschen Kennern und Verehrern nicht unbekannt bleiben; oder sie müssten so unbedeutend und nichtig sein, dass ihre Spuren sogleich wieder verweht würden, dann aber wären sie ja so gut wie nicht dagewesen. Das Shakespeare-Jahrbuch weiss, wie gesagt, von keinem Werke über Shakespeare zu berichten; und so emsig ich selbst auch in Bibliotheken, in bibliographischen und literarhistorischen Werken und Katalogen aller Art nachgesucht habe, um blasse, versteckte Spuren aufzufinden, ich konnte *Nichts* entdecken; ich darf also kühnlich wenigstens das als Thatsache hinstellen, dass „so gut wie nichts" vorhanden ist, dass Spanien bis jetzt „so gut wie nichts" von Shakespeare wusste, dass es also auch hier seine originelle Sonderstellung behauptet hat.

Die einzige fremde Herrschaft, die Spanien jemals unterjocht hat, war die französische; ihre Anfänge fallen schon in das siebzehnte Jahrhundert, sie dauerte fast das ganze 18. Jahrhundert hindurch, ja ihre Ausläufer reichen noch tief ins 19. hinein; sie hat also sehr festen Fuss gefasst. Bis gegen 1700 aber war Spanien ganz originell, und auch da konnte nur das gänzlich abweichende kühle Princip der französischen Tragödie den erschöpften spanischen Geist mit dem Reiz der Neuheit bestechen. Von einer Einwirkung Shakespeare's ist nie die Rede gewesen, und, ich meine, konnte auch nie die Rede sein. Die Frage also, ob Shakespeare in der goldenen Blüthezeit des spanischen Dramas unter Lope's, seines Zeitgenossen, Herrschaft einen Einfluss auf seine Entwickelung ausgeübt hat, eine Frage, die in diesem Jahrbuch (V, 350) von Elze angeregt, und im folgenden Bande p. 367 ff. von Carriere ablehnend beantwortet worden ist, wird schon aus jenen ganz allgemeinen Gründen kaum anders als mit einem entschiedenen Nein beantwortet werden können. Näher auf den Gegenstand einzugehen behalte ich mir für eine andere Gelegenheit vor.

In Shakespeare sahen alle Gallicisten nichts als einen zweiten Lope; beide wurden wegen ihrer Zügellosigkeit verdammt. Sobald es aber darauf ankam, zwischen beiden zu entscheiden, setzten auch sie, ganz wie die Nationalen, den Spanier selbstverständlich über den Engländer. Der classische Martinez de la Rosa z. B., noch einer von den gerechtesten, der nachher auch zur Nationalpartei umschwenkte, meint in seinem Apendice zur Arte poetica; „Zu Lope's Zeiten besass England allein einen Mann, der ebenso ausserordentlich war wie jener, und auf den Cervantes' emphatische Bezeichnung des castilianischen Dichters als *monstruo de la naturalesa* gleichfalls gepasst hätte. Dieser Eine war Shakespeare. Doch obschon dieser als Tragiker weit über Lope steht, kommt er ihm als Komiker nicht gleich. Sonst aber hatten beide viele gemeinsame hervorragende Eigenschaften; darin z. B. gleichen sie sich, dass sie sich beide den engen dramatischen Regeln nicht unterwerfen wollten, um ihrem kraftvollen Genius ganz freie Bahn zu lassen. Allerlei Licenzen, Ungleichheit des Stils, Vermischung des Erhabenen mit dem Niedrigen, grobe Witze und Narrheiten, Affectirtes und Spitzfindiges, kurz alle Laster, die Lope's Werke verunstalten, müssen auch seinem berühmten Nebenbuhler zugeschrieben werden. Jedoch ein gewaltiger Unterschied besteht zwischen ihnen: Shakespeare hat nur den Ruhm, die Basis zum Theater seiner Nation gelegt, verdienten Autoren den Weg geebnet zu haben. Lope's Einfluss und Ruhm aber erstreckt sich viel weiter; jener war über die Grenzen seiner Insel hinaus nicht bekannt; ein Jahrhundert verging, ehe sein Name über den Kanal flog. Voltaire war der erste, der ihn dem benachbarten Frankreich vorführte, und bis zum Ende des letzten Jahrhunderts hat er auch in Deutschland weder Ansehen noch Namen gehabt. Spanien aber . . . ." Und nun beginnt eine durchaus nicht übertriebene Schilderung des Einflusses der spanischen Dramatiker. Auch Juan Andres, der Verfasser der grossen allgemeinen Literaturgeschichte, der auf ganz entgegengesetztem Standpunkt steht und alles Spanische schön findet, ist empört über die zu seiner Zeit erwachte „Mode", das bis dahin ganz unbekannte englische Drama zu preisen und das bislang unumschränkt regierende spanische zu schmähen und herabzusetzen. Und noch als 1818 Böhl de Faber Schlegel's Vorlesungen ins Spanische übersetzte, erhob sich gegen seine Meinungen über Calderon, von dem man nichts wissen wollte, ein Sturm des Unwillens. *Extra Galliam nulla salus* hiess es damals. Und aus dieser Ansicht ging Moratin's seichte, pedantische Hamletkritik hervor, die nichts anderes aussprach, als das, was jeder der Neuerer damals über Shakespeare dachte und urtheilte, die aber wenigstens versuchte, sich in seinen Genius hinein zu versetzen. Diese Kritik, die nicht, wie Voltaire's mit lästernder Thersiteszunge, sondern mit heiligem Ernst und aus der Tiefe der Ueberzeugung herausgesprochen ist, kann also vom historischen Standpunkt aus sehr wohl verstanden und wenn auch nicht in ihren Consequenzen und Einzelheiten gebilligt, so doch in ihrem Ausgangspunkte gerechtfertigt werden. Das hindert uns natürlich nicht, sie jetzt einfach burlesk zu finden, gerade weil sie in so strengem Magisterton vom hohen Katheder herab den armen verirrten Shakespeare verdonnert. Ob Spanien mit Recht oder mit Unrecht sein Nationaldrama verwarf, darüber kann man streiten, das aber muss jeder zugeben, dass Shakespeare das neue Princip, welches Spanien nun einmal suchte und begehrte, nicht bieten konnte, dass Spanien ihn in diesem Sinne also mit Recht unberücksichtigt liess und sich ausschliesslich zu Frankreich hinwandte.

Nachdem Don Leandro Fernandez de Moratin, der, wie gesagt, durch und durch Französler war, durch die Vermittelung von Voltaire, Laplace, Ducis und Letourneur mit Shakespeare, oder richtiger mit demjenigen Drama Shakespeare's bekannt geworden war, welches in Frankreich den Gegenstand des aufmerksamsten Studiums und des lebhaftesten Streites pour ou contre ausmachte, nachdem er also Hamlet erst in französischen Uebersetzungen, dann im Urtext studirt und den ersten Versuch gemacht hatte, für die Reform der spanischen Bühne, welche er plante, Stoff und Hülfe auch bei Shakespeare zu finden; nachdem sein Versenken in Hamlet, seine Uebersetzung ihn aber vom Gegentheil überzeugt und ihn darüber belehrt hatte, dass Shakespeare und Lope ungefähr die gleichen Ideen anerkennen und gemeinschaftlich gegen sein Franzosenthum Opposition machten, und als er nun gereizt die ganze Schale seines Zornes über jenen ausgegossen und den Spaniern donnernd zugerufen hatte: auch das englische Drama sei wie das spanische *un todo monstruoso y extraordinario*, da kehrten die Spanier, froh darüber, dass weitere Anstrengungen ihnen erspart bleiben sollten, dem englischen Drama den Rücken. Sie gehorchten den französischen Gesetzgebern unbedingt, und nur was diese aus Shakespeare zu nehmen und anzuerkennen geruhten, kam, zweiter Hand, und stark verändert an das spanische Publikum. Seinem grössten Schauspieler, Isidoro Maiquez, einem Schüler und Nachahmer Talma's, der die tragische Declamation zu einer Höhe der Vollkommenheit führte, wie sie in Europa selten und in Spanien nie gekannt worden war, und der, wie nicht anders zu erwarten, mit besonderer Vorliebe in französischen Regel-Tragödien auftrat, und diesen immer freieren Zutritt zu den spanischen Ohren und Herzen zu erzwingen wusste, diesem Maiquez verdankt Spanien eine weitere Bekanntschaft mit Shakespeare, d. h. mit dem nach französischen Schnitt zugestutzten Britten. Er brachte die Ducis'schen Umarbeitungen seiner Dramen in spanischen, zu diesem Zwecke gefertigten Uebersetzungen auf die europäischen und transatlantischen Bühnen Spaniens, und das Publikum jauchzte ihnen in dieser Gestalt und von diesem Künstler verdollmetscht, stürmischen Beifall zu. Dass es nur „homöopathisch verdünnte" Shakespeare-Tragödien vor sich hatte, wusste es gewiss, mit wenigen Ausnahmen, überhaupt nicht. Mit Bewunderung und Furcht, sagt Martinez de la Rosa *(Sobre la tragedia espanola)*, sahen die Zuschauer den grossherzigen Orosman seine Eifersucht bekämpfen, sie zitterten, wenn sie Othello schweigsam eintreten und mit den Augen das verhängnissvolle Gemach durchforschen sahen; oder wenn sie Cain erblickten, wie er vergeblich die blinde Gewalt zu beherrschen strebt, die ihn zum Brudermord fortriss; wenn sie Brutus sahen, wie er sich in den Mantel hüllt und mit bebender Hand das Haupt seiner Söhne dem schon erhobenen Beil der Lictoren überwies. — Hier wird von Shakespeare'schen Figuren freilich nur Othello erwähnt, doch erschöpfen diese vier Rollen ja sicher nicht Maiquez' ganzes Repertoire. So viel ich weiss, hat er auch Macbeth, Hamlet und Romeo gespielt; nur wird Othello, dessen Eifersucht den Spanier an hundert Gestalten seiner eignen Dramen erinnerte, dem Südländer am besten gelungen und dem Publikum am sympathischsten gewesen sein. Die Wahrscheinlichkeit ist wohl dafür, dass er alle durch Ducis auf französische Bühnen gelangten Stücke Shakespeare's mit nach Spanien brachte. Genaueres enthält ohne Zweifel ein vor Kurzem in der Biblioteca Española bei Medina y Navarro in Madrid erschienenes Leben des Künstlers, das leider noch nicht in meine Hand gekommen ist. *(Vida artistica de Maiquez.)*

Was nun die Texte betrifft, die seinen Aufführungen zu Grunde lagen, so kann ich auch über diese aus eigener Kenntniss nichts mittheilen: sie sind ganz verschollen oder so gut wie verschollen; im Buchhandel kommen sie nicht vor, und obwohl — wie eine redactionelle Anmerkung zu Frl. Biller's Aufsatz über Moratin mich lehrt — Othello noch 1871 einmal im Teatro de la Alhambra mit grossem Erfolg über die Bühne gegangen ist, habe ich aus Spanien selbst nichts anderes erfahren können, als dass auch die Madrider Bibliothek ihre Hamlet-Schätze in Moratin's ein und alles repräsentirender Uebersetzung concentrirt. Ob die von Maiquez und die von seinen modernen Vertretern benutzte Uebersetzung ein und dieselbe ist, muss ich also gleichfalls nothgedrungen verschweigen. Mir sind zwei verschiedene dem Titel nach bekannt, die ältere Ducis'che ist nach Angabe von Moratin's *Catálogo de piezas dramáticas publicadas en Espana desde el principio del siglo XVIII hasta la época presente* (i. e. 1825) von Teodoro de la Calle; die zweite neuere (nach Angabe Hartzenbusch's) ist von Francisco Luis Retes und soll dem englischen näher stehen. *(El Moro de Venecia.)* — Moratin verzeichnet ferner einen *Hamlet rey de Dinamarca* von einem Anonymus, der möglicherweise mit der Uebersetzung, welche Ramon de la Cruz nach Ducis verfasste, identisch ist, und zu dem die neuesten Herausgeber Moratins *(Biblioteca de Autores Espanoles Rivadeneyra)* eine zweite oder dritte oder, Moratin mit eingerechnet, eine vierte Hamletübersetzung von José Maria Carnerero hinzufügen — ferner einen Macbeth von Teodoro de la Calle, zu der wieder Hartzenbusch eine, wie er sagt, gute Uebersetzung von García Villalta, die aufgeführt, aber ausgepfiffen ward, nescio wann und wo, und eine andere sehr schlechte nach Ducis gesellt: *Macbé ó los remordimientos,* jedoch ohne ihren Verfasser zu kennen. Dieser Titelform nach glaube ich, dass dieselbe gemeint ist, welche das Boletin Bibliographico Español von Hidalgo (1864) als *Macbé ó los remordimientos refundida en frances por Ducis y acomodada al teatro espanol por D. Manuel Garca* (Madrid 1818) aufführt. Moratin's Katalog enthält ausserdem folgende Titel: *Coriolano* von J. García Malo; *Coriolano* von Francisco Sanchez Barbero; *La muerte de César* von Mariano Luis de Urquijo; *Romeo y Julieta* von Dionisio Solís; Dramen, die ebenso gut selbständige und von Shakespeare ganz unabhängige Schöpfungen als Bearbeitungen und Uebersetzungen sein können.

Das ist alles, was ich über Shakespeare's Sein oder Nichtsein in Spanien zu sagen weiss. Bis 1835 blieb das Echo, welches Moratin's und Maiquez' Stimme wachgerufen hatte, laut und kräftig; dann, bei der grossen romantischen Krisis, die das Alte wieder zu Ehren brachte, verstummte es ganz. Der Schwarm neuer grausiger, thränenreicher Familientragödien, die sich zunächst in den Vordergrund drängten, zertrat die eben erwachten Keime einer freilich nur verfälschten Shakespeare-Kenntniss. Seine Name wurde wieder aus den Repertoiren gestrichen, obwohl es natürlich möglich ist, dass irgend ein Schauspieler die Tradition der Shakespeare-Aufführungen langsam, doch jedenfalls ziemlich schwach und widerhallslos, bis in unsere Tage hineingetragen hat. Die Ducis'schen Textübersetzungen waren sicher alle so für die Bühnenzwecke zugeschnitten, dass sie das Recht nicht beanspruchen durften, zugleich Lesedramen zu sein. Es blieb den Spaniern also nichts anderes übrig, als entweder zum englischen Original oder zum deutschen Schlegel, oder zu den französischen Prosaübersetzungen zu greifen, wenn sie Shakespeare lesen wollten. Das letzte ist wohl am häufigsten geschehen, wenn auch einige Auserwählte, Kenner und Verehrer englischer und deutscher Sprache und Literatur, nie ganz ausgestorben sein mögen; doch ist beides überhaupt als Ausnahme anzusehen. Steht es doch fest, dass alle die tausende von flüchtigen Liberalen, welche sieben Jahre lang (1823—30) in London lebten, von ihrer spanischen Originalität nicht lassen konnten; dass sie ihren Stolz darin setzten, ganz spanisch zu bleiben, nichts Englisches anzunehmen. Sehr wenige lernten ein wenig Englisch, und von diesen wenigen beschränkten sich die meisten darauf, ihre Sprachkenntniss für die Unterhaltung und Zeitungslectüre zu benutzen, von dem politischen, literarischen, socialen England nahmen sie keine Notiz, und die geringe Kenntniss, welche sie von diesen wichtigen Punkten erworben, war ausserordentlich confus. So sagt einer der hervorragendsten Emigrirten, Alcalá Galiano. Andere aber, die, wie Esproncedu, Genius genug hatten, um Shakespeare, Milton und Byron zu verstehen und sich ihnen verwandt zu fühlen, neigten sich, dem Geist der Zeit gemäss, mehr zu Byron, der den Spaniern so hoch sympathisch ward, wie vielleicht kein anderer Nicht-Spanier. Shakespeare aber gehörte wieder zu den Todten.

Auferweckt hat ihn erst wieder die Musik, auferweckt hat ihn die Malerei, auferweckt hat ihn von neuem die Schauspielkunst, und jetzt beginnt er lebendig in Spanien umzugehen, die trägen Schläfer aus dem Schlaf zu rütteln und Funken seines Prometheischen Feuers in ihre Seele zu sprühen. *La generalidad del público conoce ya de fama á muchos de estos héroes de Shakspere, ó los conoce por imitaciones ó por estampas y pinturas ó por las óperas en que aparecen cantando.* In den spanischen Kunstausstellungen hat manche Julia, manche Ophelia, mancher Falstaff gefallen; Othello, Macbeth, Romeo, Hamlet und die lustigen Weiber haben sich als Opernhelden dem spanischen Publikum gezeigt; und Rossi's italienische Gesellschaft hat in Madrid und Cadix die glänzendsten Triumphe gefeiert. So wurde der harte Boden erweicht und empfänglich gemacht für den Regen, der sich seit 1870, freilich noch nicht in Strömen, aber doch continuirlich über ihn ergiesst, und der hoffentlich reiche Frucht emportreiben wird. Jetzt ist Shakespeare's Name wenigstens in Aller Munde; und mag er auch noch nicht viel mehr als ein leerer inhaltsloser Schall sein, so füllt er sich doch mit der Zeit und das kindliche Lallen wird zur gedankenvollen Sprache. Man weiss wenigstens, dass er „einer der grössten Genien der ganzen Welt" ist, man kann ihn *vate de Stratford*, oder *Calderon inglés*, oder *inmortal genio dramático ingles*, oder *segundo Lope* nennen, man nimmt ihn zum Massstabe, an dem jeder Dichterling gemessen wird, und kommt dabei freilich zu dem sonderbaren Resultate, die modernen spanischen Komödienschreiber für Shakespearegross zu erklären; wo eine etwas markige hochtrabende Sprache gesprochen wird, da fühlt man *vuelo osado de Shakespeare*; der Mathematiker und Finanzminister Echegaray, der neulich ein erstes Drama, *La Esposa del Vengador*, auf die Bühne brachte, ist selbstverständlich ein achtes Wunderwerk, ein Genius, der mit der einen Hand den Zirkel des Archimedes, mit der andern die Leier Shakespeare's hält: kurz und gut, wie man früher alles Ausgezeichnete Lope nannte, so beginnt man jetzt, alles Hervorragende Shakespearisch zu nennen. Und für Spanien ist das ein ungeheurer Fortschritt.

Von einer allgemeinen Aufmerksamkeit oder gar von allgemeiner Kenntniss und tiefem Verständniss kann natürlich nicht plötzlich die Rede sein: ihnen muss der Weg durch vollständige, tüchtige Uebersetzungen und durch ästhetisch-kritische Studien erst gebahnt werden. Damit aber ist in würdiger und erfreulicher Weise bereits begonnen. Und wenn auch noch lange Zeit ein jeder Uebersetzer oder Kritiker seine Werke mit denselben Worten einleiten und entschuldigen sollte, welche Moratin vor achtzig Jahren in seiner Einleitung zum Hamlet ausspricht: er arbeite, weil er sähe, dass in Spanien noch Niemand die blasseste Idee von Shakespeare habe; wenn auch Alle darin übereinstimmen, dass Shakespeare in Spanien nur der ganz kleinen Zahl derer bekannt ist, welche sich mit Liebe und Ernst literarischer Studien befleissigen, so sprechen doch die neuesten Unternehmungen durch ihre blosse Existenz dafür, dass man sich Erfolg und Einfluss versprechen darf.

Ich kann zunächst vier derartige Unternehmungen signalisiren. Erstens, und das erste ist diesmal wirklich das beste, erschien im Jahre 1870 ein erster Band einer vollständigen Shakespeare-Uebersetzung: *Obras de Shakspeare, version castellana de Jaime Clark, Madrid. Medina y Navarro Editores. Calle del Rubio núm. 25.* 8vo. pp. 251, im Preise von 10 Realen für Madrid, von 12 für die Provinzen. Ein kurzer Prospekt war ihm vorausgeschickt: „Obwohl die ganze Welt voll ist von gerechter Bewunderung für den unsterblichen Genius dieses englischen Dramatikers, ist dennoch in Spanien noch niemals eine vollständige Uebersetzung seiner Wunderwerke erschienen, welche also, da sie von stets edlem und stets wachsendem Interesse für jeden gebildeten Menschen und eine Nothwendigkeit für jede Bibliothek sind, so bescheiden sie auch sei, bisher englisch oder in den nicht immer getreuen französischen Uebersetzungen zu Rathe gezogen werden mussten. Um diese ungeheure Lücke auszufüllen etc. etc." — Der erste Band enthält einen Prolog vom Akademiker Juan Valera, eine kurze Vorbemerkung über die Art der Uebersetzung, eine Skizze über Leben und Werke des Dichters, beides vom Uebersetzer, und eröffnet die Reihe der Shakespeare'schen Dramen mit Othello und Viel Lärmen um Nichts, *Mucho ruido para nada*. Vier weitere Bände von je zwei Stücken sind bereits veröffentlicht. Der zweite enthält *Romeo y Julieta* und Wie es Euch gefällt, *Como gusteis*. Der dritte *El Mercader de Venecia* und Mass für Mass, *Medida por Medida*. Der vierte den Sturm, *La tempestad*, und den Sommernachtstraum, *La noche de reyes.* Der fünfte Hamlet und Die lustigen Weiber, *Las alegres comadres de Windsor.*

Zweitens: Am 22. November 1872 wurde im Teatro Español zu Madrid ein spanischer Hamlet mit grossem Beifall aufgeführt; nicht eine Uebersetzung, auch keine Umarbeitung, sondern eine neue freie Nachbildung des Shakespeare'schen Werkes: *El Príncipe Hamlet: drama trágico fantástico en tres actos y en verso inspirado por el Hamlet de Shakespeare y escrito espresamente para el primer actor Don Antonio Vico por Cárlos Coello. Madrid (Imprenta de José Rodriguez. Calvario 18)* 1872. — Auch ihm ist eine kleine Vorbemerkung, ein *articulito*, des Dichters selbst, vorangeschickt, doch lehrt uns seine Arbeit selbst besser und ausführlicher sein Urtheil über Shakespeare kennen.

Drittens: 1873 erschien in Cádiz *(Imprenta de la Revista Médica de D. Federico Joly y Velasco)* eine Hamlet-Uebersetzung von G. Mac-Pherson.

Viertens lässt seit einigen Jahren der Marqués de Dos Hermanas, ein in Madrid lebender Cubaner, eine Shakespeare-Uebersetzung drucken. Der Kaufmann von Venedig, Othello, Romeo und andere Dramen sind bereits erschienen, doch kommen sie nicht in den Buchhandel, sondern werden vom Verfasser nur guten Freunden zugesandt. Die drei ersten habe ich selbst benutzt, das vierte Werk aber ist mir nur durch eine Notiz — wieder von Hartzenbusch — bekannt; nur über die drei ersten kann ich also Bericht erstatten.

Alle drei werden gewiss auch in Deutschland freudig begrüsst und mit Interesse studirt werden; doch ist ihr Werth ein ganz ungleicher. Herrn Clark's Werk ist selbstverständlich dem blossen Plan nach bei weitem das bedeutendste, und legt auch in der Ausführung von Ernst, Arbeitskraft, Verständniss, Liebe und glücklichster Dichtergabe den glänzendsten Beweis ab. Die Spanier können sich Glück wünschen von einem so trefflichen Führer geleitet zu werden. Sein Werk steht hoch über denen der beiden andern.

Auch Herrn Mac-Pherson's Arbeit erkenne ich gern als eine tüchtige an. Sie ist mit Sorgfalt und Sauberkeit ausgeführt; an Fleiss und redlichem Willen hat es dem „feingebildeten, talentvollen Kaufmann in Cadiz" sicher nicht gefehlt, wohl aber an der Gewandtheit, an dem Talent, welches Herrn Clark so sehr zu Statten kommt.

Herrn Coello, einem ganz jungen Dichter, dem der Hamlet die ersten Lorbeeren eingetragen hat, kann man Leichtigkeit und Bühnenkenntniss nicht absprechen, wohl aber den Ernst und die Achtung, mit der so gewagte Unternehmungen wie Umdichtungen eines Hamlet begonnen werden müssten. Sein Drama kommt mir und kommt gewiss allen deutschen Lesern etwas „spanisch" vor; es ist ein eigenthümlicher Versuch, der hoffentlich einzig in seiner Art bleibt! Viel ähnliche Dichtungen möchten den Spaniern den Geschmack an Shakespeare noch einmal verderben, den Herr Clark so eifrig bemüht ist zu bessern und zu heben.

Herrn Clark's Uebersetzung wird durch eine Vorrede eingeleitet, die aus der Feder des gefeierten Juan Valera geflossen ist, und aus welcher ich einige Seiten hier einflechte, die ja anderen vielleicht in anderm Lichte als mir erscheinen und zu der Jeder die erforderlichen Ausrufungs- und Fragezeichen selbst hinzusetzen mag.

„Shakespeare ist das literarische Idol Englands. Der civilisirende Einfluss, das politische Uebergewicht dieser grossen Nation, die jetzt den Gipfel ihres Glückes, ihres Reichthums, ihres Wohlstandes und stolzen Selbstbewusstseins erreicht hat, haben den Ruhm des heissgeliebten Dichters unter allen Nationen, die das Erdenrund bewohnen, ausgebreitet und gekräftigt. Was könnte ich zu dem Shakespeare in Deutschland durch Wieland, beide Schlegel, Lessing und so viele andere Kritiker und Dichter gespendeten Lobe hinzufügen, die ihn als Fürsten der Dramatiker, als Quell der Begeisterung hingestellt haben, aus dem der Genius der neuen schönen deutschen Poesie entsprang? Wie soll man über Shakespeare reden und schreiben, seitdem Victor Hugo ihm ein Loblied gesungen, ein cyclopisches Monument, eine Serie massloser Dithyramben, eine Colossalstatue in einer Feuerphantasie von einem an Delirium grenzenden Enthusiasmus gegossen und hernach von einer Diamantfeile überarbeitet und zum Edelstein umgeschliffen? Wie soll ich wagen die Lippen zu öffnen, die Feder über das Papier gleiten zu lassen, nachdem ich die wundervolle Apotheose, den Göttergruss gelesen habe, den Emerson von jenseits des atlantischen Oceans Shakespeare zusendet? — Mein kalter und für den Sturmschritt der Bewunderung zu träger, obgleich ihrer nicht unfähiger Geist, der ziemlich unentschlossen im Abwägen des Für und Wider hin und herschwankt, und bis zur Schwerfälligkeit ruhig ist, kann unmöglich auch nur von ferne dem encomiastischen Fluge der vorerwähnten Autoren folgen.

Skakespeare, sagen sie, ist unfassbar weise; die übrigen Weisen, welche die Erde gesehen hat, lassen wenigstens ihre Weisheit fassen. Shakespeare lässt auch das nicht zu. Was schöpferische Thätigkeit anbelangt, steht er einzig da. Nichts Besseres lässt sich ersinnen. Shakespeare steht höher über Milton, Cervantes oder Tasso, als diese über der grossen Menge stehen.

Aus Shakespeare's Herabkunft zur Erde haben sie etwas so übernatürlich Grosses gemacht wie die Incarnation eines Gottes; sie haben mehr gethan dem Geschmack und der Form gemäss, in der solche Lobeserhebungen heutzutage gemacht werden. Shakespeare, sagt Emerson, ist innerhalb der Naturgeschichte ein Product des Erdballs, welches neue Fortschritte verkündet, ein neues Geschlecht, zu dem wir anderen Menschen uns so verhalten, wie der Affe sich im Vergleich zum Menschen verhält.

Weder meine dürftige Anglomanie, noch meine romantische Lauwärme, noch meine eingewurzelten Vorurtheile für Mass, Ordnung und die Ruhe der griechischen und lateinischen Dichter, noch meine Liebe zu meiner eigenen Nation und zu den grossen Genien, die sie hervorgebracht hat, und unter denen Cervantes und Lope und vielleicht auch Tirso sich in meinen Augen über Shakespeare erheben, gestatten mir solche superlativ gehaltenen Lobsprüche zu den meinen zu machen.

Ich befinde mich also in der Nothwendigkeit, das Verdienst des Autors herabzusetzen, welchen mein Freund Clark dem spanischen Publikum vorstellt, anstatt ihn zu preisen und zu rühmen. Es betrübt mich herzlich, eine so undankbare Rolle spielen zu müssen, doch fehlt es mir dabei an Tröstungen nicht.

Erstens verweise ich Diejenigen, welche Elogen suchen auf Emerson und Victor Hugo. Etwas hinzuzufügen ist ein Ding der Unmöglichkeit! Und ich erkläre unumwunden, dass in Spanien, meinem Glauben nach, heutzutage nur Ein Mann existirt, der, falls er sich daran machte, Shakespeare zu loben, etwas herausfinden würde, das Victor Hugo und Emerson an gigantischen Epinicien und an wohltönenden Hyperbeln überböte!! Es liegt auf der Hand — auch wohl für uns Deutsche — dass dieser Mann Don Emilio Castelar ist, der Victor Hugo des Katheders und der Tribüne!

Zum zweiten tröstet mich die Erwägung, dass, wenn ich auch Shakespeare herabsetze, er doch für die Spanier noch immer hoch genug stehen wird, wenn ich ihn — zwar nicht auf eine Höhe mit Cervantes, aber doch in eine Linie mit Calderon und fast schulterrecht zu Lope stelle.

Zum dritten und letzten, also auch als dritten Trost, führe ich an, dass es mir im Interesse des Uebersetzers gerathener scheint, den Lesern die Versicherung zu geben, dass Shakespeare nicht unfehlbar *(impecable)* ist, und ihn nicht als fleckenreines Musterbild ohne Makel und Fehl hinzustellen, an dem alle Schönheiten leuchten; oder etwa als kostbarstes aller Geschmeide, zu dessen Fertigung mit vollen Händen, ohne Mischung mit falschem Gestein noch mit unedlen Metallen, Perlen und Diamanten und das reine Gold geläuterter Begeisterung verwendet worden sind. Die Leser werden in diesen Dramen auf Dunkelheiten, Verworrenheiten, Seltsamkeiten, Roh- und Narrheiten stossen, und sie könnten sie dem Uebersetzer zur Last legen. Sie sollen von vornherein wissen, dass sie vom Dichter herrühren. Der scrupulös gewissenhafte Uebersetzer übersetzt alles mit staunenerregender Genauigkeit. Er leistet uns einen ungeheuren Dienst. Er giebt uns nicht etwa eine Bearbeitung Shakespeare's, in der er nach Belieben auslässt und umstellt. Er giebt uns Shakespeare, wie er ist, mit seinen Fehlern und Vorzügen, mit seinen treffenden und sonderbaren Behauptungen, mit seinen niedrigen und sublimen Gedanken. Durch Don Jaime Clark wird das spanische Publikum den wahren Shakespeare unverändert, unverbessert in spanischer Sprache besitzen. Wo Shakespeare in Prosa spricht, spricht Clark in Prosa, wo in Blankversen in Blankversen, wo in gereimten in gereimten. Auch der Stil des Uebersetzers folgt allen Bewegungen des Dichterstils: bald ist er energisch, concise und erhaben, bald affectirt, bald natürlich, bald klar, bald dunkel, bald elegant und getragen, bald niedrig und roh. Herr Clark übersetzt nicht, er will durchpausen *(calcar)*, und ich glaube, es ist ihm gelungen. Zum ersten Male werden wir also einen ganzen spanischen Shakespeare besitzen. Ich muss ihn also nothgedrungen in Kürze, aber mit derselben Unparteilichkeit kritisiren, als wäre er unser Landsmann.

Nun, ich entferne mich ebenso weit von den übertriebenen Lobeserhebungen Victor Hugo's und Emerson's wie von den Spöttereien Voltaire's und seines Nachahmers Moratin. Ich gestehe ein, dass Voltaire's Hamlet-Analyse mir oft vor Lachen Thränen entlockt hat; trotzdem aber gebe ich Voltaire nicht Recht. Ich weiss sehr wohl, dass gerade das Erhabene, das Schöne, das Grosse die Parodie herausfordert.

Meine Bedenken und Zweifel liegen anderswo. Bis zu welchem Grade waren alle die Eigenthümlichkeiten des Stils, die Excentricitäten, die z. B. mitten unter all dem Tiefen und innerlich Wahren stehen, was Hamlet in sich enthält, eine nothwendige Beigabe und Bedingung? Ist alles das, was Voltaire und Moratin als Fehler bezeichnen, wirklich Fehler? Und besteht der Irrthum dieser Kritiker nur darin, dass sie die zahlreichen Trefflichkeiten, welche alle Fehler auslöschen und überstrahlen, nicht in ihrem ganzen Glanz und in ihrer ganzen Schönheit anerkennen? Sind diese Fehler, obwohl unvermeidlich, wenn man Rücksicht auf die Zeit nimmt, in der Shakespeare und auf das Publikum, für das er schrieb, trotzdem Fehler zu nennen? Oder endlich sind das keine Fehler, was Voltaire und Moratin dafür hielten? Sind es ausgezeichnete Vollkommenheiten, die nur sie nicht verstanden? Um diese Fragen zu beantworten und mich für eine dieser Behauptungen zu entscheiden, würde ich viel Zeit und langes Nachdenken brauchen und hinterher würde ich einen Band und nicht einige Seiten darüber schreiben. Und auch das weiss ich nicht einmal, ob meine Bedenken dann schwinden und ob ich es wagen würde, ein definitives Urtheil zu fällen. Es sei dem aber wie ihm sei, und ohne diese Entscheidung zu treffen, niemand leugnet, dass Shakespeare ein Genius ersten Ranges ist. Auch Voltaire und Moratin haben es nicht geleugnet."

Und auch Herr Valera leugnet es nicht; denn jetzt folgt nun doch das Loblied auf Shakespeare, der noch einmal mit Cervantes verglichen, und an dem besonders die Kraft gepriesen wird, lebendige Gestalten zu schaffen und sie mit einem magischen Elixir ewiger Jugend und ewigen Lebens auszurüsten. „Gewiss, Shakespeare's Werk war gross, grösser aber war sein Glück." Das soll heissen: nur darum leben Shakespeare's Helden noch heute, nach fast 300 Jahren und sind uns verständlich, als wären sie unsere Zeitgenossen, weil er für ein Volk schrieb, das erst begann gross zu werden, seine Herrschaft auszudehnen, seine eigene und eigenthümliche Civilisation zu verbessern, zu verbreiten und in allen Regionen der Welt zu Ansehen zu bringen. Da er für das Volk schrieb, schrieb er auch inspirirt und voll von den Gedanken und Gefühlen des Volkes, und sein Geist und seine Werke trugen die Zukunft in sich: der ganze moderne englische Geist liegt als Keim darin. Die Helden der spanischen Dramatiker aber leben nicht mehr, weil auch sie für das Volk, voll von den Gedanken und den Gefühlen des Volkes, schrieben, eines Volkes aber, das schon im Sterben lag, dessen eigene und eigenthümliche Civilisation dahinschwand, und dessen alter Geist nicht der von heute zu werden vermochte."

So weit Valera. Diesen allgemeinen Betrachtungen der ersten Vorrede lässt der Uebersetzer specielle Daten über Shakespeare nachfolgen, zusammengefasst als *Noticias relativas á la vida y obras de Shakespeare*. Auf dreissig Seiten resumirt er kurz, was an biographischen Details und an Anekdoten aus Shakespeare's Leben gewusst wird; er skizzirt eine Geschichte des englischen Dramas und spricht über die Reihenfolge, die Quellen und den Werth seiner Werke, natürlich höchst summarisch und mit Hinweglassung aller streitigen Punkte. Da diese Notizen an ein Publikum gerichtet sind, das Shakespeare erst kennen und lieben lernen soll, konnte ein etwas wärmeres und tieferes Eingehen durchaus nicht schaden. Was gesagt wird, ist doch gar zu dürftig und nicht einmal immer correct. Z. B. über die Schreibung des Namens Shakespeare bemerkt Herr Clark einfach: „Diese ziemlich unbedeutende Frage ist durch die zu Anfang dieses Jahrhunderts gemachte Entdeckung eines Exemplars der Essais von Montaigne in der englischen Uebersetzung von Florio, welches zweifellos dem grossen englischen Dichter gehört hat, endgültig entschieden. Darin steht nämlich der Name von seiner eigenen Hand als Wm. Shakspere eingeschrieben. Trotzdem hat der moderne Usus die Orthographie Shakspeare als die üblichste adoptirt." Er selbst schreibt also Shakspeare.

Manche andere Kleinigkeit wäre an dieser ersten spanischen Biographie Shakespeare's noch auszusetzen; doch da diese ganze Biographie der grossen Musterarbeit der Uebersetzung gegenüber in der That selbst nur eine Kleinigkeit ist, wenden wir uns lieber zu ihr, ihre Vorzüge zu preisen. Doch nicht zur ganzen Uebersetzung, nicht zu den zehn bereits vollendet vorliegenden Stücken, sondern zu einem einzigen daraus, das uns zunächst als Vertreter aller gelten muss, und zwar aus dem Grunde, weil ich Herrn Clark's Werk erst seit drei bis vier Wochen besitze, und in so kurzer Frist nicht mehr als ein Drama genau prüfen konnte und wollte. Mein nächstes Augenmerk aber fiel naturgemäss auf dasjenige Stück, welches ich schon in zwei spanischen Uebersetzungen und in einer freien Bearbeitung kannte, und das ausserdem noch, so viel ich und mit mir der Leser erfahren hat, in zwei oder drei älteren Umgestaltungen existirt hat oder noch existirt. Das Drama, welches unter allen Shakespeare'schen Dramen bisher die Aufmerksamkeit der Spanier am stärksten gefesselt hat, musste auch mein Interesse am lebendigsten in Anspruch nehmen. Was die Spanier von Shakespeare wissen und kennen, beschränkt sich ja wirklich, mehr oder minder auf, oder gipfelt wenigstens im Hamlet. Mit vollem Rechte sagten sie bisher: *Hamlet es Shakespeare*, oder *Shakespeare está en el Hamlet;* am liebsten umschreiben sie seinen Namen so, dass sie ihn den „Dichter des Hamlet" nennen; unser Jahrhundert scheint ihnen ein Hamletisches *(este siglo cuyo genio es Hamlet viviente);* mit Moratin meinen sie, kein anderes Drama sei so geeignet eine Idee vom poetischen Verdienste Shakespeare's zu geben; mit Coello erkennen sie darin eines der bemerkenswerthesten Werke, die der menschliche Genius je hervorgebracht hat. Mit Vorliebe sehen sie Rossi, einige Veteranen vielleicht noch mit der lebendigen Erinnerung an Maiquez, als Interpreten des Hamlet-Characters auftreten, und noch jetzt führen sie genau Buch darüber, welchen Beifall er in dieser Rolle anderwärts einerntet. Noch vor wenigen Wochen las ich in einer spanischen Zeitung die mit Jubel wiederholte Nachricht: bei seiner jüngsten Aufführung in Mailand sei Rossi 62mal herausgerufen worden. So oft der Name Shakespeare ausgesprochen wird, ist die erste Erinnerung, welche er wachruft, die an Hamlet. Kurz und gut, Spanien stimmt mit Frankreich und auch wohl mit Deutschland und der ganzen Welt darin überein, den Hamlet nicht gerade als das schönste — denn darüber theilen sich die Meinungen — wohl aber als das eigenartigste, inhaltsreichste Werk Shakespeare's zu feiern. Eigentlich könnte ich nichts besseres thun, als Wort für Wort zu wiederholen, was Elze im ersten Bande dieses Jahrbuches in seinem Aufsatze „Hamlet in Frankreich" (p. 87) über Hamlet als über den Pionier sagt, der da bestimmt ist, überall dem Geschmack an Shakespeare Bahn zu brechen. Auch in Spanien erregte er zuerst bei Moratin, wegen des schroffen Gegensatzes seiner äusseren Form zu den geregelten Formen der classischen Tragödie den grössten Anstoss; doch auch in Spanien übte, wie überall, der reiche Inhalt, das Incommensurable, Geheimnissvolle darin „der specifisch germanische Geist, der sich die Lösung der tiefsten Räthsel alles Daseins zur Aufgabe gemacht hat", seine mächtige Anziehungskraft, den Reiz des Unbegriffenen und scheinbar Unbegreiflichen aus. Auch den Spaniern gilt Hamlet für den vollgültigsten Vertreter des Shakespeare'schen Geistes, gerade so wie Faust für den alleinig würdigen Vertreter des Goethe'schen oder deutschen Geistes, gerade wie Dante für den Hauptvertreter Italiens, gerade wie Cervantes' Don Quixote für den wahren echten Spanier gilt. Ob Shakespeare je volles Bürgerrecht in romanischen Landen finden wird, daran kann man zweifeln. Das Eine aber steht fest, dass von allen Werken Shakespeare's keines ein so lebendiges Interesse auch in Spanien erweckt hat, wie Hamlet, dass von allen Werken Goethe's keines so geliebt und gelesen wird wie Faust, dass also wahrscheinlich, so weit der germanische Geist erobernd vorrückt, Faust und Hamlet seine beredtesten Vertreter bleiben werden.

Hören wir also, welche Sprache Hamlet in Spanien spricht, erst im Munde der Uebersetzer, dann im Munde des Inspirirten. Dass beide Uebersetzer, wie jeder selbst längst bemerkt hat, einen englischen Namen, James Clark und William Mac-Pherson, tragen, ist wohl mehr als ein eigener Zufall. Wie weit sie aber noch Engländer sind, weiss ich nicht; ihre Werke zeigen nur, dass sie beide Sprachen, englisch wie spanisch, vollkommen beherrschen. Herr Clark, dessen Muster- und Meisterarbeit eine englische Widmung trägt, und der im Vorwort bemerkt, sein Spanisch solle so *castizo*, so rein und echt klingen, wie seine Sprachkenntniss ihm erlaube, lässt uns trotz dieser Entschuldigung eine ungleich gewandtere und reinere Sprache als Herr Mac-Pherson hören, bei dem auch kleine Missverständnisse nicht ganz ausbleiben; doch kann man daraus nicht schliessen, jener sei besser hispaniolisirt als dieser. Der Grund liegt einfach darin, dass Herr Clark wirkliche Dichterkraft in sich fühlt, wie schon die so muthig begonnene und so schnell vorwärts geführte schwere Unternehmung, den ganzen Shakespeare treu in ein romanisches Idiom zu giessen, es beweist, während Herr Mac-Pherson, dem man die redliche Arbeit anmerkt, es bei einem Einzelversuche bewenden lässt.

Beide geben eine metrisch wie philologisch treue Uebersetzung, Herr Mac-Pherson ohne sich über seine Principien anders als durch die That auszusprechen, Herr Clark indem er sich vorher mit dem Leser kurz auseinandersetzt. Er benutzt die Globe-Edition, kennt die Cambridge-Edition, holt Schlegel und Tieck zur Aushülfe herbei, und wirft dann und wann einen Blick in den modernen Letourneur. Wie schon Valera erwähnte, wechseln Prosa und Poesie bei ihm genau wie bei Shakespeare: das Grundmetrum bleibt also der fünffüssige Jambus, den wir, da der Romane von Jamben in unserem Sinne nichts weiss, Hendekasyllabus nennen müssen. Während dem Franzosen metrische Uebersetzungen germanischer Poesien nahezu unmöglich sind, ist es dem Spanier, dessen metrische Gesetze mit den französischen durchaus nicht identisch sind, ein leichtes, die grössere Zahl unserer Versformen nachzuahmen. Und gerade der *verso heroico*, der Hendekasyllabus, ist ihm von Alters her vertraut; in allen Sonetten, Terzinen und Octaven, im Epos und in der Tragödie war er stets verwendet worden, in letzterer ganz wie bei Shakespeare reimlos, als *verso suelto*, nur hie und da mit einem

Reime geschmückt. Ganz reine Jamben zu bauen, nur auf die 2., 4., 6., 8. und 10. Silbe einen Accent zu legen, vermag der Spanier sehr gut; nur die Wohllautsgesetze seiner Sprache verbieten ihm, mit vollem Rechte, die ununterbrochene Wiederholung dieses Tactschrittes: ihre Silben sind zu gleichartig, das vocalische Element in ihnen überwiegt zu sehr, als dass ein regelmässiges Auf und Ab nicht eintönig ermüdend wirken sollte; ganz reine Jamben und Trochäen benutzt er also nicht. Auch der vierfüssige trochäische Romanzenvers trägt seinen Namen mit Unrecht. Die Elfsilbler müssen nicht Fünffüssler sein; bald ruhen nur zwei Hauptaccente auf der 10. und 6. Silbe; bald drei auf der 4., 8. und 10., oder auf der 2., 8., 10., oder 3., 8., 10., oder 4., 7., 10.; bald vier auf der 2., 4., 8., 10., kurz und gut, die einzige Regel, der ein Hendekasyllabus sich fügen muss, ist die, dass die zehnte Silbe und ausserdem zum mindesten eine gerade Silbe tontragend sei. Alle fünf dürfen es sein; reine Jamben dürfen also vorkommen, ja sie gelten für die besten. Doch muss ihre Reihenfolge oft gestört und durch minder correcte unterbrochen werden; seltener in den reimlosen Versen der Tragödie; fortwährend in Sonetten und Octaven, in denen sie stets die Minderzahl bilden. Herr Clark behandelt den Jambus mit grossem Geschick, seine Verse sind stets wohllautend und ungekünstelt; die reinen Jamben überwiegen ohne monoton zu werden, denn sie sind, wie bei Shakespeare, dessen Satzbau er so treu wie irgend möglich wiedergiebt, durch markige Cäsuren zerschnitten. Er sucht sein Original überhaupt so treu wie irgend möglich zu copiren, natürlich ohne dass es ihm ganz gelingt. Einige Freiheiten erlaubt er sich, die man billigen muss; andere scheinen mir wenigstens nutzlos. Er giebt die lyrischen Partien, im Hamlet also Ophelien's Lieder, in freier Uebertragung, ohne sich an das Metrum zu binden, auch ohne den Sinn genau festzuhalten. Dasselbe thun Moratin und Mac-Pherson: Moratin ändert am gewaltsamsten und zwar sämmtliche Liedchen, während Clark und Mac-Pherson den Rhythmus freilich auch überall, den Wortlaut aber nur im Valentinsliede frei und eigenartig umschreiben. Dagegen lässt sich wohl kaum etwas einwenden; der eigenthümliche volksthümliche Ton des englischen Textes ist doch unnachahmbar; nicht einmal Schlegel vermochte ihn glücklich zu treffen. Wir müssen uns hier also mit einer annähernden, nur von demselben Gefühl getragenen und bewegten Wiedergabe begnügen, und wo sie so innig klingt, wie bei Clark, lassen wir sie uns auch gern gefallen. Ebenso müssen wir darüber hinwegsehen, dass Wortspiele, Sprichwörter, Witzworte und

Doppelsinnigkeiten in der fremden Sprache entweder gar nicht oder ganz frei nachgeahmt sind: *a little more than kin and less than kind* musste einfach übersetzt werden; *I was killed i' the Capitol; Brutus killed me* liess sich dagegen im Spanischen ebenso gut, ja besser als im Deutschen, besser sogar als im Englischen wiederholen, da *Brutus* und *brute*, *Brutus* und *brutal* spanisch nur Eine Form, *bruto*, haben. Moratin benutzt das; auch Mac-Pherson, der aber *capital capitolio* ganz umgeht; Clark ist hier am ungewandtesten, das Capitol umgeht auch er, und *bruto* wird bei ihm *brutal*. Der Doppelsinn des Wortes *arms*, den Schlegel annähernd zu reproduciren wusste, fehlt dem Spanier. Moratin und Clark erklären das in einer Anmerkung. Im Texte lässt es Moratin ganz fort; Clark schreibt *armas* und nimmt es einmal im Sinne Wappen, Waffen, das zweite Mal im Sinne Werkzeug. Mac-Pherson ersetzt es durch ein eigenes Wortspiel; bei ihm ist Adam ein Ketzer *hereje*, weil er zum Graben Eisenwerkzeuge, *herramientas*, brauchte. Auch ein dritter Punkt wird verziehen werden können, dass nämlich Herr Clark nur ganze Zeilen giebt, dass er die abgebrochenen Zeilen Shakespeare's, wie *O speak! — Speak to me! — Well! good night!* — immer in den Rhythmus der vorangehenden und nachfolgenden Worte genau hineinpasst. Besser wäre es freilich, er hätte, wie Mac-Pherson, auch diese kleinen Ungenauigkeiten vermieden. Schwerer wiegt es in meinen Augen, dass beide überall da, wo Shakespeare längere gereimte Tiraden, *trozos rimados de mucha extension*, hat, eine etwas willkürliche Aenderung anbringen. Paarweis gereimte Zeilen machen auf den Spanier, dessen Ohr an den feineren, matteren Klang der nur kreuzweise bindenden Assonanz gewöhnt ist, den Eindruck des unerträglichsten Klapperns und Hämmerns. Darum kommen beide darauf, statt dieser übelklingenden Versform die beliebten sogenannten *silvas* zu verwenden, d. h. eine beliebige Zahl Elfsilbler auf beliebige Weise mit Siebensilblern zu untermischen und sie durch beliebig gestellte und wiederholte Reime an einander zu ketten. Im Hamlet sprechen die Schauspieler in diesen Versarten, nicht gerade zum Schaden des Originals; doch meiner Meinung nach nutzlos. Ich würde lieber die absolute Treue bewundern und den leisen Missklang mit in den Kauf nehmen; eine absonderliche Wirkung will ja auch Shakespeare mit diesen hohl und etwas bänkelsängerartig anmuthenden Versen hervorbringen. Die Spanier aber haben sie etwas zu sehr ins Hohe und rein Poetische umgesetzt. Einen zweiten Anlass zur Unzufriedenheit giebt Herr Clark durch folgende Worte: „In einigen wenigen Fällen sah ich mich genöthigt, leichte Aenderungen im Texte anzubringen, gewisse Stellen und Dialoge zu unterdrücken, welche sich auf eigenthümliche Sitten und Gebräuche aus Shakespeare's Zeit beziehen, die heute vollkommen unbekannt sind. Wo es der Fall ist, habe ich es jedoch in einer Note bemerkt." Im Hamlet kommt nichts derartiges vor, nirgends habe ich solche willkürliche Auslassungen, die nie gerechtfertigt werden können, beklagen müssen. Ich übergehe es also und kann von der Hamlet-Uebersetzung — die *silvas* und die Vollzeiligkeit abgerechnet — sagen, dass sie wirklich *metrisch und philologisch treu* ist; und auch ihren poetischen Werth schlage ich hoch an, ungleich höher als den der Mac-Pherson'schen, obwohl auch diese ungleich höher als Moratin's trockene Prosa und die französischen prosaischen oder in Alexandriner verbreiterten Hamlet-Verflachungen steht. Und doch muss auch Moratin's Arbeit, wenn man nicht ungerecht sein will, schon als ein bedeutender Fortschritt seinen französischen Vorarbeitern gegenüber bezeichnet werden. Vor ihnen hat er den Vorzug der Ehrlichkeit, des ernsten Fleisses, der wahren Treue voraus. Er ist empört über Letourneur's Verfahren, er begreift nicht, wie man das erste Gebot, das jedem Uebersetzer heilig sein sollte, das Gebot der Treue und Wahrhaftigkeit, verletzen kann; er klagt Letourneur an, aus zu grosser Liebe zu Shakespeare gefehlt zu haben. „Bei ihm handelt es sich allein darum, Shakespeare's Verdienste, Voltaire zum Trotze, im glänzendsten Lichte zu zeigen, und ihn dem gebildeten Europa als den einzigen der Bewunderung werthen Genius hinzustellen, der Euripides und Sophokles die tragische Krone streitig machen könnte; mit diesem Hintergedanken drängt er in seiner Vorrede und in Anmerkungen alle Aussprüche zusammen, die je zu Shakespeare's Lobe gesagt worden sind, alle ungünstigen verschweigt er; alle Narrheiten des vergötterten Autors entschuldigt er nicht allein, nein, er erhebt sie sogar zu Gesetzen einer neuen ars poetica. Letourneur übersetzt nur da treu und gut, wo Shakespeare gross ist, wo er aber faselt, wo er die ersonnene Fabel, den beabsichtigten Zweck, die Situation, den Character, die Redeweise seiner Helden ganz vergisst, und von einer Art Wahnsinn ergriffen in jede mögliche Tollheit verfällt, da wird natürlich Letourneur zum Schönfärber, da ändert er, lässt aus, stellt um, ergänzt nach eigenem Genius und producirt so eine *traduccion pérfida*, ein aus Shakespeare'schen und Letourneur'schen Gedanken zusammengestückeltes Machwerk, das den Namen Uebersetzung gar nicht verdient." Das alles thut der gewissenhafte, ernste Moratin nicht; den Vorwurf, an Shakespeare

Hand angelegt zu haben, um ihn zu verbessern, kann ihm wahrhaftig niemand machen. Aber auch der andere Hintergedanke, sein Licht zu verfinstern, lag ihm fern; er lobte aufrichtig, was er lobenswerth fand, und tadelte ebenso unumwunden, was seinen Ideen über Schönheit nicht entsprach. Dass für ihn das Letztere das Erstere, das Tadelnswerthe das Lobenswerthe bei weitem überwog, lag in seinem Character, in der Zeit und ihren Vorurtheilen; was er sagt, ist seine aufrichtige Meinung, seine feste Ueberzeugung. Ihm fehlte eben jedes feinere Verständniss; er war engherzig und kurzsichtig; unfähig ein Kunstwerk in seiner Totalität aufzufassen, es als Ganzes zu beurtheilen und sich in die Intention des Dichters einzuleben, er sieht nur Einzelheiten, die ihm darum oft Zufälligkeiten, ungehörige und unnütze Breiten dünken; er kann keinen Character, keine eigenartige Individualität verstehen. Sagt ein Schurke ein schurkisches Wort, so empört sich Moratin's moralisches Gefühl gegen den gottlosen Dichter, der solche Gedanken hegen kann; der geschwätzige Polonius ist ihm, dem wortkargen Freunde der Knappheit und Einfachheit, ein Gräuel; alles, was er sagt, ist ihm entbehrlicher Luxus. Fast alles verurtheilt er, nur wo edle, einfache Gefühle, lehrreiche Gedanken ausgesprochen werden, erwärmt sich sein Herz; denn da erkennt er mit Freude seine Theorie: das Drama müsse eine belehrende Unterhaltung sein, des Dichters Aufgabe sei, Laster zu tadeln, Tugend zu loben und den Geist über diese beiden Begriffe aufzuklären, in Praxis umgesetzt. Darum entlockt des Königs Rede über masslosen Schmerz ihm einen Ruf der Bewunderung; Laertes' Ermahnungen an Ophelia werden als *sólida doctrina* gepriesen; was Hamlet seiner Mutter über die Macht der Gewohnheit, was Claudius betend über Gottes Güte und die Macht des Gebetes sagt, erringt seinen vollen Beifall; sonst aber schüttelt er über Shakespeare's Moral bedenklich den Kopf. Noch weniger kann er sich mit seiner Diction befreunden: was sind das für unnütze Metaphern! wie bombastisch sind diese Bilder! wie viel einfacher könnte alles gesagt sein! wer braucht, um die alltägliche Erfahrung zu betheuern, dass Weiber schwach sind, eine „so — falsche und kindische Umschreibung wie: „Schwachheit, dein Name ist Weib!" Herr Moratin versteht die Kunst zu reden besser; so gut, dass er, ohne es zu wollen, Shakespeare's dunkle, übertriebene, phrasenreiche Reden klärt, mässigt und verkürzt oder verbreitert, je nachdem die Logik des Gedankens es erfordert. Schon ihm war das Gesetz bekannt und heilig, stets in ganzen Sätzen zu reden. Er ist überall correct, einfach, leicht verständlich; überall aber steif und ohne jede Anmuth; kräftig und würdevoll nur da, wo Moral gepredigt wird; dem Urtext nirgends ebenbürtig. Auch er verfälscht also den wahren Shakespeare; auch von ihm gilt noch das Wörtchen: *traduttore traditore!* nur dass er es ohne Wissen und Willen thut.

Im Grossen und Ganzen giebt seine Uebersetzung den Sinn richtig wieder, doch bleiben arge Missverständnisse nicht aus. So ist es ein grober Fehler, wenn er *I am sick at heart* mit *estoy delicado del pecho*, ich bin brustkrank, übersetzt; ein gröberer, wenn er *cánon*, Kanon, mit *canon*, Kanone, verwechselt und Hamlet die burlesken Worte in den Mund legt: *Oh si el Todopoderoso no asestára el canon contra el homicida de sí mismo!* wenn doch der Allmächtige nicht seine Kanone auf den Selbstmörder richtete; ein ganz grober, wenn er *who gives me the lie i' the throat* so auffasst, als wäre *lie* das französische *lie*, spanisch *lia*, Hefe; und diese ihm noch zu edle Weinhefe dann in Lauge, *lejía, lixivia* verwandelt und Hamlet rufen lässt: *Quien se atreve á hacerme tagar lejía*, wer wagt es, mich Lauge hinunterschlucken zu machen? Wollte ich die feineren Missverständnisse aufreihen, ich würde sobald nicht enden; er ist fett und kurzathmig lautet bei ihm *está grueso y se fatiga demasiado*, das zweite Satzglied wird also auf die augenblicklichen Folgen des Kampfes bezogen. Komisch klingt es, wenn Horatio bei Hamlet's Tode statt: da bricht ein edles Herz ausruft: *endlich* bricht *dieses* grosse Herz! Plump klingen die ewigen Verbreiterungen, die Ausstaffirungen mit Flickwörtchen, die er nicht lassen kann. Sterben, schlafen wird bei ihm: sterben ist schlafen!! O mein prophetisches Gemüth: weissagend sagte es mir mein Herz! — Jetzt zu meiner Losung: jedoch der Ausdruck, den ich behalten soll, ist dieser! — Der Rest ist Schweigen: O, für mich bleibt jetzt nur noch Schweigen! — Alle Bilder blasst er ab; das Salz höchst frevelhafter Thränen wird zu perfidem Weinen; *the brow of woe* wird „das Bild des Schmerzes". Viele Blüthen reisst er erbarmungslos aus, wie schon Fräul. Biller bemerkt hat; dass er aber der ganzen markigen Sprache Shakespeare's ihre Zauberkraft raubt, und sie in ein nüchtern ermüdendes, monotones Gerede verwandelt, liegt doch besonders daran, dass er den Character des Satzbaues umstösst, aus sechs abgerissenen kurzen Sätzen ein philiströs in einander geschachteltes und durch Partikelchen zur Einheit verkettetes Satzgefüge macht; dass er überall nach der Gebundenheit des plattesten Kanzleistils strebt. Der König sagt zu Hamlet: *Why, 'tis a loving and a fair reply. Be as ourself in*

Denmark. Moratin macht Grund und Folge daraus: Wegen dieser liebevollen und beifallswerthen Antwort will ich, dass Du mein zweites Ich im dänischen Reiche seiest. — Ich habe derartige Platitüden seitenweise aufnotirt, doch darf ich es mir wohl ersparen, sie hier noch einmal aufzuführen. Ich bin froh, wenn ich endlich aus der langweiligen, staubigen Atmosphäre Moratin's heraus und durch das etwas poetischere Reich Mac-Pherson's in Clark's frische, lebendige Welt zurückkehren kann, in der man den wahren Shakespeare mit Hochgenuss wieder begrüsst.

Bei Mac-Pherson tönen uns doch wenigstens Verse entgegen, und ob sie auch oft prosaisch genug klingen, ob sie durch hässliche Enjambements und Elisionen oft plump und schwer dahinrollen, ebenso oft sind sie tadellos, kernig und eines Shakespeare nicht unwürdig; immer aber legt das Metrum ihm heilsame Schranken auf und zwingt ihn, sich kürzer zu fassen als Moratin. Freilich auch er versteht die Kunst abzublassen, nüchtern und flach zu machen; es gelingt ihm nicht, das schöne Gleichgewicht in Gedanken und Wort herzustellen, das Shakespeare's Versen so eigenthümliche Vollendung giebt; er versteht es nicht, je nach dem Werth der Gedanken auch ihre Wortzahl auszudehnen oder zu beschränken; Unbedeutendes macht sich breit; Schlagwörter stehen in dunklem Hintergrunde; Antithesen werden abgestumpft; manch' originelles Bild wird durch ein althergebrachtes und verbrauchtes ersetzt. Sagt Shakespeare *throw to earth this unprevailing woe*, so übersetzt Mac-Pherson selbstverständlich: trockne deine Thränen; *sits smiling to my heart* wird ein einfaches: erfreut mein Herz; *the figure goes slow and stately by them* wird zu einem langsamen Entschwinden und so fort. Kleine Uebersetzungsfehler kommen auch vor; z. B. fasst auch er die Kurzathmigkeit Hamlet's nur als einen vorübergehenden Zustand auf; die Königin sagt zu ihm: *Ya te falta el aliento:* Du bist schon ausser Athem. Bisweilen vernachlässigt er den Reim, den in *woe* und *shoe* giebt er z. B. gar nicht wieder; wo er ihn aber an richtiger Stelle anwendet, geschieht es doch in ungelenker Weise; durch künstliche Umstellung, durch Hervorhebung unbedeutender Hülfswörter.

Alles das ist bei Clark ganz anders! Wirkliche Fehler habe ich nicht bemerkt; ein freier, reiner, bald vorwärts stürmender, bald langsam und leise dahingleitender Redefluss, überall der Situation und dem Character der Sprechenden angepasst, bringt völlig ins Vergessen, dass wir es nicht mit einer Originalschöpfung, sondern mit einer Copie zu thun haben. Ueberall ist ein glückliches Wort, ein entsprechendes Bild gefunden, und wo die Mittel der Sprache es irgend erlauben, prangt es in denselben Farben wie bei Shakespeare. Clark versteht es vortrefflich, Verse, deren Sinn ein einheitlicher ist und die, um poetisch zu bleiben, den abgegrenzten Raum einer Zeile absolut erfordern, auch wirklich in elf Silben einzuengen. Wo es nicht ganz zu erreichen ist, weiss er mit gutem Tacte das Unwichtigere fortzulassen. Z. B. *Seems, madam, nay it is! I know not seems*, das auch Schlegel in gleicher Kürze giebt: Scheint, gnäd'ge Frau, nein ist! mir gilt kein scheint! wird von Mac-Pherson zerrissen: *Parece, no senora. Lo es. No entiendo. Lo que es parece.* Clark löscht den kleinen stolzen Zug aus, der in *madam* liegt und sagt: *Parece? es. No sé lo que es parece*, fügt ihn aber nachher dem Bilde wieder ein.

Auch Herrn Clark gelingt natürlich das Unmögliche nicht: immer und überall den Satzbau, den Phrasenschmuck, die Klangfarbe des Shakespeare'schen Stiles wahrhaft treu wiederzugeben; auch er vermag nicht — was niemand vermag — adäquat aus einer Sprache in die andere und noch dazu aus einer germanischen in eine romanische zu übertragen; um wenigstens den Sinn genau zu wiederholen, muss auch er manchmal umschreiben, den Wortreichthum des Grundtextes bedeutend vermehren. Doch weiss er geschickt solche Verbreiterungen und Umschreibungen nur da anzubringen, wo sie nicht störend ins Auge fallen; wo der Moment Concision und Formvollkommenheit verlangt, versteht er die Kunst knapp zu sein; die Kraftstellen sind mit kraftvoller Kürze wiedergegeben, und über das Uebrige gleitet der Blick schneller dahin. Bei Moratin's und Mac-Pherson's Uebersetzung wird einem die Zeit lang; bei beiden, beim zweiten viel weniger als beim ersten, athmet man etwas schwer und sehnt sich nach dem Ende; bei Clark dagegen fühlt man sich beständig gehoben, getragen, ergriffen, nie gelangweilt; man merkt ihm nicht an, dass er in erborgten Kleidern einhergeht. Und ich muss bekennen, ich war nicht wenig überrascht, als das Nachzählen der Zeilen mir den unwidersprechlichen Beweis lieferte, dass in Wahrheit Mac-Phersons Uebersetzung kürzer ist als Clark's, dass jener conciser ist als dieser. Der erste Act zählt nämlich bei Clark 911 (volle) Zeilen, bei Mac-Pherson 892, die abgebrochenen mit eingerechnet, bei Schlegel 861, bei Shakespeare nur 844. Herr Clark setzt also zu hundert Zeilen ungefähr 8, zu je 12 eine 13. Zeile hinzu, und das ist nicht wenig. Doch sieht man, angesichts der grossen Vorzüge seiner Arbeit, über diese kleinen Mängel gern hinweg. Auch Schlegel hat sie nicht vermeiden können; auch Schiller dehnt Racine's Phädra mindestens in gleicher Weise aus; auch Gries setzt zu Calderon manche Zeile zu; es gehört eben zu den allgemeinen Uebersetzungsfehlern, die man einem Einzelnen nicht zu streng vorwerfen darf, die wir also auch Herrn Clark verzeihen.

Als Ganzes betrachtet verdient sein Hamlet volle Anerkennung, ja Bewunderung. Reisst man ihn auseinander, liest man ihn, indem man Zug für Zug mit Shakespeare oder Schlegel vergleicht, so entdeckt man natürlich auch manchen Flecken, findet auch bei ihm, dass er abblasst, schwächt und vergröbert, und wollte ich anfangen zu tadeln, es würde auch hier schwer sein das Ende zu finden. Doch so lange nicht durch eine vollkommenere spanische oder überhaupt romanische Uebersetzung bewiesen ist, dass Besseres geleistet werden kann, erkenne ich diese gern als eine ausgezeichnete, als die beste romanische, des Lobes und der Empfehlung werthe an, ohne Herrn Mac-Pherson's Arbeit, die mir, bevor ich die andere kannte, sehr wohl gefiel, herabsetzen zu wollen.

Von den Uebersetzungen gehen wir zu dem vielleicht noch interessanteren neuen Hamlet über, dessen Leben und Thaten schnell an uns vorüberziehen sollen, ehe ein Wort der Kritik erlaubt sei. Gleich der Anfang macht stutzig. Während bei Shakespeare ein schwerer, nordisch-wolkiger Himmel und eine rauhe Nebelnacht uns gleich in die Stimmung versetzen, welche die schaurige, Geisterspuk, Mord, Gift und Wahnsinn in sich bergende Dämmerungs-Tragödie doch hervorbringen muss, zeigt uns der Südländer Coello zum Eingang ein liebliches Bild: Ophelia unter Blumen und Bäumen, dem Geliebten entgegenharrend. Und auch der kurze, reimende, spielend dahingleitende Rundvers (abba) bereitet auf heitere Geschicke vor. — Von einem lauschenden Greise, ihrem Vater Polonius, wird sie überrascht. Dieser setzt, nach spanischer Sitte, in einer mit *sé que*, ich weiss dass ... anhebenden Exposition die vor Beginn des Stückes angeknüpfte Intrigue auseinander. Der Kronprinz von Dänemark huldigt Ophelien, wie sie glaubt, in wahrer schwärmerischer Liebe, wie Polonius meint, von einer jugendkräftigen, aber auch jugendkurzen Leidenschaft ergriffen. Dankbarkeit, Furcht und Liebe bewegen den Kanzler, ihr das Versprechen abzuzwingen, jene Liebe zu ertödten. Ophelia giebt es, jedoch erst, nachdem sie in langer und breiter farbiger Schilderung ihren und Prinz Hamlet's Gemüthszustand ausgemalt und gemeldet hat, dass dieser, früher der galanteste Hofcavalier, der kühnste Ritter Dänemarks, von heiterem, lebensfrohem Character, seit dem plötzlichen

Tode seines Vaters Horvendilo und der gleich darauf gefeierten
Hochzeit seiner Mutter mit dessen Bruder, ein trübsinniger, melancholischer Einsiedler geworden ist, den nur Opheliens Liebe noch
ans Leben fesselt. Trotzdem hat sie eben Entsagung gelobt, als
Hamlet eintritt, der aber nicht, wie wir erwarten mussten, zum
glücklichen Stelldichein eilt, sondern langsamen Schrittes, in ein
Buch versenkt, einherschreitet und in fünffüssigen Jamben, die die
Wichtigkeit seiner Reden von vornherein verrathen, einige Zeilen
daraus declamirt: „Sein eigner Bruder schenkte ihm den Becher den
giftigen und entriss Krone und Leben dem König." Dann plaudert er mit Polonius und kommt in den komisch kühnsten Gedankensprüngen aus tiefer Schwermuth zu träumerischer Sentimentalität, klagender Erinnerung an seinen Vater, und giebt von der
kindischen Zerrissenheit seiner spanischen Seele ein abstossendes
Bild. Während unter den Klängen eines heroischen Marsches König
Fengo und Königin Gunhilda in den Flur des Palastes, in dem der
ganze Act spielt, einziehen, dem siegreichen Horatio, Polonius' Sohn,
mit ihrem Gefolge das Geleite gebend, weil sie zufällig am Hafen
vorbeipromenirten, als die aus Norwegen heimkehrende Flotte in
den Hafen von Helsingör einlief; während Fengo mit altspanischem
Bombast in einer assonirenden Romanze komödienhaft schildert,
mit welchen Festlichkeiten Dänemark den Sieger verherrlichen wird,
steht Hamlet stumm aparte, und beantwortet dann des Königs und
der Königin brüsk an ihn gerichtete Fragen und Vorwürfe über
sein unmässiges Leid mit einer platten, wohlgeründeten Schmerzanalyse, die beide ihrerseits stumm anhören und sich empfehlen.
Nur Hamlet bleibt mit Ophelia zurück. Mittlerweile ist es Abend
geworden; der Mond geht auf und beleuchtet mit zauberhaftem
Silberlicht die Liebesscene, die der moderne Spanier als nothwendiges Ingredienz jedes effectvollen Dramas ebenso schmerzlich in
Shakespeare's Urbild vermisste, wie einst Herder in den heldenhaften Cidromanzen ein zärtliches Gespräch zwischen dem Campeador und seiner Jimena. Er schaltet sie also, frei erfunden, ein.
Erst stürmisches Aufjauchzen, dann Staunen über Ophelia's Schweigen, dann Wuth und grimmes Toben über ihr schüchternes Entsagungswort, und bitteres Abweisen jedes Aufklärungsversuches. Als
er allein ist, steht er einige Minuten stumm, dem Monde Zeit zu
lassen, sich in Wolken einzuhüllen. Dann declamirt er in tiefer
Finsterniss, in hundert Zeilen, von denen je zehn formell zu einem
Ganzen, einer Decime (abbaa ccddc), verbunden sind, einen aus
Shakespeare'schen Gedankenspähnen kunstvoll und doch kunstlos

zusammengezimmerten Sein- oder Nichtseins-Monolog. Klagen um die verlorene Liebesmühe, Klagen über des Lebens Traumhaftigkeit, über der Mutter und Ophelia's Wankelmuth; eine mit dem Bleigewichte von 40 unnützen Silben beschwerte Hispanisirung des geflügelten Wortes: Schwachheit, dein Name ist Weib! und endlich, eingepresst in die Mitte dieses in der That höchst inhaltsreichen Selbstgespräches, und auch hier noch in die Mitte einer Decime geklemmt, das berühmte Sein oder Nichtsein, Sterben, Schlafen, vielleicht auch Träumen! und wieder eine lange mit Reminiscenzen aus Calderon's *Vida es sueno* gespickte Paraphrase des Gedankens, dass im Todesschlafe die Glücklichen süsse, die Unglücklichen bittere Träume träumen werden, und als Facit der Entschluss zu leben: lieber zu sein als nicht zu sein. Schliesslich ein Zusammenbrechen auf einer Steinbank, von der ihn erst wieder die dumpfe Grabesstimme des zum Garten hereinschreitenden Horvendilo-Geistes aufschreckt. Ungeachtet der bedenklichen Metamorphosen, welche auch alles das, was dieser berichtet, im spanischen Schmelztiegel erfahren hat, bleibt der Kernpunkt, dass der eigene Bruder ihn vergiftet hat, unangetastet. Hamlet flucht dem meuchlerischen Cain und schwört auf des Geistes ausdrückliches Verlangen seinen Stahl mit des Feindes Blut zu färben, seine Mutter aber zu verschonen. In abermaligem Selbstgespräch befestigt er seinen Entschluss zu leben. Sein Herz dürstet nach Rache. „Der wilde Leu, zu alter Kraft sich sammelnd, will des boshaften Tigers Eingeweide würgen." Dieser kommt ihm denn auch zu guter Stunde in den Weg, ihn zu Horatio's Ehrenmahl zu holen. Hamlet aber stürzt sich mit nacktem Schwert auf Fengo und ruft, unbekümmert darum, dass alle die Seinen jenen begleiten, ein „Stirb, Verruchter!" Unter allgemeinem Oh! packen und entwaffnen ihn die Soldaten. Doch ist ein Auskunftsmittel schnell bei der Hand. Hamlet stellt sich wahnsinnig. Er reisst sich von den Soldaten los, richtet sich stolz und kühn empor, däucht sich Simson, prahlt mit seinem Gigantenwuchs, seiner herkulischen Kraft, verhöhnt die Philistercanaille, die ihn umsteht, rüttelt an den Säulen des Palastes und droht alle unter seinen Trümmern zu begraben. Fengo bleibt stumm, Gunhilda weint, und während die Uebrigen ihn mit Geberden des Mitleids und der Theilnahme umringen, fällt der Vorhang.

Im zweiten Acte, wieder zur Nachtzeit, conferiren und disputiren Fengo und Gunhilda über Hamlet's Wahnsinn, den diese als Wahrheit beklagt, jener als Verstellung befürchtet und bestrafen will. Zum Glücke erscheint Polonius, sie von ihrer Unruhe zu be-

freien und alle Zweifel zu lösen. Er erzählt von Hamlet's Liebe,
von Ophelia's par ordre de Polonius vollzogener Zurückweisung.
Diese allein hat ihn in Wuth und Wahnsinn versetzt und ihm
gegen den König, als den muthmasslichen Urheber seines Unheils,
die Mordwaffe in die Hand gedrückt. Glücklich, der alten Sorglosigkeit zurückgegeben, lächelt der König, ja er ist so heiter, dass
er Zeit und Laune genug findet, mit Ophelien zu witzeln. Komm!
ruft er ihr freundlich zu. Du liebst also Hamlet? Und als sie nur
schweigend erröthet und die Augen senkt, fügt er „gutmüthig
spassend" hinzu: „Man sagt, dass jetzt die Mägdlein, um Ja zu
sagen, schweigen, die Augen senken und erröthen. Fass' Hoffnung,
armer Engel! Wenn ihr euch liebt, wohlan es sei! Ich willige in
eure Heirath." Und stolz auf diese grosse, kluge That erhebt er
sich und verlässt mit Gunhilda und Polonius den Saal, den Liebenden
das Feld zu räumen und anderswo jene angenehme Frage des weiteren zu erörtern. Einen Augenblick bleibt Ophelia allein, und in
dem komödienhaften Tone der vorigen Scene fortfahrend, leitet sie
ein kleines Gebet der Freude und des Dankes mit den Worten ein:
„Ich sein Weib und er mein Mann! Himmel, Dank für dieses Glück!"
Dem eintretenden Hamlet eilt sie freudetrunken entgegen. Er aber
kommt wieder wie zum ersten Stelldichein, tief in die alte Lectüre
versunken, und geht gemessenen Schrittes mit einem kalten Blick an
Ophelia vorüber. Ihrem mit doppeltem Ausrufungszeichen ver-
sehenen, also leidenschaftlich erregt gerufenen: Hamlet!! entgegnet
er ein ganz nüchternes, jedes Ausrufungszeichens bares: Ophelia.
Als diese ihm aber sorglos in tändelnden Verschen (zwei 4füssige
Trochäen und ein 2füssiger, aabccb) ihr durch beider Väter Spruch
sanctionirtes Liebesglück vorgaukelt, wird Hamlet weich, doch nur
für einen Augenblick; die Erinnerung an den gethanen Racheschwur
löscht die Erinnerung an die Schwüre der Liebe vollkommen aus.
Rauh und sarkastisch knickt er mit schnöden Fragen und Worten
Ophelien ganz, und führt, nachdem er sie gewaltsam zur Thür hin-
ausgedrängt hat, in erneutem Monologe den inneren Seelenkampf
zwischen Pflicht und Neigung, Rache und Liebe zu endgültiger
Entscheidung. Natürlich siegt die erstere und lodert heller auf als
zuvor. Als daher Horatio ihn aufsucht, und sich unversehens als
sein Schuldner, Freund, Gönner und Beschützer entpuppt, und ihm
mittheilt, dass der letzte Blick des sterbenden Horvendilo den jungen
Hamlet seiner Obhut anvertraut und dass er geschworen hat, Hamlet
sein ganzes Leben zu weihen, benutzt dieser eine so glückliche Offenbarung seinen Racheplan darauf zu bauen. Horatio soll sein Helfers-

helfer werden. Vertrauen erweckt Vertrauen: er enthüllt sein schreckliches Geheimniss; Horatio aber lächelt skeptisch und verlangt Beweise. Des Geistes Erscheinung ist ihm nichts als eines Traumes Irrung. Was thun? Hamlet wird aus dem bewussten Büchelchen das bewusste Geschichtchen in Fengo's Gegenwart vorlesen; sein Gesicht wird das Schuldig oder Nichtschuldig, auch für Horatio, mit genügender Energie aussprechen. Wieder zur guten Stunde kommt Fengo gerade zur Thür herein, mit finsterer Stirn, denn er hat eben die Fruchtlosigkeit seiner Heirathsspeculation erfahren. Gunhilda macht ihn auf die Unzweckmässigkeit seines Mienenspiels aufmerksam, da geht er fröhlich lächelnd mit liebevoller Umarmung seinem Sohn entgegen. Der aber bebt zurück, ermannt sich jedoch wieder und fasst wenigstens des Königs Hand; nicht um chiromantischer Weise ihre Linien zu betrachten, nicht um, ein neuer Diego Lainez, ihre Kraft zu erproben, nur um seinen Puls zu fühlen und ihm das Zeugniss fieberhafter Erregung auszustellen. Hamlet's Trübsinn soll Schuld daran sein. Seine Linderungslosigkeit beklagt dieser und erzählt, wie er eben in der Lectüre Zerstreuung gesucht und nur heftigere Schmerzen gefunden habe. Polonius muss den Versammelten diese aufregende Geschichte von einem tugendsamen König, den sein verbrecherischer Bruder vergiftet, vorlesen. Die letzten Worte, in denen jenem seine Schuld vorgeworfen wird, donnert Hamlet selbst dem entsetzten Fengo ins Gesicht. Dieser glaubt sich entdeckt, er muss im Schlaf gesprochen haben wie der König des Märchens. In Todesfurcht versucht er einsam zu beten und während er kniet, öffnet sich leise die Thür, Hamlet, den Dolch im Gewande, tritt ein, schleicht durch's Zimmer, bis er hinter dem König steht, zieht den Dolch, zückt ihn, steckt ihn schnell wieder ein und verschwindet. Fengo aber erhebt sich; in dem missglückten Betversuch hat er seine volle Fassung, seine heuchlerische Frechheit wiedergewonnen. Er sinnt auf Mittel, sich des wahnsinnigen Hamlet zu entledigen, vor allem aber muss er Gewissheit über die Motive seines Handelns haben. Polonius wird ausgesandt Hamlet herbeizuholen; die vorher streng instruirte Mutter soll ihm seine Geheimnisse entlocken. Zitternd und zagend geht diese ans Werk, wird aber aus einer Klägerin bald eine reuige Angeklagte, die zur Sühne dem Prinzen helfen soll und will, ihren Gatten, den Mörder, zu tödten. Bei diesem kühnen Worte erinnert sie sich daran, dass Fengo und Polonius hinter der Thür stehen und horchen. Sie verräth es; in dem anstossenden Kämmerchen wird es unruhig; Hamlet stösst die Thür auf, sieht im Dunkel den Königsmantel leuchten,

bohrt sein Schwert hinein und ruft: Vater, nun ruh' in Frieden!
Du bist gerächt! Da aber wankt der Getroffene zum Saal herein,
stösst einen Schrei aus, der Mantel fällt — es ist Polonius. Der
König benutzt Hamlet's starres Entsetzen, um vorsichtig vor den
Augen der Zuschauer zu entfliehen und Horatio und Ophelia herbeizuholen. Ophelia weint, Horatio schreit Rache. Wer der Thäter
ist, verheimlicht aber Fengo, der Königin Drohungen befürchtend.
Hamlet steht bewegungslos und schweigsam dabei. Und wieder
fällt der Vorhang.

Im dritten Acte sinnt Hamlet von neuem auf Rache, trotz aller
Bitten der schwachen Gunhilda, die für sein Leben bangt und ihm
das Scheinversprechen der Flucht abzwingt, um es dem gleichfalls
auf Rache sinnenden Fengo, der Hamlet's Enthüllungen als hirnlose
Verleumdungen aus ihrem Gedächtniss auszulöschen versucht, als
beste und sicherste Lösung aus allen Wirrnissen anzupreisen. Auch
zum Schein willigt dieser in eine Reise. Alles scheint sich zu ebnen,
als Horatio in Trauerkleidern nach Ophelien forscht, die im Schmerze
über den Vater den Verstand verloren hat. Doch schon kommt sie
selbst, phantastisch mit Blumen geschmückt, und offenbart singend
und sprechend ihrer Liebe Leid und Lust. Regungslos hört Hamlet
es mit an, regungslos hört er, wie Horatio dem unbekannten Mörder
des Polonius, dem Stifter dieses neuen Unglücks, flucht; er schweigt,
und erst als er mit Horatio allein ist, flammt die erloschene Liebe
noch einmal auf; doch stachelt sie nur reagirend die Begierde nach
Rache immer wilder in ihm an. Horatio muss sein Versprechen
erneuern, doch fügt der ehrliche Ritter eine ganz unritterliche Bedingung hinzu. Auge um Auge, Zahn um Zahn, wird er nur dann
sein Wort halten, wenn Hamlet ihm das Gegenversprechen giebt,
auch *seinen* Feind zu erlegen. Aus guten Gründen zaudert dieser,
und sucht jenen von der Ungerechtfertigkeit seines Vorhabens, von
der möglichen Schuldlosigkeit und Reue des unbekannten Mörders
zu überzeugen. Jener aber bricht in wüthendes Rachegeschrei aus,
will den Namen des, wie er merkt, Hamlet nicht Unbekannten
wissen, bestürmt ihn mit Bitten und Drohungen, sucht mit Gewalt
und List den Namen zu erfahren; er sucht Hamlet mit der Ver-
heissung der Krone, die er als Führer der Truppen ihm verschaffen
kann, zu locken, und als dieser fest bleibt, vergisst er sich so ganz
und gar, dass er, der einst geschworen hat Hamlet mehr zu lieben
als sich selbst und für ihn sein Leben zu lassen, das Schwert zieht,
ihm das Leben zu nehmen. Nur Gunhilda's zufälliges Eintreten
macht diesem widerwärtigen Toben ein Ende. Sie meldet Ophelia's

Tod und besänftigt auf kurze Momente Horatio's Wuth. Als sie wieder losbricht, wehrt Hamlet sich durch List: er kennt den Thäter, doch hat er ihm Schweigen gelobt, nur mit seiner, Hamlet's Hand, kann er ihn tödten. Und das verspricht er. Unterdess aber soll Horatio in fliegender Eile seine Truppen sammeln, ihnen des Königs Schandthat kund thun, ihren Unwillen aufreizen, in den Palast dringen und dem König den Tod geben. Mit diesem Schwur gehen beide auseinander.

In einem andern Saale beginnt das Todtenmahl zu Ehren des Polonius; der König sitzt an dem Platze, den sonst der Kanzler einnahm; um ihn herum Verwandte und Freunde. In einer pomphaften Rede preist er den Todten, preist er den lebenden Sohn Horatio und auf sein Wohl will eben die Versammlung die Becher leeren, als Hamlet erscheint. Er tritt zum König, wirft die Perle seines Ringes in seinen Becher, als Zeichen seiner Liebe und Dankbarkeit. Der König misstraut diesem Freundschaftsacte, er will nicht trinken und erst als Hamlet die Hälfte geleert hat, trinkt er den Rest. Da redet Hamlet ihn an, er schleppt ihn zum Fenster, an dem eben Polonius' Leichenbegängniss vorüberzieht; er sagt ihm: der da begraben würde, sei eigentlich ein König, ein König hätte gestern sterben sollen, und zwar ein König, dem er ins Gesicht rufen müsse: Cain, Cain, was hast du mit deinem Bruder gethan? Er reisst ihm die Larve vom Gesicht. Da tönt schon der Ruf: *Mucra el Rey!* vor dem Palaste. Horatio dringt herein, er überantwortet den König noch einmal seinem Richter und forscht dann mit einem Blicke, ob Hamlet Wort gehalten. Das sieht Fengo, er flüstert ihm den Namen seines Feindes ins Ohr; doch glaubt es Horatio nicht, er fragt, Hamlet bejaht, und erst als jener ihm seinen Treubruch vorwirft, entdeckt er, dass er sich mit dem König einen Giftbecher getheilt hat. Fengo schreit auf, sinkt in einen Sessel, verhüllt sich in seinen Mantel, die Anwesenden umringen ihn, so dass er, den Augen des Publikums verdeckt, stirbt. Das letzte Wort spricht der sterbende Hamlet; er entschuldigt sich für seine Untreue, doch, lautet seine Moral, wer alles mit Füssen tritt, um sich zu rächen, der darf sich nicht auf ein einziges Mittel verlassen. Dann empfiehlt er seine Mutter der Obhut des Horatio, dem er am Schluss die Krone überreicht: mach' das Volk glücklich, das dich liebt; ich gehe zu Ophelien, die mich ruft.

Damit endet das tragisch-phantastische Drama, zu dem Shakespeare's Hamlet Herrn Coello begeistert hat. Das Lob, das wir diesem Werkchen spenden, wird kurz sein; denn dass die Form gewandt, die Verse wohltönend sind, versteht sich von selbst und bedarf keiner weiteren Versicherung; einen Spanier preisen, weil der Fluss seiner Trochäen in schmiegsamen, anmuthig dahingleitenden Wellen an unser Ohr schlägt, hiesse ihn beleidigen! Auch den untergeordnetsten Zarzuelas der spanischen Bühne kann dies Verdienst nicht streitig gemacht werden. Ausserdem bliebe mir nur Ein Punkt, den ich allenfalls preisen könnte; dass nämlich der Pinsel des Künstlers, der sich unterfangen hat, Shakespeare zu kopiren, dem Gemälde einige kleine Striche, die ein wirkliches selbständiges Talent verrathen, eingefügt hat. Des Geistes eisige Ruhe! Hamlet's Wahnsinn, Ophelien's letztes Auftreten verdienen, an und für sich, aus dem Bau des Stückes herausgenommen und als blosses ornamentales Schmuckwerk betrachtet, Lob und Bewunderung, die ich ihnen gern spende, die aber den Tadel, den ich, — hoffentlich in Uebereinstimmung mit meinen Lesern, — dem Stücke als Ganzem und als einer Copie Shakespeare's nicht ersparen kann, bei weitem nicht aufwiegen. Doch ehe die Art seiner Behandlung uns zeigt, auf welchem ästhetisch-kritischen Standpunkte der Verfasser Shakespeare gegenüber steht, in welchen Proportionen und in welchem Lichte jener ihm erscheint, ehe wir aburtheilen, müssen wir, um den Schein der Parteilichkeit zu vermeiden, noch anhören, was er selbst über dies Verhältniss denkt, was er zu seiner Entschuldigung zu sagen hat, oder, da er apologetischer Worte nicht zu bedürfen glaubt, was er zu seinem eigenen Lobe unter einem sehr fein und schön gewebten Mantel der Bescheidenheit auszusprechen wagt. Die Vorrede, welche Herr Coello seinem Hamlet vorausschickt, beginnt folgendermassen:

„Vorliegendes Werk ist nicht, wie einige ohne Bedenken angenommen haben, eine Uebersetzung, ja nicht einmal eine Bearbeitung des Shakespeare'schen Hamlet: beides, besonders das letztere scheint dem Autor beinahe unmöglich; und obwohl die Annahme, er habe es erreicht, ihn ungemein ehrt, so ist sie doch eine unrichtige, und sein Gewissen gebietet ihm herrisch, sie zurückzuweisen.

Der *Principe Hamlet* ist ein von dem gleichnamigen Stücke des englischen *Calderon* inspirirtes Drama. Und wer einen Augenblick darüber nachdenken will, was das Wörtchen „inspirirt" wohl bedeute, der wird ohne Anstrengung begreifen, dass es ein vom ursprünglichen ganz verschiedenes Drama bezeichnen muss, obwohl es dem ursprünglichen sein Dasein, gerade so wie ein Sohn seinem Vater das Leben dankt, d. h. ihm in den physiognomischen Zügen gleicht, sonst aber ein selbständiges Leben und eine eigene Persönlichkeit hat.

Der Autor des spanischen Drama's meinte, als er seine mühereiche Arbeit begann — und bis jetzt hat er keinen Grund gehabt, seine Ansicht zu ändern — dass der dramatische Dichter als freier Herr, jeden fremden ihm gefallenden Gedanken, wo er ihn auch findet, aufgreifen und benutzen darf wie er Lust hat, wenn diese erlaubte That nur eine freie und offene Erklärung begleitet. Und, als enthusiastischer Bewunderer des Sängers von Stratford, nahm er sich vor, von ferne den leuchtenden Spuren seines Genius zu folgen, wie der Soldat seinem Chef folgt, um nur Theil zu nehmen am ruhmvollen Kampfe und hernach dunkel und unbekannt zu sterben.

Etwas anderes zu wollen, sich an's Verbessern und Corrigiren eines Gedichtes von solchem Werthe zu machen, wäre ein Vorsatz, den man nicht dem närrischsten aller Narren und nicht dem dummsten aller Dummen zutrauen würde. Ewigen Hasses und auch der strengsten materiellen Strafen würdig wäre der freie Maler, der mit seinem Pinsel die erhabenen Linien der Concepcion von Murillo umänderte; wer aber überhaupt eine Concepcion malt, verfällt der in einen ernsten Fehler, wenn er die göttliche Leinewand des unsterblichen Sevillaners nicht vergessen kann? und wird er sie vergessen können, selbst wenn er es will? und verdient er darum Tadel?

Ich nun, verliebt in den Stoff des Hamlet, den Shakespeare nach einigen aus alten dänischen, von Belleforest zu tragischen Geschichten umgestalteten Fabeln, nach andern aus einer früher von Thomas Kyd verfassten Tragödie desselben Namens nahm, entschloss mich, ich weiss nicht, ob übel berathen, ein den Bedürfnissen der spanischen Bühne und den Specialverhältnissen unseres Publicums angepasstes Drama zu schreiben. Shakespeare mit seinem mächtigen Talente hat Personen ein ewiges Leben verliehen, die ein endliches vielleicht nie gehabt haben; und heutzutage leben die Gestalten Hamlet's und Ophelia's in der literarischen Welt wie die des Pelayo oder Isabel's der Katholischen in der historischen Welt. — In jener Welt bin ich ihnen begegnet und habe sie studirt; und indem ich sie in mein Drama einführte (das ich am bezeichnendsten *histórico-literario* nennen würde, wenn es von der zweiten Eigenschaft nur ein wenig hätte) konnte ich dem nicht entsagen, einige der Phrasen in ihren Mund zu legen, die sie wirklich ausgesprochen haben, um meiner demüthigen Arbeit den Duft der Wahrheit und den Zauber der Schönheit zu lassen; Duft und Zauber, die man nur

als unächt und nachgeahmt *(postizos)* darin wird finden können! . . .
Ueber das, was in den folgenden Seiten Eigenthum und fremdes
Gut ist, wäre viel zu sagen; der Autor will dessenungeachtet dem
neugierigen Leser, der den Vergleich vornehmen will, die Ueberraschung nicht rauben, zu sehen, dass in ihnen nicht eine einzige
übersetzte Scene ist, dass der Gang der Handlung total neu ist, neu
eine grosse Zahl von Situationen, und eine nicht geringe von
Characteren, neu endlich der Dialog in seinem beträchtlichsten
Theile. — Und diese Ueberraschung will er ihm aus zwei Gründen
nicht rauben; der erste ist von tadelnswerthem Egoismus; der zweite
von hohem Edelsinn. Nämlich: so lange als irgend möglich und
unter so vielen Menschen wie nur irgend möglich soll man arme
Schöpfungen meiner Feder, die wie Krystall nur so lange glänzen
werden als die Sonne sich in ihnen bricht, für Shakespeare'sche
Schöpfungen halten; und zweitens soll die Kenntniss eines der bemerkenswerthesten Werke, die der menschliche Genius hervorgebracht
hat, und das doch in Spanien, den kleinen Kreis derer abgerechnet,
welche sich mit Liebe und Ernst literarischen Studien hingeben, sehr
wenig bekannt ist, eine allgemeinere werden." —

Meint Herr Coello, sein Werkchen selbst werde die Kenntniss
Shakespeare's mehren und heben, so steht diese Muthmassung in
schlechtem Einklang mit der Behauptung, es sei so durchaus neu;
meint er, indirect werde es zum Studium Shakespeare's anregen, so
mag es sein; und wir wollen ihm für die Jüngerzahl, die er dem
Meister etwa zugeführt haben könnte, von Herzen dankbar sein;
doch fürchte ich, ihre Zahl ist eine sehr kleine, vielleicht gar null.
Ein Werk, das werthlos ist, geht eben wirkungslos vorüber. Und
wenn eine andere Stelle aus Herrn Coello's Vorrede auch darauf
hindeutet, dass sein Drama reichlichen Beifall geerntet hat — er
sagt, mit Ehren sei er aus seinem gewagten Unternehmen hervorgegangen —; wenn eine kurzsichtige, verschwenderisch ihr Lob
ausstreuende Kritik diese Erstlingsarbeit eines ganz jungen Dichters
auch als „epochemachend", als Dichtung eines wiederauferstandenen
Calderon feiert, wenn seine Arbeit auch einerseits ihrer Neuheit und
Fremdartigkeit halber, andrerseits wegen der Geschicklichkeit, mit
der sie das neue mit dem alten Nationalen zu verquicken weiss,
wirklich manche Freunde gefunden hat, so ist dieser Beifall doch
weder ein dauernder, noch ein allgemeiner gewesen. Kein dauernder,
denn schon lange meldet keine Zeitung mehr von einer Vorstellung
des Hamlet; er war nicht mehr als eine Eintagsfliege, sommernacht-
geboren, der vom ersten kühlen Morgenwindhauch der Kritik das

schwache Lebenslicht ausgeblasen ward. Kein allgemeiner; denn aus den Reihen jener Auserwählten, die dem deutschen Geiste willigen Zutritt geben, und die wohl auch einen Shakespeare kennen und lesen und sich vor seinem Genius bewundernd und mit der schuldigen Bescheidenheit neigen, erhoben sich ernste Gegner. Mit Zorn und Scham sahen sie zu, wie eine leichtsinnig frevelnde Hand an das gelegt ward, was ihnen für heilig gilt: denn so und nicht anders haben sie Herrn Coello's Verfahren angesehen. Sie nennen seine Umarbeitung ein literarisches Attentat, eine unerträgliche Profanation, ein unentschuldbares Verbrechen, das eigentlich nicht mehr als ein mitleidiges, wenn nicht verachtendes Lachen verdiene! So hart urtheilt die inländische tüchtige Kritik, die sich eingehend mit Herrn Coello's Drama beschäftigt hat; sie würde es flüchtiger berührt, und die ausländische würde es gar nicht erwähnt haben, wenn es sich nicht an Shakespeare anlehnte und zunächst den frohen Gedanken erregte, ein neuer Shakespeare-Kenner werde auf dem bisher so unfruchtbaren spanischen Boden als Apostel des englischen Propheten wirken. Doch scheint diese Hoffnung fehlgeschlagen; wenn auch Herr Coello in enthusiastischen Worten von Shakespeare spricht, und so thut als sei ihm daran gelegen, seinen Ruhm zu verbreiten, so hat man doch angesichts seines Werkes einigen Grund an der Aufrichtigkeit seiner Liebe zu zweifeln. Wahre Sympathie und der rechte Wunsch zu helfen und ein edles Werk zu fördern, spricht eine andere Sprache als Herrn Coello's Vorrede sie hören lässt. Ein tieferes Verständniss und die rechte Würdigung des Shakespeare'schen Geistes hätte ihn zu einem anderen Werke begeistern müssen. Darüber, dass er eines seiner Dramen frei nachahmt, haben wir ihm keinen Vorwurf zu machen; darüber aber, dass das Ergebniss ein höchst untergeordnetes ist, dürfen wir unsere Meinung frei aussprechen. Wer ohne Shakespeare zu kennen Herrn Coello's Drama in dem Glauben liest, hier die erste Bekanntschaft mit dem Britten zu machen, — und Herr Coello hat wohl Recht, wenn er annimmt, das könne in Spanien geschehen, — der kann nicht zur Bewunderung hingerissen werden; enttäuscht wird er sich wieder von ihm abwenden. Anstatt also seinem Volke — in hohem Edelsinn — *altamente generoso!* — die Wohlthat der Shakespearekenntniss zu verschaffen, hat er dem Dichter nur die seltsame Ehre und Anerkennung verschafft, missachtet und verkannt, ja beinahe ausgepfiffen zu werden, eine Ehre, die, freilich ohne Wissen des Publikums, vor zwei Monaten Schiller's Räubern Dank Herrn Coello's geheim gehaltener querer Benutzung dieses Stoffes factisch wiederfahren ist.

Dass es Herrn Coello also auch mit dem freien und unumwundenen Zugeständniss seiner Quellen nicht ganz Ernst ist, beweist diese Verwerthung unseres Schiller (in seinem Drama *Roque Guinart*). Auch habe ich noch andere Gründe, seine Stellung zu Shakespeare eigenthümlich und trotz aller Originalität auch unselbständig zu finden.

Wenn Herr Coello in der Behauptung irrt, er werde Shakespeare in Spanien bekannter machen, so hat er in allen sonstigen Behauptungen seines Vorwortes Recht. Er hat Recht, wenn er sagt: keine Scene seines Drama's sei wie bei Shakespeare; der Gang der Handlung sei ein anderer, viele Situationen seien neu, der Dialog ein selbständiger. Er hat Recht, wenn er behauptet, eine nicht kleine Zahl von Characteren sei neu; ja ich gehe über seine bescheidenen Aeusserungen noch hinaus und sage: keine einzige seiner Gestalten habe Shakespeare'sche Physiognomie, alle sammt und sonders seien hispanisch gefärbt. Herr Coello hat das auf den ersten Blick unmöglich scheinende Werk vollbracht, Shakespeare'schen Stoff, Shakespeare'sche Gestalten zu benutzen; diesen Gestalten Shakespeare'sche Gedanken und Shakespeare'sche Worte in den Mund zu legen, und dennoch den Shakespeare'schen Geist vollkommen heraus zu destilliren und sie mit hispanischen Ideen zu tränken. Er zerlegt die Reden des Shakespeare'schen Stückes in einzelne Sätze, aus diesen Sätzen wählt er nur die vollkommensten höchstgeltenden aus, hispanisirt sie oft gewandt, oft ungewandt und plump; die steckt er in eine vorher präparirte Sammlung altspanischer Phrasen, mischt sie wie Karten durcheinander und vertheilt sie blindlings an die Mitspielenden, es dem Zufall überlassend, zu welcher Zusammenstellung sie in ihren Händen kommen werden. Und diese ist dann auch oft eine höchst burleske!

Dass da von einer characteristischen und gegensätzlichen Diction der einzelnen Helden nichts mehr zu merken sein kann, versteht sich von selbst! Herr Coello steht eben noch auf Voltaire-Laharpe-Duport-Moratin'schem Standpunkt. Was sie verlangten, hat er gethan. Er hat „die auf dem Kothe gefundenen Perlen aufgehoben, sie kunstgerecht behandelt und ihnen ein schöneres Dasein im Reiche der wahren Poesie verliehen". Sein Hamlet ist „Shakespeare's Hamlet, befreit von allem Trivialen und Burlesken". Er benutzte nur diese Perlen, d. h. alle als schöne Stellen und geflügelte Worte berühmten Sätze, die er dann durch höchst bröckeligen Phrasenkitt lose aneinander bindet. Ausser diesen Perlen benutzt er nur den rohen Stoff, die Fabel, die an Effecten reich genug war, um auch einem spanischen Publikum zu gefallen. Denn er fand in ihr eine

bewegungsreiche Intrigue; von gewaltsamen Leidenschaften erregte
Charactere; einen Verbrecher, einen Bruder- und Königsmörder auf
dem Throne; eine Königin, die eine Ehe mit dem Bruder des ersten
Gemahls eingeht, noch ehe die Trauerzeit um ist; einen Prinzen,
der vom Geiste des Ermordeten zur Rache aufgestachelt, und durch
die Rache seiner Liebe abspänstig gemacht wird, deren Gegenstand
nun schuldlos dem Untergang verfällt; das ist ein Skelett, das den
altspanischen nicht allzu unähnlich sieht, und das, wenn es auch
Skelett, fleisch- und blut- und nerv- und muskellos bleibt, doch,
wenn man ihm den weiten Mantel Shakespeare'scher Gedanken und
spanischer Phrasen umhängt, manches Auge zu täuschen im Stande
ist. Dass bei Shakespeare die Intrigue Nebensache, Hauptsache die
Charactere sind, ist ihm gleichgültig; er nimmt, was er brauchen
kann; was ihm unnütz scheint, verwirft er, und vieles, sehr vieles
scheint ihm unnütz! So frei wie er hat noch kein Nachahmer den
Hamlet behandelt; auch Ducis und Dumas hatten manche Um-
änderung vorgenommen, doch zeugen beider Dramen, mit Coello's
verglichen, von einer schonenden Achtung fremder Geistesarbeit,
von einer Keuschheit des Geschmackes, die man bei ihm vergeblich
sucht!

Vor Allem sind Messer und Scheere energisch thätig gewesen.
Herr Coello zeigt sich — in seinem Hamlet wenigstens — als
enthusiastischer Verehrer der Einheitsprincipien: *eine* Handlung, an
einem Orte in möglichst kurzer Zeit, unter möglichst wenig Personen, von denen jede nur von *einem* Gefühle beherrscht, *einem*
Ziele zustrebt, das ist das Ideal, das er zu erreichen sucht. Zeit
und Raum und Personenzahl und daher nothgedrungen auch die
Handlung selbst, und auch der Eine Gehalt, die Gefühls- und Ge-
dankenwelt der Handelnden, sind in staunenerregender Weise verkürzt worden. Durch drei Acte stürzt die immer noch ereigniss-
reiche Handlung mit ungeheurer Schnelligkeit ohne Ruhepunkt und
Pausen, ohne jede Episode, ihrem Ende zu. Am Abend beginnt
der erste Act, Nacht ist es im zweiten, sechs Uhr Abends im dritten.
Auf die Ereignisse des ersten wird im zweiten, auf die des zweiten
im dritten mit gestern zurückgewiesen: höchstens zwei Mal vier und
zwanzig Stunden nimmt also der Verlauf des Ganzen in Anspruch!
Der erste Act spielt in der Vorhalle zum Königspalast; der zweite
in einem Gemache desselben; der dritte bis auf die Schluss-
Scene in einem andern; diese findet in einem grösseren Saale
statt. Auch der Decorationswechsel ist also ein im höchsten Grade
einfacher und beschränkter. Aus 22 redenden Personen — nicht

aus 32, wie Moratin versichert und wie Fräulein Biller wiederholt — sind sieben geworden. Alle Nebenpersonen, d. h. alle diejenigen, welche nicht direct daran arbeiten, den Doppelknoten der Liebe und der Rache zu schürzen oder zu lösen, sind beseitigt; nur die Hauptfiguren sind übrig geblieben: der König und die Königin als Verbrecher; der Prinz und seines Vaters Geist als Rächer; der Kanzler und seine Tochter als schuldlose Opfer; und als ihr Rächer ihr Sohn und Bruder Horatio. Alle diese sind im Prokrustesbette erst auf das richtige Grössenmass reducirt. Nur Horatio ist unförmlich angewachsen: in ihm sind Stücke von drei Shakespeareschen Gestalten zu einer abstossenden Zwittergestalt aneinandergeklebt. Als Sohn des Polonius und Bruder der Ophelia ist er Laertes; als Freund und Mitwisser von Hamlet's Geheimniss ist er Horatio; als Ueberlebender und Nachfolger auf Dänemark's Thron, als Kriegsheld ist er Fortinbras: als alles dies zusammen natürlich ein lächerliches Monstrum, ohne jedes menschlich individuelle Gepräge. Wie wenig von der Handlung selbst gerettet ist, das hat schon die kurze Inhaltsangabe gezeigt. Der reelle Gehalt ist sehr vermindert, doch noch mehr der ideelle.

Aus dem Material der Shakespeare'schen stolzen Fregatte ist eine leichte Lustgondel herausgeschnitzelt worden, die ohne schweren Ballast schnell und glatt, mit wenig Insassen, über die Wasser der Poesie dahingleitet. Eine Gondel aber wagt sich nicht in's hohe Meer hinaus; sie hält sich in engumuferten Fluss- und Seewassern; sie zieht nicht an weiten, hochaufgebauten Küsten vorüber; in der Ferne taucht daher kein Norwegen, kein Polen, kein Wittenberg auf. Kein Hintergrund! Kein Blick in weite Fernen! Wo ist die Grossartigkeit, die Unendlichkeit geblieben? Auf eine kurze Spanne Raum sind wir gewiesen; vier enge Zimmerwände versperren jede Aussicht. Nicht das Geschick, nicht die Zustände einer ganzen Nation wirken bestimmend auf das Geschick der Helden ein; sie sind in rein persönliche Intriguen verwickelt, die wohl auch, einen tragischen Ausgang nehmen, auch Hamlet und Fengo und Polonius und Ophelia den Tod bereiten, und nur Horatio und — unpassend genug! — Königin Gunhilda am Leben lassen, vielleicht um in ein Kloster zu gehen? oder gar um an Horatio's Hand noch ein drittes Mal den Thron von Dänemark zu besteigen? — die aber dennoch von der erschütternden Tragik des Originals unendlich viel eingebüsst haben. Der Dichter selbst nennt ja seinen Hamlet nur ein tragischphantastisches Drama. Seine Helden stehen ganz vereinzelt da; von einem festen Untergrund, von einer grossen Umgebung, von einem Zusammenhang, einer Beziehung zu Staat und Gesellschaft, und dem sittlichen Leben ihrer Zeit und Nation ist keine Rede: nur ihre eigenen Interessen liegen ihnen im Sinne. Coello's Hamlet kam sicher nicht, die Zeit, die aus den Fugen, wieder einzurenken, nur um eine Familienangelegenheit zu ordnen, um als echter Spanier die Ehre seines Hauses mit Blut rein zu waschen. Wohl theilt der Dichter uns mit, dass die Handlung im achten Jahrhundert vor sich geht; ein namenloser Noruego wird bekämpft; seine Helden verrathen, dass sie sich in Dänemark, in Helsingör befinden; sie tragen sogar nordische Namen: aus Claudius ward Fengo, aus Gertrud Gunhilda, aus Hamlet dem Ersten Horvendilo; doch fehlt allen positiven Aeusserlichkeiten jede Präcision: über die Thronfolge, über Hamlet's mögliche Ansprüche auf die Krone, die Fengo sich ohne weiteres auf die Stirn gedrückt hat, über nichts derartiges wird man klar, von Shakespeare'schem Naturalismus, von Localfarbe ist keine Spur vorhanden.

Ebensowenig wie Moratin hat also Coello verstanden, Hamlet als ein einheitliches Kunstwerk aufzufassen, und seine Eigenart wiederzugeben. Von seinem wahren Gehalt hat er keine Ahnung, nur die rohen Aeusserlichkeiten verstand er; nur bunte Bruchstückchen, die sein Auge für schön erkannte, und die, wie er wohl wusste, auch das Publikum, dem er seinen Hamlet vorzustellen gedachte, für schön halten würde, hat er benutzt. Alles Tiefere und Weitere aber, alles, was über das Gewöhnliche hinausgeht, alles Allgemeine, Speculative, alle Züge, die das innere Sein der Helden offenbaren — und so nur indirect ihr äusseres Handeln bestimmen, hat er als unnütz und störend sorgfältig entfernt, nur das Alltägliche, leicht Verständliche hat er zurückbehalten. Dem Riesenskelett hat er die Glieder so verstümmelt und verkürzt, dass es die sonstigen staubgeborenen Gebilde moderner spanischer Dramatiker keineswegs mehr überragt, während Shakespeare's Hamlet als eines der grössten Meisterwerke unklassificirbar, unerreicht, einzig in seiner Art dasteht, und über alles Moderne — nur über Faust nicht — hoch hinausragt. Was ihn so auszeichnet und ihm seine Einzelstellung giebt, und auch was ihm den Beinamen der Tragödie der „Nichthandlung" verschafft hat, ist ganz ausgelöscht; das spanische Drama ist ein echtes Handlungsdrama geworden.

Aus den schweren nordischen Nebeln liess Herr Coello eine südliche Sonne, Licht und Wärme spendend, hervorbrechen. Er hob seinen Hamlet aus der geisterhaften, unheimlichen Traumatmosphäre heraus, in die er allein passt. Die absichtliche Verworrenheit und

Unklarheit der bestimmenden Motive ist bei ihm gelichtet. Wo Shakespeare realistisch ist, in der Ausmalung der Scenerie, da ist Herr Coello unbestimmt; wo jener unbestimmt bleibt, wird er realistisch klar. Alles, was sich bei Shakespeare nur verschleiert zeigt, die Schuld der Mutter, des Königs Motive, Ophelien's Liebe, wird hier in krasses Licht gestellt und einseitig präcisirt: wir erfahren ganz genau, dass Fengo *„siervo de la envidia"* den König um Thron und Weib beneidet hat; Gunhilda hat sich heisse Leidenschaft für jenen vorzuwerfen; Ophelia spricht ihre Liebe frank und frei und ohne Scheu aus; Hamlet weiss ganz genau, was er will, aus dem Liebhaber wird ein Rächer. Rache! ist sein drittes Wort. An jeder Person wird nur *eine* Leidenschaft gezeichnet, jede steht in *einem* Conflikt, handelt nach *einem* Motiv und dies Eine muss daher natürlich greller ausgemalt werden als bei Shakespeare: wir haben es nicht mehr mit charactervollen Individuen, sondern mit leeren Typen zu thun. An Ophelia und Hamlet ist die Metamorphose natürlich am auffallendsten. Ophelia, obwohl sie noch die wohlgelungenste aller Figuren ist, und bisweilen das Mondscheinhafte, Schwache, Hingebende, Zarte, echt Weibliche der Shakespeare'schen Gestalt glücklich reproducirt, bewahrt diese Züge dennoch nicht in voller Reinheit. Mehrmals tritt sie stark romanisirt, geschwätzig, selbständig auf: ihre Liebe wird zu sehr in das grelle Licht der Leidenschaft gesetzt. Wer Shakespeare's liebliches Veilchen kennt, die schüchterne Ophelia, über deren Lippen kein Wort des Geständnisses kommt, der wird mit Unwillen in der gewandten, redseligen Südländerin ihr entstelltes Abbild sehen. Einen kräftigeren Pinselstrich, südlichere Farbenpracht konnte Herr Coello nicht umhin, überall anzuwenden. Auch Hamlet selbst ist ein ganz anderer geworden. Dem schwer drünenden Schicksal, das ihm als rauhe Aussenwelt, als Geist der verderbten Zeit feindlich entgegentritt, ist kein Raum gegönnt; oder vielmehr, da der Gegensatz zwischen Hamlet's natürlichem Character und der Leidenschaft, die ihn ergreifen soll und nicht zu ergreifen vermag, gar nicht existirt; da er als Spanier zur Ausübung der Rachepflicht gleichsam prädestinirt ist, und diese also mit Leichtigkeit absolvirt, fehlt die eigentliche Tragik ganz, und jedes Interesse für den Helden fällt fort. Herr Coello konnte einen echten Hamlet-Character nicht verstehen; wie man zur Thatlosigkeit verdammt sein kann, ist ihm ein Räthsel; er vermag nur, den gewöhnlichen Massstab, mit dem man „Helden" misst, an Shakespeare's Gestalt zu legen; und da er sie zu kurz befindet, Schwächen und Mängel an ihr entdeckt, sucht er diese zu beseitigen; Hamlet's Grübelei, sein unnützes Zaudern, Zögern und Zagen zu beschränken und ihn „heldenhafter" zu machen. Das gelingt ihm denn auch. Hamlet wird zum Südländer, Romanen, Spanier, Helden und *caballero* umgewandelt. Held aber ist im Auge der Spanier nur der, welcher die Handlung leitet und sie kraft seiner Tugend oder Bosheit, ungeachtet aller Hemm- und Hindernisse, zu dem Ziele führt, zu dem er sie führen will. Hamlet musste also thatkräftig werden: alles musste Plan und Absicht, der Ausgang ein selbstgelenkter sein. Nicht durch Zufall und willenlos durfte Hamlet sterben, er tödtet sich selbst; nicht in einem plötzlichen, letzten Zornausbruch durfte der schon den Tod in sich Fühlende auch Fengo's Leben kürzen; ein durchdachter, klugersonnener Anschlag bereitet auch diesem sein Ende. Und weil es so ist, muss auch der innere Kampf zwischen der Stimme der Pflicht, die ihn zur Handlung drängt und der Reflexion, die seinen Willen lähmt, fast ganz fortfallen. Bei Shakespeare kann dieser Kampf fünf Acte hindurch zu keinem Siege führen, ununterbrochen wühlt er in der Tiefe, und jedes, auch das anscheinend zufälligste, nichtssagendste Wort, jeder leiseste Ansatz zur That, jedes Scheitern dieser Versuche wird durch sein schwankendes Vorwärts und Rückwärts bedingt und bestimmt. Bei Coello aber wird nur Einmal mit kurzen deutlichen Worten der Kampf und der sofort errungene Sieg vom Helden gemeldet. Sein Hamlet muss von dem Augenblicke an, wo der Geist seines Vaters ihm das echt spanische Amt überträgt, seinen Stahl mit dem Blute seines Feindes zu färben, gleichviel wer dieser Feind auch ist, von der Unabweisbarkeit seiner Mission ganz durchdrungen sein; ohne tieferen, inneren Aufruhr muss er alles, was die Kraft seines Gefühls beeinträchtigen könnte, zerstören. In den ersten Scenen bilden Trübsinn, Weltschmerz, Ironie noch einen Bestandtheil seines Characters; sobald der Geist gesprochen hat, fallen aber diese nordisch-germanischen Züge fort, und nur dann und wann, wo ein Bühneneffect erzielt werden soll, setzt er für Augenblicke die deutsche Träumermaske wieder auf. Seine Worte muthen uns oft noch germanisch an, seine Thaten aber sind durchaus romanisch. So oft Hamlet den König erblickt, zückt er den Dolch; und als der Versuch zwei Mal missglückt ist, greift er zum heimlicheren Gifte. Die Leidenschaft der Rache ist in ihm mit ganz anderer Macht thätig, als im englischen Hamlet: auf seinen Zügen liegt noch die frische Farbe der Entscheidung, ihn hat des Gedankens Blässe wenig angekränkelt, nie hat er in Wittenberg studirt, — oder war er einmal dort, worauf das ihn stets begleitende

Büchlein vielleicht hinweisen soll, so kann er stolz den altspanischen Spruch citiren: *La cienca no embota el hierro de la lanza ni hace floja la espada en la mano del caballero:* die Wissenschaft stumpft nicht der Lanze Eisen ab, und macht das Schwert in der Hand des Ritters nicht schwach.

Auf diese vollkommene Umgestaltung des contemplativen Germanen zum activen Romanen blickt Herr Coello nun gewiss nicht ohne das stolze Bewusstsein herab, etwas Grosses vollbracht zu haben; aber ganz ohne das Bewusstsein, einen lebendigen Organismus zerstört zu haben: er hat ja die Formlosigkeit des Shakespeare'schen Baues, das Unproportionirte seiner Glieder, die Fülle seines Schmuckwerkes, das ungerechtfertigte Sichbreitmachen der Nebenfiguren aufgehoben; Hamlet selbst hat er von den Schlacken der Unmännlichkeit und Schwäche gereinigt; die Reinheit, Klarheit und Einheit, die der Barbar fortwährend vermissen lässt, hat er überall wieder hergestellt. In der That, er ist der Zauberer, den Frankreich schon in Ducis zu sehen glaubte, der durch den Reiz und die Kraft seiner Worte Shakespeare's Sonne „von allen Nebeln befreit hat".

Diese umgestaltende Zauberkraft kann ich ihm nicht absprechen; doch kommen ihre Wirkungen und deren Resultate mir nicht neu vor, und ich vermuthe, dass Herr Coello seine Kunstgriffe einem Lehrmeister abgelernt hat. Und zwar ist dieser Lehrmeister kein anderer als Moratin. Auf den ersten Blick sieht es freilich, besonders angesichts der streng beobachteten drei Einheiten, so aus, als hätte Herr Coello selbständig, nach festen Principien gearbeitet. Sieht man aber näher zu, so überzeugt man sich vom Gegentheil. Da er nämlich sonst z. B. in der künstlichen Handhabung und Verwerthung der Metren durchaus nicht als strenger Klassicist auftritt, da die pedantischen Kunstregeln, wie man aus dem poetischen Fluge seiner reichgeschmückten Sprache schliessen muss, seinem Character wenig entsprechen, da er seiner etwaigen Ueberzeugung von der Echtheit jener Grundsätze in seinen späteren Werken nicht treu geblieben ist, und so bewiesen hat, dass er auf keinem so unverrückbaren Standpunkte wie Moratin steht; da er gezeigt hat, dass er fremde Hülfe wohl zu gebrauchen weiss (Roque); da er ferner im Hamlet im Allgemeinen praktisch durchführt, was Moratin in seiner Kritik theoretisch als das beste Verfahren pries; da alles einzelne, was Moratin tadelt und missbilligt, auch vor seinen Augen keine Gnade findet; da er, so oft Moratin den Wunsch ausspricht, dies oder das in diesem oder jenem Sinne verändert zu sehen, der gehorsame Vollstrecker dieser Imperative wird; da er hingegen alles, was Moratin lobt, treu reproducirt; da er ausserdem überall, wo er Shakespeare'sche Worte unverändert benutzt, sie genau in derselben spanischen Form vorführt, in welche Moratin sie gegossen hat, während Clark und Mac-Pherson, die selbständig zu Werke gingen, auch solchen Einzelnheiten ganz abweichende Fassungen gaben: so kann man wohl annehmen, dass der weniger selbständige Herr Coello nicht zufällig, sondern absichtlich die von Moratin vorgegeschriebenen Bahnen eingeschlagen, und dass er sich seine in Spanien hochberühmte, wenn auch kaum gelesene Kritik zu Nutze gemacht hat, in dem guten Glauben, es sei sicherer, von einer bewährten Hand geleitet, als allein den Weg zum Parnass hinaufzuwallen.

Es würde zu weit führen, wollte ich alle Punkte aufzählen, in denen Coello sich als treuer Anhänger Moratin's zeigt; ich müsste dessen sämmtliche Bemerkungen, die Fräulein Biller schon zum grössten Theil übersetzt hat, noch einmal ausschreiben. Ich erwähne also nur einige wenige Hauptsachen. Erstens: Der Wortlaut Shakespeare'scher Sätze ist bei beiden absolut derselbe; in *Nada mas!* in *Economía economía;* in *aparentar;* in *algo mas que deudo y algo menos que amigo;* in *existir ó no existir;* in *morir es dormir;* in *al convento! pronto* etc.

Zweitens: Moratin giebt und Coello erfüllt den Befehl: nur Helden- und Handlungsdramen zu schreiben; nur tadellose Helden vorzuführen, die nicht durch allerlei zum Leben untaugliche Eigenschaften, durch argwöhnische, selbstquälerische Gedanken vom Handeln abgehalten werden. Jener dringt darauf, den Gang der Handlung, *la marcha de la accion*, möglichst zu beschleunigen; alle Scenen, die das nicht unmittelbar thun, zu streichen; das Gemälde nicht mit Figuren zu überladen, die die Kerngruppe in Schatten stellen; nicht Komik und Tragik mit einander zu mischen; die auf dem Theater so kostbare Zeit nicht mit unnützen, müssigen Plaudereien zu vergeuden; nicht niedrige und hohe Personen in Einem Stücke vorzuführen.

Drittens seien als Einzelnheiten erwähnt, dass Moratin z. B. Hamlet's Selbstmordgedanken, den grossen Monolog, an unrechter Stelle zu sehen meint, und behauptet, solche Gedanken wären nur im ersten Acte erlaubt, so lange Hamlet die dunkle Ahnung des Verbrechens, aber noch nicht ihre Bestätigung aus dem Munde des Geistes habe; des *Rächers* Pflicht sei es, zu leben, er versündige sich, wenn er feige zaudernd vor der That zurückschrecke. Das adoptirt Coello und stellt den Monolog wirklich vor des Geistes

Offenbarung. Des Königs Gebet ist Moratin zu zerknirscht und aufrichtig; darum unterdrückt es Coello so gut wie ganz; sein Fengo macht nur den Versuch zu beten. Moratin erklärt das erste Erscheinen des Geistes für überflüssig, Coello lässt es fort. Moratin tadelt den zufälligen Ausgang, Coello hebt jede Zufälligkeit auf; Moratin sagt, fünf Acte seien zu viel, drei würden genügen; Coello beschränkt sich auf drei; u. s. w. u. s. w.!

Ich glaube also, wenn Herr Coello den Spaniern ein Bild vorgeführt hat, das ganz ohne Hintergrund, ohne Fern- und Tiefsicht und ohne jede Stimmungsatmosphäre ist, ein Bild, das mit einer grauen Mauerwand abschliesst, von der sieben Figuren ziemlich in einer Linie des Vordergrundes aufgestellt, und mit grellen Farben gezeichnet, sich abheben; wenn er die Gestalten, die eine Künstlerhand mit vollendeter Meisterschaft gemalt hatte, zu Figuren erniedrigt, wie ein effecthaschender Bilderbogen sie braucht, so verfuhr er so, weil die dazu nöthigen Hantirungen ihm von Moratin mit ziemlicher Genauigkeit vorgeschrieben waren. Vielleicht hätte er Besseres geleistet, wenn er selbständiger und freier gehandelt hätte. So kann ich nur wiederholen, dass sein Hamlet eine unleidliche Profanation des Shakespeare'schen Werkes ist!

Wenn ich nun vorher meinte, gerade der tiefe Gedankengehalt, die Unendlichkeit und Vieldeutigkeit dieses Werkes übe seine mächtige Anziehungskraft auch auf den spanischen Geist aus, so steht freilich Herrn Coello's rein äusserliche Auffassung des Hamlet-Characters in einem eigenthümlichen, fast ironischen Gegensatze dazu. Doch dass der spanische Geist das Räthsel noch nicht zu lösen verstand, dass er die Hülle noch nicht durchschaut und den Kern noch nicht herauszulösen weiss, und dass gerade der in jedem Falle gewagte Versuch einer Nachbildung missglücken musste, das hebt die Richtigkeit jener Behauptung noch nicht auf. Ist man sich des Vorhandenseins jenes Problems doch wenigstens bewusst! Und was man über die Dürftigkeit und Vereinzeltheit der spanischen Hamlet- oder Shakespeare-Kenntniss auch denken mag, das Eine steht fest und wir dürfen es als frohe Botschaft verkünden, dass in dem ernsten und hie und da schon Frucht tragenden Streben nach geistiger Wiedergeburt auch der Versuch, Shakespeare in Spanien einzubürgern ein leuchtender Punkt ist! Werke, wie Herrn Clark's Uebersetzung werden hoffentlich bald nicht mehr vereinzelt dastehen.

Ueber die 'New Shakspere Society' und ihre bisherigen Leistungen.

Von
N. Delius.

Unsere Deutsche Shakespeare-Gesellschaft kann auf die neue Rivalin im Shakespearecultus, die ihr im Vaterlande des Dichters erstanden ist, nur mit der freudigen Theilnahme hinblicken, welche das Bewusstsein einer neugewonnenen Bundesgenossenschaft in der Erstrebung und Erreichung eines gleichen Zieles erwecken muss. Unsere Genugthuung über das allem Anscheine nach kräftige und vielversprechende Gedeihen dieser jungen Schöpfung, darf uns auch durch keine etwaige Regung des Neides verkümmert werden, wenn wir erwägen, wie viel günstiger diese „New Shakspere Society" von vornherein gestellt ist als selbst nach zehnjährigem Bestande ihre ältere Schwester in Deutschland. Eben erst ins Leben getreten, erscheint alsbald ihre Dauer hinlänglich gesichert durch den zahlreichen Beitritt von Mitgliedern aus den verschiedensten Lebensstellungen, und erscheint zugleich ihre Blüthe verbürgt durch die theils schon geleistete, theils zugesagte Mitwirkung namhafter Shakespereaner. Dass die Arbeit dieser Letzteren sich, soweit sich bis jetzt übersehen lässt, vorzugsweise auf das Gebiet der literar-historischen und philologischen Shakespearekritik, auf die Fragen der Chronologie Shakespearischer Dramen und die Authenticität Shakespearischer Werke richtet und dabei sich nicht selten in ein nur dem Forscher verständliches oder interessantes minutiöses Detail verliert — dieser spezifische Characterzug scheint dem guten Rufe der „New Shakspere Society" bei den Engländern keinen Abbruch zu thun. Während der gebildete Dilettantismus in Deutschland eine gründliche Erörterung solcher Fragen, über deren Lösung er selber natürlich längst hinaus ist, als eitel Pedanterei verschreit, die noch dazu den Uebelstand mit sich führt, immer und immer wieder die Aufmerksamkeit auf Shakespeare hin zu lenken — zu offenbarer Schädigung aller jetzt in Deutschland im komischen oder tragischen Fache thätigen Dramenverfertiger — lässt man sich in England eine solche Association zum Zwecke gründlicher und systematischer Shakespearestudien ganz ohne Brotneid und Verkennung gefallen und unterstützt sie sogar freigebig auch von Seiten der Laien in der guten Meinung, dass ein besseres Verständniss ihres grössten Dichters am Ende auch der Nation nicht zur Unehre gereichen könne.

Aber nicht nur in Beziehung auf eine gerechtere und allgemeinere Würdigung ihrer Bemühungen von Seiten des Publicums beginnt die Englische Shakespearegesellschaft ihre Laufbahn unter günstigeren Auspicien, als solche unsere Deutsche Gesellschaft bisher auf ihrem Wege begleitet haben. Ein noch werthvollerer Vorzug liegt für sie darin, dass sie eben eine *Englische* Shakespearegesellschaft ist; daher in stetem Contact mit den Landesgenossen des Dichters, ihre und seine Sprache redend, und zugleich auch in bequemem Bereich aller der literarischen Hülfsmittel, welche für continentale Shakespearestudien so schwer zugänglich sind und selbst im besten Falle nur so unvollständig zur Verfügung stehen. Wie beneidenswerth, mit unserer verglichen, ist schon die Lage des einzelnen Shakespeareforschers in England! Es kostet ihm nur einen Gang auf das British Museum: da findet er alles irgend wünschenswerthe Handwerkzeug beisammen, dessen er zu seinen Arbeiten bedarf, die ganze Shakespeare-Literatur in einer Ordnung und in einer Vollständigkeit, die ihn kaum Etwas vermissen lassen. Und wenn so dem Einzelnen in England schon alle unbefriedigten Wünsche, alle vergeblichen Nachforschungen seiner Mitforschenden in Deutschland auf diesem Felde erspart bleiben, wie viel mehr vermag da die vereinte Kraft einer ganzen Gesellschaft zu leisten und zu fördern, die von dem grossen und reichen Centralpuncte ihrer Wirksamkeit, von London aus das Netz ihrer Forschungen über ganz England auswerfen kann, über alle öffentlichen und privaten Bibliotheken und Archive, überall hin, wo sie hoffen darf, noch eine neue Spur des grossen Dichters, seines Lebens und Schaffens zu entdecken.

Sehen wir aber vorläufig ab von den Aspecten, in denen uns die Zukunft dieser neugegründeten Gesellschaft erscheinen will; halten wir uns lieber an das, was sie in der kurzen Zeit ihres Bestandes bereits beschafft hat seit jener Sitzung, welche ihr Gründer, F. J. Furnivall, am 13. März 1874 in den Hallen der Londoner Universität mit seiner das Programm seiner Gründung aufstellenden und beleuchtenden Antrittsrede eröffnete.

Ihren Statuten entsprechend sollen die Publicationen der „New Shakspere Society" acht Serien umfassen. Die erste Serie soll die Mittheilungen (Papers) vollständig oder im Auszuge bringen, welche in den monatlichen Versammlungen der Mitglieder verlesen werden. — Die zweite Serie soll alte Drucke Shakespeare'scher Dramen in genauen Reprints enthalten. — Die dritte Serie soll in eben solchen Reprints Quellen Shakespeare'scher Dramen bieten. — Die vierte Serie endlich umfasst „Shakspere Allusion Books", d. h. eine Reihe kleinerer Schriften von Zeitgenossen, in denen unser Dichter erwähnt oder auf ihn angespielt wird. Daran sollen sich noch vier andere Serien reihen, die ihr Gründer als: 5. *The Contemporary Drama;* 6. *Shakspere's England;* 7. *Mysteries etc.;* 8. *Miscellaneous* vorläufig bezeichnet. In den Publicationen des verflossenen Jahres finden wir denn bereits drei dieser Serien (I, II und IV) vertreten und zwar zunächst in der ersten Serie die Mittheilungen, die in den Sitzungen zur Verlesung kamen, und die Discussionen, die sich daran knüpften. Eine hervorragende Stellung nehmen dabei die Versuche des Rev. Fleay ein, die verschiedenen metrischen Eigenthümlichkeiten, wie sie der Reihe nach in Shakespeare's Dramen hervortreten, unter sich und mit denjenigen dramatischer Zeitgenossen zu vergleichen und damit eine Handhabe zu gewinnen sowohl zur chronologischen Bestimmung der Schauspiele unseres Dichters, wie auch zur Ausscheidung der Nicht-Shakespeare'schen Bestandtheile in denjenigen Dramen, die nur theilweise von unserm Dichter herrühren sollen. Statistische Berechnungen wie diese, mit arithmetischer Genauigkeit angestellt und durchgeführt, sind bekanntlich nichts weniger als neu und haben bisher zu nichts weniger als sichern Ergebnissen geführt. Wenn nun Fleay's Aufstellungen und Folgerungen schon im Schoosse der Englischen Gesellschaft während der Sitzungen vielfach bestritten worden sind, so dürfen dieselben auch bei uns schwerlich auf eine allgemeine Zustimmung rechnen, am wenigsten, wenn Fleay z. B. mit Hülfe dieses seines metrischen Calcüls *fünf* Dramen *(Taming of the Shrew, Henry VI.,* und *Titus Andronicus)* unserm Dichter abspricht und einer unbestimmten „Greene-Marlowe'schen Schule" zuweist. Ein näheres Eingehen in diese intricaten Fragen und die dadurch in den Sitzungen der Englischen Gesellschaft hervorgerufenen resultatlosen Discussionen kann natürlich nicht in dem Plane eines einfachen Berichterstatters liegen. — In sehr umfassender Weise behandelt Fleay die beiden auch von mir in zwei Abhandlungen unseres Jahrbuchs behandelten halb-Shakespeare'schen Dramen *Timon of Athens* und *Pericles;* un wenn er auch in der Frage der Priorität des Shakespeare'schen oder des Nicht-Shakespeare'schen Antheils in beiden eine der meinigen entgegengesetzte Ansicht vertritt, so stimmt er doch in dem aussondernden Nachweise des Shakespeare'schen Eigenthums in beiden Stücken ziemlich genau mit mir überein. Auch der zuerst von mir aufgestellten Hypothese, dass Shakespeare's Mitarbeiter George Wilkins gewesen, schliesst Fleay — soweit sie Pericles betrifft — sich an, obgleich er meine Begründung derselben nur sehr unvollständig aus meiner Vorrede zu meiner Uebersetzung dieses Dramas in Brockhaus' Shakespeare-Ausgabe kennen lernte, nicht aber vollständiger aus der Abhandlung in userm Jahrbuche, in welcher ich eine weitergehende Beweisführung versuchte durch die Vergleichung mit einem anderen Drama von Wilkins und dessen Vers und Stil — eine Vergleichung, die Fleay, ohne die meinige zu kennen, nun nachträglich noch einmal angestellt hat.

In einem Appendix zu dem ersten Theile der ersten Serie wird ein immerhin interessanter Versuch gemacht, im *King Henry VIII.* und in *The Two Noble Kinsmen* eine Arbeitstheilung zwischen Shakespeare einerseits und Fletcher andrerseits im Einzelnen nachzuweisen. Dass auch dabei die Verszählungen des „*Metrical Test*" eben so sicher vorgenommen werden, wie die daran geknüpften Schlussfolgerungen unsicher bleiben, mag hier statt einer eingehenden Recapitulation beider nur beiläufig erwähnt werden.

Kürzer können wir uns fassen mit den bisher erschienenen Publicationen der *zweiten* Serie, den Reprints der beiden ältesten Quartausgaben von *Romeo and Juliet* zunächst einzeln gedruckt und dann in paralleler Zusammenstellung mit den Varianten der spätern Quartos und der Folio am Rande beigefügt — in ähnlicher Weise wie bei uns Tycho Mommsen schon 1859 diesen Doppeltext edirt hatte. Seine Verpflichtung gegen diesen Vorgänger erkennt denn auch der neue Herausgeber, P. A. Daniel, in seinem Vorworte dankbar an. Die für den deutschen Shakespeareaner vielleicht interessantesten und werthvollsten Publicationen, welche die neue Englische Gesellschaft bisher gebracht hat, sind die der vierten Section: der erste, die Jahre 1592—96 umfassende Theil der sogenannten „*Shakspere Allusion Books*". Wir erhalten hier *in extenso* mitgetheilt die betreffenden zeitgenössischen Pamphlete und Gedichte, aus denen, da sie in Deutschland kaum zugänglich waren, wir bisher nur die auf userm Dichter bezüglichen Stellen in englischen Citaten kannten. So z. B. sind hier Greene's *Groatsworth of Wit*, Chettle's *Kind-Harts Dreame*, desselben Verfassers *Englandes Mourning*

Garment vollständig, ferner aus Gabriel Harvey's *Foure Letters and certain Sonnets* der dritte auf Shakespeare anspielende Brief, endlich aus Francis Meres' *Wits Treasury* fünf hierhergehörende Abschnitte in genauem Reprint nach den grösstentheils äusserst seltenen Originalausgaben wiedergegeben, und daneben noch eine Reihe kleinerer Mittheilungen in Versen aus den Jahren 1592—98 sämmtlich mit Anspielungen auf Shakespeare — das Ganze eingeleitet von dem Herausgeber Ingleby mit einem geistreich eingehenden Bericht über das Leben und die Werke der betreffenden Autoren und über deren muthmassliche oder notorische Stellung und Beziehung zu Shakespeare. Dass wir auch hier auf manchen controversen Punkt stossen, wie z. B. auf Ingleby's Hypothese von einer *gemeinschaftlichen* Arbeit Marlowe's und Shakespeare's an *King Henry VI.*, dessen Bestreitung uns hier zu weit führen möchte, lässt sich erwarten und soll hier nur kurz erwähnt werden. — Unser Referat aber möge abschliessen mit den besten Wünschen für das Wachsthum und Gedeihen einer Gründung, die in so eminenter Weise berufen und befähigt erscheint zur energischen Mitwirkung für den Zweck, dem auch unsere Deutsche Gesellschaft gewidmet wurde: nach allen Seiten hin das Verständniss Shakespeare's zu vertiefen und zu verallgemeinern.

Statistischer Ueberblick
über die Shakespeare-Aufführungen deutscher Bühnen vom 1. Juli 1873 bis 30. Juni 1874.

Im Theaterjahr 1873/74 gaben 32 Bühnen, von denen diesmal berichtet werden kann, nachverzeichnete 418 deutsche Shakespeare-Aufführungen:

Altenburg: Hamlet, 1 Aufführung.
Berlin, Königl. Schauspiele: Kaufmann von Venedig, 2 — Widerspenstige, 3 — Romeo und Julia, 2 — Viel Lärm, 2 — Richard II. (Oechelhäuser), — Heinrich IV, 1. Th. (Oechelhäuser), 2 — Heinrich IV., 2. Th. (Oechelh.), — Heinrich V. (Oechelh.), — Heinrich VI. (Oechelh.), — Richard III. (Oechelh.), 7 — Was ihr wollt (Oechelh.), 23 — Sommernachtstraum, 2 — Hamlet (Oechelh.), 2 — zusammen 49 Aufführungen.
Berlin, National-Theater: Romeo und Julia, 4 — Richard III., — Hamlet, 4 — Kaufmann von Venedig, 2 — zusammen 11 Auff.
Berlin, Stadt-Theater: Mass für Mass (Vincke), 8 — Widerspenstige, 3 — zusammen 11 Aufführungen.
Berlin, Friedrich-Wilhelmstädter Theater: Das Hoftheater von *Meiningen* gab hier im Gastspiel (vom 1. Mai bis 16. Juni 1874): Julius Cæsar, 21 — Was ihr wollt, 6 — Kaufmann von Venedig, 2 — zusammen 29 Aufführungen.
Berlin, Victoria-Theater: Italienische Aufführungen. [1]
Braunschweig: Hamlet, 2 — Othello, — Julius Cæsar (Ed. Devrient), — Romeo und Julia, — Wintermärchen (Dingelstedt), — zusammen 6 Aufführungen.
Breslau, Lobe-Theater: Richard III., — Richard II. (Dingelstedt), 2 — Widerspenstige (Deinhardstein), 2 — Othello, 4 — Lear, 2 — Kaufmann von Venedig (West), 4 — zus. 15 Auff.

---

[1] *Ernesto Rossi* und seine Schauspielergesellschaft gaben im Gastspiel (vom 21. April bis 21. Mai): Otello 10 Mal, — Amleto 1 Mal, — Lear 2 Mal.

Cassel: Othello, — Viel Lärm, 2 — Heinrich IV. (Ed. Devrient, zum ersten Male 3. Novbr. 1873), 2 — Hamlet, — Was ihr wollt, — Richard III., 2 — Wintermärchen (Dingelstedt), — Kaufmann von Venedig, — Julius Cæsar, — Romeo und Julia, — zusammen 13 Aufführungen.

Cöln, Stadt-Theater: Widerspenstige, 2 — Romeo und Julia, — Hamlet, — Othello, — Richard III., 3 — Kaufmann von Venedig 2 — Viel Lärm (Holtei), — zusammen 11 Aufführungen.

Darmstadt: Viel Lärm (Holtei), 2 — Hamlet, — Widerspenstige, zusammen 4 Aufführungen.

Dessau: Wintermärchen (Tetzlaff, zum ersten Male 1. Octbr 1873), — Richard III., 2 — Kaufmann von Venedig, — Lear, — Hamlet, — zusammen 6 Aufführungen.

Dresden: Kaufmann von Venedig (Ed. Devrient), 4 — Wintermärchen (Dingelstedt), — Richard III. (Dingelstedt), — Viel Lärm (Holtei), 3 — Widerspenstige (Deinhardstein), 3 — Romeo und Julia (Ed. Devrient), — Sommernachtstraum, 7 — Was ihr wollt (Quanter), 2 — Othello, 2 — Lear, 2 — Coriolanus (Gutzkow), — zusammen 27 Aufführungen.

Frankfurt a. M.: Widerspenstige (Deinhardstein), 3 — Lear, 2 — Was ihr wollt (Deinhardstein), 2 — Wie es euch gefällt (Oechelhäuser), 2 — Romeo und Julia, 2 — Kaufmann von Venedig, 2 — Hamlet, 4 — Othello, 2 — zusammen 19 Aufführungen.

Freiburg i. Br.: Mass für Mass (Vincke, zum ersten Mal 20. Novbr. 1873), 2 — König Johann (Wehl), — Hamlet, — zus. 4 Auff.

Gera: Sommernachtstraum, 3 — Romeo und Julia, — Richard III. (Oechelhäuser), — Kaufmann von Venedig, 2 — Hamlet, — zusammen 8 Aufführungen.

Hamburg, Thalia-Theater: Sommernachtstraum, 6 — Viel Lärm (Holtei), — Hamlet, — Romeo und Julia, — Wintermärchen (Dingelstedt), 2 — zusammen 11 Aufführungen.

Hannover: Was ihr wollt, 4 — Hamlet, 3 — Othello, 2 — Heinrich IV., — Richard III., — Romeo und Julia, 2 — Sommernachtstraum, 2 — Widerspenstige, — zus. 16 Aufführungen.

Karlsruhe (und Baden-Baden): Hamlet (Ed. Devrient), — Romeo und Julia (Ed. Devrient), 3 — Macbeth (Ed. Devrient), — Cymbelin (Vincke, zum ersten Male 3. März 1874), 4 — Viel Lärm (Ed. Devrient), — Richard II., — Sommernachtstraum, — zusammen 12 Aufführungen.

Koburg-Gotha: Widerspenstige (Deinhardstein), 2 — Viel Lärm (Holtei), 2 — zusammen 4 Aufführungen.

Königsberg: Hamlet, 2 — Was ihr wollt (Oechelhäuser), 4 — Kaufmann von Venedig, — Richard III., — zus. 8 Aufführungen.

Leipzig (Neues und Altes Theater): Viel Lärm (Holtei), 5 — Kaufmann von Venedig (Haase), 2 — Sommernachtstraum, 2 — Wintermärchen (Dingelstedt), 6 — Othello, 2 — Macbeth (Schiller), — Richard II. (Dingelstedt), 2 — Heinrich IV., 1. Th. (Dingelstedt), — Was ihr wollt (Deinhardstein), 6 — zusammen 27 Aufführungen.

Mannheim: Hamlet, — Mass für Mass (Vincke), — Kaufmann von Venedig, — Sommernachtstraum, 2 — König Johann (Ed. Devrient), — Richard II. (Ed. Devrient), — Heinrich IV. 1. Th., — Heinrich IV., 2. Th. (Dingelstedt), — Heinrich V. (Dingelstedt), — Heinrich VI., 1. Th. (Dingelstedt), — Heinrich VI., 2. Th. (Dingelstedt), — Richard III., — Was ihr wollt (Ed. Devrient), — Wintermärchen (Dingelstedt), — Viel Lärm (Holtei), — Julius Cæsar, — Sturm (Dingelstedt), — So wie es euch gefällt (nach Jenke), — zusammen (18 Stücke) 19 Aufführungen.

Meiningen: Julius Cæsar, 3 — Was ihr wollt, 3 — Romeo und Julia, 2 — Kaufmann von Venedig, 2 — Macbeth, 2 — Widerspenstige (Deinhardstein), — zusammen 13 Aufführungen.

(Gastspiel in Berlin — 29 Aufführungen — siehe oben.)

München (Hof-Theater und Residenz-Theater): Othello (West), — Macbeth (Schiller-Dingelstedt), — Hamlet, — Was ihr wollt (Deinhardstein), 2 — Kaufmann von Venedig, — Wie es euch gefällt (Jenke), — Julius Cæsar (Laube), 2 — Heinrich IV., 1. Th. (Jenke), — Heinrich IV., 2. Th. (Jenke), — Widerspenstige (Deinhardstein), — zusammen 12 Aufführungen.

Oldenburg: Macbeth (Dingelstedt), — Cymbelin (Wolzogen, zum ersten Male 2. Novbr. 1873), 2 — Mass für Mass (Vincke), — Widerspenstige (Deinhardstein), — Viel Lärm (Holtei), — zusammen 6 Aufführungen.

Riga (und Mitau): Widerspenstige (Deinhardstein), 4 — Kaufmann von Venedig, 3 — Macbeth (Schiller), — Richard II. (zum ersten Male 21. Decbr. 1873), 4 — Hamlet, — Romeo und Julia (Goethe), — zusammen 14 Aufführungen.

Schwerin: Mass für Mass (Vincke), 2 — Othello (Wolzogen), — Kaufmann von Venedig (Wolzogen), 2 — Julius Cæsar (Wolzogen), — Viel Lärm (Holtei), — Lear, — zus. 8 Aufführungen.

Strassburg: Widerspenstige, 3 — Sommernachtstraum, — Kaufmann von Venedig, — Romeo und Julia, — Othello, — zusammen 7 Aufführungen.

Stuttgart: Widerspenstige (Wehl), — Sturm (Wehl, zum ersten Male 19. Septbr. 1873), 3 — Othello, — Sommernachtstraum, 3 — Macbeth (nach Schiller und Dingelstedt), — Wintermärchen (Wehl, zum ersten Male 20. Febr. 1874), 2 — Romeo und Julia (Wehl), — zusammen 12 Aufführungen.
Weimar: Irrungen (Holtei), 3 — Viel Lärm (Holtei), 2 — Wintermärchen (Dingelstedt), — Sommernachtstraum (Oechelhäuser), — Julius Cæsar (Ed. u. Otto Devrient), 2 — zus. 9 Aufführungen.
[**Wien, Hofburg-Theater:** ? [1]]
Wien, Stadt-Theater: Widerspenstige, 4 — Viel Lärm (Holtei), 2 — Lear, 3 — Richard III., 4 — Romeo und Julia, — Coriolanus, 2 — Hamlet, — zusammen 17 Aufführungen. [2]
Wiesbaden: Sommernachtstraum, 2 — Viel Lärm (Holtei), 3 — Wintermärchen (Dingelstedt), 2 — Othello (West), — Lear, — Romeo und Julia, — zusammen 10 Aufführungen.

Von diesen Aufführungen kommen auf: 1) Was ihr wollt 54 (Berlin, Kgl. Schauspiele 23) — 2) Kaufmann von Venedig 35 — 3) Die bezähmte Widerspenstige 35 — 4) Julius Cæsar 32 (Meininger in Berlin: 21) — 5) Sommernachtstraum 32 — 6) Hamlet 29 — 7) Viel Lärm um Nichts 29 — 8) Romeo und Julia 26 — 9) König Richard III. 25 — 10) Othello 20 — 11) Wintermärchen 18 — 12) Mass für Mass 14 — 13) König Lear 12 — 14) König Richard II. 11 — 15) Macbeth 8 — 16) König Heinrich IV., 1. Th. (allein oder mit Hinzunahme des 2. Th.) 8 — 17) Cymbelin 6 — 18) Wie es euch gefällt 4 — 19) Sturm 4 — 20) Coriolanus 3 — 21) Komödie der Irrungen 3 — 22) König Heinrich IV., 2. Th. 3 — 23) König Heinrich VI. 3 — 24) König Heinrich V. 2 — 25) König Johann 2 — zusammen 418 Aufführungen.

[1]) Der Beitrag, um den Direction und Secretariat wiederholt angegangen wurden, ist leider ausgeblieben, das nöthige Material auch sonst, für's Erste, nicht in zuverlässiger Weise zu beschaffen gewesen.
[2]) Im August und September 1874, bis zum Schlusse von *Laube's* Direction, wurden noch aufgeführt: Viel Lärm, — Widerspenstige, — Kaufmann von Venedig 2, — Julius Cæsar (Laube) 2, — zusammen 6 Aufführungen.

Howard Staunton.

In Howard Staunton hat die Deutsche Shakespeare-Gesellschaft abermals ein hochgeschätztes Ehrenmitglied verloren; er wurde am 22. Juni 1874 todt vor seinem Schreibtische sitzend gefunden. Um 1810 geboren, empfing er seine Erziehung zu Oxford, verliess jedoch die Universität ohne einen Grad und ging nach London, das von da ab sein Wohnort blieb. Seine Vorliebe für das Theater war damals so gross, dass er wiederholt als Dilettant auf verschiedenen Bühnen auftrat. Zu gleicher Zeit vertiefte er sich in die dramatische Literatur und gab als langsam gereifte Frucht seiner Studien in den Jahren 1857—60 seine bekannte, von Sir John Gilbert illustrirte Ausgabe von Shakespeare's Werken (bei Routledge) heraus, die unter den neueren Textrecensionen des Dichters eine so hervorragende Stellung einnimmt. Im Jahre 1864 liess er unter seiner Leitung die erste Folio photolithographiren und veröffentlichte ausserdem unter dem Titel 'Memorials of Shakespeare' die wichtigsten auf Shakespeare bezüglichen Urkunden in facsimilirten Abdrücken. Sein letzter Beitrag zur Shakespeare-Literatur waren die im Athenæum erschienenen Aufsätze 'On Unsuspected Corruptions of Shakespeare's Text', in denen er sich, wie in seiner Ausgabe, als einen der eindringendsten und scharfsinnigsten Textkritiker unseres Dichters bewies, der seinen Platz unmittelbar neben Sidney Walker einnimmt.

Staunton zeichnete sich jedoch nicht nur als Shakespeare-Kritiker, sondern auch als Schachspieler und Schachschriftsteller aus und galt auch auf diesem Felde als eine Autorität. Bereits im Jahr 1847 gab er sein 'Chess-Player's Handbook' heraus, welchem er im Jahr 1860 ein Supplement unter dem Titel 'Chess Praxis' folgen liess. Im Jahr 1852 erschien sein 'Chess-Tournament'. Auch redigirte er lange Zeit die Schach-Kolumne in den Illustrated London News, wie er denn überhaupt vielfach für Zeitschriften thätig war und ein arbeitsames Schriftsteller-Leben führte, so dass er in den letzten Jahren seines Lebens wenig gesellschaftlichen Verkehr pflog, obgleich er als unterhaltender Erzähler in allen Gesellschaften hochwillkommen war. Schliesslich muss noch seines Werkes '*The Great Schools of England*' gedacht werden, welches beweist, dass sein Interesse sich keineswegs auf Shakespeare und das Schachspiel beschränkte.

Literarische Besprechungen.

Shakspere-Studien. Von Herm. Freih. von Friesen. Erster Band. Alt-England und William Shakspere. Wien, Braumüller. 1874. Zweiter Band. William Shakspere's Dramen vom Beginn seiner Laufbahn bis 1601. Wien, Braumüller. 1875.

Unter obigem Titel erhalten wir in gut geordneter Zusammenstellung die Resultate der Studien, welche einer der feinsinnigsten Kenner und Freunde Shakespeare'scher Dichtung durch eine längere Reihe von Jahren unter gewissenhafter Benutzung der einschlägigen Literatur, wie im steten mündlichen Verkehr mit den bedeutendsten deutschen Shakespeare-Kritikern bis zu Tieck hinauf, gemacht hat. Der Werth des Buches liegt damit schon auf der Hand und dürfte dasselbe für den, welcher in eingehender Art das Studium des Dichters beginnen will, vorläufig das geeignetste Handbuch, für den Kenner Shakespeare's aber eine interessante Lectüre abgeben. Jedenfalls wird Keiner, der es benutzt, zu unsichern Voraussetzungen dadurch verleitet, denn das thatsächlich Feststehende ist mit Gewissenhaftigkeit und unter orientirender Angabe der Quellen und Gewährsmänner von des Verfassers eigener Anschauung geschieden. Die Zurückhaltung, mit welcher die letztere geltend gemacht wird, bildet zwar einen wohlthätigen Contrast gegen die anspruchsvolle Bestimmtheit, mit welcher gerade die auffallendsten Hypothesen auf dem Gebiete der Shakespeare-Literatur von solchen aufgestellt sind, denen es an der Grundlage so gediegener Kenntnisse und so umfassender Studien vollständig mangelt, indess leidet die Klarheit der Darstellung häufig durch jene Bescheidenheit und es fehlt dann den Erörterungen an Bestimmtheit des Resultats, so dass sie öfter nur den Werth haben, gewisse Controversen der Entscheidung des Lesers bequem zurecht zu legen. Manche davon sind freilich der Art, dass eine solche Behandlung die richtige ist.

Der erste Band enthält nach einer, die bisherige Shakespeare-Kritik und den Standpunkt des Verfassers kennzeichnenden Einleitung zunächst im ersten Buch unter dem Titel Alt-England eine Darstellung des Bodens, auf welchem Shakespeare's Dichtung als dessen „natürliches Product" erwachsen ist. In vier Abschnitten wird darin die nationale Entwickelung Englands bis Elisabeth, sein Zustand unter ihrer Regierung, dann die Sprache und Literatur und zuletzt die Bühne und das Drama bis auf Shakespeare's Zeit in grossen übersichtlichen Zügen und doch in dem Grade von Genauigkeit, wie ihn das eingehende Studium des Dichters verlangt, geschildert.

Im zweiten Buch, welches die zweite und grössere Hälfte des Bandes ausfüllt, behandelt der Verfasser speciell Shakespeare, giebt zuerst die Nachrichten über sein Leben, und lässt dabei blos die documentarischen Nachweise gelten,

nicht aber die Ueberlieferungen über die Affaire mit Sir Thomas Lucy, die
Flucht nach London und die unglückliche Ehe. Er nimmt an, dass des Dichters
Jugendbildung sorgfältig und vollständig gewesen und folgert dies schon aus
dem Grade der Ausbildung seiner Sprache, über welche er sich weiter ausführlich verbreitet. Ein interessantes Capitel ist das zweite: „Shakespeare's Gesinnung", doch ist der Gegenstand nicht mit der Vielseitigkeit behandelt, welche
er zulässt, da hauptsächlich die Anschauungen über Standesunterschiede und
Religion erörtert sind, wobei die Bezeichnung *evening mass* in Romeo und Julia
(IV, 1) als weiterer Beweis gegen den Katholicismus des Dichters angeführt ist.
Auch müssen wir der vom Verfasser (auf S. 272) gegebenen Begriffsbestimmung
von Character und Gesinnung und dem angenommenen Gegensatze widersprechen,
wenn er als Character die von Natur gegebene seelische Ausstattung des Menschen, als Gesinnung das in dieser Richtung Gewordene und Angeeignete bezeichnet. Denn zum Character gehört auch das Angeeignete und manches,
was mit der Gesinnung nichts zu thun hat, z. B. die Thatkraft, während Gesinnung die innere Gedanken- und Empfindungs-Sphäre zum Gegenstande hat
und von natürlicher Anlage ebenfalls beeinflusst ist.

Im dritten Capitel werden die episch-lyrischen Gedichte und Sonette abgehandelt und über letztere die vom Verfasser bereits im Jahrbuch (IV, 94)
gegebene Erörterung übersichtlich und mit schätzbaren Zusätzen wiederholt,
z. B. der nach einer Parallele mit den englischen Sonettendichtern gemachten
Bemerkung, dass Shakespeare bei Behandlung des Sonetts sich ganz an Petrarca
anlehnt, namentlich in der Zuspitzung des ganzen Gedankeninhalts zu einem
die Lösung gebenden Schlusssatz, was er mit keinem der englischen Dichter gemein habe. Seine Ansicht, dass die Sonette im wesentlichen Ausdruck wirklicher Empfindungen des Dichters seien, beschränkt der Verfasser hier noch
mehr dahin, dass Ausdruck und Empfindung sich dabei öfter nicht ganz entsprechen, dass manchmal auch nur ein müssiges etwa durch poetischen Wett-
eifer hervorgerufenes Spiel den Sonetten zu Grunde gelegen habe.

Dann giebt der Verfasser im vierten Capitel, bis auf Aristoteles zurück-
gehend, gediegene Erörterungen über das innere Wesen der Tragödie und Komödie, um dann zum Schluss im fünften Capitel speciell Shakespeare's und
zunächst seiner Vorgänger dramatischen Character zu beleuchten. Es wird
dabei hervorgehoben, dass Shakespeare der erste ist, welcher die Handlung
als die Hauptsache zu den Personen und deren Schuld in das richtige Verhältniss gesetzt. Ueber die Methode seines Dichtens werden beachtenswerthe Ansichten geäussert und dabei in abweisender Art die Anschauung des Verfassers
über die angebliche Idee in den Dramen Shakespeare's gegeben, welche im
Wesentlichen dahin geht, dass der Dichter irgend eine Lebenserscheinung mit
der Totalität der in ihr sich bewegenden Empfindungen und Ideen in ihrem
Verlauf und Abschluss sich vorstellte, wobei sich von selbst die Wirkung her-
ausstellt, dass dem sinnigen Beschauer eine bestimmte Idee hervortritt, die bei
Verschiedenen je nach ihrer Empfindung verschieden ist und vom Dichter nicht
im Voraus berechnet war. Ueber die Exposition sagt der Verfasser ganz richtig,
dass sie bei Shakespeare musterhaft sei und nicht sowohl die Sachlage vollständig darlege, was sogar die Spannung schwächen würde, als von vornherein
die der ganzen Dichtung angemessene Stimmung hervorrufe.

Der zweite Band des vorliegenden Werkes enthält in zwei Büchern die
poetische Laufbahn Shakespeare's bis 1594/95 und von da bis 1600. Die An-

ordnung ist so, dass gruppenweise die nach Gattung oder Stoff verwandten Stücke zusammen besprochen, hauptsächlich aber die Zeit der Entstehung, auf welche Verfasser grossen Werth zu legen erklärt, zum Massstab für die Reihenfolge genommen wird. Die Gründe, welche der Verfasser für letztere bei jedem Stück anführt, müssen fast durchgängig an sich als haltbar anerkannt werden, insbesondere auch, dass er den äussern Merkmalen der Sprache und des Versbaues, worüber er sich mit Beziehung auf Hertzberg's allzu sichere Zeitbestimmung an verschiedenen Stellen eingehend äussert, nicht einen ausschliesslich entscheidenden Werth zugesteht. Doch können wir uns mit den vom Verfasser für die Zeitfolge aufgestellten Resultaten nicht durchgängig einverstanden erklären.

Da der Verfasser Pericles hier ignorirt, setzt er mit Recht Titus Andronicus und den ersten Theil Heinrich VI. als die Erstlinge des Dichters an. Er hebt richtig einerseits die Mängel, andererseits die unverkennbaren Spuren des Shakespeare'schen Dichter-Genius in beiden Stücken hervor. Aus der trefflichen und eingehenden Beurtheilung Richard III. erwähnen wir nur, dass der Verfasser die Werbung Richard's, wie es auch uns richtig scheint, als vergeblich ansieht, und den Schwerpunkt hierbei nicht auf die Königin, sondern die durch sie herbeigeführte Erniedrigung Richard's legt, ferner dass über die Scene mit dem Tode des Herzogs von Clarence die uns etwas unsicher scheinende Vermuthung aufgestellt wird, der Dichter habe damit das geringe Interesse, welches er der Rolle bis dahin zugewendet, erhöhen wollen.

Im vierten und letzten Capitel des Buches bespricht der Verfasser die drei Lustspiele, Irrungen, Veroneser und Verlorene Liebesmühe, ohne die zeitliche Reihenfolge derselben zu entscheiden. Von dem mancherlei guten, was hier ausgesprochen wird, dürfte die Vermuthung hervorzuheben sein, dass Verlorne Liebesmühe zunächst für einen engern Kreis gebildeter Gönner bestimmt gewesen und erst später auf die grosse Bühne übergegangen sei, ferner die Ansicht, dass die Veroneser das einzige Drama Shakespeare's, welches nicht aus unabweislichem poetischen Drang hervorgegangen sei, indem sich eine das Ganze beherrschende eigenthümliche Stimmung darin nicht entdecken lasse. In der letzteren Aufstellung finden wir etwas Richtiges, doch dürfte der Grund darin liegen, dass sich der Dichter hier zuerst tiefere psychologische Probleme zur Aufgabe stellte und Motive aufnahm, deren vollständiger Wiedergabe er noch nicht gewachsen war.

Mit einer allseitig rechtfertigenden Erörterung über Romeo und Julia, der wir überall beipflichten, schliesst der Verfasser das erste Buch und beleuchtet im zweiten zuerst in zwei Capiteln den König Johann und die vier Dramen der Lancaster-Tetralogie. Dabei ist zu bemerken, dass Verfasser seine frühere mit Tieck getheilte Meinung, das alte Stück König Johann rühre ebenfalls von Shakespeare her, auf Grund einer neuen sorgfältigen Vergleichung beider Stücke vollständig geändert hat, so dass er zu dem Resultat kommt, Shakespeare sei nicht der Autor des alten Dramas und habe von demselben zwar Personen, Gedanken und die Eintheilung der Handlung, aber nirgends ein bestimmtes Wort oder eine Redensart entlehnt, vielmehr den Gegenstand mit ganz neuen Motiven und von verändertem Standpunkt aus dargestellt.

Die letzten zwei Capitel besprechen in weniger eingehender Art die noch übrigen Lustspiele. Beim Sommernachtstraum, dessen Auffassung immer eine Art Glaubensbekenntniss beim Shakespeare-Verehrer hervorruft, erkennt Verfasser die Kennzeichen jugendlicher Frische zwar an, neigt sich aber doch zu der Ansicht, dass das Stück ein Product reiferen Alters sei. Er hält dasselbe zwar ebenfalls für ein Gelegenheits- und Hochzeitsgedicht, aber weder Southampton's noch Essex' Vermählung für die Veranlassung, ohne dabei wesentliche Gründe gegen die letzte Hypothese beizubringen, denen ihr Vertheidiger, Elze, nicht schon begegnet wäre. Die Erklärung Halpin's über die Oberon-Vision wird vom Verfasser als unhaltbar und der ganzen Richtung Shakespeare's widersprechend, auch als unwesentlich für den poetischen Genuss bezeichnet. Ueber den Kaufmann von Venedig hat der Verfasser dem schon im Jahrbuch (VIII, 138) Gesagten wenig hinzugefügt und auch bei Wie es Euch gefällt und Was Ihr wollt ist nichts hervorzuheben. Ueber Viel Lärm um Nichts wird die Erklärung auf den Titel basirt und der Ansicht Al. Schmidt's, dass das Lustspiel den anderen derselben Periode nicht ebenbürtig sei, beigepflichtet.

In Betreff der Lustigen Weiber von Windsor spricht sich der Verfasser entschieden gegen die Echtheit der älteren Ausgabe aus, äussert sich aber mit Bezug auf die Vorrede der Folio gegen die Annahme, dass Shakespeare überhaupt gleich fertige und uncorrigirte Manuscripte geschaffen habe; solche seien vielmehr das Resultat der letzten und reifsten Ueberarbeitung gewesen. Die Ueberlieferung, dass das Stück auf Veranlassung der Königin gedichtet worden, hält Verfasser für unglaubhaft und die Untersuchungen über den Zusammenhang mit der Falstaffiade in der Lancaster-Tetralogie für müssig, da der Dichter die betreffenden Personen, deren Identität übrigens mit Einschluss der Dame Hurtig für unzweifelhaft gehalten wird, auf einem ganz neuen Boden und ohne allen Zusammenhang mit dem früher Dargestellten gedacht habe.

Was endlich der Verfasser über Ende gut Alles gut und die Zähmung der Widerspenstigen sagt, ist im Einzelnen meist zu billigen, der Character Bertrams und der Widerspenstigen wird eingehend und meist treffend erörtert, doch mit dem gezogenen Resultat, dass beide Lustspiele zu den reifsten gehören, werden wohl Wenige einverstanden sein.

Die bisher erschienenen zwei Bände machen den Wunsch rege, das Werk als Ganzes vor sich zu haben, wonach dessen Werth sich noch genauer bestimmen lassen wird. Aber auch einzeln betrachtet, finden wir allenthalben treffliche Bemerkungen, die auf richtige Erkenntniss des Gesammtbildes des Dichters zu leiten geeignet sind. Möge uns der so rüstig arbeitende Verfasser nicht lange auf die Fortsetzung warten lassen!

W. König.

Zur Shakespeare-Literatur von 1874.

Unter den Beiträgen zur Shakespeare-Literatur aus dem Verlauf des letzten Jahres sind mir, soweit sie mir überhaupt bekannt geworden, zwei Erscheinungen um so mehr von besonderem Werth, als sie aus der Mitte des Vorstandes unserer Shakespeare-Gesellschaft hervorgegangen sind, und daher von dem Eifer der Mitglieder desselben in der Beförderung der Studien dieses Dichters auch ausserhalb des Jahrbuches von Neuem Zeugniss ablegen. Es sind:

1. When you see me, you know me. A Chronicle History by Samuel Rowley, edited with an Introduction and Notes by Karl Elze, Ph. D., Hon. M. R. S. L. Dessau, Emil Barth. 1874. London, Williams and Norgate.
2. Pseudo-Shakspere'sche Dramen, herausgegeben von Nicolaus Delius. II. Band. Inhalt: Mucedorus. Fair Em. Elberfeld. 1874.

Wiewohl der Raum eine weitere Auslassung nicht gestattet, ist es mir doch Bedürfniss, in wenigen Worten für die neue Bereicherung der Shakespeare-Literatur meinen Dank nach persönlicher Ueberzeugung auszusprechen. Als eine solche diese Erscheinungen anzusehen veranlasst mich die längst gehegte Ueberzeugung, dass zum erschöpfenden Urtheil über Shakespeare und zu seiner Würdigung die möglichst ausgebreitete Bekanntschaft mit gleichzeitigen dramatischen Erzeugnissen um so mehr unentbehrlich ist, als sie, sei es als muthmassliche Vorarbeiten oder als, wenn auch noch so ungerechter Weise, ihm zugeschriebene Originale in enger Beziehung zu ihm stehen.

Dass die von Dr. K. Elze herausgegebene Chronicle History von Samuel Rowley, die einen Abschnitt aus der Geschichte Heinrich VIII behandelt, unter jener ersten Bedeutung ein Interesse für uns hat, ist von dem Herausgeber theils in der Einleitung, theils in einem Aufsatz über Shakespeare's Heinrich VIII. im vorigen Jahrbuch schon mit gewohnter Einsicht und Gründlichkeit nachgewiesen worden. Auch darüber, dass in der damaligen Zeit die portraitähnliche Darstellung des Vaters der regierenden Königin Elisabeth auf der Bühne denselben Anstoss wie in unseren empfindlicheren Zeiten nicht geben konnte, ist in beiden Aufsätzen durch Hinweisung auf andere Dramen derselben Periode, wo wahrscheinlich derselbe Fall vorliegt, eine genügende Erklärung gegeben. Endlich bedarf es nicht einer erneuten Anerkennung von Shakespeare's Erhabenheit über den Autor dieses Stückes sowie über die von allen den Dramen, die ihm als Vorarbeit gedient haben.

Indessen halte ich den Fleiss und die Sorgfalt, welche der gelehrte Herausgeber an diese Arbeit, gleichwie an den Wiederabdruck der Tragödie Alphonsus von Chapman im Jahre 1867 angelegt hat, deshalb für verdienstlich, weil das neu veröffentlichte Drama auch an sich selbst von nicht geringem Interesse ist. Allerdings herrscht zwar in demselben eine grössere historische Incorrectheit vor, als wir, mit wenigen Ausnahmen, an den meisten englischen Historien rügen können. Auch ist die Geschichte überhaupt nicht von einem erhabenen Standpunkt aus angeschaut und dargestellt, vielmehr überwiegt in beiden Beziehungen das Wohlgefallen an anecdotären Ueberlieferungen. Doch bei dem Allen ist das dramatische Talent nicht zu verkennen. Gleichviel ob sie würdig und in gewinnender Weise ausgeführt sind, stellen sich doch die vergegenwärtigten Personen und die Situationen, in die sie verwickelt werden, als lebendige Gemälde dar. Unter allen Umständen wird Jeder, dem es darum zu thun ist, einen Ueberblick von den damaligen Zuständen und Mitteln der englischen Nationalbühne zu gewinnen, eine willkommene Vervollständigung derselben in dieser Veröffentlichung verehren.

Für die Herausgabe zweier Pseudo-Shakespeare'scher Dramen ist Dr. Delius schon deshalb besonders zu danken, als den meisten Verehrern Shakespeare's in Deutschland das Drama Mucedorus nur dem Namen nach bekannt war, und von „*The Fair Em*" nicht mehr als die im II. Bande von Shakespeare's Vorschule befindliche Uebersetzung von L. Tieck vorlag. Auch als Fortsetzung der seit 20 Jahren unterbrochenen Herausgabe mehrerer Pseudo-Shakespeareseher Dramen ist sie in hohem Grade willkommen. Denn nach meinem Dafürhalten würde eine vollständige Sammlung derselben wünschenswerth sein, wenngleich die Aufbürdung der meisten auf Shakespeare oft nur auf einer missverständlichen Kritik beruht, und einige derselben aus der Ausgabe von W. Hazlitt und der Pictorial Edition von Charles Knight kennen zu lernen sind. Dass jenes auch von Mucedorus gilt, ist mir schon vor Jahren durch die gefällige Mittheilung der Abschrift des alten Abdrucks von 1621 durch Herrn Dr. K. Elze und durch die sorgfältige Prüfung dieses Textes zur festen Ueberzeugung geworden. Was L. Tieck verführt haben mag, in dieser wunderlichen Schöpfung Shakespeare wiederzuerkennen, ist mir allerdings nicht begreiflich. Indessen urtheilt doch Charles Knight in seiner Pictorial Edition zu hart darüber. Denn unerachtet des kindischen Ungeschicks in Conception und Ausführung und unerachtet dass Shakespeare selbst in seinen ersten Versuchen so kaum hat dichten und schreiben können, hat doch das Drama Spuren eines poetischen Talentes. Wir sind zwar gewohnt, zu sehen, dass auch die schwächsten Erzeugnisse, trotz der Erhebung der nationalen englischen Poesie und Kunst im Gebiete der Dramatik auf eine seltene Höhe unter Shakespeare's Vorgang, noch lange Zeit ihr Leben auf der Bühne fristeten, allein für dieses Stück sollten doch die zahlreichen Wiederabdrücke und die bis nach der Restauration wiederholten Aufführungen als Zeugniss einer eigenthümlichen Anziehungskraft gelten dürfen; und dass diese in etwas Anderem bestanden habe, als in den Spuren eines, wenn auch undisciplinirten poetischen Talentes, ist kaum denkbar. Am auffallendsten ist es mir schon bei der früheren Durchsicht gewesen, dass die Behauptung von Shakespeare's Autorschaft sich nicht an der Verschiedenheit des Stiles und der Sprache von derjenigen gebrochen hat, welche wir an dessen nachweislich frühesten Arbeiten beobachten können. So sehr verändert sich doch dieses Organ eines Schriftstellers, auch bei den unglaublichsten Fortschritten, nicht leicht, dass man zwischen früheren und späteren Erzeugnissen gar keine Verwandtschaft entdecken könnte. So hat unter Anderem der Verfasser dieses Dramas, sei es aus unbewusster Gewohnheit oder aus bewusster Vorliebe, eine augenscheinliche Neigung zur Alliteration, einer Form, die in dieser Weise bei Shakespeare niemals vorkommt, und die er in Love's Labour's Lost sogar zum Gegenstand des humoristischen Spottes macht. Sollte ich darnach auf irgend einen andern Autor rathen müssen, so wüsste ich nur G. Peele — natürlich in seiner frühesten Zeit — zu nennen, da bei keinem Dramatiker diese Form häufiger vorkommt. Doch wie dem auch sei, es bleibt immer ein verdienstliches Werk durch die Veröffentlichung dieses Stückes zu der theilweisen Aufhebung von dem Drucke des Vorurtheils auf die Anschauung von Shakespeare's poetischer Individualität beigetragen zu haben.

Die schöne Emma steht mindestens ebenso weit, wenn nicht noch weiter als Mucedorus von Shakespeare ab. Schon L. Tieck bezeichnet das Stück als eine Skizze ohne Character, Sprache und Erfindung und als ein Schattenspiel ohne Wesen und Inhalt. Meines Erachtens sollte der Zweifel und die Frage am nächsten liegen, ob diese Mängel überhaupt als Symptome der Jugendarbeit von einem angehenden Dichter gelten können. Allerdings scheint dieses Drama in mancher Hinsicht das Resultat der kindischen Einbildung zu sein, dass sich Alles dramatisiren lasse und dass es dabei nur darauf ankomme, eine Begebenheit in Gesprächen zu versinnlichen. Wer hätte in seiner Jugend nicht irgend einmal die Anwandlung einer ähnlichen Einbildung gehabt? Aber bei einer nur geringen Begabung, geschweige denn bei der des jungen Shakespeare würde sich doch die kindische Schwäche in phantastischen Verirrungen und Uebertreibungen wahrscheinlich mehr bekundet haben, als in der Kühle der Empfindung, die in diesem Drama vorherrscht. Allenfalls könnte der Ausdruck von der Neigung der schönen Emma zu Manvile noch einige Sympathie erwecken. Aber wie schroff widerspricht den in dieser Beziehung an den Tag gelegten Gefühlen ihre Bereitwilligkeit, sich durch Wilhelm den Eroberer dem Lord Valingford vermählen zu lassen? Auch fällt es, bei dem allgemeinen Mangel poetischer Bilder von einiger Erhebung, besonders auf, dass kaum ein Bild aus der Mythologie entlehnt ist. Damit waren doch die Bühnendichter aus der Jugendzeit Shakespeare's oft nur zu freigebig, und von ihm selbst, in dessen Jugendstücken sich oft die Neigung meldet, sich als einen guten Schüler einer Grammar-school zu zeigen, war es am ersten zu erwarten, dass sich solche Bilder seiner Phantasie auch wider Willen aufdrängen würden. Ich möchte daraus schliessen, dass das Stück überhaupt nicht der Zeit angehört, wo Shakespeare anfing zu dichten. Vielleicht — wenn die nicht nachgewiesenen Ausgaben vor und um 1619 als missverständliche Ueberlieferungen angesehen werden könnten — liesse sich sogar vermuthen, dass es erst in der späteren Zeit entstanden sei, wo die Mode dieser oft excentrischen Ausschmückungen schon ziemlich vorüber war.

Wenn auch diejenigen Freunde Shakespeare's, die nur in der poetischen Unterhaltung ihre Befriedigung suchen, aus diesen Veröffentlichungen nicht einen neuen Genuss schöpfen werden, so sind sie doch von demjenigen Theile seiner Verehrer, der gern Alles kennen lernt, was nur in irgend einer Beziehung zu ihm steht, mit dankbarer Anerkennung zu verehren.

Dresden, im Herbst 1874.   Herm. Freiherr von Friesen.

Othello, the Moor of Venice, by Shakspeare. Translated into Hebrew by J. E. S. [d. i. Salkinson], translator of Paradise Lost. Edited by P. Smolensky, editor of the Hebrew „Haschachar". Vienna. Printed by Spitzer & Holzwarth jun. 1874. 8vo. XXXVI und 200 Seiten. (Der hebräische Titel lautet in der Umschrift: Ithiël Hakkuschi Mivinezja al pi Sheksper ascher hethik miss'fath britanijjah J. E. S. baal vaj'garesch eth haadam im pethach dabar meët Perez ben Mosche Smolenskin, Wien 1874.)

Der geschickte Uebersetzer des „Verlornen Paradieses" bietet hier zunächst seinen Glaubensgenossen, den Hütern des hebräischen Sprachschatzes, eine Uebersetzung des Othello dar, welche in der poetischen Sprache des Alten Testamentes geschrieben, möglichst getreu und gewandt ist. Wer sich der grossen Schwierigkeiten bewusst ist, die beim Uebertragen ins Hebräische zu überwinden sind, da diese so einfache, in ihrem Ausdrucke so knappe, aber auch vielbezeichnende und mannigfach dehnbare Sprache immerhin dem Reichthum und der Fülle des Idioms eines Shakespeare bedeutend nachsteht, der wird gewiss dem Talent, welches der Verfasser bekundet, die gebührende Anerkennung um so bereitwilliger zollen. Als Probe, inwieweit es dem Uebersetzor gelungen ist, den Sinn des Originals wiederzugeben, diene jene schöne Stelle A. IV, Sc. 2, wo Othello in wenigen, tiefsinnigen Worten seine unglückliche Lage in ihrem ganzen Umfange schildert. Sie lautet in wortgetreuer deutscher Nachbildung des Hebräischen folgendermassen:

„Wenn Gott mich prüfte durch viel Leid und Trübsal,
Wenn er auf mein Haupt Feuer und Schwefel vom Himmel regnen liesse,
Meine Habe dem Raube preisgäbe, dass ich meiner Nahrung und Kleidung
    entbehrte,
Oder mich wandeln liess in Knechtschaft ohne Hoffnung und Zukunft,
Noch fänd' ich Trost, noch allen Trost in mir selbst.
Doch mich zur Zielscheibe zu machen für die Pfeile des Spottes und des
    Hohnes,
Eine Augenweide jeden Tag zu sein und ein Gegenstand des Lachens für
    jeden Vorübergehenden,
Ach! Wer vermag ruhig zu bleiben!
Und selbst im Schmelzofen des Eisens hier könnt' ich vielleicht mich
    stark zeigen und geläutert daraus hervorgehen;
Doch er hat mir den Quell vernichtet, von dem mein Leben seinen Aus-
    gang nimmt,
Und mein Brunnen, durch den ich lebe oder sterbe,
Ward zum Brunnen fremder Angst, voll Unrath und Ekel;
In ihm wandelt zerfliessend die Schnecke, und Frösche hüpfen dort —
Wer kann in diesem Thal des Jammers noch geduldig sein?"

Die ursprünglichen Namen der Personen des Trauerspiels sind mit hebräischen vertauscht, von denen nur einige im Klang etwas ähnlich sind. Othello heisst Ithiel, Desdemona Asnath, Jago Doëg, Cassius Kesed, Brabantio Pikol, u. s. w.

Schliesslich sei noch der kritischen Einleitung gedacht, welche den Leser über Alles orientirt, was zum Verständniss des Stückes nothwendig ist, insbesondere die Hauptpersonen anschaulich und treffend characterisirt. Sie entstammt der Feder des Herrn Peter Smolensky, des gelehrten Herausgebers des „Haschachar" (Morgenröthe) und Verfassers des dreibändigen anmuthig geschriebenen hebräischen Romans „Hatoë b'darke bachaïm" (Lebensirrungen).

Eisenach. Dr. Eugen Wilhelm.

Ein Wort zur weiteren Begründung und Berichtigung meiner Auffassung des Sommernachtstraumes, zugleich ein Widerwort gegen Herrn Rudolf Genée von E. Hermann. Braunschweig, Meyer, 1874.

Dass der Verfasser mit obigem Nachtrag für seine Erklärung des Sommernachtstraums neue Anhänger gewinnen wird, müssen wir bezweifeln. Insbesondern dürfte das im vorigen Jahrbuch S. 314 ausgesprochene Urtheil, dem wir uns anschliessen, dadurch nicht beeinträchtigt werden. Wir müssen sogar behaupten, dass der Hauptfehler der Erklärung Hermann's, dass ohne sichere Grundlage ganze Gebäude künstlicher Hypothesen aufgeführt werden, hier noch mehr hervortritt, als in dem vorangegangenen Buche. Eine so tiefgreifende, mit dem Zustand der damaligen Literatur zusammenhängende Erläuterung, welche auf die Person und die ganze dichterische Laufbahn Shakespeare's ein neues Licht verbreiten soll und — wäre die Auffassung des Verfassers richtig — verbreiten würde, erscheint nur auf Grund der sorgfältigsten Studien sämmtlicher Werke des Dichters und der ganzen Literatur seiner Zeit und unter Benutzung der hauptsächlichsten darauf bezüglichen Hülfsmittel und Ermittelungen der Neuzeit zulässig. An all diesem hat es der Verfasser aber augenscheinlich fehlen lassen, so viel Material er auch sonst herbeigebracht und so gründlich und consequent er im Einzelnen seine Erklärung durchgeführt hat. Für die Zustände der englischen Bühne sind fast nur Gervinus und Rümelin seine Gewährsmänner, letzterer von entschiedener und ersterer gerade hier von mehr Unzuverlässigkeit als man von dem berühmten Literarhistoriker erwartet.

Der Verfasser hat in der Kritik augenscheinlich nirgends Glück gemacht und die Zuversicht, womit er seine Ansicht in dem ersten Werke geltend machte, hat nun einer gewissen Verbitterung Platz gemacht, womit er seinen Kritikern, namentlich Genée, der ihn am unsanftesten angefasst zu haben scheint, jetzt zu Leibe geht. Wenn er auch mit Geschick einzelne Angriffe parirt, so ist doch die Haltbarkeit der Hypothese selbst damit noch nicht nachgewiesen. Gegen dieselbe ist ausserdem einzuwenden, dass es mit dem Wesen des Dichters, seiner ganzen dichterischen Laufbahn und deren unmittelbarem Zusammenhang mit der Bühne selbst geradezu unvereinbar ist, dass er seine Dichtung in einem allegorischen Drama auf Kosten seiner Vorgänger verherrlicht hätte, wie es Hermann uns darstellt, und zwar ebenso, wenn er nur für sich und etwa einige Auserwählte gedichtet, als wenn er seine Meinung für das ganze Theaterpublikum berechnet hätte, dem er dann so zu sagen die Freude am ganzen Theater hätte verleiden müssen. Denn durch den Sommernachtstraum selbst oder andere Erstlinge des Dichters oder den Hinweis auf noch zu bringende bessere Stücke konnte das Pubikum doch unmöglich entschädigt werden, wenn für den Augenblick das Theater-Repertoir im Grossen und Ganzen ihm als verwerflich dargestellt wurde. Was insbesondere Hermann aus dem persönlichen Character des Dichters ableitet, beruht auf noch gewagteren Annahmen als seine Hauptinterpretation. Eine Grundstimmung von des Dichters Naturell soll nach Hermann die Keuschheit gewesen sein und der Fehltritt, welcher seiner Heirath voranging und bisher auf Grund von Kirchen-Urkunden als unzweifelhaft angenommen wurde, wird einfach als Klatsch bezeichnet, dagegen soll eine Entfremdung mit der Frau daraus hervorgehen, dass er ausser den drei Kindern, wovon der Sohn bald gestorben, keine andern mit ihr erzeugt habe. Demgemäss sollen in dem Verhältniss von Hamlet zu Ophelia und Troilus zu Cressida Seelenstimmungen und Situationen des Dichters ihren Ausdruck gefunden haben. Damit soll auch sein Entschluss, Schauspieler zu werden, zusammengehangen haben, welcher unter Berufung auf Hamlet's Stimmungswechsel beim Erscheinen der Schauspieler auf die Melancholie basirt wird, da dieselbe in höchster Steigerung ein Verlangen nach Beschäftigung der Phantasie, namentlich durch scenische Darstellung, hervorrufe.

Vorstehendes wird genügen, um darzuthun, dass der Verfasser durch obige Rechtfertigung seine Theorie nur noch unsicherer gemacht hat, als sie von vornherein erschienen war.

W. König.

Da der beschränkte Raum nicht gestattet, alle die zahlreichen Publicationen, welche das verflossene Jahr der Shakespeare-Literatur hinzugefügt hat, dem Leser in eingehender Weise vorzuführen, so mögen nur noch einige andeutende Notizen an einander gereihet werden. An erster Stelle nennen wir die lang erwarteten *Illustrations of the Life of Shakespeare*, von *J. O. Halliwell* (Part I, London 1874, pp. 128 Fol.), deren Titel uns schon darauf hinweist, dass wir es hier nicht mit einem in sich geschlossenen Werke, sondern mit einer bunten, öfters unter sich unverbundenen Sammlung grösserer und kleinerer, alter und neuer Beiträge zur persönlichen und literarischen Geschichte unseres Dichters zu thun haben, die der Verfasser je nach Bequemlichkeit und Laune zusammenstellt. Er bezeichnet am Schlusse seiner Vorrede sein Buch selbst als 'merely one of the amusements of the declining years of life. It is followed, as all recreations should be, earnestly and lovingly, but in complete subjection to the vicissitudes of one's own temperament and inclination.' Der Dank, den wir dem bewährten Verfasser für seine Gabe schulden, wird dadurch in keiner Weise verringert, vielmehr ist das Werk für den Shakespeare-Philologen, insbesondere für den Biographen geradezu unentbehrlich, da es ihm, abgesehen von den bisher unveröffentlichten Documenten, welche die unermüdlichen Forschungen des Verfasser's an's Tageslicht gefördert haben, auch solche Beiträge zugänglich macht, die bisher nur für Freunde in wenigen Exemplaren gedruckt waren. Zur erstgenannten Kategorie gehört vor allem eine in Facsimile mitgetheilte Quittung (p. 31), welche beweist, dass Shakespeare im Dezember 1594 vor der Königin spielte. Folgendes ist der Wortlaut derselben: 'To William Kempe, William Shakespeare and Richarde Burbage, servauntes to the Lord Chamberleyne, upon the Councelles warrant dated at Whitehall XV. to Marcij, 1594, for twoe severall comedies or enterludes shewed by them before her Majestie in Christmas tyme laste paste, viz., upon St. Stephens daye and Innocentes daye XIIj. li. Vj. s. VIIj. d, and by waye of her Majesties rewarde Vj. li. XIIj. s. IIIj. d, in all XX. li.' Man darf sicherlich die Frage aufwerfen, ob Kempe, Shakespeare und Burbage hier lediglich als Schauspieler, und nicht auch als Unternehmer oder Dirigenten in Betracht kommen, denn dass sie die beiden Komödien nicht ohne die Mitwirkung anderer Kollegen ausgeführt haben, lässt sich wohl mit Sicherheit annehmen; auf alle Fälle giebt es manches zu denken, dass Shakespeare, sei es als Dirigent, sei es als blosser Schauspieler, *vor* Burbage genannt wird. Die im Lord Chamberlain's Office aufgefundenen sieben Documente aus dem Jahre 1635, über welche im vorigen Jahrbuche S. 334 ff. referirt worden ist, finden sich hier in extenso abgedruckt. Von hohem Interesse sind auch die vortrefflich facsimilirten alten Pläne des Elisabethanischen Londons, und schliesslich darf die Bemerkung nicht unterdrückt werden, dass vom typographischen Standpunkte aus betrachtet Halliwell's Illustrations ein wahres Kunstwerk sind.

F. W. Cosens, welchem wir eine treffliche Uebersetzung von Lope de Vega's Castelvines y Monteses verdanken (siehe Shakespeare-Jahrbuch V, 350 ff.), hat die Freunde und Kenner Shakespeare's abermals mit einer (auszugsweisen) Uebersetzung eines spanischen Stückes über Romeo und Julie beschenkt, und zwar im eigentlichen Sinne des Wortes, denn das Buch ist nicht im Buchhandel zu haben; es ist: *Los Bandos de Verona Montescos y Capeletes* von *Francisco de Rojas y Zorrilla*, einem Nachfolger Lope's. Rojas' dramatische Werke sind von sehr ungleichem Werth, und der Uebersetzer bemerkt im Vorworte selbst, dass Los Bandos de Verona keineswegs zu seinen besten Productionen gehört und in jeder Hinsicht den Castelvines y Monteses nachsteht. Die Rechtfertigung seiner Uebersetzung erblickt Cosens mit vollem Recht in dem Umstande, dass auch das Geringste, was zum Verständniss und zur Erläuterung der Shakespeare'schen Poesie beiträgt, einen unleugbaren Anspruch auf die Theilnahme der Shakespeare-Forscher und Shakespeare-Verehrer besitzt und unter diesem Gesichtspunkte ist seine, mit typographischer Schönheit ausgestattete Gabe um so willkommener und dankenswerther, als das Stück in der That anziehende Vergleichungspunkte mit Shakespeare darbietet. Los Bandos ist so wenig wie Castelvines y Monteses ein Trauerspiel, die Liebenden werden im Gegentheil glücklich; nichtsdestoweniger haben sie schwere Kämpfe zu bestehen. Julie soll entweder den Grafen Paris, der sich ihretwegen von seiner Frau scheiden lässt, oder einen andern Vetter Namens Andrés heirathen; da sie sich dessen bestimmt weigert und offen ihre Liebe zu Romeo bekennt, so stellt ihr der Vater die Wahl zwischen Gift oder Dolch. In der Verzweiflung ergreift sie das Gift und trinkt es zur Bestürzung des nur scheinbar harten Vaters, worauf sie in der Familiengruft in der San Carlos-Kirche beigesetzt wird. Glücklicher Weise erweist sich jedoch das Gift nur als ein Schlaftrunk und sie erwacht wieder. Schon diese dürftige Inhaltsangabe möchte hinreichen, um die Bedeutung des Stückes für die Entwickelungsgeschichte dieses vielbehandelten dramatischen Stoffes ausser Frage zu stellen.

In der englischen Theaterwelt hat ein neuer Hamlet-Darsteller, Mr. *Henry Irving*, Aufsehen erregt, und der Hamlet ist nach seiner Adaptation über hundert Male hintereinander auf dem Lyceum-Theater aufgeführt worden; die hundertste Vorstellung fand am 26. Februar d. J. statt. Es ist in der That nicht viel weniger als ein Ereigniss, wenn eine so vielfach von den vorzüglichsten Schauspielern nach allen Richtungen hin durchgebildete Rolle gewissermassen neu geschaffen wird, und die Kritik hat sich daher vielfach mit der neuen und eigenartigen Auffassung beschäftigt, von welcher Mr. Irving bei seiner Darstellung des Dänenprinzen ausgegangen ist. Beachtenswerth ist namentlich die Broschüre '*Irving as Hamlet*' von *Edward R. Russell* (London 1875), die natürlich nicht umhin kann, von der Kritik des Darstellers auch auf die Kritik des Stückes überzugreifen. Wir vermögen hier nur einen kleinen Theatercoup herauszuheben, der besonders für die Philologen von Interesse sein wird, welche sich über das '*pajock*' in den Versen: For thou dost know, O Damon dear etc. den Kopf zerbrochen haben. Ophelia erscheint bei der Vorstellung mit einem Fächer aus Pfauenfedern, den ihr Hamlet wegnimmt und damit tändelt. Beim Recitiren der genannten Strophe wirft sich Hamlet in den Sessel des aufgestandenen Königs, sein Blick fällt auf den Fächer in seiner Hand, der ihm wie durch eine Inspiration das Wort '*pajock*' suppeditirt und den er dann fortwirft.

Auch einen neuen Erklärungsversuch hat der Hamlet hervorgerufen: *The Philosophy of Hamlet. By Thomas Tyler*, M. A. (London, 1874). Der Verfasser dieser kleinen Schrift hebt hervor, dass Hamlet pessimistischer Weltanschauung verfallen sei, noch ehe ihm der Geist sein Geheimniss mitgetheilt habe. Durch diese Enthüllung steige sein Pessimismus natürlicher Weise auf den Gipfel. Anstatt jedoch in dem Monologe 'Sein oder Nichtsein' eine Bestätigung seiner Auffassung zu erblicken, will der Verfasser durchaus keine Selbstmordgedanken darin erkennen, sondern meint, dass hier in Hamlets Geist die geheimnissvolle Ahnung auftauche, dass sein Strafvollzug an dem verbrecherischen Oheim seinen eigenen Tod zur Folge haben könne. An Energie, Umsicht und Willen zur Rache fehle es Hamlet keineswegs, er werde lediglich durch eine höhere und unbegreifliche Macht davon zurückgehalten — zu welchem Zwecke, erhellt nicht. Darin soll nach dem Verfasser der Grundgedanke der Tragödie liegen: Hamlet, sagt er, sei 'a dramatic representation of the will of man as governed by a Higher Will, a Will to which all actions and events are subordinate, and which in a mysterious and incomprehensible manner, is ever tending to the accomplishment of inscrutable purposes.' Ob die im Hamlet niedergelegten philosophischen Anschauungen sich mit der persönlichen Ueberzeugung des Dichters deckten, mag der Verfasser nicht entscheiden, namentlich erregt ihm der Umstand, dass die Unsterblichkeit nur als eine Möglichkeit hingestellt ist, wie die Unklarheit dessen, was über eine künftige Vergeltung angedeutet wird, Bedenken.

Eine für den Literarhistoriker besonders willkommene Gabe ist *Dr. Ingleby's 'Shakespeare's Centurie of Prayse'* (London, 1874), d. h. eine chronologische, mit kritischen Nachweisen und Bemerkungen begleitete Sammlung aller auf Shakespeare bezüglichen Stellen bis zum Ausgange des 17. Jahrhunderts. Ist die Vollständigkeit auch keine absolute — die in solchen Dingen überhaupt unmöglich scheint — so übertrifft sie doch alles bisher Erreichte, und es ist nur zu bedauern, dass die zwar schöne, aber verschwenderische Ausstattung das sonst so zweckmässige Buch unnöthiger Weise vertheuert.

Der Vollständigkeit halber darf ich meine eigenen '*Essays on Shakespeare, translated by L. Dora Schmitz*' (London, 1874) nicht übergehen. Es ist eine Auswahl aus meinen im Shakespeare-Jahrbuche erschienenen Abhandlungen, die selbstverständlich einer sorgfältigen Durchsicht und Nachbesserung unterzogen worden ist. Mehr als eine blosse Nennung erscheint im Shakespeare-Jahrbuche und zumal von meiner eigenen Hand nicht statthaft.

Gehen wir von den englischen Beiträgen zur Shakespeare-Literatur zu den deutschen über, so tritt uns leider wenig Erhebliches entgegen. Eine nachträgliche Widerlegung des Benedix'schen Buches unter dem Titel: *Unsere deutschen Dichterheroen und die sogenannte Shakespearomanie von Dr. M. Maass* (Thorn 1874) ist eine einfach verständige und ruhig wohlwollende kleine Schrift, die sich zwar weder durch einen weiten Gesichtskreis, noch durch neue Ideen oder tiefgehende Gelehrsamkeit auszeichnet, wohl aber in fasslicher und klarer Weise die Unrichtigkeit des von Benedix eingenommenen Standpunktes, seinen Mangel an wirklicher Kenntniss und seine falschen Schlussfolgerungen aufdeckt und zurückweist. Wie der Verfasser der Studie über den Sommernachtstraum (siehe Jahrbuch IX, 314) ist auch Dr. Maass in den — allerdings verzeihlichen — Irrthum gefallen, Lessing für den Verfasser der Geschichte der englischen Schaubühne zu halten, die, gleichviel aus wessen Feder herrührend, jedenfalls viel zu dürftig ist, als dass sie heutigen Tages noch als Quelle oder Hülfsmittel dienen könnte; sie ist durch neuere Arbeiten auf englischer wie deutscher Seite längst überholt. Dieser pseudo-lessing'schen Schrift verdankt der Verfasser auch das Verständniss des ihm bei Benedix aufgestossenen Ausdrucks 'Euphuismus', der ihm, wie er auf Seite 32 offen gesteht, sonst noch nicht vorgekommen ist. Dass dies Geständniss auf keine eingehende Shakespeare-Kenntniss schliessen lässt, liegt auf der Hand, und der ganze Inhalt der Schrift bestätigt diesen Schluss.

Romeo und Julia ist abermals Gegenstand einer Monographie geworden, die freilich mit der im vorigen Jahrgange angezeigten Kritik von E. von Hartmann keinen Vergleich aushält. Sie betitelt sich: *Shakespeare's Romeo und Julia. Erläutert von Robert Prütza* (Leipzig, 1874) und bildet den ersten Theil einer populär-wissenschaftlichen Sammlung unter dem Gesammttitel 'Erläuterungen zu ausländischen Klassikern'. In vier Abschnitten werden die Entstehung, die Quellen des Dramas, das Verhältniss des Shakespeare'schen Dramas zu seiner Quelle und die Entwickelung der Handlung besprochen, ohne dass denen, die mit dem Gegenstande nur einigermassen vertraut sind, irgend etwas Neues geboten würde. Das nämliche Urtheil muss über die Abhandlung von *Dr. B. Thiel* '*The Principal Reasons for Shakespeare's remaining unpopular longer than a century even in England*' (Augsburg, 1874) gefällt werden, die weder in Bezug auf Inhalt noch auf Form von Bedeutung ist. Der Verfasser beherrscht die englische Sprache in ihrer idiomatischen Eigenthümlichkeit nicht so genügend, um nicht bedauern zu lassen, dass er sie der Muttersprache vorgezogen hat.

Von '*Shakespeare's dramatischen Werken für die deutsche Bühne bearbeitet von W. Oechelhäuser*' liegt der 15. Band, *Macbeth* enthaltend, vor (Berlin, 1875). Die Oechelhäuser'schen Bühnenbearbeitungen sind nicht allein in der Presse wiederholt eingehend besprochen worden, sondern haben auch auf den Bühnen und besonders in Berlin so schnell Boden gewonnen, dass es überflüssig erscheint, ihre Eigenthümlichkeiten und Vorzüge aufs Neue darzulegen.

K. Werder's 'Vorlesungen über Shakespeare's Hamlet, gehalten an der Universität zu Berlin' (Berlin 1875) können hier nur genannt werden; sie lassen sich nicht in wenigen Zeilen kritisiren und sind so sehr polemischer Natur, dass sie die volle Schärfe der Kritik herausfordern. Hoffentlich findet sich im nächsten Jahrbuche Gelegenheit und Raum, darauf zurückzukommen.

Schliesslich muss noch einer Hamlet-Uebersetzung gedacht werden: *Hamlet, Prinz von Dänemark. Von William Shakespeare. In wort- und sinngetreuer Prosa-Uebersetzung von C. Hackh. Mit einleitenden kritischen Studien u. s. w. u. s. w.* (Stuttgart, 1874). Eine Prosa-Uebersetzung nach Schlegel-Tieck und so vielen andern metrischen Uebersetzungen ist eine Art Curiosität und ein unleugbarer Rückschritt, der unwillkürlich die Frage anregt: Cui bono? Wer kann beispielsweise heutzutage den Monolog 'Sein oder Nichtsein' in Prosa lesen? zumal wenn er weiter nichts ist als der in Prosa aufgelöste Schlegel; und dass er Schlegel und Bodenstedt ausgiebig benutzt hat, rechnet sich der Verfasser im Vorworte fast zum Verdienst an. Man nehme Schlegel zur Hand und höre: 'Sein oder Nichtsein, das ist die Frage: — ob es edler für den Geist, die Schläge und Pfeile des grausamen Schicksals zu ertragen, oder die Waffen zu ergreifen gegen eine See von Plagen und sie durch Widerstand zu enden? — Sterben — schlafen — nichts weiter; — und so durch einen Schlaf das Herzweh und die tausend Stösse der Natur zu enden, die unseres Fleisches Erbtheil sind — 's ist ein Ziel auf's Innigste zu wünschen.' Oder (I, 2): 'Obwohl von Hamlet, unseres theuren Bruders Tod, noch das Gedächtniss frisch, und es sich ziemte, in Trauer unser Herz zu hüllen, wie dem ganzen Reich, in Eine Stirne des Grames sich zu falten, hat nun doch Klugheit die Natur so weit bekämpft, dass wir mit weisem Kummer sein gedenken, zugleich jedoch auch unser eignes Wohl nicht ganz dabei vergessen wollen.' U. s. w. Oder (I, 4): 'Engel und Boten Gottes, steht uns bei! — Sei du ein Geist des Segens oder ein verdammter Kobold, bring mit dir Himmelsdüfte oder Qualm der Hölle, sei deine Absicht boshaft oder liebreich, du kommst in so fragwürdiger Gestalt, dass ich dich sprechen will.' U. s. w. Solche Proben zeigen recht deutlich, wie tief uns nicht allein Shakespeare, sondern speziell der Schlegelsche Shakespeare in's Blut übergegangen ist und wie sehr er verdient, durch Nachbesserung lebendig und im Einklange mit den Fortschritten der Zeit erhalten zu werden. Die 'einleitenden kritischen Studien', die so schön zur Zierde des Titels dienen, sind der Hauptsache nach nichts als wörtliche Auszüge aus 'Johnson, Goethe, Herder, Börne, Gervinus, Kreyssig, Vischer und Andern' — merkwürdiger Weise mit Uebergehung Ulrici's. Augenscheinlich ist der Uebersetzer ein Liebhaber, der seine Mussestunden — und er scheint deren viele zu haben — mit Uebersetzen ausfüllt, wie Andere sie dem Buch der vier Könige widmen. Die Früchte dieser Liebhaberei hat er dann, wie im Vorwort zu lesen steht, seinen Freunden vorgetragen, die, wie billig, entzückt davon waren, sich Abschriften ausbaten, ja sogar, da dem Uebersetzer Zeit und Lust zu einer solchen Arbeit mangelte, sich bereit erklärten, zu den Druckkosten beizusteuern. Da klage man noch, dass Grossmuth und Uneigennützigkeit aus der Welt verschwunden seien! Konnte da der Verfasser widerstehen und musste er sich nicht vielmehr beeilen, seine wort- und sinngetreue Prosa-Uebersetzung sammt den kritischen Lesefrüchten der Oeffentlichkeit zu übergeben, 'selbst auf die Gefahr hin, dass ein oder der andere Kritiker seine Arbeit nicht zur Ausfüllung einer „fühlbaren Lücke" geeignet finden sollte.' In dieser Befürchtung hat den Uebersetzer seine 'ahnungsvolle Seele' — denn dadurch ersetzt die wort- und sinngetreue Prosa-Uebersetzung Schlegel's 'prophetisches Gemüth' — nicht betrogen.

Im letzten Augenblicke, als diese Blätter eben an die Druckerei abgehen sollen, trifft noch das durch buchhändlerische Saumseligkeit verspätete Werk von Professor *Edward Dowden* ein: *Shakspere: A Critical Study of his Mind and Art* (London, 1875). Eine Besprechung des Inhaltes und der Ergebnisse, zu denen der Verfasser gelangt, ist unter diesen Umständen unmöglich; wir müssen uns damit begnügen, mit wenigen Worten den Standpunkt des Verfasser's zu kennzeichnen. Dowden will aus Shakespeare's Werken ein Bild von des Dichters Persönlichkeit und seinem Entwickelungsgange gewinnen und hat, um einen sichern Grund für seine Arbeit zu legen, nicht bloss Shakespeare's Werke, sondern auch alle erheblichen Erscheinungen der englischen wie der deutschen Shakespeare-Literatur studirt, obwohl er sein Buch für den grossen Leserkreis bestimmt hat und die Erörterung gelehrter Fragen vermeidet. 'To approach Shakespeare on the human side, sagt er, is the object of this book; but I believe that Shakespeare is not to be approached on any side through dilettantism.' Damit stimmt sein Urtheil über Rümelin's realistische Shakespeare-Kritik, welche er Seite III als 'clever and superficial' bezeichnet. Er weiss recht gut, dass die Kennerschaft dazu dient, den Genuss zu erhöhen, und dass der Maler die Natur mit ungleich grösserem Vergnügen betrachtet als der Nicht-Maler, denn der Maler lernt nicht allein malen, sondern er lernt vor allen Dingen sehen, wie wir es auszudrücken pflegen. Die acht Kapitel, aus denen das Werk besteht, haben folgende Ueberschriften: Shakspere and the Elizabethan Age; The Growth of Shakespeare's Mind and Art; The First, and the Second Tragedy: Romeo and Juliet: Hamlet; The English Historical Plays; Othello, Macbeth, Lear; The Roman Plays; The Humour of Shakspere; Shakspere's Last Plays. In Bezug auf Kapitel drei (The First, and the Second Tragedy: Romeo and Juliet: Hamlet) muss hinzugefügt werden, dass nach dem Verfasser Shakespeare den Liebesidealisten Romeo und den speculativen Kopf Hamlet in sich vereinigte, wenngleich der ganze Shakespeare weder dem Romeo, noch dem Hamlet glich. Besonders erfreulich für den deutschen Leser ist das deutsche Element, das sich ihm in diesem Werke zu erkennen giebt. Von dem trefflichen Furness abgesehen, kennen wir keinen Shakespeare-Gelehrten englischer Zunge, der eine so ausgebreitete und tiefgehende Kenntniss der deutschen Shakespeare-Literatur besässe und derselben so viel Anerkennung und Wohlwollen entgegenbrächte als Professor Dowden. Wenn wir uns erinnern, dass der verstorbene Al. Dyce nicht einmal Deutsch verstand, so können wir nicht umhin, diese gegenseitige Durchdringung und Schätzung der geistigen Arbeit auch auf dem Felde der Shakespeare-Forschung als einen bedeutsamen Fortschritt willkommen zu heissen. Wir zweifeln nicht, dass Professor Dowden's Werk auch unter den deutschen Shakespeare-Freunden zahlreiche und dankbar anerkennende Leser finden wird.

Miscellen.

Eine Emendation zu Antonius und Cleopatra.

In Act I, Sc. 2 dieser Tragödie tritt nach dem bisher nicht angezweifelten Text bald nach dem Anfang Enobarbus mit der Aufforderung ein, das Bankett und Wein zu bringen. Seine Worte finden keine Beachtung und nach mehrfachen Zwischenreden der beiden Frauen und des Wahrsagers (nach 34 Zeilen) wird er erst mit der Aeusserung bemerkbar, dass sein und Andrer Schicksal sein würde, betrunken zu Bett zu gehen. Augenscheinlich ist hier durch Versetzung und unrichtige Vertheilung der Reden eine Corruption erfolgt und der richtige Text folgendermassen herzustellen. Enobarbus tritt erst auf und macht die Aeusserung:

Bringt das Bankett sogleich, und Wein genug
Auf's Wohl Cleopatra's zu trinken

nach den Worten Charmions: Nur keine Runzeln. Dann folgen die auf Enobarbus, nicht auf die Frauen zu beziehenden Worte des Alexas:

Stört den Propheten nicht! gebt Achtung.

Darauf sagt Charmion: „hush" still, was Tieck mit Mum übersetzt, als wenn sie zu sich selbst spräche. Doch ist in dieser Bedeutung das Wort entweder von Enobarbus zu sprechen, wobei er sich etwa auf den Mund zu schlagen hat, oder Charmion sagt im Sinne des Alexas zu Enobarbus: still. Dies ist jedoch ziemlich gleichgültig. Dagegen steht die nächste auf Charmion vertheilte Gegenrede auf des Wahrsagers Worte: Ihr werdet mehr verliebt sein als geliebt:

I had rather heat my liver with drinking

offenbar dem Enobarbus zu, welcher damit gewissermassen in Protest gegen die ganze Unterhaltung sein früheres Verlangen wiederholt und dann wieder von Alexas verwiesen wird: So hört ihn doch. Auf Charmion passen jene Worte ihrem ganzen Wesen und dem Dialog nach gar nicht und Tieck hat ungenau, und nur um an des Wahrsagers Worte anzuknüpfen, übersetzt:

„Nein, lieber mag mir Wein die Leber wärmen."

Enobarbus ist nun still und wirft nur später im Verfolg desselben Gedankenganges seine Aeusserung vom Betrunken-zu-Bett-gehen ein. Dem Character des Enobarbus entspricht auch ganz das unberufene Dazwischenreden, wie sein Verhalten in Act II, Scene 2 ergiebt, und wäre es bei ihm befremdlich, wenn er ganz stumm die ganze Unterhaltung mit anhörte. Es erscheint also namentlich um seiner Rolle willen die Aenderung nothwendig. Wie eine Corruption hier entstanden ist, lässt sich auch leicht erklären, indem die zwei ersten Buchstaben der beiden Personen Ch und En, womit die vertheilten Worte bezeichnet gewesen sein mögen, bei schneller Schrift leicht verwechselt werden können. Die zu frühe Einsetzung der ersten Worte des Enobarbus rührt offenbar davon her, dass das Manuscript, wie dies ja häufig geschah, aus den Rollen der Schauspieler zusammengesetzt worden ist.

Wilhelm König.

Zu Cymbeline II, 2.

Da die im vierten Bande Seite 381 mitgetheilte Glosse keine Widerlegung gefunden hat, und ich seit Jahren einen anderen Gesichtspunkt gewonnen habe, will ich sie hier in der Kürze selbst widerlegen.

Die Glosse entstand, weil es mir wunderlich vorkam, dass Jachimo, indem er den Morgen herbeisehnt, den Wunsch ausspricht:

that dawning
May bare the raven's eye.

Schon einigen der Englischen Herausgeber im vorigen Jahrhundert war diese Aeusserung befremdend vorgekommen: Jachimo sollte eher von der Lerche gesprochen haben (*as the earlier riser; The lark has always been counted the earliest stirrer among the feather'd kind*) und das Auge des Raben wäre als eine Metapher zu verstehen.[1]

Der Grund aber, weshalb Shakespeare den Jachimo nicht wünschen lässt, dass der Morgen etwa das Auge der Lerche eröffne, ist der, dass nach Shakespeare's Anschauung die Lerche nicht unter diejenigen Vögel gehört, die von dem Morgen erweckt werden. *The herald of the morn* wird sie von Romeo in der Balconscene genannt, und in einer der Stanzen in Venus und Adonis (Vers 853—855), wo der Anbruch des Tages beschrieben wird, heisst es, dass die edle Lerche, der Ruhe satt, von ihrem feuchten Zimmerchen emporsteigt und den Morgen erweckt: *And wakes the morning*. Am deutlichsten hat jedoch Shakespeare seine Anschauung in Troilus und Cressida (IV. 2) ausgesprochen, in den Worten:

O Cressida! but that the busy day,
Wak'd by the lark, hath rous'd the ribald crows.

Die Lerche erweckt den Tag, und der Tag unter den Vögeln, die da schlafen, am ersten die Krähen. Mit den Krähen erwachen natürlich die Raben zugleich, und in der Verszeile Jachimo's passte das zweisilbige *raven* besser, als das einsilbige *crow*.

Dieselbe Anschauung von der Lerche findet sich bei Lilly in einem Lied in dem Drama Campaspe (V, 1): die Lerche schwingt am Himmels-

---

[1] Die richtige Lesart, sagt nämlich Warburton, sei *bear* und das Gleichniss von der Heraldik hergenommen: der Morgen, der gewöhnlich als grauäugig bezeichnet wird, solle die Farbe des Rabenauges annehmen, und das ist grau. Nach Neueren (Field und Singer) wäre der Rabe die Nacht, deren Auge der Morgen eröffne. In meiner Glosse erklärte ich den Raben als die rabenschwarze Kiste, wo Jachimo sich schon wieder eingeschlossen hätte, und deren Oeffnung der Morgen wieder entblössen möchte.

thor ihre Flügel, und der Morgen erwacht nicht eher, als bis sie singt: *The morn not waking, till she sings.* Man beachte auch den Anfang des Morgenständchens in Cymbeline:

> *Hark, hark! the lark at heaven's gate sings,*
> *And Phœbus 'gins arise.*

Erst nachdem die Lerche singt, beginnt der Sonnengott emporzusteigen. Und weil die Lerche schon vor dem Sonnenaufgang wach ist, kann sie, wie es in *The Passionate Pilgrim* XV heisst, das Tageslicht mit ihrem Gesang bewillkommnen:

> *For she doth welcome day-light with her ditty.*

Uebrigens ist bei Shakespeare die Lerche nicht der einzige Vogel, der den Tag ruft. In dem Gespräch auf der Terrasse in Hamlet (I, 1) sagt nämlich Horatio von dem Hahn:

> *I have heard,*
> *The cock, that is the trumpet to the day,*
> *Doth with his lofty and shrill-sounding throat*
> *Awake the god of day.*

Kopenhagen, im December 1874. Julius Martensen.

Shakespeare-Aufführungen im Burgtheater.

Nach einer in der Allgemeinen Zeitung vom 9. Januar 1875 enthaltenen Uebersicht wurden im Burgtheater im Jahr 1874 aufgeführt: von Bauernfeld elf Stücke, *von Shakespeare zehn*, von Schiller acht, von Wilbrandt und Scribe je sieben, von Grillparzer sechs, von Frau Birch-Pfeiffer fünf, von Goethe und Mosenthal je vier, von Lessing, Halm, Hebbel, Feuillet, Sardou je drei, von Laube, Ludwig, Weilen, Wichert, Gutzkow, Benedix, Hackländer, Frau von Girardin je zwei, von allen übrigen Autoren nur je ein Stück.

Eine neue Shakespeare-Büste.

Zu den auf Seite 47 dieses Jahrbuchs von Geheimrath Schaaffhausen aufgezählten bildlichen Darstellungen Shakespeare's, denen die angebliche Todtenmaske zu Grunde gelegt ist, mag noch eine von *Hermann Linde* in ein Viertel über Lebensgrösse ausgeführte Büste hinzugefügt werden. Zwei uns vorliegende Photographien dieser Büste zeigen allerdings geringe Aehnlichkeit mit der Stratforder Büste einerseits und dem bekannten Chandos-Porträt (oder auch dem Jansen'schen) andererseits; dagegen hören wir von competenten Beurtheilern, welche Gelegenheit hatten, die Büste im Atelier des Künstlers zu sehen, versichern, dass sie lebhaft an den Droeshout'schen Stich erinnere, obwohl dieser dem Künstler bei seiner Arbeit nicht vorgelegen hat.

Shakespeare-Bibliographie
1873 und 1874.

(Nebst Nachträgen zur Bibliographie in Band I., II., III., V., VI. und VIII. des Jahrbuches.)

Zusammengestellt von **Albert Cohn**.

Es wird in Erinnerung gebracht, dass die „Bibliographie" Recensionen und Anzeigen von Büchern, Theaterberichte, bildliche Darstellungen und musikalische Werke im allgemeinen nicht verzeichnet. Arbeiten dieser Art finden nur dann Aufnahme, wenn sie selbständige Forschungen enthalten.

I. ENGLAND und AMERICA.
a. Texte.

A NEW VARIORUM EDITION OF SHAKESPEARE. Edited by Horace Howard Furness. Vol. II. Macbeth. Philadelphia, J. B. Lippincott & Co. 1873. 8vo. pp. XIX—491.
 Contents: P. 1—300: Text of the Play. 301—491: Appendix: Macbeth, a Tragedy. With all the Alterations, Amendments, Additions, and New Songs. As it is now Acted at the Dukes Theatre (D'Avenant's Version) London, for P. Chetwin, 1674. — The Source of the Plot (Holinshed, Wintownis Cronykil [reprinted from Halliwell's ed. of Simrock's *Remarks*, in the Shakespeare-Soc. Publications] etc.). — Date of the Play. — 'The Witch' (a Play by Thomas Middleton). — The Text. — Was Shakespeare ever in Scotland? — Langbaine. — Character of Macbeth. — Character of Lady Macbeth. — Fletcher. — Hunter. — De Quincey. — Rofie. — Macbeth's First Soliloquy. — German Translations. — Schlegel. — Horn. — Ulrici. — Rötscher. - Hiecke. — Gervinus. — Kreyssig. — Flathe. — Rümelin. — Gericke. — Leo. — Chasles. — Lacroix. — Mezières. — Lamartine.

WORKS. With Notes, Glossary, a Life of Shakespeare, etc. By Howard Staunton. New edition. With 36 full-page illustrations by Sir John Gilbert. 6 vols. London, Routledge, 1873. 8vo. pp. 620, 570, 542, 506, 590, und ?

Works. The Text revised by the Rev. Alexander Dyce. Third Edition. Vol. I. London, Chapman, 1874. 8vo.

Works. Edited by Charles Knight. With 340 Illustrations by Sir John Gilbert. 2 vols. London, Routledge, 1874. Roy. 8vo. pp. 1120.

Works. With Life, Glossary, &c. Reprinted from the Early Editions, and compared with Recent Commentators. London, Warne, 1874. 8vo. min. pp. 1134.

Works. Edited by Charles and Mary Cowden Clarke. With 66 Illustrations selected from 'The Boydell Gallery' and reproduced in Woodbury Type. 2 vols. London, Bickers, 1874. Roy. 8vo. pp. 1060.

There is another issue of the same edition, in 1 vol. with 21 Illustr. only, called 'The Leicester Square Edition'.

The Reference Shakespeare. A Self-interpreting Edition of Shakespeare's Plays, containing 11,600 References. Compiled by John B. Marsh. New edition. London, Barrett, 1874. 4to. pp. 1830.

Dramatic Works. Edited, with Remarks on his Life and Writings, by Thomas Campbell. New Edition. London, Routledge, 1873. Roy. 8vo. pp. 1040.

Dramatic Works. Adapted for Family Reading by Thomas Bowdler. New Edition, with Steel-engravings. London, Griffin, 1873. 8vo. pp. 863.

Dramatic Works. With Notes by S. W. Singer. With a Life by W. Watkins Lloyd. New edition. Vol. I. London, Bell & Son, 1874. 12mo. pp. 516.

Hudson's School Shakespeare. Plays of Shakespeare selected and prepared for the Use of Schools etc. With Introd. and Notes by Henry Hudson. Third Series. Boston, Mass., Ginn Broth., 1873. 12mo. pp. 655.

Select Plays. (Clarendon Press Series.) Hamlet, Prince of Denmark. Edited by W. G. Clark and W. A. Wright. Second edition. Oxford, Clarendon Press, 1873. 8vo. min. pp. XVI.—231.

— The Tragedy of King Richard II. Edited by W. G. Clark and W. A. Wright. Oxford, Clarendon Press, 1873. 8vo. min. pp. XVIII.—158.

— The Tempest. Edited by W. A. Wright. Oxford, Clarendon Press. 1874. 8vo. min. pp. XX.—156.

Select Plays. Rugby Edition (for the Use of Rugby School) Hamlet. Edited by Charles E. Moberly. Rugby, Billington, 1873. 12mo.

Comedy of All's Well that Ends Well. With Critical and Explanatory Notes by John Hunter. London, Longmans, 1873. 12mo. pp. 116.

King Edward the Third: a Historical Play attributed by Edward Capell to William Shakespeare, and now proved to be his Work, by J. Payne Collier. London? Maidenhead? 1874. 4to. (Printed for Private Circulation only.)

HAMLET (in Welsh). Hamlet tywysog Denmarc. Gan W. Shakspeare. Cyficeithiad Buddugol yn Eisteddfod Llandudno, 1864. Gan 'William Stratford', scf, Mr. D. Griffiths. Wedi ei ddiwygio gan y Golygydd. Wrexham: cyhoeddedig dros y pwyllgor, gan R. Hughes a' i fab. 1865. 8vo.
Wrapper: Rhan 6. — Cyf. II. Yr Eisteddfod. Scf, cyhoeddiad chwarterol y sefydliad genedlaethol. Tan olygiaeth creuddin fab. etc. (The Text is paged (97)-192.)

KING HENRY VI., PART III. With Notes Critical and Explanatory. Adapted for Scholastic or Private Study. By John Hunter. London, Longmans, 1873. 12mo. pp. VII.--118.

COMEDY OF LOVE'S LABOUR LOST, with Critical and Explanatory Notes by John Hunter. London, Longmans, 1873. 12mo. pp. 128.

COMEDY OF THE MERCHANT OF VENICE. With Introductory Remarks, and Explanatory Grammatical and Philological Notes, by D. Morris. Glasgow, Collins, 1874. 18mo. pp. 100.

MIDSUMMER-NIGHT'S-DREAM. By William Shakespeare. With Illustrations by Alfred Fredericks. New-York, D. Appleton & Co., 1873. 4to.

KING RICHARD II. With Notes by D. Morris. Glasgow, Collins, 1873. 12mo.

KING RICHARD THE SECOND. With Historical and Critical Introductions by H. G. Robinson. Edinburgh, Oliver & Boyd, 1874. 12mo. pp. 128.

TRAGEDY OF KING RICHARD III. With Explanatory, Grammatical, and Philological Notes, Critical Remarks, and Historical Extracts, by William Lawson. Glasgow, Collins, 1874. 12mo. pp. 142.

TRAGEDY OF TIMON OF ATHENS. With Critical and Explanatory Notes by John Hunter. London, Longmans, 1873. 12mo. pp. 96.

LE ROI LEAR. Tragédie en 5 actes, traduite en vers français par le Chevalier de Chatelain. Londres, Rolandi, 1873. 12mo. pp. 212.

OTHELLO, le Maure de Venise, tragédie en 5 actes, traduite en vers français, par le Chevalier de Chatelain. Londres, Th. H. Lacy, 1871. 12mo. pp. 190.

LA VIE ET MORT DE RICHARD III. Tragédie en 5 actes, traduite en vers français par le Chevalier de Chatelain. Londres, Rolandi, 1872. 12mo. pp. 181.

TIMON D'ATHÈNES. Drame en 5 actes. Traduit en vers français par le Chevalier de Chatelain. Londres, Rolandi, 1874. 12mo. pp. 184.

HAMLET, facsimiled from the edition of 1611. London 1870. 4to.

KING RICHARD THE SECOND, facsimiled from the edition of 1608. London 1870. 4to.

KING RICHARD THE SECOND, facsimiled from the edition of 1615. London 1870. 4to.

THE FIRST PART OF K. HENRY THE FOURTH, facsimiled from the edition of 1604. London 1871. 4to.

PERICLES, PRINCE OF TYRE, facsimiled from the second edition of 1609. London 1871. 4to.

Die Sammlung der von J. O. Halliwell besorgten Facsimile-Ausgaben der Quartos ist nun vollständig. Die folgende Liste derselben wird nicht ohne Nutzen sein, da die Ausgaben bisher nirgends verzeichnet worden sind.

Chronological List

of the Lithographic Facsimiles of the Quarto Editions of the Separate Works of Shakespeare which were issued during his life-time, published under the superintendence of Mr. J. O. Halliwell. — All in 4to. London.

1593. VENVS AND ADONIS. Imprinted by Richard Field. Reprinted 1866.
1594. VENVS AND ADONIS. ——————— the same. Reprinted 1867.
1594. LUCRECE. Printed by Richard Field for Iohn Harrison. Reprinted 1866.
1597. ROMEO AND IULIET. Printed by Iohn Danter. Reprinted 1866.
1597. RICHARD THE SECOND. Printed by Valentine Simmes for Andrew Wise. Reprinted 1862.
1597. RICHARD THE THIRD. Printed by the same for the same. Reprinted 1863.
1598. LOVES LABORS LOST. Imprinted by W. W. for Cuthbert Burby. Reprinted 1869.
1598. RICHARD THE SECOND. Printed by Valentine Simmes for Andrew Wise. Reprinted 1869.
1598. HENRIE THE FOVRTH (Part I.). Printed by P. S. for Andrew Wise. Reprinted 1866.
1598. RICHARD THE THIRD. Printed by Valentine Simmes for Andrew Wise. Reprinted 1867.
1599. HENRIE THE FOVRTH (Part I.). Printed by S. S. for Andrew Wise. Reprinted 1866.
1599. ROMEO AND IULIET. Printed by Thomas Creede for Cuthbert Burby. Reprinted 1865.
1600. TITUS ANDRONICUS. Printed by I. R. for Edward White. Reprinted 1866.
1600. MUCH ADOE ABOUT NOTHING. Printed by V. S. for Andrew Wise. Reprinted 1865.
1600. A MIDSOMMER NIGHT'S DREAME. Printed by James Robert. Reprinted 1864.
1600. A MIDSOMMER NIGHT'S DREAME. Imprinted for Thomas Fisher. Reprinted 1864.
1600. THE MERCHANT OF VENICE. Printed by J. Roberts. Reprinted 1865.
1600. THE MERCHANT OF VENICE. Printed by I. R. for Thomas Heyes. Reprinted 1870.
1600. HENRIE THE FOURTH (Part II.). The Second part of. Printed by V. S. for Andrew Wise and William Apsley. 43 leaves. Reprinted 1866.
1600. HENRIE THE FOURTH (Part II.). — Printed by the same, for the same. 41 leaves. Reprinted 1866.

1600. HENRY THE FIFT. Printed by Thomas Creede, for Thomas Millington and Iohn Busby. Reprinted 1868.
1602. MERRIE WIUES OF WINDSOR. Printed by T. C. for Arthur Iohnson. Reprinted 1866.
1602. HENRY THE FIFT. Printed by Thomas Creede for Thomas Pauier. Reprinted 1867.
1602. RICHARD THE THIRD. Printed by Thomas Creede for Andrew Wise. Reprinted 1865.
1603. HAMLET. Printed for N. L. and Iohn Trundell. Reprinted 1866.
1604. HAMLET. Printed by I. R. for N. L. Reprinted 1867.
1604. HENRIE THE FOURTH (Part I.). Printed by Valentine Simmes for Mathew Law. Reprinted 1871.
1605. HAMLET. Printed by I. R. for N. L. Reprinted 1868.
1605. RICHARD THE THIRD. Printed by Thomas Creede and are to be sold by Mathew Lawe. Reprinted 1863.
1608. KING LEAR. Printed for Nathaniel Butter, and are to be solde at his shop . . . at the signe of the Pide Bull. 41 leaves. Reprinted 1868.
1608. KING LEAR. Printed for Nathaniel Butter. 44 leaves. Reprinted 1867.
1608. RICHARD THE SECOND. Printed by W. W. for Mathew Law. Reprinted 1870.
1608. HENRY THE FOURTH (Part I.). Printed for Mathew Law. Reprinted 1867.
1608. HENRY THE FIFT. Printed for T. P. Reprinted 1870.
1609. ROMEO AND JULIET. Printed for Iohn Smethwick. Reprinted 1869.
1609. TROYLUS AND CRESSEID. Imprinted by G. Eld for R. Bonian and H. Walley. Reprinted 1863.
1609. PERICLES. Imprinted for Henry Gosson. Reprinted 1862.
1609. PERICLES. Imprinted for the same (second edition). Reprinted 1871.
1611. TITUS ANDRONICUS. Printed for Edward White. Reprinted 1867.
1611. PERICLES. Printed by S. S. Reprinted 1868.
1611. HAMLET. Printed for Iohn Smethwicke. Reprinted 1870.
1612. RICHARD THE THIRD. Printed by Thomas Creede and are to be sold by Mathew Lawe. Reprinted 1871.
1613. HENRIE THE FOURTH (Part I.). Printed by W. W. for Mathew Law. Reprinted 1867.
1615. RICHARD THE SECOND. Printed for Mathew Law. Reprinted 1870.
Without date. ROMEO AND JULIET. Printed for Iohn Smethwicke. Reprinted 1868.
1619. MERRY WIUES OF WINDSOR. Printed for Arthur Johnson. Reprinted 1866.
1622. OTHELLO. Printed by N. O. for Thomas Walkley. Reprinted 1864.

A *General Title, List of Contents* and *three Facsimiles of Title-pages, containing variations* form a separate and concluding volume.

b. Shakespeariana.

ADAMS, W. DAVENPORT. Lyrics and Love from Shakespeare to Tennyson, selected and arranged, with Notes. London, H. S. King, 1873. 12mo. pp. 270.

ADDIS, JOHN. Parallel Passages (in All's Well, Cymbeline, K. Lear, As You Like It and in Beaumont and Fletcher, Webster, Massinger, Ford, Apius and Virginia (a play) Cowper, Shelley).
Notes & Qu. 1873, Dec. 6, p. 446.

ADDIS, JOHN. Parallel Passages (in Julius Cæsar, Coriolanus, K. Henry V., Merry Wives, Troilus and Cressida, K. John, Venus and Adonis, and in Beaumont & F., Molière, Montaigne, Marlowe, Homer).
Notes & Qu. 1874, Apr. 25, p. 326.

AINGER, ALFRED. Chaucer and Shakspeare.
Notes & Qu. 1874, Feb. 14, p. 125.

B., W. All's Well that Ends well, Act IV, sc. 2. 'In such a scarre.'
Notes & Qu. 1874, Apr. 18, p. 304.

BAILEY, JOHN E. Epigram 'To Master W. Shakespeare' in Thomas Freeman's 'Rubbe, and a Great Cast, Epigrams', London 1614.
Notes & Qu. 1874, May 23, p. 404.

BARDSLEY, CHARLES W. Shakespeare's Name.
Notes & Qu. 1874, July 4, p. 2. — Ibid. Aug. 8, p. 103, by X. Y. Z. — Ibid. Nov. 21, p. 405, by R. S. Charnock. — Ibid. Dec. 5, p. 444, by Walter W. Skeat. — Ibid. Dec. 19, p. 484, by W. J. Bernhard Smith.

BEALE, J. Lucrece: 'But they whose guilt *with* in their bosoms *lie*'.
Notes & Qu. 1874, June 20, p. 484.

Beauties, The, of Shakespeare. With a General Index. London, Routledge, 1873. 12mo. pp. 388.

BIBLIOTHECAR. CHETHAM. The Expulsive Power of a New Affection (Parallel Passage in the Two Gentlemen of Verona and in Allot's 'England's Parnassus'. — A passage in Richard II. ascribed to Mich. Drayton by Allot).
Notes & Qu. 1874, Oct. 10, p. 283.

BLAIR, D. (at Melbourne). Shakspeare and St. Augustine, Le Sage, Voltaire.
Notes & Qu. 1874, May 23, p. 404.

BLUNT, J. H. Shakespeare's Name.
Athenæum, 1874, No. 2437, July 11, p. 60.

(BOSTON PUBLIC LIBRARY.) Superintendent's (Mr. Justin Winsor) Monthly Reports No. 46—54, April to December 1874, folio, (containing bibliographical notes upon the early Quarto issues of Shakespeare's Plays before the first Folio of 1623, gathered and printed for the purpose of testing their accuracy, before embodying them in the catalogue of the Barton Library, one of the finest Shakespearian collections ever formed, now the property of the Boston Public Library.

Mr. Winsor will send these most useful Monthly notes to persons making a study of Shakespearian Bibliography).

The Boydell Gallery. Collection of Engravings illustrating the Dramatic Works of Shakespeare, by the Artists of Great Britain, reproduced from the originals in permanent Woodbury type, by Vincent Brooks, Day and Son. 97 Plates. (With descriptive Letter-press.) London, Bickers, 1874. fol.

BRAE, A. E. (Solution of the enigmatical inscription prefixed to Shakespeare's Sonnets, 1609).
Read by Mr. Ingleby before the Roy. Society of Literature, June 25, 1873.

BRAE, A. E. Prospero's Clothes-line, and the Scarre between Bertrand and Diana; with some other occasional Readings in Shakespeare. (Read January 1871.)
Transactions of the Royal Society of Literature. Second Series, Vol. X, 1874, pp. 464—504.

BROWNE, C. ELLIOT. Shakspeare's Sonnets: an old Theory.
Athenæum, 1873, No. 2392, Aug. 30, p. 277.

BROWNE, C. ELLIOT. Shakspeare Notes.
Athenæum, 1874, No. 2434, Jun. 20, p. 827.

BROWNE, C. ELLIOT. The earliest mention of Shakespeare (in the 'Polimanteia' Cambridge 1595).
Notes & Qu. 1873, May 10, p. 378. — Ibid. June 14, p. 491, by B. Nicholson. — Ibid. Aug. 30, p. 179, by C. Elliot Browne. — Ibid. Nov. 1, p. 357, by Jamez. — Ibid. Nov. 22, p. 417, by C Elliot Browne. — Ibid. 1874, Jan. 3, p. 9—10, by B. Nicholson and Jabez.

BROWNE, C. ELLIOT. Winter's Tale Act IV, sc. 3. 'Then make your garden rich in *gilly flowers*'.
Notes & Qu. 1873, July 19, p. 43. — Ibid. Aug. 2, p. 84, by Alfred Ainger. — Ibid. Aug. 23, p. 144, by C. Elliot Browne.

BROWNE, C. ELLIOT. (Passage in the 'Return from Parnassus', 1606 believed to refer to Shakespeare having taken an official part in the procession of James I. upon his entry in London.)
Notes & Qu. 1873, July 19, p. 43.

BROWNE, C. ELLIOT. On Shakespeare's Pastoral Name.
Notes & Qu. 1873, Dec. 27, p. 509—10. Ibid 1874, Feb. 7, p. 109—10, by Brinsley Nicholson.

BROWNE, C. ELLIOT. Shakespeare Queries. ('The Friendly Rivals' a tale in 'Angliae Speculum morale' London 1670, resembling the last scene of the Merry Wives of W. — John Dennis's remarks upon Shakespeare. — John Benson. — Scott's Shakespeare.)
Notes & Qu. 1874, May 2, p. 342.

BROWNE, C. ELLIOT. Shakspeare and Thomas Kyd.
Notes & Qu. 1874, June 13, p. 462—64.

BROWNE, C. ELLIOT. Greene's 'Upstart Crow'.
Notes & Qu. 1874, July 25, p. 64.

BROWNE, C. ELLIOT. A Shakspearian Criticism of 1720 (in the 'Golden Medley', London 1720).
Notes & Qu. 1874, Oct. 10, p. 285.

BURRELL, WILL. Wappen'd (Timon of Athens, Act IV, sc. 3.)
Athenæum, Nr. 2444, Aug. 29, 1874, p. 292.

C. M. Mr. Staunton on Shakspeare. (Tho. Shadwell's 'Timon of Athens, the Manhater'.)
>Athenæum, No. 2372, Apr. 12, 1873, p. 482.

C., P. P. Cymbeline, Act II, sc. 3. 'Winking *Mary-buds*'.
>Notes & Qu. 1873, Sept. 27, p. 243—44. — Ibid. Oct. 11, p. 283—84, by B. Nicholson, James Britten, R. N. J., W. F. F., P. P. C. — Ibid. Nov. 8, p. 363—64, by C. A. W., Ralph N. James, Royle Entwisle. — Ibid. Nov. 29, p. 437, by James Britten. — 1874, Jan. 10, p. 24, by B. Nicholson.

C., P. P. K. Henry V., chorus to Act V. 'Which, like a mighty *whiffler* 'fore the King.'
>Notes & Qu. 1873, Oct. 11, p. 284. — Ibid. Nov. 1, p. 354, by H. Wedgwood. — Ibid. Nov. 15, p. 397, by C. A. W. — Ibid. Nov. 22, p. 416, by O. — Ibid. Dec. 27, p. 525, by W. H. Patterson.

CATES. W. L. R. A Shakespeare Study. King John, Act III, sc. 3 'Sound on into the drowsy race of night'.
>Athenæum, No 2385, July 12, 1873, p. 46. — Ibid. No. 2400, Oct. 25, p. 538, by Maria Wheeler.

CHANCE, F. K. Lear, Act II, sc. 2. 'Sop o' the *moonshine*'.
>Notes & Qu. 1873, July 19, p. 43. — Ibid. Aug. 2, p. 84, by Royle Entwisle. — Ibid. Aug. 9, p. 113, by Hermentrude.

CHARNOCK, R. S. 'Wappen'd widow.' Timon of Athens, Act IV, sc. 3. 'That makes the wappen'd widow wed again.'
>Notes & Qu. 1874, Sept. 19, p. 224. — Ibid. Oct. 17, p. 314, by R. R. and by Arthur H. Brown. — Ibid. Nov. 7, p. 379, by R.

CHARNOCK, R. S. The Tempest, Act IV, sc. 1. 'Thy banks with pioned and twilled brims.'
>Notes & Qu. 1874, Oct. 10, p. 282. — Ibid. Dec. 5, p. 444, by B. S.

CLARKE, CHARLES COWDEN. On Shakespeare's Philosophers and Jesters, 4 parts. (Parts 1—3 Jesters, Part 4 Shakespeare's Philosophy.)
>Gentleman's Magazine 1873, March, April, May, June.

CLARKE, MARY COWDEN. The Girlhood of Shakespeare's Heroines, in a Series of Tales. Illustrated. New-York, Putnam, 1873. 12mo.

CLARKE, MARY COWDEN. The Girlhood of Shakespeare's Heroines. First and Second Series. New-York, Putnam, 1874. 8vo.

CLARKE, MARY COWDEN. Complete Concordance of Shakespeare. New and revised edition. London, Kent, 1873. Roy. 8vo. pp. 860.

CLARKE, HYDE. The Prosody of Shakspeare in its National Aspect.
>Notes & Qu. 1873, July 12, p. 21—22.

COLOMB, GEO. Henry IV, Part I, Act III, sc. 1. 'HOTSPUR. . . . Sometimes he' [i. e. Owen Glendower].
>Notes & Qu. 1873, Feb. 22, p. 152. — Ibid. Mar. 15, p. 225, by A. R. — Ibid. May 3, p. 369, by Pearmain.

COLOMB, GEO. Quotation from Shakespeare in the 'London Post', January 1644.
>The Academy, Jan. 31, 1874, p. 120.

CORSON, HIRAM. Jottings on the Text of Hamlet. (First Folio *versus* 'Cambridge' Edition.) Ithaca: 200 copies privately printed May 1874. 8vo. pp. 34.

CORSON, HIRAM. Note on a passage in Shakespeare. (Anthony and Cleopatra, Act V, Sc. 2 '... An *Anthony* it was, That grew the more by reaping'.) Cornell University, Ithaca, N. Y. 22. Aug. 1873. 1 p. 4to. Reprinted from 'The Nation' 28. Aug. 1873.
> See also Notes & Qu. 1874, Apr. 18, p. 303, a reproduction of Mr. Corson's remarks and a reply to them by Mr. James Spedding, and ibid. May 23, p. 404, by Ralph N. James.

CORSON, HIRAM. On a disputed passage in Shakespeare's Hamlet, Act. II, Sc. 2, ll. 180—181. ('*Ham.* For if the Sun breed Magots in a dead dogge, *being a good kissing carrion.*') Cornell University, Ithaca, N. Y. 1. Aug. 1873. 4 pp. 4to. (Reprinted from?)
> See also Notes & Qu. 1873, Sept. 13, p. 201—2.

DANIEL, P. A. Cymbeline, Act I, sc. 2 'But he does *buy my injuries.*'
> Notes & Qu. 1873, May 31, p. 455. (*Vide* Bibliographic in Bd. VIII, p. 381.)

Destruction of a Shakspearian Collection (the Forrest Library, Philadelphia).
> Notes & Qu. 1873, March 1, p. 173. — Ibid., May 24, p. 430, by Jabez.

DIRCKS, HENRY. On Shakespeare's Dramas as affording evidence of the poet's nature-study, and his varied practice in assimilating its results with the matter of his literary compositions. (Read December 18, 1872.)
> Transactions of the Royal Society of Literature. Second Series, Vol. X, 1874, pag. 521—545.

DODD, WILL. Beauties of Shakespeare. With Portrait and 20 Steel-plates by Smirke, &c. London, Warne & Co., 1873. 4to.

DOUGLAS, J. B. K. Lear, Act III, Sc. 5. 'Child Roland to the dark tower came'.
> Notes & Qu. 1874, Oct. 24, p. 329. — Ibid. Dec. 12, p. 476, by John Addis and Will. Platt.

ED. Romeo and Juliet in Spain ('Castelvines y Monteses' of Lope de Vega, and 'Los Bandos de Verona' by Fr. de Rojas y Zorrilla, both translated by Mr. F. W. Cosens).
> Notes & Qu. 1874, Nov. 7, p. 363.

ED. The Harness Shakespeare Prize Essay. (Passages in Shakespeare, such as 'for to prevent' in Hamlet, 'for to obey' in Winter's Tale.)
> Notes & Qu. 1874, Nov. 21, p. 405. — Ibid. Dec. 5, p. 444, by Sparks Henderson Williams.

EDMONDS, CHARLES. A Shakspearian Discovery (of a unique copy of a poem, apparently unknown, by Rob. Southwell: 'A foure-fold Meditation of the foure last Things'. London, by G. Eld for Francis Burton, 1606 — with a dedication by W. H. whom Mr. Edmonds thinks to be identical with W. H. 'the onlie begetter' of Shakespeare's Sonnets printed in 1609).
> Athenæum, 1873, No. 2400, Oct. 25, p. 528—29. — Ibid. No. 2401, Nov. 1, p. 563, by C. Elliot Browne. — Ibid. No. 2404, Nov. 22, p. 661, by Mr. Edmonds. — Ibid. No. 2407, Dec. 13, p. 771, by C. M. Ingleby, and C. Elliot Browne.

ELZE, KARL. Essays on Shakespeare. Translated with the Author's sanction, by L. Dora Schmitz. London, Macmillan & Co., 1874. 8vo. pp. 380.

EREM (pseud.). Macbeth, Act I. Sc. 4 'Is execution done in Cawdor?'
Notes & Qu. 1874, Sept. 12, p. 203—4, and a correction of a misprint in this paper, ibid. Sept. 19. p. 240.

FLEAY, F. G. Tempest, Act V, Sc. 1. 'Yes, for a score of kingdoms you should *wrangle*.'
Athenæum, No. 2394, Sept. 13, 1873, p. 348.

FLEAY, F. G. The Taming of the Shrew.
Athenæum 1874, No. 2429, May 16, p. 664. — Ibid. No. 2430, May 23, p. 697. — Ibid. No. 2431, May 30, p. 732, by F. G. Fleay. (All these Papers are referring to the Publications of the New Shakspere Society.)

FLEAY, F. G. Timon of Athens, Act IV. sc. 3. '— makes the *wappen'd* widow wed again.'
Athenæum 1874, No. 2437, July 11, p. 60.

FLEAY, F. G. Shakspearean Emendations. (Sonnet 60, 'And yet to *times in hope* my verse shall stand;' Timon of Athens, Act III, Sc. 4 '*Lucius, Lucullus*, and *Sempronius Vllorxa:* All', etc.; Romeo and Juliet, Act III, Sc. 2 '*Nur*. There is no trust, no faith, no honestie in men' &c. Act III, Sc. 5 'God's head, it makes me mad' &c.
Athenæum, No. 2444, Aug. 29, 1874, p. 291—92.

FLEAY, F. C. Who wrote our Old Plays?
Macmillan's Magazine, No. 179. September, 1874.

FLEAY, F. G. On the Extract from an Old Play in Hamlet.
Macmillan's Mag. No. 182, for Dec. 1874.

FURNESS, MRS. HORACE HOWARD. Index of the pages in the volumes of Wm. Sidney Walker on which occur citations from the plays of Shakespeare. (Fifty copies privately printed.) Philadelphia, Gillin & Murphy, Printers, 1870. 8vo. min. (IV) and 30 pp.

FURNESS, MRS. HORACE HOWARD. The Concordance to Shakespeare's Poems: an Index to every word therein contained. Philadelphia, J. B. Lippincott & Co., 1872. 8vo. pp. 72.

'In this paper is contained the Concordance to 'Venus and Adonis' only. It is thus printed simply as an experiment, in order that certain details which types alone can render clear, may be mustered. — The Concordance to the remaining Poems will appear in a few months, when this present instalment will be reprinted in its due place. — Philadelphia, May 1872. H. K. F.'

FURNESS, MRS. HORACE HOWARD. A Concordance to Shakespeare's Poems: an Index to every Word therein contained. (Accompanied by the texts of: Venus and Adonis, The Rape of Lucrece, Sonnets, A Lover's Complaint, The Passionate Pilgrim, The Phoenix and Turtle.) Philadelphia, J. B. Lippincott & Co., 1874. Roy. 8vo. pp. IV—422 (in double col.)

FURNIVALL, FRED. J. The Succession of Shakspere's Works and the use of Metrical Tests in settling it, &c. Being the Introduction to Professor Gervinus's 'Commentaries on Shakspere' translated by Miss Bunnètt (Smith, Elder & Co. 1874) London: Smith, Elder & Co. 1874. 8vo. pp. XXXVI. (Separatabdruck.)

FURNIVALL, F. J. 'Wappen'd Widow' (Timon of Athens, Act IV, Sc. 3.) — Mr. Staunton *[see infra]* suggested 'woe-pin'd.')
Athenæum No. 2378, May 24, 1873, p. 674. — Ibid. No. 2379, May 31, p. 706, by P. A. Daniel. — Ibid. No. 2380, June 7, p. 738, by F. J. Furnivall. — Ibid, No. 2381, June 14, p. 770, by P. A. Daniel.

FURNIVALL, F. J. Cymbeline, Act IV, Sc. 2 'find the ooze.'
Athenæum, No. 2382, June 1873, p. 802.

FURNIVALL, F. J. Bathurst on Shakspeare's Metre.
Notes & Qu. 1873, Jan. 25, p. 71. — Ibid. March 1, p. 182, by S. M. O. — Ibid. March 8, p. 191, by C. S. G.

FURNIVALL, F. J. The Lark and the Toad. Romeo and Juliet Act III, Sc. 5 'Some say *the lark and loathed toad* change eyes'.
Notes & Qu. 1874, Jan. 3, p. 5. — Ibid. Jan. 31, p. 98, by Sparks Henderson Williams.

FURNIVALL, F. J. (On the spelling of Shakspere's name.)
Notes & Qu. 1874, Jan. 10, p. 25.

FURNIVALL, F. J. Measure for Measure Act I, Sc. 1, The Duke's speech to Escalus.
Notes & Qu. 1874, Apr. 18, p. 304. - Ibid. July 25, p. 63, by Jabez.

G., R. Shakspeare and Cervantes.
Athenæum, No. 2385, July 12, 1873. p. 48.

GAIRDNER, J. The Historical Element in Shakespeare's Falstaff.
Fortnightly Review, 1873, March.

GIBBS, HENRY H. K. Henry V, Act II, Sc. 1 and Merry Wives Act I, Sc. 1 'he passes some humours and *carrieres*'.
Notes & Qu. 1873, Aug. 16, p. 126 and Nov. 15, p. 394 (See Bibliographie, Jahrbuch, Bd. VIII).

GOODSON, H. F. Shakespeare, his Religious and Moral Sentiments. Birmingham, Cornish 1874, 12mo. pp. 56.

H., A. A Pseudo-Autograph (of Shakespeare, exhibited at a jeweller's door in Newgate Street. '— good | Yours truly | W. Shakspere | Stratford, Nov. 26, 1603. 'To me the name reads as Shortspur.')
Athenæum 1874, June 13, No. 2433, p. 806.

(HALES, J. W.) Chaucer and Shakspeare.
Quarterly Review, No. 267, January 1873.

HALLIWELL, J. O. Illustrations of the Life of Shakespeare in a discursive Series of Essays on a variety of Subjects connected with the Personal and Literary History of the Great Dramatist. Part the first. (With 16 engravings) London, Longmans, Green & Co. 1874 fol. min. (double col.) pp. VIII—128.

HALLIWELL, J. O. Note on a Passage in the Two Gentlemen of Verona, Act III, Sc. 1 'She is not to be kissed fasting.'
Notes & Qu. 1874, Jan. 3, p. 4.

The Lost 'Hamlet'.
Colburn's New Monthly Mag. 1873, April (No. 16) p. 279-85.

The Hamlet Controversy. Was Hamlet mad? or, the Lucubrations of Mess. Smith, Brown, Jones, and Robinson. With a Preface (signed F. W. H.) by the editor of the 'Argus' Melbourne: H. T. Dwight, 1867. 8vo. pp. 34.
    John Brown: James Edward Neild. Thomas Jones: Charles Bright.
        Jack Robinson: Archibald Michie. Jack Robinson jun.: David Blair.
        R. H. H.: R. H Horne.

Hamlet's Grave.
St. James's Magazine 1874, January.

HARCOURT, A. F. P. The Shakespeare Argosy. Containing much of the Wealth of Shakespeare's Wisdom and Wit. Alphabetically arranged and classified. London, S. King & Co., 1874. 8vo. min.

HART, JOHN S. The Shakspeare Death-Mask.
Scribner's Monthly (New-York) 1874, July. p. 304—316.

HAZLITT, WILLIAM. Lectures on the Literature of the Age of Elizabeth, and Characters of Shakespeare's Plays. 2 vols in 1. London, Bell & Daldy, 1870. 8vo. pp. VIII—268, XX—247.

HILLS, ERATO. Comedy of Errors, Act I, Sc. 1. 'And by me *happy*' illustrated by passages in 'The Tempest' Act IV, Sc. 1 and Measure for Measure Act V, Sc. 1.
Notes & Qu. 1873, Feb. 22, p. 152.

J., G. S. Merry Wives of W. Act V. 'Let the sky rain potatoes'.
Notes & Qu. 1874, Aug. 22, p. 145.

JABEZ. A Shakspeare Myth exploded (referring to Shakespeare's lameness).
Notes & Qu. 1874, Jan. 31, p. 81.

JESSE, GEORGE S. K. Henry VI., Part III, Act V, Sc. 6 '*The Night-Crow* cry'de'.
Notes & Qu. 1874, Jan. 10, p. 25. — Ibid. Feb. 7, p. 114, by R. & M. — Ibid. Apr. 11, p 293, by George S. Jesse. — Ibid. June 6, p 457, by E. McC. — Ibid. June 27, p. 513, by Edw. Peacock. — Ibid July 25, p. 76—77, by Cuthbert Bede, by C. A. W., and by Charles Swainton. — Ibid. Sept. 26, p. 258, by George R. Jesse, and by George M. Traherne.

Indenture respecting Shakespeare's Property in the Blackfriars, 1612. Facsimiled from the original Deed in the Possession of Sir Wm. Tite. Only 11 copies privately printed by J. O. Halliwell. Oblong 4to.

(INGLEBY, C. M.) Shakespeare's Centurie of Prayse; being Materials for a History of Opinion on Shakespeare and his Works, culled from Writers of the first Century after his Rise. London: For the Editor: Printed by Josiah Allen, of Birmingham, 1874. 4to. pp. XX—362.

INGLEBY, C. M. The Still Lion. An Essay towards the Restoration of Shakespeare's Text. Reprinted with additions, from the second annual volume of the German Shakespeare Society. London, Trübner & Co. 1874. 8vo. pp. XII—140.
(A copy of this Essay is presented to each member of the New Shakspere Society.)

INGLEBY, C. M. On Shakespeare's Traditional Birthday. Read May 17, 1871.
Transactions of the Royal Society of Literature. Second Series, Vol. X, 1874, pp. 450—463.

IRELAND. The Confessions of William Henry Ireland containing the particulars of his Fabrication of the Shakspeare-Manuscripts; together with Anecdotes and Opinions of many distinguished Persons in the Literary, Political, and Theatrical World. A New Edition with an Introduction by Richard Grant White and additional facsimiles. New-York, James W. Bouton, 1874. 12mo. pp. XXXI, (VI pp. not numbered for Ireland's Preface) pp. 317 for the Text and pp. 17 not numbered for the Index, and 5 Plates. (Also on Large Paper, 50 copies printed.)

Kennedy, H. A. Was Hamlet fat? (Hamlet, Act V, Sc. 2 'He's fat and scant of breath'.)
Notes & Qu. 1874, June 20, p. 484. — Ibid. July 25, p. 64, by Jaydee.

Liebrecht, Felix. The Sources of Shakespeare (Review of *Simrock*, Die Quellen des Shakespeare, 2. Aufl.)
Academy, 1871, June 1, p. 277. — Ibid. 1872, March 1, p. 86, on Simrock's rendering of 'Midsummer Nights Dream' by 'Walpurgisnachtstraum', by the same.

Lyrics of Love. Selected and arranged from Shakespeare to Tennyson. By W. Davenport Adams, jun. London, King & Co. 8vo.

Mayhew, A. L. Shakspeare from Jacques Pierre.
Notes & Qu. 1873, Feb. 15, p. 133. — Ibid. Mar. 8, p. 200, by U. O.-N.

Meadows, Kenny. Pearls of Shakespeare. New Edition. London, Jos. Blackwood, 1873. 8vo. min.

Muir, James Allan. A Handbook of Proverbs, English, Scottish, Irish, American, Shakspearean &c. London, Routledge, 1873. 12mo. pp. 192.

Mullins, J. D. Catalogue of Shakespeare Memorial Library, Birmingham. First Part: Second Section. English Editions of the Separate Plays, and of the Poems. Birmingham, printed by Josiah Allen, 1873. 8vo. pp. IV—41 to 130^b.

N., S. 'Mr. W. H.'? (On Mr. A. E. Brae's solution of the inscription prefixed to Shakespeare's Sonnets, 1609.)
Athenæum No. 2388, Aug. 2, 1873, p. 147.

Nicholson, Brinsley. Shakspeare Emendations. *Prenzie.*
Athenæum 1874, No. 2452, Oct. 24, p. 355.

Nicholson, B. Shakspeare generally read in 1655. (In 'The Hectors; or, the False Challenge', a Comedy, 1656, written 1655, *Mrs. Love-wit* says: 'Sometimes to your wife you may read a piece of *Shak-speare*, *Suckling*, and *Ben Jonson* too, if you can understand him.')
Notes & Qu. 1874, April 18, p. 304. — Ibid May 2, p. 354, by John E. Bailey.

Nicholson, B. Twelfth Night, Act I, Sc. 3 '... Are they like to take dust like Mistress Mall's picture?'
Notes & Qu. 1874, Oct. 10, p. 283.

P., P. Shakespeare anticipated (Homily against Contention and Brawling, first book, put forth by Edward VI.)
Notes & Qu. 1874, Feb. 14, p. 125.

P., S. T. As You Like It, Act II, Sc. 7 'Till that the weary very means do ebb.'
Notes & Qu. 1874, Jan. 3, p. 5.

P., S. T. K. John, Act II, Sc. 2. 'That thou hast underwrought his lawful king.' Ib. 'Bedlam have done' Act II, Sc. 6 'For because.'
Notes & Qu. 1874, Apr. 4, p. 263. — Ibid. July 25, p. 63.

PATTERSON, W. H. Bavin. K. Henry IV, Part I, Act III, Sc. 2. —
'... and rash *bavin* wits.'
  Notes & Qu. 1874, Jan. 17, p. 46 — Ibid. Jan. 31, p. 94, by Edm. Tew.

PATON, A. P. On Shakspere's Copy of North's Plutarch in the Greenock Library. Greenock 1871. 8vo. (Privately printed.)

PROWETT, C. G. Henry IV, Part I, Act II, Sc. 3. 'In faith I'll break thy little finger.'
  Notes & Qu. 1873, Feb. 15, p. 145.

R., J. Cervantes and Shakespeare.
  Notes & Qu. 1873, Nov. 29, p. 426. — Ibid. Dec. 20, p. 501, by Jabez. — Ibid. 1874, Jan. 31, p. 97, by Frank Rede Fowke and J. B. P. — Ibid. Feb. 14, p. 133—34, by C. Elliot Browne and Jabez.

RAMAGE, C. T. All's Well that Ends Well, Act II, Sc. 1. 'Oft expectation fails.'
  Notes & Qu. 1874, July 25, p. 64.

RAY, J. Shakespeare's Delineations of Insanity. (A reprint, with alterations and additions of an Article in the 'American Journal of Insanity' April 1847.)
  Contributions to Mental Pathology, by J. Ray, M. D., author of 'Medical Jurisprudence of Insanity' and 'Mental Hygiene'. Boston, 1873. 8vo. pp. 482-534.

RIVES, G. LOCKHART. On the Authorship of the 1st, 2nd and 3rd Parts of Henry VI., commonly attributed to Shakspeare. (The first Harness Shakspeare Prize Essay.) Printed where and when, probably at Cambridge in 1873 or 1874?

ROJAS Y ZORILLA, FRANCISCO DE. Los Bandos de Verona. Montescos y Capeletes. Englished by F. W. Cosens. London: Printed at the Chiswick Press for private distribution, 1874. 4to. pp. VIII—42, and 1 leaf (Printer's mark and address.)
  See Notes & Qu. 1874, Nov. 7, p. 363 'Romeo and Juliet' in Spain, by Ed.

ROUTLEDGE, ED. Quotations from Shakespeare, selected and arranged. London, Routledge, 1873 (?). 12mo.

RULE, FRED. Hamlet, Act V, Sc. 1. *'Imperious Cæsar* dead and turned to clay.'
  Notes & Qu. 1873, Jan. 25, p. 72. — Ibid. Feb. 1, p. 106, by A. C. and Feb. 22, p. 166, by B. Nicholson.

RULE, FRED. (A *lapsus calami* in Lucrece l. 1342.)
  Notes & Qu. 1874, May 2, p. 343.

RUSHTON, W. L. 'Very Loose'. Love's Labours L. Act V, Sc. 2. 'And often, at his *very loose*, decides.'
  Notes & Qu. 1874, Apr. 4, p. 263

RUSHTON, W. L. (Passages in K. Lear, Merchant of Venice, Twelfth Night, K. John, illustrated from Lyly's Euphues.)
  Notes & Qu. 1873, Jan. 25, p. 72—73. On the passage in K. John *see also* ibid. Feb. 22, p. 162.

RUSHTON, W. L. Passages in Romeo and Juliet, Troilus and Cressida, Two Gentlemen of Verona, Much Ado about Nothing, Measure for Measure, K. Henry VIII, illustrated from Lyly, Puttenham, Rog. Ascham, Coke and 1. Bulstrode.
  Notes & Qu. 1873, May 3, p. 859—60.

Rushton, W. L. Shakespeare's allusions to Lyly and Spenser. Hamlet, Act III, Sc. 4 'You go not, until I set you upon a *glass*;' Act III, Sc. 2 'Let the galled jade *winch.*' Richard III, Act IV, Sc. 4 '... and drop into the rotten *mouth of death.*' Comedy of Errors, Act I, Sc. 1. '*And passed sentence may not be recall'd.*'
    Notes & Qu. 1873, May 8, p. 192—93. — Ibid. May 3, p. 359 by Th. Macgrath.

Rushton, W. L. Parallel Passages (in the Merchant of Venice and K. John — and in Lyly's Euphues).
    Notes & Qu. 1873, Oct. 18, p. 304.

Rushton, W. L. Parallel Passages (in K. Richard II, Measure for Measure, Henry VIII. — and in Spenser, Coke and Bulstrode.)
    Notes & Qu. 1873, Nov. 15, p. 386.

Rushton, W. L. Rough-hew. Hamlet, Act V, Sc. 2, '*Rough-hew as we will.*'
    Notes & Qu. 1874, June 20, p. 484.

S. (Shakspeare's use of the jewel in the toad's head.)
    Notes & Qu. 1873, May 17, p. 401.

S. As You Like it, Act III, Sc. 2 'Having *in* beard.'
    Notes & Qu. 1873, May 24, p 424. Ibid. June 7, p. 460, by Fred. Rule, John Addis, W. J. C., Erem, and CCC. X. I.

S. K. Richard III, Act I, Sc. 1. 'Now is the winter of our discontent.'
    Notes & Qu. 1873, Aug. 2, p. 84. — Ib. Aug. 23, p. 143, by Royle Entwisle, and another by Erem, ib. p. 144.

S. 'Nobody and Somebody' (with references to Tempest and Merry Wives of W.)
    Notes & Qu. 1874, June 6, p. 441—43.

Schütz Wilson, H. Shakspeare in Blackfriars.
    Studies and Romances by H. Schütz Wilson. London, King & Co. 1873. 8vo. pp. 1—28.

Shakespeare, An Early Notice of. (In the address 'To the Reader' in the following publication: — 'An excellent Comedy, called the Prince of Prigg's revels: or the Practices of the grand Thief Captain James Hind, relating divers of his pranks and exploits, never heretofore published by any. Replent with various conceits and Tarltonian mirth, suitable to the subject. Written by J. S. London, printed for G. Horton, 1651. 4to. — '*And you may observe throughout the Works of incomparable Johnson, excellent Shakespear, and elegant Fletcher, &c.*')
    Athenæum, No. 2447, Sept. 19, 1874, p. 383.

Shakespeare. (His name occurring in the Northumberland House Ms. of Bacon's 'Conference of Pleasure' about 1597.)
    Academy, 1870, Aug. 13, p. 283.

Shakespeare-Almanack and Companion: containing nearly 2000 Quotations from Shakespeare, illustrating Events past and present, with Choice Readings from the Poet's Works (1870 — 1875) London, Kent & Co., 1874. 12mo.

The Shakespeare Birthday Book. London, Hatchards, 1874. 16mo. pp. 278.

Shakespeare Burlesque. ('Hamlet the Hysterical, a Delirium in 'ive Spasms', given at the Princess's Theatre.)
London Society, December (Christmas Number) 1874.

Shakespeare's Funeral.
Blackwood's Mag. *1873, April.*

Shakespeare's Household Words, illuminated by Stanesby. New ed. London, 1874.

Shakespeare's 'Inns' (illustrated).
Art Journal 1874, *November* (London, Virtue & Co.).

SHAKESPEARE'S TOAD.
Belgravia, a London Magazine. 1873, July, p. 81—84.

SHAKESPEARE AND BURNS.
Notes & Qu. 1873, June 7, p. 460.

NEW SHAKSPERE SOCIETY. Series I *(Transactions).*

Nr. 1. The New Shakspere Society's Transactions. 1874 (Part I). 8vo. pp. XVIII, 1 leaf not numb., pp. 254 and 65 *.
Contents: Notices of Meetings. *I.* On Metrical Tests as applied to Dramatic Poetry: Part I. Shakspere. — Metrical Table of Shakspere's Plays. — Suppl. to Paper I: On the Quarto editions of Shakspere's Works; with a Tabular view of the Quarto editions of Shakspere's Works from 1590 to 1630. *II.* Part II. Fletcher, Beaumont, Massinger. — Passages to illustrate Paper II. *III.* On the Authorship of *The Taming of the Shrew.* Appendix on *Titus Andronicus* (List of words occurring in T. A., but not in the undoubted plays of Shakspere). *IV. a.* On the Authorship of *Timon of Athens.* 'The Life of Tymon of Athens' as written by W. Shakspere. (The usual insertions by another hand in the Play being left out.) — Notes of *Tymon of Athens. b.* On the Play of *Pericles.* 'The Strange and Worthy Accidents in the Birth and Life of Marina.' By W. Shakspere. Extracted from the Play called Pericles, Prince of Tyre, as imprinted at London for Henry Gosson, 1609. With Emendations and Notes.
[The above four Papers written and the Texts edited by Mr. F. G. Fleay. The Papers are followed by 'Discussions' in which the foll. Members have taken part: Mess. Furnivall, Rich. Simpson (Table of Shakspere's once-used Words), Alex. J. Ellis, Dr. B. Nicholson, J. W. Hales, James Spedding (Letter on the Pause Test), Dr. Abbott, H. B. Wheatley.]
Appendix. 1. The several Shares of Shakspere and Fletcher in *Henry VIII.* By James Spedding. A Confirmation of Mr. Spedding's Paper on the Authorship of *Henry VIII.* by the late Sam. Hickson. Mr. Spedding's letter on the same. A fresh Confirmation of Mr. Spedding's division and date of the Play of *Henry VIII.* by F. G. Fleay. Another fresh Confirmation etc. by F. J. Furnivall. — 2. The Shares of Shakspere and Fletcher in *The Two Noble Kinsmen.* By the late S. Hickson. Mr. Hickson's division of *The Two Noble Kinsmen*, confirmed by Metrical Tests, by F. G. Fleay. Mr. Hickson's division etc. confirmed by the Stopt-line Test, by F. J. Furnivall.

NEW SHAKSPERE SOCIETY. Series II *(Plays).*

Nr. 1. Romeo and Juliet. ParallelTexts of the First Two Quartos. (Q. 1) 1597 — Q. 2, 1599. Arranged so as to shew their differences, and with Collations of the other Quartos and the Folios. Edited by P. A. Daniel. 1874. Roy. 8vo. pp. VIII—179.
No. 2. Romeo and Juliet. Reprint of (Qo. 1) 1597. Edited by P. A. Daniel. 1874. Roy. 8vo. 41 leaves, unpaged.
No. 3. Romeo and Juliet. Reprint of Qo. 2. 1599. Edited by P. A. Daniel. 1874. Roy. 8vo. 48 leaves, unpaged.

New Shakspere Society. Series IV *(Shakspere Allusion-Books).*
No. 1. Shakspere Allusion-Books. Part I. A. D. 1592—8. Edited by C. M. Ingleby. 1874. 8vo. pp. XLVIII—188.

Contents: General Introduction (by C. M. Ingleby). A few notes and corrections to Gabriel Harvey's Third Letter (vide *infra*). Supplement: I. Greene on Nash. II. Chettle on Shakspere. III. Marlowe, Greene and Shakspere. By Richard Simpson (reprinted from The Academy, April 11, 1874, p. 400). — (Texts): Greene's Groats-worth of Wit bought with a Million of Repentaunce, &c. London, printed by Thomas Creede, 1596. — Kind-Harts Dreame. Conteining fiue Apparitions, with their Inuectiues against abuses raigning, etc. by H. C. (Henry Chettle). London for William Wright. — Englandes Mourning Garment: Worne here by plaine Shepheardes; in Memoriam of their sacred Mistresse, Elizabeth, Queene of Vertue while shee liued, and Theame of Sorrow, being dead &c. (By Henry Chettle.) Printed at London by V. S. for Thomas Millington. — A Mournefull Dittie entituled Elizabeths Losse, together with A Welcome for King James (A. D. 1603). Imprinted at London for T. P. — I. C.'s 12th Epigram, from 'Epigrames' Serued out in 52 seuerall Dishes for euery man to tast without surfeting. By I. C. Gent. London, printed for G. Elde, for W. C. — Gabriel Harvey's Third Letter, from 'Fovre Letters' and certaine Sonnets: Especially touching Robert Greene, and other parties, by him abused, etc. London, imprinted by Iohn Wolfe, 1592 — Five Sections of 'Palladis Tamia. Wits Treasvry, being the Second part of Wits Commonwealth. By Francis Meres Maister of Artes of both Vniuersities. At London, printed by P. for Short, Cuthbert Burbie. 1598'. — Spenser's Allusion to Shakspere. From 'Colin Clouts come home again'. By Ed. Spenser. At London, printed by H. L. for Mathew Lownes, 1595. Printed by T. Creed for Wm. Ponsonbie'. — Willobie his Avisa. Or, The true Picture of a modest Maid, and of a chast and constant wife, etc. Impr. at London by Iohn Windet, 1594. — W. Har[bert]'s supposed Allusion to Shakspere. Epicedium. A funerall Song, upon the vertuous life and godly death of the right worshipfull the Lady Helene Branch. London, printed by Thomas Creede, 1594. — Drayton's possible Allusion to Shakspere. From 'The Legend of Matilda the chast, etc. By Michaell Drayton, 1594. — Polimanteia, or, The meanes lawfull and vnlawfull, to iudge of the fall of a commonwealth, etc. (By Will. Clark.) Printed by John Legate, 1595. — John Weever's Epigram to Shakspere (A. D. 1595) from the second edition of 'Epigrammes in the oldest cut and newest fashion. At London, printed by V. S. for Thomas Bushall, 1599.' — Richard Carews mention of Shakspere. From 'The Excellencie of the English tongue by R. C. (in Camden's 'Remaines concerning Britaine' London, 1614', written about 1595-6. — Robert Tofte on 'Loves Labors Lost'. From 'Alba. The Mouths Minde of a Melancholy Lover' etc. by R. T. Gentleman. At London. Printed for Felix Kyngston, for Mathew Lownes, 1598.' — (?) Richard Barnfeild's mention of Shakspere. From 'Poems in Diuers humors' London 1598. — John Marston's Allusions to Shakspere, from his 'Scoorge of Villanie' London, by I. R. (James Robert), 1598.

New Shakspere Society. Papers referring to it. By F. J. Furnivall: Athenæum 1874, No. 2416, Feb. 14. — By 'A Subscriber' and J. P. Collier: Ibid. 2417, Feb. 21. — By F. J. Furnivall and W. J. Thoms: Ibid. 2418, Feb. 28. — By F. J. Furnivall: Ibid. 2419, March. 7. — By? Ibid. 2427, May 2. — By F. G. Fleay (referring to his edition of Henry VI. announced in the Society's Prospectus): Ibid. 2447, Sept. 19. — By F. J. Furnivall (a reply to Mr. Fleay): Ibid. 2449, Oct. 3.

Shakspere Society of Philadelphia. Twenty-first Annual Dinner. (All the citations this year are from our Winter's study of Anthony and Cleopatra and have been verified by the copy of the First Folio in the Library of the Secretary.) Philadelphia. One Hundred Copies privately printed (in red) for the Shakspere Society. 4to. 6 pages.

Simpson, Richard. Unprinted (i. e. not republished) Works illustrative of Shakespeare.
: The Academy, Jan. 31, 1874, p. 120.

Skeat, Walter W. Othello, Act II, Sc. 3 '— beat his offenceless dog to fright an imperious lion' (explained by a proverb in George Herbert's 'Jacula Prudentum').
: Notes & Qu. 1874, Aug. 22, p. 144.

Skeat, Walter W. Timon of Athens IV, 3, 38 *(Wop-eyed)*.
: Athenæum, No. 2458, Decemb. 5, 1874, p. 762.

Smirke, Richard. Gems from Shakespeare. Illustrated by R. S. Embracing 21 Steel Plates with descriptive Text. Philadelphia, Lippincott, 1873. 4to.

Solomon Rex (pseud.). (The title of Claudius to the crown of Denmark.)
: Notes & Qu. 1874. Jan. 10, p. 25. — Ibid. Apr. 4, p. 263, by R. S. Charnock. — Ibid. June 20, p. 484 by E. T. (New-York.)

Speriend (pseud.). 'Love's Labour's L.' (Burbage's assertion that the play would please the Queen).
: Notes & Qu. 1874, May 9, p. 368. — Ibid. July 4, p. 3, by Jabez. — Ibid. Aug. 8, p. 104, by Speriend.

Staunton, H. Unsuspected Corruptions of Shakspeare's Text.
: Athenæum 1873, No. 2370, March 29, p. 407. — Ibid. No. 2372, Apr. 12, p. 473. Ibid. No. 2374, Apr. 26, p. 534. Ibid. No. 2381, June 14, p. 761. Ibid. No. 2402, Nov. 8, p. 597. Ibid. No. 2406, Dec. 6, p. 731. Ibid. 1874. No. 2410, Jan. 3, p. 20. Ibid. 2414, Jan. 31, p. 160. Ibid. No. 2420, March 14, p. 357. Ibid. No. 2435, June 27, p 862 (Mr. H. Staunton died June 21, 1874).

Staunton, H. A mistaken Allusion to Shakspeare (in Robert Greene's 'Groat's Worth of Wit' written in 1592).
: Athenæum 1874, No. 2415, Feb. 7, p. 193—94. — Ibid. No. 2418, p. 292 'Greene's Young Juvenal', by C. M. Ingleby. — Ibid. No. 2421, p. 391, by H. Staunton.

Sweny, John Alfr. Everyday Sayings from Shakspeare. Rochester, Edwin Harris, printer, 1872. 8vo. pp. 17.

T., C. The Tempest, Act IV, Sc. 1. '... the murkiest *den*.'
: Notes & Qu. 1874, July 25, p. 64. — Ibid. Nov. 21, p. 405 by Ed.

Tew, Edmund. Parallel passage in Lucretius and The Tempest Act IV, Sc. 1: 'The cloud-capt towers'.
: Notes & Qu. 1873. Mar. 22, p. 234.

V., F. J. Conjectural Notes on Shakespeare and other writers *(Bisson* in 'Hamlet' Act II, Sc. 2. 'Coriolanus' Act II, Sc. 2 and Act III, Sc. 1. *Aroint* in 'Macbeth' Act I, Sc. 3. *Embossed* in 'Taming of the Shrew' Act I, Sc. 1. 'Antonius and Cleopatra' Act IV, Sc. 13. 'All's Well' Act III, Sc. 6. 'K. Henry IV, Part II, Act III,

Sc. 1. *Talents* in 'Lover's Complaint', 204. *Cock-a-Hoop* in 'Romeo and Juliet' Act I, Sc. 5.
>Notes & Qu. 1873. Mar. 15, p. 210—11. On *Binson* see ibid. 1873. Apr 19, p. 320—21 by John Addis; on *troint* ibid. 1873, April 19, p. 320 by J. V. S. Sept. 27. p 244 by Royle Entwisle. Nov. 8, p. 364 by James Britten. — 1874. Feb. 28, p. 163, by J. C., by Jabez, and Royle Entwisle. — Aug. 15, p. 134, by J. H. Nodal, by R. S. Charnock, and by Madoc. — Oct. 3, p. 277, by Jabez; on *Embossed* ibid. 1873, Apr. 19, p. 321. by John Addis and F. J. V., Apr. 26, p. 349, by C. G. Prowett, May 10. p. 391, by Ralph N. James. June 21, p. 507—8, by F. J Furnivall and George R. Jesse, July 12, p. 29—30 by F. J. V. and Ralph N. James Aug. 9. p. 117 by George R. Jesse, Aug. 30. p. 178 by Crowdown, Sept. 13. p. 219 by F. J. Furnivall, Oct. 11, p. 297 by George R. Jesse. — 1874, Feb. 28, p. 172, by F. J V. Apr. 4, p. 278, by G. M. T. Apr. 18, p. 318, by George R. Jesse. June 27, p. 509—10, by Brinsley Nicholson and Edm. Tew; on *Cock-a-Hoop* ibid. 1873, Apr. 19, p. 321. and June 7, p. 474, by C. A. W. July 19, p 59, by F. Chance, Oct. 18, p. 316, by S.

V., F. J. 'Crack' (Coriolanus Act I, Sc. 3: 'Tis a noble child. — A crack, madam.')
>Notes & Qu. 1874, Feb. 14, p. 124 Ibid. Feb. 28, p. 175, by H. Wedgwood. — Ibid. Apr. 25, p. 332, by Viator (1).

V., F. J. Shakspearian Traditions recorded by Dryden.
>Notes & Qu. 1874, Feb. 14, p. 124.

V., F. J. Had be: Had to. — (K. John, Act I, Sc. 1: 'Whether *hadst* thou rather *be* a Faulconbridge?')
>Notes & Qu. 1874. Feb. 14, p. 124 — Ibid. July 11, p. 34, by F. J. V.

V., F. J. (K. John, Act III, sc. 2: 'A whole armado of *convicted* sail'.)
>Notes & Qu. 1874, May 2, p. 343.

V., F. J. Passages from Fletcher and Shakspeare.
>Notes & Qu. 1874, May 2, p. 343.

V., F. J. Favour. Two Gentlemen of V. Act II, Sc. 1: 'Is she not hard-favoured, Sir?'
>Notes & Qu. 1874, July 25, p. 64. — Ibid. Aug. 8, p. 103, by E. L. Blenkinsopp, and by F. D. — Ibid. Aug. 22. p. 155, by R. M.

W., T. The 1632 Edition of Shakspeare.
>Notes & Qu. 1873, Aug. 16, p. 129.

WALTER, JAMES. Shakespeare's Home and Rural Life; a Biographical Narrative, illustrated by about 100 Landscapes and Views by the Heliotype Process from Original Drawings taken in the localities. London, Longman, 1874. Imp. 4to.

WARD, C. A. Shakspeare: Bacon.
>Notes & Qu. 1874, Aug. 22, p. 161. — Ibid. Sept. 26, p. 246 by Jabez. — Ibid. Oct. 31, p. 350, by H. S. Skipton.

Who wrote Shakspere?
>Fraser's Mag. 1874, Aug. — *See also:* Notes & Qu. 1874, Aug. 8, p. 104, by Jabez.

WILSON, DANIEL. Caliban: The Missing Link. London, Macmillan & Co. 1873. 8vo. pp. XVI—274.

Woods, George Bryant. How old was Hamlet? — The Time of Hamlet.
>Essays, Sketches, and Stories, selected from the writings of George Bryant Woods. With a Biographical Memoir. Boston, James R. Osgood & Co., 1873. 12mo. pp. 399.

Wylie, Charles. The Music to Macbeth.
>Notes & Qu. 1874. June 20, p. 486. - Ibid. Aug. 1, p. 95, by Fred. Rule. — Ibid. Oct. 10. p. 298, by C. A. Ward.

Wylie, Charles. Turner's 'Illustrated Shakspeare'.
>Notes & Qu. 1874. May 23, p. 407. — Ibid. June 20, p. 494, by Este.

Zoilus (pseud.). Is Shakspeare right? (Hamlet, Act V, Sc. 2: 'Why, as a woodcock to my own springe.')
>Notes & Qu. 1874. June 20, p. 485. — Ibid. Aug. 8, p. 103, by F. J. V.

II. DEUTSCHLAND.

a. Texte und Uebersetzungen.

Dramen. No. 34. Wie es euch gefällt. Uebersetzt von ?. Leipzig, Reclam, 1873. 16mo. pp. 85.
>No. 469 der 'Universal-Bibliothek'.

Dramatische Werke. Für die deutsche Bühne bearbeitet von W. Oechelhäuser. Bd. XIII, XIV. Berlin, A. Asher & Co., (Dessau, Druck der H. Heybruch'schen Hofbuchdruckerei), 1873—74. Kl. 8vo.
>Inhalt: Dreizehnter Band. Was ihr wollt. pp. 128.
>Vierzehnter Band. Romeo und Julie. pp. 147.

Werke. Uebersetzt von Aug. Wilh. v. Schlegel und Ludw. Tieck. (Neue Ausgabe des alten Textes, durchgesehen von Michael Bernays.) Bd. 8—12 (Schluss). Berlin, Reimer, 1873. 8vo. pp. 367, 341, 381, 419, 146.

Sämmtliche dramatische Werke. Uebersetzt von H. Böttger, H. Döring, Alex. Fischer u. A. 19. Aufl. 12 Bände mit 12 Stahlstichen Leipzig, Ph. Reclam jun., 1873. 16mo. pp. 232, 228, 242, 250, 259, 243, 258, 241, 238, 250, 262, 276. (Die Stücke erschienen einzeln in der 'Universal-Bibliothek'.)

Sämmtliche Werke. Uebersetzt von A. W. Schlegel, Fr. Bodenstedt, N. Delius, etc. Mit 830 Illustrationen von Sir John Gilbert. (In 48 Lieferungen.) 1—12 Liefg. Stuttgart, Hallberger. 1874. roy. 8vo. (Bd. I, pp. XVIII—506, Bd. II, pp. 1—8.)

Dramatische Werke. Uebersetzt von Aug. Wilh. v. Schlegel und Ludw. Tieck. Erste illustrirte Ausgabe mit Einleitungen und Anmerkungen von R. Gosche und B. Tschischwitz. 47 Lieferungen (4 Bände) Berlin, Grote, 1874. 8vo.

Deutscher Bühnen- und Familien- Shakespeare. Auswahl der bedeutendsten Dramen William Shakespeare's mit Benutzung der gang-

barsten Uebersetzungen bearbeitet und herausgegeben von Eduard und Otto Devrient.
  Erster Band: Hamlet, Was ihr wollt.
  Zweiter Band: Coriolanus, Julius Cæsar. Der Sturm.
  Dritter Band: Kaufmann von Venedig, Sommernachtstraum, Romeo und Julia.
Leipzig, J. J. Weber, 1873—74. Kl. 8vo. pp. XII — 312, 402.
  PSEUDO-SHAKSPERE'SCHE DRAMEN. Herausgegeben von Nicol. Delius. 4. Heft (Mucedorus) und 5. Heft (Fair Em). Elberfeld, Friderichs, 1874. 8vo. pp. XIV—56, XIV—53.
  Mit Heft 4 und 5 beginnt Bd. II. Bd. I erschien 1856.
  SAMMLUNG SHAKESPEARE'SCHER STÜCKE. Für Schulen herausgegeben von E. Schmid. Bd. 1, Julius Cæsar. Bd. 2, A Midsummernight's-dream. Bd. 3, Merchant of Venice. Bd. 4, Macbeth. Danzig, Saunier, 1873—74. 8vo. pp. 71, 61, 70.
  CYMBELIN. Schauspiel in 5 Aufzügen von Shakespeare. Nach Delius' Ausgabe für die Bühne übersetzt und bearbeitet von Gisbert Frhr. Vincke. (Zuerst aufgeführt auf dem Hoftheater zu Weimar am 23 April 1873.) Freiburg i. Br., Fr. Wagner'sche Buchdruckerei, 1873. 8vo. pp. 85. Mit Musikbeilage.
  (Nicht im Handel.)
  HAMLET, Prinz von Dänemark. In wort- und sinngetreuer Prosa-Uebersetzung von C. Hackh. Mit einleitenden kritischen Studien, der Amleth-Sage nach Saxo Grammaticus, und einer kurz gefassten Zusammenstellung von Urtheilen über die Tragödie Hamlet, insbesondere über den so räthselhaften Character des Prinzen Hamlet, von Johnson, Goethe, Herder, Börne, Gervinus, Kreyssig, Vischer u. A. Stuttgart, Aue, 1874. 8vo. pp. LXXII—160.
  MASS FÜR MASS. Schauspiel in 5 Aufzügen von Shakspere. Nach Delius' Ausgabe für die Bühne übersetzt und bearbeitet von Gisbert Frhr. Vincke. (Zuerst aufgeführt auf dem Hoftheater zu Weimar am 18. Nov. 1871.) Freiburg i. Br., Fr. Wagner'sche Buchdruckerei, 1871. 8vo. pp. 85 und Musikbeilage. 'Marianu's Lied'.
  (Nicht im Handel.)
  MERCHANT OF VENICE. Purified and arranged for the use of schools by A. Zimmermann, Berlin, Renger. 16mo. pp. 70.
  OTHELLO DER MOHR VON VENEDIG. Aus dem Englischen in's Hebräische übertragen von J. E. S(alkinson). Herausgegeben und mit einer kritischen Einleitung versehen von Peter Smolensky. Wien, Verlag des Herausgebers, Druck von Spitzer & Holzwarth jun., 1874. 8vo. pp. XXXV—298, und 2 pp. Errata.
  VIEL LÄRMEN UM NICHTS. Uebersetzt von F. A. Krais. Stuttgart, Hoffmann, 1872. 8vo. pp. 60. (Classische Theater-Bibliothek aller Nationen. 92. Liefg.)
  SONETTE in deutscher Nachbildung von Friedr. Bodenstedt. 4. Aufl. Berlin, Decker, 1873 (1874). 16mo. pp. XII - 275.
  VENUS UND ADONIS. Ein episches Gedicht von William Shakspere. Deutsch nebst einer Einleitung von Benno Tschischwitz. Halle, Schwabe, 1874. 8vo. pp. 81.

b. Shakespeariana.

Asher, D. Das Jahrbuch der Deutschen Shakespeare-Gesellschaft.
Wissenschaftliche Beilage der Leipziger Zeitung 1874, No. 69.

Aubert, Hermann. Shakespeare als Mediciner. Vortrag in der Aula der Universität am 3. Februar 1873 gehalten und mit Anmerkungen versehen. Rostock, Stiller'sche Buchhandlung, 1873. 8vo. pp. 31.

Bandow, K. Readings from Shakespeare. Scenes, Passages, Analyses. Lesebuch aus Shakespeare. Scenen, Stellen, Inhaltsangaben. Mit Einleitung und Wörterbuch. Berlin, R. Oppenheim, 1873. 8vo. pp. IV- 214.

Benedix, Roderich. Die Shakespearomanie. Zur Abwehr. Stuttgart, Cotta, 1873. 8vo. pp. IV- 446.
Der Anfang erschien auch in der 'Gegenwart' (Berlin) 1873, No. 43, 44.

Behn-Eschenburg. Die Wechselwirkung der englischen und der festländischen Literatur vor dem Zeitalter Shakspeare's. 4to. (vor 1870. Druckort, Jahr?)

Biedermann, Karl. Ein Beitrag zu der Frage von der Einbürgerung Shakspeare's in Deutschland.
Zeitschrift für deutsche Kulturgeschichte. Neue Folge, Bd. II, Heft 7. Hannover, Carl Meyer, 1873.

Böddeker, K. Englische Lieder und Balladen aus dem 16. Jahrhundert.
Jahrbücher für Romanische und Englische Literatur, herausgegeben von L. Lemcke. Neue Folge. Bd. II, Heft 1 (1874).

Bodenstedt, Friedr. Ueber zwei neue Erscheinungen der Shakespeare-Literatur. (Benedix's Shakespearomanie und Rümelin's Shakespeare-Studien. 2. Aufl.)
Schlesische Presse. 1873, December.

Bratranek, F. Th. (Ueber die Naturwahrheit bei Goethe, Homer und Shakespeare.)
Goethe's Naturwissenschaftliche Correspondenz 1812—1832, herausgegeben von F. Th. Bratranek. 2 Bde. Leipzig, Brockhaus, 1874. 8vo. Einleitung: Goethe's naturwissenschaftliche Bedeutung.

Brunier, Ludw. Friedrich Ludwig Schrœder in den Rollen Shakespeare's.
Friedrich Ludwig Schrœder. Ein Künstler- und Lebensbild. Leipzig, J. J. Weber. 8vo.

Bürde, E. Ein Paar Bemerkungen über Frl. v. Vestvali's und Herrn Türschmann's Hamlet.
Die Gegenwart (Berlin) 1873, No. 21.

Deetz, A. Versuch zur Beseitigung des scheinbaren Widerspruchs im Character Lear's.
Deutsche Schaubühne. 1873?

Ebinger, Dr. Ueber Shakespeare's Julius Cæsar. Ein öffentlicher Vortrag.
Monatsschrift für das gesammte deutsche Mädchenschulwesen (Thorn) 1873, Heft 7—8, p. 238—257.

Elcho, R. Shakespeare und die moderne Bühne. (Gegen Herrn R. Genée's gleichnamigen Artikel in der Nationalzeitung. S. unten.)
Die Gegenwart (Berlin) 1873, No. 34, Aug. 23. p. 120—122.

Friesen, Herm. von. Altengland und William Shakspere (Shakspere-Studien, Erster Band). Wien, W. Braumüller, 1874. 8vo. pp. VIII 452, 1 Blatt Inhalt, 1 Blatt Druckfehler.

Genée, Rud. Shakespeare und die moderne Bühne.
Nationalzeitung (Berlin) 1873, No. 327 und 329, 17. und 18. Juli.

Genée, Rud. Shakespeare, Benedix und v. Hartmann.
Nationalzeitung 1874, No. 255, 5. Juni.

Genée, Rud. Ein Sommernachtstraum (gegen E. Hermann. S. unten).
Nationalzeitung 1874, No. 41, 25. Jan.

Gerstmeyr, Erenbert. Studien zu Shakespeare's 'Julius Cæsar'. Kremsmünster, im Juni 1873. 4to.
Programm des Gymnasiums zu Kremsmünster für das Schuljahr 1873. Linz, 1873. Druck von Jos. Feichtinger's Erben. Verlag der Direction des k. k. Gymnasiums zu Kremsmünster. S. 3—32.

Gottschall, R. Zur Shakspeare-Literatur. 1, 2.
Blätter für literarische Unterhaltung. 1873, No. 33, 34, 35, 39, 40. — 1874, No. 47—50.

Grant, Ch. Die Englischen Dramatiker.
Preussische Jahrbücher, herausgegeben von H. v. Treitschke und W. Wehrenpfennig. Bd 34, Heft 4.

Grimm, Rudolph. Zur dritten Säcularfeier der Geburt Shakespeare's (Gedicht).
Kleine Münze. Gedichte von Rudolph Grimm. Potsdam, R. Cabos, 1872. Pag. 52. — (Erschien zuerst 1870.)

Hager, Arthur. Die Grösse Shakspeare's. Vortrag in Ludwigslust gehalten und herausgegeben zur Erinnerung an den 100jährigen Geburtstag von Ludwig Tieck. Freiburg i. Br., Herder, 1873. 8vo. pp. 35.

Hamlet in Gera.
Wissenschaftliche Beilage der Leipziger Zeitung, 1873, No. 17—18.

Hartmann, Eduard von. Shakespeare's Romeo und Julie, Leipzig, Hartknoch, 1874. pp. 38. 8vo.
Erschien zuerst in 'Deutsche Dichterhalle. Organ für Lyrische Dichtkunst und Kritik.' Leipzig, Hartknoch.

Hebler, C. Aufsätze über Shakespeare. Zweite, beträchtlich vermehrte, Auflage. Bern, J. Dalp'sche Buchhandlung, 1874. Kl. 8vo. pp. XII—294 und 1 Blatt 'Berichtigungen'.
Inhalt: I. Shakespeare in sein n Werken. II. Othello. III. Hamlet. IV. Zwei Komödien: Mass für Mass, Ein Sommernachtstraum. V. Miscellen: Troilus und Cressida, Zum Othello und Zum Macbeth, Die vierzehn Komödien. VI. Ueber den gegenwärtigen Stand der Hamlet-Frage. VII. Shakespeare und die Philosophie.

Hense, C. C. Das Schweigen und Verschweigen in Dichtungen. Parchim, Wehdemann, 1873. 8vo. pp. (4) 87.
Enthält zahlreiche und umständliche Bezugnahmen auf Shakespeare'sche Dramen. (Shakespeare-Museum).

Hense, C. C. Beseelende Personification in Griechischen Dichtungen mit Berücksichtigung Lateinischer Dichter und Shakspere's. (Programm des Friedrich-Franz-Gymnasiums zu Parchim, Ostern 1874.) Parchim, G. Gerlach's Buchdruckerei 1874. 4to. pp. 30 (und Schulnachrichten pp. XXVIII).

(Hermann, E.) Ueber Shakespere's Midsummer-Night's-Dream. Eine Studie von * * *. Wernigerode, M. Finkbein, 1874. 8vo. pp. IV—162.

Hermann, E. Ueber Shakspere's Midsummer-Night's-Dream. Eine Studie. 2. Aufl. Braunschweig, J. H. Meyer, 1874. 8vo.

Hermann, E. Ein Wort zur weiteren Begründung und Berichtigung meiner Auffassung des Sommernachtstraumes, zugleich ein Widerwort gegen Herrn Rudolph Genée. Braunschweig, J. H. Meyer, 1874 8vo. pp. 40.

Herrig, Hans. Shakespeare's Königsdramen auf der deutschen Bühne.
Magazin für die Literatur des Auslandes 1873, No. 15, Apr. 12, 1873.

Jacoby, H. Der Kaufmann von Venedig. Ein Vortrag.
Grenzboten 1874. No. 16, (17. April, p. 82—100).

Jacoby, T. Ein unbefangenes Wort über die englischen Geschichtsdramen Shakespeare's.
Archiv für das Studium der neueren Sprachen und Literaturen, herausgegeben von Ludwig Herrig. Bd. 52, Heft 3—4.

Jahrbuch der Deutschen Shakespeare-Gesellschaft im Auftrage des Vorstandes herausgegeben durch Karl Elze. Achter Jahrgang. Weimar, in Kommission bei A. Huschke, 1873. 8vo. pp. IV—398.

Inhalt:

Friesen, H. v. Ein Wort über Shakespeare's Historien. Einleitender Vortrag zur Jahresversammlung der Deutschen Shakespeare-Gesellschaft

Ulrici, H. Jahresbericht für 1871—1872. Abgestattet in der Jahresversammlung zu Dresden am 25. Mai 1872.

Bericht über die Jahresversammlung zu Dresden am 25 Mai 1872.

Tschischwitz, B. Ueber die Stellung der epischen Dichtungen Shakespeare's in der englischen Literatur.

Elze, K. Shakespeare's muthmassliche Reisen.

Müller, Eduard. Shakespeare's Aussprache. Nach Alexander J. Ellis.

Friesen, H. v Wie soll man Shakespeare spielen? IV. Der Kaufmann von Venedig.

Delius, N. Die Bühnenweisungen in den alten Shakespeare-Ausgaben.

König, Wilhelm. 'Was ihr wollt' als komisches Gegenstück zu Romeo und Julia.

Hense, C. C. John Lilly und Shakespeare. II.

Devrient, Otto. Statistik der Karlsruher Shakespeare-Aufführungen in den Jahren 1870—72.

Gericke, R. Beiträge zur Statistik der Shakespeare-Aufführungen deutscher Bühnen.

Charles Knight.

Literarische Besprechungen.

Miscellen: Vincke, G. Freih. Die zweifelhaften Stücke Shakespeare's. — Zum Sturm I, 2.

Cohn, A. Shakespeare-Bibliographie, April 1871 bis Ende 1872.

Zuwachs der Bibliothek der Deutschen Shakespeare-Gesellschaft bis April 1872.

Jahrbuch der Deutschen Shakespeare-Gesellschaft im Auftrage des Vorstandes herausgegeben durch Karl Elze. Neunter Jahrgang. Ibid. id. 1874. 8vo. pp. IV—341.

Inhalt:

Vincke, Gisbert Freih. Shakespeare und Garrick. Einleitender Vortrag zur Jahresversammlung der Deutschen Shakespeare-Gesellschaft.

Ulrici. H. Jahresbericht für 1872—73. Vorgetragen in der Jahresversammlung zu Weimar am 23. April 1873.

Bericht über die Jahresversammlung zu Weimar am 23. April 1873.

Ulrici, H. Ist Troilus und Cressida Comedy oder Tragedy oder History?

Vinke, Gisbert Freih. Bearbeitungen und Aufführungen Shakespeare'scher Stücke vom Tode des Dichters bis zum Tode Garricks.

Elze, K. Zu Heinrich VIII.

Thümmel, Jul. Ueber Shakespeare's Narren.

Drayton, Mich. Nymphidia oder der Feenhof. Uebersetzt von H. v. Friesen.

Meissner, Joh. Great-Britain's Mourning Garment.

Delius, N. Chettle's Hoffman und Shakespeare's Hamlet.

König, Wilh. Ueber die Entlehnungen Shakespeare's, insbesondere aus Rabelais und einigen italienischen Dramatikern.

Elze, K. Der Shakespeare-Dilettantismus.

Koppel, Rich. Scenen-Eintheilungen und Orts-Angaben in den Shakespeare'schen Dramen.

Shakespeare-Aufführungen der Mannheimer Hof- und Nationalbühne, 1779—1870.

Statistischer Ueberblick über die Shakespeare-Aufführungen deutscher Bühnen vom 1. Juli 1872 bis 30. Juni 1873.

Literarische Besprechungen.

Miscellen: I. Horaz und Shakespeare.
II. Nachtrag zu 'Wunderbare Schicksale des Sommernachts-Traumes'.

Zuwachs der Bibliothek der Deutschen Shakespeare-Gesellschaft seit März 1873.

JENSCH, WILH. Shakespeare's Macbeth. (Programm der Realschule Erster Ordnung in Magdeburg.) Magdeburg, Hof-Buchdruckerei von Carl Friese, 1871. 4to. pp. 1—16.

IHERING, RUD. v. (Der Rechtsfall im Merchant of Venice.) Der Kampf um's Recht von Rud. v. Ihering. Wien, J. G. Manz'sche Buchhandlung, 1873. 8vo.

KLINGELHÖFFER, W. Plaute imité par Molière et Shakespeare (Programm des Grossherzoglichen Gymnasiums zu Darmstadt. Herbst 1873). Darmstadt, Druck von H. Brill, o. J. 4to. pp. 32 (und 18 pp. 'Schulnachrichten').

KLŒPFEL, FRITZ. Shakespeare als Mediciner im Allgemeinen, und im Besonderen auf dem Gebiete des kranken Seelenlebens. (König Lear — Ophelia). Vortrag, gehalten im Gewerbeverein zu Riga am 14. Jan. 1874.

Rigasche Zeitung 1874, No. 37, 38, 39 (Febr. 13—15).

KÖNIG, WILHELM. Shakespeare als Dichter, Weltweiser und Christ. Durch Erläuterung von vier seiner Dramen und eine Vergleichung mit Dante dargestellt. Leipzig, Luckhardt'sche Verlagshandlung, 1873. 8vo. pp. X—301.

Inhalt: I. Die Grundzüge der Hamlet-Tragödie. II. Der Kaufmann von Venedig und Mass für Mass. III. Wie es euch gefällt und Shakespeare als Idyllendichter. IV. Shakespeare und Dante.

Kreyssig, Fr. Vorlesungen über Shakespeare und seine Werke. Zweite verbesserte und vermehrte Ausgabe. Berlin, Nicolai'sche Verlags-Buchhandlung, 1874. 2 Bde. 8vo. pp. VIII—495: IV—530.

Lamb, Charles. Tales from Shakspeare. With a copious vocabulary compiled by E. Amthor. 4. Auflage. Berlin, Renger, 1873. 16mo. pp. 260.

M., O. William Shakespear.
Allgemeine Familienzeitung (Stuttgart) 1874, No. 10.

Maass, M. Unsere deutschen Dichterheroen und die sogenannte Shakspearomanie. Thorn, Ernst Lambeck, 1874. 8vo. pp. 67.

Marbach, Oswald. Hamlet. Tragödie nach Shakspeare. Leipzig, C. G. Naumann, 1874. 12mo. pp. XIX—222.

Marbach, Oswald. Shakspeare-Prometheus. Phantastisch-Satirisches Zauberspiel vor dem Höllenrachen ohne Raum und ohne Zeit im Dämmerschein der Ewigkeit. Leipzig, C. G. Naumann, 1874. 8vo. pp. (IV)—158.

Marheineke. Ueber die Shakespeare'schen Gleichnisse.
Archiv für das Studium der neueren Sprachen und Literaturen, herausgegeben von Ludwig Herrig. Bd. 51, Heft 2 (1873).

Meissner, Johannes. Shakespeare-Curiosa.
Magazin für die Literatur des Auslandes 1874, No. 27, Juli 4, p 395—398.

Mueller, Adolf. Ueber die Quellen, aus denen Shakespeare den Timon von Athen entnommen hat. Inaugural - Dissertation der philosophischen Facultät zu Jena zur Erlangung der Doctorwürde vorgelegt. Jena, Druck von W. Ratz, 1873. 8vo. pp. 30.

Noiré, Ludwig. Zwölf Briefe eines Shakespearomanen. Leipzig, Veit & Co., 1874. 8vo. pp. 62.

Norden, Fr. Der Kaufmann von Venedig. Dem Dichter Shakespeare nacherzählt. Rosenheim, F. Huber'sche Buchhandlung, 1866. 8vo. pp. 47. (Rosenheimer Volksbücher Nr. 39.)

Norden, Fr. Othello, der Mohr von Venedig. Dem Dichter Shakespeare nacherzählt. Rosenheim, F. Huber'sche Buchhandlung, 1866. 8vo. pp. 48. (Rosenheimer Volksbücher, No. 40.)

Prölss, Robert. Shakespeare's Romeo und Julia. Erläutert von R. P. (Erläuterungen zu den ausländischen Klassikern, 1.) Leipzig, Ed Wartig, 1874. 12mo. pp. 167.

Rohde, Diedrich. Das Hülfszeitwort to do bei Shakespeare. Inaugural-Dissertation zur Erlangung der philosophischen Doctorwürde an der Universität Jena. Göttingen, Universitäts-Buchdruckerei von E. A. Huth, 1872. 8vo. pp. 56.

Rowley, Sam. When you see me, you know me. A Chronicle-History by Samuel Rowley. Edited with an Introduction and Notes by Karl Elze. Dessau, Emil Barth, 1874. 8vo. Title, pp. XXI—109, 1 p. Addenda and Corrigenda.

'... there are so many striking coincidences between them (i. e. Rowley's play and Shakespeare's Henry VIII.) as to induce us to the belief not only that Shakespeare was acquainted with Rowley's play before it was printed ... but that Rowley's play was acted before Shakespeare wrote his K. Henry VIII. and that Shakespeare took a series of traits from it' &c. — *Introduction.*

Rullmann, Wilh. Shakespearomanie. Zur Abwehr. Ein Gegenstück.
Deutsche Warte, Bd. VI. Heft 2 (2. Januarheft 1874) p. 65—69.

Rümelin, Gustav. Shakespeare-Studien. Zweite (vermehrte) Auflage. Stuttgart, Cotta, 1874 (1873). 8vo. pp. XIV—315.

Schmalfeld. Einige Bemerkungen zur Elektra des Sophokles mit einem Seitenblick auf Shakespeare's Hamlet (Schulprogramm des Gymnasiums zu Eisleben). Eisleben. Reichardt'sche Buchdruckerei, 1868. 4to. pp. 34 (und pp. 35—37, Schulnachrichten).

Schmidt, Alexander. Lexicon zu Shakespeare's Werken. I. Theil. A - L. — Shakespeare Lexicon. A complete Dictionary of all the English Words, Phrases and Constructions in the Works of the Poet. Vol. 1. A—L. Berlin, G. Reimer, 1874. Roy. 8vo. in double col. pp. VIII—678 and 1 p. 'Abbreviations'.

Schmidt, Julian. Fragmente über Shakespeare.
Neue Bilder aus dem geistigen Leben unserer Zeit, von Jul. Schmidt. Leipzig, Duncker & Humblot, 1873. 8vo. Pag. 1—75.

Schmidt, Ferd. Der Kaufmann von Venedig. Macbeth. Zwei Erzählungen für Jung und Alt. 2. Aufl. Berlin, Kastner, 1873. 16mo. pp. 133 und 1 Tafel.

Schmidt, L. Macbeth. Eine poetische Shakespearestudie. Oschatz, Selbstverlag. In Kommission bei Oldecop's Erben. 1873. 8vo. Titelbatt, pp. IV—115.

Schmolke, H. Shakespeare's Imogen.
National-Zeitung (Berlin) 1873, No. 293, 27. Juni

Shakespeare - Galerie. Charactere und Scenen aus Shakespeare's Dramen. Gezeichnet von Max Adamo, Heinr. Hofmann, Hanns Makart, Friedr. Pecht, Fritz Schwörer u. A. Sechsunddreissig Blätter in Stahlstich. Gestochen von Bankel, Goldberg, Raab, Schultheiss u. A. mit erläuterndem Text von Friedr. Pecht. Sechste, Siebente, Achte Lieferung. Leipzig, Brockhaus, 1873 - 74. roy. 8vo.

Shakespeare-Gallerie. Von C. v. Piloty, F. Piloty, Adolf Menzel u. A. — Photographirt nach den Original-Cartons von Franz Hanfstängl. Mit Text von Bruno Meyer. Berlin, G. Grote'sche Verlagshandlung, 1872. 4to.

Shakespear - Museum. Zeitschrift etc. Herausgegeben von Max Moltke. Bd. I, No. 9 und 10, 23. Oct. 1873. No. 11 und 12, 23. Nov. 1873. No. 13 und 14, 23. Dec. 1873. No. 15 und 16, 23. Jan. 1874. No. 17—20, 23. Febr. 1874.

Inhalt:
No. 9 und 10. - Dorr, Robert. (Sonett auf Shakespeare.)
Jordan, Wilhelm. (Ein Ausspruch über Shakespeare.)
Moltke, Max. Die erste Lear-Scene. Ein Uebersetzungsvergleich und Erläuterungsversuch.
Hagena, Karl. Berichtigungen der Schlegel-Tieck'schen Uebersetzung. (Erster Artikel.)
Shakespeare-Bibliographie vom Jahre 1873.
Miscellen und Notizen.
Lampadius, Wilh. Aug. Widmung an die Geliebte zu Uebersetzungen Shakespeare'scher Dramen (3 Gedichte).

No. 11 und 12. — Willatzen, P. J (Sonett auf Shakespeare.)
    Macaulay, Thom. B. (Ueber Shakespeare, englisch und deutsch. Aus d. Essay über Mad. D'Arblay's Diary.)
    Möbius, Paul. (Ueber Shakespeare.)
    Geibel, Eman. Kaufmann von Venedig (Gedicht).
    Franklin, Henry A. A few Observations on Shakespeare and his 'Merchant of Venice' (Zuerst: Frankfurt a. M. 1867. S. Shakespeare-Jahrbuch III, p. 426.)
    Hagena, Karl. Berichtigungen der Schlegel-Tieck'schen Shakespear-Uebersetzung. (Zweiter Artikel.)
    Shakespear-Aufführungen und Stimmen darüber.
    Shakespear-Bibliographie
    Miscellen und Notizen.

No. 13 und 14. — Lingg, Hermann. Drei Sonette zu Shakespear's dreihundertjähriger Geburtstagsfeier.
    (Ueber Shakespeare. Aus: Hermes, oder krit Jahrbuch der Literatur für 1823.)
    Platen, Aug. Graf v. (6 Gedichte über Shakespeare.)
    An Evening-Hour with Shakespear. Being the Original of a Public Lecture, delivered in the German language at Weimar on the 21. January 1847. (Zuerst Weimar 1849, 8vo. Der Verfasser unterzeichnet sich 'J. M.' = James Moriarty.)
    Hagena, Karl. Berichtigungen etc. (wie oben.) Dritter Artikel.
    Wislicenus, Paul. Macbeth. (Aus der Zeitschrift 'Die Literatur' No. 19.)
    Miscellen und Notizen.
    Berichtigungen und Nachträge.

No. 15 und 16. — Hoffmann, Luise. Festdichtung. Shakespear-Feier, veranstaltet im literarischen Verein zu Nürnberg, am 23. April 1864. (Aus dem Album d. Lit. Ver. in Nürnberg, für 1865.)
    Rapp, Moritz. (Ueber Shakespeare, aus der Vorrede zur Hamlet-Uebersetzung.)
    Börne. (Ueber Shakespeare.)
    Loën, A v. Die Shakespear-Kenntniss im heutigen Frankreich. (Abdruck aus: 'Internationale Revue', Bd. I. S. Shakespeare-Jahrbuch II, p. 402).
    Shakespeare-Literatur.
    Miscellen und Notizen.

No. 17—20. — Häser, Karl. Prolog zum 300jährigen Geburtstags-Feste Shakespear's gedichtet, gesprochen von Emma Harke.
    Kuno Fischer, Samson von Himmelstiern, Schipper, Benno Tschischwitz (Aussprüche über Shakespear).
    Gerth. Warum hat Shakespear seinem Lear keinen glücklichen Ausgang gegeben? (Abdruck aus dem Schulprogramm des Pädagogiums zu Putbus, 1849.)
    Gesammelte Recensionen über Roderich Benedix nachgelassenes Werk: 'Die Shakespearomanie. Zur Abwehr.'
    The New Shakspere Society (Abdruck des Prospectus von Fred. J. Furnivall, 5. Febr. 1874).
    Hagena, Karl. Berichtigungen, etc. (wie oben.) Nachträge.
    Shakespeariana aus englischen Journalen.
    Stimmen der Presse über Hermann Linde's Shakespear-Recitationen.
    Shakespear-Prometheus. (Ueber O. Marbach's 'Zauberspiel' — vide oben, p. 409. Aus der Augsb. Allg. Zeitung.)
    Miscellen und Notizen.

Shakespeare-Perlen. Die in den Dramen des grossen Britten zerstreuten Sprüchwörter, Sentenzen und Lebensregeln, gesammelt von Dr. Th. Keller. Trier, Ed. Groppe, 1873. 8vo. pp. IV—306.

Shakespeare's Sturm, 1604 verfasst oder 1611?
  Magazin für die Literatur des Auslandes 1874. No. 36.
Scherzius, Dr. (pseud.). Prinz Hammelfett und Prinzessin Pumphelia. Eine Trauerposse für Polichinell- und Kasperletheater. Neu-Ruppin, Oehmigke & Riemschneider. Ohne Jahr. 12mo. pp. 23.
Thiel, B. The Principal Reasons for Shakespeare's remaining unpopular longer than a century even in England (Jahresbericht über die Höhere Handelsschule des Augsburger Handelsvereins für das Schuljahr 1873/74). Augsburg, Druck der J. P. Himmer'schen Buchdruckerei, 1874. pp. 40. 8vo. (und pp. 41—54 'Schulnachrichten').
Timme, O. Ueber die erste Scene des zweiten Actes von Shakespeare's Macbeth. (Inaugural-Dissertation.) Jena 1874. 8vo. pp. 46.
Treitschke, R. Shakespeare als Geschichtsdenker.
  Wissenschaftliche Beilage der Leipziger Zeitung 1874. Nr. 75—80.
Tschischwitz, B. De ornantibus epithetis in Shakspeři operibus. Halae Sax. 1871. 8vo.
Ulrici, Hermann. Shakspeare's dramatische Kunst. Geschichte und Charakteristik des Shakspeare'schen Drama's. 3. neubearbeitete Auflage. 2. Ausgabe. Mit 1 Stahlstich. 3 Theile. Leipzig, T. O. Weigel, 1874. 8vo. pp. VIII—429, XII—546, VI—225.
Vischer, R. Hamlet in Rom.
  Die Literatur. Red. P. Wislicenus. 1874, No. 33, 34, 35, 36.
Wagner, Wilhelm. Shakespeare und die neueste Kritik. Zur Orientirung. Hamburg, Gust. Ed. Nolte, 1874. 8vo. min. pp. IV—125. Theilweise zuerst im 'Hamburgischen Correspondenten' Jan. bis März 1874.
Waldmüller, R. Shakespeare-Uebersetzungen.
  Blätter für literarische Unterhaltung 1873, No. 21.
Werder, K. Ueber Shakespeare's Hamlet. I, II.
  Preussische Jahrbücher 1873, November und December.
Wiarda. Bemerkungen zu Shakespeare's Julius Cæsar (Programm). Emden 1870. 4to.
Wislicenus, Paul. Macbeth.
  Die Literatur. Wochenschrift, herausgegeben von Herm. Riotte und Paul Wislicenus (Leipzig) 1873, No. 19. — Auch im Shakespeare Museum, Bd. I, No. 13 und 14
Worte der Liebe. Aus unseren Dichtern Schiller, Goethe, Lessing, Körner, Shakespeare gesammelt und geordnet von Frauen- und Freundeshand. Leipzig, G. Schulze, 1874.
Worthmann, Ferd. Ein Separatvotum zu Shakspeare's 'Othello'.
  Grenzboten, 1873, No. 30 (25. Juli). p. 121—133.

III. FRANKREICH.

Oeuvres complètes, trad. par François Victor Hugo. Seconde édition. Tom. VIII Paris, Pagnerre, 1872. 8vo.
Oeuvres complètes, trad. par Emile Montégut. Vol. 9, 10. Paris, Hachette, 1872—73. 18mo. (Complet in 10 Bänden.)

Oeuvres complètes, traduites par François Victor Hugo. Tome premier. (Avec préface de Victor Hugo.) Paris, Lemerre (1874). 24mo. pp. 365 und 1 Bl. Table des matières.

Julius Cæsar, par Shakespeare. Nouvelle édition, avec une notice sur la pièce et des notes philologiques et littéraires par M. Grouillard, professeur délégué au lycée Henri IV. Paris, Delagrave, 1874. 12mo. pp. 154.

Le Cymbeline de Shakespeare. Traduction française. Châlons-sur-Saône, impr. Landa, 1874. 8vo. pp. 168.

Jules César, tragédie. (Texte anglais.) Edition classique, précédée d'une notice littéraire par E. Sedley. Paris, Delalain et fils, 1874. 12mo. pp. XXIV—120.

Macbeth, tragédie. (Texte anglais.) Edition classique, précédée d'une notice littéraire par E. Sedley. Paris, Delalain et fils, 1874. 12mo. pp. XXIV—107.

Bonifas, F. Pourquoi Corneille n'a-t'-il pas été notre Shakespeare? Montauban, imprimerie Vidallet, 1874. 8vo. pp. 36.

Gomont, H. Encore sur Hamlet, à propos d'Hamlet et à côté d'Hamlet. Metz, imp. Rousseau-Pallez, 1870. 8vo. pp. 44.

Gomont, H. Le César de Shakespeare, étude historique et littéraire. Paris, imprim. Raçon & Co., 1874. 8vo. pp. 61.

La première représentation de Henri VIII, tragédie de Shakespeare, en 1613.
La Chronique illustrée. Paris. 20 Décemb. 1873, 24 Janvier, 7 Février et 25 Avril 1874.

Mayow, M. Hamlet.
Revue des Cours littéraires de la France et de l'étranger, 5me année, No ? Paris, Germer Baillière. 4to.

Tonnellé, Alfred. La Tempête de Shakspeare (écrit en 1857). Othello (écrit en 1856).
Fragments sur l'Art et la Philosophie suivis de notes et de pensées diverses, par Alfred Tonnellé. Recueillis et publ. par G.-A. Heinrich. Troisième édition. Paris, Didier & Co., 1873 12mo. pp. 313—316, und 316—319.

Tréverret, M. de. Shakespeare poëte comique. (Soirées littéraires de la Sorbonne.)
Revue des Cours littéraires de la France et de l'étranger. 7me année, No. 28, 11 Juin 1870, p. 436—443. Paris, Germer Baillière. 4to.

Verdier, Marquis de. Shakpeare, comédie en 4 actes et 5 tableaux. Paris, J. Boyer & Co., 1873. 18mo. pp. 165.

Vigny, Alfr. de. Le More de Venise; Shylock.
Théatre complet du comte Alfred de Vigny. 9e édition revue et corrigée. Paris, M. Levy frères, 1870. 18mo.

IV. HOLLAND.

Dramatische Werken, vertaald en toegelicht door A. S. Kok. Amsterdam, G. L. Funke, 1871—74. 8vo. Aflev. 1—20.
(Soll in 50 Aflev. erscheinen, die 10—12 Bände bilden werden.)

MACBETH, Drama in't Nederlandsche vertaald door N. Destanberg. Gent 1869. 8vo.

THE TRAGEDY OF K. RICHARD III. Uitgegeven met verklaarde aanteekeningen en eene beschouwing van het treurspel voor A. S. Kok. Haarlem, Erven F. Bohn, 1871. 8vo. pp. 2—226.

ROMEO AND JULIET: a Tragedy. With explanatory Notes and an Introduction by C. Stoffel. Deventer, A. J. van den Sigtenhorst, 1869. 8vo. pp. 2, X und 118.

BEER, T. H. DE. A short Account of the Plots of Shakespeare's Plays, edited with Chronological Tables and a List of Characters. Arnhem, D. A. Thieme 1871. 8vo. pp. IV - 41.

LOFFELT, A. C. Nederlandsche Navolgingen van Shakespeare en van de oude Engelsche dramatici in de zeventiende eeuw. I & II. (Overgedrukt uit de Nederlandsche Spectator. 1868.) 8vo. (No. II, 24 pp.)

MOLTZER, H. E. Shakspere's Invloed op het Nederlandsche Tooneel der zeventiende eeuw. Groningen, J. B. Wolters, 1874. 8vo. pp. 70.

PEKELHARING, K. R. Shakspearo in zyne historien. I, II, III. Nederland. Verzameling van oorspronkelyke Bydragen van Nederlandsche Letterkundigen onder Redactie van Dr. Jan ten Brink. Amsterdam, Loman. 8vo. Deel I. (Jaarg. 1873, No. 3) p. 287–312, Deel II (1873, No. 5) p. 39–68 (1873, No. 7) p. 278—320.

V. VERSCHIEDENE LÄNDER.

Böhmen.

DRAMATICKA DÍLA Williama Shakespeara. Nakladem Království Ceskeho. Sv. XX—XXXVII. v Praze. Fr. Rzivnáč 1866—74. 12mo. Die Ausgabe ist jetzt complet, in 9 Bänden Sie wurde 1856 begonnen. Die Uebersetzungen sind von J. G. Kolár, F. R. Doucha, L. Celakovsky und J. B. Maly.

MALY, J. Shakespear a jeho díla. (Ueber Shakespeare und seine Werke.) v Praze, Fr. Rzivnáč, 1872. 12mo.
Bildet auch einen Bestandtheil obiger Ausgabe der Werke.

Dänemark.

SHAKESPEARE'S DRAMATISKE VAERKER, oversatte af P. Foersom. Tredie Udgave. Omarbeidet af E. Lembcke (Sep.-Titel: Dramatiske Varker, overs. af E. Lembcke) Hefte 23—36. Kjobenhavn, Schubothe, 1868—73. 8vo.
Die Ausgabe ist complet und bildet 18 Bände, welche wie folgt eingetheilt sind: I, Romeo og Julie; Macbeth. II. Kong Lear; K. Richard den Andens Liv og Dod. III, K. Henrik den Fjerde, 1. Deel og 2. Deel. IV, K. Henrik den Femte; K. Henrik den Sjette, 1. Deel. V, Hamlet; Julius Cæsar. VI, K. Johan; Helligtrekoagers Aften (Twelfth Night). VII, Othello, Stormen (Tempest). VIII, Cymbeline; Kjobmanden i Venedig. IX, Coriolanus; Twillingerne (Comedy of Errors). X, Timon

i Athen; Et Vynterevcntyr. XI, K. Henrik den Sjette, 2. Deel; Stort Besvær for Ingenting (Much ado &c.). XII, K. Henrik den Sjette. 3. Deel; Naar Enden er godt er Alting godt (All's well &c.) XIII, K. Richard d. Tredie; Som man behager (As You Like it). XIV, K. Henrik d. Ottende; Troilus og Cressida; XV, Antonius og Cleopatra; De to Herrer fra Verona. XVI, Lige for Lige (Measure for Measure); De lystige Koner i Windsor. XVII, Den arrige Kvinde, der blev tam (Taming of the Shrew); En Skærsommernatsdrom. XVIII, Elskovs Gjækkeri (Love's L. L.); Historiske Oplysninger, &c.

CYMBELINE. Eventyrligt Skuespil, bearbeidet for den danske Scene. Med et Tillæg om de Shakespeareske Skuespil og det moderne Theater. Af J. Martensen. Kjøbenhavn, Schubothe, 1872. 8vo. pp. 162.

ET VINTEREVENTYR, romantisk Skuespil i 4 Akter, bearbeidet efter Shakespeare's 'Winter's Tale' og Dingelstedt's 'Ein Wintermärchen' af H. P. Holst. Kjøbenhavn, Reitzel, 1868. 8vo. pp. 106.

BRANDES, G. Kritiker og Portraiter. P. 1—12 Et Vintereventyr, p. 34—42 De lystige Koner i Windsor, Falstaff, p. 70—78 Viola, etc. p. 113—126 Kjøbmanden i Venedig, p. 279—97 Henrik den Fjerde. — Kjøbenhavn 1870, 8vo.

HAUCH, C. Romeo og Julie, Tragedie af Shakspeare.
Afhandlinger og aesthetiske Betragtninger af C. Hauch (Ny Række) Kjøbenhavn, Reitzel. 1869. 8vo. pp. 201-270.

HAUCH, C. Nogle Bemærkninger om en Charaktergruppe i Shakspeare's Hamlet.
Afhandlinger og aesth. Betragtninger etc. (ut supra). pag. 271—294.

NIELSEN, R. Om Selvforstaaelse i det Onde, med Henblik paa Shakspeare's Richard den Tredie.
For Ide og Virkelighed, et Tidsskrift. udg. af Nielsen, Bj. Bjornson og Rud. Schmidt, Septemb. 1869. pag. 521—554. Kjøbenhavn, 8vo.

RAVN, V. C. 'Engelske Instrumentister' ved det danske Hof paa Shakespeare's Tid.
For Ide og Virkelighed, et Tidsskrift. Kjøbenhavn 8vo. 1870, Januar, p. 75—92.

Finland.

WILLIAM SHAKESPEARIN MACBETH, Murhenäytelmä wiidessä näytöksessä. Alkuperäisestä suomentannut Kaarlo Slöör. (Macbeth, tragedy in five acts translated into Finnish by Charles Slöör.) Helsingissä, 1864, 8vo.

Auch in der Zeitschrift 'Näytelmistö' 1861—1867, vielleicht auch in späteren Jahrgängen, sollen sich Uebersetzungen shakespearischer Stucke befinden. Die Zeitschrift ist mir leider nicht zu Gesicht gekommen.

Italien.

OPERE DI SHAKESPEARE. Traduzione Giulio Carcano. Prima edizione illustrata. Vol I: Vita di Shakspeare, Coriolano, Giulio Cesare, Antonio e Cleopatra. Milano, U. Hœpli, 1874. 16mo. pp. XXXII—414.

TEATRO DI SHAKESPEARE, voltato in prosa italiana da Carlo Rusconi. Vol. I, II, III. (ultimo) Firenze, M. Ricci, 1873—74. 8vo. pp. 356 col ritratto di Shakespeare, pp. ? pp. 388.

Coriolano, tragedia tradotta da Carlo Rusconi. Sesta edizione Firenze, M. Ricci, 1872. 12mo. pp. 140.

Romeo e Giulietta, tragedia di Shakspeare, voltata in prosa italiana da Carlo Rusconi. Sesta ediz. col testo inglese di riscontro. Firenze, Le Monnier succ., 1868. 12mo. pp. 227.

La Tempesta. — I due gentiluomini di Verona. Commedie tradotte da Cristofero Pasqualigo. Milano, E. Treves, 1870. 16mo. pp. 195.

Biblioteca Amena, Vol. 45.

Carcano, Giulio. Dante e Shakespeare, discorso.
Dante e il suo secolo. Vol. II. Firenze, coi tipi di M. Cellini & Co. 1866, 4to. pag. 639—653.

Forlani, F. Sul Giulio Cesare di Shakespeare. Lettura tenuta nel Gabinetto di Minerva nel giorno 22 Febbrajo 1874. Trieste, tipogr. Mortara & Co., 1874. 8vo. pp. 16.

Forlani, F. La Lotta per il Diritto. Variazioni filosofico-giuridiche sopra il Mercante di Venezia e altri drammi di Shakespeare. Torino, Erm. Löscher, 1874. 8vo. pp. IX—86.

Ricci, Mauro. Saggio di Novelle di Guglielmo Shakespeare trovate e narrate. (Pericle, Principe di Tiro. — La Novella d'Inverno.) Firenze, a spesa dell' editore, tip. Calasanziana, 1864. 8vo. pp. 54.

Zendrini, Bernardino. Shakespeare (Poema). Alla Signora Adele Ostinelli Osio.
Bernardino Zendrini, Prime Poesie (1859—1871). Padova, tipogr. M. Giammartini, 1871. 8vo. pp. 97—109.

Polen.

Dzièła dramatyc Szekspira, Tom. I. Sen nocy letniej (A Midsummernight's Dream) Król Lyr. Dwaj panowie z Werony (Two Gentlemen of Verona) Przkład Stanisława Koźmiana. Poznan, 1866. 8vo.

Antoniucz i Kleopatra, tragedya etc. (Uebersetzt von ?) Paris, Lacroix Verboeckhoven, 1871. 16mo.

Will. Szekspir. Krol Lir. Tragedya w pięciem aktach. Przekład Adama Pługa. Lwow 1871. 8vo. pp. 224 (I—VIII und 9—224).
Erschien zuerst in der Zeitschrift 'Mrowki' (Lwow) Rok II, 1870.

Russland.

Othello, in's Russische übersetzt von Kuskov, 1870.

Storojenko. Ueber die Shakespeare-Kritik in Deutschland, russisch, im 'Russki Vjestnik', 1869.

Die näheren Titelangaben müssen unterbleiben, weil die Druckerei keine Russischen Typen besitzt.

Schweden.

WILLIAM SHAKSPEARE's SONETTER. På svenska återgifna af C. R. Nyblom. Upsala, V. Schultz, (1871). 12mo. pp. XXII—194.

PECHT, F. Shakspeare - Galleri. Karakterer och scener ur Shakespeare's dramer tecknade af framstående tyske konstnärer. Med upplysande text. I, II. (Jeder Band mit 12 Kupfertafeln.) Upsala, W. Schultz, 1874. 4to.

ROMDAHL, AXEL. Obsolete Words in Shakespeare's Hamlet. Upsala, 1869. 8vo.

Serbien.

JULIUS CÆSAR, serbisch von Milosch Zetschewitsch, Belgrad, 1866.

ROMEO AND JULIET, serbisch von L. Kostitsch, 1866.

Die näheren Titelangaben müssen unterbleiben, weil die Druckerei keine serbischen Typen besitzt.

Spanien.

CUETO, LEOP. AUG. DE. Teatro de Shakspeare.
La buena nueva. Revista popular catolica. Director: Abdon de Paz. Ano I, Num. 2 (Madrid, 25 Octubre 1873) 4to.

OBRAS DE SHAKSPEARE, version castellana de Jaime Clark. (Vol.1—5). Madrid, Medina y Navarro. s. a. (1870—74). 8vo. min.

Inhalt:

(Vol. 1.) Othello. — Mucho ruido para nada (mit einer Vorrede von J. Valera und 'Noticias relativos a la vida y obras de Shakespeare' vom Uebersetzer). pp. XXXI, 31, 251, und 1 Bl. Indice.
(Vol. 2.) Romeo y Julieta. — Como gusteis. pp 222 und 1 Bl. Indice.
(Vol. 3.) El Mercader de Venecia. — Medida por Medida. pp. 208.
(Vol. 4.) La Tempestad. — La Noche de Reyes. pp. 182 und 1 Bl. Indice.
(Vol. 5.) Hamlet. — Las alegres comadres de Windsor. pp. 253 und 1 Bl. Indice.

EL PRÍNCIPE HAMLET, Drama trágico-fantástico en tres actos y en verso, inspirado por el Hámlet de Shakespeare y escrito expresamente para el primer actor Don Antonio Vico, por Carlos Coello. Se estrenó en Madrid, en el Teatro Español, el dia 22 de Noviembre de 1872. Madrid, imprenta de José Rodriguez, Calvario, 18, 1872. 8vo. pp. (VIII)—86.

See 'Athenæum' 1873, No. 2369, March 22, p. 385 'A Spanish Hamlet' by F. W. C(osens).

Ungarn.

SHAKSPERE MINDEN MUNKÁI. Forditjak többen. Kiadja Tomory Anastáz Költségein a Kisfaludy-Társaság. (Sämmtliche Werke herausgegeben vom Kisfaludy-Verein.) Kötet I—XVIII. Pest, Mor. Ráth, 1864—72. 8vo.

Inhalt: I. köt. Othello. Szentivánéji álom. 1864. II. köt. Julius Cæsar. A téli rege. 1864. III. köt. Macbeth. A velenczei kalmár 1864. IV. köt. Coriolanus. Titus Andronicus. 1865. V. köt. Lear király. A két veronai ifju. 1865. VI. köt. Antonius és Kleopatra. Szeget szeggel. 1866. VII. köt. A makranczos hölgy. Tévedések játéka. 1866. VIII. köt. Hamlet dán királyfi. Felsült szerelmesek. 1867. IX. köt. Athéni Timon. A windsori vig nök. 1868. X. köt. Troilus és Kressida. A hogy tetszik. 1870. XI. köt. Romeo és Julia. A vihar. Viskereszt. 1871. XII köt. Sok hűhó semmiért. Perikles. 1871. XIII. köt. Cymbeline. Minden jó ha, jó a vége. 1872. XIV. köt. János király. II. Rikhárd király. 1867. XV. köt. IV. Henrik király (két része). 1868. XVI. köt. V. Henrik király. VI. Henrik király (első része). 1870. XVII. köt. VI. Henrik király (második és harmadik része). 1870. XVIII. köt. III. Rikhárd király. VIII. Henrik király. 1868.

Die Uebersetzer sind: Arany János, Arany László, Acs Zsigmond, Fejes István, Greguss Agost, Györy Vilmos, Lévay József, Lörinczi (Lehr) Zsigmond, Petőfi Sándor, Rákosi Jenö, Szász Károly, Szigligeti Ede, Vörösmarty Mihály.

Hiernach Jahrbuch I, p. 447 und III, p. 435 zu vervollständigen.

Shakespeare Németországban a 16 és 17 században.
Budapesti Szemle, Bd. XV (1869) kötet 4, p. 149.

Indien.

Strinyáya-cháturya, in Maráthi. (An adaptation of the 'Merchant of Venice'). Bombay, 1871. 8vo.

Ich wiederhole hiermit die an alle Freunde der Shakespeare-Literatur gerichtete Bitte um Mittheilung der Erscheinungen in Zeitschriften, Zeitungen, etc., sowie auch solcher Schriften, welche nicht in den Buchhandel kommen.

Berlin, W. **Albert Cohn.**
Mohrenstrasse 53, I. Etage.

Zuwachs der Bibliothek der Deutschen Shakespeare-Gesellschaft
seit April 1874.

The Dramatic Works of *Shakespeare:* adapted for Family Reading. By Th. Bowdler. New Edition. London. O. J.

Shakespeare. Select Plays. The Tempest. Edited by W. A. Wright. Oxford 1874.

Shakspeare's Winter's Tale; with Alterations by J. P. Kemble. Now first published, as it is acted by their Majesties Servants of the Theatre Royal, Drury Lane. 1802. London.

Cymbeline. Schauspiel in fünf Aufzügen von *Shakspere.* Nach Delius' Ausgabe für die Bühne übersetzt und bearbeitet von G. Frhr. Vincke. Freiburg i. Br. 1873. (Geschenk des Herrn Bearbeiters.)

Macbeth. Tragœdie in cincĭ acturĭ de *Shakspeare,* tradusê d'in englisêsce de P. P. Carp. Jassi 1864.

Othello, the Moor of Venice, by *Shakspeare.* Translated into Hebrew by J. E. S. [Salkinson.] Edited by P. Smolensky. Vienna 1874.

Delius, N. Ueber die Figur des Narren in Shakspere's Dramen. (Kölnische Zeitung, 1860, No. 41 und 42. — Geschenk des Herrn Verfassers.)

Dowden, E. Shakspere: A Critical Study of his Mind and Art. London 1875.

Forlani, F. Sul Giulio Cesare di Shakespeare. Trieste 1874. (Geschenk des Herrn Verfassers.)

Forlani, F. La Lotta per il Diritto. Variazioni filosofico-giuridiche sopra il Mercatante di Venezia e altri drammi di Shakespeare. Torino 1874. (Geschenk des Herrn Verfassers.)

Friesen, H. Frh. von. Shakspere-Studien. 1.—2. Bd. Wien 1874—75. (Geschenk des Herrn Verfassers.)

Halliwell, J. O. Illustrations of the Life of Shakespeare. Part I. London 1874.

Hartmann, E. v. Shakespeare's Romeo und Julia. Leipzig 1874.

Hazlitt, W. C. Fairy Tales, Legends, and Romances, illustrating Shakespeare and other Early English Writers. London 1875.

Hebler, C. Aufsätze über Shakespeare. Zweite, beträchtlich vermehrte, Ausgabe. Bern 1874.

Hense, C. C. Beseelende Personificationen in griechischen Dichtungen mit Berücksichtigung lateinischer Dichter und Shakspere's. Parchim 1874. (Geschenk des Herrn Verfassers.)

Hermann, E. Ein Wort zur weiteren Begründung und Berichtigung meiner Auffassung des Sommernachtstraums. Braunschweig 1874. (Geschenk des Herrn Prof. Dr. Leo in Berlin.)

Ingleby, C. M. Shakespeare's Centurie of Prayse. London 1874.

Jones, J. W. Observations on the Division of Man's Life into Stages prior to the "Seven Ages" of Shakspere. London 1853.

Maass, M. Unsere deutschen Dichterheroen un l die sogenannte Shakespearomanie. Thorn 1874.

Moltke, M. Shakespear-Museum. No. 13—20. Leipzig 1873—74. (Geschenk des Herrn Herausgebers.)

Moltzer, H. E. Shakspere's Invloed op het Nederlandsch Tooneel der XVII. Eeuw. Groningen 1874.

Ricci, M. Saggio di Novelle di G. Shakespeare. Firenze 1874.

Tyler, T. The Philosophy of "Hamlet". London 1874. (Geschenk der Herren Verleger.)

Upton, J. Critical Observations on Shakespeare. The second Edition, with Alterations and Additions. London 1748.

Wagner, W. Shakespeare und die neueste Kritik. Hamburg 1874.

Warner, R. A Letter to D. Garrick, concerning a Glossary to the Plays of Shakespeare. To which is annexed a Specimen. London 1768.

The Hamlet Controversy. Was Hamlet mad? or, the Lucubrations of Messrs. Smith, Brown, Jones, and Robinson. With a Preface by the Editor of the 'Argus'. Melbourne 1867.

Boston Public Library. Superintendent's Monthly Report. June, 1874, No. 48, — February, 1875, No. 56. (Beiträge zur Shakespeare-Bibliographie enthaltend. — Geschenk der verehrlichen Boston Public Library.)

Agas, R. Civitas Londinum. A Survey of the Cities of London and Westminster, the Borough of Southwark and the Parts adjacent in the Reign of Queen Elizabeth. Published in Fac-simile from the Original in the Guildhall Library with a Biographical Account of R. Agas and a Critical and Historical Examination of the Work by W. H. Overall. The Fac-simile by E. J. Francis. London 1874.

Rowley, S. When you see me, you know me. A Chronicle-History. Edited with an Introduction and Notes by K. Elze. Dessau 1874. (Geschenk des Herrn Herausgebers.)

Rojas y Zorrilla, Fr. de. Los Bandos de Verona. Montescos y Capeletes. Englished by F. W. Cosens. London 1874. (Geschenk des Herrn Uebersetzers.)

Weimar, Ende März 1875.

Der Bibliothekar
der Deutschen Shakespeare-Gesellschaft.
Dr. R. Köhler.

Berichtigungen und Nachträge.

Seite 85, Zeile 19. Streiche: *Aufidius und Coriolan.*
Seite 87, Zeile 4. Lies: *Dichtung stand wohlgemerkt ursprünglich voran.*
Seite 276, Anmerkung. Lies: *d'Argental* statt: *d'Argenson.*

Zu den Vermuthungen, welche oben Seite 153 über den Verfasser der Alcilia — J. C. — vorgetragen worden sind, ist eine andere hinzuzufügen. In den von der englischen New Shakspere Society soeben herausgegebenen 'Shakspere Allusion Books' von C. M. Ingleby findet sich p. 122 ein Epigramm, worin 'Shakespeare. Johnson. Greene' erwähnt werden, entnommen aus 'Epigrames. Serued out in 52 seuerall Dishes for euery man to tast without surfeting. By J. C. Gent London, Printed by *G Elde*', ohne Jahreszahl, aber nach dem Tode Elisabeths. In der Einleitung sagt der Herausgeber p. XXI 'We are unable to identify *J. C.*' Immerhin liegt die Möglichkeit vor, dass der J. C. der 'Epigrames' und der J. C. der 'Alcilia' ein und dieselbe Persönlichkeit sind.

Ausserdem wird gebeten, in dem Abdruck der Alcilia [p. 5] 'Amoris Præludium' Zeile 18 für *by able* zu verbessern *be able.*

W. Wagner.

Druck von Paul Schettler in Köthen.

GENERAL-REGISTER

FÜR DAS

JAHRBUCH

DER

DEUTSCHEN

SHAKESPEARE-GESELLSCHAFT

JAHRGANG I.—X.

ZUSAMMENGESTELLT

VON

F. A. LEO.

BERLIN.
DRUCK VON TROITZSCH & OSTERTAG.
1875.

Seinen Collegen vom Vorstande

der

DEUTSCHEN SHAKESPEARE-GESELLSCHAFT

widmet diese kleine Ferienarbeit

mit freundlichem Grusse

der Herausgeber.

Vorwort.

Eine so geringfügige Arbeit wie die nachfolgende, die eigentlich nur auf einen Jndex-Character Anspruch machen kann, sollte eines Vorwortes kaum bedürfen; und dennoch muss ich wenigstens erklären, dass dieser Jndex in seinen Ansprüchen weiter geht, als nur dahin, den Besitzern der 10 Jahrgänge als Orientirungs- und Arbeitsmittel zu dienen.

Dieses kleine, unscheinbare Heft will nämlich — und es wird ihm durch die beredte Macht der registrirten Thatsachen gelingen — denjenigen Kreisen, welche bisher den Bestrebungen der deutschen Shakespeare-Gesellschaft fern standen, oder diese nur als eine Arena für die extremsten Geistes-Sportgelüste ästhetischer Shakespeareomanen ansahen, zeigen, wie weit die Arbeitsgrenzen der Gesellschaft sich über das enge „Shakespearethum" hinaus auf alle naheliegenden Gebiete des Wissens, der Kunst und der Aesthetik erstreckten. Sie werden aus dem General-Register ersehen, dass das Sh.-Jahrbuch den Bestrebungen der Vorgänger, der Zeitgenossen Shakespeare's wie der Epigonen Rechnung trägt, und seine geistigen Fühlfäden sowohl über die classische Welt wie hinein in die Gegenwart aller Culturnationen erstreckt. Bühne und Kritik, Textbehandlung und Philologie, Uebersetzung und Bearbeitung, schöpferische und ästhetische Einwirkung Shakespeare's auf die weitesten Bahnen der Dichtung — Alles ist hineingezogen in den Kreis der Thätigkeit und Prüfung des Jahrbuches, und wenn die Behauptung volle Berechtigung hat, dass Shakespeare einer mächtigen, und durch Jahrhunderte hinwirkenden Culturentwicklung den Namen verleiht und den Stempel aufdrückt, so kann das Jahrbuch der deutschen Shakespeare-Gesellschaft behaupten, dieser Entwicklung im weitesten Sinne fördernd zu dienen. —

Für die practische Benutzung des vorliegenden Registers bedarf es vielleicht noch der Hinweisung, dass jeder Artikel, je nach seinem Autor und Inhalte, an verschiedenen Stellen zu finden ist; und mögen zur Erklärung hierfür folgende zwei Beispiele dienen:

Vatke, Shakespeare und Euripides

steht an den, durch die drei Namen in diesem Titel gekennzeichneten Stellen, also unter E, S und V.

Cosens, Lope de Vega's Castelvines y Monteses,
      besprochen von Elze

findet sich angeführt unter Cosens, Elze, Vega und Romeo und Julie.

Die „literarischen Notizen" sind zum Theil selbstständige Artikel, zum Theil Bruchstücke der „literarischen Uebersichten" im Jahrbuche, und sind dann also, nach der Hinweisung des Registers, im Texte dieser letzteren zu suchen.

Der specielle Abschnitt „Shakespeare" wird durch seine ziemlich übersichtliche Facheintheilung vielleicht von besonderm Nutzen sein.

Berlin, im Mai 1875.

F. A. Leo.

† bedeutet: Literarische Notiz; (M.) bedeutet: Miscelle (Notiz).

---

† Abbott, a Shakespearian grammar, besprochen von Elze. V 348
Acte der Shakespeare-Gesellschaft (Programme, Jahresberichte, Eingaben, Beschlüsse etc.) I XI. XIX 451, II v 1, III 20. 24, IV 1. 5. 391, V 1. 5, VI 13. 17, VII 1. 6, VIII 28. 31, IX 22. 25, X 22. 25.
Actors, english .... on the continent, von Loffelt. (M.) IV 377
Alcidia, herausgegeben von Wagner. X 150 u. 422
Antonius und Cleopatra.
    Antonius und Cleopatra und Plutarch's Biographie des Antonius, von Vatke   III 301
†   Antonius und Cleopatra, bearbeitet von Leo.   IV 354
†   Antonius und Cleopatra ed. Blumhof.   IV 370
    Eine Emendation zu Antonius u. Cleopatra von König (M.) X 381
As You like it. — Lodge's Rosalynde und Shakespeare's .... von Delius.   VI 226
Athenaeum, Interpretations — siehe Baynes.
    „   „   „ Edmonds.
    „   „   „ Staunton.
† Aubert, Shakespeare als Mediziner.   IX 326
† Baynes, Shakespeare-interpretations. (Athenaeum. Edinbgh. Rev.)   VIII 365
† Beever, Miss. Lear.   VI 364
Bell, Randglossen.   I 392
Benedix, siehe „Elze, Shakespeare-Dilettantismus" und „Noiré, Briefe".

Bernays, Shakespeare, ein katholischer Dichter. I 220
„ Der Schlegel-Tiecksche Shakespeare. I 396
† „ Shakespeare, Uebersetzung, herausgegeben von ... VII 355
† „ Zur Entstehungsgeschichte des Schlegel'schen Shakespeares. VIII 348
† Bernhardi, Robert Greene. IX 330
Besprechungen, literarisch kritische. I 448, II 366, III 402, IV 368, V 335, VI 345, VII 348, VIII 348, IX 313, X 366.
Bibliographie, Shakespeare .... herausgegeben von Albert Cohn. I 418, II 393, III 413, V 379, VI 371, VIII 377, X 384.
† Bibliographie, Sh. .... von Thimm. VIII 364
† Bibliography, by Hazlitt. III 405
Bibliothek der Shakespeare-Gesellschaft. III 411, IV 387, V 375, VI 389, VII 373, VIII 395, IX 339, X 419.
Biller, ein spanischer Shakespeare-Kritiker. VII 301.
† Blades, Shakespeare and typography. VIII 360
† Blumhof, Antony and Cleopatra. IV 370
Bodenstedt, Chapman in seinem Verhältnisse zu Shakespeare. I 300
„ Mrs. Siddons. I 341
„ Ueber einige Sh.-Aufführungen in München. II 244
† „ William Shakespeare. VII 355
Bodmer's Sasper, von Elze. I 337
Böttger, Shakespeare für die Bühne bearbeitet von Oechelhäuser — siehe Bühnenbearbeitungen.
† Brown, Sonnets of Shakespeare solved, besprochen von Ulrici. VI 345
† Bruce, Manningham, Tagebuch. V 356
† Bucher, Bruno, Shakespeare-Anfänge im Burgtheater. III 408
† Bucknill, Shakespeare's mad folk. III 406
Bühne.
Delius, die Bühnenweisungen in den alten Sh.-Ausg. VIII 171
Friesen, Wie soll man Shakespeare spielen? 1: V 154. 2: VI 250. 3: VII 7. 4: VIII 138.
† Laube, Geschichte des Burgtheaters. IV 371
Oechelhäuser, üb. d. Darstellung d. Sommernachtstraums. V 310
Vincke, Sh. auf der deutschen Bühne unserer Tage. (M.) VII 366

Bühnen-Aufführungen.
    Berlin — Meissner.   VII 340
    Carlsruhe — Devrient.   II 277
    Mannheim.   IX 295
    Meiningen — Oechelhäuser.   III 383
    Meiningen — Rossmann.   II 298
    München — Bodenstedt.   II 244
    Stuttgart.   II 303
    Weimar — Eckardt.   I 362
    Wien, Burgtheater — Oechelhäuser.   IV 349
    Wien, Burgtheater (M.)   X 383

Statistik der Bühnen-Aufführungen — siehe Statistik.

Bühnen-Bearbeitungen.
    Bearbeitungen und Aufführungen Shakespeare'scher Stücke vom Tode des Dichters bis zum Tode Garricks, von Vincke. IX 41
    Devrient, Bühnen- und Familien-Shakespeare.   IX 321
    Dingelstedt.   III 404
    Oechelhäuser. VI 348, VII 348, VIII 353, IX 317, X 378
    Antonius und Cleopatra — siehe Leo.
    Caesar, Schlegel — siehe Maltzahn.
    Cymbeline — siehe Lindner.
       „   — siehe Vincke.
    Ende gut, Alles gut — siehe Förster (List und Liebe).
       „   „   — siehe Thümmel.
       „   „   — siehe Vincke.
    Maass für Maass — siehe Vincke.
    Macbeth — siehe Gericke.
    Wintermärchen — siehe Garrick.

Büste, Eine neue Shakespeare .... (M.)   X 383

Caesar.
    Denison, Caesar, lat. Uebersetzung.   V 356, VI 369
    Gerthmayr, Studien zu Caesar.   IX 330
    Hilgers, Caesar, lat. Uebersetzung. (M.) VI 369, † VII 350
    Maltzahn, Schlegel, Bearbeitung.   VII 48
    Lindner, die dramatische Einheit in Caesar.   II 90
    Riechelmann, Caesar-Ausgabe.   III 403
    Viehoff, Caesar.   V 6

† Carrière, die Kunst im Zusammenhange der Culturentwicklung. VI 354
„ Shakespeare und die spanischen Dramatiker. (M.) VI 367
Chapman in seinem Verhältnisse zu Sh., von Bodenstedt. I 300
† „ Alphonsus ed. Elze. III 403
† Chapman's plays, ed. Swinburne. VIII 364
Chettle's Hoffmann und Shakespeare's Hamlet, von Delius. IX 166
† Chettle, to the Gentlemen Readers. Staunton, Athenaeum. IX 333
Cohn, A., Shakespeare-Bibliographie — siehe Bibliographie.
„ Sh: in Germany. Einige Bemerkungen und Nachträge
zu .... von Köhler. I 406
† Concordance to the poems, by Mrs. Furness. VIII 365
Cordelia als tragischer Character, von Oehlmann. II 124

Coriolan, von Viehoff. IV 41
† Cosens, Lope deVega's Castelvines y Monteses, bespr. von Elze. V 348
† „ Royas y Zorillas, los bandos de Verona. X 376

Cymbeline.
Lindner, die dram. Einheit des Cymbeline für die Bühne. III 370
Martensen, Glosse zu Cymbeline. (M.) IV 381
„ zu Cymbeline. (M.) X 382
† Wolzogen, Cymbeline, von Vincke. VII 356
† Daniel, Notes and emendations, bespr. von Elze. VI 366
Dante. Shakespeare und Dante, von König. VII 170
Davenant, Sir William .... von Elze. IV 121
Davies — siehe Epigrammes.
Delius, die Bühnenweisungen in den alten Sh.-Ausgaben. VIII 171
„ Chettle's Hoffmann und Shakespeare's Hamlet. IX 166
„ Dryden und Shakespeare. IV 6
† „ Shakespeare-Ausgabe. Besprechung über .... III 402
„ über den ursprünglichen Text des Lear. X 50
„ Lodge's Rosalynde und Shakespeare's As You like it. VI 226
„ über Sh. Pericles, Prince of Tyre. III 175
„ die Prosa in Shakespeare's Dramen. V 227
† „ Pseudo-Shakespeare'sche Dramen. II. X 370
„ über den ursprünglichen Text von Richard III. VII 124

Delius, über die New Shakespeare Society. X 355
" über Shakespeare's Sonette. I 18
" über Shakespeare's Timon von Athen. II 335
† Denison, Caesar, lat. Uebersetzung. V 356
Devrient, Ludwig, als Lear, von Ulrici. II 292
Devrient, Otto, über die Sh.-Aufführungen in Carlsruhe. II 277
† " Otto, zwei Shakespeare-Vorträge. IV 369
† " Bühnen- und Familien-Shakespeare. IX 321

Der Widerspänstigen Zähmung (siehe auch unter „Widerspänstigen").
Köhler, Der Widerspänstigen Zähmung. III 397
† Dingelstedt, Sh. Bühnen-Bearbeitungen. III 404
† Dowden, Sh. a study. X 379
Drayton, Nymphidia, übers. von Friesen. IX 107
Dryden und Shakespeare, von Delius. IV 6
† Dyce, Shakespeare edition, Besprechung über.... III 402
† " Glossary. III 405
" Nekrolog. V 333
Eckardt, Shakespeare's engl. Historien a. d. Weimarer Bühne. I 362
Edinburg Review. Interpretations. — Siehe Baynes.
† Edmonds, Venus und Adonis. VI 364
† " „the onlie begetter Mr. W. H." Athenaeum. IX 333
Eduard III, angeblich ein Stück von Sh., von Friesen. II 64
Eitner, D., Troilusfabel in ihrer lit. gesch. Entwickelung und die Bedeutung des letzten Actes von Sh.'s Troilus und Cressida im Verhältniss zum gesammten Stücke. III 252
Ellis, Shakespeare's Aussprache nach.... von Müller. VIII 92
† Elze, Abbott's Shakespearian grammar. V 348
" Sh.'s. Bildnissse. IV 308
" Noch ein Bild Sh.'s. (M.) V 373
" Bodmer's Sasper. I 337
† " Chapman's Alphonsus. III 403
" Sh.'s Character, seine Welt- und Lebensanschauung. X 75
† " Cosens, Castelvines y Monteses. V 348
† " Daniel, notes and emendations. VI 360
" Sir William Davenant. IV 121
" Shakespeare-Dilettantismus. IX 233

Elze,	Zu: Ende gut, Alles gut.	VII 214
† „	Essays, übers. von Schmitz.	X 377
† „	French's Shakespeariana genealogica.	V 348
„	Shakespeare's Geltung für die Gegenwart.	II 96
„	Hamlet's mortal coil.	II 362
„	Zu Heinrich VIII.	IX 55
„	Zum Kaufmann von Venedig.	VI 129
„	Shakespeare's muthmaassliche Reisen.	VIII 46
„	Der Rialto bei Shakespeare (M.)	V 366
† „	Rowley's „When you see me, you know me"	IX 331, X 370
† „	Saupe, Biographie Shakespeare's.	V 351
„	Die Schreibung des Namens Shakespeare.	V 325
„	Zum Sommernachtstraum.	III 150
„	Wunderbare Schicksale des Sommernachtstraums — siehe unter Sommernachtstraum.	
„	Die Abfassungszeit des Sturms.	VII 29
„	Zum Sturm. (M.)	VIII 376

† Emendations. — Notes and .... by Daniel, bespr. von Elze. VI 360

Ende gut, Alles gut.

	Zu Ende gut, Alles gut, von Elze.		VII 214
†	„	(List und Liebe, von Förster.)	VII 356
†	„	bearbeitet von Thümmel.	VII 357
†	„	bearbeitet von Vincke.	VII 356

† Epigrammes and Elegies by Davies and Marlowe. VI 364
Epischen, Dichtungen Sh's. — Ueber die Stellung der .... in der engl. Literatur, v. Tschischwitz. VIII 32
Euripides. — Sh. und .... von Vatke. IV 62
† Falstaff, illustr. von Konewka, Text von Kurz. VII 364
† Faust, Marlowe's .... von v. d. Velde, bespr. von Elze. VI 361
† Fischer, Kuno, Sh's Characterentwickelung Richard's III. IV 369
† Forlani, Amleto. VI 364
Forrest, Sh.-Ausgabe. Notiz über .... II 392
Förster, Shakespeare und die Tonkunst. II 155
† French, Shakespeariana genealogica, bespr. von Elze. V 348
v. Friesen, Bemerkungen z. d. Altersbestimmungen für einige Stücke von Shakespeare. II 37

	v. Friesen,	Drayton's Nymphidia. übers.	IX 107
	„	Eduard III, angeblich ein Stück von Shakespeare.	II 64
†	„	„Das Buch Sh. von Gervinus," bespr. v. Oehlmann.	V 340
	„	Glosse zu einer Stelle aus Hamlet.	III 229
	„	Fechtscene im Hamlet. (M.)	IV 374
	„	Zu Hamlet. (M.)	V 365
	„	Ein Wort über Sh's. Historien.	VIII 1
	„	Ben Jonson.	X 127
	„	über Macbeth.	IV 198
	„	über die Sonette.	IV 94
†	„	Sonette, übers.	IV 371
	„	Wie soll man Sh. spielen? 1: V 154, 2: VI 250, 3: VII 7, 4: VIII 138.	
	„	flüchtige Bemerkungen über einige Stücke, welche Sh. zugeschrieben werden.	I 160
†	„	Sh.-Studien.	X 366

Furness, Mrs., Concordance — siehe Concordance.

†	„	Shakespeare.	VI 362
†	„	Macbeth, ed.	IX 313

Garrick, Bearbeitungen und Aufführungen Sh.'scher Stücke vom Tode des Dichters bis zum Tode von ...., von Vincke. IX 41

	„	Sh. und ....., von Vincke.	IX 1
	„	Bearbeitung des Wintermärchens, von Vincke. (M.)	VII 369
†	Genée,	Geschichte der Sh. Dramen in Deutschland.	V 354
†	„	Sh.'s Leben und Werke.	VII 355
†	„	Sh.-Vorlesungen, Notiz über	II 390
	Gericke,	Zu einer neuen Bühnenbearbeitung des Macbeth.	VI 19
†	Gerstmayr,	Studien zu Caesar.	IX 330
†	Gervinus,	Das Buch Sh. — Gegenschrift von Friesen, bespr. von Oehlmann.	V 340
†	„	Händel und Sh.	IV 368
	„	Nekrolog.	VI 343
†	Gildemeister, Sonette, übers.		VII 363
†	Glossary, ed. Dyce.		III 405
†	Green, Sh. and the emblem writers.		V 355
†	Greene, Rob., von Bernhardi.		IX 330
†	Hackh, Hamlet, übers.		X 378

Hagberg, Sh. übers. in's Schwedische.	VII 364
Hager, Die Grösse Sh's.	IX 327
Hall, medical case book.	V 357
Halliwell, illustration of Sh's Life.	VI 363, X 375
„ Papers, referring to Sh.	IX 334

Hamlet.

Braunfels, Notiz. (M.)	VI 354
Delius, Chettle's Hoffmann und Sh.'s Hamlet.	IX 166
Elze, Hamlets mortal coil.	II 362
Forlani, sull amore e sulla pazzia d'Amleto.	VI 364
v. Friesen, Glosse zu einer Stelle aus Hamlet.	III 299
„ Fechtscene in Hamlet. (M.)	IV 374
„ zu Hamlet. (M.)	V 365
Hackh, Hamlet übers.	X 378
Heussi, Hamlet ed.	IV 370
Italienische Uebersetzung des Hamlet.	III 404
König, die Grundzüge der Hamlet-Tragödie.	VI 277
Latham, two dissertations on Hamlet.	VIII 363
Loffelt, Hamlet.	III 403
Lüders, zu Hamlet. (M.)	IV 385
Mad. Was Hamlet ....?	III 406
Marbach, Hamlet, nach Shakespeare.	IX 322
Meadows, Hamlet by	VII 362
Michaelis, Hamlet im Spanischen.	X 311
Nichtphilosophen. H's Characterzüge, von einem	II 16
Oehlmann, die Gemüthseite des H.-Characters.	III 205
Russell, Mr. Irving as Hamlet.	X 376
Rossmann, H. eine Characteristik für Schauspieler.	II 305
Schmitz, zu Hamlet. (M.)	V 364
Stedefeld, Abhandlung.	VII 365
Stratmann, H. — siehe Sh.-Ausgabe Stratmann.	
Tschischwitz, H. nach historischen Gesichtspunkten.	III 407
„ Hamlet ed.	IV 370
Tyler, the philosophy of Hamlet.	X 377
Vischer, die realistische Sh.-Kritik und Hamlet.	II 132
Werder, Vorlesungen über Hamlet.	X 378

Hamlet.
    Werner, über das Dunkel in der H.-Tragödie.   V 37
†   Wood, Hamlet.   VI 364
    Zimmermann, Studien und Kritiken — siehe Zimmermann.
† Händel und Sh. von Gervinus.   IV 368
† Hartmann, Romeo und Julie.   IX 328
† Hazlitt, bibliography of the popular, poetical and dramatic lit. in England.   III 405
    Heinrich VI., in ein Stück zusammengezogen und für die Bühne bearbeitet, von Oechelhäuser.   V 292
    Heinrich VIII. Zu .... von Elze.   IX 55
Henry IV. II., von Lindner. (M.)   III 410
    Hense, deutsche Dichter in ihrem Verhältnisse zu Sh. 1: V 107, 2: VI 83
    „   Lilly und Sh.   1: VII 238, 2: VIII 224
† Hermann, über den Sommernachtstraum.   X 373
† Herne's Oak, by Perne.   III 406
    Hertzberg, die Quellen der Troilus-Sage in ihrem Verhältnisse zu Troilus und Cressida.   VI 169
† Heussi, Hamlet ed.   IV 370
    Hilgers, Caesar, lat.   VI 369 (M.), VII 350 †
Historien, Sh's englische .... a. d. Weimarer Bühne von Eckardt. I 362
    „   Ein Wort über Sh's .... von Friesen.   VIII 1
† Hoffinger, Licht- und Tonwellen, besprochen von Ulrici.   V 343
    Horaz und Sh. (M.)   IX 336
† Hudson, Sh., his life, art and characters.   VIII 357
† Humbert, Molière, Sh. und die deutsche Kritik.   V 354
† Hunter, Sh. edition.   IV 372 VI 364
† Jephson, tempest.   III 403
† Jervis, dictionary of the language of Sh.   III 405
    Jngleby, the still Lion. An essay towards the restoration of Sh's text.   II 196
†   „   Sh's centurie of Prayse.   X 377
    Jonson, Ben. Eine Studie, von Friesen.   X 127
† Jsham, Passionate Pilgrim und Venus and Adonis. III 406, VI 364
    Katholischer Dichter. Sh. ein ..... von Bernays.   I 220

Kaufmann von Venedig.
   Elze, der Rialto bei Sh. (M.)   V 366
      "   zum Kaufmann von Venedig.   VI 129
   Friesen, Wie soll man Sh. spielen. Theil 4. K. v. V. VIII 138
† Kellogg, Sh's delineations of insanity, imbecillity and suicide. III 406
† Klein, Geschichte des ital. Dramas. Sh. in . . . ., besprochen von
     Ulrici.   VI 351
   Knight, Charles, Nekrolog.   VIII 346
   Koberstein, Sh. in Deutschland.   I 1
   Köhler, einige Bemerkungen und Nachträge zu Cohn's Sh. in
     Germany.   I 406
      "   Taming of the Shrew.   III 397
† Konewka's Fallstaff illustr. Text von Kurz.   VII 364
†   "   Sommernachtstraum, illustr.   IV 370
   König, Grundzüge der Hamlet-Tragödie.   VI 277
      "   Sh. und Dante.   VII 170
      "   Was Ihr wollt, als komisches Gegenstück zu Romeo und
          Julie.   VIII 202.
†   "   Sh. als Dichter, Weltweiser und Christ.   VIII 355
      "   über die Entlehnungen Sh.'s, insbesondere aus Rabelais und
          einigen italienischen Dramatikern.   IX 195
      "   über den Gang von Sh's. dichterischer Entwickelung und
          die Reihenfolge seiner Dramen nach demselben. X 193
      "   eine Emendation zu Antonius und Cleopatra. (M.) X 381
   König, jun., Voltaire und Sh.   X 259
   Koppel, Scenen-Eintheilungen und Ortsangaben in den Sh.-Dramen.
                                                                IX 269
   Köster, Marginalien zu Othello und Macbeth.   I 138
† Krapf, τὸ τί ἦν εἶναι. Bespr. von Ulrici.   V 335
† Krauss, Sonette, übers.   VIII 365
† Kreyssig, Sh.-Fragen.   VII 356
   Kritische Besprechungen, literarisch . . . . — siehe Besprechungen.
† Kurz, Sh's Leben und Schaffen.   IV 369
      "   Sh. der Schauspieler.   VI 317
†   "   Falstaff, illustr. von Konewka.   VII 364
      "   Zu Titus Andronicus.   V 82
      "   Nachlese. 1. Wildderersage. 2. Zum Sommernachtstraum. IV 246

Latham, two dissertations on the Hamlet of Saxo and of Sh. VIII 363
Laube, Geschichte des Burgtheaters. IV 371
Lear.
    Beever, Miss, Lear. VI 364
    Delius, über den ursprünglichen Text des L. X 50
    Masing, tragische Schuld — siehe Masing.
    Neumann, über Lear und Ophelia. III 406
    Speisekarte. Lear als .... (M.) V 369
    Stark, eine Studie, bespr. von Ulrici. VI 361
    Tiessen, Lear, übers. VII 365
    Ulrici, Devrient als Lear. II 292
Leo, Antonius und Cleopatra, Bearbeitung. V 354
   „ Die neue englische Textkritik. I 189
Liebau, Sh's Leben und Dichten. VIII 367
Lilly und Sh., von Hense. I. VII 238, II. VIII 224
Lindner, Bemerkungen über symbolische Kunst im Drama, mit
        besonderer Berücksichtigung Sh's. II 184
   „ die dramatische Einheit im Julius Caesar. II 90
   „ die Einrichtung Cymbeline's für die Bühne. III 370
Literarisch-kritische Besprechungen — siehe Besprechungen.
Lodge's Rosalynde und Sh's As You like it, von Delius. VI 226
Loffelt, english actors on the continent. (M.) IV 377
   „ Hamlet. III 403
   „ A german version of the novel of Romeo and Juliet. (M.)
        IV 380
Lüders, Sh's Prolog und Epilog. V 274
   „ Zu Hamlet. (M.) IV 385
Ludwig, Sh.-Studien. VII 358
Maass für Maass, bearbeitet von v. Vincke. VII 356
Maass, unsere deutschen Dichterheroen und die sogenannte Shake-
        spearemonie. X 377
Macbeth.
    v. Friesen, über M. IV 198
    Furness, Macbeth ed. IX 313
    Gericke, Zu einer neuen Bühnenbearbeitung des M. VI 19
    Hoffinger, Licht- und Tonwellen — siehe Hoffinger.
    Köster, Marginalien zum M. I 138

Macbeth.
†   Schmidt, Macbeth.   IX 332
†   Timme, Macbeth II L.   IX 330
   v. Vincke, zu Schillers M. (M.)   IV 383
†.   Wagner, M. ed.   VII 359
   v. Maltzahn, Jul. Caesar, von Schlegel für die Bühne bearb.   VII 48
† Manningham's Tagebuch, ed. Bruce.   V 356
† Marbach, Hamlet nach Sh.   IX 322
†   „   Sh. Prometheus.   IX 323
   Marlowe und Davies — siehe Epigrammes.
† Marlowe's Edward II ed. Wagner.   VII 359
†   „   Faust, von v. d. Velde, bespr. von Elze.   VI 361
†   „   Faust, ed. by Riedl.   IX 331
   „   Sh's Verhältniss zu ihm, von Ulrici.   I 57
   Martensen, Glosse zu Cymbeline. (M.)   IV 381
   „   Zu Cymbeline. (M.)   X 382
† Masing, tragische Schuld.   VIII 366
† Meadows, Hamlet.   VII 362
   Meissner, Aphorismen über den Sturm.   V 183
   „   über die innere Einheit von Sh's Stücken.   VII 82
   „   Bühnen-Aufführungen in Berlin.   VII 340
†   „   Ruggle's, method of Sh.   VII 352
†   „   Untersuchungen über den Sturm.   VII 360
   „   Great Britain's mourning garment.   IX 127
   Michaelis, Hamlet in Spanien.   X 311
† Midsummernightsdream. Eine Studie.   IX 314
   Miscellen — siehe Notizen.
   Mitglieder-Verzeichniss der deutschen Sh.-Gesellschaft. IV 391, VII 377
   Molière, Sh. und die deutsche Kritik — siehe Humbert.
   Müller, Sh's Aussprache. Nach Ellis.   VIII 92
†   „   Timon's Quellen.   IX 329
   Narren. Sh's .... von Thümmel.   IX 87
† Neumann, über Lear und Ophelia.   III 406
   Nichtphilosophen. Die Characterzüge Hamlets, nachgezeichnet von einem .....   II 16
† Noiré, Briefe eines Sh'omanen.   IX 327
† Notes and emendations, by Daniel, bespr. von Elze.   VI 360
   Notizen. II 390, III 409, IV 374, V 358, VI 367, VII 366, VIII 368

† Nyblom, Sh. Sonette, übers. in's Schwedische. VII 364
Oechelhäuser, Essay über Richard III. III 27
    „ Bühnen-Aufführungen in Meiningen. III 383
    „ über eine neue Bühnenbearb. v. Richard III. IV 327
    „ Sh. auf dem Wiener Burgtheater. IV 349
    „ Heinrich VI. In ein Stück zusammengezogen und für die Bühne bearbeitet. V 292
    „ über die Darstellung des Sommernachtstraums auf der deutschen Bühne. V 310
†   „ Sh. für die Bühne bearbeitet. Bespr. von Böttger.
    VI 348, VII 348, VIII 353, IX 317, X 378
Oehlmann, Cordelia als tragischer Character. II 124
    „ Die Gemüthseite des Hamlet-Characters. III 205
    „ Sh's Werth für unsre nationale Literatur. V 148
†   „ v. Friesen's „Das Buch Sh. von Gervinus." V 340
† Ophelia. Neumann, über Lear und . . . . . III 406

Othello.

†   Othello, ebräisch übersetzt. X 372
†   „ italienisch übersetzt. III 404
  Köster, Marginalien zum Othello. I 138
  Masing, tragische Schuld — siehe Masing.
† Passionate Pilgrim. III 406
† Pecht, Sh.-Gallerie. VI 365
Pericles, Prince of Tyre. Ueber . . . . . von Delius. III 175
† Perry, Herne's Oak. III 406
Plutarch. Biographie des Antonius, von Vatke. III 301
† Prölss, Romeo und Julie. X 378
Rabelais. Sh's Entlehnungen aus . . . . von König. IX 195
Realistische. Die . . . . . Sh.-Kritik und Hamlet, von Vischer. II 132
† Reichensperger, Sh. insbes. sein Verhältniss zum Mittelalter. VII 363
† Retzsch, Sh.-Umrisse. VI 365

Richard II.

†   Riechelmann, Richard II. ed. V 353
†   Robinson, Richard II. ed. III 403

Richard III.
    Delius, über den ursprünglichen Text von R. III.   VII 124
†   Fischer, Sh's Characterentwicklung R's III.   IV 369
    Oechelbäuser, Essay über Richard III.   III 27
        „ über eine neue Bühnenbearb. v. Richard III.   IV 327
† Riechelmann, Julius Caesar.   III 403
†   „   Richard II.   V 353
† Riedl, Marlowe's Faust.   IX 331
† Robinson, Richard II.   III 403
† Rohde, das Hülfswort „to do" bei Shakespeare.   IX 329
† Rolfe, Sh's comedy of the Tempest.   VIII 362

Romeo und Julie.
†   Cosens, Rojas y Zorillas, los bandos de Verona.   X 376
    v. Friesen, Wie soll man Sh. spielen 3. Theil (Romeo und Julie).   VII 7
†   Hartmann, Romeo und Julie.   IX 328
    König, Was Ihr wollt, als komisches Gegenstück zu Romeo und Julie.   VIII 202
    Loffelt, a german version of the novel of R. and J. (M.)   IV 380
    Masing, tragische Schuld — siehe Masing.
†   Prölss, Romeo und Julie.   X 378
    Vega, Castelvines y Monteses — siehe Cosens.
† Ross, the mad characters of Sh.   III 406
    Rossmann, eine Characteristik Hamlets für Schauspieler.   II 305
        „ über die Sh.-Aufführungen in Meiningen.   II 298
† Rowley, When You see me, You know me, ed. by Elze. IX 331, X 370.
† Ruggles, the method of Sh. as an artist, bespr. v. Meissner. VII 352
    Rümelin, — siehe Zimmermann, Studien und Kritiken.
† Rushton, Sh. illustrated by old authors.   III 405
† Russel, Mr. Irving as Hamlet.   X 376
    Sasper, Bodmer's .... von Elze.   I 337
† Saupe, Biography Sh's, bespr. von Elze.   V 351
    Schaaffhausen, Sh's Todtenmaske.   X 26
    Schlegel-Tieck'sche. Der .... Sh., von Bernays.   I 396
† Schlegels Sh. — Zur Entstehungsgeschichte von .... von Bernays.   VIII 348

Schmidt, Sh.-Lexicon. Notiz über ....   II 390
   „   zur Sh.-Text-Kritik.   III 341
   „   Macbeth.   IX 332
Schmitz, zu Hamlet. (M.)   V 364
   „   Elze's essays, übers. von ...   X 377
Schöll, Sh. und Sophocles.   I 127

Shakespeare.

1. Text, Englisch.

Dyce, edition. Besprechung über ...   III 402
Delius „   „   „   III 402
Forrest „   „   „   II 392
Furness „   „   „   VI 362
Hunter „   „   „   IV 372
Ingleby, The still Lion. An Essay towards the restoration of Sh's text.   II 196
Rugby. Textausgabe, von Lehrern der Schule zu .... VI 364, VIII 364.
Shilling editions. Besprechung über ....   IV 372
Stratmann, edition. Besprechung über ....   V 353
Tschischwitz, edition. Besprechung über ....   III 402

2. Text, Uebersetzungen.

Bernays, Der Schlegel-Tiecksche Shakespeare.   I 396
   „   Sh.-Uebersetzung.   VII 355
   „   Zur Entstehungsgeschichte des Schlegel'schen Shakesp.   VIII 348
Bodenstedt, Sh.-Uebersetzung.   III 403
Devrient, Deutscher Bühnen- und Familien-Sh.   IX 321
Grote's Sh.-Ausgabe, illustr.   IX 332
Hagberg, Sh.-Uebersetzung, schwedisch.   VII 364
Hallberger's Sh.-Ausgabe, illustr.   IX 332
Hildburghausen, Sh.-Ausgabe.   III 403
Lembcke, dänische Sh.-Uebersetzung.   III 404
Moltke, Sh.-Uebersetzung.   III 403
Oechelhäuser, Sh.-Bearbeitung f. d. Bühne, bespr. v. Böttger
    — siehe Oechelhäuser.

†	Russische Uebersetzung.	III 404
†	Schlegel-Tieck, ed. Ulrici.	III 403

3. Einzelne Stücke, Englisch.

†	Cambridge, select plays.	IV 372

4. Einzelne Stücke, Uebersetzung.

†	Hamlet, italienisch.	III 404
†	Othello, „	III 404

5. Bühne und Literatur.

	Bernays, Sh. ein katholischer Dichter.	I 220
†	Bucher, Sh.-Anfänge im Burgtheater.	III 408
	Delius, die Bühnenweisungen in den alten Sh.-Ausgaben.	VIII 171
	v. Friesen, Wie soll man Sh. spielen? 1: V 154, 2: VI 250, 3: VII 7, 4: VIII 138.	
†	Genée, Geschichte der Sh.-Dramen in Deutschland.	V 354
	Hertzberg, Sh. in Germany. (M.)	III 409
†	Ingleby, Sh's centurie of Prayse.	X 377
	Koberstein, Sh. in Deutschland.	I 1
	Köhler, einige Bemerkungen und Nachträge zu Cohn's Sh. in Germany.	I 406
	Koppel, Scenen-Eintheilung und Ortsangaben in den Shakespeare-Dramen.	IX 269
	Kurz, Sh. der Schauspieler.	VI 317
	Oehlmann, Sh's Werth für unsre nationale Literatur.	V 148
†	Strafforello, Sh., ein Roman.	VI 365
	Tschischwitz, über die Stellung von Sh's epischen Dichtungen in der englischen Literatur.	VIII 32
†	Ulrici, Sh. in Klein's Geschichte des ital. Dramas.	VI 351
	Vincke, Sh. auf der deutschen Bühne unserer Tage. (M.)	VII 366
	„ Bearbeitungen und Aufführungen Sh'scher Stücke vom Tode des Dichters bis zum Tode Garrick's.	IX 41

6. Sprache.

†	Abbott, Sh. grammar, bespr. von Elze.	V 348
	Baynes, Sh.-interpretations — siehe Baynes.	
	Delius, Sh's Prosa.	V 227

Dyce, Sh. Glossary. III 405
Ellis, Sh's Aussprache, von Müller. VIII 92
Jervis, Sh.-Wörterbuch. III 405
Müller, Sh's Aussprache, nach Ellis — siehe Ellis.
Rohde, das Hilfswort „to do" bei Sh. IX 329
Schmidt, Sh.-Lexikon. II 390
Staunton, Sh's text-corruptions — siehe Staunton.
Tschischwitz, de ornantibus epithetis in Sh. VII 365

7. Charactere und Gestalten.

Thümmel, Sh's Narren. IX 87
„   „   Kindergestalten. X 1

8. Literarhistorisches, Aesthetisches, Philosophisches und Psychologisches.

Auber, Sh. als Mediziner. IX 326
Biller, ein spanischer Sh.-Kritiker. VII 301
Bucknill, Sh's mad folk. III 406
Carrière, Kunst im Zusammenhange der Cultur-Entwicklung, bespr. von Ulrici. VI 354
Devrient, O., zwei Sh.-Vorträge (1. Privatleben, 2. Frauengestalten). IV 369
Dowden, Sh. a study. X 379
Elze, Sh's Geltung für die Gegenwart. II 96
„   Sh.-Dilettantismus. IX 233
Förster, Sh. und die Tonkunst. II 155
Friesen, Sh.-Studien. X 366
Genée, Sh.-Vorlesungen. II 390
Hager, Sh's Grösse. IX 327
Kellogg, Sh's delineations of insanity, etc. III 406
König, Sh. als Dichter, Weltweiser und Christ. VIII 355
„   Sh's dichterische Entwickelung und die Reihenfolge seiner Dramen. X 193
Kreissig, Sh.-Fragen. VII 356
Lindner, Bemerkungen über symbolische Kunst im Drama, mit bes. Berücksichtigung Sh's. II 184
Lüders, Sh's Prolog und Epilog. V 27

†	Ludwig, Sh.-Studien.	VII 358
	Meissner, über die innere Einheit von Sh's Stücken.	VII 82
†	Ross, Sh's mad characters.	III 406
†	Ruggles, the method of Sh. as an artist, bespr. v. Meissner.	VII 352
†	Stedefeld, Sh's christlich germanische Weltanschauung.	VII 365
	Thiel, Sh's remaining unpopular etc. — siehe Thiel.	
	Ulrici, Sh's Fehler und Mängel.	III 1
	„ über Sh's Humor.	VI 1
	Vischer, die realistische Sh.-Kritik und Hamlet.	II 132

9. Biographisches.

	Büste. Eine neue Sh..... (M.)	X 383
	Devrient, Sh's Privatleben, siehe unter 8.	
	Elze, Sh's Bildnisse.	IV 308
	„ Die Schreibung des Namens Sh.	V 325
	„ Noch ein Sh.-Bild. (M.)	V 373
	„ Sh's muthmaassliche Reisen.	VIII 46
	„ Sh's Character, seine Welt- und Lebensanschauung.	X 75
†	French, Shakespeariana genealogica, bespr. von Elze.	V 348
†	Genée, Sh's Leben und Werke.	VII 355
†	Halliwell, illustrations of the life of Sh.	VI 363
†	„ papers, referring to Sh.	IX 334
†	„ illustrations of Sh's life.	X 375
†	Hudson, Sh's life, art and character.	VIII 357
	Kurz, Sh's Wilderersage.	IV 247
†	„ Sh's Leben und Schaffen.	IV 369
†	Liebau, Sh's Leben und Dichten.	VIII 367
†	Saupe, Sh.-Biographie, bespr. von Elze.	V 351
	Schaaffhausen, Sh's Todtenmaske.	X 26
†	Sievers, Sh's Leben und Dichten.	III 407

10. Parallelen.

	Carrière, Sh. und die spanischen Dramatiker. (M.)	VI 367
	Delius, Dryden und Shakespeare.	IV 6
†	Gervinus, Händel und Shakespeare.	IV 368
†	Green, Sh. and the emblem writers.	V 355

Hense, Deutsche Dichter in ihrem Verhältnisse zu Sh. 1: V 107,
2: VI 83.
„ Lilly und Shakespeare. 1: VII 238, 2: VIII 224
Horaz und Sh. (M.) IX 336
Humbert, Molière, Sh. und die deutsche Kritik — siehe Humbert.
König, Sh. und Dante. VII 170
„ Sh's Entlehnungen, insbes. aus Rabelais und einigen italien. Dramatikern. IX 195
König jun., Voltaire und Shakespeare. X 259
Reichensperger, Sh's Verhältniss zum Mittelalter, VII 363
Rushton, Sh. illustrated by old authors. III 405
Vatke, Shakespeare und Euripides. IV 62
Vincke, Shakespeare und Garrick. IX 1

11. Zweifelhafte Stücke, und Zeitbestimmungen.
Delius, Pseudo-Shakespeare'sche Dramen. 2. Thl. X 370
v. Friesen, flüchtige Bemerkungen über einige Stücke, welche Sh. zugeschrieben werden. I 160
„ Bemerkungen zu den Altersbestimmungen für einige Stücke von Sh. II 37
König, Sh's dichterische Entwicklung und die Reihenfolge seiner Dramen. X 193
v. Vincke, Sh's zweifelhafte Stücke. (M.) VIII 368

12. Quellen.
Simrock, Sh.-Quellen. VI 365
Wislicenus, zwei neue Sh.-Quellen. IX 330

13. Vermischtes.
Almanak. Shakespeare .... IV 372
Birmingham. Sh.-Bibliothek. IV 373
Blades, Sh. and typography. VIII 360
Delius, The New Sh.-Society. X 355
Elze, der Rialto bei Sh. (M.) V 366
Furness, Mrs., Sh. poems, Concordance. VIII 365
Gesellschaft. Neue englische Sh. .... IX 332
London. Sh.-Club. Working men's College. IX 332

†	Marbach, Shakespeare-Prometheus.	IX 323
	Mitglieder-Verzeichniss der deutschen Sh.-Gesellschaft.	IV 391
†	Nottingham, Sh.-Club.	IV 372
†	Pecht, Sh.-Gallerie.	VI 365
†	Retzsch, Umrisse zu Shakespeare.	VI 365
	Simpson, the school of Sh. — siehe Simpson.	
	Society, The New Sh. .... — siehe Delius.	
†	Stratford, Sh.-Museum.	IV 373
†	Thimm, Sh.-Bibliography.	VIII 364
	Siddons, Mrs., v. Bodenstedt.	I 341
†	Sievers, Shakespeare, sein Leben und Dichten.	III 407
†	Simpson, the school of Sh. („Alarum for London, or the seige of Antwerp", und „Gascoyne, the spoyle of Antwerp".)	VIII 364
†	Simrock, Sh.-Quellen.	VI 365

Sommernachtstraum.

	Elze, zum Sommernachtstraum.	III 150
	„ wunderbare Schicksale d. Sommernachtstrs. (M.)	V 358
	(siehe auch in dieser Abtheilung unter Vincke.)	
†	Hermann, über den Sommernachtstraum.	X 373
†	Konewka, Illustrationen zum Sommernachtstraum.	IV 370
	Kurz, zum Sommernachtstraum.	IV 268
	Oechelhäuser, über die Darstellung des Sommernachtstraums auf der deutschen Bühne.	V 310
†	Sommernachtstraum, eine Studie.	IX 314
	v. Vincke, wunderbare Schicksale des Sommernachtstraums (siehe in dieser Abtheilung unter Elze).	

Sonette.

†	Brown, Sonnets of Sh. solved, bespr. von Ulrici.	VI 345
	Delius, über Shakespeare's Sonette.	I 18
	v. Friesen, über Shakespeare's Sonette.	IV 94
†	„ Sonette übersetzt.	IV 371
†	Gildemeister, Sonette übersetzt.	VII 363
†	Krauss, Sonette übersetzt.	VIII 365
†	Nyblom, Sonette übersetzt in's Schwedische.	VII 364
†	Tschischwitz, Sonette übersetzt.	V 353

Zimmermann, Studien und Kritiken — siehe Zimmermann.
Sophocles und Shakespeare, von Schöll. I 127
† Stark, König Lear, bespr. von Ulrici. VI 361

Statistik der Bühnen-Aufführungen. I 455, VII 324, VIII 280. 306, IX 309, X 360.
† Staunton (Athenaeum), unsuspected corruptions of Shakespeare's text. VIII 365, IX 333
† „ Chettle, to the Gentlemen readers (Athenaeum). IX 333
„ Nekrolog. X 364
† Stedefeld, Hamlet. VII 365
† „ Sh's christlich germanische Weltanschauung. VII 365
† Strafforello, Shakespeare, ein Roman. VI 365
† Stratmann, Shakespeare-Ausgabe. V 353

Sturm (siehe auch unter Tempest).
   Elze, die Abfassungszeit des Sturms. VII 29
   „ Zum Sturm. (M.) VIII 376
   Meissner, Aphorismen über den Sturm. V 183
†   „ Untersuchungen über den Sturm. VII 360
   Swinburne — siehe Chapman.

Taming of the Shrew, von Köhler (siehe auch unter „Widerspänstigen"). III 397
Tempest (siehe auch unter „Sturm").
† Jephson, Tempest ed. III 403
† Rolfe, Tempest. VIII 362

Text.
   Ingleby, The still Lion. An essay towards the restoration of Sh's text. II 196
   Leo, die neue englische Textkritik des Shakespeare. I 189
   Schmidt, zur Sh.-Textkritik. III 341
† Thiel, the principal reasons for Sh's remaining unpopular etc. X 378
† Thimm, Sh.-Bibliographie. VIII 364
† Thümmel, Ende gut, Alles gut. VII 357
   „ Shakespeare's Narren. IX 87
   „ Sh's Kindergestalten. X 1

Tieck. — Der Schlegel-Tieck'sche Shakespeare, von Bernays. I 396
† Tiessen, Lear, übers. VII 365
† Timme, Commentar über II. 1 des Macbeth. IX 330

Timon von Athen.

    Delius, über Timon von Athen. II 335
†   Müller, Timon's Quellen. IX 329
    Tschischwitz, Timon von Athen. IV 160

Titus Andronicus, von Kurz. V 82

Tonkunst. Shakespeare und die .... von Förster. II 155

Troilus und Cressida.

    Eitner, Troilus und Cressida — siehe Eitner.
    Hertzberg, die Quellen der Troilus-Sage in ihrem Verhältnisse zu Sh's Troilus und Cressida. VI 169
    Ulrici, ist Troilus und Cressida Comödie, Tragödie oder Historie? IX 26
† Tschischwitz, Sh. edition. Besprechung über .... III 402
†   „   Sh's Hamlet nach hist. Gesichtspunkten. III 407
    „   Timon von Athen. IV 160
†   „   Sonette. V 353
†   „   Hamlet ed. IV 370
†   „   de ornantibus epithetis in Sh. VII 365
    „   über die Stellung der epischen Dichtungen Sh's in der engl. Literatur. VIII 32
† Tyler, Hamlets philosophy. X 377
† Uebersetzungen — siehe unter Shakespeare.
    Ulrici, Christopher Marlowe und Sh's Verhältniss zu ihm. I 57
    „   Ludwig Devrient als Lear. II 292
    „   Ueber Sh's Fehler und Mängel. III 1
†   „   Sh's dramatische Kunst. III 407
†   „   Krapf's τὸ τί ἦν εἶναι. V 335
†   „   Hoffinger, Licht- und Tonwellen. V 343
†   „   Zimmermann, Studien und Kritiken. V 343

† Ulrici, Ueber Shakespeare's Humor. VI 1
†   „   Brown, Sh's sonnets, solved. VI 345
†   „   Sh. in Klein's Geschichte des ital. Dramas. VI 351
†   „   Carrière, Kunst im Zusammenhange d. Culturentwicklung. VI 354
    „   Ist Troilus u. Cressida Comödie, Tragödie oder Historie? IX 26

Vatke, Sh's Antonius und Cleopatra, und Plutarchs Biographie des
    Antonius. III 301
  „   Shakespeare und Euripides. IV 62

Vega, Lope de, ... Castelvines y Monteses — siehe Cosens.

† Velde, van der, Marlowe's Faust, bespr. von Elze. VI 361

† **Venus und Adonis.** III 406, VI 364

  Viehoff, Coriolan. IV 41
    „   Julius Caesar. V 6

  Viel Lärmen um Nichts. (Braunfels.) (M.) VI 353

  v. Vincke, Zu Schiller's Macbeth. (M.) IV 383
    „   Wunderbare Schicksale des Sommernachtstraums — siehe
        unter Sommernachtstraum.
†   „   Cymbeline, Ende gut Alles gut, Maass für Maass. VII 356
    „   Sh. auf der deutschen Bühne unserer Tage. (M.) VII 366
    „   Garrick, Bühnenbearb. des Wintermärchens. (M.) VII 369
    „   Sh's zweifelhafte Stücke. (M.) VIII 368
    „   Shakespeare und Garrick. IX 1
    „   Bearbeitungen und Aufführungen Sh'scher Stücke vom
        Tode des Dichters bis zum Tode Garrick's. IX 41
  Vischer, die realistische Sh.-Kritik und Hamlet. II 132

† Wagner, Macbeth, herausgegeben von .... VII 359
†   „   Marlowe's Edward II. VII 359
    „   Alcidia, herausgegeben von .... X 150, 422.

  Was Ihr wollt. Als komisches Gegenstück zu Romeo und Julie,
    von König. VIII 202

† Werder, Vorträge über Hamlet. X 378
  Werner, über das Dunkel in der Hamlet-Tragödie. V 37

Widerspänstigen, der ... Zähmung, von Köhler.	III 397
Wilderersage, die .... von Kurz.	IV 247
Wintermärchen. Garrick's Bühnenbearb. des .... von Vincke. (M.)	VII 369
† Wislicenus, Zwei Shakespeare-Quellen.	IX 330
† Wolzogen, Cymbeline.	VII 356
† Wood, Hamlet.	VI 364
† Zimmermann, Studien und Kritiken, bespr. von Ulrici.	V 343

www.ingramcontent.com/pod-product-compliance
Lightning Source LLC
Chambersburg PA
CBHW032000300426
44117CB00008B/848